온라인 SKCT 단기 합격을 위한
해커스잡만의 추가 학습자료

JN369701

온라인 SKCT 대비 실전 연습!
교재 수록 모의고사 전 회차 온라인 응시 서비스

이용방법 **해커스잡 사이트(ejob.Hackers.com)** 접속 후 로그인 ▶ 사이트 메인 우측 상단 **[나의정보]** 클릭 ▶ **[나의 쿠폰 - 쿠폰/수강권 등록]**에 위 쿠폰번호 입력 ▶ **[마이클래스 - 모의고사]** 에서 응시 가능

* 쿠폰 유효기간: 2026년 12월 31일까지(ID당 1회에 한해 등록 가능) * 쿠폰 등록 시점 직후부터 30일 이내 PC에서 응시 가능합니다.

본 교재 인강
2만원 할인쿠폰

40F6 9F57 776E 0000

이용방법
해커스잡 사이트(ejob.Hackers.com) 접속 후 로그인 ▶
사이트 메인 우측 상단 **[나의정보]** 클릭 ▶
[나의 쿠폰 - 쿠폰/수강권 등록]에 쿠폰번호 입력 후 강의 결제 시 사용

* 쿠폰 유효기간: 2026년 12월 31일까지(ID당 1회에 한해 등록 가능)
* 본 교재 인강 외 이벤트 강의 및 프로모션 강의에는 적용 불가, 쿠폰 중복 할인 불가합니다.

김소원의 수리능력 3초 풀이법
강의 수강권

K20C 9F5B C55A 4000

이용방법
해커스잡 사이트(ejob.Hackers.com) 접속 후 로그인 ▶
사이트 메인 우측 상단 **[나의정보]** 클릭 ▶
[나의 쿠폰 - 쿠폰/수강권 등록]에 쿠폰번호 입력 ▶
[마이클래스 - 일반강좌]에서 수강 가능

* 쿠폰 유효기간: 2026년 12월 31일까지(ID당 1회에 한해 등록 가능)
* 쿠폰 등록 시점부터 30일간 수강 가능합니다.

매일 10분, 문제 풀이가 빨라지는
speed up 계산 훈련서(PDF) 열람권

KKF2 9F5E K82E D000

이용방법
해커스잡 사이트(ejob.Hackers.com) 접속 후 로그인 ▶
사이트 메인 중앙 **[교재정보 - 교재 무료자료]** 클릭 ▶
교재 확인 후 이용하길 원하는 무료자료의 **[다운로드]** 버튼 클릭 ▶
위 쿠폰번호 입력 후 다운로드

* 쿠폰 유효기간: 2026년 12월 31일까지

FREE

무료 바로 채점 및 성적 분석 서비스

▲ 모바일 채점 서비스
바로 이용

이용방법 **해커스잡 사이트(ejob.Hackers.com)** 접속 후 로그인 ▶ 사이트 메인 상단 **[교재정보 - 교재 채점 서비스]** 클릭 ▶ 교재 확인 후 채점하기 버튼 클릭

* 사용 기간: 2026년 12월 31일까지(ID당 1회에 한해 이용 가능)

* 그 외 모든 쿠폰 관련 문의는 해커스 고객센터(02-537-5000)로 연락 바랍니다.

SK 합격의 모든 것, **해커스잡 ejob.Hackers.com**

해커스 SKCT 통합 기본서

SK그룹 종합역량검사

최신기출유형+실전모의고사

해커스잡

SKCT 어떻게 준비해야 하나요?

많은 수험생들이 입사하고 싶어하는 SK그룹,
그만큼 많은 수험생이 입사 시 필수 관문인 SKCT를 어떻게 준비해야 할지 몰라 걱정합니다.

그러한 수험생들의 걱정과 막막함을 알기에 해커스는 수많은 고민을 거듭한 끝에
「해커스 SKCT SK그룹 종합역량검사 통합 기본서 최신기출유형+실전모의고사」 개정판을 출간하게 되었습니다.

「해커스 SKCT SK그룹 종합역량검사 통합 기본서 최신기출유형+실전모의고사」 개정판은

01 최신 SKCT 출제 경향이 철저히 분석·반영되어 있어, 실제 SKCT 시험을 확실히 대비할 수 있습니다.

02 기출유형공략과 실전모의고사 4회분으로 유형 학습부터 실전 연습까지 할 수 있어 단기간에 SKCT를 대비할 수 있으며, SK그룹 심층검사 합격 가이드와 실전모의고사를 수록하여 인성검사까지 대비할 수 있습니다.

03 교재 수록 모의고사 전 회차 온라인 응시 서비스로 아직 어색한 온라인 환경에 완벽 적응할 수 있습니다.

「해커스 SKCT SK그룹 종합역량검사 통합 기본서 최신기출유형+실전모의고사」라면 SKCT를 확실히 준비할 수 있습니다.

해커스와 함께 SKCT의 관문을 넘어 반드시 합격하실 "예비 SK인" 여러분께 이 책을 드립니다.

해커스 SKCT 취업교육연구소

목차

SKCT에 합격하는 다섯 가지 필승법! 6
맞춤 학습 플랜 10

SK그룹 합격 가이드

SK그룹 알아보기 12 SK그룹 채용 알아보기 13

SKCT 합격 가이드

최신 SKCT 출제 유형 알아보기 14

SKCT 필승 공략법 16 시험 당일 Tip! 17

PART 1 기출유형공략

01 언어이해

유형 1 중심 내용 파악 21
유형 2 세부 내용 파악 22
유형 3 글의 구조 파악 24
유형 4 비판/반론 26
출제예상문제 28

02 자료해석

유형 1 자료이해 49
유형 2 자료계산 51
유형 3 자료추론 52
유형 4 자료변환 54
출제예상문제 56

03 창의수리

유형 1 거리/속력/시간 77
유형 2 용액의 농도 78
유형 3 일의 양 79
유형 4 원가/정가 80
유형 5 방정식의 활용 81
유형 6 경우의 수/확률 82
출제예상문제 84

04 언어추리

유형 1 명제추리 91
유형 2 조건추리_순서/순위 92
유형 3 조건추리_위치/배치 93
유형 4 조건추리_참/거짓 진술 95
출제예상문제 96

05 수열추리

유형 1 빈칸 숫자 추론 107
유형 2 N번째 숫자 추론 108
출제예상문제 110

PART 2 실전모의고사

실전모의고사 1회

01 언어이해 118
02 자료해석 138
03 창의수리 158
04 언어추리 163
05 수열추리 174

실전모의고사 2회

01 언어이해 182
02 자료해석 202
03 창의수리 222
04 언어추리 228
05 수열추리 238

실전모의고사 3회

01 언어이해 244
02 자료해석 264
03 창의수리 284
04 언어추리 290
05 수열추리 300

실전모의고사 4회_고난도

01 언어이해 306
02 자료해석 326
03 창의수리 346
04 언어추리 352
05 수열추리 362

PART 3 심층검사

합격 가이드 370
실전모의고사 372

[책 속의 책]
약점 보완 해설집

[온라인 제공]
해커스잡 사이트(ejob.Hackers.com)
교재 수록 모의고사 전 회차
온라인 응시 서비스(응시권 수록)

SKCT에 합격하는 다섯 가지 필승법!

1 온라인 시험 한 줄 Tip과 맞춤 학습 플랜을 통해 전략적으로 실전에 대비한다!

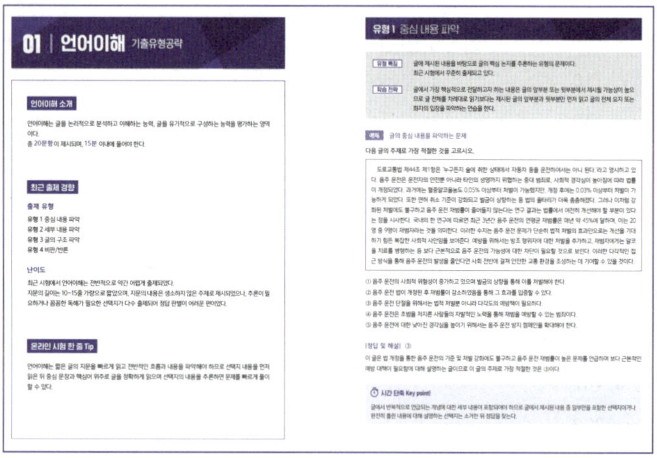

온라인 시험 한 줄 Tip

SKCT는 온라인으로 시험이 진행되므로 온라인 환경에서도 제한 시간 내에 빠르고 정확하게 문제를 풀어야 한다. 영역별 온라인 시험 한 줄 Tip을 익히고 이를 예제에 적용하여 온라인 시험 풀이 방법을 완벽하게 익힐 수 있다. 또한, 모든 예제마다 제공되는 '시간 단축 Key point!'를 통해 유형별 시간 단축 방법을 확실하게 익힐 수 있다.

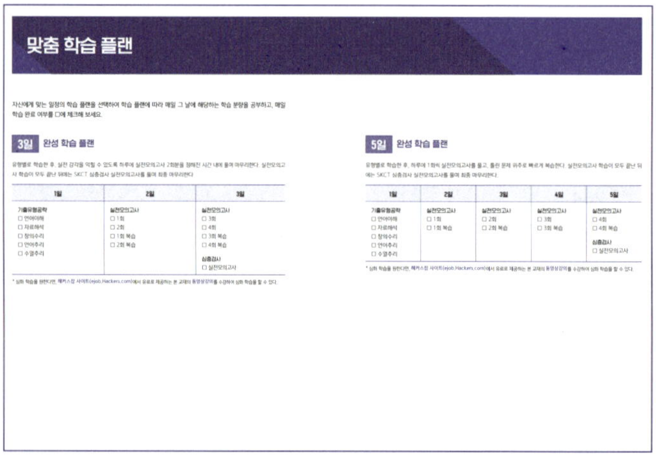

맞춤형 학습 플랜

본 교재에서 제공하는 '3일/5일 완성 학습 플랜'에 따라 학습하면 혼자서도 단기간에 유형 공략부터 교재 수록 모의고사 전 회차 온라인 응시 서비스로 실전 마무리까지 SKCT를 완벽하게 대비할 수 있다.

2 최신기출유형 공략부터 실전까지 체계적으로 학습한다!

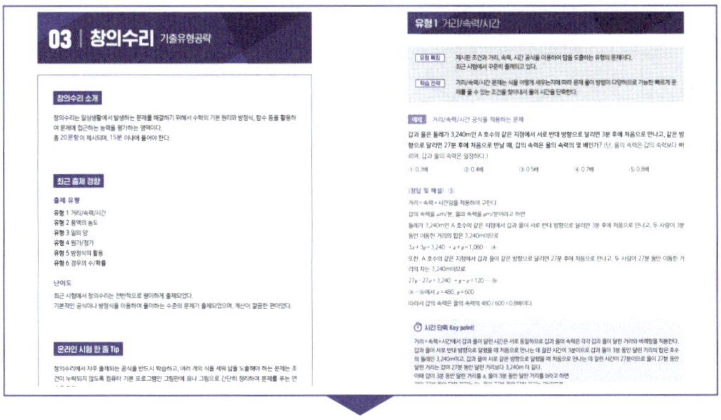

기출유형공략

SKCT 각 영역의 출제 유형과 최근 출제 경향, 유형별 학습전략과 예제 등으로 구성되어 있어 SKCT 출제 유형을 빈틈없이 파악할 수 있다.

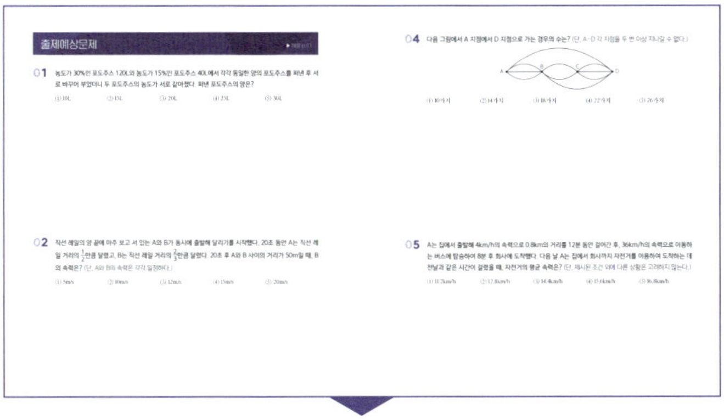

출제예상문제

유형별 문제를 집중적으로 풀어보며 유형별 공략법을 문제에 적용하는 연습을 하고, 시간 단축 연습도 할 수 있다.

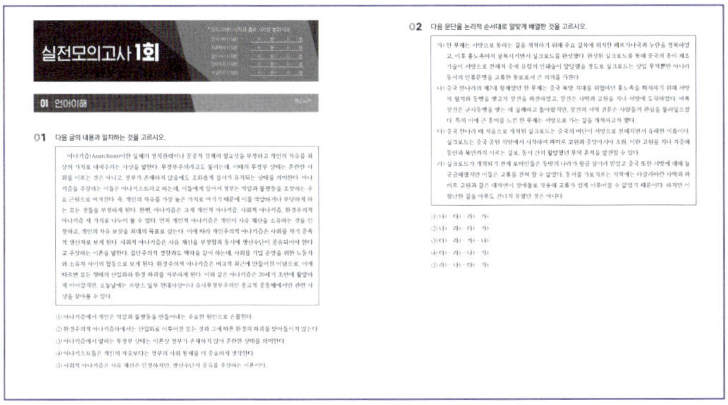

실전모의고사

온라인 시험에 대비할 수 있는 SKCT 실전모의고사 4회분을 풀어봄으로써 완벽하게 실전을 대비할 수 있다. 또한, 교재 수록 모의고사 전 회차에 대해 제공하는 온라인 응시 서비스를 통해 온라인 환경에서도 문제를 빠르게 푸는 훈련을 할 수 있다.

3 교재 수록 모의고사 전 회차 온라인 응시 서비스와 심층검사로 실전 감각을 키운다!

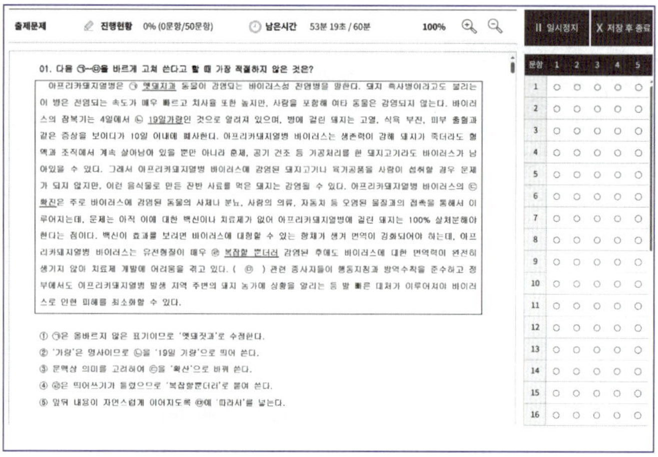

교재 수록 모의고사 전 회차 온라인 응시 서비스

교재 수록 전 회차에 대해 제공하는 온라인 응시 서비스를 풀어봄으로써 온라인 환경에 완벽하게 적응하여 실전에 대비할 수 있다.

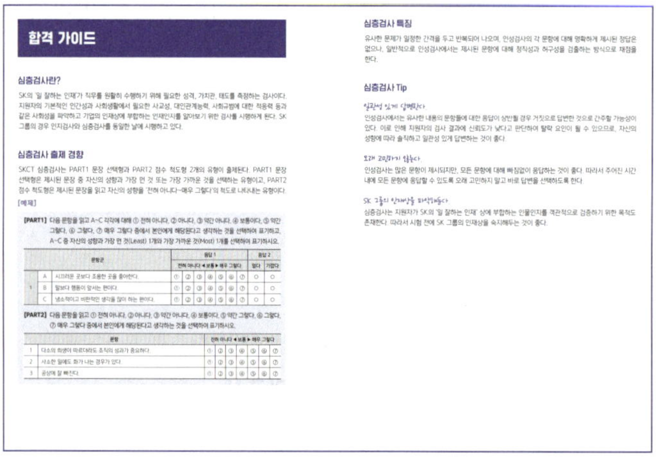

심층검사

인지검사뿐만 아니라 심층검사까지 수록하여 심층검사의 출제 경향과 Tip을 확인하고 모의 심층검사를 풀어보며 실전에 대비할 수 있다.

4 취약점을 분석하고, 상세한 해설로 빈틈없이 준비한다!

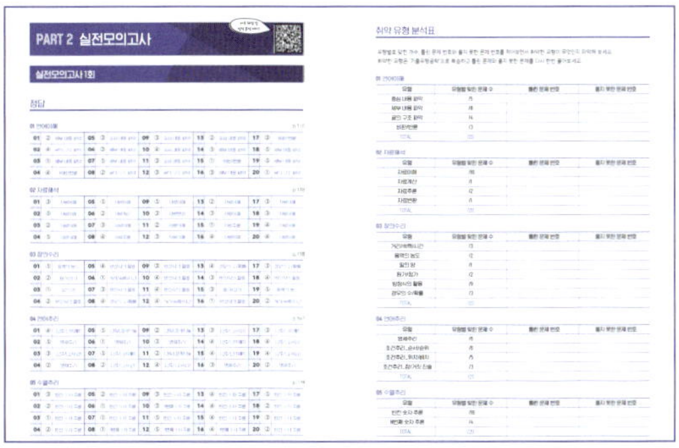

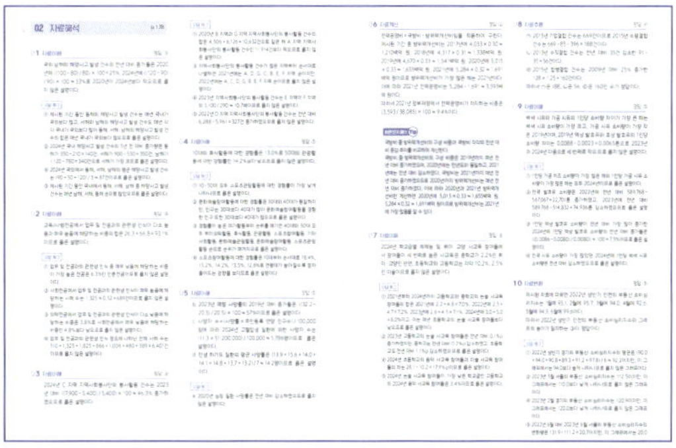

취약 유형 분석표

영역별로 취약 유형을 파악하고 '기출유형공략'으로 복습한 후, 틀린 문제나 풀지 못한 문제를 반복하여 풀면서 약점을 극복할 수 있다.

약점 보완 해설집

모든 문제에 대해 상세하고 이해하기 쉬운 해설을 수록하여 체계적으로 학습할 수 있다. 특히 자료해석과 창의수리 해설의 '빠른 문제 풀이 Tip'을 통해 복잡한 수치 계산을 빠르고 정확하게 푸는 방법까지 익힐 수 있다.

5 동영상강의를 이용하여 심화 학습을 한다! (ejob.Hackers.com)

SKCT 동영상강의

해커스잡 사이트(ejob.Hackers.com)에서 유료로 제공하는 본 교재의 동영상강의를 통해 교재 학습 효과를 극대화할 수 있다.

맞춤 학습 플랜

자신에게 맞는 일정의 학습 플랜을 선택하여 학습 플랜에 따라 매일 그 날에 해당하는 학습 분량을 공부하고, 매일 학습 완료 여부를 □에 체크해 보세요.

3일 완성 학습 플랜

유형별로 학습한 후, 실전 감각을 익힐 수 있도록 하루에 실전모의고사 2회분을 정해진 시간 내에 풀며 마무리한다. 실전모의고사 학습이 모두 끝난 뒤에는 SKCT 심층검사 실전모의고사를 풀며 최종 마무리한다.

1일	2일	3일
기출유형공략 □ 언어이해 □ 자료해석 □ 창의수리 □ 언어추리 □ 수열추리	**실전모의고사** □ 1회 □ 2회 □ 1회 복습 □ 2회 복습	**실전모의고사** □ 3회 □ 4회 □ 3회 복습 □ 4회 복습 **심층검사** □ 실전모의고사

* 심화 학습을 원한다면, **해커스잡 사이트(ejob.Hackers.com)**에서 유료로 제공하는 본 교재의 **동영상강의**를 수강하여 심화 학습을 할 수 있다.

5일 완성 학습 플랜

유형별로 학습한 후, 하루에 1회씩 실전모의고사를 풀고, 틀린 문제 위주로 빠르게 복습한다. 실전모의고사 학습이 모두 끝난 뒤에는 SKCT 심층검사 실전모의고사를 풀며 최종 마무리한다.

1일	2일	3일	4일	5일
기출유형공략 □ 언어이해 □ 자료해석 □ 창의수리 □ 언어추리 □ 수열추리	실전모의고사 □ 1회 □ 1회 복습	실전모의고사 □ 2회 □ 2회 복습	실전모의고사 □ 3회 □ 3회 복습	실전모의고사 □ 4회 □ 4회 복습 심층검사 □ 실전모의고사

* 심화 학습을 원한다면, **해커스잡 사이트(ejob.Hackers.com)**에서 유료로 제공하는 본 교재의 **동영상강의**를 수강하여 심화 학습을 할 수 있다.

SK그룹 합격 가이드

1 SK그룹 알아보기

경영철학

구성원의 지속적 행복

SK 경영의 궁극적 목적은 구성원 행복이다. SK는 구성원이 지속적으로 행복을 추구하기 위한 터전이자 기반으로서, 구성원 행복과 함께 회사를 둘러싼 이해관계자 행복을 동시에 추구해 나가며, 이를 위해 회사가 창출하는 모든 가치가 곧 사회적 가치가 된다. SK는 이해관계자 간 행복이 조화와 균형을 이루도록 노력하고, 장기적으로 지속 가능하도록 현재와 미래의 행복을 동시에 고려해야 한다.

VWBE를 통한 SUPEX 추구

구성원 전체 행복을 지속적으로 키워나가면 구성원 개인의 행복이 더 커질 수 있다는 것을 믿고 실천할 때 구성원은 자발적(Voluntarily)이고 의욕적(Willingly)인 두뇌활용(Brain Engagement)을 하게 된다.

VWBE한 구성원은 SUPEX* 추구를 통해 구성원 행복과 이해관계자 행복을 지속적으로 창출해 나간다.

* Super Excellent Level의 줄임말로 인간의 능력으로 도달할 수 있는 최고의 수준

인재상

SK가 바라는 인재상은 경영철학에 대한 확신을 바탕으로 일과 싸워서 이기는 패기를 실천하는 인재

경영 철학에 대한 확신과 VWBE를 통한 SUPEX 추구 문화로 이해관계자 행복 구현

VWBE

자발적이고(Voluntarily) 의욕적으로(Willingly) 두뇌활용(Brain Engagement)

SUPEX

인간의 능력으로 도달할 수 있는 최고의 수준인 Super Excellent 수준

CI 및 심볼마크 의미

SK

SK의 CI는 워드마크 'SK'와 심볼마크 '행복날개'의 조합으로 구성된다. '행복날개'는 SK의 DBL(Double Bottom Line) 경영의 양대 축인 사회적 가치와 경제적 가치를 동시에 추구함으로써 함께 비상하는 모습을 형상화하여 글로벌을 향한 진취적 기상과 행복 추구의 의지를 나타낸다.

<출처: SK 홈페이지>

2 SK그룹 채용 알아보기

채용전형 절차

지원서 접수 ➜ 서류전형 ➜ SKCT ➜ 면접전형 ➜ 건강검진

서류전형

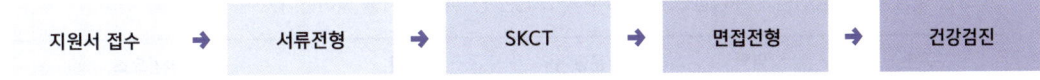

- 자기소개서 항목을 통해 지원자의 회사와 직무에 대한 관심 또는 역량을 자세히 평가하고, 이 결과에 따라 SKCT의 응시 가능 여부가 결정된다.
- 직무에 관계없이 쌓아온 인턴, 봉사활동, 자격증, 공모전, 어학성적 등을 나열하기보다는 자기소개서상에 SK에 대한 관심과 직무수행 역량을 잘 드러내야 한다.

SKCT(SK Competency Test)

- SK그룹 공통으로 적용하는 평가 방식으로, 인지역량(Critical Thinking), 실행역량(Situational Judgment), 심층역량(Work Personality)을 측정하는 검사를 의미한다.
- 인지역량은 언어 및 수/도형으로 구성된 자료를 통해 그 의미를 해석하고 수리적, 논리적으로 사고, 유추하는 능력을, 실행역량은 문제/현상에 대한 원인을 파악하고, 대안을 모색하며, 목표를 세우고 추진하는 역량을, 심층역량은 SK의 '일 잘하는 인재'가 직무를 원활히 수행하기 위해 필요한 성격, 가치관, 태도를 의미한다.

면접전형

- 면접은 지원서에 작성한 내용을 확인하고 지원자가 갖추고 있는 기본 역량과 자질을 확인하고자 하는 과정이다.
- SK 인재상 기반의 인성면접과 더불어 각 사별로 토론면접, PT면접, 심층면접 등 다양한 방식으로 각 사별 지원분야에 따라 면접 시 진행되는 방식이 다르므로 지원 단계에서부터 계열사·지원 분야별 전형 방법을 확인한 후 미리 대비할 필요가 있다.

<출처: SK 홈페이지>

SKCT 합격 가이드

1 최신 SKCT 출제 유형 알아보기

1. 시험 구성

SKCT는 객관적이고 공정한 인재영입을 위해 SK에서 도입한 인·적성 검사를 의미한다.

구분	영역	문항 수	시간	평가요소
인지검사	언어이해	20문항	15분	논리력, 분석적 사고력
	자료해석	20문항	15분	수치계산, 자료해석력
	창의수리	20문항	15분	수치계산, 논리력
	언어추리	20문항	15분	논리력, 분석적 사고력
	수열추리	20문항	15분	수치계산, 논리력
심층검사	PART1	240문항	45분	개인별 역량 또는 직업 성격적인 적합도
	PART2	150문항	25분	

2. 시험 특징

SKCT는 온라인으로 시행된다!

2023년 하반기 채용부터 SKCT는 온라인 방식으로 시행되었다. 특히 그간 인지검사는 계열사별로 다르게 시행되었으나, 2023년 하반기부터 언어이해, 자료해석, 창의수리, 언어추리, 수열추리 5개 영역에 대해 각 20문항씩 15분 이내에 풀이하는 것으로 변경되었다. SKCT 시행 프로그램 내에 메모장과 계산기가 준비되어 있어 프로그램 내의 메모장과 계산기를 사용할 수 있으나, 종이와 펜을 이용한 문제 풀이는 불가하여 PC로만 문제 풀이를 해야 한다. 특히 다음 문제로 건너 뛰는 것은 가능하나 건너 뛴 문제로 다시 돌아갈 수는 없고, 답안 수정도 불가능하므로 빠르면서도 신중하게 문제를 풀이하여 정확도를 높여야 한다.

심층검사도 인지검사만큼 중요하다!

심층검사의 경우 정답이 있는 검사는 아니지만, SK의 '일 잘하는 인재'가 될 자질을 갖춘 인재가 맞는지를 확인하는 중요한 평가이다. 이에 따라 직무를 원활히 수행할 수 있는 성격, 가치관, 태도를 지녔는지를 평가하게 되며, 심층검사 결과는 추후 진행될 면접 평가의 기반이 되기도 하므로 꾸며서 응답하는 것은 금물이다. 평소의 자신이 행동하고 생각하는 대로 최대한 솔직하게 응답하되 빈칸으로 남겨두는 문제가 없도록 시간 내에 모든 응답을 마쳐야 한다.

3. SKCT 인지검사 시험 출제 유형

구분	문제 유형	유형 설명	한 문항당 풀이 시간
언어이해 (총 20문항)	중심 내용 파악	제시된 글의 중심 내용 또는 필자의 의도를 판단하는 문제	약 45초
	세부 내용 파악	제시된 글을 바탕으로 추론한 내용의 진위를 판단하는 문제	
	글의 구조 파악	제시된 글의 구조를 파악해 글의 순서를 파악하는 문제	
	비판/반론	제시된 글의 주장에 대해 비판 및 반론을 제기하는 문제	
자료해석 (총 20문항)	자료이해	제시된 자료에 있는 항목을 분석하는 문제	
	자료계산	제시된 자료에 있는 항목을 이용하여 계산하는 문제	
	자료추론	제시된 자료의 항목을 유추하여 빈칸을 채우는 문제	
	자료변환	제시된 자료의 항목을 활용하여 다른 형태의 자료로 바꾸는 문제	
창의수리 (총 20문항)	거리/속력/시간	제시된 조건과 거리/속력/시간 공식을 이용하여 계산하는 문제	
	용액의 농도	제시된 조건과 용액의 농도 공식을 이용하여 계산하는 문제	
	일의 양	제시된 조건과 시간에 따른 작업량 공식을 이용하여 계산하는 문제	
	원가/정가	제시된 조건과 가격에 관련된 공식을 이용하여 계산하는 문제	
	방정식의 활용	제시된 조건으로 방정식을 세워 계산하는 문제	
	경우의 수/확률	제시된 조건과 경우의 수/확률 공식을 이용하여 계산하는 문제	
언어추리 (총 20문항)	명제추리	제시된 명제를 토대로 올바른 전제 또는 결론을 도출하는 문제	
	조건추리_ 순서/순위	제시된 조건을 토대로 순서/순위를 파악하여 특정 대상을 도출하거나 결론의 옳고 그름을 판단하는 문제	
	조건추리_ 위치/배치	제시된 조건을 토대로 위치/배치를 파악하여 특정 대상을 도출하거나 결론의 옳고 그름을 판단하는 문제	
	조건추리_ 참/거짓 진술	제시된 조건을 토대로 참/거짓 진술하는 사람을 파악하여 특정 대상을 도출하거나 결론의 옳고 그름을 판단하는 문제	
수열추리 (총 20문항)	빈칸 숫자 추론	제시된 수열의 규칙을 파악하여 빈칸에 들어갈 숫자를 도출하는 문제	
	N번째 숫자 추론	제시된 수열의 규칙을 파악하여 N번째 항의 숫자를 도출하는 문제	

* 2024년 하반기 SKCT 인지검사 기준

2 SKCT 필승 공략법

1. 최신 출제 문제 유형 위주로 학습한다.

최근 출제 경향을 살펴보면 대부분은 삼성, LG 등의 기업에서 출제된 일반적인 인적성 검사 유형이 출제되었다. 따라서 영역별로 출제되는 문제 유형 위주로 학습하되 문제 풀이 속도와 정확도를 높이는 연습을 해야 한다.

2. 논리적 판단 능력 및 추리를 통한 사고 능력을 기른다.

SKCT는 제시되는 글이나 자료의 길이는 길지 않지만, 자료를 빠르게 분석한 후 논리적으로 판단하거나 추리를 통해 결과를 유추하는 논리력과 사고력을 요구하는 문제가 출제된다. 따라서 평소에 다양한 자료로 구성된 문제를 읽고 풀어보면서 내용을 빠르게 분석하고 이해하는 연습을 하는 것이 좋다.

3. 시간 관리 연습을 한다.

SKCT는 개별 문제를 약 45초 이내에 풀어야 하기 때문에 문항 수 대비 풀이 시간이 매우 짧은 편이다. 이에 따라 실제 시험에서 모든 문제를 풀어내려면 평소에도 실전과 동일한 제한 시간을 두고 문제 푸는 연습을 해야 한다. 또한, 취약한 유형은 반복적으로 학습해 문제 풀이 시간을 단축하는 연습을 해야 하며, 컴퓨터로 메모장 및 계산기를 이용하는 방법을 미리 연습하여 온라인 시험 환경에서도 빠르게 문제를 풀 수 있는 연습을 한다.

4. 교재 내 수록 모의고사 전 회차 온라인 응시 서비스로 실전에 대비한다.

온라인 시험 특성상 단순히 문제를 풀이하는 것 외에도 여러 가지 변수가 발생할 수 있기 때문에 온라인으로 모의고사를 푸는 연습을 하여 보다 철저히 시험에 대비하는 것이 좋다.

3 시험 당일 Tip!

1. 시험 응시 당일 유의사항

- 시험 응시 장소는 다른 사람과 접촉할 수 없는 공간이면서 시험을 응시할 수 있는 독립된 공간이어야 한다.
- 태블릿PC 및 모바일 응시는 불가능하므로 노트북 또는 데스크탑, 웹캠, 헤드셋, 키보드, 마우스를 미리 준비해야 한다.
  * 헤드셋 대신 의사소통을 할 수 있는 장치(마이크가 부착된 이어폰 등) 활용하는 것도 가능함
- 시험 응시 전 웹캠으로 신분증을 찍어 감독관에게 인증해야 하므로 주민등록증, 운전면허증, 유효 기간 내 여권, 외국인등록증과 같은 신분증을 미리 준비해야 한다.
- 감독관의 얼굴은 볼 수 없지만, 감독관은 응시자를 볼 수 있으므로 가급적 단정한 모습으로 응시하여야 한다.
- 응시 10분 전부터 검사가 종료될 때까지 응시 장소를 벗어나는 것은 원칙적으로 불가능하며, 응시 중 타인의 출입, 문제 메모 등 부정행위가 발생할 경우 불이익을 받을 수 있다.
- 시험 응시 시 화면에서 제공하는 메모장과 계산기 외에 필기도구 등은 사용할 수 없으므로 불이익을 받지 않도록 유의해야 한다.

2. 합격을 위한 Tip

- 별도의 시간 안내 방송은 없으며, 화면에 남은 시간이 제시된다.
- 화면에서 제공하는 메모장에는 타자를 치거나 마우스로 드로잉을 하는 것 모두 가능하다.
- 문제를 풀지 않고 다음 문제로 넘어갈 수 있지만, 이전 문제로 다시 되돌아가거나 정답을 수정할 수 없으므로 신중하게 풀이해야 한다.
- 난이도가 낮더라도 방심할 경우 실수를 할 수 있으니 빠르게 문제를 풀되 누락하거나 놓치는 사항이 없는지 꼼꼼히 확인한 뒤 다음 문제로 넘어간다.

PART 1

기출유형공략

01 언어이해
02 자료해석
03 창의수리
04 언어추리
05 수열추리

01 | 언어이해 기출유형공략

언어이해 소개

언어이해는 글을 논리적으로 분석하고 이해하는 능력, 글을 유기적으로 구성하는 능력을 평가하는 영역이다.

총 **20문항**이 제시되며, **15분** 이내에 풀어야 한다.

최근 출제 경향

출제 유형

유형 1 중심 내용 파악
유형 2 세부 내용 파악
유형 3 글의 구조 파악
유형 4 비판/반론

난이도

최근 시험에서 언어이해는 전반적으로 약간 어렵게 출제되었다.

지문의 길이는 10~15줄 가량으로 짧았으며, 지문의 내용은 생소하지 않은 주제로 제시되었으나, 추론이 필요하거나 꼼꼼한 독해가 필요한 선택지가 다수 출제되어 정답 판별이 어려운 편이었다.

온라인 시험 한 줄 Tip

언어이해는 짧은 글의 지문을 빠르게 읽고 전반적인 흐름과 내용을 파악해야 하므로 선택지 내용을 먼저 읽은 뒤 중심 문장과 핵심어 위주로 글을 정확하게 읽으며 선택지의 내용을 추론하면 문제를 빠르게 풀이할 수 있다.

유형 1 중심 내용 파악

유형 특징 글에 제시된 내용을 바탕으로 글의 핵심 논지를 추론하는 유형의 문제이다.
최근 시험에서 꾸준히 출제되고 있다.

학습 전략 글에서 가장 핵심적으로 전달하고자 하는 내용은 글의 앞부분 또는 뒷부분에서 제시될 가능성이 높으므로 글 전체를 차례대로 읽기보다는 제시된 글의 앞부분과 뒷부분만 먼저 읽고 글의 전체 요지 또는 화자의 입장을 파악하는 연습을 한다.

예제 글의 중심 내용을 파악하는 문제

다음 글의 주제로 가장 적절한 것을 고르시오.

도로교통법 제44조 제1항은 '누구든지 술에 취한 상태에서 자동차 등을 운전하여서는 아니 된다.'라고 명시하고 있다. 음주 운전은 운전자의 안전뿐 아니라 타인의 생명까지 위협하는 중대 범죄로, 사회적 경각심이 높아짐에 따라 법률이 개정되었다. 과거에는 혈중알코올농도 0.05% 이상부터 처벌이 가능했지만, 개정 후에는 0.03% 이상부터 처벌이 가능하게 되었다. 또한 면허 취소 기준이 강화되고 벌금이 상향하는 등 법의 울타리가 더욱 촘촘해졌다. 그러나 이처럼 강화된 처벌에도 불구하고 음주 운전 재범률이 줄어들지 않는다는 연구 결과는 법률에서 여전히 개선해야 할 부분이 있다는 점을 시사한다. 국내의 한 연구에 따르면 최근 3년간 음주 운전의 연평균 재범률은 매년 약 45%에 달하며, 이는 20명 중 9명이 재범자라는 것을 의미한다. 이러한 수치는 음주 운전 문제가 단순히 법적 처벌의 효과만으로는 개선을 기대하기 힘든 복잡한 사회적 사안임을 보여준다. 예방을 위해서는 방조 행위자에 대한 처벌을 추가하고, 재범자에게는 알코올 치료를 병행하는 등 보다 근본적으로 음주 운전의 가능성에 대한 차단이 필요할 것으로 보인다. 이러한 다각적인 접근 방식을 통해 음주 운전의 발생을 줄인다면 사회 전반에 걸쳐 안전한 교통 환경을 조성하는 데 기여할 수 있을 것이다.

① 음주 운전의 사회적 위험성이 증가하고 있으며 벌금의 상향을 통해 이를 처벌해야 한다.
② 음주 운전 법이 개정된 후 재범률이 감소하였음을 통해 그 효과를 입증할 수 있다.
③ 음주 운전 단절을 위해서는 법적 처벌뿐 아니라 다각도의 예방책이 필요하다.
④ 음주 운전은 초범을 저지른 사람들의 자발적인 노력을 통해 재범을 예방할 수 있는 범죄이다.
⑤ 음주 운전에 대한 낮아진 경각심을 높이기 위해서는 음주 운전 방지 캠페인을 확대해야 한다.

|정답 및 해설| ③

이 글은 법 개정을 통한 음주 운전의 기준 및 처벌 강화에도 불구하고 음주 운전 재범률이 높은 문제를 언급하며 보다 근본적인 예방 대책이 필요함에 대해 설명하는 글이므로 이 글의 주제로 가장 적절한 것은 ③이다.

시간 단축 Key point!

글에서 반복적으로 언급되는 개념에 대한 세부 내용이 포함되어야 하므로 글에서 제시된 내용 중 일부만을 포함한 선택지이거나 완전히 틀린 내용에 대해 설명하는 선택지는 소거한 뒤 정답을 찾는다.

유형 2 세부 내용 파악

유형 특징 글에서 나온 정보를 바탕으로 세부적인 내용의 옳고 그름을 추론하는 유형의 문제이다. 최근 시험에서 언어이해 영역 중 가장 높은 비중으로 출제되었다.

학습 전략 세부 내용 파악 문제는 선택지를 먼저 읽고 핵심어를 추려낸 뒤 글을 빠르게 훑어보며 핵심어 관련 내용을 글에서 찾아 선택지의 내용과 대조하여 일치 여부를 파악하는 방법으로 풀이해야 하므로 평소 다양한 주제의 글을 읽으며 핵심어를 중심으로 글의 내용을 파악하는 연습을 한다.

예제 글의 세부 내용을 파악하는 문제

다음 글의 내용과 일치하는 것을 고르시오.

니체의 철학에 의하면 예술은 '아폴론적인 것'과 '디오니소스적인 것' 두 요소의 이중성을 통해 전개된다. 아폴론은 태양과 빛의 신으로 질서, 형식, 조화를 상징하며, 예술에서의 아폴론적인 것은 완벽함과 합리성의 진리를 지향한다. 이러한 예술은 건축, 조각, 회화와 같은 수학적 비례에 입각한 양식으로 표현된다. 반면, 디오니소스는 광란의 신으로 풍요, 황홀, 쾌락을 상징하며, 예술에서의 디오니소스적인 것은 인간과 예술 사이의 경계를 허무는 자유분방함을 추구한다. 이러한 예술은 음악을 통해 가장 잘 드러나며, 인간의 이성보다는 본성을 탐구하는 세계를 나타낸다. 니체는 예술의 두 요소가 서로 상반되어 보이지만, 이들이 투쟁하고 화해하며 서사시, 서정시 등의 다양한 장르를 만들었다고 말한다. 특히 그의 이론에 따르면 두 가지 요소의 균형이 잘 드러나는 예술이 바로 그리스 비극이다. 그리스 비극은 정교한 무대 구성, 대사, 연기를 보여줌과 동시에 인간의 자유롭고 충동적인 감정에 기반하는 내용을 담고 있다. 두 요소의 융합은 진정한 예술의 경지를 이루며 이를 감상하는 관객은 깊은 감정적 체험에 도달한다. 다만 예술을 경험한다고 하여 궁극적으로 인간이 예술을 소유할 수는 없다. 니체의 철학은 이중성과 균형을 통해 인간 존재의 본질을 탐구하며, 예술이 우리의 삶을 영위하는 데에 어떠한 의미를 가지는지 성찰하게 한다.

① 아폴론적인 것은 음악을 통해 가장 잘 표현된다.
② 그리스 비극은 이중적인 요소를 결합하여 감정적 체험을 제공한다.
③ 디오니소스적인 것은 완벽함과 합리성을 중시한다.
④ 서정시는 아폴론적인 것의 요소만으로 만들어진 장르이다.
⑤ 예술에서의 진정한 경지에 이르기 위해서는 예술을 소유해야 한다.

|정답 및 해설| ②

그리스 비극은 아폴론적인 것과 디오니소스적인 것을 결합하여, 정교한 무대 구성, 대사, 연기를 보여주며 동시에 인간의 자유롭고 충동적인 감정에 기반하는 내용을 담고 있다고 하였으며, 두 요소를 융합한 예술을 감상하는 관객은 감정적 체험에 도달한다고 하였으므로 그리스 비극은 이중적인 요소를 결합하여 감정적 체험을 제공함을 알 수 있다.

① 아폴론적인 것은 건축, 조각, 회화로 표현되고, 디오니소스적인 것은 음악을 통해 드러난다고 하였으므로 적절하지 않은 내용이다.

③ 완벽함과 합리성의 진리를 지향하는 것은 예술에서의 아폴론적인 것이라고 하였으므로 적절하지 않은 내용이다.

④ 예술의 두 요소가 투쟁하고 화해하며 서사시, 서정시 등의 장르를 만들었다고 하였으므로 적절하지 않은 내용이다.

⑤ 예술을 경험한다고 하여 궁극적으로 인간이 예술을 소유할 수는 없다고 하였으므로 적절하지 않은 내용이다.

시간 단축 Key point!

글에서 두 가지 이상의 키워드가 등장할 경우 각 키워드에 맞는 특징을 정리하여 일치하지 않는 선택지를 소거해 나가는 것이 중요하다.

유형 3 글의 구조 파악

유형 특징 글의 논리적 흐름과 구조를 정확히 파악하는 유형의 문제이다.
최근 시험에서 출제 비중이 낮은 편이지만, 꾸준히 출제되고 있다.

학습 전략 문제에 제시된 글이나 일상에서 접하는 다양한 글을 읽으며 글의 논지 전개 방식을 파악하고 논리적 구조를 분석하는 연습을 한다.

예제 글의 논리적 흐름과 구조를 파악하는 문제

다음 문단을 논리적 순서대로 알맞게 배열한 것을 고르시오.

가) 반면, 반복적인 자극에 대해 대뇌가 이를 기억하여 일어나는 학습된 반응은 무의식적 반응 중 조건 반사이다. 조건 반사의 대표적인 실험은 바로 파블로프의 개 실험이다. 파블로프는 개에게 음식과 함께 종소리를 들려주고 이를 반복하였다. 결과적으로는 개가 종소리만 듣고도 침을 흘리는 반응을 보였으며 자극과 반응의 연관성을 통해 조건 반사가 어떻게 이루어지는지를 증명하였다.

나) 먼저, 무조건 반사는 대뇌와 관련 없이 일어나는 반응으로 학습이나 경험 없이도 자극에 대해 반사적으로 발생하는 행동이다. 일반적으로 외부의 자극을 받으면 자극이 신경을 통하여 대뇌로 전달되고, 운동 기관에서 반응을 나타내기 때문에 행동으로 이어지기까지 시간이 걸린다. 그러나 뜨거운 물체에 손이 닿았을 때와 같이 위급한 상황이 발생할 경우 즉각적인 신체 반응이 이루어져야 한다.

다) 피부의 온도 수용체가 뜨거운 물체의 높은 온도를 감지하면 이 자극은 감각 신경을 통해 척수로 전달된다. 척수에서는 곧바로 반사 회로가 작동하여 감각 신경의 신호가 운동 신경으로 이어지고, 운동 신경이 활성화되어 손 근육에 신호를 보내 행동이 이루어진다. 이처럼 대뇌를 거치지 않고 직접 척수에서 반응이 이루어지는 반사는 반응 경로가 짧아 의식적인 반응보다 더 빠르다.

라) 횡단보도에서 어떤 교통 신호에 길을 건너야 할지, 방문을 열 때 어떤 방향으로 손잡이를 돌려야 할지 의도적으로 생각하고 판단한 후에 이를 실행하고자 하는 것은 의식적 반응이라 한다. 이는 개인의 경험, 지식, 감정 등을 바탕으로 하며, 상황을 분석하고 결정하여 행동으로 옮기는 데에 중요한 역할을 한다.

마) 의식적 반응에 의지가 관여한다면, 무의식적 반응, 즉 반사는 특정 자극에 대해 자동적으로 일어나는 신체적 반응이다. 자신이 어떤 행동을 하는지 인식하기 전에 자연스럽게 일어나며 주로 신경계의 반응 메커니즘에 의해 조절된다. 무의식적 반응은 대뇌가 관여하는지 여부에 따라 두 가지 유형으로 구분된다.

① 나) - 가) - 라) - 다) - 마)
② 나) - 라) - 마) - 다) - 가)
③ 라) - 나) - 가) - 마) - 다)
④ 라) - 다) - 마) - 가) - 나)
⑤ 라) - 마) - 나) - 다) - 가)

|정답 및 해설| ⑤

이 글은 신체 반응이 자신의 의지로 발생하는지에 따라 의식적 반응과 무의식적 반응으로 구분되고, 무의식적 반응은 대뇌가 관여하는지 여부에 따라 무조건 반사와 조건 반사로 구분됨을 설명하는 글이다.

따라서 '라) 의식적 반응 → 마) 무의식적 반응 → 나) 무의식적 반응 중 무조건 반사(1) → 다) 무의식적 반응 중 무조건 반사(2) → 가) 무의식적 반응 중 조건 반사' 순으로 배열해야 한다.

시간 단축 Key point!

선택지에서 첫 문단으로 제시된 나, 라 문단 중 접속부사로 시작하는 나 문단을 제외하면 첫 문단은 라 문단이라는 것을 파악한 후, 문단의 마지막 문장이 어떤 문단의 첫 문장과 논리적으로 연결되는지를 판단하여 배열해야 한다.

유형 4 비판/반론

유형 특징 글에 제시된 주장에 대해 근거의 허점을 진술하거나 반례를 들어 반박하는 진술을 찾는 유형의 문제이다.
최근 시험에서 꾸준히 출제되고 있다.

학습 전략 필자의 핵심 주장과 근거를 파악한 후, 주장에 나타난 허점을 찾아 타당한 반론을 제시하는 선택지를 찾는다.

예제 주장에 대해 비판하거나 반박하는 문제

다음 주장에 대한 반박으로 가장 타당한 것을 고르시오.

검정, 빨강과 같이 색을 의미하는 단어를 모두 검은색으로 쓴 뒤 사람들에게 읽도록 하면 요청을 받은 사람들 모두 해당 단어를 지체 없이 빠르게 읽어낼 것이다. 그렇다면 색을 의미하는 단어를 그 단어와 관계없는 색으로 쓴 뒤 사람들에게 읽도록 했을 때의 반응 속도는 어떻게 될까? 아마 사람들이 단어의 색을 맞히는데 걸린 시간은 전자의 요청보다 오래 걸릴 것이다. 1935년 미국의 심리학자인 존 리들리 스트룹에 의해 진행된 이 실험은 인간이 단어의 의미와 색상이 일치하지 않은 자극을 보고 그 자극의 색을 말할 때가 일치하는 자극을 보고 말할 때보다 반응 시간이 늦어진다는 점을 시사한다. 스트룹 효과라고 부르는 이 현상은 사람이 무의식적으로 단어의 의미를 판단하기 때문에 발생한다. 예컨대 빨간색으로 쓰인 '검정'이란 단어를 보았을 때 사람은 그 단어의 의미인 검정은 무시하고 빨간색에 인지적으로 주의를 기울인다는 점에서 부가적인 정보 처리 시간으로 인해 반응 속도가 늦어지게 된다. 즉, 우리가 의식적으로 처리해야 하는 자극에 대한 반응 속도는 자동으로 처리 가능한 자극의 반응 속도 대비 지체될 수밖에 없다.

① 스트룹이 진행한 실험은 1935년에 시행되었다는 점에서 실험 결과를 신뢰해도 되는지 여부를 판단하기 어렵다.
② 사람이 단어의 의미와 색상이 일치하는 자극에 대해 빠르게 반응하는 이유는 의식하지 않고 단어의 의미를 판단하기 때문이다.
③ 스트룹의 실험은 색을 의미하는 단어를 제시하고 그에 대한 판단 결과를 본다는 점에서 표본이 한정적이라 실제로 사람이 무의식적으로 단어의 의미를 판단한다고는 할 수 없다.
④ 익숙하지 않은 행위더라도 반복적 학습을 거치면 자동으로 처리되는 자극보다 빨리 처리할 수 있다.
⑤ 사람이 특정 자극을 처리하고자 할 때 기존에 자신이 알고 있던 정보 외에 부수적인 정보도 필요하다면 자극 처리 시간이 오래 소요될 수밖에 없다.

|정답 및 해설| ④

제시된 글의 필자는 존 리들리 스트룹의 실험을 통해 사람이 단어의 의미를 무의식적으로 판단하는 스트룹 효과를 확인할 수 있었으며, 사람이 부가적인 정보로 인해 의식적으로 처리해야 하는 자극에 대한 반응 속도는 자동으로 처리할 수 있는 자극의 반응 속도와 비교하면 늦어질 수밖에 없다고 주장하고 있다.

따라서 익숙하지 않은 행동에 대한 반복적인 학습이 이루어지는 경우 자동으로 처리되는 자극보다 빨리 처리할 수 있다는 반박이 타당하다.

시간 단축 Key point!

필자와 같은 주장을 하거나 핵심 주장이 아닌 일부 내용에 대해서만 반박을 하는 선택지는 소거한 뒤 정답을 찾는다.

출제예상문제

▶ 해설 p.2

01 다음 글의 내용과 일치하지 않는 것을 고르시오.

프로이트의 이론에 따르면 개인의 성격 구조는 원초아, 자아, 초자아로 이루어진다. 원초아는 본능과 욕망의 세계로, 즉각적인 쾌락을 추구하며 사회적 규범의 외부에 존재한다. 이에 반해 자아는 현실과 접촉하며 원초아의 충동을 조절하는 이성과 분별의 역할을 한다. 초자아는 인간 내면의 윤리적, 도덕적, 이상적인 면을 의미하며 자아로 하여금 옳은 판단을 내리게 하고, 잘못된 행동에 대해 죄책감을 느끼게 한다. 초자아는 잘못을 저질렀을 때 자신에게 주는 비판적 평가 혹은 죄의식인 양심과 긍정적인 행동을 했을 때 스스로 자긍심을 느끼는 자아이상으로 나뉜다. 프로이트는 자아가 현실적인 판단을 바탕으로 행동하며, 원초아의 욕망과 초자아의 도덕적 요구 사이에서 균형을 맞추려 노력하지만 이를 실패할 경우 명확한 대상 없이 두려움을 느끼는 불안이라는 감정이 발현된다고 주장한다. 불안은 세 가지로 구분된다. 현실적 불안은 외부의 실제적인 위협에 대한 반응으로 자아가 현실적인 상황을 인식하고 대처할 때 발생한다. 신경증적 불안은 원초아의 충동이 자아의 통제를 벗어날까 두려워하는 경우로 자아가 본능적 위협을 감지할 때 발생하며 과도할 경우 정신병으로 발전하기도 한다. 마지막으로 도덕적 불안은 자신의 양심에 대한 두려움으로 자아와 초자아 간 갈등에서 비롯되며 과도할 경우 신경쇠약에 이르기도 한다.

① 현실적 불안은 자아가 외부의 위협을 인식하고 이를 처리하기 위해 노력할 때 나타나는 감정이다.

② 개인의 성격 구조에는 스스로에게 주는 비판적 평가 혹은 죄의식도 포함된다.

③ 원초아는 즉각적인 쾌락을 추구하는 본능적 부분으로서 사회적 규범과는 무관하게 작용한다.

④ 본능이 이성을 벗어날까 두려워하는 갈등이 과도할 경우 정신병으로 발전하기도 한다.

⑤ 자아는 비현실적인 판단을 바탕으로 행동하며 욕망과 도덕적 요구 사이에서 균형을 맞춘다.

02 다음 글을 읽고 추론한 내용으로 가장 적절하지 않은 것을 고르시오.

음료에 들어 있는 카페인은 교감신경계를 자극해 피로와 스트레스를 해소하는 데에 도움이 된다. 하지만 과도한 카페인 섭취는 두통, 불면증, 혈압 상승, 역류성 식도염 등 각종 부작용을 초래한다. 게다가 카페인은 중독성이 있어 평소보다 적은 양을 섭취하거나 섭취를 중단하면 피로감, 두통, 신경과민, 우울증 등과 같은 금단 현상이 나타날 수 있다. 이에 따라 디카페인 커피에 대한 수요가 늘고 있다. 디카페인 커피란 카페인 성분을 97% 이상 제거한 커피로, 커피의 맛과 향은 그대로 유지되면서 카페인이 주는 부작용은 피할 수 있는 장점이 있다. 커피의 카페인을 제거하는 방법에는 여러 가지가 있는데, 그중 물을 이용하는 방법이 가장 보편적이다. 먼저 볶지 않은 커피콩을 따뜻한 물에 담가둔다. 그러면 카페인을 포함한 수용성 화학물질이 물에 우러나게 되는데, 이를 활성탄소가 채워진 관에 통과시키면 카페인은 분리되고 커피의 맛과 향을 결정짓는 요소들만 남은 디카페인 용액이 생성된다. 다시 이 용액에 새로운 커피콩을 넣으면 카페인을 제외한 다른 물질들은 이미 포화 상태이므로 카페인만 녹아 나오게 된다. 이러한 과정을 거친 콩을 말리고 볶으면 디카페인 커피콩이 탄생한다. 한편 물 이외의 용매를 사용하여 디카페인 커피를 만들 수도 있다. 예전에는 볶지 않은 생커피콩을 증기로 찐 후 이염화메탄으로 씻어 카페인을 추출하기도 했다. 그러나 이염화메탄은 독성 물질이기 때문에 최근에는 거의 사용되지 않으며, 그 대신 이산화탄소가 각광받고 있다. 이산화탄소의 기압과 온도를 조절하면 액체와 기체의 중간 상태인 초임계 유체가 되는데, 이를 이용해 카페인을 추출하는 것이다. 이렇게 만들어진 커피콩은 볶는 과정에서 이산화탄소가 기체로 증발하여 사라지게 된다.

① 디카페인 커피를 마시더라도 미량의 카페인을 섭취하게 될 수 있다.
② 카페인이 수용성 물질이라는 점을 이용해 디카페인 커피를 만드는 방법이 있다.
③ 장기간 다량의 커피를 마시던 사람이 커피 섭취량을 줄이면 두통이 생길 수 있다.
④ 디카페인 커피를 만들려면 커피콩을 볶기 전에 카페인을 추출해야 한다.
⑤ 이산화탄소를 이용해 카페인을 제거하면 최종 생성물인 커피에 용매가 잔류하게 된다.

03 다음 주장에 대한 반박으로 가장 타당한 것을 고르시오.

> 자율주행차의 도입이 가속화되면서, 안전성과 윤리적 가치에 대한 논의가 활발히 이루어지고 있다. 특히 '트롤리 딜레마'는 자율주행차가 직면할 수 있는 윤리적 갈등의 대표적인 사례로 자주 언급된다. 이는 자동차의 급제동 장치가 고장 났을 때 운전자와 보행자 중 한 명만 구할 수 있는 상황일 경우 인공지능은 어떤 선택을 해야 하는가에 대한 논제이다. 자율주행차 시스템이 운전자의 안전을 최우선으로 하는 결정을 내릴 경우 보행자의 생명을 경시한다는 반발을 불러올 것이다. 그렇다고 운전자보다 보행자의 생명을 우선하는 차량은 소비자의 선택을 받기 힘들 것이다. 트롤리 딜레마와 관련된 사회적 합의는 아직 이루어지지 않았지만, 근본적으로 이는 극단적 상황을 가정한 비현실적인 질문이라고 볼 수 있다. 자율주행차의 센서는 충돌 가능성이 있는 상황이 감지될 경우 인간보다 훨씬 빠르게 반응하기 때문에 이분법적 결정을 내릴 상황에 놓일 확률이 매우 적다. 또한 충돌이 불가피한 경우라 하더라도 안전벨트를 조이거나 에어백을 작동시키는 등 운전자를 보호하기 위한 다양한 조치가 내재되어 있으며 이는 기술의 발달로 인해 더욱 보완될 것이다. 트롤리 딜레마와 같은 이론적인 논의보다는 직면할 수 있는 문제에 대한 유의미한 기술적 논의를 진행하여 자율주행차의 상용화에 집중해야 한다.

① 인공지능의 윤리적 판단은 인간의 도덕적 가치관을 완전히 대체할 수 있다.

② 트롤리 딜레마는 자율주행차의 윤리적 가치에 대한 기준을 단순화하는 데 도움이 된다.

③ 자율주행차의 인공지능은 성별, 나이, 인종 등을 기준으로 우선순위를 정해 놓은 가이드라인을 내재해야 한다.

④ 자율주행차의 상용화를 위해서는 실현 가능성이 없는 상황에 대한 논의보다 기술적 진보를 위한 연구가 더 유의미하다.

⑤ 자율주행차의 기술적 발전에 치중된 연구는 윤리적 기준의 확립을 소홀히 할 위험이 있다.

04 다음 문장을 논리적 순서대로 알맞게 배열한 것을 고르시오.

가) 인터넷 중독에 빠지게 되면 시간관념이 무너지고 현실의 삶에 지루함을 느껴 학생은 학업을, 직장인은 업무를 소홀히 하는 등 현실 세계에서 해야 할 일들을 등한시하게 된다.

나) 인터넷 중독의 주요 원인으로 꼽히는 것은 인간의 본질적 특성으로, 인간이 본능적으로 자극을 추구하기 때문에 새롭고 다양한 자극이 끊임없이 쏟아지는 인터넷에 중독되기 쉽다고 전문가들은 전한다.

다) 사회적 문제로 대두한 지 오래인 인터넷 중독은 지나치게 오랜 시간 인터넷을 사용하고 이에 몰두함에 따라 여러 금단 증상과 내성이 나타나는 것을 의미한다.

라) 더 큰 문제는 이로 인한 죄의식이나 좌절감 때문에 우울증과 같은 다른 정신질환이 유발될 수 있으며, 인터넷 과몰입 때문에 대인관계가 악화될 가능성도 커진다는 점이다.

마) 이처럼 다양한 위험성을 내포한 인터넷 중독은 한번 빠지면 개인의 의지로는 헤어나오기가 쉽지 않으므로 주변 사람들이 인터넷 중독자들을 도와 그들이 인터넷 중독을 극복하고 사회에 적응할 수 있도록 해야 한다.

① 가) - 나) - 다) - 라) - 마)
② 가) - 다) - 나) - 마) - 라)
③ 다) - 나) - 가) - 라) - 마)
④ 다) - 라) - 마) - 가) - 나)
⑤ 마) - 나) - 가) - 라) - 다)

05 다음 글의 내용과 일치하는 것을 고르시오.

뉴질랜드 심리학자 제임스 플린은 미군 신병 지원자들의 평균 IQ(지능 지수)가 10년마다 3점씩 올라간다는 사실을 발견하였다. 이후 조사 범위를 넓혀 14개의 국가를 대상으로 검사를 시행한 결과 유사한 값을 얻었다. 이처럼 시간이 지날수록 후세대의 IQ가 이전 세대보다 높아지는 현상을 '플린 효과'라고 부른다. 실제로 1900년대 미국 성인의 평균 IQ는 약 50에서 70 사이에 머물렀으나, 오늘날 미국 성인의 평균 IQ는 약 100에 달한다. 그러나 과거 세대의 IQ가 현세대의 IQ보다 상대적으로 낮은 것이 과거 세대의 머리가 더 좋지 않았다는 것을 의미하지는 않는다. IQ의 증가를 지적 능력 향상으로 바라볼 수 있는지에 대해 의견이 엇갈리고 있으나, 학계에서는 IQ 상승이 지적 능력 발달의 결과라기보다는 현대 사회의 시대상이 반영된 것으로 바라보고 있다. 과거에는 교육의 기회가 충분하지 않아 눈에 보이지 않는 추상적인 사고보다 구체적인 문제 해결에 한하여 지능을 사용하였고, 정보 습득 매체는 대면 강의, 책, 라디오 등에 불과하였다. 그러나 현대 사회에 들어서면서 교육의 기회가 빠르게 확대됨에 따라 추상적인 문제를 해결하는 것이 능숙해졌을 뿐만 아니라 다양한 시각 매체를 접하면서 자연스럽게 시각 정보 처리 능력이 향상하였다. 실제로 과거와 비교하였을 때 IQ가 상승한 영역은 추상적인 문제를 해결하는 능력에 한정된 것으로 밝혀졌다.

① 문제 해결 능력이 향상됨으로써 전 영역의 지능이 크게 발달하였다.
② 현대의 평균 지능 지수는 1세기 이전과 비교했을 때 차이가 없다.
③ 인간의 정보 처리 능력은 시대상의 변화로 인하여 발전하고 있다.
④ 조사를 진행한 범위에 따라 플린의 연구는 상이한 결과가 나타났다.
⑤ 플린의 연구는 인류의 지적 능력이 향상하고 있음을 시사한다.

06 다음 글에 이어질 내용을 가장 적절하게 배열한 것을 고르시오.

인간척도론의 제창자로 유명한 프로타고라스는 인간이 모든 사물의 진리를 판단하는 척도이므로 절대적인 진리 또는 해답은 존재하지 않는다고 주장하였다. 즉, 사물에 대한 평가는 개인마다 달라질 수 있는 주관적이고 상대적인 것이므로 받아들이는 사람과 상황에 따라 다르게 비추어질 수 있다는 것이다.

가) 또한, 황달에 걸린 사람이 건강을 회복하게 된다면 노랗게 보이던 종이가 흰색으로 보일 수 있는 것처럼 같은 사람일지라도 처한 상황에 따라 사물에 대한 인식이 계속해서 변할 수 있다.

나) 예를 들어 흰색의 종이는 일반 사람에게 흰색으로 보이는 것이 진리이지만, 황달에 걸린 사람에게는 그 종이가 노란색으로 보이는 것이 진리일 것이다.

다) 논리성 여부를 떠나 인간척도론은 인간에 주목하여 주관성 짙은 인간 사유의 한계와 감각의 기만성을 인지하고 그 기준을 고뇌했다는 점에서 가치가 있으며, 후대 철학자들에게 강력한 영향을 미쳤다.

라) 철학사에서의 기여도와는 달리, 신 중심 사고와 절대적 진리를 믿던 당대 아테네 사람들에게 프로타고라스의 사상은 신에 대한 불경죄로 여겨져 큰 공분을 샀고, 끝내 그는 아테네에서 추방되고 말았다.

마) 이렇듯 일상적인 경험에 비추어 보더라도 진리는 객관적 사물에 있는 것이 아니라 놓인 환경에 따른 인간의 주관에 있다는 프로타고라스의 주장에는 일부 논리적 타당성이 있음을 알 수 있다.

① 나) - 가) - 마) - 다) - 라)
② 나) - 가) - 다) - 라) - 마)
③ 나) - 마) - 가) - 다) - 라)
④ 마) - 나) - 가) - 라) - 다)
⑤ 마) - 다) - 가) - 나) - 라)

07 다음 글의 서술상 특징으로 가장 적절한 것을 고르시오.

'게슈탈트'란 형태, 모양을 뜻하는 독일어에서 유래하였으며, 심리학에서는 전체를 부분의 총합이 아닌 그 이상으로 여기는 인간의 성향을 일컫는 표현으로 사용된다. 인간은 자신이 본 것을 조직화하려는 성향으로 인해 점이나 선의 배열을 단일한 형태의 도형으로 인식한다. 이 원리는 더 나아가 인간의 기억, 학습 등에 있어서도 적용된다. 예를 들어 '사과, 바나나, 레몬, 딸기'라는 과일 목록을 외울 때, 각각의 단어를 개별적으로 기억하기보다는 동일한 색을 기준으로 하는 두 그룹으로 분류하는 것이 더 효과적이다. 이처럼 우리의 뇌는 정보를 서로 연결하고 조직화하여 효율적으로 처리할 수 있는 능력을 가진다. 그러나 간혹 바닥의 타일이나 벽의 무늬가 일정한 패턴으로 배열되어 있을 때, 패턴이 개별적으로 흐트러져 보이는 경우가 있다. 처음에는 전체적인 패턴이 잘 보이지만 눈의 피로가 쌓이거나 시선을 움직일 경우 일시적 인식의 붕괴를 경험하게 되는데, 이를 '게슈탈트 붕괴'라 한다. 지각 과정에서 원래 인식하던 전체적인 형태가 갑자기 인식되지 않거나 다른 형태로 바뀌는 현상이며 주로 우리가 어떤 자극을 보고 있을 때 인식이 혼란스러워지거나 해체되는 상황에서 발생한다.

① 대상의 변화 과정을 시간의 흐름에 따라 서술하고 있다.
② 어느 한 주장에 입각해서 다른 주장을 논박하고 있다.
③ 가설을 제시하고 구체적인 자료를 통해 이를 검증하고 있다.
④ 상반된 두 주장을 대비한 후 새로운 주장을 내세우고 있다.
⑤ 추상적인 내용을 익숙한 경험에 비유하여 설명하고 있다.

08 다음 글을 읽고 추론한 내용으로 가장 적절하지 않은 것을 고르시오.

서구형 식습관의 확산으로 우리나라의 1인당 쌀 소비량은 매년 줄어들고 있으며, 요즘은 쌀이 남아서 문제가 되고 있다. 그러나 이와는 정반대로 1960~70년대에는 정부가 직접 혼식과 분식을 장려할 정도로 쌀 소비량에 비해 생산량이 턱없이 부족했다. 당시 서울대학교 농과대학 허문회 교수는 이러한 쌀 부족 현상을 해결하려면 생산성이 높은 벼 품종을 새로 개발해야 한다고 생각했다. 그는 각종 병충해에 강하고 생산성이 높은 열대형 벼 인디카종과 당시 우리나라에서 재배하던 온대형 벼 자포니카종을 교배한 신품종 연구에 착수했다. 인디카종과 자포니카종의 교배는 매우 까다로워 일본 학자들도 시도했다가 포기했을 정도였지만, 허 교수는 1개의 자포니카종과 2개의 인디카종을 교배하는 이른바 삼원교배를 통해 'IR667'이라는 통일벼 품종을 탄생시켰다. 시험재배를 통해 우수성이 검증된 통일벼는 1972년부터 전국 농가에 보급되었다. 기존 품종보다 30% 이상 많은 쌀을 생산할 수 있었던 통일벼가 정부의 지원으로 재배 면적을 넓혀가면서 우리나라의 쌀 생산량은 점점 늘어났다. 이에 따라 1976년 우리나라는 처음으로 쌀 자급을 달성하였고, 이듬해에는 1,000㎡당 494kg의 쌀을 수확하여 세계 쌀 생산 역사상 최고 기록을 달성하기도 했다. 물론 통일벼에도 단점은 있었다. 열대에 잘 적응하는 인디카종의 유전자를 많이 가지고 있었기 때문에 저온에 약하고, 기존 자포니카종에 비해 밥맛이 좋지 않았던 것이다. 연구진은 이러한 문제점을 개선하기 위해 노력했지만, 아직까지도 완전히 해결되지 않고 있다. 결국 1980년대부터 통일벼의 재배 면적이 줄어들기 시작했고, 1992년 정부는 통일벼 수매를 중단하였다. 그럼에도 불구하고 식량 사정 개선에 공헌하고 우리나라의 작물육종 기술을 몇 단계 끌어올린 허문회 교수의 업적은 우리나라 생명공학 역사에 한 획을 그었다고 평가되고 있다.

① 우리나라는 1970년대 중반에 이미 쌀의 자급자족을 이루었다.
② 인디카종과 자포니카종의 교배를 최초로 시도한 학자는 허문회 교수였다.
③ 자포니카종만으로는 과거 우리나라의 쌀 부족 현상을 해결할 수 없었다.
④ 현재까지도 통일벼의 단점을 보완할 수 있는 근본적인 방안을 찾지 못했다.
⑤ 인디카종은 우리나라 기후에 적합하지 않고 밥맛이 떨어진다는 특징이 있다.

09 다음 글에 나타난 전략과 관련된 사례로 가장 적절하지 않은 것을 고르시오.

소비자 요구와 시장 환경이 점점 복잡해지면서 다양한 소비자들의 요구를 이해하고 그들의 행동을 분석하는 것이 기업의 경쟁력이 되기 시작하였다. 이에 기업이 제품이나 서비스 시장을 세분화(Segmentation)하여 목표 고객을 타겟팅(Targeting)하고 선별된 고객들을 대상으로 제품이나 서비스의 이미지를 결정하는 포지셔닝(Positioning) 과정의 기법을 STP 전략이라고 한다. 시장은 나이, 직업, 재산 등 다양한 조건을 가진 소비자로 구성되어 있다. 이와 같이 소비자 집단을 세분화하는 단계에서는 인구 통계, 지리, 심리, 행동 등의 다양한 기준이 고려되며, 각 집단의 특성과 요구를 파악할 수 있다. 그 후 세분화한 시장 중 목표 고객층을 정하여 가장 수익성이 높을 것으로 예측되는 타겟 시장을 선택한다. 어떤 시장에 집중하여 마케팅을 진행할 것인지에 따라 사용하고자 하는 전략이 다르다. 이 전략은 전체 시장을 대상으로 하는 비차별화 전략, 두 개 이상의 세분화된 시장 각각의 특성에 맞추는 차별화 전략, 그리고 하나의 시장을 표적으로 삼는 집중화 전략으로 분류할 수 있다. 전략이 수립된 후에는 타겟 시장에서 자사 제품이 어떤 이미지를 구축할지에 대해 논의한다. 제품이 보여지는 과정에서 드러날 브랜드 가치를 선정하고, 제품을 통해 이루어질 고객과의 커뮤니케이션 방법을 구상한다. 제품의 장점을 명확히 드러내거나, 경쟁 제품과의 차별성을 강조하는 등 다양한 방법을 통해 명확한 포지셔닝을 확립한다. STP 전략은 마케팅 실행 이전 순차적인 단계를 통해 마케팅 자원의 효율적 배분을 가능하게 하여, 제품이 출시되었을 때 시장에서 우위를 점할 수 있는 필수 전략으로 평가받고 있다.

① H 사는 고급스러운 이미지로 소득 수준이 높은 소비자들에게 프리미엄 와인을 홍보하였다.
② I 사는 연령대별 취향을 고려하여 스포츠웨어 라인을 청소년과 성인으로 나누어 출시하였다.
③ J 사는 건강과 웰빙에 관심이 많은 소비자층에 집중하여 유기농 제품군을 강화하였다.
④ K 사는 신상 핸드폰에 대한 초기 소비자 유치를 위해 특별 할인 가격으로 판매하였다.
⑤ L 사는 강한 남성성을 강조한 남성 전용 뷰티 제품을 출시하며 차별화를 추구하였다.

10 다음 주장에 대한 반박으로 가장 타당한 것을 고르시오.

> 인류의 역사는 계급 간 갈등과 투쟁으로 인해 발전해 왔다. 자본주의 사회에서 자본가는 노동자가 생산한 가치의 일부만을 임금으로 지급하고, 나머지를 이윤으로 축적함으로써 노동자의 경제적 착취를 초래한다. 이는 자본가의 부도덕으로 인한 것이 아닌 자본주의 체제의 구조적 특징이자 본질적인 모순이다. 계급 간 갈등이 심화되며 경제 공황이 발생하고, 실업률이 높아지면서 형성되는 사회적 위기는 노동자 계급의 생존권과 자유를 위협하여 결국 혁명 운동으로 이어진다. 오직 혁명만이 자본주의의 몰락을 초래할 수 있으며, 궁극적으로 변화를 이끌어낼 힘은 노동자 계급에 있다. 따라서 경제적 불평등은 단순히 개인의 노력이나 능력의 차이로 설명될 수 없는 구조적인 문제이다. 반면 사회주의 체제에서는 자원의 분배가 필요에 따라 이루어진다. 모든 개인은 기본적인 생활을 보장받으며, 노동자들은 자신의 능력을 발휘할 수 있는 기회를 제공받는다. 사회주의 체제는 정치적 참여를 강조하며 모든 시민이 의사 결정 과정에 참여할 수 있는 권리를 보장하므로 자본주의를 대체하고 사회적 불만과 갈등을 해소할 수 있는 진정한 기회이다.

① 사회 구조에 변화를 주고자 하는 목적의 혁명 운동은 조율과 협상의 방식으로 이루어져야 한다.

② 사회주의 체제는 역사적으로 실패한 사례가 많으며, 실현 가능성이 낮은 지나치게 이상적인 이론이다.

③ 개인의 자유와 창의성은 노동자 계급보다 자본가 계급의 발전에 필요하므로 계급 간 갈등은 불필요하다.

④ 자본주의는 도덕적인 체제이며, 자본가를 교육할 경우 문제점을 해결하여 체제를 유지할 수 있다.

⑤ 계급 순환을 위해 주기적으로 체제가 변화되어야 하며, 사회주의 또한 언제든지 대체될 수 있다.

11 다음 빈칸에 들어갈 문장으로 가장 적절한 것을 고르시오.

코로나 팬데믹 이후 온라인 시장이 유례없이 성장하면서 패션 업체들은 최신 유행을 신속하게 반영한 상품을 제작하고 유통하게 되었다. 이로 인해 의류를 대량으로 생산하여 상대적으로 저렴한 가격에 공급하는 방식인 '패스트 패션'이라는 단어가 등장하였으며, 해당 방식을 이용하는 브랜드가 증가하였다. 그러나 최근 환경 및 지속 가능성에 대한 인식이 등장하며 패스트 패션의 문제점에 대한 비판의 목소리가 커지고 있다. (   ) 면 티셔츠 한 장을 생산하는 데 약 2,700 리터의 물이 필요하며, 이는 한 사람이 2년간 마시는 물의 양과 같다. 게다가 전 세계적으로 매립지에 버려지는 의류의 92%가 재활용되지 않고 있으며 이로 인해 발생하는 대량의 폐기물은 지구 생태계를 위협하고 있다. 이러한 문제를 해결하기 위해서는 '슬로우 패션'으로의 전환이 필요하다. 슬로우 패션은 윤리적 책임에 초점을 두고 환경 파괴 영향을 줄이는 제품을 생산하는 방식을 일컫는다. 예를 들어, 유기농 면이나 재활용 소재를 사용해 제품을 재단하고 봉제하거나, 생산과 보관을 동일한 시설에서 진행함으로써 물류 이동량을 최소화하는 것이 이에 해당한다. 이러한 변화는 일시적이고 단기적인 것이 아닌 지속 가능한 미래를 위한 필수적인 선택이 되어야 할 것이다.

① 특히 1~2주 단위로 신상품을 선보여 젊은 세대의 선호를 받는다는 장점을 가진다.

② 전 세계의 의류 생산 과정에서 사용되는 화학 물질과 에너지는 엄청난 양에 달한다.

③ 생산 방식에 대한 다양한 도전은 패션 업계 전체에서의 부흥을 가져온다.

④ 패스트 패션의 부상으로 인해 전통적인 패션 산업이 큰 타격을 받고 있다.

⑤ 소비자들이 패스트 패션을 선호하는 가장 큰 이유는 저렴한 가격 때문이다.

12 다음 글의 중심 내용으로 가장 적절한 것을 고르시오.

> 인간에게 식사는 단순한 영양 공급을 넘어, 문화와 정체성을 형성하는 중요한 요소이다. 인간은 음식에 담긴 이야기와 감정을 통해 사회적 관계를 형성한다. 반면, 동물에게 음식은 생리학적 요구를 충족시키기 위한 본능적인 수단에 불과하다. 최근에는 반려견을 가족 구성원으로 의인화하고 가족 그 이상의 의미로 여기는 사회적 분위기가 형성됨에 따라, 반려견에게도 사료가 아닌 맛있는 식사를 제공하고 싶어 하는 사람들이 늘어나고 있다. 하지만 반려견의 입맛에 맞으면서 동시에 영양 균형이 맞춰진 식단을 제공하는 것은 현실적으로 쉽지 않다. 또한 우리 몸에 좋은 음식을 반려견에게 준다고 하여도 독이 될 수 있다. 예를 들어, 당뇨 환자의 식이 관리와 체중 감량에 적합해 건강식품으로 널리 알려진 자일리톨은 동물에게 급여할 경우 급성 저혈당증을 유발한다. 더욱이 반려견의 평균 수명이 15년 정도임을 고려하였을 때, 음식으로 인한 부작용은 인간에 비해 훨씬 빠르고 치명적으로 나타날 수 있다. 결국 사료는 인간과는 다른 반려견의 특성을 반영함과 동시에 단백질, 지방, 비타민, 미네랄 등 균형 잡힌 영양 성분으로 구성된 최선의 선택이다.

① 반려견의 음식으로 인한 부작용은 인간보다 빠르게 나타난다.
② 반려견과 인간의 동일한 소화 시스템을 바탕으로 사료를 개발해야 한다.
③ 반려견은 인간과 같이 음식을 통해 사회적 관계를 형성한다.
④ 반려견의 건강과 삶의 질을 책임지는 최적의 선택은 사료이다.
⑤ 반려견에게 주는 사료는 항상 동일한 성분으로 구성되어야 한다.

13 다음 글의 내용과 일치하지 않는 것을 고르시오.

피라미드란 고대 이집트 시기에 돌이나 벽돌을 쌓아 만든 사각뿔 모양의 거대한 건조물을 말한다. 이집트의 왕이었던 파라오, 왕비, 왕족들의 무덤 역할을 하는 피라미드는 오늘날 80여 개가량이 알려져 있고, 대다수는 카이로의 서쪽 사막 주변에 흩어져 있다. 피라미드는 기원전 2660년 이집트의 제3왕조인 조세르 파라오 대에 무덤의 도굴을 막고자 '마스타바'라는 무덤 위에 작은 마스타바를 다시 쌓아 계단형의 마스타바를 만들었던 것에서 기원을 찾는다. 오늘날 우리가 흔히 알고 있는 완전한 사각뿔 모양은 기원전 2570년경 제4왕조인 쿠푸 파라오의 피라미드부터 갖추어졌다고 한다. 피라미드가 파라오의 위엄과 권력을 보여줌과 동시에 이집트인의 사후 세계관을 보여준다는 점은 대부분이 동의하는 사실이다. 하지만 피라미드에 담겨 있는 수학적 질서나 거대한 건조물을 지속적으로 만든 이유에 대해서는 아직도 명확히 밝혀지지 않았으며, 이로 인해 피라미드는 세계 7대 불가사의로도 여겨지기도 한다. 대표적으로 쿠푸 파라오의 피라미드는 높이가 148m에 이를 정도로 매우 거대한데, 네 개의 측면은 각각 동서남북을 바라보고 있으며 그 표면은 면도날도 들어가지지 않을 정도로 정확하게 들어맞아 있다. 게다가 피라미드 둘레의 총 길이를 높이의 두 배로 나누면 원주율과 거의 동일한 숫자가 되며, 밑면의 대각선을 북동과 북서로 연장할 경우 두 개의 직선이 나일강의 델타 지대를 포함한다고 한다. 그뿐만 아니라 피라미드 둘레를 피라미드 인치로 나타낼 경우 태양년의 일수인 365.2의 천 배와 같은 수치가 된다고 한다. 심지어 파라오의 머리가 놓이는 곳은 피라미드의 무게 중심과 정확히 일치하며, 이 부근에 녹슨 면도날을 놓으면 녹이 없어진다고 해 신비함을 더해주고 있다.

① 피라미드의 표면은 완벽하게 맞아 있어 면도칼과 같은 얇은 물건도 들어가지지 않는다.

② 피라미드에서 파라오의 유골 머리가 놓이는 자리는 피라미드의 무게 중심과 완전히 들어맞는다.

③ 고대 이집트 시대에 마스타바 위에 다시 마스타바를 쌓았던 형태는 사각뿔 모양이 아니었을 것이다.

④ 이집트인의 사후 세계에 대한 염원은 피라미드를 통해 확인할 수 있다.

⑤ 피라미드 둘레의 전체 길이를 높이의 두 배로 나눈 수치는 태양년의 일수와 일치한다.

14 다음 주장에 대한 반박으로 가장 타당한 것을 고르시오.

> 독일의 울리히 벡(Ulrich Beck) 교수는 1986년 자신의 저서인 <위험 사회>를 통해 서구를 중심으로 산업화와 근대화를 이룩한 현대 사회에 경종(警鐘)을 울렸다. 그는 산업화와 근대화가 현대인들에게 물질적 풍요를 선사해 주었으나 이와 동시에 새로운 위험을 발생시켰으며, 풍요 확보가 중요했던 과거와 달리 앞으로의 미래에서는 통제할 수 없는 일상적 위험이 발생할 것이라고 주장하였다. 즉, 불평등 사회에서 가치 체계가 누리던 위치는 불안전 사회의 가치 체계가 대신 차지하게 될 것이며, 인간은 더 이상 좋은 물품을 갖는 데에 힘을 쓰기보다 최악의 상황이 벌어지지 않도록 막는 데에 힘을 쓰게 될 것이라 하였다. 현대인들이 환경 보호에 신경을 쓰고, 각종 보험 등에 가입하는 행위가 위험 사회의 불확실성으로 인한 불안을 극복하기 위한 대표적인 예시라 할 수 있다.

① 산업화와 근대화 이전의 사회에서도 다양한 위험 요소가 존재했으므로 우리 사회도 위험 사회로 발전하게 될 가능성이 높다.

② 물질적 풍요를 얻음으로써 사회적 위치를 상승시키고자 했던 과거와 달리 현대 사회에서는 미래에 대한 불확실성을 극복하고자 하는 데 중점을 두는 이들이 많다.

③ 현대 사회에 만연한 불확실성을 해결하기 위해서는 과거에 위험 요소를 극복했던 방안을 참고하여 현대에 적용할 수 있는 방안을 모색할 필요가 있다.

④ 위험을 보는 인식과 해결 방법은 주체에 따라 달라지므로 현대 사회의 위험이 모두 하나의 결론으로 귀결된다고 보기 어렵다.

⑤ 산업 사회가 점차 발전될수록 그에 따른 위험은 증폭되어 인간이 통제할 수 없는 정도의 위험이 도사리게 될 것이다.

15 다음 글의 중심 내용으로 가장 적절한 것을 고르시오.

흔히 또래 아이들보다 주의력이 떨어지고 산만한 행동을 하는 아이를 보면 ADHD가 아닐까란 생각을 하게 된다. ADHD란 주의력결핍 과잉행동장애를 일컫는 말로, 주의력이 계속해서 부족한 관계로 산만하고, 과다활동이나 충동성을 보이는 상태를 말한다. 아직까지 발병 원인은 밝혀지지 않았는데, 보통 아동기에 많이 나타나는 증상으로 알려져 있다. 이로 인해 ADHD로 진단받은 아이들의 부모는 자책과 비난에 쉬이 노출되나, 사실 육아 방법에 의해 발병했다고 보기보다는 유전적인 경향이 더 관련 있는 것으로 알려져 있다. 다만, 산전 흡연에 노출된 경우나 학동기 이전에 페인트 등의 독성에 노출되는 경우, 음식첨가물에 자주 노출되는 경우 ADHD 발생 가능성을 높이는 것으로 알려져 있다. ADHD 아동의 경우 여러 자극에 대해 선택적으로 집중하지 못하고, 이에 대해 지적을 받더라도 쉬이 고치기 어렵다. 이로 인해 학교 수업 등을 가만히 듣지 못하고 금세 다른 외부 자극으로 시선이 옮겨지게 된다. 한편, ADHD의 치료는 약물로 이루어지며 효과가 좋은 편이다. 10명 중 8명 정도는 호전되는 양상을 보이고, 12~20세 사이에 완치되는 경향을 보인다. 이에 따라 ADHD의 치료는 매우 중요한데, 만약 치료를 하지 않고 방치할 경우 아동기 내내 문제 행동을 보일 뿐만 아니라 일부는 청소년기와 성인이 되어서도 ADHD 증상이 남아 사회생활에 어려움을 겪게 될 수 있으므로 시의적절한 치료가 시행되어야 한다.

① ADHD는 발병 원인이 밝혀지지 않은 관계로 치료 방법 역시 알려지지 않은 상황이다.
② ADHD의 치료를 위해서는 부모가 다양한 육아 방법을 활용하여야만 한다.
③ ADHD로 진단받은 아이는 다양한 자극에 선택적으로 반응하지 못하는 경우가 많다.
④ ADHD는 약물 치료 효과가 뛰어난 편이므로 방치하지 말고 시기에 맞게 치료를 해줄 필요가 있다.
⑤ ADHD는 아동뿐만 아니라 성인도 진단받을 수 있다는 사실을 간과하지 말아야 한다.

16 다음 글을 읽고 추론한 내용으로 적절하지 않은 것을 고르시오.

'피아노'는 여리게 연주하라는 의미의 피아노와 세게 연주하라는 의미의 포르테가 합쳐진 피아노포르테(Pianoforte)의 약칭이다. 어원에서도 알 수 있듯이 피아노는 연주자가 곡을 어떻게 해석하느냐에 따라 때로는 여리게 때로는 강하게 표현할 수 있으며 여운이 길어서 독주는 물론이거니와 합주와 반주 등에 폭넓게 활용된다. 이러한 연유에서 피아니스트이자 작곡가였던 프란츠 리스트는 피아노를 여러 악기들 중에서도 가장 월등한 장점을 가진 악기라고 표현하기도 했다. 피아노는 음과 음 사이의 간격이 동일하게 조율되어 있기 때문에 연주자가 직접 음을 조율해야 하는 관악기나 현악기와 다르게 초보자도 쉽게 배울 수 있다는 장점을 지닌다. 피아노는 1709년에 이탈리아의 악기 제작자인 바르톨로메오 크리스토포리가 발명한 것으로 알려져 있다. 피아노가 상용화되기 전인 14세기경에는 독주 및 합주에 특화된 하프시코드가 대표적인 악기였는데 이는 현을 뜯어서 소리를 내는 형식이었다. 이에 반해 피아노는 해머를 이용해 현을 때리는 구조로 되어 있었기 때문에 연주자가 곡에 감정을 싣는 데 유용하였다. 그러나 해머가 현을 때리는 과정에서 다른 현을 건드는 문제가 발생하였고, 이는 연주와 관계없는 현의 떨림을 방지하는 댐퍼가 창안되는 계기가 되었다. 이와 같은 과정으로 해머의 액션 구조가 계속해서 발전하여 오늘날 독주와 합주에 선율을 실어주는 피아노가 탄생하였다.

① 피아노는 음과 음 사이가 동일한 간격으로 조율되어 있어 입문자들도 연주하는 데 어려움이 적다.
② 피아노는 여러 무대에서 활용되며 모든 악기들 중에서도 가장 특출난 악기라고 평가되기도 한다.
③ 피아노포르테는 해머를 이용해 현을 당겼다 놓으면서 현이 튕겨지는 소리를 이용해 곡을 표현한다.
④ 댐퍼는 초기 피아노에서 연주에 사용되지 않는 현이 떨리면서 내는 소리를 막기 위해 발명되었다.
⑤ 피아노포르테에서 명칭을 따온 피아노는 연주자의 곡 해석에 따라 달리 표현되기도 하는 악기이다.

17 다음 문단을 논리적 순서대로 알맞게 배열한 것을 고르시오.

가) 빈대의 먹이는 피이다. 전체 몸 길이가 5mm에 불과할 정도로 매우 작지만 길쭉하고 예리한 입술침으로 피를 빠는데, 피를 먹으면 몸이 부풀어올라 빵빵하게 살집이 오르고 새빨개진다. 빈대에 물린 자리는 가렵고 알레르기 반응을 일으키기도 한다.

나) 여기서 말하는 빈대는 빈댓과의 곤충으로, 본래는 약 3,500년 전쯤 박쥐에게 붙어 기생하던 동물이었으나, 동굴 생활을 하던 사람의 몸에 옮겨온 뒤 오랜 세월 동안 인류와 공존하게 되었다고 한다. 오늘날에는 전 세계에 분포할뿐더러 적응력 및 생존능력이 뛰어나기 때문에 먹이를 먹지 않고도 무려 반 년이나 살아갈 수 있다.

다) 특히 몸에 붙어 계속해서 사람을 주둥이로 찌르며 피를 빨기 때문에 다량의 빈대가 붙을 경우 수면 부족을 유발할 수도 있다. 그나마 다행인 것은 주거환경이 청결해짐에 따라 개체 수가 매우 줄었다는 점이다. 하지만 해외 등에서는 여전히 빈대 물림이 빈번하므로 원인 모를 벌레 물림이 발생했다면 빈대가 몸에 붙어온 것은 아닌지 확인해볼 필요가 있다.

라) "빈대 잡으려고 초가삼간 태운다"는 말이 있다. 손해를 크게 볼 것을 생각지 아니하고 자기에게 마땅치 아니한 것을 없애려고 그저 덤비기만 하는 경우를 비유적으로 이르는 말이긴 하지만, 속담을 통해서도 우리 조상이 빈대라는 곤충을 얼마나 좋지 못한 시선으로 보았는지를 알 수 있다.

① 가) - 나) - 라) - 다)

② 가) - 라) - 나) - 다)

③ 라) - 가) - 나) - 다)

④ 라) - 나) - 가) - 다)

⑤ 라) - 나) - 다) - 가)

18 다음 글의 필자가 주장하는 내용으로 가장 적절한 것을 고르시오.

> 모든 스포츠가 그렇지만, 경기에서 심판이 차지하는 역할은 매우 크다. 때로는 심판의 판정이 경기의 판도를 바꾸기도 한다. 하지만, 인간은 불완전한 존재이기 때문에 언제나 완벽한 판정을 하기는 어렵다. 이에 한국 프로 야구에서는 2024년부터 로봇 심판을 도입하게 되었다. 자동 볼 판정 시스템인 ABS(Automatic Ball Strike System)을 활용하게 되는데, 기존에는 사람이 직접 눈으로 공이 들어오는 위치에 따라서 스트라이크와 볼을 판정했다면, ABS는 카메라를 통해 잡힌 화면에 자동으로 설정된 스트라이크 존을 기반으로 판정을 하게 된다. 로봇 심판이 도입되면, 사람이 심판할 때와 달리 일관성 있는 판정을 얻을 수 있으므로 선수들이 혼란을 겪지 않게 될뿐더러 기존 심판의 판정 관련 시비도 발생하지 않을 수 있다. 물론, 혹자는 해외에서는 로봇 심판을 도입하지 않는데 우리나라에서만 도입할 경우 국제 경쟁력이 낮아질 수 있음을 지적한다. 또한 심판의 역할 축소도 직면하게 될 문제로 손꼽힌다. 그러나 스포츠는 공정성의 영역이고, 로봇 심판 도입이 공정성을 실현하는 만큼 이를 고려하여 로봇 심판을 활용할 필요가 있다.

① 로봇 심판 활용 시 우리나라 프로 야구 선수들이 국제 경쟁력을 잃을 수 있어 도입을 재고해야 한다.
② 로봇 심판 도입은 경기를 직접 행하는 선수들에게 혼란을 줄 수 있다는 문제점이 있다.
③ 심판의 판정에 보완할 수 있는 다양한 방법이 있으므로 로봇 심판의 도입은 신중히 고려해야 한다.
④ 로봇 심판 도입에 따른 부정적 효과도 있지만, 공정성 측면을 고려해서라도 로봇 심판을 도입해야 한다.
⑤ 심판의 잘못된 판정은 경기를 좌지우지하므로 로봇 심판을 도입해 심판 역할을 축소시켜야 한다.

19 다음 글의 제목으로 가장 적절한 것을 고르시오.

과자를 사먹을 때 가격은 분명 이전과 다르지 않은데, 양이 묘하게 적은 것 같은 느낌을 받을 때가 있다. 이를 일컬어 슈링크플레이션이라 한다. 줄어듦을 의미하는 'Shrink'와 인플레이션을 의미하는 'Inflation'이 결합하여 만들어진 이 말은 주로 가공식품 업체에서 인플레이션에 대응하는 방식으로, 기존 제품의 가격은 그대로 유지하되 제품의 크기 또는 양을 줄여 사실상 가격 인상 효과를 내는 것을 말한다. 영국의 경제학자인 피파 맘그렌이 만들어냈으며, 다른 말로는 패키지 다운사이징(Package downsizing)이라고도 한다. 보통 인플레이션 발생에 따라 원자재 가격이 상승할 경우 기업은 제품의 가격을 인상하거나 저렴한 원자재로의 변경, 제품 용량 축소 중 선택하게 되는데, 그중 제품 용량 축소는 기업 입장에서 가장 낮은 위험을 부담하게 된다는 점에서 선호도가 높다. 가격 인상이나 성분이 좋지 못한 원자재로 변경할 경우 고객의 이탈 정도가 심하지만, 제품 용량 축소는 소비자가 알지 못한다면 고객의 이탈 없이 계속해서 이윤을 창출한다는 장점이 있다. 실제로 소비자들은 제품 용량에 대한 민감도보다 제품 가격에 대한 민감도가 크기 때문에 슈링크플레이션이 꼼수라는 소리를 들으면서도 기업들에게 선호되는 전략인 이유가 바로 여기에 있는 것이다.

① 슈링크플레이션의 도입으로 인해 발생하는 문제점

② 가격 대신 제품 용량을 낮춰 인플레이션에 대응하는 슈링크플레이션

③ 인플레이션 발생 시 기업이 선택할 수 있는 방안

④ 고객 이탈 정도가 심한 제품 용량 축소 방법을 타파할 수 있는 방법

⑤ 기업이 슈링크플레이션을 기피하는 이유

20 다음 글의 내용과 일치하지 않는 것을 고르시오.

현악기에 속하는 비올라(Viola)는 관현악이나 실내악에서 꼭 필요한 악기 중 하나이다. 바이올린과 비슷하게 생긴 탓에 바이올린과의 차이를 모르는 사람이 적지 않다. 실제로 비올라의 몸체는 약 17인치로, 바이올린 대비 3인치가량만 더 길 뿐 모양은 물론 현 역시 바이올린과 동일하게 4개로 이루어져 있다. 하지만 바이올린과 비교했을 때 가장 두드러지는 차이점은 바로 음역대이다. 비올라는 바이올린보다 낮은 음역대를 담당하는데, 구체적으로 조현(調絃)이 바이올린보다 완전 5도 낮은 완전 5도 간격으로 이루어져 4개의 현이 C(도)-G(솔)-D(레)-A(라)로 구성된다. 이로 인해 음을 기보할 때는 바이올린보다 완전 5도 낮은 음역임을 확인할 수 있도록 낮은 음역에서는 낮은음자리표를 활용하고, 높은 음역대에서는 높은음자리표를 활용하게 된다. 완전 5도가 낮다는 점에서 이론상 비올라의 음폭은 바이올린보다 1.5배 정도 더 넓다. 그러나 음역의 경우 바이올린족의 다른 현악기와 동일하게 연주자가 직접 손가락으로 현을 짚음으로써 발생하는 진동수의 변화로 음의 높이를 만들기 때문에 연주자의 역량에 따라 다르게 나타나며, 일반적으로는 4옥타브 이상의 음역대를 갖는 것으로 본다. 한편, 과거의 비올라는 합주할 때만 필요한 악기로 여겨지기도 하고 경우에 따라 바이올린 연주자가 비올라의 자리를 대신하는 경우도 종종 있었지만 20세기에 이르러 독특한 중저음의 음색을 지닌 비올라에 매력을 느끼는 사람들이 늘어나면서 비올라만을 위한 작품이 작곡되는 등 위상이 높아지게 되었다. 특히 앙상블 요소로만 여겨지던 것에서 벗어나 독주 악기로 자리 잡으며 오늘날에는 이전보다 풍부한 음향과 레퍼토리를 즐길 수 있게 되었다.

① 바이올린의 조현은 비올라보다 완전 5도 높다.

② 과거에는 전문적인 비올라 연주자 대신 바이올린 연주자가 비올라 연주를 대체하기도 하였다.

③ 비올라의 음역은 바이올린보다 1.5배 정도 더 높다.

④ 비올라 음을 기보할 때는 낮은음자리표와 높은음자리표가 모두 쓰인다.

⑤ 비올라의 현 개수는 바이올린과 동일하게 4개이나 비올라의 몸체는 바이올린보다 3인치 더 길다.

약점 보완 해설집 p.2

02 | 자료해석 기출유형공략

자료해석 소개

자료해석은 표나 그래프 자료를 신속하고 정확하게 분석하여 자료에 제시된 수치 정보를 계산하거나 의미를 해석하고, 추세 및 경향성에 대해 추론하는 능력을 평가하는 영역이다.
총 **20문항**이 제시되며, **15분** 이내에 풀어야 한다.

최근 출제 경향

출제 유형

유형 1 자료이해
유형 2 자료계산
유형 3 자료추론
유형 4 자료변환

난이도

최근 시험에서 자료해석은 전반적으로 약간 쉽게 출제되었다.
제시된 표가 간단하고, 수치 또한 암산 가능한 수준으로 단순하게 출제되어 풀이 시간이 비교적 짧았으며, 실제 시험에서 온라인으로 제공되는 계산기를 이용하여 단순 계산을 빠르게 진행할 수 있어 쉬운 편이었다.

온라인 시험 한 줄 Tip

자료해석은 변화량, 증감률, 비중, 평균 등 간단한 공식을 반드시 암기하고, 빠른 문제 풀이 Tip으로 제공되는 풀이법을 학습하여 계산을 꼭 하지 않아도 되는 선택지는 어림하여 풀이하며, 계산이 필요한 선택지는 컴퓨터 기본 프로그램인 계산기를 활용하는 연습을 하면 문제를 빠르게 풀이할 수 있다.

유형 1 자료이해

유형 특징 제시된 자료에 대한 설명의 옳고 그름을 판단하는 유형의 문제이다.
최근 시험에서 자료해석 영역 중 가장 높은 비중으로 출제되었다.

학습 전략 자료에 대한 설명 중 계산이 필요하지 않은 선택지를 먼저 확인하여 오답을 소거하고, 자주 출제되는 계산 공식을 학습하여 이를 문제 풀이에 정확히 적용해본다.

예제 제시된 자료에 대한 설명의 옳고 그름을 판단하는 문제

다음은 S 국의 2021년 엔지니어링 기술등급별 기술자 수와 전년 대비 증가율에 대한 자료이다. 다음 중 자료에 대한 설명으로 옳지 않은 것을 고르시오.

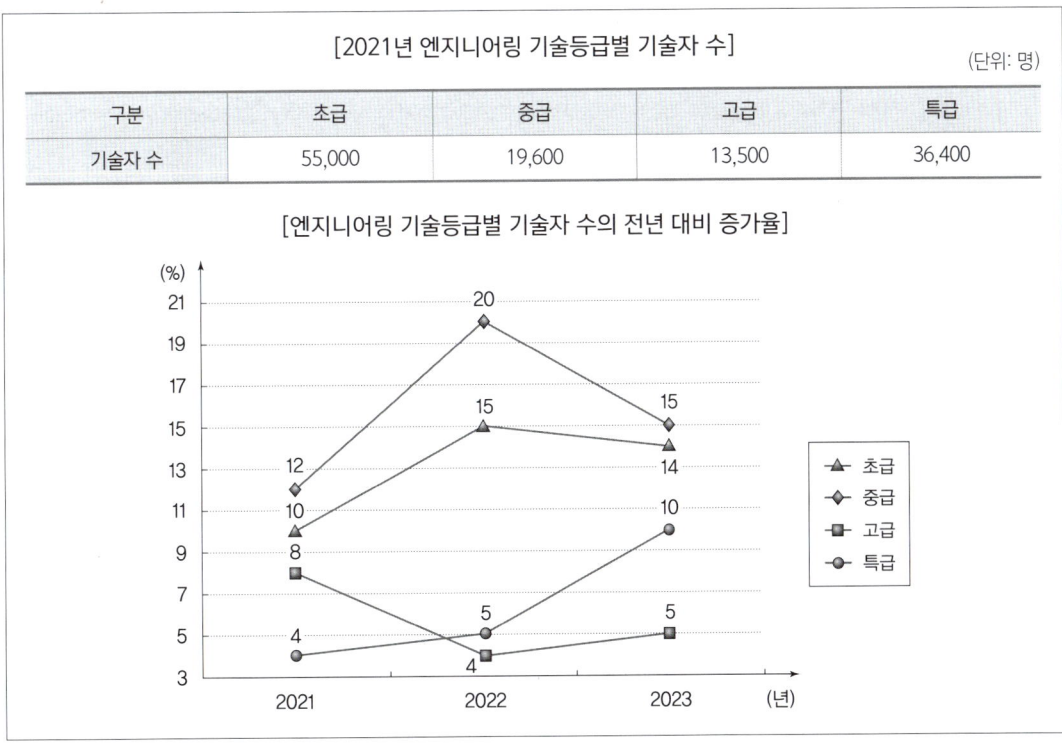

[2021년 엔지니어링 기술등급별 기술자 수]

(단위: 명)

구분	초급	중급	고급	특급
기술자 수	55,000	19,600	13,500	36,400

[엔지니어링 기술등급별 기술자 수의 전년 대비 증가율]

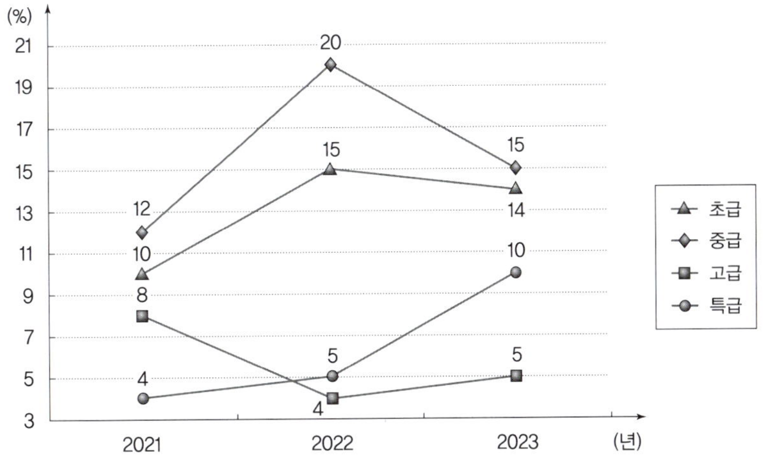

① 2023년 엔지니어링 초급 기술자 수는 72,105명이다.

② 2020년 엔지니어링 기술등급별 기술자 수는 중급이 고급보다 6,000명 더 많다.

③ 2022년 엔지니어링 특급 기술자 수는 전년 대비 1,820명 증가하였다.

④ 2021년 엔지니어링 기술등급별 기술자 수는 초급이 고급의 4배 이상이다.

⑤ 2020년부터 2023년까지 엔지니어링 기술등급별 기술자 수는 고급이 다른 엔지니어링 기술등급에 비해 매년 가장 적다.

|정답 및 해설| ②

2021년 엔지니어링 중급 기술자 수는 19,600명, 전년 대비 증가율은 12%이고, 2021년 엔지니어링 고급 기술자 수는 13,500명, 전년 대비 증가율은 8%임에 따라 2020년 엔지니어링 기술등급별 기술자 수는 중급이 19,600 / 1.12 = 17,500명, 고급이 13,500 / 1.08 = 12,500명으로 중급이 고급보다 17,500 − 12,500 = 5,000명 더 많으므로 옳지 않은 설명이다.

① 2023년 엔지니어링 초급 기술자 수는 55,000 × 1.15 × 1.14 = 72,105명이므로 옳은 설명이다.

③ 2022년 엔지니어링 특급 기술자 수는 전년 대비 36,400 × 0.05 = 1,820명 증가하였으므로 옳은 설명이다.

④ 2021년 엔지니어링 기술등급별 기술자 수는 초급이 고급의 55,000 / 13,500 ≒ 4.1배이므로 옳은 설명이다.

⑤ 연도별 엔지니어링 기술등급별 기술자 수는 2020년에 초급이 55,000 / 1.1 = 50,000명, 중급이 19,600 / 1.12 = 17,500명, 고급이 13,500 / 1.08 = 12,500명, 특급이 36,400 / 1.04 = 35,000명이고, 2022년에 초급이 55,000 × 1.15 = 63,250명, 중급이 19,600 × 1.2 = 23,520명, 고급이 13,500 × 1.04 = 14,040명, 특급이 36,400 × 1.05 = 38,220명이고, 2023년에 초급이 55,000 × 1.15 × 1.14 = 72,105명, 중급이 19,600 × 1.2 × 1.15 = 27,048명, 고급이 13,500 × 1.04 × 1.05 = 14,742명, 특급이 36,400 × 1.05 × 1.1 = 42,042명으로 고급 기술자 수가 매년 가장 적으므로 옳은 설명이다.

시간 단축 Key point!

⑤ 2021년 엔지니어링 기술등급별 기술자 수는 고급이 가장 적고, 2022년과 2023년에 제시된 엔지니어링 기술등급 중 고급 기술자 수의 전년 대비 증가율이 가장 낮아 2022년과 2023년에도 고급 기술자 수가 가장 적다. 이에 따라 2020년 엔지니어링 기술등급별 기술자 수만 계산해본다.

유형 2 자료계산

유형 특징 제시된 자료의 수치를 이용하여 특정 값을 계산하는 유형의 문제이다. 최근 시험에서 낮은 비중으로 출제되었다.

학습 전략 증감률, 증감량, 비중 등의 공식을 암기하고, 문제를 읽고 묻는 대상이 무엇인지 정확히 파악한 뒤 제시된 자료의 수치 중 문제 풀이에 필요한 수치만 찾아 계산해본다.

예제 제시된 자료의 수치를 이용하여 특정 값을 계산하는 문제

다음은 중동 국가별 석유 수입량을 나타낸 자료이다. 2023년 석유 수입량의 3년 전 대비 증가율이 가장 큰 국가는?

[중동 국가별 석유 수입량]

(단위: 천 배럴)

구분	2020년	2021년	2022년	2023년
A 국가	11,334	16,804	4,833	6,350
B 국가	11,738	13,585	19,433	15,655
C 국가	4,397	3,669	4,961	1,955
D 국가	11,085	18,567	27,625	19,917
E 국가	37,978	36,465	51,216	41,233

① A 국가 ② B 국가 ③ C 국가 ④ D 국가 ⑤ E 국가

|정답 및 해설| ④

2023년 석유 수입량이 3년 전인 2020년 대비 증가한 국가는 B 국가, D 국가, E 국가이다.

세 국가의 2023년 석유 수입량의 2020년 대비 증가율을 계산하면 다음과 같다.

- B 국가: {(15,655 − 11,738) / 11,738} × 100 ≒ 33.4%
- D 국가: {(19,917 − 11,085) / 11,085} × 100 ≒ 79.7%
- E 국가: {(41,233 − 37,978) / 37,978} × 100 ≒ 8.6%

따라서 2023년 석유 수입량의 3년 전 대비 증가율이 가장 큰 국가는 D 국가이다.

시간 단축 Key point!

증가율 공식에서 분모에 해당하는 숫자와 분자에 해당하는 숫자의 크기를 비교하여 계산을 하지 않고도 대소 비교가 가능한지 확인한 후 필요한 식만 계산한다.

유형 3 자료추론

유형 특징 제시된 자료를 이용하여 항목이나 수치를 찾는 유형의 문제이다.
최근 시험에서는 거의 출제되지 않았다.

학습 전략 자료에 대한 설명 중 계산이 필요하지 않은 것을 먼저 확인하여 오답을 소거하고, 나머지 설명 중 계산이 비교적 간단한 것부터 순차적으로 확인해본다.

예제 제시된 자료를 이용하여 항목을 찾는 문제

다음은 A 국의 목적별 문화재 발굴조사 건수를 나타낸 자료이다. 자료를 보고 빈칸 ㉠, ㉡, ㉢에 해당하는 값을 예측했을 때 가장 타당한 값을 고르시오. (단, 비중은 소수점 첫째 자리에서 반올림하여 계산한다.)

[목적별 문화재 발굴조사 건수]

(단위: 건, %)

목적	2021년		2022년		2023년		2024년	
	건수	비중	건수	비중	건수	비중	건수	비중
연구	87	7	( )	(㉡)	117	7	110	7
정비/복원	(㉠)	8	122	( )	117	7	( )	( )
건설공사	1,061	85	1,298	85	1,441	86	( )	(㉢)
합계	1,248	100	1,527	100	1,675	100	1,675	100

• 2024년 정비/복원 목적의 문화재 발굴조사 건수는 전년 대비 25건 증가하였다.

	㉠	㉡	㉢
①	104	6	85
②	104	7	85
③	100	7	85
④	100	7	83
⑤	100	6	83

|정답 및 해설| ③

㉠ 2021년 정비/복원 목적의 문화재 발굴조사 건수는 1,248 - (87 + 1,061) = 100건이다.

㉡ 2022년 연구 목적의 문화재 발굴조사 건수는 1,527 - (122 + 1,298) = 107건이므로 2022년 연구 목적의 문화재 발굴조사 건수의 비중은 (107 / 1,527) × 100 ≒ 7%이다.

㉢ 2024년 정비/복원 목적의 문화재 발굴조사 건수는 2023년 대비 25건 증가한 117 + 25 = 142건이므로 비중은 (142 / 1,675) × 100 ≒ 8%이고, 2024년 건설공사 목적의 문화재 발굴조사 건수 비중은 100 - (7 + 8) ≒ 85%이다.

따라서 ㉠은 100, ㉡은 7, ㉢은 85인 ③이 정답이다.

시간 단축 Key point!

㉠ 일의 자리 숫자만 계산한다. 2021년 정비/복원 목적의 문화재 발굴조사 건수 = 합계 - (연구 + 건설공사)임에 따라 2021년 정비/복원 목적의 문화재 발굴조사 건수의 일의 자리 숫자는 8 - (7 + 1) = 0이다. 따라서 일의 자리 숫자가 0인 ③ 또는 ④ 또는 ⑤가 정답이다.

㉡ 2022년 건설공사 목적의 문화재 발굴조사 건수가 1,298건으로 85%의 비중이므로 같은 해 정비/복원 목적의 문화재 발굴조사 건수인 122건은 8.5% 미만이며, 2022년 연구 목적의 문화재 발굴조사 건수 비중은 100 - (85 + 8.5) = 6.5% 이상임을 알 수 있다. 따라서 6.5 이상인 ③ 또는 ④가 정답이다.

유형 4 자료변환

유형 특징 제시된 자료를 다른 형태의 자료로 변환하는 유형의 문제이다.
최근 시험에서 낮은 비중으로 출제되었다.

학습 전략 표, 꺾은선 그래프, 막대 그래프, 원 그래프 등 다양한 형태의 자료를 눈에 익혀두고, 선택지에 제시된 그래프의 가로축, 세로축 등의 구성 항목을 파악한 뒤 자료에서 관련 있는 항목의 값을 찾아 계산이 필요하지 않은 선택지부터 확인해본다.

예제 제시된 자료를 다른 형태의 자료로 변환하는 문제

다음은 K 국의 연도별 산불 발생 건수 및 피해 상황에 대한 자료이다. 이를 바탕으로 만든 자료로 옳지 않은 것을 고르시오.

[연도별 산불 발생 건수 및 피해 상황]

(단위: 건, ha, 천 m^3, 백만 원)

구분	2020년	2021년	2022년	2023년	2024년
발생 건수	277	197	296	492	623
피해 면적	1,090	72	552	137	418
발생 건당 피해 면적	3.9	0.4	1.9	0.3	0.7
피해 재적	53	2	67	7	32
피해액	29,063	2,542	25,020	9,285	20,480

① [산불 발생 건수]

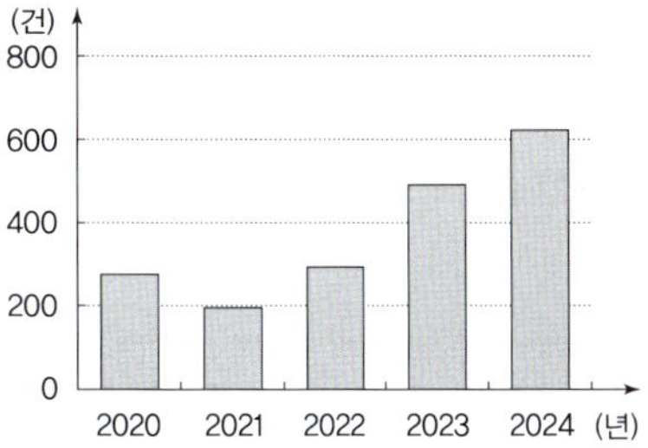

② [산불 피해 면적]

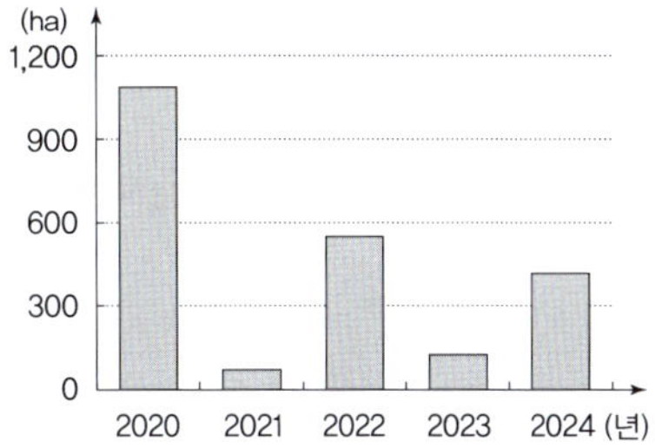

③ [산불 발생 건당 피해 면적]

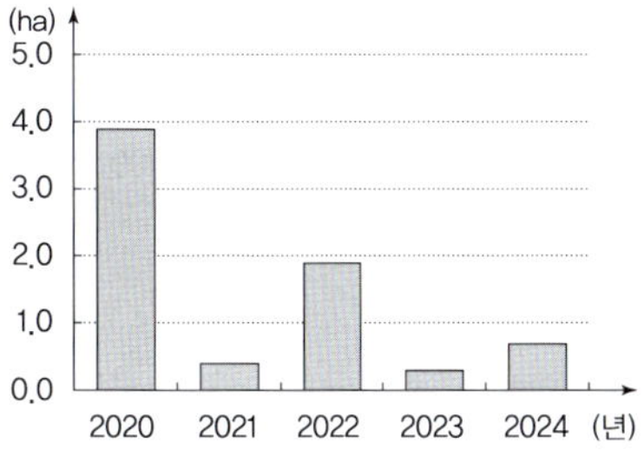

④ [산불 피해 재적]

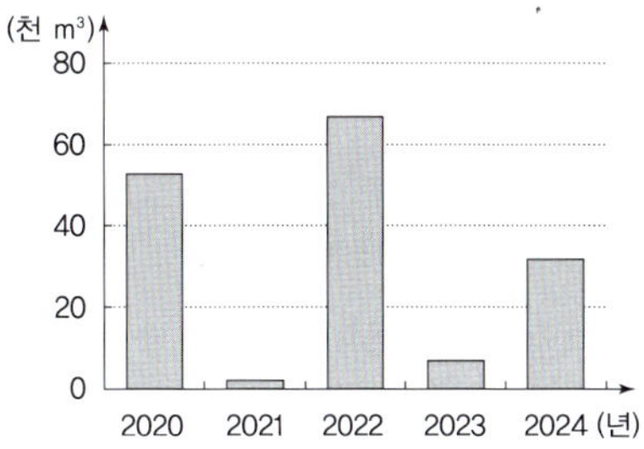

⑤ [산불 피해액]

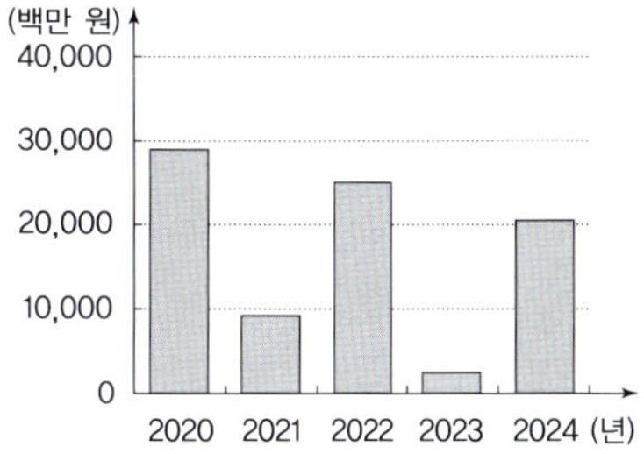

|정답 및 해설| ⑤

제시된 자료에 따르면 2020년부터 2024년까지 산불 피해액은 2021년에 가장 적다.

하지만 [산불 피해액] 막대그래프에서는 산불 피해액이 2023년에 가장 적으므로 옳지 않은 그래프는 ⑤이다.

시간 단축 Key point!

제시된 모든 선택지가 계산이 필요하지 않으므로, 각 선택지별 제시된 자료에서 가장 적거나 가장 많은 항목을 우선적으로 비교한 후, 연도별 증감 추이를 비교하여 전체적인 그래프 형태만을 빠르게 확인한다.

출제예상문제

▶ 해설 p.6

01 다음은 X 국의 지역별 편의점 수에 대한 자료이다. 다음 중 자료에 대한 설명으로 옳은 것을 고르시오.

[지역별 편의점 수]

(단위: 호)

구분	2021년	2022년	2023년
A 지역	30,020	33,480	17,160
B 지역	26,500	35,950	22,650
C 지역	68,640	77,900	44,280
D 지역	63,420	68,500	51,900

※ X 국의 지역은 제시된 4곳뿐임

① 2022년 A 지역의 편의점 수는 전년 대비 10% 미만 증가하였다.

② 2023년 C 지역의 편의점 수 대비 B 지역의 편의점 수의 비율은 전년 대비 감소하였다.

③ 제시된 기간 동안 D 지역의 편의점 수는 매년 A 지역의 편의점 수의 2배 이상이다.

④ 2023년 X 국의 총 편의점 수는 134,990호이다.

⑤ 2021년 편의점 수가 다른 지역에 비해 가장 적은 지역은 2022년 편의점 수가 전년 대비 9,550호 증가하였다.

02 다음은 지역별 주차장 및 관련 시설 현황에 대한 자료이다. 제시된 지역 중 주차장 1개당 주차가능대수가 가장 많은 지역의 전기차 충전소 수 대비 장애인 주차구역 수의 비율은?

[지역별 주차장 및 관련 시설 현황]

(단위: 개, 대)

구분	주차장 수	주차가능대수	장애인 주차구역 수	전기차 충전소 수
A 지역	4,706	127,028	30,186	2,580
B 지역	995	26,880	2,187	486
C 지역	8,657	222,378	17,845	7,138
D 지역	1,228	26,204	2,916	1,215

① 2.4 ② 2.5 ③ 4.5 ④ 4.8 ⑤ 11.7

03 다음은 L 국의 나노 제품별 인력 수 및 직군별 인력 수 비중을 나타낸 자료이다. 다음 중 자료에 대한 설명으로 옳지 않은 것을 고르시오.

[나노 제품별 인력 수 및 직군별 인력 수 비중]

(단위: 백 명, %)

구분	2022년				2023년			
	총 인력 수	연구직	생산직	영업직	총 인력 수	연구직	생산직	영업직
소재	1,900	20.0	49.0	31.0	1,700	22.0	47.0	31.0
전자	11,800	11.0	47.0	42.0	12,900	8.0	52.0	40.0
바이오·의료	400	21.0	21.0	58.0	500	16.0	24.0	60.0
장비·기기	1,300	28.0	35.0	37.0	1,200	26.0	32.0	42.0

※ L 국의 나노 제품별 직군은 연구직, 생산직, 영업직 3개로 구분됨

① 2022년 생산직 인력 수는 소재 제품이 바이오·의료 제품의 10배 미만이다.

② 2023년 장비·기기 제품의 연구직과 생산직 인력 수의 차는 72백 명이다.

③ 2023년 바이오·의료 제품의 총 인력 수 대비 전자 제품의 총 인력 수의 비율은 전년 대비 감소하였다.

④ 2023년 전자 제품의 영업직 인력 수는 전년 대비 204백 명 증가하였다.

⑤ 2023년 바이오·의료 제품의 연구직 비중은 전년 대비 5.0%p 감소하였다.

04 다음은 Z 국의 외국인 주민 수와 관련된 자료이다. 다음 중 자료에 대한 설명으로 옳은 것을 모두 고르시오.

[연도별 외국인 주민 수 및 전년 대비 증감률]

(단위: 명, %)

구분	2021년		2022년		2023년		2024년	
	주민 수	증감률	주민 수	증감률	주민 수	증감률	주민 수	증감률
외국인 근로자	552,946	-1.0	588,944	6.5	520,906	-11.6	538,587	3.4
결혼 이민자	141,654	13.2	144,214	1.8	147,591	2.3	149,764	1.5
유학생	86,947	7.8	87,221	0.3	83,484	-4.3	80,570	-3.5
외국국적 동포	83,825	66.8	135,020	61.1	187,616	39.0	233,265	24.3
기타 외국인	103,115	-39.7	106,365	3.2	137,370	29.1	217,002	58.0

a. 2022년 외국인 근로자의 전년 대비 증가 인원은 2024년 외국인 근로자의 전년 대비 증가 인원보다 많다.
b. 외국인 주민 중 유학생이 차지하는 비중은 2024년이 2023년에 비해 낮다.
c. 2020년 결혼 이민자 수는 약 129,109명이다.
d. 2022년부터 2024년까지 외국인 주민 수가 매년 증가한 항목은 외국국적 동포뿐이다.

① a, b　　② a, d　　③ b, c
④ a, b, c　　⑤ a, b, d

05 다음은 G 지역의 대학별 지원자 및 합격자 수에 대한 자료이다. 다음 중 자료에 대한 설명으로 옳은 것을 고르시오.

[대학별 지원자 및 합격자 수]

(단위: 명)

구분		2020년	2021년	2022년	2023년
A 대학교	지원자 수	226,759	237,998	237,633	243,310
	합격자 수	134,766	145,882	135,180	134,734
B 대학교	지원자 수	4,980	4,009	3,084	2,746
	합격자 수	2,056	1,817	1,452	1,249
C 대학교	지원자 수	67,065	64,787	56,646	55,335
	합격자 수	50,694	58,540	54,775	49,291
D 대학교	지원자 수	257,930	285,821	259,077	255,209
	합격자 수	116,150	136,629	135,333	173,989
합계	지원자 수	556,734	592,615	556,440	556,600
	합격자 수	303,666	342,868	326,740	359,263

※ 지원자 수 = 합격자 수 + 불합격자 수

① 2022년 A 대학교와 D 대학교 지원자 수의 합은 2022년 G 지역 대학교의 전체 지원자 수의 90% 이상이다.

② C 대학교의 불합격자 수는 2021년이 2023년보다 적다.

③ 2021년 합격자 수의 전년 대비 증가량은 A 대학교가 D 대학교보다 크다.

④ 제시된 기간 동안 G 지역 대학교의 전체 합격자 수가 다른 해에 비해 가장 적은 해에 지원자 수 대비 합격자 수의 비율이 가장 작은 대학교는 B 대학교이다.

⑤ 제시된 기간 동안 C 대학교의 지원자 수가 다른 해에 비해 가장 많은 해에 G 지역 대학교의 전체 지원자 수에서 C 대학교의 지원자 수가 차지하는 비중은 15% 이상이다.

06 다음은 S 국의 2023년 상반기와 2024년 상반기 월별 시스템반도체 수출액을 나타낸 자료이다. 다음 중 자료에 대한 설명으로 옳지 않은 것을 고르시오.

[2023년 상반기 월별 시스템반도체 수출액]

(단위: 십만 달러)

구분	1월	2월	3월	4월	5월	6월
아날로그 IC	60	70	70	30	40	60
MCP	1,520	1,360	1,670	1,150	700	1,220
복합부품집적회로	3,420	3,020	3,450	1,630	1,746	1,400
기타 디지털 IC	20,000	19,350	21,350	15,640	16,914	18,720
총수출액	25,000	23,800	26,540	18,450	19,400	21,400

[2024년 상반기 월별 시스템반도체 총수출액]

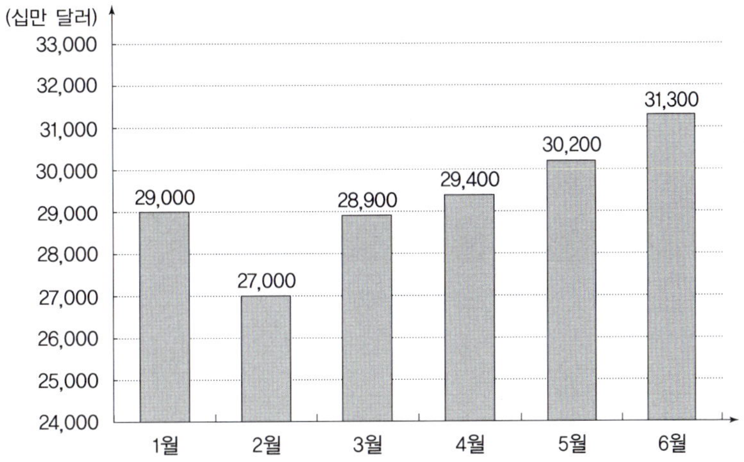

① 2023년 6월 아날로그 IC 수출액의 전월 대비 증가율은 50%이다.

② 2023년 6월 수출액의 전월 대비 증가액은 MCP가 아날로그 IC의 25배 이상이다.

③ 제시된 기간 동안 2024년 상반기 시스템반도체 총수출액의 전년 동월 대비 증가액이 가장 큰 달은 5월이다.

④ 2024년 1월 시스템반도체 총수출액의 전년 동월 대비 증가율은 15% 이상이다.

⑤ 2023년 아날로그 IC 수출액 대비 기타 디지털 IC 수출액의 비율은 6월이 3월보다 크다.

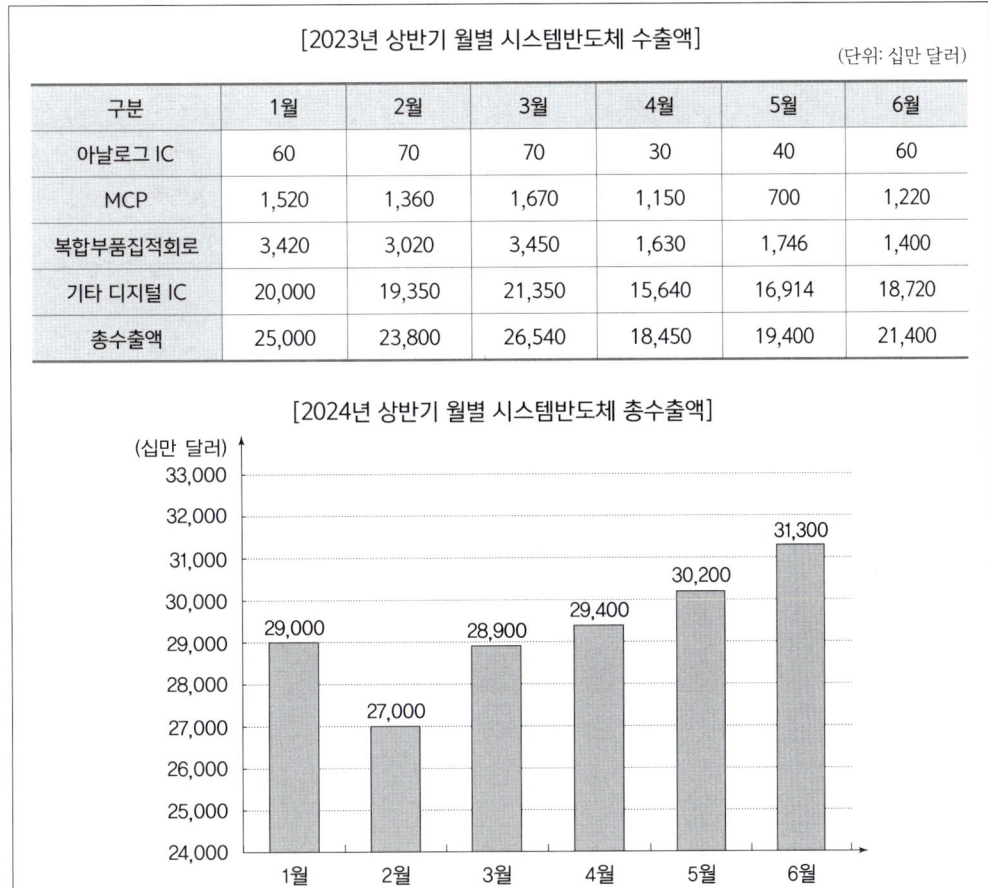

07 다음은 P 국의 연도별 산불 발생 현황 및 계절별 산불 발생 건수를 나타낸 자료이다. 다음 중 자료에 대한 설명으로 옳은 것을 고르시오.

[연도별 산불 발생 현황]

(단위: 건, ha, 백만 원)

구분	2019년	2020년	2021년	2022년	2023년
발생 건수	553	629	429	746	601
피해 면적	3,255	2,782	1,766	4,797	4,992
피해 금액	268,758	158,141	86,125	134,627	281,268

[계절별 산불 발생 건수]

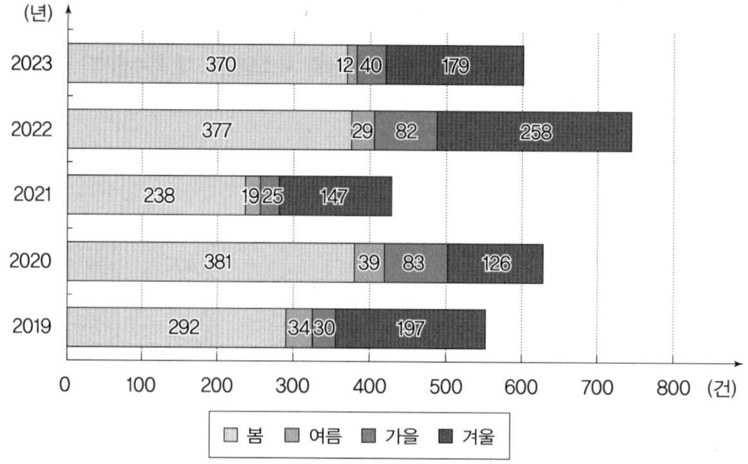

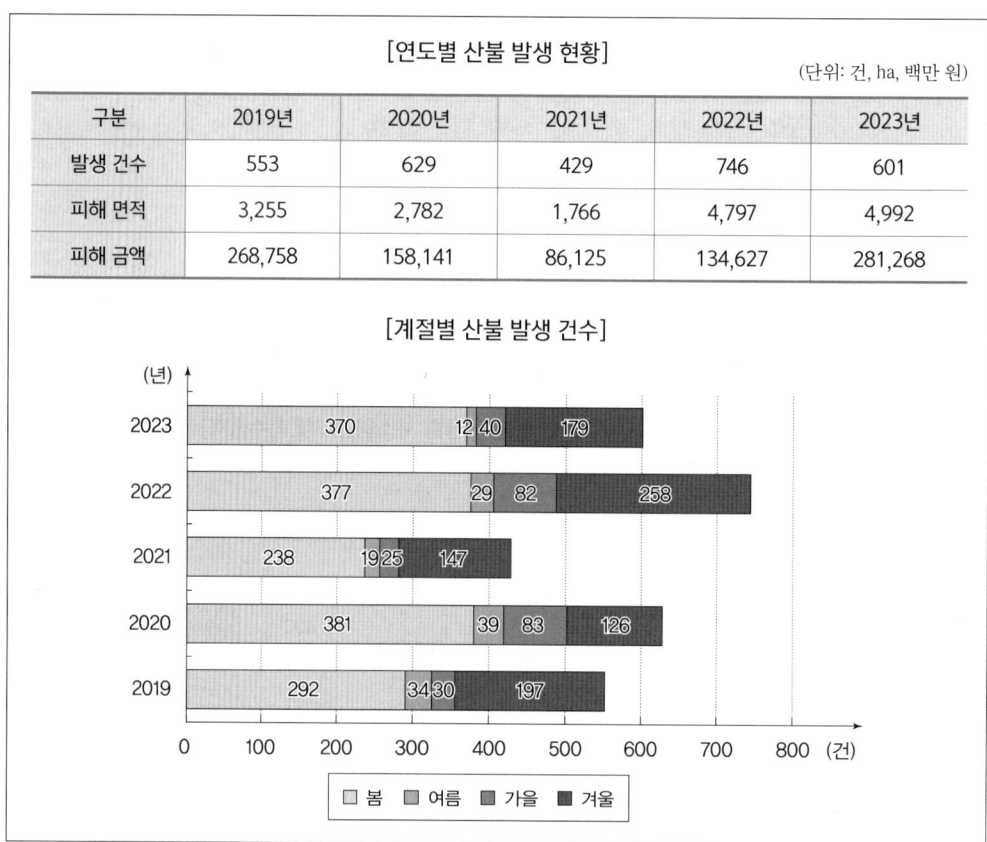

① 제시된 기간 중 산불 피해 면적이 가장 적은 해에 전체 산불 발생 건수에서 겨울의 산불 발생 건수가 차지하는 비중은 35% 이상이다.

② 2020년 봄의 산불 발생 건수와 2023년 겨울의 산불 발생 건수의 전년 대비 변화량은 서로 같다.

③ 2019~2023년 연도별 봄의 산불 발생 건수의 평균은 330건 미만이다.

④ 제시된 기간 중 가을 대비 봄의 산불 발생 건수가 가장 많은 해에 산불 발생 건수 1건당 피해 금액은 468백만 원이다.

⑤ 제시된 기간 중 여름과 가을의 산불 발생 건수 합이 가장 큰 해에 산불 발생 건수 1건당 피해 면적은 4.5ha 미만이다.

08 다음은 S 기업의 연도별 근로 환경 만족도에 대한 자료이다. 다음 중 자료에 대한 설명으로 옳지 않은 것을 고르시오.

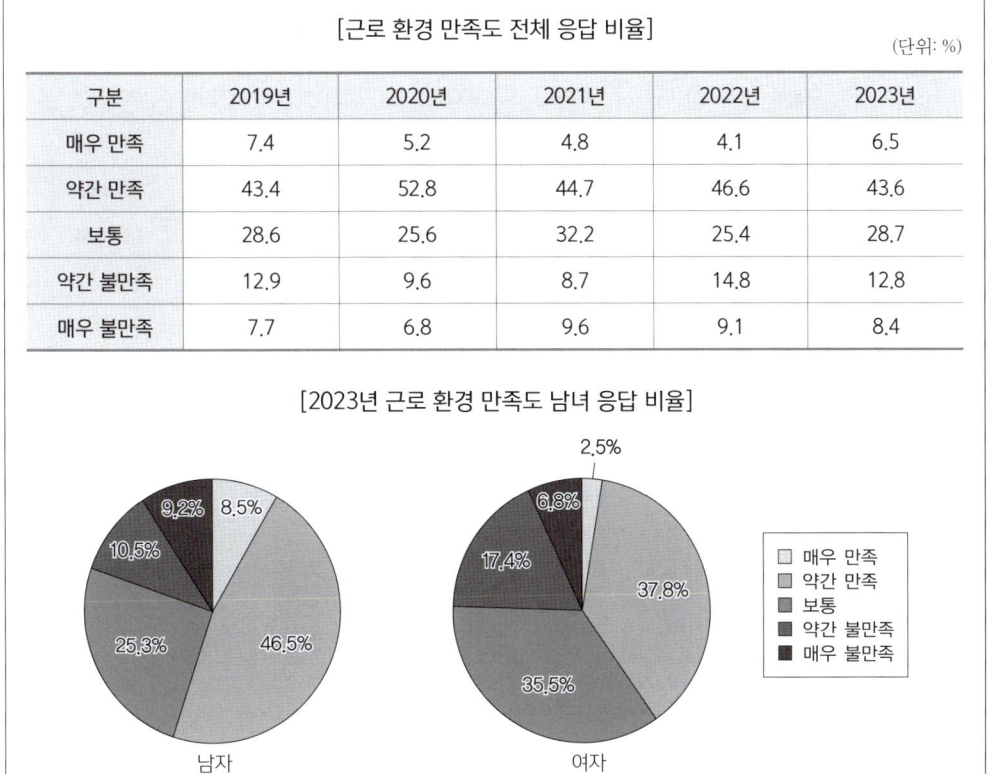

[근로 환경 만족도 전체 응답 비율]

(단위: %)

구분	2019년	2020년	2021년	2022년	2023년
매우 만족	7.4	5.2	4.8	4.1	6.5
약간 만족	43.4	52.8	44.7	46.6	43.6
보통	28.6	25.6	32.2	25.4	28.7
약간 불만족	12.9	9.6	8.7	14.8	12.8
매우 불만족	7.7	6.8	9.6	9.1	8.4

[2023년 근로 환경 만족도 남녀 응답 비율]

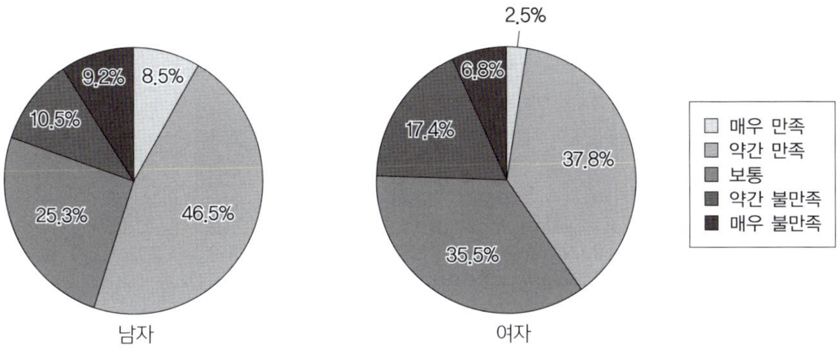

① 2019~2023년 연도별 근로 환경 만족도에 대해 '매우 만족'이라고 응답한 비율의 평균은 5.6%이다.

② 2022년 근로 환경 만족도에 대해 '보통'이라고 응답한 비율은 전년 대비 20% 이상 감소하였다.

③ 2023년 근로 환경 만족도 여자 응답자 수는 남자 응답자 수의 2배이다.

④ 2020년 근로 환경 만족도에 대해 '약간 만족'이라고 응답한 비율은 '약간 불만족'이라고 응답한 비율의 5.5배이다.

⑤ 제시된 기간 동안 근로 환경 만족도에 대해 '약간 만족'이라고 응답한 비율과 '매우 불만족'이라고 응답한 비율의 차이는 매년 35%p 이상이다.

09 다음은 K 국 특허청의 출원 항목별 심사 처리 건수 및 심사 처리 기간에 대한 자료이다. 다음 중 자료에 대한 설명으로 옳지 않은 것을 고르시오.

[출원 항목별 심사 처리 건수]

(단위: 건)

구분	2018년	2019년	2020년	2021년	2022년	2023년	2024년
특허·실용신안	143,554	109,328	105,508	137,940	192,236	176,861	193,934
디자인	58,587	51,492	43,769	49,778	60,550	65,039	67,021
상표	171,858	162,697	109,245	133,212	153,322	137,674	172,607
합계	373,999	323,517	258,522	320,930	406,108	379,574	433,562

[출원 항목별 심사 처리 기간]

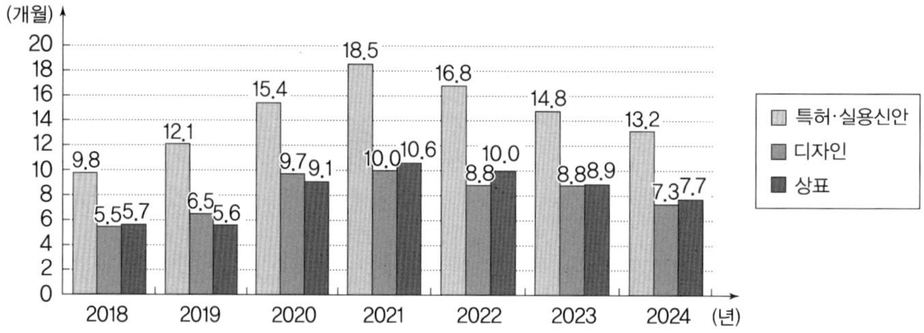

① 2021년부터 2024년까지 디자인 출원의 심사 처리 건수는 매년 전년 대비 증가하였다.

② 모든 출원 항목의 심사 처리 기간이 각각 다른 해에 비해 가장 길었던 해는 모두 2021년이다.

③ 2021년에 처음으로 특허·실용신안 출원 심사 처리 건수가 상표 출원 심사 처리 건수보다 많아졌다.

④ 연도별 출원 항목의 심사 처리 건수의 합계가 다른 해에 비해 가장 적은 해에 디자인 출원 심사 처리 건수는 전년 대비 증가하였다.

⑤ 상표 출원의 심사 처리 기간이 다른 해에 비해 가장 짧았던 해에 상표 출원의 심사 처리 건수가 전체 건수에서 차지하는 비중은 50% 이상이다.

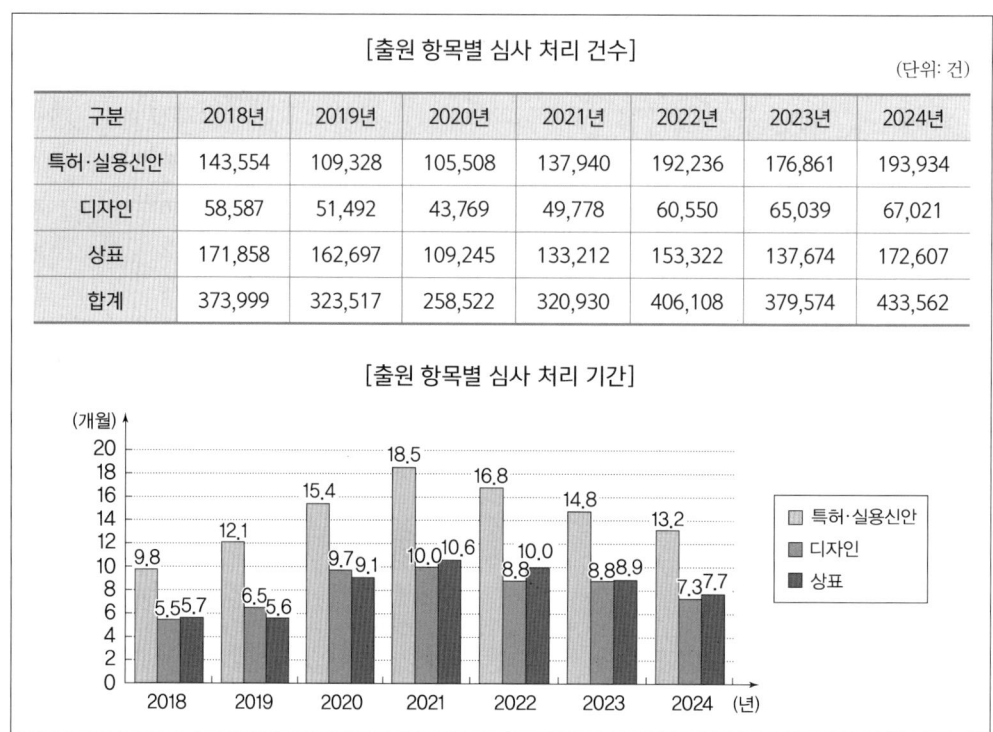

10 다음은 S 시의 월별 인구동태에 대한 자료이다. 다음 중 자료에 대한 설명으로 옳은 것을 고르시오.

[S 시 월별 출생자 및 사망자 수]

(단위: 명)

구분	2020년		2021년		2022년		2023년		2024년	
	출생자	사망자	출생자	사망자	출생자	사망자	출생자	사망자	출생자	사망자
1월	38	25	57	21	26	27	31	17	22	32
2월	38	18	46	23	27	24	27	25	26	20
3월	49	23	43	29	41	18	32	17	26	22
4월	39	35	29	17	33	23	23	26	26	18
5월	36	25	35	20	32	24	17	20	18	18
6월	44	23	39	16	26	14	25	22	19	17
7월	47	22	38	19	19	16	23	35	33	10
8월	46	30	33	17	27	30	20	17	25	26
9월	45	18	34	19	28	24	27	24	25	28
10월	40	29	14	23	18	18	29	19	14	20
11월	37	22	23	31	29	31	15	15	26	11
12월	33	19	23	24	26	28	12	17	22	22
합계	492	289	414	259	332	277	281	254	282	244

① 2020년 이후 매년 전체 출생자 수는 전체 사망자 수보다 100명 이상 더 많다.

② 제시된 기간 동안 연도별 월 평균 사망자 수는 2022년에 가장 많다.

③ 제시된 기간 동안 출생자 수가 다른 달에 비해 가장 많은 달은 매년 3월로 같다.

④ 2024년 출생자 수가 사망자 수보다 많은 달의 개수와 사망자 수가 출생자 수보다 많은 달의 개수는 같다.

⑤ 2024년 전체 출생자 수는 4년 전 대비 40% 이상 감소하였다.

11 다음은 P 국의 산업별 연구개발 기업체 수 및 연구개발비를 나타낸 자료이다. 다음 중 자료에 대한 설명으로 옳은 것을 모두 고르시오.

[산업별 연구개발 기업체 수 및 연구개발비]

(단위: 개, 십억 원)

구분		2020년	2021년	2022년	2023년
A 산업	기업체 수	628	609	691	769
	연구개발비	2,180	2,000	2,680	2,760
B 산업	기업체 수	384	381	428	475
	연구개발비	950	1,310	1,490	1,850

a. 2022년 A 산업 연구개발비의 전년 대비 증가율은 34%이다.
b. 2020~2023년 연도별 B 산업 기업체 수의 평균은 417개이다.
c. 제시된 기간 동안 A 산업 기업체 수 1개당 연구개발비가 가장 많은 해는 2023년이다.

① a ② a, b ③ a, c ④ b, c ⑤ a, b, c

12 다음은 지역별 공연시설 재정자립도에 대한 자료이다. 다음 중 자료에 대한 설명으로 옳지 않은 것을 모두 고르시오.

[지역별 공연시설 재정자립도]

(단위: 개, %)

구분	2022년		2023년		2024년	
	시설 수	재정자립도	시설 수	재정자립도	시설 수	재정자립도
A 지역	355	77.9	359	81.9	359	74.0
B 지역	61	59.3	63	76.0	64	56.9
C 지역	55	28.7	57	39.7	59	44.5
D 지역	36	25.0	37	21.1	34	29.7
E 지역	34	49.8	34	24.2	35	33.2
F 지역	38	56.8	37	42.1	34	54.8
G 지역	18	46.6	17	34.0	17	44.2
H 지역	2	1.1	2	3.3	2	7.0
I 지역	122	36.0	121	41.3	119	43.3
전체	721	48.6	727	50.9	723	48.6

a. 2023년 이후 전체 공연시설 수는 매년 전년 대비 증가하였다.
b. 2024년 재정자립도가 50% 이상인 지역들의 같은 해 평균 공연시설 수는 150개 미만이다.
c. 2022년 공연시설 수가 100개 이상인 지역의 같은 해 공연시설 수의 합은 2022년 공연시설 수가 100개 미만인 지역의 같은 해 공연시설 수의 합보다 크다.
d. 제시된 기간 동안 A 지역의 공연시설 수가 가장 적은 해와 재정자립도가 가장 낮은 해는 동일하다.

① a, b ② a, d ③ b, c ④ a, b, c ⑤ a, b, d

13 다음은 연도별 국적선 보유 현황에 대한 자료이다. 다음 중 자료에 대한 설명으로 옳지 않은 것을 고르시오.

[선박별 보유 척수]

(단위: 척)

구분	2014년	2015년	2016년	2017년	2018년
여객선	233	270	299	326	330
화물선	1,125	1,125	1,062	1,044	1,014
유조선	892	924	933	945	943
기타	7,573	7,512	7,410	7,305	7,226
합계	9,823	9,831	9,704	9,620	9,513

[연도별 화물선 및 유조선 총 톤수]

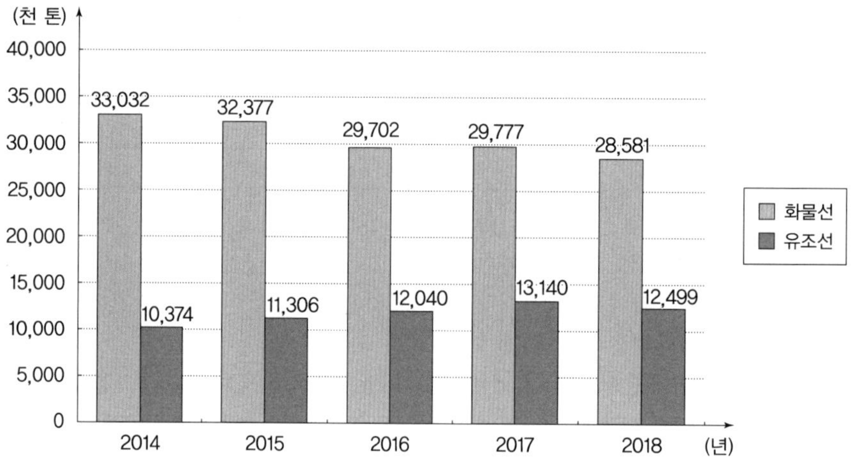

※ 출처: KOSIS(해양수산부, 운항선박통계)

① 2015년 이후 유조선 보유 척수의 전년 대비 증감 추이는 유조선 총 톤수의 전년 대비 증감 추이와 동일하다.

② 2018년 기타의 보유 척수는 같은 해 여객선 보유 척수의 20배 이상이다.

③ 제시된 기간 중 여객선의 보유 척수가 다른 해에 비해 가장 적은 해에 유조선의 보유 척수도 다른 해에 비해 가장 적다.

④ 2018년 전체 선박의 보유 척수는 2015년 대비 308척 감소하였다.

⑤ 2014년 화물선 1척당 평균 톤수는 35천 톤 이하이다.

14 다음은 K 국의 2024년 상반기 축종별 평균 도축 생체중량에 대한 자료이다. 다음 중 자료에 대한 설명으로 옳지 않은 것을 고르시오.

[축종별 평균 도축 생체중량]

(단위: kg)

구분	1월	2월	3월	4월	5월	6월
한우	713	704	705	703	699	696
젖소	651	632	640	649	651	640
육우	756	746	750	751	755	764
돼지	117	117	117	116	116	115
말	433	456	419	408	410	410
양	45	45	45	46	47	47
닭	2	2	2	2	2	2
오리	4	3	4	4	4	4
토끼	3	3	2	2	2	2

① 3월 평균 도축 생체중량이 2개월 전 대비 증가한 축종은 없다.

② 제시된 기간 동안 닭, 오리, 토끼 각각의 평균 도축 생체중량은 매달 5kg 미만이다.

③ 제시된 기간 중 한우, 젖소, 육우의 평균 도축 생체중량이 각각 다른 달에 비해 가장 작은 달은 모두 같다.

④ 말의 평균 도축 생체중량이 다른 달에 비해 가장 큰 달에 말의 평균 도축 생체중량의 전월 대비 증가율은 5% 이상이다.

⑤ 6월 평균 도축 생체중량의 1월 대비 증가량이 가장 큰 축종은 육우이다.

15 다음은 2018년 지역별 1주간 대중교통 이용 비율과 평균 대중교통 이용 횟수에 관해 나타낸 자료이다. 다음 중 자료에 대한 설명으로 옳은 것을 모두 고르시오.

[지역별 1주간 대중교통 이용 현황]

(단위: %)

구분	시내버스	지하철	이용 횟수				
			1~5회	6~10회	11~15회	16~20회	21회 이상
전체	57.3	42.7	33.9	37.7	16.1	5.9	6.4
서울	33.3	66.7	27.2	38.0	18.8	7.5	8.5
부산	58.4	41.6	33.5	37.6	17.7	6.3	4.9
인천	53.2	46.8	38.8	36.4	13.5	5.0	6.3
대구	62.1	37.9	37.5	37.7	14.7	5.2	4.9
광주	85.6	14.4	39.0	40.7	14.0	3.9	2.4
대전	79.8	20.2	43.7	33.4	14.5	3.5	4.9
울산	99.3	0.7	39.3	40.9	13.8	3.5	2.5
경기	62.6	37.4	32.1	37.1	16.5	6.5	7.8
강원	98.4	1.6	57.5	35.3	6.1	0.9	0.2
충북	100.0	0.0	49.8	39.7	7.5	1.7	1.3
충남	94.3	5.7	52.7	35.2	8.7	2.0	1.4
전북	100.0	0.0	48.8	39.1	9.6	2.0	0.5
전남	100.0	0.0	47.7	39.5	10.6	1.6	0.6
경북	96.1	3.9	53.8	34.2	8.1	2.4	1.5
경남	96.1	3.9	44.7	39.8	12.2	2.3	1.0
제주	100.0	0.0	41.0	45.4	11.2	1.1	1.3
세종	100.0	0.0	49.5	44.2	5.6	0.7	0.0

※ 출처: KOSIS(국토교통부, 대중교통현황조사)

a. 1주간 시내버스를 지하철보다 많이 이용한 지역은 총 16곳이다.
b. 1주간 시내버스만 이용한 지역은 모두 대중교통 이용 횟수가 10회 이하인 비율이 85%를 넘는다.
c. 1주간 지하철 이용 비율 상위 5곳의 1주간 대중교통을 21회 이상 이용한 비율의 합은 32.4%이다.
d. 제시된 지역 중 6곳을 제외한 모든 지역에서 1주간 대중교통을 1~5회 이용한 비율이 가장 높다.

① a, b　② a, c　③ b, d　④ a, b, c　⑤ b, c, d

16 다음은 연도별 해외건설 수주실적의 상위 10개국에 대한 자료이다. 다음 중 자료에 대한 설명으로 옳은 것을 고르시오.

[연도별 해외건설 수주실적 상위 10개국]

(단위: 백만 달러)

순위	2017년		2018년		2019년	
	국가	수주금액	국가	수주금액	국가	수주금액
1	이란	5,237	아랍에미리트	5,336	인니	3,744
2	인도	2,915	베트남	4,403	사우디	3,019
3	오만	2,029	러시아	3,141	중국	2,364
4	말련	1,706	싱가포르	2,583	베트남	1,649
5	방글라데시	1,653	사우디	2,405	폴란드	1,535
6	아랍에미리트	1,608	태국	1,971	나이지리아	1,319
7	터키	1,443	중국	1,312	싱가포르	1,287
8	카타르	1,429	홍콩	1,064	방글라데시	886
9	바레인	1,347	말련	943	아랍에미리트	709
10	베트남	1,205	인도	895	이라크	581

[연도별 상위 10개국의 해외건설 수주실적 총수주금액]

(단위: 백만 달러)

구분	2017년	2018년	2019년
총수주금액	20,572	24,053	17,093

※ 출처: KOSIS(해외건설협회, 해외건설수주통계)

① 제시된 기간 동안 해외건설 수주실적이 매년 10위 안에 포함되는 국가는 1개이다.

② 2018년 해외건설 수주실적 상위 10개국의 수주금액에서 상위 5개국의 수주금액이 차지하는 비중은 80% 이상이다.

③ 제시된 기간 동안 해외건설 수주실적이 1위인 국가의 수주금액은 매년 7위 국가의 수주금액의 3배보다 크다.

④ 2019년 사우디의 수주금액은 전년 대비 30% 이상 증가하였다.

⑤ 제시된 기간 동안 연도별 해외건설 수주실적이 6~10위인 국가의 수주금액의 평균은 매년 감소하였다.

17 다음은 전국 주요 항만의 컨테이너 화물 처리 실적을 나타낸 것이다. 2024년 전체 컨테이너 화물 처리 실적과 2020년 컨테이너 수입화물 처리 실적의 합은?

[연도별 컨테이너 화물 처리 실적]

(단위: 천 TEU)

구분		2018년	2019년	2020년	2021년	2022년	2023년	2024년
합계		21,609	22,550	23,469	24,798	25,680	26,005	(　)
수출입 화물	소계	13,412	13,662	13,948	14,601	14,701	15,414	16,311
	수입화물	6,755	6,825	(　)	7,268	7,380	7,694	8,083
	수출화물	6,657	6,837	7,011	7,333	7,321	7,720	8,228
환적화물		7,719	8,498	9,321	9,990	10,719	10,329	10,710
연안화물		478	390	200	207	260	262	447

※ 컨테이너 화물 처리 실적 = 수출입화물 + 환적화물 + 연안화물

① 34,405천 TEU　② 34,491천 TEU　③ 35,002천 TEU
④ 35,097천 TEU　⑤ 35,195천 TEU

18 다음은 자전거 도로 종류별 노선에 대한 자료이다. 이를 바탕으로 만든 자료로 옳지 않은 것을 고르시오.

[자전거 도로 종류별 노선 수 및 총 길이]

(단위: 개소, km)

구분	자전거 전용도로		자전거-보행자 겸용도로		자전거 전용차로	
	노선 수	총 길이	노선 수	총 길이	노선 수	총 길이
2009년	471	1,428	4,109	9,770	67	189
2010년	622	1,841	4,687	10,960	83	235
2011년	599	2,353	4,764	12,534	126	420
2012년	932	2,975	5,269	13,432	190	659
2013년	1,015	3,222	5,766	14,233	188	826
2014년	1,001	3,099	7,936	14,912	251	613

※ 1) 자전거 도로는 제시된 3가지로 분류됨
2) 자전거 도로 평균 길이는 총 길이를 노선 수로 나눈 값으로 소수점 둘째 자리에서 반올림하여 계산함

① [자전거 전용도로 및 전용차로 노선 수]

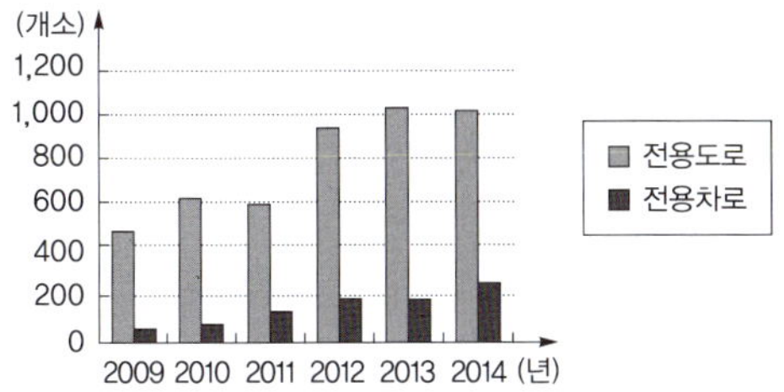

② [자전거 전용차로 평균 길이]

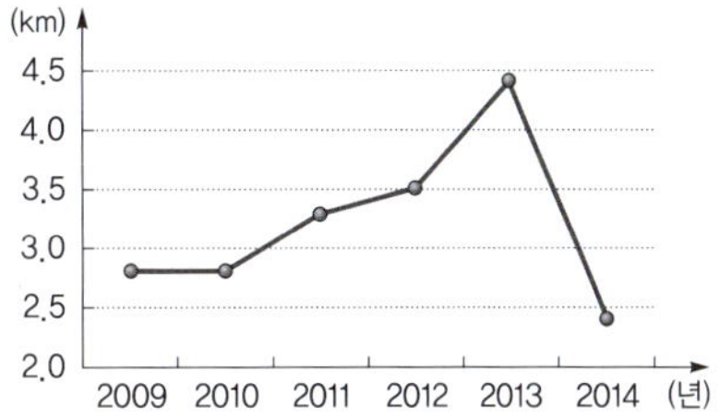

③ [자전거 도로 노선 수]

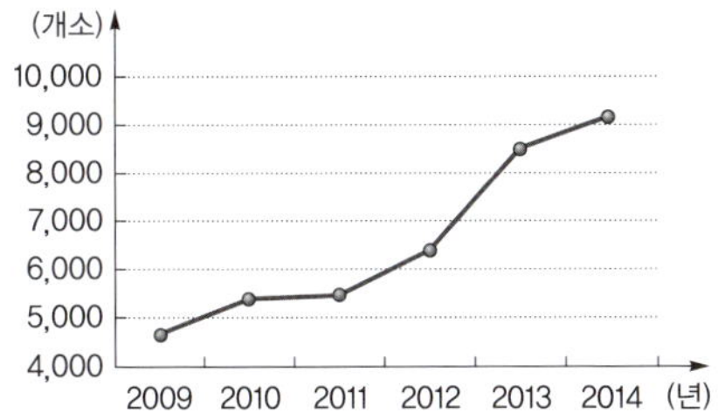

④ [자전거-보행자 겸용도로 총 길이]

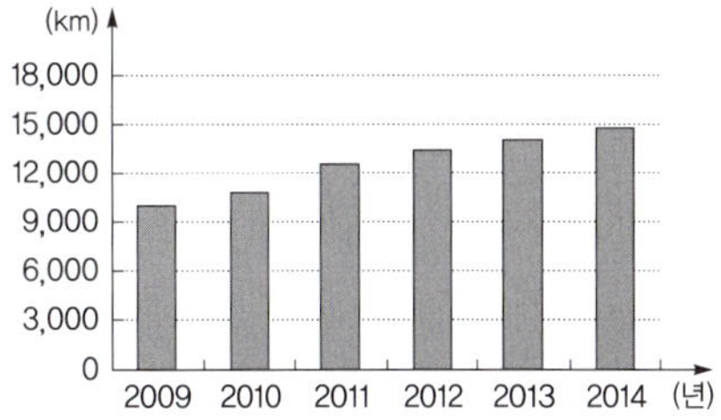

⑤ [자전거 전용차로 총 길이]

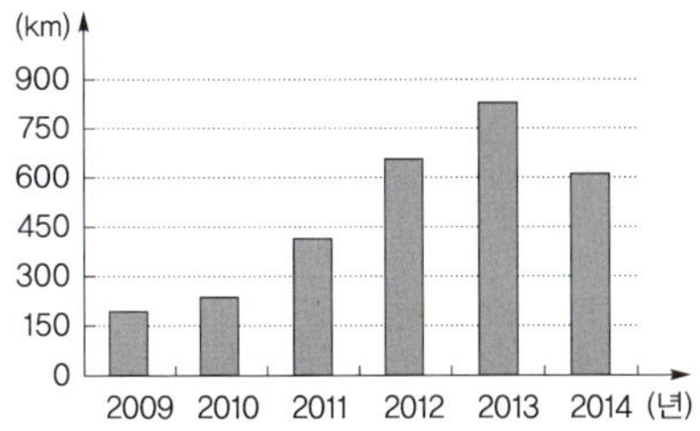

19 다음은 지역별 식품 제조 가공업체 수에 대한 자료이다. 다음 중 자료에 대한 설명으로 옳지 않은 것을 고르시오.

[지역별 식품 제조 가공업체 수]

(단위: 개)

구분	2014년	2015년	2016년	2017년
서울특별시	2,277	2,310	2,244	2,096
경기도	5,776	6,079	6,309	7,131
강원도	1,665	1,708	1,714	1,682
충청북도	1,432	1,493	1,552	1,581
충청남도	2,041	2,121	2,150	2,118
전라북도	1,939	2,055	2,091	2,195
전라남도	2,297	2,460	2,474	2,401
경상북도	2,362	2,477	2,362	2,658
경상남도	2,397	2,506	2,515	2,237

※ 출처: KOSIS(행정안전부, 한국도시통계)

① 2017년 서울특별시의 식품 제조 가공업체 수는 전년 대비 148개 감소하였다.

② 2015년 식품 제조 가공업체 수는 경기도가 전라남도의 약 2.5배이다.

③ 제시된 기간 동안 식품 제조 가공업체 수가 다른 지역에 비해 가장 적은 지역은 매년 동일하다.

④ 제시된 기간 동안 강원도의 식품 제조 가공업체 수의 평균은 1,700개 미만이다.

⑤ 2016년 경상남도의 식품 제조 가공업체 수는 2년 전 대비 5% 이상 증가하였다.

20 다음은 A 국의 2024년 운동경기 관람과 관련된 자료이다. 다음 중 자료에 대한 설명으로 옳지 않은 것을 모두 고르시오.

[도시 규모별 운동경기 관람 경험 여부]

(단위: %)

구분	응답 문항		응답자 수(명)
	예	아니오	
대도시	16.5	83.5	4,147
중소도시	17.7	82.3	3,549
읍면지역	11.8	88.2	1,304
소계	16.3	83.7	9,000

[도시 규모별 운동경기 관람 주기]

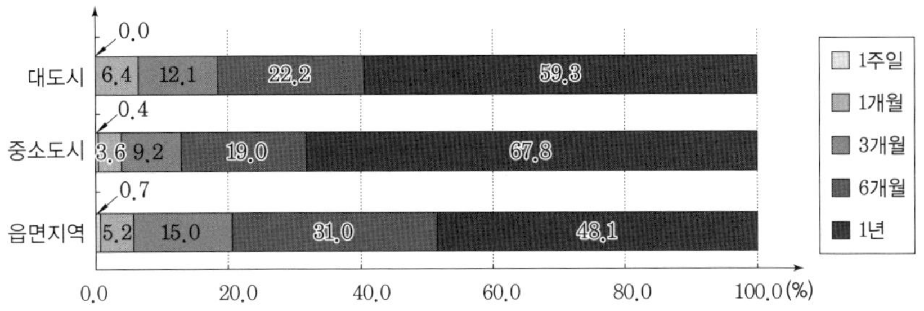

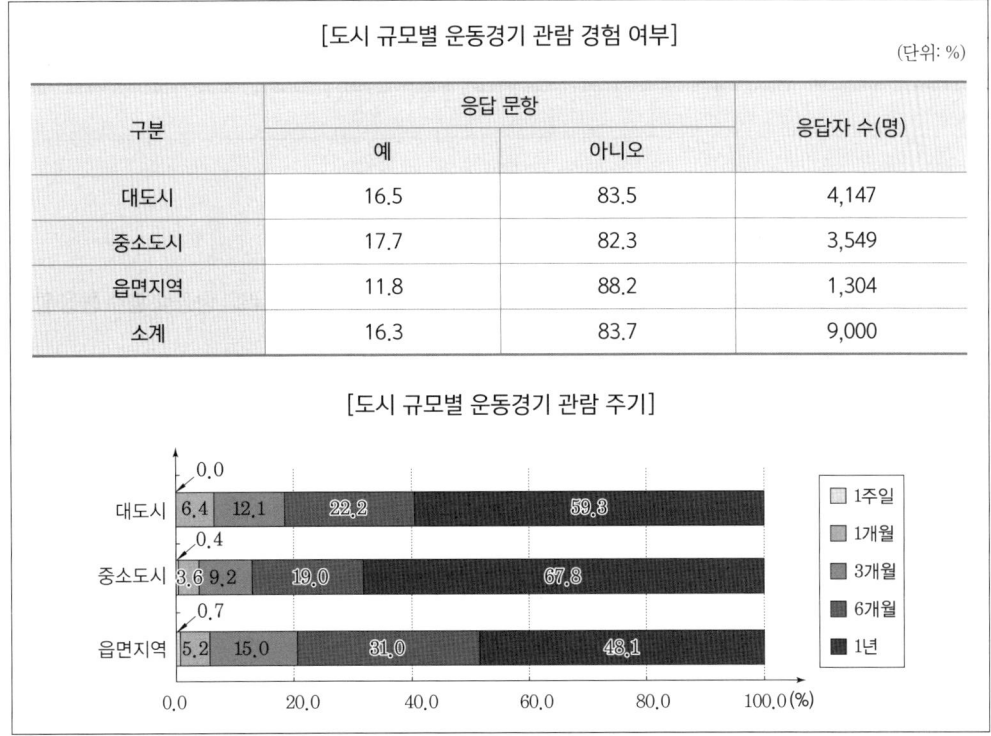

a. 도시 규모가 클수록 운동경기 관람 경험이 있다고 답한 응답자의 비율이 더 높다.
b. 중소도시에 거주하는 응답자 중 6개월 주기로 운동경기를 관람하는 응답자의 수는 110명 이상이다.
c. 전체 응답자 중 대도시에 거주하는 응답자의 비중은 절반을 넘지 못한다.
d. 3개월 주기로 운동경기를 관람하는 응답자의 비율이 가장 높은 도시 규모에서 운동경기 관람 경험이 없다고 답한 응답자의 수는 1,100명 이하이다.

① a, b ② a, d ③ b, c ④ a, b, d ⑤ a, c, d

약점 보완 해설집 p.6

03 | 창의수리 기출유형공략

창의수리 소개

창의수리는 일상생활에서 발생하는 문제를 해결하기 위해서 수학의 기본 원리와 방정식, 함수 등을 활용하여 문제에 접근하는 능력을 평가하는 영역이다.
총 **20문항**이 제시되며, **15분** 이내에 풀어야 한다.

최근 출제 경향

출제 유형

유형 1 거리/속력/시간
유형 2 용액의 농도
유형 3 일의 양
유형 4 원가/정가
유형 5 방정식의 활용
유형 6 경우의 수/확률

난이도

최근 시험에서 창의수리는 전반적으로 평이하게 출제되었다.
기본적인 공식이나 방정식을 이용하여 풀이하는 수준의 문제가 출제되었으며, 계산이 깔끔한 편이었다.

온라인 시험 한 줄 Tip

창의수리에서 자주 출제되는 공식을 반드시 학습하고, 여러 개의 식을 세워 답을 도출해야 하는 문제는 조건이 누락되지 않도록 컴퓨터 기본 프로그램인 그림판에 표나 그림으로 간단히 정리하여 문제를 푸는 연습을 한다.

유형 1 거리/속력/시간

유형 특징 제시된 조건과 거리, 속력, 시간 공식을 이용하여 답을 도출하는 유형의 문제이다. 최근 시험에서 꾸준히 출제되고 있다.

학습 전략 거리/속력/시간 문제는 식을 어떻게 세우는지에 따라 문제 풀이 방법이 다양하므로 가능한 빠르게 문제를 풀 수 있는 조건을 찾아내서 풀이 시간을 단축한다.

예제 거리/속력/시간 공식을 적용하는 문제

갑과 을은 둘레가 3,240m인 A 호수의 같은 지점에서 서로 반대 방향으로 달리면 3분 후에 처음으로 만나고, 같은 방향으로 달리면 27분 후에 처음으로 만날 때, 갑의 속력은 을의 속력의 몇 배인가? (단, 을의 속력은 갑의 속력보다 빠르며, 갑과 을의 속력은 일정하다.)

① 0.3배 ② 0.4배 ③ 0.5배 ④ 0.7배 ⑤ 0.8배

|정답 및 해설| ⑤

거리 = 속력 × 시간임을 적용하여 구한다.

갑의 속력을 xm/분, 을의 속력을 ym/분이라고 하면

둘레가 3,240m인 A 호수의 같은 지점에서 갑과 을이 서로 반대 방향으로 달리면 3분 후에 처음으로 만나고, 두 사람이 3분 동안 이동한 거리의 합은 3,240m이므로

$3x+3y=3,240 \rightarrow x+y=1,080$ ⋯ ⓐ

또한, A 호수의 같은 지점에서 갑과 을이 같은 방향으로 달리면 27분 후에 처음으로 만나고, 두 사람이 27분 동안 이동한 거리의 차는 3,240m이므로

$27y-27x=3,240 \rightarrow y-x=120$ ⋯ ⓑ

ⓐ − ⓑ에서 $x=480$, $y=600$

따라서 갑의 속력은 을의 속력의 480 / 600 = 0.8배이다.

시간 단축 Key point!

거리 = 속력 × 시간에서 갑과 을이 달린 시간은 서로 동일하므로 갑과 을의 속력은 각각 갑과 을이 달린 거리와 비례함을 적용한다.
갑과 을이 서로 반대 방향으로 달렸을 때 처음으로 만나는 데 걸린 시간이 3분이므로 갑과 을이 3분 동안 달린 거리의 합은 호수의 둘레인 3,240m이고, 갑과 을이 서로 같은 방향으로 달렸을 때 처음으로 만나는 데 걸린 시간이 27분이므로 을이 27분 동안 달린 거리는 갑이 27분 동안 달린 거리보다 3,240m 더 길다.
이때 갑이 3분 동안 달린 거리를 a, 을이 3분 동안 달린 거리를 b라고 하면
갑이 27분 동안 달린 거리는 9a, 을이 27분 동안 달린 거리는 9b이므로

$a+b=3,240$ ⋯ ⓐ

$9b-9a=3,240$ ⋯ ⓑ

ⓐ − ⓑ에서 $10a=8b \rightarrow a=0.8b$

따라서 갑이 달린 거리는 을이 달린 거리의 0.8배이므로 갑의 속력도 을의 속력의 0.8배이다.

유형 2 용액의 농도

유형 특징 제시된 조건과 용질, 용매, 용액 사이의 관계식을 이용하여 답을 도출하는 유형의 문제이다. 최근 시험에서 꾸준히 출제되고 있다.

학습 전략 문제에서 구해야 하는 값을 미지수로 두고 제시된 조건을 정리하여 풀이에 사용되는 미지수를 최소화한다.

예제 용질, 용매, 용액 사이의 관계식을 적용하는 문제

농도가 28%인 소금물 100g을 가지고 이동하다 실수로 소금물의 일정량을 쏟아서 물 65g을 추가하였더니 소금물의 농도가 15%가 되었을 때, 실수로 쏟은 소금물의 양은?

① 16g ② 19g ③ 22g ④ 25g ⑤ 28g

|정답 및 해설| ④

소금물의 농도 = $\frac{\text{소금의 양}}{\text{소금물의 양}} \times 100$임을 적용하여 구한다.

실수로 쏟은 소금물의 양을 x라고 하면

소금물의 일정량을 쏟은 후, 농도가 28%인 소금물에 들어있는 소금의 양은 $\frac{28}{100} \times (100-x)$이고,

물 65g을 추가하여 만든 소금물의 농도가 15%이므로

$$15 = \frac{\frac{28}{100} \times (100-x)}{(100-x)+65} \times 100 \rightarrow 15 \times (165-x) = 28 \times (100-x) \rightarrow 13x = 325 \rightarrow x = 25$$

따라서 실수로 쏟은 소금물의 양은 25g이다.

시간 단축 Key point!

농도 a% 소금물 xg과 농도 b% 소금물 yg을 섞어 농도 c% 소금물을 만들었을 때,

$x : y = |c-b| : |c-a|$임을 적용하여 구한다.

실수로 쏟은 소금물의 양을 x라고 하면

농도 28% 소금물 $(100-x)$g에 농도 0%인 소금물 65g을 추가하여 농도 15% 소금물을 만들었으므로

$100-x : 65 = |15-0| : |15-28| \rightarrow 100-x : 65 = 15 : 13 \rightarrow 100-x = (65 \times 15)/13 \rightarrow x = 25$

따라서 실수로 쏟은 소금물의 양은 25g이다.

유형 3 일의 양

유형 특징 제시된 조건과 시간, 인력에 따른 작업량 공식을 이용하여 답을 도출하는 유형의 문제이다. 최근 시험에서 꾸준히 출제되고 있다.

학습 전략 문제의 조건을 통해 비율이나 비중을 활용하여 간단하게 풀 수 있는 방법이 있는지 먼저 확인한다.

예제 시간, 인력에 따른 작업량 공식을 적용하는 문제

A, B, C가 20분 동안 모두 함께 일을 하다가 2명은 계속해서 일을 이어 나가고 한 명당 한 번씩 번갈아 가며 20분 휴식시간을 가진 후, 다시 A, B, C가 20분 동안 모두 함께 일을 하여 마무리한 일이 있다. 시간당 작업량은 B가 A의 $\frac{3}{2}$배, C가 A의 2배일 때, 이 일을 A가 혼자 하여 마무리하는 데 걸리는 시간은?

① 3시간 ② 4시간 ③ 5시간 ④ 6시간 ⑤ 7시간

|정답 및 해설| ④

작업량=시간당 작업량×시간임을 적용하여 구한다.

전체 일의 양이 1일 때, A가 혼자 하여 마무리하는 데 걸리는 시간을 a라고 하면

A의 시간당 작업량은 $\frac{1}{a}$이고, B의 시간당 작업량은 A의 $\frac{3}{2}$배이므로 $\frac{3}{2a}$, C의 시간당 작업량은 A의 2배이므로 $\frac{2}{a}$이다.

A, B, C가 20분 동안 모두 함께 일을 하다가 2명은 계속해서 일을 이어 나가고 한 명당 한 번씩 번갈아 가며 20분 휴식시간을 가진 후, 다시 A, B, C가 20분 동안 모두 함께 일을 하여 마무리하므로

$\{(\frac{1}{a}+\frac{3}{2a}+\frac{2}{a})\times\frac{20}{60}\}+\{(\frac{3}{2a}+\frac{2}{a})\times\frac{20}{60}\}+\{(\frac{1}{a}+\frac{2}{a})\times\frac{20}{60}\}+\{(\frac{1}{a}+\frac{3}{2a})\times\frac{20}{60}\}+\{(\frac{1}{a}+\frac{3}{2a}+\frac{2}{a})\times\frac{20}{60}\}=1$

$\rightarrow (\frac{1}{a}+\frac{3}{2a}+\frac{2}{a})\times(\frac{20}{60}+\frac{40}{60}+\frac{20}{60})=1 \rightarrow (\frac{1}{a}+\frac{3}{2a}+\frac{2}{a})\times\frac{4}{3}=1 \rightarrow \frac{6}{a}=1 \rightarrow a=6$

따라서 이 일을 A가 혼자 하여 마무리하는 데 걸리는 시간은 6시간이다.

시간 단축 Key point!

시간당 작업량은 B가 A의 $\frac{3}{2}$배, C가 A의 2배인 점과 A, B, C가 각각 일을 한 시간이 같음을 활용한다.

A가 1시간 동안 한 일의 양을 x라고 하면, B가 1시간 동안 한 일의 양은 $\frac{3}{2}x$, C가 1시간 동안 한 일의 양은 $2x$이다.

A, B, C가 20분 동안 모두 함께 일을 하다가 2명은 계속해서 일을 이어 나가고 한 명당 한 번씩 번갈아 가며 20분 휴식시간을 가진 후, 다시 A, B, C가 20분 동안 모두 함께 일을 하여 마무리하므로 A, B, C가 일을 한 시간은 각각 $\frac{4}{3}$시간으로 같고, A, B, C가 한 일의 양은 총 $(x+\frac{3}{2}x+2x)\times\frac{4}{3}=6x$이다.

따라서 이 일을 A가 혼자 하여 마무리하는 데 걸리는 시간은 $\frac{6x}{x}=6$시간이다.

유형 4 원가/정가

유형 특징 제시된 조건과 정가, 이익, 할인율 등 가격과 관련된 공식을 이용하여 답을 도출하는 유형의 문제이다. 최근 시험에서 꾸준히 출제되고 있다.

학습 전략 원가/정가 문제는 식을 어떻게 세우는지에 따라 문제 풀이 방법이 다양하므로 가능한 빠르게 문제를 풀 수 있는 조건을 찾아내서 풀이 시간을 단축한다.

예제 정가, 이익, 할인율 등 가격과 관련된 공식을 적용하는 문제

X 과일가게에서 1개당 원가가 4,000원인 망고를 40% 이익이 남는 금액으로 판매를 하며, 5개 이상 구매 시 15%를 할인해주는 행사를 진행하고 있다. 망고 5개를 살 때와 망고 4개를 살 때 지불해야 하는 금액의 차이는?

① 1,000원 ② 1,100원 ③ 1,200원 ④ 1,300원 ⑤ 1,400원

|정답 및 해설| ⑤

정가 = 원가 × (1 + 이익률), 할인가 = 정가 × (1 − 할인율)임을 적용하여 구한다.

망고의 원가는 1개당 4,000원이며, 40% 이익이 남는 금액으로 판매를 하므로 망고 1개당 정가는 4,000 × (1 + 0.4) = 5,600원이고, 망고 4개를 살 때 지불해야 하는 금액은 5,600 × 4 = 22,400원이다. 이때 5개 이상 구매 시 15%를 할인해주므로 망고 1개당 할인가는 5,600 × (1 − 0.15) = 4,760원이고, 망고 5개를 살 때 지불해야 하는 금액은 4,760 × 5 = 23,800원이다.

따라서 망고 5개를 살 때와 망고 4개를 살 때 지불해야 하는 금액의 차이는 23,800 − 22,400 = 1,400원이다.

시간 단축 Key point!

망고 1개당 정가를 미지수로 두고 계산식을 먼저 정리한다.
망고 1개당 정가를 x라고 하면
5개 이상 구매 시 할인율은 15%이므로 망고 5개를 살 때와 망고 4개를 살 때 지불해야 하는 금액의 차이는 $\{5x \times (1 - 0.15)\} - 4x = 0.25x$이다.
이때 망고 1개당 원가는 4,000원, 이익률은 40%이므로 정가는 4,000 × (1 + 0.4) = 5,600원이다.
따라서 망고 5개를 살 때와 망고 4개를 살 때 지불해야 하는 금액의 차이는 0.25 × 5,600 = 1,400원이다.

유형 5 방정식의 활용

유형 특징 제시된 조건과 일차방정식, 이차방정식, 연립방정식 등을 이용하여 답을 도출하는 유형의 문제이다. 최근 시험에서 꾸준히 출제되고 있다.

학습 전략 문제에서 묻는 대상을 미지수로 설정한 후 문제의 조건과 미지수를 활용한 식을 세워 계산을 간소화한다.

예제 일차방정식, 연립방정식, 부등식 등의 개념을 활용하는 문제

민지와 주연이가 계단에 서서 가위바위보 게임을 하여 이긴 사람은 3계단을 올라가고, 진 사람은 1계단을 내려갔다. 처음 위치보다 민지는 20계단, 주연이는 4계단을 더 올라갔을 때, 가위바위보 게임에서 주연이가 이긴 횟수는? (단, 비기는 경우는 없다.)

① 3번 ② 4번 ③ 5번 ④ 6번 ⑤ 7번

|정답 및 해설| ②

가위바위보 게임에서 주연이가 이긴 횟수는 민지가 진 횟수이고, 주연이가 진 횟수는 민지가 이긴 횟수이므로 주연이가 이긴 횟수를 x, 진 횟수를 y라고 하면 민지가 이긴 횟수는 y, 진 횟수는 x이다.

이긴 사람은 3계단을 올라가고, 진 사람은 1계단을 내려가 처음 위치보다 민지는 20계단, 주연이는 4계단을 더 올라갔으므로

$(y\times 3)+\{x\times(-1)\}=20 \rightarrow -x+3y=20$ ⋯ ⓐ

$(x\times 3)+\{y\times(-1)\}=4 \rightarrow 3x-y=4$ ⋯ ⓑ

ⓐ+3ⓑ에서 $8x=32 \rightarrow x=4$

따라서 가위바위보 게임에서 주연이가 이긴 횟수는 4번이다.

시간 단축 Key point!

민지와 주연이가 올라간 계단 개수의 차이를 활용하여 계산한다.
주연이가 이긴 횟수를 x, 진 횟수를 y라고 하면 민지가 이긴 횟수는 y, 진 횟수는 x이다.
가위바위보 게임에서 이긴 사람은 3계단을 올라가고, 진 사람은 1계단을 내려가므로 게임 한 번을 하고 난 후 민지와 주연이가 올라간 계단 개수 차이는 $3-(-1)=4$계단이다. 이때 처음 위치보다 민지는 20계단, 주연이는 4계단을 더 올라갔으므로 민지와 주연이가 올라간 계단 개수의 차이는 $20-4=16$계단이다. 이에 따라 민지가 주연이보다 $16/4=4$번 더 이겼으므로

$y=x+4$ ⋯ ⓐ

주연이는 처음 위치보다 4계단을 더 올라갔으므로

$3x-y=4$ ⋯ ⓑ

ⓐ를 ⓑ에 대입하여 풀면 $3x-(x+4)=4 \rightarrow x=4$

따라서 가위바위보 게임에서 주연이가 이긴 횟수는 4번이다.

유형 6 경우의 수/확률

유형 특징 제시된 조건과 경우의 수, 확률 등의 개념을 이용하여 답을 도출하는 유형의 문제이다. 최근 시험에서 꾸준히 출제되고 있다.

학습 전략 문제에서 순서를 고려해야 하는지 정확하게 판단하여 순열 또는 조합 공식 중 알맞은 식을 활용하는 것이 중요하다.

예제 경우의 수, 확률 등의 개념을 활용하는 문제

빵집에 우유 식빵, 밤 식빵, 고구마 식빵, 흑임자 식빵, 찰떡 식빵이 각각 1개씩 남았고, A, B, C가 남은 식빵을 모두 사서 나눠 가지려고 한다. 한 사람당 적어도 1개 이상씩 식빵을 나눠 가지는 경우의 수는?

① 120가지 ② 150가지 ③ 180가지 ④ 210가지 ⑤ 240가지

|정답 및 해설| ②

서로 다른 n개에서 순서를 고려하지 않고 r개를 뽑는 경우의 수는 ${}_nC_r = \frac{n!}{r! \times (n-r)!}$, 어떤 사건 A가 일어나는 경우의 수를 m, 어떤 사건 B가 일어나는 경우의 수를 n이라고 할 때 두 사건 A, B가 서로 영향을 주지 않으면서 동시에 일어나는 모든 경우의 수는 $m \times n$임을 적용하여 구한다.

A, B, C가 5개의 식빵을 한 사람당 적어도 1개 이상씩 나눠 가지기 위해서는 3명이 각각 식빵 1개씩 나눠 가진 후, 남은 식빵 2개를 나누어 가지면 된다. 5개의 식빵 중 3개의 식빵을 A, B, C가 각각 1개씩 나눠 가지는 경우의 수는 ${}_5C_1 \times {}_4C_1 \times {}_3C_1 = 60$가지이고, 남은 식빵 2개를 나누는 경우의 수는 남은 식빵 2개를 1명이 가지거나, 2명이 각각 1개씩 가지는 경우의 수로 나뉘게 된다.

i) 남은 식빵 2개를 1명이 가지는 경우의 수는 ${}_3C_1 = 3$가지이며, 남은 식빵 2개를 가지는 1명이 최종적으로 가지는 식빵 3개가 a, b, c라고 하면 (a = 처음 나눠 가진 식빵, b, c = 남은 식빵), (b = 처음 나눠 가진 식빵, a, c = 남은 식빵), (c = 처음 나눠 가진 식빵, a, b = 남은 식빵)과 같이 같은 경우의 수가 3가지 존재하므로 A, B, C가 각각 식빵 1개씩 나눠 가진 후, 남은 식빵 2개를 1명이 가지는 경우의 수는 $60 \times 3 \times \frac{1}{3} = 60$가지이다.

ii) 남은 식빵 2개를 2명이 각각 1개씩 가지는 경우의 수는 ${}_3C_1 \times {}_2C_1 = 6$가지이며, 남은 식빵 2개를 가지는 2명이 최종적으로 가지는 식빵 2개가 각각 (a, b), (c, d)라고 하면 (a, c = 처음 나눠 가진 식빵, b, d = 남은 식빵), (a, d = 처음 나눠 가진 식빵, b, c = 남은 식빵), (b, c = 처음 나눠 가진 식빵, a, d = 남은 식빵), (b, d = 처음 나눠 가진 식빵, a, c = 남은 식빵)과 같이 같은 경우의 수가 4가지 존재하므로 A, B, C가 각각 식빵 1개씩 나눠 가진 후, 남은 식빵 2개를 2명이 각각 1개씩 가지는 경우의 수는 $60 \times 6 \times \frac{1}{4} = 90$가지이다.

따라서 한 사람당 적어도 1개 이상씩 식빵을 나눠 가지는 경우의 수는 $60 + 90 = 150$가지이다.

시간 단축 Key point!

n개 중 같은 것이 p개, q개, r개일 때, n개를 모두 사용하여 한 줄로 배열하는 경우의 수는 $\frac{n!}{p!q!r!}$(단, p+q+r=n)임을 적용하여 구한다.

서로 다른 5개의 식빵을 A, B, C 3명이 한 사람당 적어도 1개 이상은 갖도록 나누면 (3개, 1개, 1개)이거나 (2개, 2개, 1개)가 된다.

i) (3개, 1개, 1개)인 경우

식빵 3개를 가지는 사람을 뽑는 경우의 수는 3가지이고, 식빵을 3개, 1개, 1개로 나눠 가지는 사람을 배열하는 경우의 수는 AAABC와 같이 5개 중 같은 것이 3개, 1개, 1개일 때 5개를 나열하는 경우의 수와 같으므로 $\frac{5!}{3! \times 1! \times 1!} = 20$가지이다. 이에 따라 A, B, C 중 1명이 식빵 3개를 가지고, 나머지 2명이 식빵을 각각 1개씩 가지는 경우의 수는 $3 \times 20 = 60$가지이다.

ii) (2개, 2개, 1개)인 경우

식빵 2개를 가지는 사람을 뽑는 경우의 수는 식빵 1개를 가지는 사람을 뽑는 경우의 수인 3가지와 같고, 식빵을 2개, 2개, 1개로 나눠 가지는 사람을 배열하는 경우의 수는 AABBC와 같이 5개 중 같은 것이 2개, 2개, 1개일 때 5개를 나열하는 경우의 수와 같으므로 $\frac{5!}{2! \times 2! \times 1!} = 30$가지이다. 이에 따라 A, B, C 중 2명이 식빵을 각각 2개씩 가지고, 나머지 1명이 식빵 1개를 가지는 경우의 수는 $3 \times 30 = 90$가지이다.

따라서 한 사람당 적어도 1개 이상씩 식빵을 나눠 가지는 경우의 수는 $60 + 90 = 150$가지이다.

출제예상문제

▶ 해설 p.11

01 농도가 30%인 포도주스 120L와 농도가 15%인 포도주스 40L에서 각각 동일한 양의 포도주스를 퍼낸 후 서로 바꾸어 부었더니 두 포도주스의 농도가 서로 같아졌다. 퍼낸 포도주스의 양은?

① 10L ② 15L ③ 20L ④ 25L ⑤ 30L

02 직선 레일의 양 끝에 마주 보고 서 있는 A와 B가 동시에 출발해 달리기를 시작했다. 20초 동안 A는 직선 레일 거리의 $\frac{1}{2}$만큼 달렸고, B는 직선 레일 거리의 $\frac{2}{3}$만큼 달렸다. 20초 후 A와 B 사이의 거리가 50m일 때, B의 속력은? (단, A와 B의 속력은 각각 일정하다.)

① 5m/s ② 10m/s ③ 12m/s ④ 15m/s ⑤ 20m/s

03 A 회사의 전체 신입사원 중 남자와 여자의 비율은 각각 6.5 : 3.5이며, 여자 신입사원 중 36%가 안경을 쓴다. 전체 신입사원 중 무작위로 한 명을 뽑았을 때, 그 사람이 안경을 쓸 확률이 23%라고 할 때, 남자 신입사원 중 안경을 쓴 사람의 비중은?

① 12% ② 14% ③ 16% ④ 18% ⑤ 20%

04 다음 그림에서 A 지점에서 D 지점으로 가는 경우의 수는? (단, A~D 각 지점을 두 번 이상 지나갈 수 없다.)

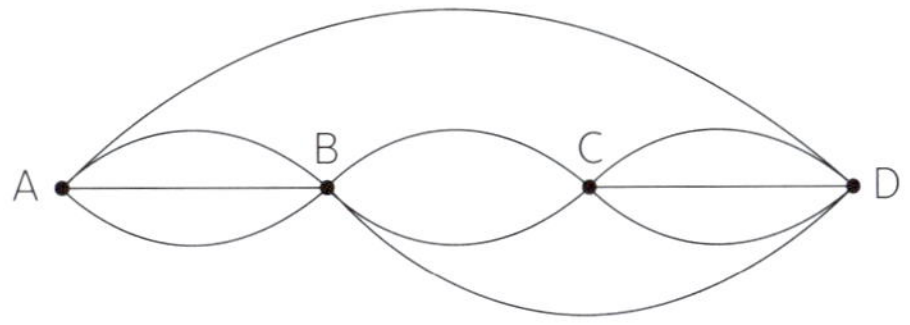

① 10가지 ② 14가지 ③ 18가지 ④ 22가지 ⑤ 26가지

05 A는 집에서 출발해 4km/h의 속력으로 0.8km의 거리를 12분 동안 걸어간 후, 36km/h의 속력으로 이동하는 버스에 탑승하여 8분 후 회사에 도착했다. 다음 날 A는 집에서 회사까지 자전거를 이용하여 도착하는 데 전날과 같은 시간이 걸렸을 때, 자전거의 평균 속력은? (단, 제시된 조건 외에 다른 상황은 고려하지 않는다.)

① 11.2km/h ② 12.8km/h ③ 14.4km/h ④ 15.6km/h ⑤ 16.8km/h

06 갑 의류 공장에서 A 상품 1개를 제작하는 데 사용되는 실은 빨간색 실이 700g, 노란색 실이 100g이고, B 상품 1개를 제작하는 데 사용되는 실은 빨간색 실이 600g, 노란색 실이 300g이다. 빨간색 실이 90kg, 노란색 실이 36kg 있을 때, 제작할 수 있는 A 상품과 B 상품 개수의 합은 최대 얼마인가?

① 108개 ② 120개 ③ 132개 ④ 144개 ⑤ 156개

07 어떤 제품에 대한 연령대별 선호도는 다음과 같다. 30대 이하의 조사자 수는 1만 명이고, 40대 이상의 조사자 수는 5천 명일 때, 조사대상 전체에서 이 제품의 선호도에 대한 긍정과 부정의 비는?

구분	30대 이하	40대 이상
긍정	40%	70%
부정	60%	30%

① 2:1 ② 3:2 ③ 1:1 ④ 2:3 ⑤ 1:2

08 H 상품을 조립하는 데 새롬이가 혼자 5시간 동안 작업하고 이어서 연지가 혼자 9시간 동안 작업해서 일을 모두 완료했다. 다음 날 같은 상품을 조립하는 데 연지가 혼자 5시간 동안 작업하고 이어서 새롬이가 혼자 7시간 동안 작업해서 일을 모두 완료했다고 할 때, H 상품을 연지가 혼자 작업하여 일을 모두 완료하는 데 걸리는 시간은?

① 13시간 ② 19시간 ③ 21시간 ④ 24시간 ⑤ 28시간

09 농도가 10%인 소금물에 농도가 다른 소금물 250g을 넣고 섞으면 소금물의 양은 800g, 농도는 15%가 된다. 소금물 250g의 농도는?

① 21% ② 23% ③ 26% ④ 29% ⑤ 30%

10 한 장당 6,000원짜리 메뉴 1개를 먹을 수 있는 A 식권은 한 묶음에 20장씩 10만 원에 판매되고, 한 장당 7,000원짜리 메뉴 1개를 먹을 수 있는 B 식권은 한 묶음에 15장씩 9만 원에 판매된다. A 식권과 B 식권을 각각 한 묶음씩 산다면, 낱장으로 살 때보다 얼마를 절약할 수 있는가?

① 5,000원 ② 10,000원 ③ 20,000원 ④ 25,000원 ⑤ 35,000원

11 A 라디오 채널은 30분마다 광고를 송출하고, B 라디오 채널은 18분마다 광고를 송출한다. 5시에 A, B 라디오 채널에서 모두 광고가 송출되었을 때, 13시 이후에 두 라디오 채널에서 처음으로 동시에 광고가 송출되는 시각은?

① 13시 18분 ② 13시 30분 ③ 14시 ④ 14시 18분 ⑤ 14시 30분

12 신혜는 오늘부터 2주 단기 다이어트를 시작하여 아침, 점심으로는 각각 고구마 1개를 먹고 저녁으로는 계란 1개를 먹기로 결심했다. 내일부터는 스쿼시 운동을 매일 일정한 시간만큼 함께 병행할 예정이며, 음식 섭취 및 운동 시 칼로리 섭취량과 소모량은 아래와 같다. 1kg을 감량하기 위해 7,700kcal를 소모해야 할 때, 2주 동안 5kg을 감량하려면 하루에 스쿼시 운동을 약 몇 시간씩 해야 하는가? (단, 소수점 둘째 자리에서 반올림하여 계산한다.)

계란	고구마	토마토	스트레칭	스쿼시	자전거
+490kcal/개	+800kcal/개	+320kcal/개	−250kcal/시간	−770kcal/시간	−530kcal/시간

① 6.6시간 ② 6.8시간 ③ 7.0시간 ④ 7.2시간 ⑤ 7.4시간

13 서울에서 일하는 A는 편도 거리가 180km인 대전까지 본인이 운전하여 출장을 다녀왔으며, 비가 오지 않으면 60km/h의 속력으로 운전하고, 비가 오면 오지 않을 때의 40%의 속력으로 감속하여 운전하였다. A가 대전으로 내려갈 때는 비가 오지 않았지만, 서울로 올라올 때는 30km를 남기고 비가 왔다고 한다. 출장비는 직원의 시급과 사용한 연료비를 계산하여 지급된다고 할 때, A의 출장비는? (단, A의 시급은 15,000원이며, A가 출장지에서 머무른 시간은 75분이다.)

구분	연비(km/L)	유가(원/L)
비가 오지 않을 때	20	1,500
비가 올 때	12	

① 108,500원 ② 116,500원 ③ 148,500원 ④ 156,500원 ⑤ 171,000원

14 나이 차이가 나는 두 사람이 있다. 올해 A와 B의 나이 비가 2 : 3이고 5년 전 A와 B의 나이 비가 5 : 8이었을 때, 5년 전 A의 나이는?

① 25세 ② 30세 ③ 35세 ④ 40세 ⑤ 45세

15 올해 A 기업에는 신입사원이 214명 입사하였다. 작년에 입사한 신입사원 수보다 올해 입사한 신입사원 수가 7% 증가했을 때, 작년에 입사한 신입사원 수는?

① 180명 ② 185명 ③ 190명 ④ 195명 ⑤ 200명

16 용철이는 기존에 책정한 정가보다 25% 낮은 가격이지만, 원가에 35%의 이윤을 남길 수 있는 가격으로 비타민을 판매하고 있을 때, 용철이가 기존에 책정한 이익률은? (단, 용철이는 비타민 1개당 가격을 기준으로 책정하였다.)

① 50% ② 60% ③ 70% ④ 80% ⑤ 90%

17 퀴즈 대회에 출전한 사람은 3문제 중 2문제 이상을 맞히면 상품을 받을 수 있다. 성우가 퀴즈 문제 하나를 풀었을 때 정답을 맞힐 확률이 $\frac{1}{3}$이라면, 성우가 퀴즈 대회에 출전하여 3문제를 풀었을 때 상품을 받을 확률은?

① $\frac{1}{3}$ ② $\frac{1}{9}$ ③ $\frac{2}{9}$ ④ $\frac{5}{9}$ ⑤ $\frac{7}{27}$

18 Z 기업에서 작년에 판매한 자전거와 킥보드는 총 4,000대이다. 올해 자전거의 판매량은 작년 대비 40%가 증가하였으며, 올해 킥보드의 판매량은 작년 대비 40%가 감소하여 올해 자전거와 킥보드 판매량의 총합이 800대 증가하였을 때, 올해의 자전거 판매량은?

① 600대 ② 1,000대 ③ 3,000대 ④ 3,800대 ⑤ 4,200대

19 전자제품 회사에서 1대의 원가가 25만 원인 노트북을 7대 판매하여 60%의 이익을 남기고, 이후 노트북 3대는 원가로 판매하였다. 판매한 노트북 10대에 대한 이익률은?

① 42% ② 40% ③ 32% ④ 20% ⑤ 12%

20 P 사의 작년 임직원 수는 385명이며, 올해 임직원 수는 386명이다. 올해 남성 임직원 수가 작년 대비 4% 증가하고, 여성 임직원 수가 작년 대비 5% 감소했을 때, 작년의 남성 임직원 수는?

① 225명 ② 230명 ③ 235명 ④ 240명 ⑤ 245명

약점 보완 해설집 p.11

04 | 언어추리 기출유형공략

언어추리 소개

언어추리는 제시된 조건을 종합하고 진술문 간의 관계구조를 파악하여 새로운 내용을 추론해내는 능력을 평가하는 영역이다.
총 **20문항**이 제시되며, **15분** 이내에 풀어야 한다.

최근 출제 경향

출제 유형

유형 1 명제추리
유형 2 조건추리_순서/순위
유형 3 조건추리_위치/배치
유형 4 조건추리_참/거짓 진술

난이도

최근 시험에서 언어추리는 전반적으로 평이하게 출제되었다.
명제추리의 경우 삼단논법을 이용한 문제가 낮은 비중으로 출제되었으나, 제시된 조건이 5~6개 정도로 많아 명제 간의 관계를 파악하기 어려운 편이었다. 조건추리의 경우 제시된 조건의 관계를 파악하기 수월했고, 간단하게 도식을 세울 수 있는 정도의 문제가 출제되어 풀이가 평이한 편이었다.

온라인 시험 한 줄 Tip

언어추리는 명제의 기초적인 논리 이론인 역·이·대우와 삼단논법의 개념을 정확히 학습하고, 제시된 조건을 컴퓨터 기본 프로그램인 메모장에 간략히 도식화하여 나타내면 문제를 빠르게 풀이할 수 있다.

유형 1 명제추리

유형 특징 제시된 명제를 토대로 올바른 결론을 도출하거나, 결론을 도출하기 위해 추가로 필요한 명제를 고르는 유형의 문제이다.
최근 시험에서 비중 낮게 출제되었지만, 꾸준히 출제되고 있다.

학습 전략 기초적인 논리 이론인 '역, 이, 대우'와 삼단논법의 정확한 개념을 학습하고, 주어진 명제를 도식화하거나 벤다이어그램을 이용하여 명제 사이의 관계를 파악해본다.

예제 제시된 명제를 토대로 올바른 결론을 도출하는 문제

다음은 A~E 5명의 청약 신청 조건에 대한 내용이다. 다음 명제가 모두 참일 때, 항상 참인 문장을 고르시오.

- A가 청약을 신청하면, B도 신청한다.
- A가 청약을 신청하지 않으면, D도 신청하지 않는다.
- B가 청약을 신청하면, C는 신청하지 않는다.
- C가 청약을 신청하면, D와 E는 신청하지 않는다.

① A가 청약을 신청하면, 청약을 신청한 사람은 최소 3명이다.
② B가 청약을 신청하지 않으면, D는 신청한다.
③ C가 청약을 신청하면, 청약을 신청한 사람은 C뿐이다.
④ D가 청약을 신청하면, B는 신청하지 않는다.
⑤ E가 청약을 신청하면, A도 신청한다.

|정답 및 해설| ③

세 번째 명제의 '대우'와 첫 번째 명제의 '대우'를 차례로 결합한 결론은 다음과 같다.

- 세 번째 명제(대우): C가 청약을 신청하면, B는 신청하지 않는다.
- 첫 번째 명제(대우): B가 청약을 신청하지 않으면, A도 신청하지 않는다.
- 결론: C가 청약을 신청하면, A와 B는 신청하지 않는다.

또한, 네 번째 명제에 따라 C가 청약을 신청하면, D와 E는 신청하지 않는다.
따라서 C가 청약을 신청하면, A, B, D, E는 신청하지 않아 청약을 신청한 사람은 C뿐이므로 항상 참인 문장이다.

시간 단축 Key point!

제시된 명제를 간결하게 정리한 뒤 정리한 명제 사이의 연결 관계를 확인한다.
- A O → B O (대우: B X → A X)
- A X → D X (대우: D O → A O)
- B O → C X (대우: C O → B X)
- C O → D X and E X (대우: D O or E O → C X)

유형 2 조건추리_순서/순위

유형 특징 제시된 조건을 토대로 순서/순위를 파악한 후, 특정 대상을 도출하거나 주어진 내용의 옳고 그름을 판단하는 유형의 문제이다.
최근 시험에서 높은 비중으로 출제되었다.

학습 전략 문제에 제시된 조건을 간략하게 단어나 표로 정리하여 조건들 사이의 관계를 파악하고, 가능한 경우의 수를 빠짐없이 확인해본다.

예제 제시된 조건을 토대로 순서/순위를 도출하는 문제

A, B, C, D, E 5개의 차종은 각각 국내 판매 순위 1~5위를 차지하였다. 다음 조건을 모두 고려하였을 때, 국내 판매 순위가 1위인 차종을 고르시오.

- 5개의 차종 중 국내 판매 순위가 동일한 차종은 없다.
- C 차종보다 국내 판매 순위가 낮은 차종은 1개 이상이다.
- E 차종의 국내 판매 순위는 2위이다.
- B 차종은 A 차종보다 국내 판매 순위가 2순위 더 높다.
- D 차종의 국내 판매 순위는 짝수이다.

① A ② B ③ C ④ D ⑤ E

|정답 및 해설| ③

제시된 조건에 따르면 E 차종의 국내 판매 순위는 2위이고, D 차종의 국내 판매 순위는 짝수이므로 D 차종의 국내 판매 순위는 4위이다. 이때 B 차종은 A 차종보다 국내 판매 순위가 2순위 더 높고, C 차종보다 국내 판매 순위가 낮은 차종은 1개 이상이므로 B 차종과 A 차종의 국내 판매 순위는 각각 3위와 5위를 차지하여 C 차종의 국내 판매 순위는 1위임을 알 수 있다.
따라서 국내 판매 순위가 1위인 차종은 C이다.

시간 단축 Key point!

제시된 조건에서 명확히 제시된 조건을 기준으로 나머지 조건을 보기 쉬운 표 등의 형태로 정리한다.
먼저, 세 번째 조건과 다섯 번째 조건을 통해 다음과 같이 표를 작성할 수 있다.

1위	2위	3위	4위	5위
	E		D	

그 다음 두 번째 조건에 따라 C 차종의 국내 판매 순위는 1위 또는 3위이고, 네 번째 조건에 따라 B와 A 차종의 순위는 각각 1위, 3위이거나 3위, 5위이므로 1위는 C 차종임을 알 수 있다.

유형 3 조건추리_위치/배치

유형 특징 제시된 조건을 토대로 위치/배치를 파악한 후, 특정 대상을 도출하거나 주어진 내용의 옳고 그름을 판단하는 유형의 문제이다.
최근 시험에서 높은 비중으로 출제되었다.

학습 전략 문제에 제시된 조건을 간략하게 단어나 표로 정리하여 조건들 사이의 관계를 파악하고, 가능한 경우의 수를 빠짐없이 확인해본다.

예제 제시된 조건을 토대로 위치/배치를 도출하는 문제

A, B, C, D, E 5명은 미분적분학, 일반물리, 일반화학 세 가지 과목 중 한 가지 과목의 시험 감독이다. 다음 조건을 모두 고려하였을 때, 항상 거짓인 것을 고르시오.

- 모든 과목에 시험 감독이 존재한다.
- 시험 감독이 1명인 과목은 일반화학뿐이다.
- A와 E는 서로 다른 과목의 시험 감독을 맡는다.
- B는 미분적분학의 시험 감독을 맡는다.
- A가 시험 감독을 맡는 과목은 일반화학이 아니다.
- C는 D가 아닌 다른 사람과 함께 시험 감독을 맡는다.

① D는 B와 동일한 과목의 시험 감독을 맡는다.
② 일반화학 시험 감독이 될 수 있는 사람은 2명이다.
③ B는 C 또는 D 중 1명과 함께 시험 감독을 맡는다.
④ A가 일반물리 시험 감독을 맡으면, E는 일반화학 시험 감독을 맡는다.
⑤ D가 일반화학 시험 감독을 맡으면, C는 미분적분학 시험 감독을 맡는다.

|정답 및 해설| ⑤

제시된 조건에 따르면 미분적분학, 일반물리, 일반화학 세 가지 과목 모두 시험 감독이 존재하고, 시험 감독이 1명인 과목은 일반화학뿐이므로 미분적분학과 일반물리의 시험 감독은 각각 2명씩이다. B는 미분적분학의 시험 감독을 맡고, A가 시험 감독을 맡은 과목은 일반화학이 아니며, A와 E는 서로 다른 과목의 시험 감독을 맡는다. 이때 C는 D가 아닌 다른 사람과 함께 시험 감독을 맡으므로 D 또는 E가 일반화학 시험 감독을 맡음을 알 수 있다. 일반화학 시험 감독을 맡는 사람에 따라 가능한 경우는 다음과 같다.

경우 1. D가 일반화학 시험 감독을 맡는 경우

미분적분학	일반물리	일반화학
B, A 또는 E	C, A 또는 E	D

경우 2. E가 일반화학 시험 감독을 맡는 경우

미분적분학	일반물리	일반화학
B, C 또는 D	A, C 또는 D	E

따라서 D가 일반화학 시험 감독을 맡으면, C는 일반물리 시험 감독을 맡으므로 항상 거짓인 설명이다.

① B는 미분적분학의 시험 감독을 맡고, D는 미분적분학 또는 일반물리 또는 일반화학의 시험 감독을 맡으므로 항상 거짓인 설명은 아니다.

② 일반화학 시험 감독이 될 수 있는 사람은 D, E 2명이므로 항상 참인 설명이다.

③ B는 A 또는 C 또는 D 또는 E와 함께 시험 감독을 맡으므로 항상 거짓인 설명은 아니다.

④ A가 일반물리 시험 감독을 맡으면, E는 미분적분학 또는 일반화학 시험 감독을 맡으므로 항상 거짓인 설명은 아니다.

시간 단축 Key point!

④, ⑤와 같이 선택지에 추가 조건이 제시되는 경우에는 경우의 수가 줄어들기 때문에 해당 선택지들을 먼저 확인해본다.
제시된 조건에 따라 확정되는 항목만 표로 정리하면 다음과 같다.

미분적분학(2명)	일반물리(2명)	일반화학(1명)
B		

이때 ⑤에 따라 D가 일반화학 시험 감독을 맡으면, 세 번째 조건에 따라 A와 E는 서로 다른 과목의 시험 감독을 맡으므로 나머지 C는 일반물리 시험 감독을 맡음을 알 수 있다.

미분적분학(2명)	일반물리(2명)	일반화학(1명)
B	C	D

따라서 D가 일반화학 시험 감독을 맡으면, C는 미분적분학 시험 감독을 맡지 않으므로 항상 거짓인 설명이다.

유형 4 조건추리_참/거짓 진술

유형 특징 제시된 조건을 토대로 참/거짓 진술하는 사람을 파악한 후, 특정 대상을 도출하거나 주어진 내용의 옳고 그름을 판단하는 유형의 문제이다.
최근 시험에서 비중 낮게 출제되었지만, 꾸준히 출제되고 있다.

학습 전략 문제에 제시된 진술 중 서로 모순되는 진술을 기준으로 비교한다.

예제 제시된 조건을 토대로 참/거짓 진술을 도출하는 문제

갑, 을, 병, 정, 무 5명 중 지난 주에 당직 근무를 한 2명은 거짓을 말하고 이번 주에 당직 근무를 하는 3명은 진실을 말한다고 할 때, 지난 주에 당직 근무를 한 사람은?

- 갑: 을 또는 병 중에 1명은 지난 주에 당직 근무를 했어.
- 을: 무는 이번 주에 당직 근무를 했어.
- 병: 정은 지난 주에 당직 근무를 하지 않았어.
- 정: 나는 이번 주에 당직 근무를 했어.
- 무: 갑은 이번 주에 당직 근무를 하지 않았어.

① 갑, 정 ② 을, 정 ③ 을, 무 ④ 병, 정 ⑤ 병, 무

|정답 및 해설| ③

제시된 조건에 따르면 5명 중 지난 주에 당직 근무를 한 2명은 거짓, 이번 주에 당직 근무를 하는 3명은 진실을 말하므로 갑이 이번 주에 당직 근무를 하지 않았다는 무의 진술이 진실이면 갑의 진술은 거짓이고, 무의 진술이 거짓이면 갑의 진술은 진실이다. 먼저 갑의 진술이 거짓인 경우, 갑은 지난 주에 당직 근무를 했고, 무는 이번 주에 당직 근무를 했으며, 을 또는 병이 모두 지난 주에 당직 근무를 했거나 모두 이번 주에 당직 근무를 했다. 이때 지난 주에 당직 근무를 한 사람은 2명이므로 을과 병이 모두 이번 주에 당직 근무를 했고, 정은 지난 주에 당직 근무를 했으나, 이는 정이 지난 주에 당직 근무를 하지 않았다는 병의 진술에 모순되므로 갑의 진술은 진실임을 알 수 있다. 이에 따라 갑은 이번 주에 당직 근무를 했으며, 무는 지난 주에 당직 근무를 했고, 을 또는 병 중에 1명은 지난 주에 당직 근무를 했지만 이는 무가 이번 주에 당직 근무를 했다는 을의 진술에 모순된다.
따라서 지난 주에 당직 근무를 한 사람은 을과 무이다.

시간 단축 Key point!

을의 진술이 진실이면 무의 진술도 진실이고, 을의 진술이 거짓이면 무의 진술도 거짓이 된다.
을과 무의 진술이 진실인 경우, 무의 진술에 따라 갑은 지난 주에 당직 근무를 하여 갑의 진술은 거짓이고, 갑의 진술에 따라 을과 병은 이번 주에 당직 근무를 하여 병의 진술도 진실이다. 이에 따라 정은 이번 주에 당직 근무를 하여 정의 진술도 진실이어야 하지만, 이는 지난 주에 당직 근무를 한 2명은 거짓, 이번 주에 당직 근무를 한 3명은 진실을 말한다는 조건에 모순되므로 을과 무의 진술은 거짓이 된다.
따라서 지난 주에 당직 근무를 한 사람은 을과 무이다.

출제예상문제

▶ 해설 p.14

01 진서는 나무의 1~5번 위치에 A, B, C, D, E 장신구를 달려고 한다. 다음 조건을 모두 고려하였을 때, 항상 참인 것을 고르시오.

- D는 가장 위에 단다.
- A는 B보다 위에 단다.
- C는 왼쪽에 달며, E보다 아래에 단다.

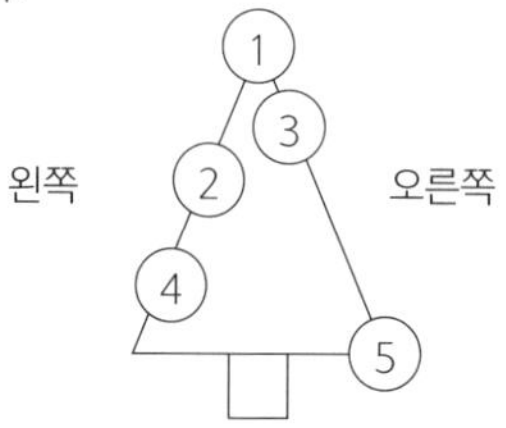

① B는 4번 위치에 단다.

② A와 E는 모두 오른쪽에 단다.

③ C를 4번 위치에 달면, E는 오른쪽에 단다.

④ A를 3번 위치에 달면, E는 2번 위치에 단다.

⑤ E를 3번 위치에 달면, C는 4번 위치에 단다.

02 한 층에 3개씩 총 2층으로 이루어진 야구부 사물함에 신규 부원인 정수, 용현, 민수, 규현, 영일이가 이용할 수 있는 사물함을 한 개씩 배정하였다. 다음 조건을 모두 고려하였을 때, 항상 거짓인 것을 고르시오.

- 신규 부원의 포지션은 야수가 두 명, 투수가 두 명, 포수가 한 명이다.
- 야수와 투수의 사물함은 서로 다른 층에 있으며, 투수의 사물함은 모두 포수의 사물함과 서로 이웃한다.
- 민수의 포지션은 투수이며, 민수와 용현이의 포지션은 서로 다르다.
- 2층의 가장 왼쪽 사물함은 공용으로, 아무도 배정받지 않았다.
- 영일이의 포지션은 포수이다.
- 용현이의 사물함은 정수의 사물함과 서로 이웃하면서 규현이의 사물함과도 서로 이웃한다.

① 민수의 사물함은 공용 사물함 아래층이다.

② 규현이의 포지션은 투수이다.

③ 정수의 포지션은 야수이다.

④ 민수와 규현이의 사물함은 서로 이웃한다.

⑤ 영일이는 1층의 가운데 사물함을 배정받았다.

03 다음 명제가 모두 참일 때, 항상 거짓인 문장을 고르시오.

- 업무 속도가 느리지 않은 사람은 서류 정리를 잘 한다.
- 업무 속도가 느린 사람은 성격이 급하지 않다.
- 암산 능력이 뛰어난 사람은 서류 정리를 잘 한다.
- 서류 정리를 잘 하는 사람은 컴퓨터를 잘 다루지 못한다.
- A는 성격이 급하거나 암산 능력이 뛰어나다.
- B는 컴퓨터를 잘 다루거나 성격이 급하지 않다.

① B가 컴퓨터를 잘 다루면 A와 B 둘 중 최소 한 명은 서류 정리를 잘 한다.

② A는 업무 속도가 느리지 않다.

③ A가 암산 능력이 뛰어나면 A와 B 모두 컴퓨터를 잘 다룬다.

④ A가 암산 능력이 뛰어나지 않다면 A와 B 둘 중 최소 한 명은 컴퓨터를 잘 다루지 못한다.

⑤ B는 업무 속도가 느리다.

04 A, B, C, D 4명은 주방에서 유리잔을 깬 범인 한 명을 찾고 있으며, 4명 중 범인을 포함한 2명의 말은 거짓이다. 다음 조건을 모두 고려하였을 때, 항상 참인 것을 고르시오.

- A: 나와 C는 주방에 들어갔으나, 유리잔을 깨진 않았어.
- B: C 또는 D는 주방에 들어갔어.
- C: B는 유리잔을 깨지 않았어.
- D: 나는 주방에 들어가지 않았어.

① C는 주방에 들어갔다.

② A는 유리잔을 깬 범인이 아니다.

③ B가 주방에 들어갔다면 주방에 들어간 사람은 3명이다.

④ A가 주방에 들어갔다면 주방에 들어간 사람은 2명이다.

⑤ C는 유리잔을 깬 범인이 아니다.

05 다음 명제가 모두 참일 때, 항상 참인 문장을 고르시오.

- 이벤트에 응모한 사람은 행사장에 참석했다.
- 행사장에 참석하지 않은 사람은 연예인이 아니다.
- 하얀 셔츠를 입고 온 사람은 연예인이다.
- 이벤트에 응모하지 않은 사람은 구매 실적이 높지 않다.
- 쇼핑을 좋아하지 않는 사람은 행사장에 참석하지 않았다.

① 행사장에 참석한 사람은 구매 실적이 높다.
② 구매 실적이 높은 사람은 쇼핑을 좋아한다.
③ 하얀 셔츠를 입고 온 사람은 이벤트에 응모했다.
④ 연예인이 아닌 사람은 구매 실적이 높지 않다.
⑤ 쇼핑을 좋아하지 않는 사람은 하얀 셔츠를 입고 있다.

06 용의자로 지목받은 A, B, C, D, E 중 범인은 1명이며, 5명 중 3명은 진실, 2명은 거짓을 진술했다. 다음 조건을 모두 고려하였을 때, 범인을 고르시오.

- A: B 또는 D가 범인이다.
- B: C와 E는 범인이 아니다.
- C: E가 범인이다.
- D: 나는 범인이 아니다.
- E: 나와 A는 범인이 아니다.

① A　② B　③ C　④ D　⑤ E

07 A~F 6명은 식사 메뉴로 한식과 양식, 후식 메뉴로 커피, 녹차, 아이스크림이 있는 레스토랑에서 1인당 식사 메뉴 1개와 후식 메뉴 1개를 주문하였다. 다음 조건을 모두 고려하였을 때, 양식을 주문한 사람을 모두 고르시오.

- 한식을 주문한 사람과 양식을 주문한 사람의 인원수는 같다.
- 커피를 주문한 사람은 1명, 녹차를 주문한 사람은 2명, 아이스크림을 주문한 사람은 3명이다.
- A와 F는 식사 메뉴와 후식 메뉴 모두 서로 다른 메뉴를 주문하였다.
- B와 D는 서로 같은 식사 메뉴와 서로 다른 후식 메뉴를 주문하였다.
- B와 C는 같은 후식 메뉴를 주문하였다.
- A는 후식 메뉴로 커피를 주문하지 않았고, E는 후식 메뉴로 녹차를 주문하였다.
- E와 같은 식사 메뉴를 주문한 사람은 모두 서로 다른 후식 메뉴를 주문하였다.
- 후식 메뉴로 커피를 주문한 사람은 식사 메뉴로 양식을 주문하였다.

① A, B, D

② A, C, E

③ B, D, E

④ B, D, F

⑤ C, E, F

08 산악 동호회 회원 A~G 7명은 같은 시각에 출발하여 등산로의 상급 코스, 중급 코스, 하급 코스 중 한 곳에서 등산을 한다. 코스별로 등산 소요 시간은 상급 코스가 3시간, 중급 코스가 2시간, 하급 코스가 1시간이고, 동호회 회원 중 3명은 남자, 4명은 여자이다. 다음 조건을 모두 고려하였을 때, 항상 거짓인 것을 고르시오.

- 코스별로 2명 이상이 함께 등산을 하며, 남자 회원끼리 같은 코스에서 등산을 하지 않는다.
- A와 B는 같은 코스에서 등산을 하지 않으며, 둘의 성별은 다르다.
- 남자 회원 G는 2시간 코스에서 등산을 하며 C보다 먼저 등산이 끝난다.
- D와 F는 상급 코스에서 등산을 하지 않으며, 둘의 성별은 다르다.
- B와 E는 상급 코스에서 함께 등산을 한다.
- E와 F는 성별이 같다.

① D와 F는 다른 코스에서 등산을 한다.

② 3시간 코스에서 등산을 하는 회원은 3명이다.

③ A와 G는 같은 코스에서 등산을 한다.

④ D와 같은 코스에서 등산을 하는 회원으로 가능한 경우의 수는 1가지뿐이다.

⑤ C와 E의 성별은 같다.

09 국제공항에서 뉴욕행, 런던행, 사이판행, 오사카행, 베이징행, 마닐라행, 방콕행 비행기가 서로 다른 시각에 출발했다. 다음 조건을 모두 고려하였을 때, 항상 참인 것을 고르시오.

- 유현, 시윤, 민석, 아진, 진혁, 재윤, 성은이는 서로 다른 비행기를 탔다.
- 재윤이는 가장 먼저 출발한 마닐라행 비행기에 타지 않았다.
- 아진이는 유현이 바로 다음 순서로 출발했으며, 마지막 순서로 출발하지 않았다.
- 민석이와 진혁이는 각각 성은이의 바로 이전 또는 바로 다음 순서로 출발했다.
- 오사카행 비행기는 네 번째 순서로 출발했다.
- 민석이는 두 번째 또는 세 번째 순서로 출발했으며, 뉴욕행 비행기를 탔다.
- 진혁이가 탄 비행기는 시윤이가 탄 비행기보다 늦게 출발했다.

① 시윤이가 마닐라행 비행기를 탔다.

② 방콕행 비행기를 탄 사람은 유현이다.

③ 민석이는 세 번째 순서로 출발했다.

④ 진혁이는 런던행 또는 베이징행 비행기를 탔다.

⑤ 아진이는 재윤이보다 늦게 출발했다.

10 사장, 이사, 부장, 차장, 과장, 대리, 사원 7명은 워크숍을 가기 위해 버스를 대절했으며, 버스 뒤쪽 세 줄에 자리를 배치하여 앉을 예정이다. 다음 조건을 모두 고려하였을 때, 항상 참인 것을 고르시오.

- 운전석과 운전자는 별도로 있으며 고려하지 않는다.
- 1인석에는 사장 혼자 앉는다.
- 부장은 창가 쪽 자리에 앉는다.
- 사장은 과장보다 앞줄에 앉는다.
- 대리 바로 앞자리에 과장이 앉는다.
- 이사와 차장은 옆으로 나란히 앉는다.

[버스 좌석 배치도]

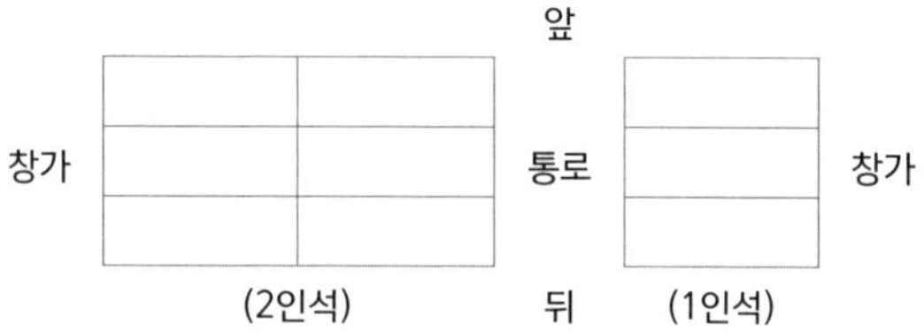

① 부장은 대리보다 뒷줄에 앉는다.

② 사원은 창가 쪽 자리에 앉는다.

③ 차장은 창가 쪽 자리에 앉는다.

④ 과장 바로 앞자리에는 이사가 앉는다.

⑤ 이사는 통로 쪽 자리에 앉는다.

11 다음 명제가 모두 참일 때, 항상 참인 문장을 고르시오.

- 빨간색 리본을 달고 있지 않은 사람은 초록색 가방을 들고 있다.
- 파란색 옷을 입고 있는 사람은 빨간색 가방을 들고 있다.
- 노란색 리본을 달고 있는 사람은 빨간색 가방을 들고 있지 않다.
- 빨간색 리본을 달고 있는 사람은 파란색 옷을 입고 있지 않다.
- 빨간색 가방을 들고 있는 사람은 파란색 신발을 신고 있지 않다.
- 초록색 신발을 신고 있지 않은 사람은 노란색 리본을 달고 있다.

① 빨간색 가방을 들고 있지 않은 사람은 초록색 가방을 들고 있다.

② 파란색 신발을 신고 있는 사람은 노란색 리본을 달고 있지 않다.

③ 빨간색 리본을 달고 있지 않은 사람은 초록색 신발을 신고 있지 않다.

④ 파란색 옷을 입고 있는 사람은 초록색 신발을 신고 있다.

⑤ 노란색 리본을 달고 있는 사람은 초록색 가방을 들고 있다.

12 다음 명제가 모두 참일 때, 항상 참인 문장을 고르시오.

- 이직률이 높은 기업은 직원 복지가 우수하지 않다.
- 혁신적인 기업은 기술 개발에 많은 투자를 한다.
- 수익성이 좋지 않은 기업은 시장 점유율이 높지 않다.
- 기업 경쟁력이 높은 기업은 시장 점유율이 높다.
- 수익성이 좋은 기업은 직원 복지가 우수하다.
- 기업 경쟁력이 높지 않은 기업은 기술 개발에 많은 투자를 하지 않는다.

① 혁신적인 기업은 시장 점유율이 높지 않다.

② 이직률이 높은 기업은 기술 개발에 많은 투자를 한다.

③ 기술 개발에 많은 투자를 하지 않는 기업은 수익성이 좋지 않다.

④ 기업 경쟁력이 높은 기업은 직원 복지가 우수하다.

⑤ 시장 점유율이 높지 않은 기업은 이직률이 높다.

13 다음 명제가 모두 참일 때, 항상 참인 문장을 고르시오.

- 달리기를 좋아하는 사람은 적극적이다.
- 시간 약속을 잘 지키지 않는 사람은 계획적이지 않다.
- 비타민을 챙겨 먹는 사람은 규칙적으로 식사한다.
- 시간 약속을 잘 지키는 사람은 대인관계가 좋다.
- 계획적이지 않은 사람은 규칙적으로 식사하지 않는다.
- 대인관계가 좋은 사람은 적극적이다.

① 비타민을 챙겨 먹는 사람은 시간 약속을 잘 지키지 않는다.

② 적극적이지 않은 사람은 규칙적으로 식사하지 않는다.

③ 규칙적으로 식사하는 사람은 달리기를 좋아하지 않는다.

④ 대인관계가 좋지 않은 사람은 비타민을 챙겨 먹는다.

⑤ 계획적이지 않은 사람은 적극적이지 않다.

14 다음은 진실 마을과 거짓 마을 사람들의 대화이다. 진실 마을 사람들은 진실만을 말하고, 거짓 마을 사람들은 거짓만을 말했을 때, 거짓 마을에 거주하는 사람의 수를 고르시오.

- **윤혜**: 용호는 진실 마을 사람이야.
- **수연**: 정아의 말은 거짓이야.
- **정아**: 동현이는 거짓 마을 사람이야.
- **용호**: 나와 수연이 중 진실 마을 사람이 있어.
- **동현**: 윤혜는 거짓 마을 사람이야.

① 1명 ② 2명 ③ 3명 ④ 4명 ⑤ 5명

15 키가 서로 다른 A, B, C, D, E, F, G 7명은 키가 작은 사람부터 같은 주 월요일부터 일요일까지 차례대로 한 번씩 청소 담당자를 정하려고 한다. 다음 조건을 모두 고려하였을 때, 항상 거짓인 것을 고르시오.

- 청소 담당자는 매일 다르다.
- D보다 키가 크면서 F보다 키가 작은 사람은 4명이다.
- E는 키가 세 번째로 크다.
- C는 A보다 키가 크다.
- B보다 키가 작은 사람의 수와 B보다 키가 큰 사람의 수는 같다.

① G가 화요일에 청소하면 C는 일요일에 청소한다.
② G보다 늦게 청소하는 사람은 없다.
③ A보다 먼저 청소하는 사람은 2명 이상이다.
④ 월요일에 청소하는 사람으로 가능한 경우는 총 2가지이다.
⑤ A~G 7명이 청소하는 순서로 가능한 경우의 수는 총 6가지이다.

16 다음 명제가 모두 참일 때, 직원 A~F 6명 중 사내 행사에 참여하지 않는 직원끼리 바르게 묶인 것을 고르시오.

- A, B, C, D, E, F 6명 중 사내 행사에 참여하는 사람은 3명이다.
- D가 사내 행사에 참여하지 않으면 A는 사내 행사에 참여한다.
- A가 사내 행사에 참여하거나 F가 사내 행사에 참여하지 않으면 C는 사내 행사에 참여하지 않는다.
- E가 사내 행사에 참여하면 F는 사내 행사에 참여하지 않는다.
- B가 사내 행사에 참여하면 F는 사내 행사에 참여하지 않는다.
- C는 사내 행사에 참여한다.

① A, B, E
② A, D, E
③ B, D, E
④ B, E, F
⑤ C, D, F

17 다음은 갑이 등록한 A~E 운동의 진행 여부 조건에 대한 내용이다. 다음 명제가 모두 참일 때, 갑이 반드시 진행하게 될 운동은?

- A를 진행하면 D도 진행한다.
- B를 진행하면 D를 진행하지 않는다.
- B를 진행하지 않으면 A를 진행한다.
- C를 진행하면 D를 진행하지 않는다.
- C를 진행하지 않으면 E도 진행하지 않는다.
- E를 진행하지 않으면 A도 진행하지 않는다.

① A ② B ③ C ④ D ⑤ E

18 다음 결론이 반드시 참이 되게 하는 전제를 고르시오.

전제	청결하지 않은 모든 것은 사람을 병들게 한다.
결론	세척을 하지 않은 어떤 것은 청결하지 않다.

① 세척을 하지 않은 모든 것은 사람을 병들게 한다.
② 세척을 하지 않은 어떤 것도 사람을 병들게 하지 않는다.
③ 사람을 병들게 하지 않는 어떤 것은 세척을 한 것이다.
④ 사람을 병들게 하는 어떤 것은 세척을 하지 않은 것이다.
⑤ 사람을 병들게 하는 모든 것은 세척을 하지 않은 것이다.

19 6층짜리 두 건물 중 101동에는 기획팀, 홍보팀, 인사팀이 근무하고, 102동에는 법무팀, 경영팀(경영 1팀, 경영 2팀)이 근무한다. 다음 조건을 모두 고려하였을 때, 항상 거짓인 것을 고르시오.

- 같은 건물에서 근무하는 모든 팀은 서로 다른 층에서 근무하며, 경영 1팀과 경영 2팀도 서로 다른 층에서 근무한다.
- 두 건물의 1층에는 어떤 팀도 근무하지 않는다.
- 101동에서 홍보팀이 근무하는 층과 102동에서 경영팀이 근무하는 층은 서로 다르다.
- 인사팀은 기획팀의 바로 위층에서 근무한다.
- 법무팀은 홀수 층에서 근무하고, 나머지 팀은 모두 법무팀보다 아래층에서 근무한다.

① 홍보팀은 짝수 층에서 근무한다.
② 경영 1팀은 홍보팀보다 아래층에서 근무한다.
③ 법무팀 바로 아래층에는 어떤 팀도 근무하지 않는다.
④ 기획팀이 3층에서 근무하면 102동 2층에는 어떤 팀도 근무하지 않는다.
⑤ 경영 1팀이 2층에서 근무하면 인사팀은 4층에서 근무한다.

20 다음 결론이 반드시 참이 되게 하는 전제를 고르시오.

전제	전자공학을 전공한 어떤 사람은 반도체에 관심이 있다.
결론	전기기사 자격증을 갖고 있는 어떤 사람은 전자공학 전공이다.

① 전기기사 자격증을 갖고 있는 어떤 사람은 반도체에 관심이 있다.
② 전기기사 자격증을 갖고 있는 모든 사람은 반도체에 관심이 있다.
③ 전기기사 자격증을 갖고 있는 모든 사람은 반도체에 관심이 없다.
④ 반도체에 관심이 있는 모든 사람은 전기기사 자격증을 갖고 있다.
⑤ 반도체에 관심이 있는 어떤 사람은 전기기사 자격증을 갖고 있지 않다.

약점 보완 해설집 p.14

05 | 수열추리 기출유형공략

수열추리 소개

수열추리는 일정한 규칙에 따라 배열된 숫자열이나 숫자의 집합으로부터 규칙 및 관계의 특성을 추론하는 영역이다.
총 **20문항**이 제시되며, **15분** 이내에 풀어야 한다.

최근 출제 경향

출제 유형

유형 1 빈칸 숫자 추론
유형 2 N번째 숫자 추론

난이도

최근 시험에서 수열추리는 전반적으로 어렵게 출제되었다.
분수와 소수를 포함한 문제가 다수 출제되었으며, 여러 규칙이 복합적으로 적용된 수열이 출제되어 규칙 찾기가 어려운 편이었다.

온라인 시험 한 줄 Tip

등차·등비·계차·피보나치수열 등 기본적인 수열 및 기본 공식을 학습하고, 숫자 간의 차이를 계산기로 빠르게 계산해내면 문제를 빠르게 풀이할 수 있다.

유형 1 빈칸 숫자 추론

유형 특징 나열된 숫자의 배열 규칙을 찾아 빈칸에 들어갈 숫자를 고르거나 빈칸에 들어갈 숫자를 연산하여 정답을 도출하는 유형의 문제이다.
최근 시험에서 수열추리 영역 중 가장 높은 비중으로 출제되었다.

학습 전략 기본적인 등차수열, 등비수열, 계차수열, 피보나치수열, 군수열을 미리 학습하고, 숫자 위치에 따른 숫자 간 관계를 파악해본다.

예제 숫자의 배열 규칙을 찾아 빈칸에 들어갈 숫자를 추론하는 문제

일정한 규칙으로 나열된 수를 통해 빈칸에 들어갈 알맞은 숫자를 고르시오.

8 5 3 9 3 0 20 6 2 15 4 ( )

① 0 ② 1 ③ 2 ④ 3 ⑤ 4

|정답 및 해설| ④

제시된 숫자를 세 개씩 한 군으로 묶었을 때, 각 군의 세 번째 항에 해당하는 숫자는 첫 번째 항의 숫자를 두 번째 항의 숫자로 나눈 나머지 값이라는 규칙이 적용되므로 빈칸에 들어갈 알맞은 숫자는 '3'이다.

시간 단축 Key point!

제시된 항의 개수가 3의 배수라면 세 개씩 한 군으로 묶어 규칙이 적용되는 군수열이 아닌지 확인해본다.

유형 2 N번째 숫자 추론

유형 특징 나열된 숫자의 배열 규칙을 찾아 N번째 항의 값을 도출하는 유형의 문제이다.
최근 시험에서 낮은 비중으로 출제되었지만, 꾸준히 출제되고 있다.

학습 전략 등차수열과 등비수열의 일반항 공식을 학습하여 문제 풀이에 적용해본다.

- 등차수열 N번째 항의 값 = a + (N − 1) × d (a = 첫 번째 항, d = 공차)
- 등비수열 N번째 항의 값 = ar^{N-1} (a = 첫 번째 항, r = 공비)

예제 숫자의 배열 규칙을 찾아 N번째 항의 값을 추론하는 문제

일정한 규칙으로 나열된 수를 통해 10번째 항의 값으로 알맞은 숫자를 고르시오.

$$\frac{5}{26} \quad \frac{7}{9} \quad \frac{12}{17} \quad \frac{19}{8} \quad \frac{31}{9} \quad 50 \quad \cdots$$

① $\frac{343}{6}$　② $\frac{555}{6}$　③ 111　④ $\frac{449}{3}$　⑤ 212

|정답 및 해설| ①

세 번째 항부터 제시된 각 숫자의 분자는 앞의 두 분자의 합이라는 규칙이 적용되고, 분모는 앞의 두 분모의 차라는 규칙이 적용되므로 10번째 항의 값으로 알맞은 숫자는 '$\frac{343}{6}$'이다.

시간 단축 Key point!

제시된 숫자가 분수라면 분자와 분모에 서로 다른 규칙이 적용될 수 있음을 염두하고, 분수와 정수가 섞여 있다면 정수는 분수로 변환하여 풀이한다.

출제예상문제

▶ 해설 p.21

01 일정한 규칙으로 나열된 수를 통해 빈칸에 들어갈 알맞은 숫자를 고르시오.

$\frac{3}{5}$ 0.67 $\frac{3}{4}$ $\frac{21}{25}$ 0.94 (　　)

① $\frac{51}{50}$ ② $\frac{26}{25}$ ③ $\frac{21}{20}$ ④ $\frac{27}{25}$ ⑤ $\frac{11}{10}$

02 일정한 규칙으로 나열된 수를 통해 12번째 항의 값으로 알맞은 숫자를 고르시오.

14 8 22 16 30 32 …

① 64 ② 96 ③ 128 ④ 192 ⑤ 256

03 일정한 규칙으로 나열된 수를 통해 빈칸에 들어갈 알맞은 숫자를 고르시오.

0.64 0.27 −0.1 −0.47 −0.84 (　　)

① -1.21 ② -1.01 ③ −0.91 ④ 1.01 ⑤ 1.21

04 일정한 규칙으로 나열된 수를 통해 빈칸에 들어갈 알맞은 숫자를 고르시오.

0.5　$\frac{4}{12}$　0.2　$\frac{2}{14}$　$\frac{1}{11}$　(　　)

① $\frac{3}{39}$　② $\frac{1}{12}$　③ 0.1　④ $\frac{2}{15}$　⑤ $\frac{2}{13}$

05 일정한 규칙으로 나열된 수를 통해 10번째 항의 값으로 알맞은 숫자를 고르시오.

9　15　24　39　63　···

① 432　② 566　③ 699　④ 915　⑤ 1,131

06 일정한 규칙으로 나열된 수를 통해 빈칸에 들어갈 알맞은 숫자를 고르시오.

$\frac{2}{3}$　$\frac{1}{2}$　$\frac{8}{13}$　$\frac{8}{9}$　$\frac{32}{23}$　$\frac{16}{7}$　(　　)

① $\frac{64}{33}$　② $\frac{32}{11}$　③ $\frac{128}{33}$　④ $\frac{160}{33}$　⑤ $\frac{164}{11}$

07 일정한 규칙으로 나열된 수를 통해 빈칸에 들어갈 알맞은 숫자를 고르시오.

27	54	A	216	432	864	B	3,456

A	+	B	=	

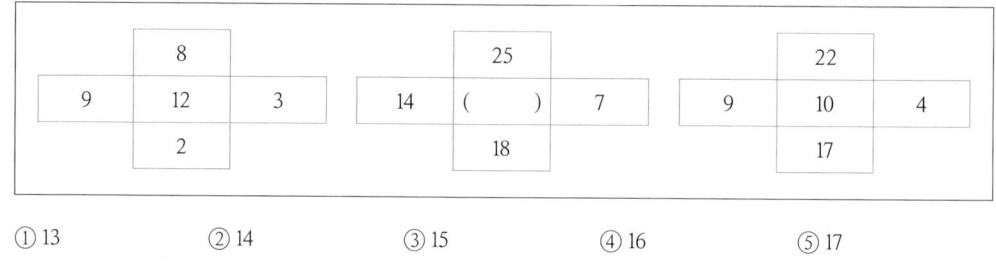

① 1,186　② 1,421　③ 1,634　④ 1,836　⑤ 2,272

08 다음 도형 내의 숫자가 일정한 규칙에 따라 배치되어 있을 때, 빈칸에 들어갈 알맞은 숫자를 고르시오.

	8			25			22	
9	12	3	14	(　)	7	9	10	4
	2			18			17	

① 13　② 14　③ 15　④ 16　⑤ 17

09 일정한 규칙으로 나열된 수를 통해 빈칸에 들어갈 알맞은 숫자를 고르시오.

13　31　49　55　61　67　83　(　)　99

① 88　② 91　③ 93　④ 95　⑤ 97

10 일정한 규칙으로 나열된 수를 통해 8번째 항의 값으로 알맞은 숫자를 고르시오.

3.89　6.43　10.28　15.44　21.91　…

① 38.78　② 41.47　③ 45.82　④ 49.18　⑤ 52.94

11 일정한 규칙으로 나열된 수를 통해 빈칸에 들어갈 알맞은 숫자를 고르시오.

15	7	56	A	-1	B	-1	-9	-72

A - B = (　)

① -15　② -1　③ 0　④ 1　⑤ 15

12 일정한 규칙으로 나열된 수를 통해 빈칸에 들어갈 알맞은 숫자를 고르시오.

184　182　91　92　90　45　47　45　22.5　(　)

① 23　② 23.5　③ 24.5　④ 25　⑤ 25.5

13 일정한 규칙으로 나열된 수를 통해 빈칸에 들어갈 알맞은 숫자를 고르시오.

441	63	444	A	447	252	B	504	453

A - B = (　)

① -324　② -261　③ 126　④ 261　⑤ 324

14 일정한 규칙으로 나열된 수를 통해 빈칸에 들어갈 알맞은 숫자를 고르시오.

0.35　0.22　0.13　0.18　0.07　0.11　0.26　0.14　(　　)

① 0.12　② 0.14　③ 0.16　④ 0.18　⑤ 0.20

15 일정한 규칙으로 나열된 수를 통해 10번째 항의 값으로 알맞은 숫자를 고르시오.

$-\frac{7}{4}$　$-\frac{1}{2}$　1　3　6　11　…

① 37　② 54　③ 70　④ 103　⑤ 135

16 ↓부터 시계 방향으로 돌아갈 때, 일정한 규칙을 찾아 빈칸에 들어갈 알맞은 숫자를 고르시오.

↓

2.7	3.6	4.7
(　)		6.0
11.1	9.2	7.5

① 13.0　② 13.2　③ 13.4　④ 13.6　⑤ 13.8

17 일정한 규칙으로 나열된 수를 통해 빈칸에 들어갈 알맞은 숫자를 고르시오.

8 15 9 30 12 3 27 ( ) 4

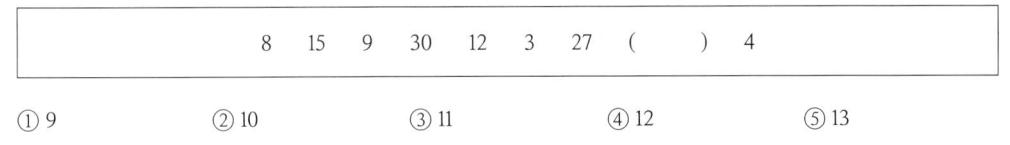

① 9 ② 10 ③ 11 ④ 12 ⑤ 13

18 일정한 규칙으로 나열된 수를 통해 빈칸에 들어갈 알맞은 숫자를 고르시오.

0 ( ) −2 7 −20 61

① 1 ② 2 ③ 3 ④ 4 ⑤ 5

19 일정한 규칙으로 나열된 수를 통해 빈칸에 들어갈 알맞은 숫자를 고르시오.

8 16 19 38 41 82 ( )

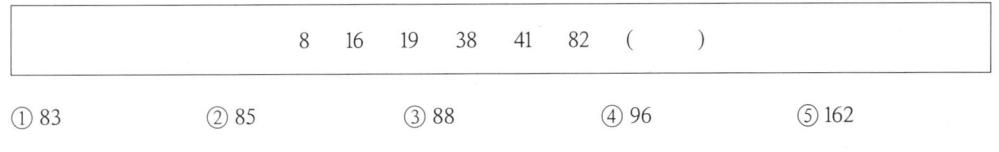

① 83 ② 85 ③ 88 ④ 96 ⑤ 162

20 일정한 규칙으로 나열된 수를 통해 빈칸에 들어갈 알맞은 숫자를 고르시오.

8 24 12 −12 −36 −18 18 ( )

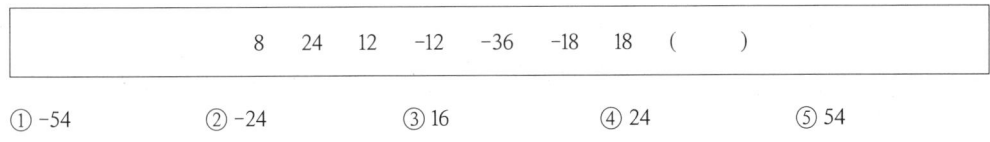

① −54 ② −24 ③ 16 ④ 24 ⑤ 54

약점 보완 해설집 p.21

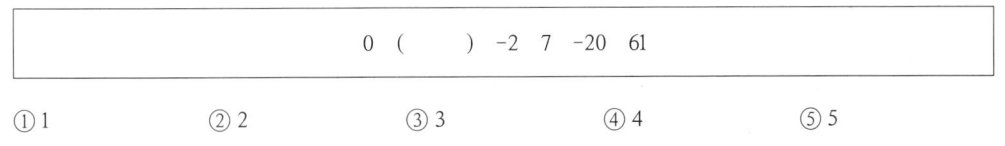

PART 2

실전모의고사

실전모의고사 1회

실전모의고사 2회

실전모의고사 3회

실전모의고사 4회 고난도

실전모의고사 1회

* 모의고사의 시작과 종료 시각을 정하세요.

언어이해 (15분)	시 분 ~ 시 분
자료해석 (15분)	시 분 ~ 시 분
창의수리 (15분)	시 분 ~ 시 분
언어추리 (15분)	시 분 ~ 시 분
수열추리 (15분)	시 분 ~ 시 분

01 언어이해

해설 p.26

01 다음 글의 내용과 일치하는 것을 고르시오.

아나키즘(Anarchism)이란 일체의 정치권력이나 공공적 강제의 필요성을 부정하고 개인의 자유를 최상의 가치로 내세우려는 사상을 말한다. 무정부주의라고도 불리는데, 이때의 무정부 상태는 혼란한 사회를 이르는 것은 아니고, 정부가 존재하지 않음에도 조화롭게 질서가 유지되는 상태를 의미한다. 아나키즘을 주창하는 이들은 아나키스트라고 하는데, 이들에게 있어서 정부는 억압과 불평등을 조장하는 주요 근원으로 여겨진다. 즉, 개인의 자유를 가장 높은 가치로 여기기 때문에 이를 억압하거나 부당하게 하는 모든 것들을 부정하게 된다. 한편, 아나키즘은 크게 개인적 아나키즘, 사회적 아나키즘, 환경주의적 아나키즘 세 가지로 나누어 볼 수 있다. 먼저 개인적 아나키즘은 개인이 사유 재산을 소유하는 것을 인정하고, 개인의 자유 보장을 최대의 목표로 삼는다. 이에 따라 개인주의적 아나키즘은 사회를 자기 충족적 생산자로 보게 된다. 사회적 아나키즘은 사유 재산을 부정함과 동시에 생산수단이 공유되어야 한다고 주장하는 이론을 말한다. 집단주의적 경향과도 맥락을 같이 하는데, 사회를 기업 운영을 위한 노동자와 소유자 사이의 협동으로 보게 된다. 환경주의적 아나키즘은 비교적 최근에 만들어진 이념으로, 이에 따르면 모든 형태의 산업화와 환경 파괴를 거부하게 된다. 이와 같은 아나키즘은 20세기 초반에 활발하게 이어갔지만, 오늘날에는 프랑스 일부 현대사상이나 유사무정부주의인 종교적 공동체에서만 관련 사상을 찾아볼 수 있다.

① 아나키즘에서 개인은 억압과 불평등을 만들어내는 주요한 원인으로 손꼽힌다.

② 환경주의적 아나키즘하에서는 산업화로 이루어진 모든 것과 그에 따른 환경의 파괴를 받아들이지 않는다.

③ 아나키즘에서 말하는 무정부 상태는 이론상 정부가 존재하지 않아 혼란한 상태를 의미한다.

④ 아나키스트들은 개인의 자유보다는 정부의 사회 통제를 더 중요하게 생각한다.

⑤ 사회적 아나키즘은 사유 재산은 인정하지만, 생산수단의 공유를 주장하는 이론이다.

02 다음 문단을 논리적 순서대로 알맞게 배열한 것을 고르시오.

가) 한 무제는 서방으로 통하는 길을 개척하기 위해 주요 길목에 위치한 페르가나국과 누란을 정복하였고, 이후 흉노족마저 굴복시키면서 실크로드를 완성했다. 완성된 실크로드를 통해 중국의 종이 제조 기술이 서방으로 전해져 중세 유럽의 인쇄술이 발달했을 정도로 실크로드는 상업 무역뿐만 아니라 동서의 인류문명을 교류한 통로로서 큰 의의를 가진다.

나) 중국 한나라의 제7대 황제였던 한 무제는 중국 북방 지대를 위협하던 흉노족을 퇴치하기 위해 서방의 월지와 동맹을 맺고자 장건을 파견하였고, 장건은 사막과 고원을 지나 서방에 도착하였다. 비록 장건은 군사동맹을 맺는 데 실패하고 돌아왔지만, 장건의 서역 견문은 사람들의 관심을 불러일으켰다. 특히 이에 큰 흥미를 느낀 한 무제는 서방으로 가는 길을 개척하고자 했다.

다) 중국 한나라 때 처음으로 개척된 실크로드는 중국의 비단이 서방으로 전해지면서 유래한 이름이다. 실크로드는 중국 중원 지방에서 시작하여 파미르 고원과 중앙아시아 초원, 이란 고원을 지나 지중해 동안과 북안까지 이르는 길로, 동서 간의 활발했던 무역 흔적을 발견할 수 있다.

라) 실크로드가 개척되기 전에 로마인들은 동방의 나라가 황금 섬이라 믿었고 중국 또한 서방에 대해 늘 궁금해했지만 이들은 교류를 전혀 할 수 없었다. 동서를 가로지르는 지역에는 타클라마칸 사막과 파미르 고원과 같은 대자연이 장애물로 작용해 교류가 쉽게 이루어질 수 없었기 때문이다. 하지만 이 험난한 길을 아무도 건너지 못했던 것은 아니다.

① 나) - 다) - 라) - 가)
② 나) - 라) - 다) - 가)
③ 다) - 라) - 가) - 나)
④ 다) - 라) - 나) - 가)
⑤ 라) - 나) - 다) - 가)

03 다음 글을 읽고 추론한 내용으로 가장 적절한 것을 고르시오.

스윙보터(Swing voter)란 선거나 투표에서 어느 쪽을 선택할지 결정하지 못했거나 얼마든지 마음을 바꿀 생각이 있는 사람들을 가리키는 말로, 우리말로 부동층(浮動層)이라고도 한다. 스윙보터는 대체로 특별히 지지하는 정당이나 정치인이 없기 때문에 투표가 이루어지는 시기의 정치적 상황이 어떤지, 후보자가 제시하는 정책이 자신의 관심 분야이고 자신이 원하는 방향의 정책인지 등을 고려하여 그때그때 선택을 달리한다. 중도 성향의 이념을 따르고 있어 그 누구도 자신들을 만족시키는 정책을 펼 수 없다고 생각하는 경향이 있으며, 정치에 대한 불신이 높아지거나 사회적 혼란이 극심하여 정치적 실망감을 느끼게 되면 아예 투표를 포기하는 경우도 간혹 있다. 이러한 특성 때문에 스윙보터의 선택은 언제나 예측하기 어려우며, 투표 결과가 발표된 후에야 비로소 스윙보터가 어떤 선택을 했는지 알 수 있다. 그렇다고 해서 스윙보터의 존재를 무시하고 이들의 표를 포기할 수는 없다. 선거에서 정당이나 후보자 간의 지지도가 비등하여 치열한 접전을 벌이게 될 때 스윙보터의 지지를 얻는 쪽이 당선할 가능성이 커질 수밖에 없기 때문이다. 이렇게 투표 결과를 좌우할 수 있다는 점을 들어 각 정당이나 후보자들은 선거를 앞두고 스윙보터의 지지를 얻기 위해 막판 총력을 기울이곤 한다.

① 후보 간 지지율이 비슷하여 접전 상황일수록 선거 결과에 미치는 스윙보터의 영향력이 커진다.

② 부동층은 확고한 정치적 성향을 보인다는 점에서 스윙보터와 구별되는 유권자들이다.

③ 투표를 하는 스윙보터의 비율이 투표를 하지 않는 스윙보터의 비율보다 낮다.

④ 스윙보터는 선거일이 다가오면 자신이 앞으로 지지할 정당을 결정한다.

⑤ 어떤 선거든 정당이나 후보자들은 초반부터 스윙보터의 표심 확보를 최우선으로 한다.

04 다음 주장에 대한 반박으로 가장 타당한 것을 고르시오.

> 자각몽은 꿈속에서 수면자 본인이 꿈을 꾸고 있다고 인식하는 현상으로, 자각몽 상태에서는 깨어있는 것처럼 생각하고 기억할 수 있다. 자각몽은 일반 꿈보다 꿈의 내용이 생생하고 현실적이며 수면자의 의지에 따라 통제할 수 있다. 자각몽을 꾸게 되는 원인은 확실하게 밝혀지지 않았지만, 훈련을 통해 의식적으로 자각몽을 꾸는 능력을 기르는 것이 가능하다. 자각몽 상태에서는 원하는 일을 마음대로 할 수 있기 때문에 현실에서 하지 못하는 행동을 하며 스트레스를 해소할 수 있다. 실제로 스트레스를 많이 받는 취업준비생과 청소년들이 자각몽에 관심을 보이는 경향이 있다. 또한, 자각몽 상태에서는 실패를 두려워하지 않고 제한 없이 다양한 방법을 도전해볼 수 있어서 기발한 아이디어와 예술적 통찰을 얻을 수도 있다. 이렇듯 원하는 때에 원하는 꿈을 꾸는 것이 가능한 자각몽은 현실에서 벗어나 억눌린 자아를 실현할 수 있는 좋은 매개체이다.

① 자각몽은 수면자에게 영감을 줄 수 있으므로 예술계에서 적극적으로 사용할 필요가 있다.

② 모든 꿈의 배경과 내용을 완벽하게 조작하지 못한다면 그것은 자각몽이라고 할 수 없다.

③ 자각몽을 꾸는 능력을 키운다면 자신의 잠재력과 가능성을 충분히 실현할 수 있을 것이다.

④ 자각몽에 과하게 몰입하면 실제 현실에 적응하지 못하는 등 예측하지 못한 부작용이 나타날 수 있다.

⑤ 자각몽은 의학적 안전성이 검증된 정신 치료 방법의 하나이므로 적절히 활용하면 정신 건강에 도움이 된다.

05 다음 글의 제목으로 가장 적절한 것을 고르시오.

다이어트에는 다양한 방법이 존재한다. 그중에서도 간헐적 단식은 유명한 연예인들이 다이어트법으로 소개하며 각광받게 된 단식법이다. 이는 개인이 정한 시간에만 음식물을 섭취하는 단식법으로, 하루 24시간 중 8~12시간 동안에만 식사를 하고, 그외 시간에는 공복 상태를 유지하는 것을 말한다. 실제로 간헐적 단식은 체중 감소에 도움이 된다. 미국의 한 대학 연구팀이 25세부터 75세까지의 비만 환자 90명을 상대로 14주 동안 실험해본 결과, 8시간 동안만 식사를 한 그룹이 12시간 동안 식사를 한 그룹보다 체중을 평균 2.3kg 더 감량한 것으로 조사되었다고 한다. 그뿐만 아니라 우울증이나 분노 행동 등 기분 장애도 개선되었다고 한다. 다만, 간헐적 단식에는 장점만 있는 것은 아니다. 무리하게 지속할 경우 영양 불균형이 나타날 수 있음은 물론, 운동이 병행되지 않을 경우 지방과 근육이 모두 줄어들어 어지럼증 등이 유발될 수 있다. 무엇보다 단식을 마친 뒤 간식을 먹지 않고 폭식하지 않는 습관이 필요하다. 단식을 통해 공복 시간을 최대한 길게 유지하는 것이 간헐적 단식의 핵심이므로 폭식을 하지 않는 선에서 적절한 식사와 꾸준한 운동을 병행해야 몸과 마음 모두 건강해지는 결과를 얻을 수 있다.

① 간헐적 단식을 금지해야 하는 이유

② 간헐적 단식보다 더 효과적인 다이어트 방식 소개

③ 간헐적 단식 방법과 시행 시 주의해야 할 사항

④ 간헐적 단식이 다이어트에 도움이 되지 않는 이유

⑤ 간헐적 단식 실험에 따른 결과

06 다음 빈칸에 들어갈 문장으로 가장 적절한 것을 고르시오.

고급문화는 역사적으로 특정 계층이나 교육 수준을 가진 사람들에 의해 소비되었던 문화이다. 클래식 음악, 미술, 문학 등이 그 대표적인 예로, 일반적으로 깊이 있는 이해와 감상이 요구된다는 특징을 가진다. 고급문화는 시간이 지나도 그 가치를 잃지 않는 고유성을 기반으로 전통과 지식을 중시한다. 반면 대중문화는 영화, 음악, TV 프로그램, 패션 등의 문화 형식으로 일반 대중이 쉽게 접하고 즐길 수 있다. 이 문화는 대중의 관심과 트렌드에 민감하게 반응하며 소비와 유행에 따라 변동한다. (   ) 예를 들어 유명한 대중음악 아티스트가 미술관에서 전시를 하거나, 대중 가요가 클래식적인 요소를 수용하는 경우가 많아졌다. 또한, 디지털 시대의 도래로 인해 대중문화는 더욱 빠르고 다양하게 발전하고 있다. 소셜 미디어 플랫폼은 새로운 콘텐츠가 쉽게 노출되도록 하여 대중문화의 확산 속도를 가속화하고 있다. 그러나 일부에서는 대중문화가 대량 생산된 문화 상품에 대한 수동적 소비에 불과하다고 비판하며 두 문화의 상호작용을 부정적인 시선으로 바라보기도 한다. 그럼에도 불구하고 이러한 융합 과정은 문화의 다양성과 창의성을 증진시킬 뿐만 아니라 타 문화를 바라보는 사회적 가치관에도 긍정적인 영향을 미친다고 평가되고 있다.

① 두 문화의 확산 속도 차이는 대중문화의 질적 향상을 가속화하고 있다.
② 대중문화는 고급문화와 상호작용하며 변화해 왔으며 두 문화의 경계는 점점 모호해지고 있다.
③ 고급문화는 주로 고립된 공간에서만 존재하며 교육 수준에 따라 다른 형태로 소비된다.
④ 대중문화는 일회성 소비에 그치며 수준 높은 감상을 원하는 사람들의 만족도를 충족시키지 못한다.
⑤ 대중은 문화의 수혜자가 아니라 자신들의 삶 속에서 문화를 만들어 나가는 주체이다.

07 다음 글의 내용과 일치하지 않는 것을 고르시오.

> 스콜의 사전적 의미는 갑작스럽게 부는 돌풍이다. 그러나 일반적으로 스콜은 돌풍보다 지속 시간이 길고 풍향이 급변하는 경우가 많다. 세계기상기구(WMO)는 스콜을 풍속의 증가가 8m/s 이상이면서 풍속이 11m/s 이상인 상태가 최소 1분 이상 지속되는 현상으로 정의하고 있다. 스콜은 다양한 형태의 기후 변화를 동반하는 경우가 잦으며, 이때 먹구름이나 강수를 동반하는 스콜을 뇌우 스콜, 강수를 동반하지 않는 스콜을 흰 스콜이라고 부른다. 또한, 스콜은 광범위하게 이동하는 전선을 따라 가상의 선을 형성하기도 하는데, 이를 스콜선이라고 지칭한다. 스콜선은 주로 한랭전선 또는 적도 무풍대 부근에서 발생한다. 특히 적도 주변의 열대기후 지역에서는 강한 일사로 대류 작용이 왕성해진다. 이에 따라 일사량이 큰 오후 시간대에 거의 매일 소나기를 동반한 스콜이 발생하므로 이때 내리는 열대성 강우를 가리켜 스콜이라고 부르기도 한다.

① 종류에 따라 항상 비를 동반하지 않는 스콜도 존재한다.

② 돌풍과 스콜은 비슷하지만 지속 시간에서 차이가 난다.

③ 스콜이 발생하면 바람의 방향이 갑작스럽게 바뀌기도 한다.

④ 해가 쨍쨍한 낮에도 소나기를 동반한 스콜이 발생할 수 있다.

⑤ 바람이 약한 적도 무풍지대에서는 스콜이 발생하지 않는다.

08 다음 글의 서술상 특징으로 가장 적절하지 않은 것을 고르시오.

> 폐는 공기를 들이쉬고 내쉬는 과정을 통해 이산화탄소와 산소를 순환시키는 중요한 역할을 하는데, 폐에 구멍이 나면 공기가 새면서 본래 적은 양의 흉수(胸水)만 존재하는 흉막간 안에 공기나 가스가 고여 기흉(氣胸)이 발생한다. 기흉은 공기라는 뜻의 기(氣)와 가슴이라는 뜻의 흉(胸)이 결합된 단어로, 말 그대로 가슴에 공기가 차 있어서 폐가 짓눌리기 때문에 정상적인 호흡을 할 수 없는 상태를 지칭한다.
>
> 기흉은 발생 원인에 따라 크게 외상없이 자연적으로 생기는 '자연 기흉'과 관통상과 같은 외상에 의해 생기는 '외상성 기흉'으로 분류된다. 자연 기흉은 대개 10대 후반에서 30대 초반의 젊고 키가 크며 마른 남자에게서 발병하며, 흡연을 한 경험이 있거나 가족력이 있는 경우에 발병 확률이 더 높다. 폐첨 부근에 폐를 감싸고 있는 얇은 막에 형성된 소(小)기포가 스스로 터지면서 흉막강 안으로 공기가 빠져나와 기흉이 발생한다. 이외에도 기존에 폐렴, 천식 등 폐 질환을 앓던 환자에게도 자연 기흉이 생길 수 있다.
>
> 반면 외상성 기흉의 가장 보편적인 원인은 교통사고, 흉곽 손상 등에 의해 갈비뼈가 부러지면서 폐를 찔러서 해치는 데 있다. 외상성 기흉은 응급 환자가 병원에서 치료를 받는 과정에서 발생하기도 하며, 흉막강 속에 혈액이 고이는 혈흉, 흉막과 기관지 사이에 통로가 생기는 기관지 흉막루가 함께 생기기도 한다. 외상성 기흉은 다시 자연 기흉과 비슷한 증상을 보이는 단순 기흉과 흉벽에 뚫린 상처가 열린 상태로 유지되어 환자가 숨을 쉴 때마다 상처로 공기가 들락거리는 개방성 기흉으로 나뉜다.
>
> 기흉이 발생하면 흉통과 호흡 곤란이 가장 대표적인 증상으로 나타난다. 흉통은 운동을 했는지의 여부와는 상관없이 생기고, 가슴 부근에 갑작스럽게 찌르는 듯한 통증을 느끼게 된다. 호흡 곤란은 기흉의 심각성과 이전에 앓은 질환 등에 따라 정도가 달라지는데 통상적으로는 가벼운 호흡 곤란만 일어난다. 기흉이 작고 증상이 덜하면 산소를 삽입하여 폐의 구멍이 자연히 낫기를 기다리지만, 기흉이 크고 증상이 심하면 흉관 삽관술, 흉강경 수술, 화학적 흉막 유착술, 항결핵제 투여 등의 방법으로 치료한다.

① 대조, 예시, 인과 등의 방법으로 서술 대상에 대해 설명하고 있다.
② 서술 대상과 관련한 연구의 변천 과정을 시대순으로 서술하고 있다.
③ 문제가 발생했을 때의 상황을 가정하고 해결 방안을 제시하고 있다.
④ 서술 대상을 특정 기준에 따라 분류하여 이해도를 높이고 있다.
⑤ 단어를 구성하는 한자를 분석하여 서술 대상을 정의하고 있다.

09 다음 글의 필자가 주장하는 내용으로 가장 적절한 것을 고르시오.

> 중국은 스마트폰 보급과 동시에 모바일 핀테크 경제로 빠르게 진입하여 핀테크 강국으로 거듭났다. 전문가들은 중국 정부가 핀테크 산업에 사후규제를 적용하여 시장진입 제한을 최소화했기 때문에 이러한 결과가 나올 수 있었다고 분석한다. 특히 허용을 원칙으로 하고 예외의 경우만 금지하는 네거티브 방식의 열린 규제는 신기술과 새로운 사업모델을 도입하고 다양한 혁신을 이루는 원동력이 되었다. 게다가 핀테크 산업에 대한 업종별 칸막이 규제가 없어 지급결제, 온라인펀드, 소액대출사업 등 다양한 금융사업을 통합한 서비스를 제공할 수 있던 점 또한 성장 요인으로 꼽힌다. 반면, 우리나라의 핀테크 산업은 신기술이 개발되어도 각종 심의 과정을 거쳐 금융서비스에 대한 사전 관리체계를 구축한 후에야 적용할 수 있다. 이에 따라 시장에 진입하기 위한 초기 비용과 위험부담이 커 기업이 금융서비스 분야에 새로 진입하는 것을 어렵게 한다. 이뿐만 아니라, 전자금융업자의 업종을 세분화하여 진입요건을 달리함으로써 IT 기업이 금융 부문으로 사업 영역을 확장하려면 각 영역의 진입요건에 따라 추가로 자격을 획득해야 하는 불편함이 있다. 우리나라에서도 핀테크 산업의 발전에 관심을 두고 있지만, 엄격한 규제로 인해 세계의 주도권 경쟁에서 밀리는 것이 사실이다. 중국의 핀테크 산업이 개방적이고 우호적인 규제를 바탕으로 성장했다는 점을 고려하면, 우리도 정부 차원의 대대적인 지원이 이루어져야 하는 것은 아닌지 고민해봐야 할 것이다.

① 금융기업들이 핀테크 산업의 발전을 주도할 수 있도록 업종별 칸막이 규제를 완화해야 한다.

② 핀테크 산업이 세계적인 경쟁력을 갖추려면 중국 핀테크 시장진입에 유리한 정책을 펼쳐야 한다.

③ 국내 핀테크 산업의 성장을 가로막는 각종 규제를 완화하여 다양한 혁신이 이뤄질 수 있게 해야 한다.

④ 정부 차원에서 핀테크 산업을 선도하기 위해 비은행 전자금융업자의 업종을 세분화해야 한다.

⑤ 핀테크 신기술을 도입하는 데 소모되는 시간과 비용을 줄이기 위해 새로운 검증 시스템을 개발해야 한다.

10 다음 글의 밑줄 친 부분에 해당하는 사례로 가장 적절하지 않은 것을 고르시오.

> 과거의 마케팅은 기업이 제품에 대한 정보를 소비자에게 일방적으로 전달하는 방식으로 이루어졌다. 하지만 최근의 마케팅은 소비자뿐만 아니라 사회 전반을 위한 가치 있는 제품을 만들고, 소비자와 소통하는 일련의 과정이라는 넓은 관점에서 정의되고 있다. 인터넷과 소셜 미디어의 등장으로 소비자는 제품에 대한 의견을 주도적으로 전달하며 브랜드 마케팅에 직·간접적으로 개입하게 되었다. 이러한 변화를 반영한 마케팅 전략 중 하나가 바로 오가닉 마케팅(Organic Marketing)이다. 오가닉 마케팅은 소비자와 생산자, 그리고 제품 간의 유기적인 관계를 구축하여 소비자의 신뢰를 높이고 장기적인 충성도를 형성하는 데 초점을 맞춘다. 이 마케팅은 검색 엔진을 통해 곧바로 유입되거나 동일한 도메인 내에서 발생하는 방문자 수인 오가닉 트래픽(Organic Traffic)을 활용한다. 이러한 방식은 유료 광고에 의존하지 않고도 잠재적 소비자에게 도달할 수 있으며 장기적인 관점에서 소비자를 확보하는 데 효과적이다. 소비자의 검색 의도에 부합하는 유용한 콘텐츠를 제공하는 경우 방문자 수가 더욱 증가할 수 있기에 기업은 주기적으로 유용한 정보나 이벤트를 제공하고, 긍정적 경험에 만족한 소비자가 주변 사람들에게 추천하는 방식을 통해 마케팅이 지속되도록 한다. 또한, 기업은 브랜드의 이야기나 가치를 소셜 미디어를 통해 공유하고, 소비자와의 소통을 통해 커뮤니티를 형성한다.

① 뷰티 브랜드 F는 사용자의 피드백을 제품 개발에 반영하였다. 소셜 미디어 팔로워가 브랜드 관련 콘텐츠 제작에 참여하도록 하여 소비자들이 자신이 브랜드의 일부라고 느끼게 했다.

② 의류 브랜드 G는 투명성을 강조하여 생산 과정과 가격 구조를 공개하였다. 고객들과의 신뢰를 쌓는 데 중점을 두었고, 소셜 미디어를 통해 고객과 적극적으로 소통하였다.

③ 비건 화장품 브랜드 H는 소비자가 참여할 수 있는 동물 보호 관련 캠페인을 꾸준히 실시하였다. 이를 긍정적으로 평가한 소비자들 간의 입소문과 추천이 폭발적인 성장의 핵심 원인이 되었다.

④ 전자제품 브랜드 I는 유명 연예인과의 계약을 통해 신제품에 대한 광고를 촬영하고 이를 공개하였다. 이러한 방식으로 소비자들에게 직접적인 구매를 유도하였고 즉각적인 반응을 얻었다.

⑤ 음식 브랜드 J는 건강한 식습관을 추구하는 유행을 반영한 제품의 온라인 팝업 스토어를 개최하였다. 소비자들은 자사 제품을 시식해 볼 뿐 아니라 서로 레시피를 공유하기도 하였다.

11 다음 글의 주제로 가장 적절한 것을 고르시오.

> 신경심장성 실신이라고도 불리는 미주신경성 실신은 혈관이 확장되고 심장 박동 수가 저하되면서 발생한 저혈압과 뇌 혈류 감소로 인해 일시적으로 의식을 잃는 현상을 의미한다. 미주신경성 실신은 실신 중 가장 흔한 유형이며 극심한 육체적 스트레스나 감정적 긴장이 근본적인 원인으로 꼽힌다. 직접적인 사례로는 피를 보는 것, 고열에 장기간 노출되는 것, 대소변을 과도하게 참는 것, 정맥 채혈을 하거나 정맥 주사를 맞는 것 등이 가장 흔하며, 이러한 자극이 발생하면 심장 박동 수와 혈압을 조절하는 신경계에 비정상적인 반응이 일어나 실신하게 된다. 피를 보면 실신하는 사람의 예를 조금 더 자세히 살펴보면, '피를 보는 것'이라는 자극이 발생할 경우 맥박이 갑작스럽게 감소하고 동시에 하지 혈관이 이완되어 혈압이 낮아진다. 그리고 낮아진 혈압으로 인해 뇌로 가는 혈류가 감소하고 일시적으로 의식을 잃게 되는 것이다. 사실 미주신경성 실신은 질병이라기보다는 증상에 가깝고 대부분 인체에 무해하기 때문에 치료가 꼭 필요한 것은 아니다. 하지만 이전에는 겪지 않았던 실신을 처음으로 경험했거나 지속적·반복적으로 실신을 경험하는 경우, 가슴 통증이나 신체마비를 동반한 실신을 경험하는 경우 등 특이한 증상이 나타난다면 병원 진료를 받아 보는 것이 좋다.

① 미주신경성 실신의 진단 및 예방 방법

② 신경심장성 실신과 미주신경성 실신의 차이점

③ 미주신경성 실신의 발생 원인과 치료

④ 낮은 혈압으로 인해 발생하는 질병의 위험성

⑤ 미주신경성 실신이 초래하는 합병증

12 다음 글에 이어질 내용을 가장 적절하게 배열한 것을 고르시오.

> 스쿨버스를 가득 채우려면 몇 개의 골프공이 필요할까? 아날로그 시계의 시침과 분침은 하루에 몇 번 겹쳐질까? 이는 모두 세계적인 IT 기업 구글의 입사 면접 질문이다. 구글은 지원자의 창의력이나 논리적 사고력을 평가하기 위해 지원자가 대답하기 곤란할 정도로 엉뚱한 질문을 던지는 것으로 정평이 나 있다. 그중에서 가장 유명한 것은 "맨홀 뚜껑이 원형인 이유를 설명하라."이다.

> 가) 물론 원이 유일한 정폭 도형은 아니다. 기타를 칠 때 쓰는 피크와 같은 모양의 뢸로 삼각형, 영국의 20펜스 동전과 50펜스 동전에서 볼 수 있는 뢸로 칠각형 등 뢸로 도형도 정폭 도형에 속한다.
> 나) 삼각형이나 사각형과 달리 원은 모든 지점에서 지름이 항상 일정한 정폭 도형이라는 점 역시 맨홀 뚜껑을 원형으로 만드는 이유가 된다.
> 다) 그러나 이런 도형은 맨홀 뚜껑으로 만들기 까다로울 뿐만 아니라, 설사 만든다 해도 굴려서 운반하기 어려우므로 원형이 맨홀 뚜껑으로 가장 적합하다고 할 수 있다.
> 라) 맨홀 뚜껑이 원형인 이유는 여러 가지가 있겠지만, 시설물 점검이나 청소를 할 때 사람이 쉽게 들락날락 할 수 있도록 맨홀을 사람의 몸과 유사한 원통형으로 만들었기 때문일 것이다.
> 마) 맨홀 뚜껑이 원형이면 수직으로 돌아가더라도 뚜껑이 맨홀에 걸려 떨어지지 않지만, 만약 사각형이라면 대각선 길이가 한 변의 길이보다 더 길어 뚜껑이 밑으로 빠질 수 있기 때문이다.

① 나) - 가) - 다) - 라) - 마)

② 나) - 마) - 다) - 라) - 가)

③ 라) - 나) - 마) - 가) - 다)

④ 라) - 마) - 다) - 가) - 나)

⑤ 마) - 나) - 다) - 가) - 라)

13 다음 글의 주제로 가장 적절한 것을 고르시오.

> 난독증은 정상적으로 말을 하거나 듣지만, 문자를 판독하는 데에 이상이 있는 학습 장애다. 난독증의 특징은 음운론적 취약성으로 요약할 수 있다. 이는 말소리의 최소 단위인 음소를 구분하지 못하는 것으로, '사람'과 '사랑'이라는 두 단어가 모두 '사'로 시작하며 두 번째 글자의 첫소리가 'ㄹ'이라는 것을 제대로 인지하지 못하는 식이다. 그래서 난독증을 가진 아이들은 눈에 보이는 글자를 통째로 암기하기도 하는데, 이러한 학습 방법으로 인해 말을 배우는 속도가 더디거나 발음상의 문제가 나타날 수 있다. 난독증은 시간이 흐른다고 저절로 낫지 않으며, 완치도 쉽지 않다. 다만, 초등학교 3학년 이전에 치료를 시작하여 꾸준히 훈련하면 증상이 크게 호전되어 정상적으로 정규 교과과정을 이수할 수 있다. 따라서 난독증의 진단은 이를수록 좋은데, 부모나 교사가 단순한 학습 부진으로 오인하여 치료 시기를 놓치는 경우가 많다. 난독증을 제때에 치료하지 않으면 아이가 학습 자체에 흥미를 잃게 되고, 이로 인해 자존감 하락이라는 정서상 문제가 나타날 수 있다. 또한, 성인이 되어서까지 글을 읽는 데에 어려움을 겪기도 한다.

① 환자의 연령에 따라 난독증의 치료 방법이 달라지게 된다.

② 난독증 극복을 위해서는 조기 진단과 치료가 매우 중요하다.

③ 난독증을 방치하면 증세는 약간 호전되나 없어지지는 않는다.

④ 난독증을 일반적인 학습 장애의 일종으로 오인해서는 안 된다.

⑤ 난독증의 완치 여부는 치료의 방법과 기간에 달려 있다.

14 다음 글의 내용과 일치하지 않는 것을 고르시오.

인간의 안구와 주변 부속기관은 안와로 둘러싸여 있다. 안와의 벽은 뼈로 이루어져 있기 때문에 이 뼈에 골절이 생길 경우 안와 골절이 발생했다고 한다. 안와 골절은 주로 하벽 또는 내벽에 생기는데, 안와의 상벽과 외벽은 이마와 광대뼈로 이루어져 비교적 튼튼하므로 골절이 발생하는 경우는 드물다. 하지만 안와 내벽과 하벽은 상대적으로 약해 주먹이나 야구공과 같이 둔한 물체에 의해 외상을 입게 되면 골절이 생기기 쉽다. 기본적으로 안와 골절 상태에서는 부종이 심해 정확한 증세를 확인하기 어렵기 때문에 경과를 깊게 살펴보아야 한다. 골절 부위로 안와의 지방이 빠져나오면서 안구 함몰이 발생할 수도 있고, 눈을 움직이는 근육인 외안근이 안와 골절 틈새에 낄 수도 있다. 특히 이러한 증상으로 인해 안와 조직에 부종이 생기면 안구 움직임에 문제가 생길 수 있어 복시 현상이 생기기도 한다. 그뿐만 아니라 미주신경의 자극으로 구역, 구토 증세가 발생하거나 맥박이 느려지기도 하고, 드물지만 부정맥이 나타날 수도 있다. 만약 안와 아래의 신경이 손상되었다면 아래 눈꺼풀, 콧방울, 윗입술에 감각 저하가 생기기도 하며, 시신경에 문제가 생겼다면 시력 저하를 겪기도 한다. 하지만 큰 이상이 없을 경우 보존적인 치료만으로도 회복된다. 그렇지만 안구운동장애 및 안구함몰이 생길 가능성이 높다면 수술로써 치료해야만 한다. 보통 수술은 외상 후 1~2주 이내에 부기가 빠지면 진행하는 것이 일반적인데, 2주가 넘을 경우 골절 부위의 조직간 유착이 심해져 수술이 어려워질 수 있다.

① 안와 골절로 인해 나타난 복시는 안구 움직임이 제한됨에 따라 발생한 것으로 보아야 한다.
② 안와에 외상을 입은 후 미주신경이 자극되면 구역질이나 구토가 유발될 수 있다.
③ 야구공에 맞아 안와가 골절되었다면 안와의 외벽보다는 내벽에 골절이 생겼을 가능성이 높다.
④ 안와 골절로 인해 눈 주변뿐만 아니라 콧방울, 입술 등에 문제가 나타나기도 한다.
⑤ 수술이 필요한 안와 골절의 경우 부종이 심각하다면 외상 후 즉시 수술을 진행해야 효과적이다.

15 다음 주장에 대한 반박으로 가장 타당한 것을 고르시오.

> 제4차 산업혁명으로 인해 로봇이 인간의 일자리를 대체하게 되어 실업률이 점차 증가할 것이라는 부정적인 전망이 나오고 있다. 이처럼 대량의 실업 인구가 발생하는 상황을 예방할 수 있는 대책 중 하나로 언급되고 있는 것이 바로 주 4일 근무제이다. 주 4일 근무제는 말 그대로 노동자의 근로 시간을 일주일에 4일로 제한하는 것으로, 주 4일 근무제를 도입하면 주어진 예산에서 더 많은 사람을 뽑을 수 있어 일자리 확대 효과가 있다. 이는 미래에 발생할 일자리 부족 문제를 완화할 수 있을 뿐만 아니라 1인당 노동 시간을 줄여 삶의 질을 높이는 데에도 기여한다. 이미 네덜란드, 덴마크 등의 유럽 국가에서는 주 4일 근무제가 생소한 개념이 아니며, 일본에서도 최근 몇 년간 주 4일 근무제를 확대하려는 움직임을 보이고 있다.

① 주 4일 근무제를 도입하면 개인별 소득이 낮아지므로 오히려 삶의 질이 떨어질 가능성이 있다.
② 선진국의 주 4일 근무제 확대 경향을 통해 해당 제도가 긍정적인 효과를 유발함을 짐작할 수 있다.
③ 휴식 시간이 많아지고 여가 생활이 활성화되면 소비가 늘어나 경기 부양 효과가 발생할 것이다.
④ 주 4일 근무제로 총 근로 시간이 줄어도 근로자의 시간당 생산성은 떨어지지 않을 것이다.
⑤ 일자리 창출 수단으로만 주 4일 근무제 도입을 결정하면 단편적인 효과밖에 얻을 수가 없다.

16 다음 글을 읽고 추론한 내용으로 적절하지 않은 것을 고르시오.

인류의 발전 단계는 흔히 인간이 사용했던 도구에 따라 석기, 청동기, 철기 시대로 구분된다. 이처럼 도구는 인간사(史)에서 매우 중요한 존재로, 도구를 만들어 사용할 수 있다는 점은 인간과 동물을 구별하는 주요한 특징이기도 하다. 남겨진 자료들로 추정하였을 때 초기 인류는 다른 동물과 마찬가지로 돌, 나무 등 주변에서 흔히 볼 수 있는 재료를 그대로 활용하여 채집 생활을 하였고, 확실하게 도구를 만들어 사용한 인류는 호모 에렉투스이다. 현생 인류 호모 사피엔스의 직계조상인 이들은 돌의 한쪽을 떼어내서 만든 찍개 형식의 도구를 사용했고, 이전 단계의 인류보다 한층 발전한 도구를 활용해 사냥에 나섰던 것으로 보인다. 이는 그들의 뼈가 발견된 곳 주변에 말, 사슴, 코끼리 등 큰 동물의 뼈가 수없이 발견된 것을 통해 알 수 있다.

① 인류가 사용한 도구의 종류는 인류 발전 단계의 기준이 되기도 한다.
② 직접 도구를 만들어서 사용할 수 있는 동물은 인간을 제외하고는 거의 없을 것이다.
③ 초기 인류가 호모 에렉투스보다 한층 발전된 도구를 사용했다는 것은 기록을 통해 알 수 있다.
④ 호모 에렉투스가 사용했던 도구의 재료를 살펴보았을 때, 이들을 석기 시대의 인류로 볼 수 있다.
⑤ 인류는 도구를 발전시킴으로써 자신보다 덩치가 큰 동물도 사냥할 수 있게 되었다.

17 다음 주장에 대한 반박으로 가장 타당한 것을 고르시오.

> 불필요한 가정과 전제가 많을수록 어떤 현상에 대한 정확한 추론을 끌어낼 수 있는 가능성은 작아진다. 14세기 영국의 신학자이자 철학자로 알려진 윌리엄 오컴은 "불필요한 가정은 면도날로 잘라내라."라고 주장하며 면도날의 법칙을 제시하였다. 오컴의 주장에 따르면 특정 현상을 설명하기 위해 여러 가설이 제시되었을 경우, 이 중 가정의 개수가 가장 적은 가설을 선택하는 것이 유리하므로 논리적으로 설명하기 어려운 가설은 소거하라는 의미이다. 동일한 현상을 설명하는 두 개의 주장이 있다고 가정해보자. 주장을 증명하기 위한 가정은 실현될 수도, 실현되지 않을 수도 있기 때문에 가정이 많아질수록 현상의 인과관계에 대한 추론이 진실일 가능성은 작아지므로 사실이나 현상을 논리적으로 설명할 때는 가장 단순한 것이 진리일 경우가 많다. 따라서 제한된 정보하에서 진실을 논할 때는 불필요한 가정은 모두 배제하여 판단 오류의 가능성을 낮춰야 한다.

① 철학자들에 의해 논리적으로 타당성이 입증된 사실은 뒷받침하는 가정과 전제가 적다.

② 오컴의 주장은 실현 가능성에 대한 인과관계가 충분할 때만 적용된다는 사실을 고려하지 못하고 있다.

③ 실현 가능성이 있는 가정을 지나치게 단순화하면 논리를 뒷받침할 만한 근거가 충분하지 않을 수 있다.

④ 사실 여부를 판단할 수 있는 가정과 논리적 근거를 최대한 늘리는 것이 타당성을 높이는 방법이다.

⑤ 특정 현상에 대한 신뢰도를 높이기 위해서는 표본 집단의 규모를 키우는 것이 중요하다.

18 다음 글을 읽고 추론한 내용으로 가장 적절하지 않은 것을 고르시오.

르네상스는 14~16세기에 이탈리아를 중심으로 하여 유럽 여러 나라에서 일어난 인간성 해방을 위한 문화 혁신 운동을 말한다. 르네상스가 발생하게 된 이유는 다양하지만, 시대적인 측면에서 상업 경제의 성장으로 인해 도시가 발달하였으며 사라센 문화 유입으로 고전 과학 발달, 스콜라(Schola) 철학의 영향으로 지성 및 대학 내 학문의 발달 등이 르네상스의 발전 배경으로 전해진다. 기본적으로는 인간보다 신을 중시하던 중세 시대에서 벗어나려는 움직임이라고 볼 수 있는데, 구체적으로는 당대 개인의 창조성을 억압하던 봉건 제도나 교회 등에 반발하여 현실적인 인간 생활을 전면적으로 받아들이고 인간의 개성을 자유롭게 발현하고자 하는 의지가 반영되었다고 할 수 있다. 다만, 르네상스의 전개 양상은 지역에 따라 다소 차이가 있었다. 유럽의 남부 지역에서는 인문주의(Humanism) 특징을 띠어 인간의 존재나 인간의 실존적 소망과 행복을 중시하는 경향이 문화·예술 등을 통해 드러나는 반면 유럽의 북부 지역에서는 로마 교황의 권위에 도전하면서 교회 조직 및 정신의 근본적인 개혁을 요하는 종교 개혁 형태로 발전하게 되었다. 이처럼 지역 간의 차이는 존재하지만, 인간 중심의 세상을 만들고자 했다는 점에서는 근본은 같으며 특정 분야를 넘어 문화, 예술, 문학, 사상 등에 이르기까지 사회 전반적으로 지대하게 영향을 미쳤다. 그뿐만 아니라 르네상스를 통해 발달한 인문주의는 국가, 인종, 종교 등을 초월해 모든 사람이 인간이라는 자체로 존중받아야 할 존재라는 태도가 자리 잡을 수 있도록 도왔다는 점에서 의의가 있다.

① 르네상스를 전개하던 유럽 북부 지역은 교회 조직을 근본적으로 개혁하려는 움직임을 보였다.
② 르네상스에는 국가나 종교를 초월하여 인간은 그 존재 자체로 존중받아야 한다는 정신이 담겨 있다.
③ 르네상스 발생 이전인 중세 시대는 인간의 창조성을 억압하는 봉건 제도의 영향권 아래에 있었다.
④ 상업 경제 발달로 인한 도시의 성장과 사라센 문화의 유입은 르네상스 발생에 영향을 미쳤다.
⑤ 르네상스를 외치던 사람들은 중세와 마찬가지로 신의 중요성은 인정했으나 교회 제도를 인정하지 않았다.

19 다음 빈칸에 들어갈 말로 가장 적절한 것을 고르시오.

왕을 지칭하는 호칭에는 여러 가지가 있지만, 그중 우리에게 가장 친숙한 것은 '묘호(廟號)'일 것이다. 묘호는 왕의 삼년상이 끝난 후 종묘에 안치되는 왕의 신주(神主)에 사용되는 이름으로, 군주의 치세와 업적을 뜻하는 첫 글자에 '조(祖)' 혹은 '종(宗)'을 더한 두 글자로 구성된다. 조나 종을 붙이는 데 일정한 원칙이 있었던 것은 아니지만, 일반적으로 왕조를 새로 개창한 자에게는 조를, 그 뒤를 이어 왕위를 정통으로 계승한 자에게는 종을 붙였다. 이 때문에 고려를 세운 왕건과 조선을 개창한 이성계에 모두 태조라는 묘호를 사용하였으며, 이들 이후의 왕에게는 원칙적으로 종이 붙게 되었다. 고려 왕조의 경우 충렬왕 이전까지 이 원칙이 잘 지켜졌으나, 조선 시대에 들어서면서 조의 의미와 활용 범위가 넓어지게 되었다. (   ) 조를 붙이기 시작한 것이다. 이는 왕권을 강화하거나, 왕위 정통성을 강조하려는 움직임으로 볼 수 있다. 일례로 세조의 경우 본래 왕위 계승자였던 단종을 몰아내고 왕위를 찬탈하다시피 했음에도 불구하고 불안정한 나라의 상태를 안정시키고, 왕실의 위엄을 확립한 점을 높이 평가받아 묘호에 조가 붙을 수 있었다. 선조의 경우 원래는 선종이었으나 그의 아들인 광해군이 임진왜란을 수습한 아버지의 공덕을 기리기 위해 묘호를 고쳤으며, 광해군의 강등으로 왕위에 오른 인조는 새로운 왕조를 연 것과 다름없으며, 병자호란을 잘 견뎠다는 명분으로 조를 포함한 묘호가 붙게 되었다. 이 때문에 조선 후기에는 종이 붙은 왕보다 조가 붙은 왕의 공덕이 더 높다는 인식이 생겼다. 영종, 정종, 순종 역시 후대에 영조, 정조, 순조로 묘호가 바뀐 경우에 해당한다. 한편 연산군, 광해군과 같이 묘호조차 받지 못하고 '군(君)'으로 불리는 경우가 있는데, 이는 재위 중 폐위된 왕을 의미한다. 이러한 왕의 경우 사후 기록까지 '실록(實錄)'이 아닌 '일기(日記)'로 강등되는 등 불명예를 겪었다.

① 재위 기간 중 폐위되지 않고 붕어한 왕에게도
② 외세의 침략에 맞서 승리를 거둔 왕에게도
③ 정통 왕위 계승자이면서 공덕이 높은 왕에게도
④ '종'이 포함된 묘호를 사용하는 왕의 선대왕에게도
⑤ 왕조 개창에 버금가는 업적을 쌓은 왕에게도

20 다음 글에 이어질 내용을 가장 적절하게 배열한 것을 고르시오.

미국의 한 슈퍼마켓에서 소비자 행동을 관찰하는 실험이 진행됐다. 먼저 시식대에 여섯 가지 종류의 잼을 진열하고 그 앞을 지나가는 고객에게 잼 구매를 권유하며 시식해보라고 했더니, 40%의 고객이 시식에 참여했다. 그런 다음 잼의 종류를 늘려 스물네 가지의 잼으로 판촉 활동을 하자, 이번에는 60%의 고객이 관심을 보이며 시식에 참여했다. 그러나 시식 후 실제 구매로 이어진 비율은 여섯 가지 잼이 있던 시식대의 경우 30%, 스물네 가지의 잼이 있던 시식대의 경우 3%였다.

가) 선택의 역설이란 선택의 폭이 넓을수록 만족도가 높아진다고 여긴 전통적인 경제학의 가정과 반대로, 개인에게 너무 많은 선택지가 주어지면 오히려 독이 된다는 것이다.
나) 이 실험은 선택지의 가짓수에 따른 선택 행동의 양상을 알아보기 위해 시행된 것으로 '선택의 역설'을 보여주는 대표적인 사례이다.
다) 또한, 선택지가 많을수록 하나를 선택했을 때 포기하게 되는 것들이 많아져, 그만큼 후회도 커지게 되므로 선택에 대한 만족도가 떨어질 수밖에 없는 것이다.
라) 왜냐하면 선택지가 많아질수록 선택의 자유가 늘어나는 한편, 잘못된 선택을 하지 않을까 하는 두려움에 빠져 결국 결정을 나중으로 미루게 되기 때문이다.

① 나) - 가) - 라) - 다)
② 나) - 다) - 라) - 가)
③ 다) - 가) - 나) - 라)
④ 라) - 다) - 가) - 나)
⑤ 라) - 가) - 나) - 다)

01 다음은 국내외 해역별 해양사고 발생 건수에 대한 자료이다. 다음 중 자료에 대한 설명으로 옳지 않은 것을 고르시오.

[국내외 해역별 해양사고 발생 건수]

(단위: 건)

구분		2019년	2020년	2021년	2022년	2023년	2024년
국내	동해	210	250	280	370	320	350
	서해	550	580	740	750	830	900
	남해	780	810	960	1,020	1,180	1,120
국외	동해	100	130	120	110	100	90
	서해	40	30	40	50	30	50
	남해	80	100	90	70	90	120

① 제시된 기간 동안 연도별 동해, 서해, 남해의 해양사고 발생 건수의 합은 매년 국내가 국외보다 많다.

② 2024년 국내에서 동해, 서해, 남해 중 해양사고 발생 건수의 5년 전 대비 증가량이 가장 큰 해역은 서해이다.

③ 국외 남해의 해양사고 발생 건수의 전년 대비 증가율은 2020년이 2024년보다 크다.

④ 2024년 국외에서 동해, 서해, 남해의 평균 해양사고 발생 건수는 90건 이하이다.

⑤ 제시된 기간 동안 국내에서 동해, 서해, 남해 중 해양사고 발생 건수가 가장 많았던 해역은 매년 남해이다.

02 다음은 A 국 석·박사학위 신규 취득자의 전공 계열에 따른 업무 및 전공과의 관련성 인식 정도를 나타낸 자료이다. 다음 중 자료에 대한 설명으로 옳은 것을 고르시오.

[전공 계열별 업무 및 전공과의 관련성 인식 정도]

(단위: 건, %)

전공	사례 수	매우 낮음	다소 낮음	다소 높음	매우 높음
인문	510	6.3	7.6	26.5	59.6
사회	1,325	4.8	10.2	33.0	52.0
공학	1,825	1.6	4.9	29.8	63.7
자연	866	1.4	6.0	22.9	69.7
의약	1,006	1.4	3.8	23.7	71.1
교육/사범	480	2.3	4.6	26.3	66.8
예술/체육	389	3.3	8.2	27.0	61.5

① 업무 및 전공과의 관련성 인식 중 매우 낮음에 해당하는 비중이 가장 높은 전공은 예술/체육전공이다.

② 사회전공에서 업무 및 전공과의 관련성 인식이 매우 높음에 해당하는 사례 수는 688건이다.

③ 의약전공에서 업무 및 전공과의 관련성 인식이 다소 낮음에 해당하는 비중은 사회전공에서 매우 낮음에 해당하는 비중보다 높다.

④ 업무 및 전공과의 관련성 인식 정도에 나타난 전체 사례 수는 6,400건 이하이다.

⑤ 교육/사범전공에서 업무 및 전공과의 관련성 인식이 다소 높음에 해당하는 비중과 매우 높음에 해당하는 비중의 합은 93.1%이다.

03 다음은 Z 국 일부 지역의 연도별 지역사회봉사단 봉사활동 건수를 나타낸 자료이다. 다음 중 자료에 대한 설명으로 옳은 것을 고르시오.

[연도별 지역사회봉사단 봉사활동 건수]

(단위: 건)

구분	2020년	2021년	2022년	2023년	2024년
A 지역	11,914	14,093	13,923	12,562	12,214
B 지역	4,506	3,478	4,559	4,643	5,284
C 지역	6,488	5,592	6,453	5,400	7,900
D 지역	6,017	5,961	6,288	5,147	3,800
E 지역	3,101	3,191	3,003	3,100	2,979
F 지역	2,729	2,293	2,145	290	1,190
G 지역	6,126	5,807	4,682	2,069	3,967

① 2020년 B 지역과 G 지역 지역사회봉사단의 봉사활동 건수의 합은 같은 해 A 지역 지역사회봉사단의 봉사활동 건수보다 많다.

② 2024년 C 지역 지역사회봉사단의 봉사활동 건수는 전년 대비 45% 이상 증가하였다.

③ 지역사회봉사단의 봉사활동 건수가 많은 지역부터 순서대로 나열하면 그 순위는 2021년과 2022년이 동일하다.

④ 2023년 지역사회봉사단의 봉사활동 건수는 E 지역이 F 지역의 11배 이상이다.

⑤ 2022년 D 지역 지역사회봉사단의 봉사활동 건수는 전년 대비 330건 이상 증가하였다.

04 다음은 15세 이상 인구를 대상으로 조사한 연령대별 여가활동 경험률에 대한 자료이다. 다음 중 자료에 대한 설명으로 옳지 않은 것을 고르시오.

[연령대별 인구]

(단위: 천 명)

10대	20대	30대	40대	50대
3,238	6,584	8,248	8,353	6,091

[연령대별 여가활동 경험률]

(단위: %)

구분	10대	20대	30대	40대	50대
취미오락활동	33.8	36.8	34.5	33.6	31.7
휴식활동	13.0	12.8	13.3	14.3	14.8
스포츠관람활동	1.0	1.2	1.2	1.3	1.3
스포츠참여활동	18.4	15.2	14.2	13.5	12.6
관광활동	8.5	11.9	14.5	13.7	14.2
문화예술관람활동	8.8	8.4	9.2	9.2	9.4
문화예술참여활동	6.9	3.9	3.7	3.7	4.0
기타 사회활동	9.6	9.8	9.4	10.7	12.0

※ 한 사람당 하나의 여가활동만 선택함

① 제시된 전 연령대에서 경험률이 가장 낮은 여가활동은 스포츠관람활동으로 나타났다.

② 문화예술참여활동을 경험한 인구는 30대보다 40대가 많다.

③ 각 연령대에서 경험률이 높은 여가활동부터 순위를 매기면 40대와 50대의 여가활동별 순위는 동일하다.

④ 스포츠참여활동에 대한 경험률은 연령대가 높아질수록 점차 줄어드는 경향을 보인다.

⑤ 10대의 휴식활동에 대한 경험률은 50대의 관광활동에 대한 경험률보다 높다.

05 다음은 A 국의 인구 십만 명 당 사망자 수를 나타낸 사망 원인별 사망률에 관한 자료이다. 다음 중 자료에 대한 설명으로 옳은 것을 모두 고르시오.

[사망 원인별 사망률]

(단위: 명)

구분	2018년	2019년	2020년	2021년	2022년	2023년	2024년
당뇨병	21.5	23.0	21.5	20.7	20.7	19.2	17.9
고혈압성 질환	10.1	10.4	9.4	10.0	9.9	10.6	11.3
심장 질환	49.8	52.5	50.2	52.4	55.6	58.2	60.2
뇌혈관 질환	50.7	51.1	50.3	48.2	48.0	45.8	44.4
폐렴	17.2	20.5	21.4	23.7	28.9	32.2	37.8
만성 하기도 질환	13.9	15.6	14.0	14.1	14.8	13.7	13.2
간 질환	13.5	13.5	13.2	13.1	13.4	13.3	13.3
자살	31.7	28.1	28.5	27.3	26.5	25.6	24.3

※ 사망률 = (사망자 수 / 주민등록 연앙 인구수) × 100,000

a. 2019년부터 2024년까지 심장 질환 사망률은 전년 대비 매년 증가하였다.
b. 2023년 폐렴 사망률의 4년 전 대비 증가율은 55% 이상이다.
c. 2024년 주민등록 연앙 인구수가 512십만 명이면 고혈압성 질환에 의한 사망자 수는 5,800명 미만이다.
d. 제시된 기간 동안 만성 하기도 질환의 평균 사망률은 14명 이상이다.

① a, c ② b, c ③ b, d ④ c, d ⑤ b, c, d

06 다음은 우리나라 정부재정과 국방비에 대한 자료이다. 제시된 기간 중 방위력개선비가 가장 많은 해에 정부재정에서 전력운영비가 차지하는 비중은? (단, 소수점 둘째 자리에서 반올림하여 계산한다.)

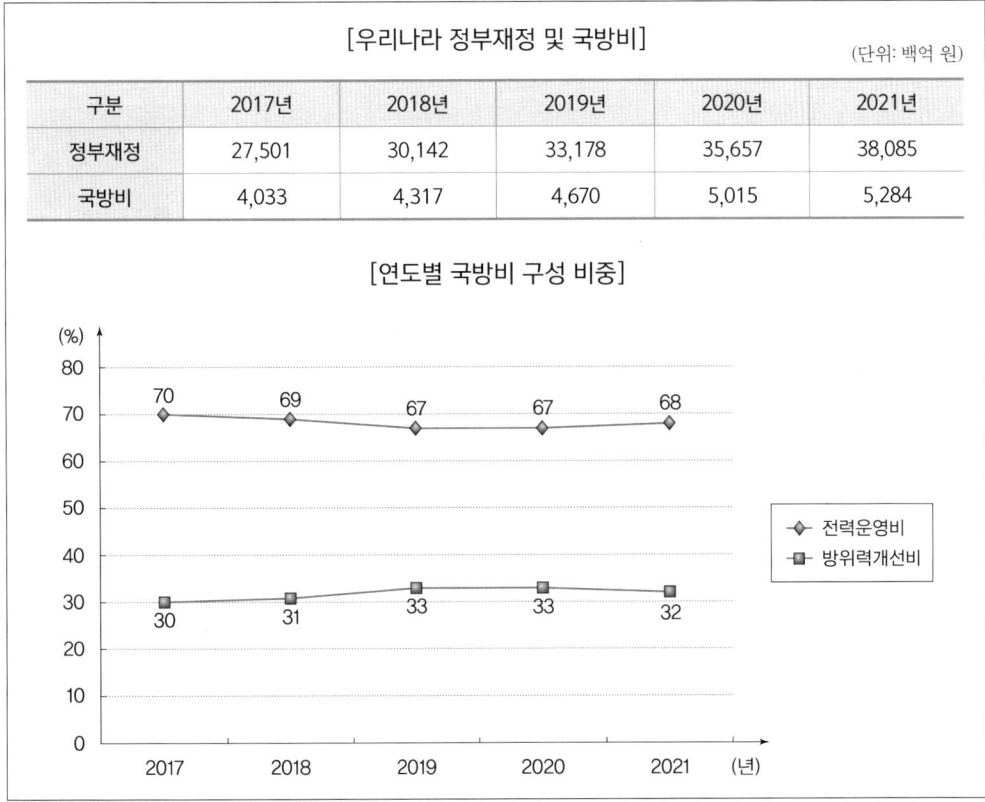

[우리나라 정부재정 및 국방비]

(단위: 백억 원)

구분	2017년	2018년	2019년	2020년	2021년
정부재정	27,501	30,142	33,178	35,657	38,085
국방비	4,033	4,317	4,670	5,015	5,284

[연도별 국방비 구성 비중]

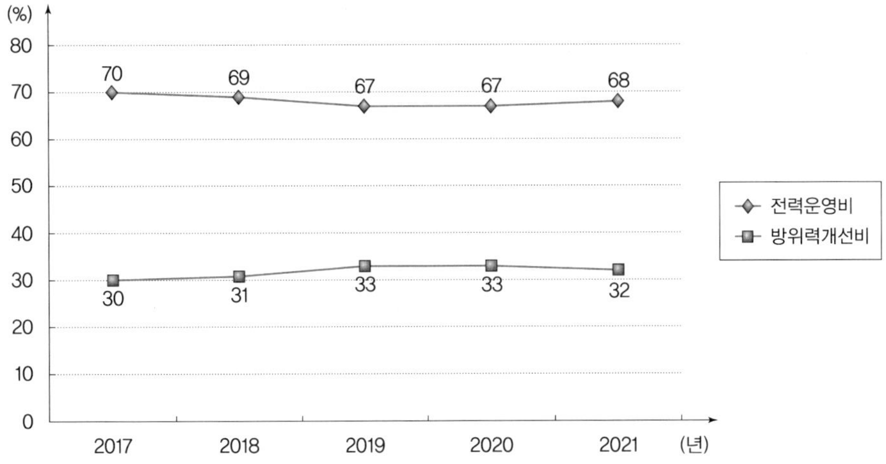

※ 1) 정부재정에는 국방비가 포함됨
2) 국방비 = 전력운영비 + 방위력개선비
※ 출처: KOSIS(국방부, 국방통계)

① 8.8% ② 9.4% ③ 9.8% ④ 10.3% ⑤ 10.9%

07 다음은 D 지역의 초등학교, 중학교, 고등학교에 재학 중인 학생들의 사교육 참여 실태를 조사한 자료이다. 다음 중 자료에 대한 설명으로 옳지 않은 것을 고르시오.

[학교급별 논술 사교육 참여율]

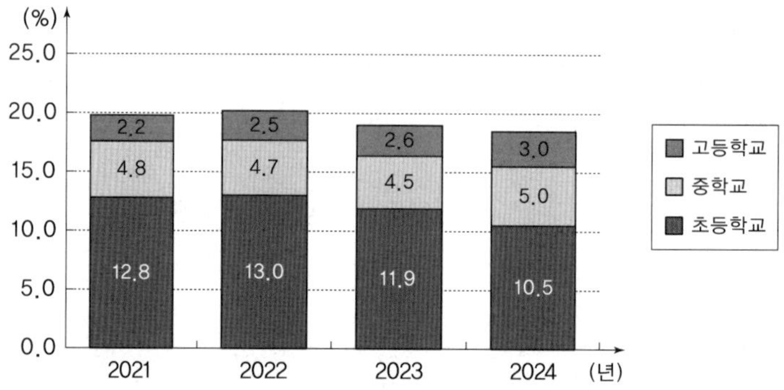

[2024년 학교급별 예체능 및 취미·교양 사교육 참여율]

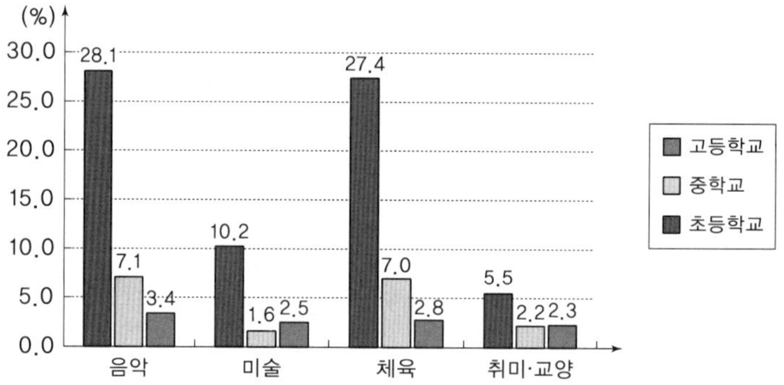

① 2021년부터 2024년까지 고등학교와 중학교의 논술 사교육 참여율의 합은 매년 초등학교의 논술 사교육 참여율보다 낮다.

② 2023년 논술 사교육 참여율이 전년 대비 증가한 학교급은 고등학교뿐이다.

③ 2024년 예체능 및 취미·교양 사교육 참여율에서 학교급별로 참여율이 세 번째로 높은 사교육이 미술인 학교급은 중학교와 초등학교이다.

④ 2024년 초등학교의 음악 사교육 참여율과 미술 사교육 참여율의 차는 17.9%p이다.

⑤ 2024년 논술 사교육 참여율이 가장 낮은 학교급의 2024년 음악 사교육 참여율은 3.4%이다.

08 다음은 동일 업종 간 또는 이종 업종 간의 기업결합 건수를 나타낸 자료이다. 자료를 보고 빈칸 ㉠, ㉡, ㉢에 해당하는 값을 예측했을 때 가장 타당한 값을 고르시오.

[연도별 기업결합 건수]

(단위: 건)

구분		2008	2009	2010	2011	2012	2013	2014	2015
유형	수평	148	145	172	197	219	196	206	(㉠)
	수직	57	48	82	67	91	(㉡)	60	85
	혼합	345	228	245	279	341	( )	305	396
수단	주식취득	216	119	186	208	189	218	226	258
	임원겸임	93	46	62	68	62	61	51	74
	합병	73	128	115	107	178	157	143	(㉢)
	영업양수	80	62	52	48	86	54	57	83
	회사신설	88	66	84	112	136	95	94	( )
합계		550	421	499	543	651	( )	571	669

※ 1) 수평결합: 경쟁 관계에 있는 기업 간의 결합을 의미함
2) 수직결합: 원재료 의존 관계에 있는 기업 간의 결합을 의미함
3) 혼합결합: 수평 또는 수직결합 이외의 기업결합을 의미함

- 수직결합 건수는 2015년을 제외하고 규칙적으로 증감을 반복한다.
- 2013년 수직결합 건수는 전년 대비 35건 감소했다.
- 2015년 합병결합 건수는 임원겸임 결합과 영업양수 결합 건수의 합보다 많았으며, 2009년 대비 25% 증가했다.

	㉠	㉡	㉢
①	178	58	157
②	178	58	160
③	188	57	159
④	188	56	160
⑤	198	56	159

09 다음은 Z 국의 유제품별 전국 소비량과 1인당 소비량을 나타낸 자료이다. 다음 중 자료에 대한 설명으로 옳지 않은 것을 고르시오.

[유제품별 전국 소비량]

(단위: 톤)

구분	2019년	2020년	2021년	2022년	2023년	2024년
시유	1,685,293	1,683,511	1,636,994	1,647,486	1,673,288	1,686,599
발효유	551,595	566,910	567,067	589,768	514,832	555,081
치즈	99,243	107,558	117,827	132,593	140,428	158,612

[유제품별 1인당 소비량]

(단위: 톤)

구분		2019년	2020년	2021년	2022년	2023년	2024년
시유	백색	0.0281	0.0277	0.0269	0.0266	0.0270	0.0266
	가공	0.0056	0.0058	0.0056	0.0060	0.0057	0.0065
발효유	액상	0.0088	0.0090	0.0091	0.0093	0.0080	0.0086
	호상	0.0023	0.0023	0.0021	0.0024	0.0020	0.0022
치즈	자연	0.0015	0.0017	0.0019	0.0021	0.0021	0.0023
	가공	0.0005	0.0005	0.0005	0.0005	0.0007	0.0008

① 1인당 가공 치즈 소비량과 1인당 가공 시유 소비량은 모두 2024년에 가장 많다.

② 전국 발효유 소비량은 2022년에 전년 대비 22,701톤 증가하였고, 2023년에 전년 대비 74,936톤 감소하였다.

③ 1인당 액상 발효유 소비량이 전년 대비 가장 많이 증가한 해에 1인당 액상 발효유 소비량의 전년 대비 증가율은 7.5%이다.

④ 전국 시유 소비량이 다른 해에 비해 가장 많았던 해에 1인당 백색 시유 소비량은 전년 대비 감소하였다.

⑤ 백색 시유와 가공 시유의 1인당 소비량 차이가 가장 큰 해에 액상 발효유와 호상 발효유의 1인당 소비량 차이는 두 번째로 작다.

10 다음은 수도권의 2022년과 2023년 상반기 부동산 소비심리지수를 나타낸 자료이다. 이를 바탕으로 만든 그래프로 옳은 것을 고르시오.

[연도별 상반기 부동산 소비심리지수]

구분		1월	2월	3월	4월	5월	6월
2022년	서울	91.8	94.5	93.5	92.1	98.6	111.2
	인천	93.1	95.7	94.0	92.6	94.9	99.6
	경기	90.0	94.0	90.8	89.3	91.2	97.8
2023년	서울	116.5	120.1	109.8	102.2	112.5	131.9
	인천	114.5	123.2	117.4	109.7	115.0	116.1
	경기	117.4	120.9	110.6	105.4	110.8	123.8

① [2022년 상반기 부동산 소비심리지수 평균]

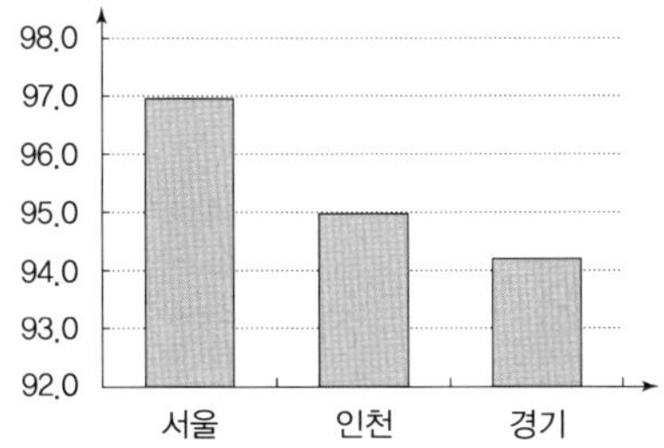

② [2023년 상반기 서울 부동산 소비심리지수]

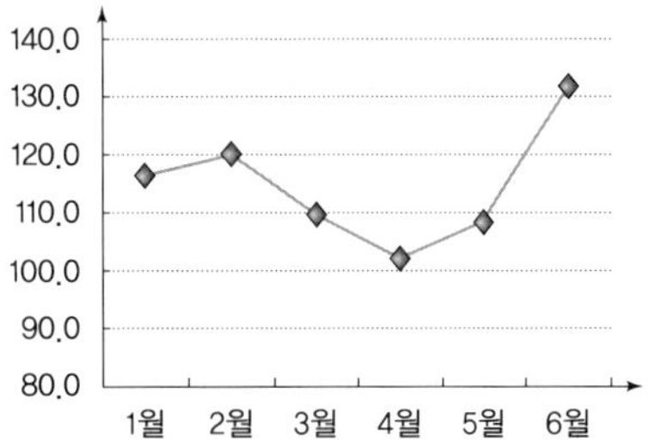

③ [2022년 상반기 인천 부동산 소비심리지수]

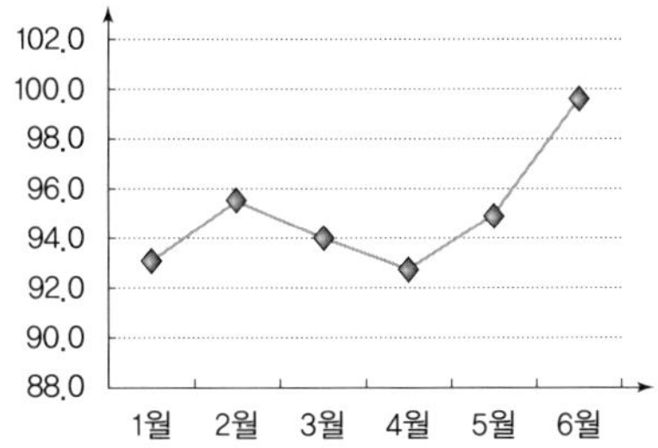

④ [2023년 상반기 경기 부동산 소비심리지수]

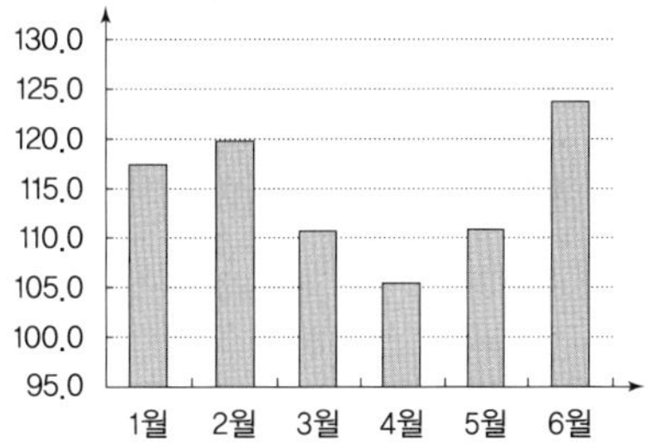

⑤ [2023년 부동산 소비심리지수의 전년 동월 대비 변화량]

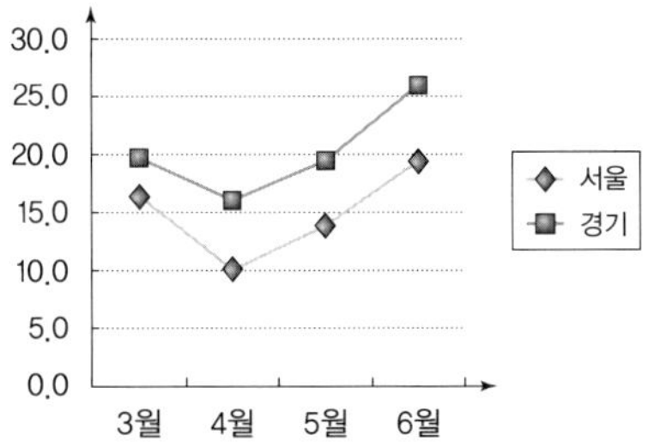

11 다음은 2년마다 만 19세 이상 가구주를 대상으로 각 가구의 내년 재정상태에 대해 예측한 자료이다. 다음 중 자료에 대한 설명으로 옳은 것을 고르시오.

[응답 내용별 응답 비율]

(단위: %)

구분	2015년	2017년	2019년	2021년
매우 좋아질 것이다	1.8	1.6	1.6	2.1
약간 좋아질 것이다	23.3	22.0	21.2	24.6
변화 없을 것이다	50.9	53.5	56.6	53.8
약간 나빠질 것이다	20.4	19.3	17.3	16.2
매우 나빠질 것이다	3.6	3.6	3.3	3.3

[2021년 지역별 응답 비율]

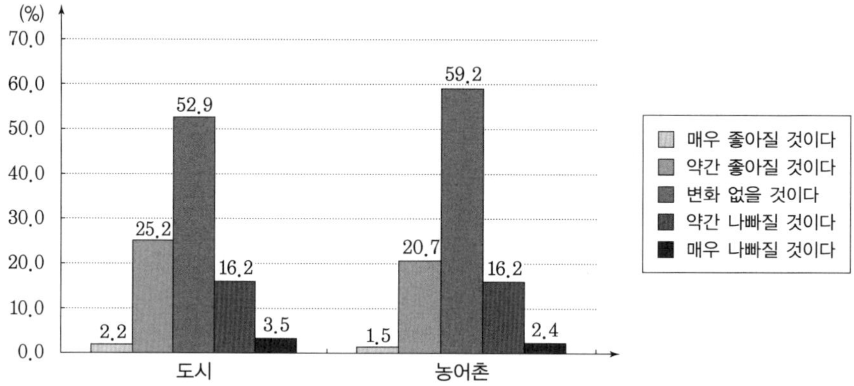

※ 지역은 도시와 농어촌으로 구분됨

※ 출처: KOSIS(통계청, 사회조사)

① 제시된 기간 중 '변화 없을 것이다'라고 응답한 비율이 가장 높은 해에 해당 응답 비율은 2년 전 대비 5.7%p 증가했다.

② 2021년에 '나빠질 것이다'라고 응답한 비율은 도시가 농어촌보다 높다.

③ 제시된 기간 중 '약간 좋아질 것이다'라고 응답한 비율이 25%를 넘은 해가 있다.

④ 2021년에 지역별 전체 응답자 수는 도시가 농어촌보다 적다.

⑤ 2015년에 '좋아질 것이다'라고 응답한 비율은 '나빠질 것이다'라고 응답한 비율보다 낮다.

12 다음은 연령대별 귀촌인 수에 대한 자료이다. 다음 중 자료에 대한 설명으로 옳지 않은 것을 고르시오.

[연령대별 귀촌인 수]

(단위: 명)

구분	2016년		2017년		2018년		2019년	
	남자	여자	남자	여자	남자	여자	남자	여자
20대 이하	65,274	59,614	70,117	62,275	66,669	58,603	64,489	55,053
30대	64,312	54,213	65,699	55,375	60,530	50,945	55,642	45,502
40대	45,259	35,631	46,670	37,358	43,890	34,610	41,174	31,861
50대	40,387	37,917	41,952	39,375	40,881	37,541	39,390	35,404
60대	23,278	21,829	25,605	23,389	25,867	23,556	25,738	22,226
70대 이상	9,904	17,871	10,740	18,633	10,858	18,961	10,213	17,772

※ 출처: KOSIS(통계청, 귀농어·귀촌인통계)

① 2017년 20대 이하 남자 귀촌인 수는 전년 대비 4,843명 증가하였다.

② 제시된 연령대 중 2019년 전체 귀촌인 수가 세 번째로 많은 연령대는 50대이다.

③ 제시된 기간 동안 60대 남자 귀촌인 수의 평균은 25,022명이다.

④ 2018년 30대 여자 귀촌인 수는 전년 대비 10% 미만 감소하였다.

⑤ 2016년 70대 이상 귀촌인 수는 여자가 남자보다 8,000명 미만 더 많다.

13 다음은 A 국의 일반 기계산업 동향을 나타낸 자료이다. 다음 자료에 대한 설명으로 옳지 않은 것을 고르시오.

[일반 기계산업 동향]

(단위: 십억 원, 십억 불)

구분		2018년	2019년	2020년	2021년	2022년	2023년	2024년
원화 기준	생산액	101,906.7	102,103.4	99,552.4	102,378.6	100,389.0	101,050.0	105,188.0
	내수액	93,994.0	92,562.0	90,568.0	92,803.0	88,140.0	90,047.0	99,205.0
달러 기준	수출액	44.3	46.1	44.6	46.9	45.5	44.2	48.7
	수입액	31.0	31.5	34.3	33.4	30.8	27.3	30.0

① 제시된 기간 중 생산액이 가장 많은 해에 수출액도 가장 많다.

② 수출액과 수입액의 차이가 가장 큰 해는 2023년이다.

③ 2024년 내수액은 2018년 대비 5조 원 이상 증가했다.

④ 2019년부터 2022년까지 수출액의 변동 추이는 매년 전년 대비 증가와 감소를 반복한다.

⑤ 수입액이 처음으로 30십억 불 이하로 떨어진 해의 내수액은 90,047십억 원이다.

14 다음은 서울특별시의 관광호텔 수 및 객실 수에 대한 자료이다. 다음 중 자료에 대한 설명으로 옳은 것을 고르시오.

[연도별 서울특별시 관광호텔 수 및 객실 수]

(단위: 개)

구분	2017		2018		2019	
	관광호텔 수	객실 수	관광호텔 수	객실 수	관광호텔 수	객실 수
전체	399	53,452	440	58,248	460	60,044
5성급	24	10,968	26	11,736	24	10,890
4성급	46	11,958	43	11,879	44	12,338
3성급	73	11,302	86	13,864	96	16,694
2성급	56	4,075	60	4,696	67	5,406
1성급	54	3,106	64	3,785	55	2,954
등급미정	55	7,209	55	6,500	47	5,282
가족호텔	17	2,907	19	3,184	21	3,192
호스텔	67	1,751	74	2,229	96	3,036
소형호텔	7	176	13	375	10	252

※ 출처: KOSIS(서울특별시, 서울특별시기본통계)

① 2019년 가족호텔 1개당 평균 객실 수는 2년 전 대비 증가하였다.

② 제시된 기간 중 전체 관광호텔 수가 가장 많은 해에 1~5성급 관광호텔 수는 총 279개이다.

③ 관광호텔 수가 많은 순서대로 관광호텔을 나열하면 상위 5개의 순위는 2017년과 2018년이 서로 다르다.

④ 2019년 소형호텔 객실 수는 전년 대비 30% 미만 감소하였다.

⑤ 제시된 기간 동안 전체 객실 수에서 5성급 관광호텔 객실 수가 차지하는 비중은 매년 20% 이상이다.

15 다음은 P 국의 산업재해자 수와 산재사망률에 대한 자료이다. 자료를 보고 ㉠, ㉡에 해당하는 값을 예측했을 때 가장 타당한 값을 고르시오. (단, 소수점 셋째 자리에서 반올림하여 계산한다.)

[연도별 산업재해자 수와 산재사망률]

구분		2019년	2020년	2021년	2022년	2023년	2024년
산재 적용 대상 근로자 수(천 명)		( )	14,362	15,548	( )	( )	17,969
산업재해자 수(명)	사망자 수	( )	2,114	2,165	(㉡)	2,134	2,066
	부상자 수	89,459	84,662	83,349	82,803	81,955	80,999
	업무상 질병 요양자 수	6,986	( )	6,742	( )	6,820	7,064
	전체	98,645	( )	92,256	91,824	90,909	90,129
근로자 1만 명당 산재사망률(명)		(㉠)	1.47	1.39	1.45	1.25	( )

※ 근로자 1만 명당 산재사망률(명) = (산재로 인한 사망자 수 / 산재 적용 대상 근로자 수) × 10,000

- 2024년 산재 적용 대상 근로자 수는 5년 전 대비 3,770천 명 증가하였다.
- 2022년 업무상 질병 요양자 수는 2021년과 2023년의 업무상 질병 요양자 수의 평균보다 7명 많다.

	㉠	㉡
①	1.55	2,233
②	1.25	2,247
③	1.55	2,247
④	1.25	2,233
⑤	1.55	2,521

16 다음은 경상남도 함안군의 읍면별 인구수에 대한 자료이다. 다음 중 자료에 대한 설명으로 옳지 않은 것을 고르시오.

[경상남도 함안군 읍면별 인구수]

(단위: 명)

구분	2017년			2018년			2019년		
	전체	한국인	외국인	전체	한국인	외국인	전체	한국인	외국인
가야읍	19,768	19,448	320	19,657	19,328	329	19,290	18,949	341
칠원읍	21,549	20,847	702	21,191	20,512	679	20,855	20,186	669
함안면	2,686	2,558	128	2,598	2,492	106	2,544	2,447	97
군북면	7,669	6,732	937	7,484	6,528	956	7,291	6,396	895
법수면	3,423	3,044	379	3,310	2,956	354	3,276	2,917	359
대산면	3,838	3,725	113	3,776	3,642	134	3,708	3,581	127
칠서면	6,568	5,915	653	6,390	5,742	648	6,209	5,564	645
칠북면	2,286	2,079	207	2,257	2,048	209	2,170	1,989	181
산인면	3,089	2,920	169	3,040	2,864	176	2,947	2,769	178
여항면	946	939	7	919	913	6	908	902	6
합계	71,822	68,207	3,615	70,622	67,025	3,597	69,198	65,700	3,498

※ 출처: KOSIS(경상남도 함안군, 경상남도함안군기본통계)

① 2018년 이후 가야읍과 산인면 외국인 인구수의 전년 대비 증감 추이는 서로 동일하다.

② 2019년 함안군 전체 인구수의 2년 전 대비 감소율은 5% 미만이다.

③ 제시된 지역 중 2019년 한국인 인구수가 많은 상위 3개 지역의 같은 해 한국인 인구수의 평균은 15,177명이다.

④ 제시된 기간 동안 칠원읍의 외국인 인구수가 처음으로 700명 미만이 된 해는 함안면의 외국인 인구수가 처음으로 100명 미만이 된 해와 동일하다.

⑤ 제시된 지역 중 2018년 전체 인구수가 다섯 번째로 많은 지역의 2017~2019년 전체 인구수는 11,322명이다.

17 다음은 A 지역의 월평균 교통비 금액과 지출률을 나타낸 자료이다. 다음 중 자료에 대한 설명으로 옳지 않은 것을 고르시오.

[월평균 교통비 금액 및 지출률]

구분		2020년	2021년	2022년	2023년	2024년
개인교통비	금액(천 원)	238	242	247	271	258
	지출률(%)	9.9	9.8	10.0	10.6	10.1
대중교통비	금액(천 원)	57	60	61	63	63
	지출률(%)	2.4	2.4	2.4	2.5	2.5

※ 1) 교통비는 개인교통비와 대중교통비로 구분됨
2) 교통비 지출률(%) = (교통비 / 월평균 소비지출액)×100

① 2024년에 전체 교통비 금액이 처음으로 전년 대비 감소하였다.

② 매년 개인교통비는 전체 교통비 금액에서 80% 이상을 차지한다.

③ 전체 교통비 금액이 처음으로 300천 원을 초과한 해는 2022년이다.

④ 개인교통비 지출률이 전년 대비 감소한 해에 전체 교통비 지출률도 전년 대비 감소하였다.

⑤ 전체 교통비 지출률이 가장 높은 해에 전체 교통비 금액도 가장 크다.

18 다음은 인터넷 광고매출액 규모별 전체 광고비와 2020년 인터넷 광고매출액 규모별 디스플레이 및 검색 광고비에 대한 자료이다. 다음 중 자료에 대한 설명으로 옳은 것을 고르시오.

[인터넷 광고매출액 규모별 전체 광고비]

(단위: 백만 원)

구분	합계	1천만 원 미만	1천만 원~ 1억 원 미만	1억 원~ 5억 원 미만	5억 원~ 10억 원 미만	10억 원 이상
2016년	2,173,088	4,060	6,729	22,776	29,221	2,110,302
2017년	1,909,193	8,541	4,877	12,709	25,798	1,857,268
2018년	2,055,448	3,445	7,241	19,099	14,635	2,011,028
2019년	1,961,360	3,752	7,673	18,628	14,408	1,916,899
2020년	1,910,922	4,373	8,022	19,058	14,382	1,865,087

[2020년 인터넷 광고매출액 규모별 디스플레이 및 검색 광고비]

(단위: 백만 원)

구분	합계	1천만 원 미만	1천만 원~ 1억 원 미만	1억 원~ 5억 원 미만	5억 원~ 10억 원 미만	10억 원 이상
디스플레이	926,356	4,133	7,640	18,314	13,000	883,269
검색	984,566	240	382	744	1,382	981,818

※ 인터넷 광고비에는 디스플레이 광고비와 검색 광고비만 포함됨

※ 출처: KOSIS(과학기술정보통신부, 방송통신광고비조사)

① 2020년 인터넷 전체 광고비에서 디스플레이 광고비가 차지하는 비중은 50% 이상이다.

② 인터넷 전체 광고비가 세 번째로 많은 광고매출액 규모는 2017년과 2019년이 동일하다.

③ 2018년부터 2020년까지 인터넷 전체 광고비가 매년 전년 대비 증가한 광고매출액 규모에서 2020년 디스플레이 광고비는 검색 광고비의 20배이다.

④ 2019년 광고매출액 규모가 10억 원 이상인 인터넷 전체 광고비의 3년 전 대비 감소량은 183,403백만 원이다.

⑤ 2017년 광고매출액 규모가 1억 원 미만인 인터넷 전체 광고비는 1억 원~5억 원 미만인 인터넷 전체 광고비보다 709백만 원 더 적다.

19 다음은 20XX년 환자 성별 전국 응급실 도착 소요 시간 현황과 수도권 지역별 응급실 도착 소요 시간 현황에 대한 자료이다. 다음 중 자료에 대한 설명으로 옳지 않은 것을 모두 고르시오.

[성별 전국 응급실 도착 소요 시간 현황]

(단위: 백 건)

구분	30분 미만	30분~ 2시간 미만	2~4시간 미만	4~6시간 미만	6~8시간 미만	8~12시간 미만	12~24시간 미만	24시간 이상
전체	5,055	15,233	6,597	3,694	2,538	3,425	5,938	15,278
남자	2,833	8,180	3,315	1,807	1,237	1,670	2,927	7,576
여자	2,222	7,053	3,282	1,887	1,301	1,755	3,011	7,702

[수도권 지역별 응급실 도착 소요 시간 현황]

(단위: 백 건)

구분	30분 미만	30분~ 2시간 미만	2~4시간 미만	4~6시간 미만	6~8시간 미만	8~12시간 미만	12~24시간 미만	24시간 이상
서울	1,350	3,650	1,465	857	604	802	1,413	4,500
인천	300	1,231	428	239	167	230	374	827
경기	1,180	3,567	1,650	906	612	846	1,518	3,471

※ 출처: KOSIS(국립중앙의료원, 응급의료현황통계)

a. 수도권 지역 중 응급실 도착 소요 시간이 8~12시간 미만인 건수가 다른 지역에 비해 가장 많은 지역은 가장 적은 지역의 4배 이하이다.
b. 전국의 응급실 도착 소요 시간이 6시간 이상인 건수는 여자 환자가 남자 환자보다 400백 건 이상 더 많다.
c. 서울의 응급실 도착 소요 시간이 2시간 미만인 건수의 1백 건당 평균 도착 소요 시간은 100분 미만이다.
d. 응급실 도착 소요 시간이 30분 미만인 건수의 환자 성별 비율이 전국과 인천이 동일하다면, 인천의 응급실 도착 소요 시간이 30분 미만인 건수 중 남자 환자는 160건 미만이다.

① a, b ② a, c ③ b, c ④ b, d ⑤ b, c, d

20 다음은 X 국의 2023년과 2024년 특수교육 대상자 중 고등학교 과정 졸업생의 진로에 대한 자료이다. 다음 자료에 대한 설명으로 옳은 것을 모두 고르시오.

[고등학교 특수교육 대상자 졸업생 진로]

(단위: 명)

구분		2023년				2024년			
		계	특수학교	특수학급	일반학급	계	특수학교	특수학급	일반학급
졸업생		7,443	2,460	3,629	1,354	7,734	2,546	3,989	1,199
진학자	소계	3,444	1,354	1,400	690	3,582	1,353	1,591	638
	전공과	2,246	1,258	967	21	2,391	1,269	1,081	41
	전문대	546	25	264	257	542	23	294	225
	4년제 대학	652	71	169	412	649	61	216	372
취업자		975	155	696	124	1,027	145	790	92
미진학자 및 미취업자		3,024	951	1,533	540	3,125	1,048	1,608	469

※ 1) 졸업생 = 진학자 + 취업자 + 미진학자 및 미취업자
2) 진학률(%) = (진학자 / 졸업생)×100
3) 취업률(%) = {취업자 / (졸업생 − 진학자)}×100

a. 2023년 특수학교 졸업생의 취업률은 2024년 일반학급 졸업생의 취업률보다 높다.
b. 2024년 특수학급의 졸업생과 진학자, 취업자, 미진학자 및 미취업자는 모두 전년 대비 증가하였다.
c. 2024년 특수학급 졸업생 중 전문대 진학자의 전년 대비 증가 인원은 2024년 일반학급 졸업생 중 전공과 진학자의 전년 대비 증가 인원의 1.5배이다.
d. 2024년 일반학급 졸업생의 4년제 대학 진학률과 2024년 특수학교 졸업생의 4년제 대학 진학률의 차이는 20%p를 넘지 않는다.

① a ② c ③ a, b ④ b, c ⑤ c, d

해설 p.35

01 농도가 10%인 소금물 400g과 농도가 16% 소금물을 섞어 농도가 12%인 소금물을 만들었을 때, 농도가 12%인 소금물에 들어 있는 소금의 양은?

① 40g ② 42g ③ 60g ④ 66g ⑤ 72g

02 A 티셔츠는 원가에 20% 이익을 붙여 정가를 정한 후 정가의 10%를 할인하여 판매하고, B 티셔츠는 원가에 30% 이익을 붙여 정가를 정한 후 정가의 20%를 할인하여 A 티셔츠보다 1,000원 더 비싼 가격에 판매하고 있다. 할인가로 A 티셔츠를 5장, B 티셔츠를 10장 판매하여 얻은 총이익이 22,400원일 때, A 티셔츠의 원가는?

① 25,000원 ② 27,000원 ③ 29,000원 ④ 31,000원 ⑤ 33,000원

03 지영이가 혼자 작업하면 10일, 소정이가 혼자 작업하면 30일, 영철이가 혼자 작업하면 15일이 걸리는 일이 있다. 지영, 소정, 영철 세 사람이 동시에 작업하였을 때, 전체 일을 끝내는 데 걸린 기간은?

① 5일 ② 7일 ③ 10일 ④ 15일 ⑤ 17일

04 월급으로 한 달에 260만 원을 받는 경진이는 자신의 월급의 40%를 생활비로 사용하고, 35%를 학자금 대출을 갚는 데 사용한다. 경진이는 생활비와 대출금을 제외한 돈 모두를 저축한다고 할 때, 경진이가 한 달에 저축하는 금액은?

① 50만 원 ② 65만 원 ③ 91만 원 ④ 104만 원 ⑤ 130만 원

05 둘레의 길이가 100cm인 직사각형 모양의 원단이 있다. 이 원단의 가로 한 변의 길이를 30% 늘리고, 세로 한 변의 길이를 20% 줄였더니 원단 전체 둘레의 길이가 처음보다 10% 늘어났다. 처음 원단의 넓이는?

① $225cm^2$ ② $400cm^2$ ③ $525cm^2$ ④ $600cm^2$ ⑤ $625cm^2$

06 갑, 을, 병은 서로 다른 스쿠터를 타고 A 회사에서 B 거래처까지 연결된 경로 1, 경로 2, 경로 3을 일정한 속력으로 이동하려고 한다. 갑의 속력은 50km/h, 을의 속력은 60km/h이며, A 회사에서 B 거래처까지 을이 경로 2로 이동하는 시간이 갑이 경로 1로 이동하는 시간보다 1시간 더 걸리고, A 회사에서 B 거래처까지 병이 경로 3으로 이동하는 시간이 갑이 경로 3으로 이동하는 시간보다 1시간 더 걸린다. 갑이 A 회사에서 B 거래처까지는 경로 1, B 거래처에서 A 회사까지는 경로 3으로 이동하면 총 6시간이 걸릴 때, 병의 속력은? (단, 경로 2의 거리는 경로 1의 거리보다 80km 더 길다.)

① 40km/h ② 45km/h ③ 55km/h ④ 65km/h ⑤ 70km/h

07 수민이는 자신이 가지고 있는 30,000원 중 30%를 한 켤레에 2,000원인 양말을 구입하려고 하고, 나머지 돈을 한 개에 8,000원인 목도리를 구입하려고 할 때, 수민이가 양말과 목도리를 구입할 수 있는 최대 개수는?

① 2개 ② 4개 ③ 6개 ④ 8개 ⑤ 10개

08 방탈출 게임을 하기 위해 방탈출 카페에 방문한 A~E 다섯 명은 각각 노란색 문, 파란색 문, 초록색 문 3개 중 하나의 문에 반드시 들어가고자 한다. 다섯 명이 문에 들어가는 경우의 수는?

① 9가지 ② 25가지 ③ 125가지 ④ 243가지 ⑤ 375가지

09 수연이는 초콜릿을 구매하기 위해 할인마트에 방문했다. 할인마트에서 24,500원으로 초콜릿 7개를 구매할 수 있을 때, 수연이가 12,000원으로 구매할 수 있는 초콜릿의 최대 개수는?

① 1개 ② 2개 ③ 3개 ④ 4개 ⑤ 5개

10 A 기업은 10월 마지막 주에 강원도로 야유회를 갈 예정이다. 야유회 조 편성 시 한 조에 8명씩 배치하면 3명이 남고, 10명씩 배치하면 하나의 조에만 3명이 배치되고 조 2개가 남는다고 할 때, 야유회를 가는 전체 인원은?

① 83명 ② 95명 ③ 111명 ④ 123명 ⑤ 135명

11 주연이는 자신의 월소득의 10%를 식대로, 시안이는 자신의 월소득 270만 원 중 20%를 식대로 사용한다. 두 사람이 5개월 동안 사용한 식대가 총 375만원일 때, 주연이의 월소득은?

① 180만 원 ② 190만 원 ③ 200만 원 ④ 210만 원 ⑤ 220만 원

12 구영이는 회사에서 백화점까지 가기 위해 5km는 택시를 타고 이동하고, 남은 2km는 자전거를 타고 이동했다. 자전거를 타고 이동한 시간이 택시로 이동한 시간의 2.5배라고 할 때, 택시를 타고 이동할 때의 속력은 자전거를 타고 이동할 때의 속력보다 몇 배 빠른가?

① 3배 ② 4.25배 ③ 5배 ④ 6.25배 ⑤ 6.5배

13 ○○병원은 90% 확률로 폐암을 정확히 검사하는 CT스캐너를 구매하였다. 흡연자가 폐암에 걸릴 확률은 30%이고, 비흡연자가 폐암에 걸릴 확률은 1%이다. CT스캐너 검사 결과 환자 김 씨가 폐암 판정을 받았을 때, 환자 김 씨가 흡연자이면서 폐암에 걸렸을 확률은? (단, 소수점 첫째 자리에서 반올림한다.)

① 2% ② 16% ③ 22% ④ 60% ⑤ 76%

14 철수는 빨간 호스와 파란 호스를 사용하여 용량이 동일한 2개의 물통에 각각 물을 채우려고 한다. 빨간 호스는 연결 즉시 1분에 6L씩 물이 나오고, 파란 호스는 연결하고 15분 후부터 1분에 9L씩 물이 나온다. 하나의 물통에는 빨간 호스를, 다른 하나의 물통에는 파란 호스를 동시에 연결하여 물을 채운다면, 빨간 호스보다 파란 호스를 사용하여 채우는 물의 양이 더 많아지기 시작하는 시간은 몇 분 후인가?

① 43분 후 ② 44분 후 ③ 45분 후 ④ 46분 후 ⑤ 47분 후

15 혜민이는 A 화장품에 15%, B 화장품에 30% 할인 쿠폰을 적용하여 각각 1개씩 구매하였다. 혜민이가 할인 받은 금액은 총 31,200원이고 정가의 24%를 할인 받았을 때, A 화장품의 정가는?

① 50,000원 ② 51,000원 ③ 52,000원 ④ 53,000원 ⑤ 54,000원

16 1,000개의 건전지를 모두 사용하여 회사 전층에 있는 시계와 리모콘 총 240개의 건전지를 갈아 끼웠다. 시계는 한 개당 5개의 건전지가 필요하고, 리모콘은 4개의 건전지가 필요할 때, 회사 전층에 있는 시계의 개수는?

① 40개 ② 80개 ③ 100개 ④ 160개 ⑤ 200개

17 미진이가 취업 강의를 듣기 위해 A 대학교에서 B 대학교로 이동할 때, 최단 거리로 이동하는 경우의 수는?

① 20가지 ② 36가지 ③ 41가지 ④ 51가지 ⑤ 56가지

18 윤석이가 트럭에 있는 상자를 창고로 운반하는 아르바이트를 하려고 한다. 상자를 안전하게 운반할 때에는 하나당 780원의 아르바이트비를 받고, 파손시킬 때에는 하나당 2,500원이 아르바이트비에서 차감된다. 136개의 상자를 운반하고 70,000원 이상의 아르바이트비를 받기 위해 윤석이가 파손하지 않고 안전하게 운반해야 하는 상자의 최소 개수는?

① 110개 ② 115개 ③ 120개 ④ 125개 ⑤ 130개

19 4%의 소금물과 8%의 소금물을 섞어 6%의 소금물 300g을 만들려고 한다. 이때 섞어야 하는 4%의 소금물의 양은?

① 70g ② 90g ③ 110g ④ 130g ⑤ 150g

20 A, B는 회사에서 연구소를 거쳐 출장지로 출장을 가려고 한다. 회사에서 연구소까지 가는 데 걸리는 시간은 A가 B보다 30분 더 걸리고, B가 연구소에서 출장지까지 가는 데 걸리는 시간은 A가 회사에서 연구소까지 가는 데 걸리는 시간보다 30분 더 걸린다. 회사에서 출장지까지의 거리가 180km이고 A의 평균 속력은 40km/h일 때, 회사에서 연구소까지의 거리는? (단, 회사에서 연구소까지의 거리는 40km 이상이며, A, B는 각각 일정한 속력으로 움직인다.)

① 50km ② 60km ③ 70km ④ 80km ⑤ 90km

04 | 언어추리

해설 p.38

01 찬희, 진배, 은경, 형섭, 상준이의 집은 일렬로 나란히 있으며, 5명은 서로 다른 직업을 갖고 있다. 아래에 제시된 조건을 모두 고려하였을 때, 은경이의 직업을 고르시오.

- 5명은 요리사, 회사원, 쇼핑몰 대표, 가수, 건축가 중 서로 다른 한 가지 직업을 갖고 있다.
- 진배는 왼쪽에서 첫 번째 집에 살고 있지 않다.
- 건축가인 형섭이의 옆집에는 찬희가 살고 있다.
- 왼쪽에서 세 번째 집에 사는 사람은 쇼핑몰 대표이다.
- 찬희는 쇼핑몰 대표가 아니다.
- 왼쪽에서 두 번째 집에 사는 사람은 상준이다.
- 쇼핑몰 대표 옆집에는 요리사가 살고 있다.
- 형섭이와 가장 멀리 떨어진 집에 가수가 살고 있다.

① 요리사 ② 회사원 ③ 쇼핑몰 대표
④ 가수 ⑤ 건축가

02 다음 결론이 반드시 참이 되게 하는 전제를 고르시오.

전제	자연을 사랑하는 존재는 모두 인간을 사랑하는 존재이다.
결론	물질을 사랑하는 어떤 존재는 자연을 사랑하는 존재가 아니다.

① 인간과 물질을 모두 사랑하는 존재가 있다.
② 인간을 사랑하는 존재 중에는 물질을 사랑하는 존재가 있다.
③ 물질을 사랑하는 모든 존재는 인간을 사랑하는 존재이다.
④ 물질을 사랑하는 어떤 존재는 인간을 사랑하는 존재이다.
⑤ 물질을 사랑하는 어떤 존재는 인간을 사랑하는 존재가 아니다.

03 김 대리는 1박 2일 동안 진행되는 신입사원 연수에서 7개의 교육을 모두 이수할 수 있도록 일정을 배정하여 교육순서를 정하고 있다. 신입사원 연수 계획안을 고려하였을 때, 항상 거짓인 것을 고르시오.

[신입사원 연수 계획안]

일정	20XX년 11월 2일~11월 3일
교육 내용	경영이념 소개, 그룹 이해, 비전 및 가치 함양, 조직 및 사회 이해, 팀워크 함양, 직장인의 자세, 인사팀 공지
교육 시간	경영이념 소개 교육, 인사팀 공지 교육: 각 1시간 그룹 이해 교육, 비전 및 가치 함양 교육, 팀워크 함양 교육: 각 2시간 조직 및 사회 이해 교육, 직장인의 자세 교육: 각 3시간

- 각 교육은 휴식시간 없이 연달아 진행되고, 모든 교육은 오전 8~11시, 오후 1~5시에 진행되도록 일정을 배정한다.
- 7개의 교육 중 세 번째 순서 교육의 교육시간은 3시간이 아니다.
- 팀워크 함양 교육은 2일 차에 배정한다.
- 그룹 이해 교육은 팀워크 함양 교육 종료 후 곧바로 진행되도록 배정한다.
- 7개의 교육 중 두 번째 순서의 교육은 교육시간이 2시간이다.

① 인사팀 공지 교육은 경영이념 소개 교육보다 앞서 배정된다.

② 조직 및 사회 이해 교육과 직장인의 자세 교육의 교육순서는 연속으로 배정된다.

③ 다섯 번째 순서로 배정되는 교육은 교육시간이 1시간이다.

④ 경영이념 소개 교육은 1일 차 오전에 배정되지 않는다.

⑤ 그룹 이해 교육은 마지막 순서의 교육으로 배정된다.

04 다음 명제가 모두 참일 때, 항상 참인 문장을 고르시오.

- 용은 실제로 존재하지 않는 동물이다.
- 긴 수염을 가지지 않은 동물은 실제로 존재하거나 뿔이 있다.
- 백과사전에 수록되는 동물은 날개 달린 말이 아니다.
- 백과사전에 수록되지 않는 동물은 긴 수염을 가지지 않은 동물이다.
- 유니콘은 뿔이 있다.

① 용은 긴 수염을 가지지 않은 동물이다.
② 뿔이 있지 않고 실제로 존재하지 않는 동물은 날개 달린 말이 아니다.
③ 날개 달린 말은 긴 수염을 가진 동물이다.
④ 실제로 존재하는 동물은 백과사전에 수록되는 동물이다.
⑤ 긴 수염을 가진 동물은 유니콘이 아니다.

05 A, B, C, D 4명은 지원부서, 개발부서, 생산부서, 영업부서 중 서로 다른 한 부서에서 재직 중이며, 네 명 중 한 명만 거짓말을 하고 있다. 다음 조건을 모두 고려하였을 때, 개발부서에서 근무하는 사람을 고르시오.

- A: C는 개발부서 또는 생산부서에서 근무하고 있어.
- B: 나는 지원부서에서 근무하고 있어.
- C: 나와 D는 영업부서에서 근무하지 않아.
- D: A가 거짓말을 하고 있어.

① A ② B ③ C ④ D ⑤ 파악할 수 없음

06 다음 결론이 반드시 참이 되게 하는 전제를 고르시오.

전제	커피를 즐기는 모든 사람이 여행을 즐기는 것은 아니다.
결론	커피를 즐기는 어떤 사람은 녹차를 즐기지 않는다.

① 여행을 즐기지 않는 모든 사람은 녹차를 즐기지 않는다.

② 녹차를 즐기는 모든 사람은 여행을 즐기지 않는다.

③ 녹차를 즐기는 어떤 사람은 여행을 즐기지 않는다.

④ 여행을 즐기는 모든 사람은 녹차를 즐긴다.

⑤ 여행을 즐기는 어떤 사람은 녹차를 즐긴다.

07 A, B, C, D, E 5명은 4층짜리 1동 또는 2동 아파트 중 한 개의 층에서 거주한다. 다음 조건을 모두 고려하였을 때, 항상 참인 것을 고르시오.

- 다른 사람과 함께 거주하는 사람은 없다.
- 1동 1층과 1동 4층에는 거주하는 사람이 없다.
- B와 C는 같은 동에 거주한다.
- D는 2동 3층에 거주한다.
- A와 E는 같은 층에 거주한다.

① 1동에 거주하는 사람은 2명이다.

② D의 바로 위층에 거주하는 사람은 B이다.

③ A 바로 위층과 바로 아래층은 모두 비어 있다.

④ E는 2동 2층에 거주한다.

⑤ B와 C가 거주하는 층의 층수 차이는 3층이다.

08 a, b, c, d, e 5명은 모두 월요일부터 일요일까지 한 주 동안 하루 이상 등산을 하였다. 다음 조건을 모두 고려하였을 때, 항상 거짓인 것을 고르시오.

- b와 d는 한 주 동안 두 번 등산을 하였고, 두 번 모두 함께 등산을 하였다.
- 월요일에 c는 등산을 하였고, e는 등산을 하지 않았다.
- 월요일, 수요일, 금요일에는 2명이, 그 외의 요일에는 요일마다 1명이 등산을 하였다.
- c는 항상 등산을 한 날의 다음 날부터 이틀을 쉬고, 이틀을 쉰 바로 다음 날은 등산을 하였다.
- a는 한 주 동안 두 번 등산을 하였다.

① a는 화요일에 등산을 하였다.
② b와 c 둘 중 한 사람은 토요일에 등산을 하였다.
③ c는 한 주 동안 총 세 번 등산을 하였다.
④ d는 등산을 한 날의 다음 날 하루를 쉬고 그다음 날 등산을 하였다.
⑤ e는 a와 같은 요일에 함께 등산을 하지 않았다.

09 직원 A, B, C, D, E 중 두 명은 O형이고, 나머지 3명은 각각 A형, B형, AB형이다. 5명 중 1명만 진실을 말했을 때, AB형인 직원을 고르시오.

- A: 나는 O형이 아니야.
- B: D는 거짓을 말하고 있어.
- C: 나 또는 E는 AB형이야.
- D: 나는 A형도 아니고, B형도 아니야.
- E: D는 O형이 아니야.

① A ② B ③ C ④ D ⑤ E

10 다음은 A~H 8명을 대상으로 회의 참석 여부에 대해 조사한 내용이다. 다음 명제가 모두 참일 때, 회의에 참석 가능한 최대 인원수를 고르시오.

- A와 B가 모두 참석하면, D 또는 F가 참석한다.
- C와 D가 모두 참석하면, E도 참석한다.
- E 또는 H가 참석하면, C와 F는 모두 참석한다.
- F는 참석하지 않는다.
- G가 참석하지 않으면, E 또는 H는 참석하지 않는다.

① 2명 ② 3명 ③ 4명 ④ 5명 ⑤ 6명

11 A, B, C, D, E, F는 각각 두 가지씩 진술하고 있으며, 두 가지의 진술 중 하나의 진술은 진실, 나머지 하나의 진술은 거짓이다. 다음 조건을 모두 고려하였을 때, 산업스파이인 사람을 모두 고르시오.

- A: D는 산업스파이가 아니다. B는 산업스파이가 아니다.
- B: F는 산업스파이이다. A, C, E 중 산업스파이가 최소 1명 있다.
- C: B와 D 중 1명만 산업스파이이다. 산업스파이는 2명이 아니다.
- D: 나는 산업스파이이다. 산업스파이는 2명이 아니다.
- E: B와 C는 모두 산업스파이이다. F는 산업스파이이다.
- F: 산업스파이는 2명이다. D는 산업스파이가 아니다.

① B, C ② D, F ③ A, B, E ④ B, C, E ⑤ C, D, F

12 현수, 은지, 경환, 미진이 4명은 서로 다른 금액의 용돈을 받았다. 다음 조건을 모두 고려하였을 때, 항상 참인 것을 고르시오.

> • 경환이의 용돈은 4명의 평균 용돈보다 10만 원 더 많다.
> • 은지의 용돈은 4명의 평균 용돈보다 3만 원 더 적다.
> • 미진이의 용돈은 은지의 용돈보다 2만 원 더 적다.

① 4명 중 은지의 용돈은 두 번째로 많다.

② 4명 중 현수의 용돈은 두 번째로 적다.

③ 현수의 용돈은 4명의 평균 용돈보다 많다.

④ 경환이와 미진이가 받은 용돈의 차이는 15만 원이다.

⑤ 은지와 미진이가 받은 용돈의 합은 현수와 경환이가 받은 용돈의 합보다 10만 원 더 적다.

13 갑, 을, 병, 정 4명은 중국, 미국, 호주, 영국 중 서로 다른 나라로 해외 연수를 가려고 한다. 다음 조건을 모두 고려하였을 때, 항상 거짓인 것을 고르시오.

> • 해외 연수 기간은 6개월 또는 1년 또는 2년이다.
> • 연수 기간이 짧은 순서대로 먼저 해외 연수를 가며, 연수 기간이 같으면 출발 시각도 같다.
> • 미국으로 해외 연수를 가는 사람의 연수 기간은 6개월이다.
> • 을과 병 둘 중 한 명은 중국으로 해외 연수를 간다.
> • 해외 연수를 2년 동안 가는 사람은 병이다.
> • 4명 중 2명은 해외 연수를 1년 동안 간다.
> • 을은 호주 또는 영국으로 해외 연수를 간다.
> • 가장 먼저 해외 연수를 가는 사람은 정이 아니다.

① 호주로 해외 연수를 가는 사람의 연수 기간은 1년이다.

② 갑은 미국으로 해외 연수를 간다.

③ 을은 정보다 늦게 해외 연수를 간다.

④ 영국으로 해외 연수를 가는 사람은 중국으로 가는 사람보다 연수 기간이 짧다.

⑤ 정은 호주로 해외 연수를 간다.

14 A, B, C, D, E, F, G, H, I, J 10명은 차량 5부제를 시행하는 사내 주차장을 이용하며 각각 서로 다른 지정 주차 구역에 주차한다. 다음 조건을 모두 고려하였을 때, 항상 거짓인 것을 고르시오.

- 차량 5부제는 차량번호 끝자리가 월요일에 1과 6, 화요일에 2와 7, 수요일에 3과 8, 목요일에 4와 9, 금요일에 5와 0인 차량을 주차하지 못하는 제도이다.
- 각 직원의 차량번호 끝자리는 A가 0, B가 1, C가 2, D가 3, E가 4, F가 5, G가 6, H가 7, I가 8, J가 9이다.
- A와 I는 1열에 주차한다.
- B, D, J는 6, 7, 8구역 중 한 구역에 주차한다.
- 매주 화요일에는 2구역과 10구역이 비어있다.
- F는 3구역에 주차한다.
- G는 1열에 주차하고, 다른 열에 주차하는 H와 인접한 구역에 주차한다.
- 각 직원은 차량 5부제에 따라 주차하지 못하는 요일을 제외한 모든 요일에 주차한다.

[사내 주차장]

1열	1구역	2구역	3구역	4구역	5구역
2열	6구역	7구역	8구역	9구역	10구역

① B가 6구역에 주차하면 D가 주차하는 주차 구역과 인접한다.

② 금요일에 차량을 운행하지 못하는 직원은 모두 같은 열에 주차한다.

③ H는 10구역에 주차한다.

④ C와 E는 같은 열에 주차한다.

⑤ 서로 다른 열에 주차하는 I와 J의 주차 구역은 인접한다.

15 같은 학과 동기인 4명의 남자(지성, 원영, 상민, 재혁)와 4명의 여자(인영, 지형, 가희, 현지)가 롤러코스터를 함께 탔다. 다음 조건을 모두 고려하였을 때, 첫 번째 줄에 앉은 두 명을 고르시오.

- 롤러코스터는 2명씩 4줄에 나눠서 탄다.
- 가희와 현지는 앞쪽에 앉은 동기의 수가 서로 같다.
- 원영이는 세 번째 줄에 남자 동기와 같이 앉는다.
- 인영이의 앞쪽에는 여자 동기가 1명 앉는다.
- 재혁이의 앞쪽에는 남자 동기가 앉지 않는다.

① 지성, 지형　② 상민, 현지　③ 상민, 재혁
④ 재혁, 지형　⑤ 재혁, 가희

16 다음 전제를 읽고 반드시 참인 결론을 고르시오.

전제	창업을 한 모든 사람은 전문가의 도움을 받은 사람이다.
	성공한 어떤 사람도 실패를 경험하지 않은 사람은 없다.
	창업을 한 어떤 사람은 성공한 사람이다.
결론	

① 성공한 어떤 사람은 전문가의 도움을 받지 않은 사람이다.
② 실패를 경험한 모든 사람은 전문가의 도움을 받은 사람이다.
③ 전문가의 도움을 받은 어떤 사람은 실패를 경험한 사람이다.
④ 창업을 한 어떤 사람은 실패를 경험하지 않은 사람이다.
⑤ 실패를 경험한 어떤 사람은 창업을 하지 않은 사람이다.

17 동윤, 민아, 주영, 영민, 은주는 각자 등산, 독서, 발레 중 하나의 취미를 가지고 있다. 등산, 독서, 발레가 취미인 사람이 각각 최소 1명일 때, 항상 독서가 취미인 사람을 고르시오.

- 영민이의 취미는 등산 또는 발레이다.
- 주영이와 은주의 취미는 서로 다르다.
- 민아와 영민이의 취미는 서로 같다.
- 발레가 취미인 사람은 2명이며, 그중 한 명은 은주이다.

① 동윤 ② 민아 ③ 주영 ④ 영민 ⑤ 은주

18 대학 동기인 a, b, c, d, e, f, g, h 8명은 작년 2월과 8월, 올해 2월과 8월 중에 모두 졸업했다. 다음 조건을 모두 고려하였을 때, 항상 거짓인 것을 고르시오.

- 작년 2월과 8월, 올해 2월과 8월에 각각 적어도 한 명은 졸업했다.
- 8명 중 3명은 작년에 졸업했고, 5명은 올해 졸업했다.
- 2월에 졸업한 사람은 6명, 8월에 졸업한 사람은 2명이다.
- a와 e는 같은 시기에 졸업했으며, h는 올해 2월에 졸업했다.
- g는 a보다 일찍, b보다 늦게 졸업했으며, f는 e보다 일찍 졸업했다.

① d와 f는 2월에 졸업했다.
② b는 c보다 일찍 졸업했다.
③ 올해 2월에 졸업한 사람 수가 가장 많다.
④ a는 h보다 늦게 졸업했다.
⑤ g와 같은 시기에 졸업한 사람은 없다.

19 핫도그 빨리 먹기 대회에 광수, 동준, 혁수, 민구, 동욱, 기윤 6명이 참가하였다. 다음 조건을 모두 고려하였을 때, 항상 거짓인 것을 고르시오.

- 6명 이외에 다른 참가자는 없었으며, 주어진 핫도그를 동시에 다 먹은 사람은 없었다.
- 동준이가 혁수보다 순위가 낮으며 두 명은 이 대회의 우승자도 아니고 꼴찌도 아니다.
- 광수, 민구, 동욱 세 사람은 연속된 순서로 핫도그 먹기를 모두 끝냈다.
- 민구의 순위는 3위도 4위도 아니다.
- 이 대회의 꼴찌는 기윤이가 아니다.

① 혁수의 순위는 3위가 아니다.
② 핫도그 빨리 먹기 대회의 우승자는 기윤이다.
③ 광수의 순위가 5위라면 민구의 순위는 광수보다 낮다.
④ 동준이 바로 다음으로 민구가 핫도그 먹기를 끝냈다.
⑤ 광수가 민구보다 순위가 높다면 꼴찌는 민구이다.

20 다음은 갑~무 5명의 출근 여부 조건에 대한 내용이다. 다음 명제가 모두 참일 때, 출근하는 사람을 고르시오.

- 갑이 출근하면 을과 병도 출근한다.
- 을이 출근하지 않으면 정은 출근한다.
- 정이 출근하면 병도 출근한다.
- 무가 출근하면 을은 출근하지 않는다.
- 병은 출근하지 않는다.

① 갑 ② 을 ③ 병 ④ 정 ⑤ 무

01 일정한 규칙으로 나열된 수를 통해 빈칸에 들어갈 알맞은 숫자를 고르시오.

$\frac{1}{7}$ 0.4 $\frac{10}{21}$ 0.8 $\frac{17}{21}$ 1.6 $\frac{8}{7}$ (   )

① $\frac{20}{21}$ ② 1.8   ③ 3.2   ④ $\frac{25}{7}$ ⑤ 4

02 일정한 규칙으로 나열된 수를 통해 빈칸에 들어갈 알맞은 숫자를 고르시오.

8   4   16   13   39   37   (   )

① 72   ② 74   ③ 75   ④ 77   ⑤ 79

03 일정한 규칙으로 나열된 수를 통해 빈칸에 들어갈 알맞은 숫자를 고르시오.

11   13   39   42   126   130   390   (   )

① 395   ② 400   ③ 555   ④ 900   ⑤ 1,185

04 일정한 규칙으로 나열된 수를 통해 빈칸에 들어갈 알맞은 숫자를 고르시오.

31　18　26　16　10　12　76　64　(　　)

① 12　② 24　③ 36　④ 48　⑤ 60

05 ↓부터 시계 방향으로 돌아갈 때, 일정한 규칙을 찾아 빈칸에 들어갈 알맞은 숫자를 고르시오.

	↓	
0.1	-4.1	-2.9
0.1		-1.9
-0.1	-0.5	(　)

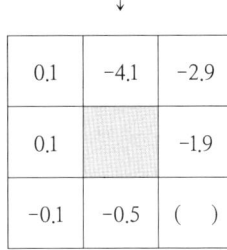

① -0.7　② -1.1　③ -1.5　④ -1.9　⑤ -2.3

06 일정한 규칙으로 나열된 수를 통해 빈칸에 들어갈 알맞은 숫자를 고르시오.

$\frac{9}{8}$　$\frac{15}{8}$　$\frac{5}{4}$　$\frac{5}{2}$　$\frac{11}{8}$　$\frac{10}{3}$　$\frac{3}{2}$　$\frac{40}{9}$　(　　)

① 1.625　② 1.825　③ $\frac{10}{3}$　④ 2.125　⑤ $\frac{20}{3}$

07 일정한 규칙으로 나열된 수를 통해 빈칸에 들어갈 알맞은 숫자를 고르시오.

−33	A	−14	5	−9	−4	−13	B

A	+	B	=	

① 2 ② 7 ③ 19 ④ 27 ⑤ 36

08 일정한 규칙으로 나열된 수를 통해 15번째 항의 값으로 알맞은 숫자를 고르시오.

$\frac{3}{2}$ 2 1 $\frac{5}{2}$ $\frac{1}{2}$ …

① −2 ② $-\frac{1}{2}$ ③ 0 ④ 5 ⑤ $\frac{11}{2}$

09 일정한 규칙으로 나열된 수를 통해 빈칸에 들어갈 알맞은 숫자를 고르시오.

32 40 29 37 24 32 17 25 ( )

① 5 ② 7 ③ 8 ④ 13 ⑤ 17

10 일정한 규칙으로 나열된 수를 통해 10번째 항의 값으로 알맞은 숫자를 고르시오.

4 6 9 14 21 32 …

① 82 ② 97 ③ 104 ④ 119 ⑤ 134

11 ↓부터 시계 방향으로 돌아갈 때, 일정한 규칙을 찾아 빈칸에 들어갈 알맞은 숫자를 고르시오.

↓

( )	3	3
864		6
288	72	18

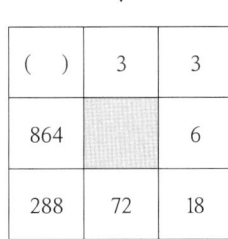

① 936 ② 1,008 ③ 1,152 ④ 1,440 ⑤ 1,728

12 일정한 규칙으로 나열된 수를 통해 8번째 항의 값으로 알맞은 숫자를 고르시오.

2.3 4.6 −6.9 18.4 −43.7 105.8 …

① 529.5 ② 547.3 ③ 569.9 ④ 591.2 ⑤ 616.4

13 일정한 규칙으로 나열된 수를 통해 빈칸에 들어갈 알맞은 숫자를 고르시오.

13 24 46 79 123 178 ( )

① 189 ② 192 ③ 231 ④ 244 ⑤ 251

14 일정한 규칙으로 나열된 수를 통해 빈칸에 들어갈 알맞은 숫자를 고르시오.

A	254	271	288	B	322	339	356

[A] + [B] = [ ]

① 305 ② 447 ③ 509 ④ 542 ⑤ 609

15 일정한 규칙으로 나열된 수를 통해 빈칸에 들어갈 알맞은 숫자를 고르시오.

$\frac{9}{4}$ $\frac{9}{8}$ $\frac{3}{4}$ $\frac{9}{16}$ $\frac{9}{20}$ $\frac{3}{8}$ ( )

① $\frac{7}{8}$ ② $\frac{15}{8}$ ③ $\frac{5}{16}$ ④ $\frac{9}{28}$ ⑤ $\frac{45}{28}$

16 일정한 규칙으로 나열된 수를 통해 15번째 항의 값으로 알맞은 숫자를 고르시오.

$$\frac{1}{8} \quad \frac{5}{28} \quad \frac{13}{56} \quad \frac{4}{14} \quad \frac{19}{56} \quad \frac{11}{28} \quad \cdots$$

① $\frac{5}{7}$ ② $\frac{43}{56}$ ③ $\frac{23}{28}$ ④ $\frac{7}{8}$ ⑤ $\frac{13}{14}$

17 일정한 규칙으로 나열된 수를 통해 빈칸에 들어갈 알맞은 숫자를 고르시오.

4 2 8 −4 32 ( ) 192 −96 1,536 768

① −16 ② −8 ③ 8 ④ 12 ⑤ 16

18 일정한 규칙으로 나열된 수를 통해 빈칸에 들어갈 알맞은 숫자를 고르시오.

5	2	3	-1	-10	A	-37	B	4,359

A + B = ☐

① 115 ② −115 ③ 121 ④ −121 ⑤ −135

19 일정한 규칙으로 나열된 수를 통해 빈칸에 들어갈 알맞은 숫자를 고르시오.

$\frac{19}{3}$ $\frac{13}{4}$ $\frac{52}{7}$ $\frac{26}{11}$ $\frac{20}{18}$ $\frac{80}{29}$ $\frac{40}{47}$ ( )

① $\frac{42}{77}$ ② $\frac{36}{76}$ ③ $\frac{34}{76}$ ④ $\frac{36}{94}$ ⑤ $\frac{21}{76}$

20 일정한 규칙으로 나열된 수를 통해 빈칸에 들어갈 알맞은 숫자를 고르시오.

18 16 48 50 47 45 135 137 ( )

① 140 ② 134 ③ 128 ④ 122 ⑤ 116

약점 보완 해설집 p.24

실전모의고사 2회

* 모의고사의 시작과 종료 시각을 정하세요.

언어이해 (15분)	시 분 ~ 시 분
자료해석 (15분)	시 분 ~ 시 분
창의수리 (15분)	시 분 ~ 시 분
언어추리 (15분)	시 분 ~ 시 분
수열추리 (15분)	시 분 ~ 시 분

01 | 언어이해

해설 p.48

01 다음 글의 제목으로 가장 적절한 것을 고르시오.

1973년 스웨덴의 스톡홀롬에서 은행 강도 사건이 발생하였다. 강도 2명은 은행을 습격한 뒤 6일 동안 1명의 여자 직원과 3명의 남자 직원을 인질로 잡고 경찰과 대치하였는데, 은행 직원들은 인질로 잡혀있는 동안 강도들과 애착 관계를 형성했다. 강도들이 자신들을 해치지 않는 것에 대해 고마움을 느꼈기 때문이다. 이로 인해 강도범들에 대한 불리한 증언을 거부했을뿐만 아니라 그들을 옹호하기까지 했다. 이러한 상황을 본 스웨덴 범죄학자인 베예로트는 '스톡홀롬 증후군'을 명명하게 되었다. 인간은 자신의 목숨이 위협받는 상황에서 가해자가 친절한 모습을 보이게 되면 생존의 유일한 수단을 가해자라고 생각하게 된다. 그래서 가해자의 모든 폭력적 행동에 대해 합리화를 하게 되고, 그 마음이 가해자에 대한 분노보다 더 커지게 되면서 스톡홀롬 증후군이 나타나게 된다.

① 스톡홀롬 증후군 발생 시 나타나는 증상

② 스톡홀롬 증후군의 긍정적 효과

③ 스톡홀롬 증후군의 유래와 발생 원인

④ 스톡홀롬 증후군 발생에 따른 피해자의 심리적 위축 정도

⑤ 스톡홀롬 증후군의 발생을 피하기 위한 방법

02 다음 문단을 논리적 순서대로 알맞게 배열한 것을 고르시오.

가) 따라서 이 영역이 손상되면 단어 표현에는 문제가 없지만 그 단어에 제대로 된 의미를 배정할 수는 없다. 유창하게 문장을 구사하는 것처럼 보여도 자세히 살펴보면 별 의미가 없는 단어를 나열하는 것처럼 보이는 것도 이 때문이다. 언어를 이해하지만 표현이 어려운 사람은 브로카 영역 손상과 관련 있다. 브로카 영역은 베르니케 영역에서 해석된 내용을 바탕으로 일차 운동피질에 지시를 내려 실제로 언어를 구사하도록 한다.

나) 대뇌피질은 대뇌반구의 표면을 덮고 있는 신경세포의 집합으로, 각 부위가 다양한 기능을 담당한다. 이중에서 언어의 생성 및 이해를 관장하는 대뇌피질의 특정한 부위를 언어중추라고 하는데, 베르니케 영역과 브로카 영역이 대표적이다.

다) 각기 다른 역할을 수행하는 베르니케 영역과 브로카 영역은 활꼴 모양의 신경 다발로 연결되어 있다. 이 신경 다발의 손상으로 브로카 영역과 베르니케 영역이 단절될 경우 특이한 언어 기능 장애가 나타난다. 직접적으로 두 영역이 손상을 입은 것이 아니므로 사실상 언어를 이해 및 말하는 것 자체에는 문제가 없다. 그러나 이해한 언어 내용과 표현하는 언어 내용이 상이하며, 타인의 말을 따라 하는 것이 불가능하다.

라) 베르니케 영역은 언어를 듣고 이해하는 능력을 결정한다. 어떤 소리를 들으면 전기적 신호가 뇌의 청각 피질을 거쳐 베르니케 영역에 도달하는데, 이때 뇌에 축적된 지식 정보를 융합하여 소리를 언어로 이해하게 되는 것이다.

① 나) - 가) - 라) - 다)
② 나) - 라) - 가) - 다)
③ 나) - 라) - 다) - 가)
④ 라) - 가) - 나) - 다)
⑤ 라) - 나) - 가) - 다)

03 다음 빈칸에 들어갈 알맞은 말로 가장 적절한 것을 고르시오.

과거 네덜란드에는 타인을 융숭하게 대접하거나 한턱을 내는 관습이 있었는데, 이를 '더치트리트(Dutch treat)'라고 불렀다. 17세기 들어 네덜란드와 영국은 아시아 지역을 두고 극심한 식민지 경쟁을 벌였고, 이로 인해 국가 간 갈등이 고조되어 3차에 걸친 전쟁까지 겪게 되었다. 이에 따라 영국인들이 네덜란드에 대한 반감을 품게 되면서 네덜란드인을 뜻하는 '더치(Dutch)'를 부정적인 의미로 사용하기 시작했다. 이때, 더치트리트에서 대접한다는 의미의 '트리트(Treat)'가 지불한다는 의미의 '페이(Pay)'로 바뀌었으며, 여기에 함께 식사한 후 네덜란드인같이 이기적이고 개인주의적으로 각자 지불한다는 의미가 붙었다. 지금까지 우리나라에서도 널리 사용되고 있는 더치페이가 탄생한 순간이다. 이후 서양에 합리적인 사고방식이 자리 잡으면서, 더치페이는 그러한 사고방식에 부합하는 문화의 하나로 인정받고 확산되었다. 더치페이가 (   ) 것이다. 우리나라에 처음 더치페이가 전해졌을 때 우리 정서상 맞지 않는다는 이유로 달갑지 않게 여겨졌다. 예전부터 우리나라에서는 상대방의 배고픔을 달래주는 것이 큰 미덕이었기 때문에, 함께 식사할 경우 상대방의 식사 비용까지 내는 일이 당연한 것처럼 인식되었다. 그러나 최근에는 과도하게 주고받는 접대 문화를 근절하는 사회적 분위기가 조성됨에 따라 더치페이가 보편화되는 중이다.

① 활발하게 사용되면서 서양의 사고방식에도 변화가 온
② 최초의 의미는 그대로 갖고 있으나 어감은 전혀 다르게 된
③ 어원의 의미가 희석되면서 부정적으로 사용되기 시작한
④ 네덜란드를 넘어 서양의 문화를 대표하는 용어가 된
⑤ 사용하는 사람의 의도에 따라 여러 가지 의미를 담게 된

04 다음 글의 주제로 가장 적절한 것을 고르시오.

사치품에 대한 욕망이 날이 갈수록 커지는 사회에서, 사람들은 단순한 소비를 넘어 자신의 지위를 과시하기 위해 물건을 구매하는 경향이 있다. 이러한 현상은 자신이 소유한 물건이 다른 사람에게 어떻게 비치는지를 중시하게 만들며, 결국 비합리적인 소비로 이어진다. 소비 행위는 단순한 물질적 욕구를 넘어 사람들의 심리를 깊게 지배하고 있다. 사람들은 종종 자신의 정체성을 물건에 투영하고, 이를 통해 타인에게 자신의 가치를 입증하려 한다. 그러다 보니 값비싼 물건을 소유하는 것이 곧 사회적 성공으로 인식되기 일쑤다. 과도한 소비는 개인의 경제적 상황을 악화시키거나 부채를 초래할 수 있다. 그렇다고 하여 소비 행태를 무조건적으로 비판할 수는 없다. 자신이 소유한 물건의 희소성과 가치가 자신을 어떻게 정의하는지에 대한 압박감을 느끼는 것은 누구에게나 발생할 수 있으며, 물질을 통해 자아를 찾거나 만족감을 느끼는 심리를 부정적으로 볼 수는 없다. 다만 이러한 소비가 주는 긍정적인 상태의 지속 가능성을 돌아볼 필요가 있다. 진정한 행복을 가져다주는 소비와 자각 없이 허상을 좇는 소비의 차이에 대한 고민은 수많은 물질적 자원에 둘러싸인 현대인에게 피할 수 없는 숙제로 남아있다.

① 소비 활성화를 위한 사치품 산업의 방향성
② 현대인이 추구하는 환경 친화적인 소비 방식의 종류
③ 과도한 소비로 인한 부채 발생 방지를 위한 제도 마련
④ 온라인 쇼핑의 증가 추세에 따른 마케팅 방안
⑤ 소비 행위가 개인의 심리와 사회적 지위에 미치는 영향

05 다음 글을 읽고 추론한 내용으로 가장 적절하지 않은 것을 고르시오.

우리가 흔히 에어백이라고 부르는 에어백 모듈은 충격감지센서, 기체팽창장치, 에어백으로 구성된 장치로, 차량 충돌 시 충격으로부터 탑승자를 보호할 수 있는 안전장치이다. 에어백은 안전벨트만으로는 차량 충돌 시 머리와 목 부분을 충분히 보호하지 못한다는 단점을 보완하기 위해 도입되었으며, 도입 초기에는 안전벨트를 한 상태에서 최적의 탑승자 보호 효과를 볼 수 있다는 의미로 '안전벨트 보조용 구속장치'라고도 불렸다. 이러한 명칭에서도 추측할 수 있듯 에어백은 안전벨트를 한 상태에서 작동한다. 에어백의 작동 순서를 살펴보면, 먼저 충돌센서와 전자센서로 구성된 충격감지센서가 에어백이 작동할만한 충돌이 발생했는지를 판단한다. 일반적으로 차량에 장착된 충격감지센서는 정면에서 좌우로 30도 이내의 각도에서 유효충돌속도가 약 20~30km/h 이상인지를 파악하며, 해당 범위를 넘어서면 에어백이 작동한다. 충격이 감지되면 에어백은 폭발하게 된다. 운전대에는 에어백과 함께, 아지드화나트륨(NaN_3) 캡슐, 산화철(Fe_2O_3), 약간의 기폭 장치가 포함되어 있다. 차량에 충격이 가해지면 충격감지센서가 전류를 유발해 기체팽창장치의 점화기를 작동시키고 에어백 내부에 작은 불꽃이 인다. 생성된 불꽃으로 인해 운전대에 있던 아지드화나트륨 캡슐이 터지면서 산화철과 반응하게 되고, 아지드화나트륨이 나트륨과 질소로 분해되면서 발생하는 다량의 질소 기체가 에어백을 크게 부풀린다. 이 모든 과정에는 고작 0.03초가 걸리고, 사고를 감지한 순간부터 계산해도 약 0.04초 이내면 에어백에 질소 기체가 가득 차며, 폭발이 끝난 뒤에는 너무 팽팽한 에어백에 탑승자가 부딪혀 부상을 입지 않도록 에어백 후면에 있는 3~4개의 구멍으로 질소 기체가 빠져나간다.

① 차량 충돌이 감지된 순간부터 에어백이 부풀어 오를 때까지 0.05초도 걸리지 않는다.
② 에어백이 폭발한 뒤 질소 기체가 적절하게 빠지지 않는다면 탑승자가 부상을 입을 수도 있다.
③ 에어백은 안전벨트를 착용한 상태에서 발생한 충돌로부터 탑승자를 더 잘 보호하기 위해 고안되었다.
④ 차량 충돌 시 생성된 불꽃이 화학 반응을 일으켜 에어백에 산화철이 가득 차게 만든다.
⑤ 차량에 충돌이 가해지더라도 차량에 설정된 유효충돌속도보다 작은 충격이면 에어백이 작동하지 않는다.

06 다음 글의 각 문단을 요약한 내용 중 본문에 없는 것을 고르시오.

법률상 책임은 크게 형사책임과 민사책임 두 가지로 나뉜다. 일반적으로 형사책임은 구성요건에 해당하는 위법하고 유책적인 범죄 행위에 대한 형법상 책임을 뜻하고, 민사책임은 고의나 과실에 의해 타인의 권리를 침해하여 손해를 발생시키는 불법 행위에 대한 민법상 책임을 뜻한다. 간단하게 말해서 형사책임은 형벌의 문제이며, 민사책임은 배상의 문제라고 볼 수 있다.

형사책임과 민사책임은 책임의 목적, 절차 등에서 다른 점이 존재한다. 형사책임은 범죄 행위에 대한 응보와 예방을 목적으로 가해자에게 형벌을 가한다. 그러나 민사책임은 불법 행위로 인해 피해자에게 발생한 손해 배상을 목적으로 가해자에게 금전 배상과 같은 손해 배상을 묻는다. 절차적인 측면에서도 형사책임은 국가가 강제하여 책임을 묻지만, 민사책임은 피해자가 법원에 제소하여 승소해야만 가해자에게 책임을 물을 수 있다.

하지만 모든 범죄 행위에 있어서 책임을 물을 수 있는 것은 아니다. 적법 행위에 대한 기대 가능성과 시비선악 구별 능력에 대한 비난 가능성이 존재하지 않을 경우에는 불법 행위를 저지르더라도 법률상 책임을 지울 수 없다. 따라서 범죄 행위가 발생하면 책임능력의 유무를 우선적으로 판단하는데, 형법을 바탕으로 하는 형사책임과 민법을 바탕으로 하는 민사책임은 책임능력에 대한 법적 명시 기준이 서로 다르다.

형법에서 의미하는 책임능력은 행위자가 위법 행위에 대해 어느 정도의 책임을 질 수 있는지에 관한 정신능력을 말한다. 따라서 만 14세 미만의 사람에 해당하는 책임무능력자와 정신 장애가 있어 사리분별능력 및 의사결정능력이 미약한 한정책임능력자는 법률상 책임을 지지 않는다. 반면 민법에서 의미하는 책임능력은 법률 행위를 단독으로 할 수 있는 행위능력을 말한다. 이에 따라 미성년자, 금치산자, 한정 치산자는 무능력자라고 구분하여 해당 행위를 취소할 수 있도록 규정하기 때문에 법률상 책임을 지지 않는다.

① 형사책임과 민사책임의 차이점
② 책임능력의 법적 명시 기준
③ 형사책임과 민사책임의 정의
④ 현행법상 책임능력 기준의 문제점
⑤ 법률상 책임의 성립 요건

07 다음 글에 이어질 내용을 가장 적절하게 배열한 것을 고르시오.

세계 인구 증가와 더불어 중국, 인도와 같은 인구 대국들의 계속된 경제 성장으로 인해 물에 대한 수요 역시 늘어나고 있다. 하지만 물 공급은 수요를 따라가지 못해 물의 가치는 점점 높아졌고 이제는 물을 '블루 골드(Blue gold)'라고 부르는 시대가 되었다. 그리고 이 덕분에 물과 관련된 산업까지 덩달아 호황을 누리고 있다.

가) 물 산업은 상하수도, 하수처리, 운영, 부품 및 소재 등의 분야로 나뉘는데 민간 기업들의 진출이 가장 활발하게 이루어지는 분야는 오염된 물을 용도에 맞게 정화하는 수처리 분야이다.

나) 우리나라 기업들은 그에 비하면 설계나 운영 등 여러 분야에서 뒤떨어져 있는 상황이다. 하지만 유럽의 수처리 기업을 인수하는 등의 노력을 통해 우리나라 기업들 역시 모자라는 역량을 보충하고 경쟁력을 확보해나가고 있다.

다) 본래 물과 관련된 산업은 각국 정부가 독점적으로 관리하는 공공재의 성격이 강하였으나, 수요 증가로 인해 민간 기업들도 물 산업에 진출하는 것이 가능해졌기 때문이다.

라) 현재 국제 수처리 시장은 유럽의 다국적 기업들이 주도하고 있다. 특히 일찍부터 수자원 분야에 힘을 쏟았던 프랑스의 베올리아 그룹이 가장 앞서나가고 있으며, 지멘스나 GE 등도 앞다투어 사업을 확장하고 있다.

마) 이는 산업화·도시화로 인해 발생하는 많은 생활 하수와 폐수 때문에 전 세계적으로 수처리 시장의 규모가 빠르게 성장하고 있는 것과 관련 있다.

① 가) - 다) - 라) - 마) - 나)

② 다) - 가) - 마) - 라) - 나)

③ 다) - 나) - 마) - 라) - 가)

④ 라) - 다) - 가) - 마) - 나)

⑤ 라) - 마) - 나) - 다) - 가)

08 다음 글의 내용과 일치하지 않는 것을 고르시오.

> 조선 시대에는 강화도 조약이 거행된 이후 개화 세력과 보수 세력의 대립이 극심해졌는데, 그중에서도 구식 군대와 신식 군대와의 차별은 매우 심각해 문제가 컸다. 고종의 친정(親政)에 따라 흥선대원군이 실각한 후 집권하게 된 민씨 일가는 당시 5영으로 운영되던 군대를 장위영과 무위영의 2영으로 개편하고 신식 군대인 별기군을 설치하였다. 신식 군대인 별기군은 급료와 보급 측면에서 비교적 대우가 좋았던 반면 구식 군대인 2영은 13개월 동안 급료를 받지 못할 만큼 대우가 좋지 않았다. 특히 기다림 끝에 받은 한 달치의 봉급미(俸給米)에는 선혜청 악덕 관리의 농간으로 양도 부족할뿐더러 반 이상이 모래로 되어 있어 구식 군대의 군인들은 격분하게 되었다. 이에 군인들은 관리에게 폭행을 가해 부상을 입히고 선혜청 당상관(堂上官)인 민겸호의 집으로 쳐들어가 저택을 파괴하고 폭동을 일으켰다. 이후 난병들은 흥선대원군에게 찾아가 행동 방침 하달을 요청했고, 결국 군민의 불만은 흥선대원군과 연결되어 명성황후 민씨와 일본 세력을 배척하는 운동으로 확대되었다. 실제로 난은 일부 성공해 궁궐까지 진격하였고, 고종으로부터 정권을 넘겨받은 흥선대원군은 반란 수습을 위해 군제 개편을 단행하는 등 뒷수습을 하였다. 하지만 민씨 일파의 요청을 받아들인 청나라가 개입하여 군대를 파견하였고, 난을 진압하면서 결국 임오군란은 실패로 끝나게 된다. 1882년 임오년에 발생한 군란이라 하여 임오군란이라고 불리는 이 병란은, 개항 이후 조선 민중이 외세의 침략 및 개화 정책에 대해 반대하며 시행한 최초의 투쟁이라는 점에서 의의가 있으나, 결과적으로는 청군이 조선에 주둔하게 되고 일본과는 제물포 조약을 맺는 등의 결과를 낳게 되었다.

① 5영이 장위영과 무위영으로 개편된 것은 민씨 일가가 정권을 잡은 이후이다.

② 임오군란 결과 조선은 일본과 제물포 조약을 맺게 되었다.

③ 흥선대원군과 결탁한 임오군란의 주요 세력은 별기군에 소속된 군인이다.

④ 임오군란으로 인한 반란은 청나라 군대의 개입으로 진압되었다.

⑤ 임오군란이 발생할 당시 선혜청의 당상관은 민겸호였다.

09 다음 글의 서술상 특징으로 가장 적절한 것을 고르시오.

가면은 흔히 얼굴을 가리거나 보호하기 위한 목적으로 사용된다. 그러나 축제에서 이용되는 가면은 축제가 개최되는 당대의 문화·역사·사회적 특징들이 얽혀 있고, 시간의 흐름에 따라 가면이 나타내는 의미와 기능이 달라지는 탓에 특정한 목적을 규정하기 어렵다. 축제에서 사용되는 가면은 시각적으로 눈에 띄게 하는 효과와 더불어 상징적인 의미를 보다 효율적으로 나타낼 수 있다는 강점은 있지만, 과거와 현재를 이어주는 연속적인 맥락에서 동일한 상징성을 나타낸다고 볼 수 없기 때문에 현재 사용되는 가면을 과거와 같은 상황 속에서 해석할 수만은 없다는 것이다. 일례로 알프스산맥 지대에 위치한 티롤 지방에서 개최되는 가면 축제에서의 가면은 시간이 흐르면서 과거에 농산물의 풍작을 기원한다는 의미와 다르게 세속적으로 바뀌고 있다. 이는 과거부터 이어져 내려온 순수한 의미의 관습이 완전히 소멸했음을 의미하는 것은 아니다. 과거의 관습과 종교성, 현재의 문화적인 상황 등의 요소들이 복합적으로 얽혀 새로운 의미를 갖게 되었음을 뜻한다. 축제에서는 가면을 통해 현실에서 표현할 수 없는 것을 다양하게 드러낼 수 있다. 본래 자신의 모습을 가리고 타인을 나타낼 수 있을 뿐만 아니라 또 다른 자신의 모습을 표출할 기회까지 가져다준다. 또한, 남성과 여성, 순수와 오염 등 상호 대조적인 양극단이 만날 수 있도록 만들기도 하며, 인간 내면의 갈등이나 무의식적인 욕구를 표출하는 데 도움을 주기도 한다. 가면을 씀으로써 자신의 정체성을 숨기고 대조적인 모습을 표현하며 또 다른 정체성을 부여하기도 하지만, 역설적으로 정체성의 모호함 속에서 다시금 분명하고 정확한 정체성을 갖추는 기능도 한다. 현재 가면 축제에서 사용되는 가면은 그것이 기원했던 시대상의 의미와 상당 부분이 달라졌지만, 여전히 많은 사람은 축제에서 가면을 사용하며 흥미를 느끼고 있다. 이것은 가면이 갖는 의미가 변하더라도 현시대의 사회적, 문화적 요소들과의 상호작용을 통해 계속해서 새로운 의미들을 생산해 내고 있기 때문이라고 여겨진다. 즉, 가면의 새로운 의미는 축제에 참여하는 모든 사람이 과거와 현재를 아울러 적극적으로 소통하면서 만들어내는 것이다.

① 자문 자답의 방식을 사용하여 서술 대상에 대한 논지를 구체화하고 있다.
② 서술 대상에 대한 상반된 주장을 대조하는 방식으로 논지를 전개하고 있다.
③ 사회적 통념을 뒤집는 근거를 제시하여 서술 대상의 사용을 비판하고 있다.
④ 서술 대상으로 인해 파생되는 여러 문제점을 제시하고 해결을 촉구하고 있다.
⑤ 시간의 흐름에 따라 바뀐 서술 대상의 의미와 현재의 기능에 대해 설명하고 있다.

10 다음 글에 나타난 전략과 관련된 사례로 가장 적절한 것을 고르시오.

SCM(Supply Chain Management)이란 제품이나 서비스를 제공함에 있어 최대의 성과를 올리기 위해 공급자부터 수요자까지의 연결 구조를 관리하는 전략이다. 글로벌 시장에서 기업 간 경쟁이 치열해짐에 따라, 신속하고 효율적인 공급망 관리로 고객의 요구에 빠르게 대응할 수 있는 SCM의 중요성이 대두되고 있다. SCM은 원자재 조달부터 최종 소비자에게 제품이 전달되기까지의 모든 과정을 관리하며, 비용 절감, 효율성 향상, 고객 만족도 증가를 목표로 한다. SCM의 핵심은 공급 과정을 표준화 및 단순화하여 비용을 절감하고, 공급망의 다양한 위험 요소를 식별하여 수요 예측 정확도를 높이는 것이다. 이를 통해 기업의 안정성에 긍정적인 영향을 줄뿐만 아니라 공급망 참여자 간의 정보 흐름을 원활하게 하여 협업을 증진시킨다는 기대효과를 가진다. 효율적인 SCM은 자원 소비를 최소화하고 환경에 미치는 영향을 줄여 지속 가능한 비즈니스 모델을 지원하고, 기업이 직면한 여러 상황에 효과적으로 대응할 수 있도록 한다. 따라서 기업은 시장에서의 경쟁력을 강화하고 고객의 신뢰를 구축하며, 결과적으로 지속 가능한 성장을 도모할 수 있다.

① 가 기업은 대량 생산을 지양하고 고급화 제품에 대한 공급을 활성화하여 맞춤형 수요를 충족하기 위한 시스템을 운영하였다.

② 나 기업은 공급망 중단을 대비해 많은 상품 재고를 보유하여 비용을 감수하는 대신 안정성을 우선시하는 비즈니스 모델을 구축하였다.

③ 다 기업은 공급망을 표준화하여 관리의 복잡성을 줄였으며, 효율적 정보 흐름을 통해 고객의 요구에 빠르게 대응할 수 있는 시스템을 구현하였다.

④ 라 기업은 지역별로 제품을 생산하고 유통망을 현지화하여 시장의 변화에 빠르게 적응할 수 있는 공급망을 실현하였다.

⑤ 마 기업은 신속한 배송을 최우선으로 삼아 단기 성장을 추구하고, 환경에 미치는 영향은 추후에 고려하는 전략을 실시하였다.

11 다음 주장에 대한 반박으로 가장 타당한 것을 고르시오.

> 배경지식이란 개인이 원래부터 알고 있던 경험이나 지식을 의미한다. 배경지식은 자신이 직접 경험하여 쌓을 수도 있지만, 글이나 영상 등 간접적인 경험을 통해서도 얻을 수 있다. 배경지식은 상대방을 더 잘 이해하게 해주고, 새로운 정보를 습득하고 익힐 때 그것을 더 원활히 할 수 있게 해준다는 점에서 의의가 있다. 예를 들어 A가 기르던 반려동물이 죽어 슬퍼하고 있다고 하자. 비슷한 경험이 없는 사람은 A의 감정을 이해하기 어려워하거나 이해하지 못할 수 있지만, 비슷한 경험이 있는 사람은 A의 감정을 잘 이해할 수 있을 것이다. 또 다른 예로, 테니스를 배우려는 B가 있다고 하자. 만약 B가 테니스를 한 번이라도 쳐봤거나 혹은 배드민턴처럼 라켓을 이용하는 스포츠를 해본 경험이 있다면 B는 쉽게 테니스를 배울 수 있을 것이다. 하지만 그 어떤 경험도 없다면 테니스를 배우는 데 어려움을 겪을 것이다. 이처럼 새로운 지식이나 정보를 기존에 가지고 있는 배경지식과 얼마나 연결할 수 있는지에 따라 그 지식과 정보에 대한 이해, 기억, 학습 정도가 결정된다. 따라서 평소 배경지식을 충분히 쌓고 새로운 것을 학습할 때 적극적으로 활용하려는 노력이 필요하다.

① 꼭 동일한 경험을 직접 하지 않았더라도 상대방의 감정을 충분히 이해할 수 있다.

② 상대방의 감정을 이해하는 것과 신체 활동을 익히는 것은 본질적으로 다른 차원의 문제이므로 적절한 사례라고 볼 수 없다.

③ 과거에 습득한 배경지식이 오히려 새로운 정보를 습득하거나 기억하는 데 방해가 될 수 있다.

④ 간접 경험보다 직접 경험으로 얻은 지식이 더 오래가므로 배경지식을 쌓을 때 직접 경험으로 쌓는 것이 좋다.

⑤ 배경지식을 쌓는 것뿐 아니라 배경지식을 적극적으로 활용하고자 하는 노력이 병행되어야 효과적인 학습이 가능하다.

12 다음 주장에 대한 반박으로 가장 타당한 것을 고르시오.

> 학생들에게 의무적으로 봉사활동을 하게 만드는 것이 처음에는 불합리하게 느껴질 수 있다. 그러나 의무적으로라도 봉사활동을 지속하게 되면, 학생들이 자연스럽게 책임감을 기르고 바른 가치관을 형성할 수 있다는 점에서 긍정적으로 여겨진다. 만약 봉사활동이 의무화되지 않는다면 학생들은 학업과 스펙 쌓기에 급급하여 봉사활동을 전혀 하지 않게 될 가능성이 높다. 물론 봉사활동은 봉사의 본래 의미에 맞게 자발적으로 시작하는 것이 가장 이상적이지만, 의무적으로 봉사활동을 하는 과정에서 타인을 돕는 즐거움을 알게 되는 경우도 상당하다. 또한, 봉사활동을 통해 교육의 기회를 얻어서 자신이 관심 있는 분야의 직업을 체험하고 꿈을 찾는 학생들도 매우 많다.

① 정부는 학생들이 봉사활동을 할 수 있는 기관을 선별하여 다양한 교육 제공의 기회를 마련해야 한다.

② 학생들이 봉사활동 의무화로 부담을 느끼면 반감이 생겨서 봉사에 대한 부정적 인식이 강화될 것이다.

③ 봉사활동 의무화보다는 봉사활동 시간을 한 번에 몰아서 채우려고 하는 학생들의 태도에 문제가 있다.

④ 학생 시절에 봉사활동을 한 경험이 없는 사람은 성인이 되어서도 봉사활동을 하지 않을 확률이 높다.

⑤ 의무적인 봉사활동은 학생들이 봉사라는 개념을 받아들이고 지속하게 만드는 강력한 동기가 될 수 있다.

13 다음 글의 내용과 일치하지 않는 것을 고르시오.

> 스마트 워크란 IT 인프라를 이용하여 시간·장소의 제한 없이 업무를 볼 수 있는 유연한 근무 환경을 의미한다. 스마트 워크는 근무 방식에 따라 유연 근무제와 같이 기존 근무 환경과 체제는 유지하되 일정 범위 내에서 근로자가 직접 근무 시간을 조정할 수 있도록 시간적 자율을 보장하는 유형과 재택근무 또는 스마트 워크 센터 근무와 같이 공간적 자유를 보장하는 유형으로 나누어진다. 나아가 스마트 워크는 결재 프로세스를 단순화하고 회의 시간을 단축하는 등 업무를 효율적으로 수행할 수 있는 환경을 구축함으로써 업무 과정에서 발생하는 비생산적 요소를 최소화한다. 특히, 근로자는 일과 삶의 균형을 유지할 수 있어 삶의 질이 향상되고, 이에 따라 근로자의 생산성이 높아져 기업은 비용 절감 효과를 누릴 수 있다. 그뿐만 아니라, 출·퇴근 시간의 교통량을 감소시키고 사회적 비용을 절감하여 환경 보호에 도움이 되므로 국가 차원에서도 매력적인 근무 형태이다. 앞선 점들로 인하여 비즈니스 혁신 도구로 주목받고 있으나, 스마트 워크에 대한 올바른 인식이 갖추어졌을 때 비로소 적절한 스마트 워크가 이루어질 수 있음을 유의해야 한다. 실제로 스마트 워크는 언제 어디서나 업무가 가능하다는 것이 큰 장점이지만, 궁극적인 취지는 24시간 온종일 회사 업무를 보는 것이 아니라 업무 시간 내에서 더욱 효율적으로 업무를 수행하는 것이므로 본래 취지와 다르게 쓰이지 않도록 그 목적과 방향을 정확히 인지하고 도입해야 할 것이다.

① 스마트 워크를 도입할 경우 노동자의 일과 삶의 균형이 보장되어 생활의 질이 높아질 것이다.
② 스마트 워크는 개인과 기업 측면뿐 아니라 국가적 측면에서도 긍정적인 효과를 얻을 수 있다.
③ 스마트 워크를 통해 결재 프로세스를 간소화하면 불필요한 업무로 인한 비효율을 줄일 수 있다.
④ 스마트 워크의 최종 목표는 업무 시간 외에도 일 처리를 가능케 하여 생산성을 높이는 것이다.
⑤ 스마트 워크는 근무 방식에 따라 시간 또는 공간의 자유를 보장하는 유형으로 나뉠 수 있다.

14 다음 글에 이어질 내용을 가장 적절하게 배열한 것을 고르시오.

> 요즘 TV나 인터넷에서 텃밭과 정원이 딸린 레스토랑, 일명 '레스토랑 정원'이 자주 소개되며 화제에 오르곤 한다. 과거에는 주로 외곽 지역에서 볼 수 있던 레스토랑 정원이 최근에는 그 인기가 높아지면서 도심에서도 쉽게 발견할 수 있다.

가) 레스토랑 정원은 또한 믿고 먹을 수 있는 음식에 대한 방문자들의 욕구를 충족시켜준다. 먹거리 불신이 커지며 현실적으로 직접 텃밭을 가꾸기 어려운 사람들이 레스토랑 정원을 즐겨 찾기 때문이다.

나) 한편 레스토랑 정원은 사회적으로도 긍정적인 역할을 한다. 대부분의 식재료를 레스토랑에서 자급자족하므로 장거리 운송 시 발생하는 공해를 줄일 수 있기 때문이다.

다) 여기에 더해 텃밭에서 생산한 채소가 식탁에 올랐다가 음식물 쓰레기가 되면, 이를 다시 퇴비로 만들어 새로운 채소를 생산하는 데 활용할 수 있으므로 사회적 이슈인 음식물 쓰레기의 자원화가 가능해진다.

라) 레스토랑 정원이 인기를 얻게 된 배경은 공급자와 소비자 입장으로 나누어 생각해 볼 수 있다. 우선 레스토랑 운영자로서는 자신이 키운 신선한 채소를 가지고 손님에게 질 좋은 음식을 제공할 수 있다.

① 나) - 가) - 라) - 다)

② 나) - 다) - 라) - 가)

③ 라) - 가) - 나) - 다)

④ 라) - 나) - 가) - 다)

⑤ 라) - 다) - 나) - 가)

15 다음 글을 읽고 추론한 내용으로 적절하지 않은 것을 고르시오.

> 데드크로스란 주가지수, 종목별 주가, 거래량 등의 변수로 인해 주가의 단기 이동평균선이 중·장기 이동평균선을 아래로 뚫는 현상으로, 정배열 상태로 움직이던 이동평균선들이 역배열 상태로 진입하기 위한 초기 신호를 의미한다. 통상적으로 데드크로스는 주식 시장이 약세로 전환되고 있음을 시사한다. 이와 반대로 골든크로스는 단기 이동평균선이 중·장기 이동평균선을 아래에서 위로 돌파하여 올라가는 현상으로, 주식 시장이 강세로 접어들었음을 보여주는 신호이다. 보통 단기 골든크로스는 5일 이동평균선이 20일 이동평균선을 상향 돌파하는 것으로, 이는 최근 5일간의 투자 심리가 지난 20일간의 투자 심리보다 강화되면서 주가 상승 가능성이 커졌다고 해석할 수 있다. 중기 골든크로스는 20일선과 60일선을, 장기 골든크로스는 60일선과 100일선을 비교한다. 이처럼 데드크로스와 골든크로스를 활용하면 주가의 강·약세를 판단할 수 있어 주가를 기술적으로 분석하여 예측하고자 할 때의 지표로 쓰이고 있다. 그러나 데드크로스가 발생하기 이전에 주가가 먼저 하락하거나, 데드크로스 발생 시점 전후로 하여 일시적인 상승세가 나타나는 경우도 있으므로 전체적인 시장의 흐름을 파악하는 것이 우선시되어야 할 것이다. 한편, 이동평균선은 과거의 평균주가인 동시에 당일의 주가와 동렬에 위치하기 때문에 장기 선이 될수록 실제 주가보다 늦게 반응하는 경우가 많고, 주가를 순차적으로 반영함에 따라 단기, 중기, 장기 선의 순서로 변화하게 된다. 따라서 데드크로스와 골든크로스는 중·장기 이동평균선을 통해 일어나는 현상이므로 실제 주가보다 느리게 나타날 수 있으나, 장기적인 관점에서 주가의 변화를 알아낼 수 있는 의미 있는 신호이다.

① 이동평균선은 단기, 중기, 장기 순으로 변화하며 그 변화 속도는 실제 주가보다 느린 편이다.
② 데드크로스가 발생한 이후부터 주가가 빠르게 오를 수 있으므로 전후 상황을 계속해서 살펴보아야 한다.
③ 최근 20일간의 투자 심리가 60일간의 투자 심리보다 긍정적일 경우 중기 골든크로스가 발생할 수 있다.
④ 골든크로스는 미래의 주가를 예측하기 위해 과거의 주가와 거래량의 흐름을 분석하는 지표 중 하나이다.
⑤ 상향 흐름을 보이는 주식 시장에서 단기 이동평균선은 장기 이동평균선보다 아래쪽에 위치하게 된다.

16 다음 주장에 대한 반박으로 가장 타당한 것을 고르시오.

아이를 훈육하는 과정에서 칭찬은 매우 중요한 역할을 한다. 칭찬은 아이의 자신감을 높일 뿐만 아니라 부모에게 인정받고 있다는 느낌을 주므로 아이의 정서 발달에 긍정적인 영향을 준다. 특히 지속적으로 칭찬받은 아이는 무엇이 바람직한 행동인지 판단할 수 있는 자신만의 기준을 수립하게 된다. 그 결과 자신의 언행에 책임감을 갖고 이전에 칭찬받은 행동을 더 많이 하고자 노력하여 좋은 습관을 기를 수 있다. 따라서 아이를 교육할 때 야단을 치기보다는 아이의 행동에서 긍정적인 면을 최대한 부각하여 칭찬해주는 것이 좋다.

① 긍정적인 사고를 하는 아이로 키우기 위해서는 아이의 언행을 관찰하여 사소한 일도 칭찬해주어야 한다.
② 결과를 얻기까지의 과정만 칭찬하면 성취욕이 낮고 결과는 중요하게 여기지 않는 아이로 자라게 된다.
③ 지속적으로 칭찬을 받으며 자란 아이는 자신이 부모로부터 충분한 관심과 사랑을 받고 있다고 느낀다.
④ 일관성 없는 훈육은 오히려 아이를 혼란스럽게 만들어서 판단의 기준을 흐리고 자신감을 하락시킨다.
⑤ 과도하게 칭찬을 받은 아이는 칭찬받지 못할 상황을 두려워하여 타인의 평가를 지나치게 의식하게 된다.

17 다음 글을 바탕으로 아래 <보기>를 이해한 것으로 가장 적절한 것을 고르시오.

종이는 책의 재료로 인류의 문화를 전승하는 주된 수단이자 문화 발달의 척도라고 할 수 있다. 협의의 종이는 현재의 우리가 사용하는 종이, 즉 식물성 셀룰로스를 주원료로 만든 것을 의미하지만, 광의의 종이는 서사(書寫) 재료로서의 기능을 하는 것들을 모두 포함한다. 이러한 관점에서는 과거 수메르인이 문자를 새긴 점토판이나 중국인들이 사용하던 갑골(甲骨)도 모두 종이에 포함된다고 할 수 있다. 서양에서 서사 재료로 활용된 것은 앞서 언급한 점토판을 포함해 파피루스, 양피지 등이 있다. 고대 이집트에서는 나일강 하류에 자생하는 수초인 파피루스를 이용해 파피루스지를 만들어 사용하였고, 이후 파피루스를 대신해 양가죽으로 만드는 양피지, 송아지 가죽으로 만드는 독지 등이 등장하였다. 한편 인도를 포함한 서남아시아 지역에서는 종려나무 잎에 글을 썼으며, 중국에서는 앞서 언급한 갑골, 목간(木簡), 죽간(竹簡), 비단 등에 글을 썼다. 하지만 목간이나 죽간은 부피가 크고, 비단은 값이 비싸다는 단점이 있어 이를 보완하기 위해 마(삼베) 섬유를 이용해 종이를 만들기 시작했다. 이후 서기 105년 후한의 채륜이 기존의 종이를 개량하여 마, 해진 천, 어망 등을 물에 불리고 돌절구에 넣어 찧고 불을 피워 삶은 뒤 다시 물을 빼서 말리는 '채후지'를 만들어 냈는데, 이것이 바로 우리가 잘 알고 있는 식물성 셀룰로스를 주원료로 하는 종이이다. 채후지는 앞서 언급된 서사 재료에 비해 대량 생산이 가능하고 쓰기에도 편리하기 때문에 등장하자마자 높은 인기를 얻고 우리나라를 비롯한 다양한 지역으로 퍼져나갔다.

<보기>

우리나라에 제지술이 시작된 시기에 대해서는 크게 두 견해가 있다. 하나는 4세기에 불교가 전래되면서 불경이 들어오고 함께 제지술이 시작되었다는 견해이고, 다른 하나는 고구려의 담징이 610년에 일본에 제지술을 전수하였다는 사실을 기반으로 7세기 초에 시작되었을 것으로 보는 견해이다. 종합하였을 때 적어도 삼국시대부터는 우리나라에서 제지술이 시작된 것으로 볼 수 있다. 삼국과 통일신라시대의 제지술은 큰 틀에서는 중국과 비슷하였으나 다듬이질과 표백 등 세부 공정에서의 기술과 솜씨가 뛰어나 중국에서도 우리나라의 종이 질에 감탄하였다고 한다. 삼국과 통일신라시대가 고유한 종이로서의 특징이 점차 나타나는 시기라면 고려시대는 도약기이자 전성기로 볼 수 있다. 고려인들은 중국에서 전래된 제지술을 한층 발전시켜 당대 최고 품질의 종이인 고려지를 만들어 내고, 11세기 후반부터는 본격적으로 중국에 종이를 수출하기에 이르게 된다. 이는 중국에서 청자 기술을 도입한 뒤 상감청자라는 독특한 제작 기술을 창안해 낸 것과 유사한 사례라고 볼 수 있다. 이후 대장경 조판 사업 및 서적 인쇄에 따라 종이 수요가 급증하면서 고려의 제지술은 거듭 발전을 한다. 정부에서도 제지 기관을 따로 설치하여 제지술의 발전을 독려할 정도였다. 이리하여 고려는 질기고 두꺼우며 앞뒤가 반질반질하여 서사와 인쇄에 적합한 종이를 만들어 냈고, 이는 추후 조선을 거쳐 오늘날까지 이어지는 우리 고유의 종이인 '한지'의 기본 특질이 된다.

① 우리나라는 중국의 제지술을 수용하는 것을 넘어 한국 고유의 것으로 발전시켰다.

② 세계적으로 제지술의 발전 양상은 종교와 밀접한 관계를 맺고 있다.

③ 협의의 종이의 개념은 서양에서 시작되어, 중국을 거쳐 우리나라로 전파되었다고 볼 수 있다.

④ 중국의 채후지, 우리나라의 고려지는 협의의 의미에 해당하는 종이로 보기 어렵다.

⑤ 중국에서 종이 대량생산이 가능해짐에 따라 우리나라는 중국에서 종이를 수입하여 사용하였다.

18 다음 글의 내용과 일치하지 않는 것을 고르시오.

고대 로마는 기원전 3세기 무렵부터 귀족과 평민 사이에 법률적 평등이 이루어진 것으로 알려져 있다. 고대 로마에서는 설립 초기에 왕이 다스리기도 하였으나 이후 공화정을 시행하였으며, 이는 고대 로마의 가장 큰 특징으로 남아있다. 이러한 공화정은 과도기를 거쳐 제정으로 전복되는데, 과도기에 시행된 정치가 바로 '삼두 정치'이다. 본래 '삼두'란 로마의 관직이었던 3인의 위원을 지칭하였지만, 이 3인이 권력을 결탁하여 정권을 독점한 것을 일컬어 삼두 정치라 한다. 삼두 정치는 총 두 번에 걸쳐 시행되었다. 제1차 삼두 정치는 BC 60년 평민파의 수장이었던 카이사르가 원로원의 벌족파를 억누르고자 장군인 폼페이우스와 부호였던 크라수스와 비공식적 동맹을 맺은 뒤 다음 해 집정관이 되어 3인이 원하는 정책을 강경하게 시행한 것을 말한다. 그러나 제1차 삼두 정치는 크라수스의 전사로 인해 해체되었으며, 카이사르와 폼페이우스 간 진행된 권력 싸움에서 카이사르가 승리하며 독재 정권을 수립하게 된다. 제2차 삼두 정치는 BC 44년 독재자였던 카이사르가 암살당한 뒤 원로원의 보수원과 대립을 펼치던 제1의 실력자 안토니우스가 호민관이었던 티티우스의 제안을 받아들여 옥타비아누스, 레피두스와 결탁해 '국가 재건 3인 위원'에 정식으로 취임하며 펼쳐졌다. 5년 동안 강력한 권력을 얻게 된 3인은 반대 세력을 제거하기 위해 300명의 원로원과 2,000명의 기사들을 살해하거나 추방하였고, 속주를 분할 통치하는 등의 정책을 시행하였다. 제2차 삼두 정치는 BC 36년 레피두스가 탈락하며 해체되었으며, BC 31년에 옥타비아누스가 악티움 해전에서 안토니우스에게 승리함에 따라 로마를 통일하고 단독 지배자로 군림하게 되면서 로마의 공화정은 무너지게 되었다.

① 제2차 삼두 정치를 이끈 3인은 속주를 분할하기도 하였다.

② 제1차 삼두 정치는 카이사르와 폼페이우스가 권력 싸움을 벌이며 해체되었다.

③ 카이사르의 죽음이 시발점이 되어 제2차 삼두 정치가 수립되었다.

④ 악티움 해전 결과, 로마는 하나로 통일될 수 있었다.

⑤ 제2차 삼두 정치를 시행한 3인은 안토니우스, 옥타비아누스, 레피두스이다.

19 다음 글을 읽고 추론한 내용으로 가장 적절하지 않은 것을 고르시오.

티백은 종이나 무명, 나일론 등의 주머니에 찻잎이나 가루차를 넣어 간편하게 차를 우려 마실 수 있도록 한 것이다. 티백을 고안한 사람은 미국에서 활동하던 중개상인 토마스 설리번이었다. 그는 차별화된 영업 전략으로 많은 고객을 확보했는데, 그중 하나가 신상품 샘플을 고객들에게 보내는 것이었다. 당시 샘플 중에는 함석통에 담은 찻잎도 포함되어 있었다. 하지만 함석통의 값이 오름에 따라 샘플을 제공하는 것이 부담스러워진 그는 함석통의 대안으로 중국의 비단으로 만든 주머니에 차를 담아 고객들에게 보냈다. 설리번의 입장에서는 비단이 함석통보다 훨씬 저렴하고, 동양의 신비로움을 전달할 수 있는 소재였기 때문에 여러모로 이득이었다. 비단 주머니에 담긴 찻잎은 고객들 사이에서 폭발적인 호응을 얻었다. 그의 의도와 달리 차를 받은 고객들은 비단 주머니째로 차를 우려 마셨는데, 이렇게 할 경우 차 찌꺼기를 처리하는 일이 매우 간편해졌기 때문이다. 고객들은 설리번에게 비단 차 주머니의 실용화를 강력하게 촉구했다. 이러한 고객들의 요구에 설리번은 티백을 고안해 1902년에 특허로 등록하였고, 차를 더 진하게 우려낼 수 있도록 비단 대신 직물의 구멍이 큰 면 거즈로 차 주머니를 만들어 상품화하였다. 티백의 인기는 폭발적이어서 1920년대부터 대부분의 미국인은 티백을 이용해 차를 마셨다. 그 후 미국의 종이 회사에서 근무하던 윌리엄 허만슨이 지금과 같은 종이 티백을 발명하면서 티백 기술은 한 단계 더 발전하게 된다. 한편 영국의 경우 차 문화가 발달하였음에도 불구하고 미국보다 한참 후인 1953년에 티백이 소개되었다. 도입은 늦었지만, 정확한 양의 차를 우릴 수 있고 차 찌꺼기 처리가 쉬워 오늘날 영국에서도 차 소비자의 약 85%가 티백을 사용하고 있다.

① 설리번은 고객들이 간편하게 차를 우려 마실 수 있도록 함석통 대신 비단 주머니에 차를 담았다.
② 면 거즈로 만든 티백은 비단으로 만든 것보다 훨씬 더 진하게 차를 우려낼 수 있다.
③ 설리번은 신상품의 샘플을 고객들에게 무료로 제공하는 영업 비법으로 고객을 유치했다.
④ 최초로 티백을 발명한 사람과 오늘날 사용하는 종이 티백을 발명한 사람은 서로 다른 사람이다.
⑤ 영국은 미국보다 늦게 티백을 도입하였지만, 오늘날에는 차 소비자 중 절반 이상이 티백을 사용한다.

20 다음 빈칸에 들어갈 알맞은 말로 가장 적절한 것을 고르시오.

그간 정신분석학계에서 진행된 여러 연구 결과에 따르면 성인 대부분은 3세 이전의 일을 전혀 기억하지 못한다. 이처럼 삶의 초기 시절 기억에 공백이 발생하는 증상을 유아기 기억상실증이라고 한다. 처음 이 용어를 제시한 정신분석학자 프로이트는 해당 증상이 어릴 적 겪은 정신적 외상과 관련 있을 것으로 생각했다. 일각에서는 그 나이 때의 기억이 생존에 중요하지 않기 때문에 자연히 도태된 것이라는 진화론적 견해를 제시하기도 했다. 자아 개념, 언어 인지 능력 등 그 나이 때 미처 발달하지 못한 능력이 기억 형성에 중요한 역할을 하기 때문이라는 주장도 있었다. 그러나 이는 모두 가설에 불과하며, 유아기 기억상실증의 원인과 관련하여 과학적으로 검증된 이론은 아직 존재하지 않는다. 상황이 이러한 가운데 최근에는 어릴 때 뇌에서 신경세포가 빠른 속도로 생성되는 과정에서 기억이 유실된다는 가설이 주목받고 있다. 기억 형성에 관여하는 뇌의 한 부분인 해마에서는 평생에 걸쳐 새로운 신경세포가 생성되며, 그 생성 속도는 출생 직후 몇 년간 가장 활발하게 이루어지고 나이가 들어감에 따라 점차 느려진다. 기존에는 새로운 신경세포의 생성이 더 좋은 기억력을 갖기 위한 것으로 여겨졌으나, 반대로 그러한 과정에서 기억이 붕괴되는 현상도 일어난다는 것이 실험을 통해 증명됐다. 캐나다 토론토 대학교의 연구팀은 실험 쥐에게 특정 상자를 지나갈 때 전기 충격을 가해 공포를 경험하게 했다. 그러고 나서 해마의 신경세포가 자라는 속도를 조절한 뒤 다시 상자를 보여주자, 정상적으로 신경세포가 재생된 쥐들은 (   ) 연구진은 이 실험을 바탕으로 유아기에 기억 회로가 발달하는 과정에서 신경세포가 빠르게 생성되고, 이로 인해 오래된 기억을 저장하는 기존 회로가 방해를 받아 이전의 기억이 사라지는 것이라고 분석했다.

① 기억력이 눈에 띄게 향상되었다.

② 기억을 잃고 다시 상자 안에 들어갔다.

③ 전기 충격이 가해지는 상자를 찾아냈다.

④ 상자를 보기만 해도 공포 반응을 보였다.

⑤ 기억을 유지하며 특정 상자를 피했다.

01 다음은 D 지역 시민의 여가활동 만족도에 대해 조사한 자료이다. 다음 중 자료에 대한 설명으로 옳은 것을 모두 고르시오.

[여가활동 만족도 응답 비율]

(단위: %)

구분		매우 만족	약간 만족	보통	약간 불만족	매우 불만족
2016년	남자	3.5	16.9	49.2	22.2	8.2
	여자	3.1	13.7	47.3	27.6	8.3
2018년	남자	4.1	20.1	51.4	18.6	5.8
	여자	3.9	18.8	50.1	21.9	5.3
2020년	남자	6.2	20.5	49.6	18.8	4.9
	여자	5.4	17.6	52.5	18.9	5.6
2022년	남자	4.2	17.7	46.7	25.7	5.7
	여자	4.3	17.0	45.0	28.8	4.9
2024년	남자	4.6	20.7	46.6	22.9	5.2
	여자	4.0	20.6	48.3	22.4	4.7

※ '매우 만족'과 '약간 만족'은 긍정적인 응답, '약간 불만족'과 '매우 불만족'은 부정적인 응답으로 취급함

a. 2020년 여가활동 만족도에 긍정적으로 응답한 남자 비율은 부정적으로 응답한 남자 비율보다 낮다.
b. 2024년 여가활동 만족도에 긍정적으로 응답한 비율은 남자와 여자 각각 모두 2016년 대비 증가하였다.
c. 2022년 여가활동 만족도가 보통이라고 응답한 여자 비율은 같은 해 여가활동 만족도에 긍정적으로 응답한 여자 비율의 2배 이상이다.
d. 2020년 여가활동 만족도가 매우 불만족이라고 응답한 비율의 2년 전 대비 증감 추이는 남자와 여자가 동일하다.

① a, b ② a, d ③ b, c ④ b, d ⑤ c, d

02 다음은 X 국의 주식 발행 및 말소 현황에 대한 자료이다. 다음 중 자료에 대한 설명으로 옳지 않은 것을 고르시오.

[주식 발행 및 말소 현황]

구분		발행			말소		
		발행사(개)	종목 수(개)	수량(천 주)	발행사(개)	종목 수(개)	수량(천 주)
2023년 11월	전체	406	420	1,789,948	243	251	599,075
	상장	353	353	1,400,142	227	227	575,263
	비상장	53	67	389,806	16	24	23,812
2023년 12월	전체	473	475	2,196,913	274	297	1,046,438
	상장	423	423	2,058,606	242	242	967,821
	비상장	50	52	138,307	32	55	78,617
2024년 1월	전체	394	399	1,388,205	239	239	905,331
	상장	374	376	1,185,503	224	224	893,364
	비상장	20	23	202,702	15	15	11,967
2024년 2월	전체	404	408	1,491,565	260	261	1,479,827
	상장	387	387	1,394,895	240	240	1,461,870
	비상장	17	21	96,670	20	21	17,957

① 2024년 1월 상장 주식의 종목 수는 발행이 말소보다 152개 더 많다.

② 제시된 기간 동안 전체 주식의 발행 수량이 말소 수량의 2배 이상인 달은 2023년에만 있다.

③ 2024년 1~2월 전체 주식의 말소 발행사 수는 2023년 11~12월 전체 주식의 말소 발행사 수 대비 4% 이상 감소하였다.

④ 2023년 12월 이후 비상장 주식의 발행 종목 수는 매월 전월 대비 감소하였다.

⑤ 2024년 2월 전체 주식의 발행사 1개당 수량은 발행이 말소보다 적다.

03 다음은 골재 채취 실적과 골재자원별 채취 구성비를 나타낸 자료이다. 2022년 산림골재 채취 실적의 전년 대비 증가량은?

[골재 채취 실적]

(단위: 백만 m^3)

구분	2018년	2019년	2020년	2021년	2022년	2023년	2024년
채취 실적	92.4	84.6	71.6	72.0	83.0	77.0	89.0

※ 골재는 하천, 산림 등에 부존되어 있는 암석·모래·자갈을 뜻하며, 골재 채취는 골재를 캐거나 들어내는 등 자연상태로부터 분리하는 것을 의미함

[골재자원별 채취 구성비]

(단위: %)

구분	2018년	2019년	2020년	2021년	2022년	2023년	2024년
하천골재	17	10	3	3	2	2	1
바다골재	25	31	29	30	30	38	26
산림골재	52	53	63	62	63	55	70
육상골재	6	6	5	5	5	5	3
합계	100	100	100	100	100	100	100

※ 골재자원별 채취 구성비(%) = (골재자원별 채취 실적 / 전체 골재 채취 실적) × 100

① 693만 m^3 ② 720만 m^3 ③ 765만 m^3 ④ 795만 m^3 ⑤ 830만 m^3

04 다음은 국토교통부에서 제공하는 도로교통량 자료이다. 자료를 보고 빈칸 ㉠, ㉡에 해당하는 값을 예측했을 때 가장 타당한 값을 고르시오.

[도로 종류에 따른 차종별 연평균 일 교통량]

(단위: 대)

도로	차종	2017년	2018년	2019년	2020년	2021년
고속국도	승용차	43,475	44,276	43,689	45,236	46,403
	버스	28,928	( )	(㉡)	31,640	32,593
	화물차	12,733	13,030	13,142	11,909	12,224
일반국도	승용차	8,005	7,998	7,951	8,470	8,660
	버스	311	312	280	278	270
	화물차	(㉠)	( )	( )	2,723	2,657
지방도	승용차	3,337	3,489	3,447	3,428	3,500
	버스	150	151	154	146	155
	화물차	1,417	1,434	1,411	1,416	1,409

※ 연평균 일 교통량은 1년간의 전 교통량을 그해의 일수로 나눈 값을 나타냄

- 2018년부터 2021년까지 일반국도 화물차의 연평균 일 교통량은 매년 전년 대비 일정하게 감소함
- 2019년 고속국도 버스의 연평균 일 교통량은 같은 해 일반국도와 지방도의 전 차종 연평균 일 교통량 합계의 1.5배임

	㉠	㉡
①	2,921	23,850
②	2,855	24,048
③	2,921	24,048
④	2,855	24,246
⑤	2,657	24,246

PART 2 실전모의고사 1회 2회 3회 4회

해커스 SKCT SK그룹 종합역량검사 통합 기본서 최신기출유형+실전모의고사

05 다음은 K 국의 연도별 반도체 국내 수급량과 수급량의 전년 대비 증감률을 나타낸 자료이다. 다음 중 자료에 대한 설명으로 옳은 것을 모두 고르시오.

[반도체 국내 수급량 및 수급량의 전년 대비 증감률]

(단위: 톤, %)

구분	2021년		2022년		2023년		2024년	
	수급량	증감률	수급량	증감률	수급량	증감률	수급량	증감률
A 반도체	1,490,516	4.2	1,512,360	1.5	1,655,344	9.5	1,621,431	-2.0
B 반도체	932,049	4.0	1,004,436	7.8	1,024,303	2.0	972,273	-5.1
C 반도체	815,728	26.7	828,709	1.6	945,770	14.1	936,146	-1.0
D 반도체	930,180	-3.6	1,008,906	8.5	1,068,255	5.9	1,025,454	-4.0
E 반도체	81,935	-12.6	84,547	3.2	106,302	25.7	103,900	-2.3
F 반도체	15,004	-3.5	14,453	-3.7	15,082	4.4	13,508	-10.4

a. 2022년부터 2024년까지 국내 수급량이 많은 순서대로 나열한 반도체의 순위는 매년 동일하다.
b. 2023년 국내 수급량의 전년 대비 증감률이 다른 반도체에 비해 가장 큰 반도체의 2023년 국내 수급량은 전년 대비 20,755톤 증가하였다.
c. 2024년 국내 수급량이 전년 대비 증가한 반도체는 없다.
d. D 반도체의 국내 수급량이 B 반도체보다 적은 해에 E 반도체의 국내 수급량은 F 반도체의 5배 이상이다.

① a ② a, b ③ b, c ④ a, b, d ⑤ a, c, d

06 다음은 A 국의 연도별 원자력산업 설비 및 연구개발 투자액에 대한 자료이다. 다음 중 자료에 대한 설명으로 옳은 것을 고르시오.

[연도별 원자력산업 설비 투자액]

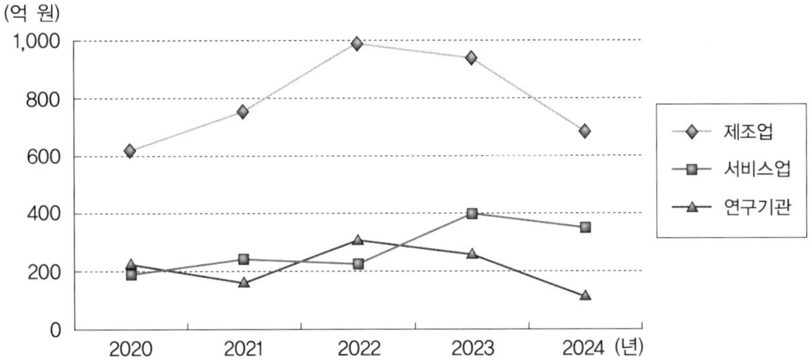

[연도별 원자력산업 연구개발 투자액]

(단위: 억 원)

구분	2020년	2021년	2022년	2023년	2024년
설계업	69	421	243	364	349
건설업	11	29	127	110	97
제조업	350	483	370	454	415
서비스업	109	98	135	96	129
연구기관	3,891	4,523	4,807	3,732	4,428
공공기관	2,629	2,367	2,812	2,453	3,406
합계	7,059	7,921	8,494	7,209	8,824

① 연구기관의 연구개발 투자액이 처음으로 4,000억 원을 넘은 해에 연구기관의 설비 투자액은 200억 원을 넘었다.

② 2021년 전체 연구개발 투자액에서 설계업과 건설업의 연구개발 투자액의 합이 차지하는 비중은 5%보다 작다.

③ 제조업의 설비 투자액이 가장 많은 해에 연구개발 투자액이 가장 적은 업종은 서비스업이다.

④ 연구기관의 설비 투자액이 서비스업의 설비 투자액보다 많은 해는 2022년뿐이다.

⑤ 2022년 공공기관과 연구기관의 연구개발 투자액의 전년 대비 증가율의 차이는 10%p 이상이다.

07 다음은 P 국의 국가채권 및 국가채무에 대한 자료이다. 다음 중 자료에 대한 설명으로 옳지 않은 것을 고르시오.

[국가채권 및 국가채무]

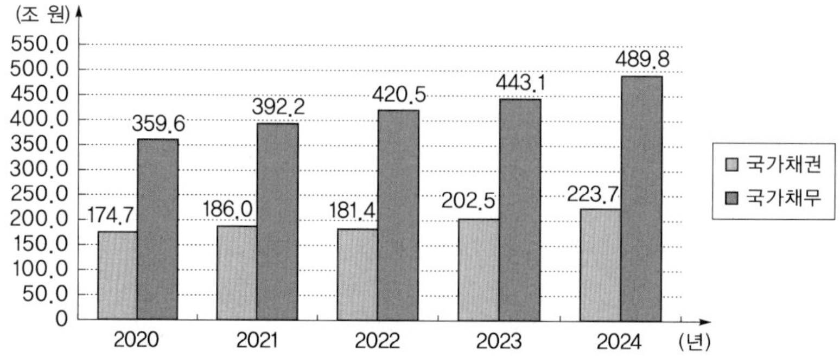

※ 1) 국가채권: 국가가 행사할 수 있는 금전청구권
2) 국가채무: 정부가 직접적으로 상환 의무가 있는 확정채무

① 국가채권이 전년 대비 감소한 해의 국가채무는 420.5조 원이다.

② 제시된 기간 동안 국가채무는 매년 같은 해 국가채권의 2배를 넘는다.

③ 2024년 국가채무는 2020년에 비해 40% 이상 증가하였다.

④ 2023년 국가채권의 전년 대비 증가액은 2024년 국가채권의 전년 대비 증가액보다 적다.

⑤ 2021년 이후 국가채무는 매년 전년 대비 증가하는 반면, 국가채권은 전년 대비 감소하기도 한다.

08 다음은 2023년과 2024년의 일부 지역별 주택 멸실 현황에 대한 자료이다. 다음 중 자료에 대한 설명으로 옳지 않은 것을 고르시오.

[2023년 지역별 주택 멸실 현황]

(단위: 호)

구분	단독주택	다가구주택	연립주택	다세대주택	아파트
A 지역	8,168	10,513	2,674	4,794	7,306
B 지역	4,586	1,957	228	494	969
C 지역	2,361	2,338	102	154	1,400
D 지역	2,097	1,618	470	765	1,483
E 지역	1,731	170	42	22	100
F 지역	6,266	4,591	2,573	2,820	6,251

[2024년 지역별 주택 멸실 현황]

(단위: 호)

구분	단독주택	다가구주택	연립주택	다세대주택	아파트
A 지역	6,244	7,557	2,113	3,975	12,481
B 지역	6,043	2,085	840	1,267	633
C 지역	3,195	3,185	195	265	490
D 지역	2,164	2,057	629	1,705	1,626
E 지역	2,000	506	246	64	2,192
F 지역	8,199	12,715	1,972	4,720	4,796

① 2024년 C 지역의 멸실 아파트 호수는 전년 대비 60% 미만 감소하였다.
② 2023년 멸실 연립주택 호수는 B 지역이 C 지역보다 126호 더 많다.
③ 2023년 멸실 다세대주택 호수는 A 지역이 F 지역의 1.5배 이상이다.
④ 2023년 E 지역의 멸실 단독주택 호수는 멸실 다가구주택 호수보다 1,561호 더 많다.
⑤ 2024년 D 지역의 멸실 다가구주택 호수는 전년 대비 439호 증가하였다.

09 다음은 리히터 규모(ML)별 지진 발생 횟수를 나타낸 자료이다. 다음 중 자료에 대한 설명으로 옳지 않은 것을 고르시오.

[규모별 지진 발생 횟수]

(단위: 회)

구분		2014년	2015년	2016년	2017년	2018년	2019년
ML≥5	남	1	0	3	1	0	0
	북	0	0	0	0	0	0
5> ML≥4	남	0	0	1	1	1	2
	북	0	0	0	0	0	0
4> ML≥3	남	7	5	25	15	1	7
	북	0	0	5	2	3	5
3> ML≥2	남	31	36	200	180	96	56
	북	10	3	18	24	14	18

※ 출처: KOSIS(기상청, 지진및지진해일발생통계)

① 2017년 남에서 발생한 규모 2 이상 3 미만 지진 발생 횟수는 같은 해 남에서 발생한 규모 3 이상 4 미만 지진 발생 횟수의 12배이다.

② 2019년 북에서 발생한 지진의 전체 발생 횟수는 3년 전과 동일하다.

③ 2018년 남과 북 전체에서 발생한 규모 3 이상 지진 발생 횟수의 전년 대비 감소율은 70% 미만이다.

④ 매년 남에서 발생한 규모 2 이상 3 미만 지진 발생 횟수는 북에서 발생한 규모 2 이상 3 미만 지진 발생 횟수의 3배 이상이다.

⑤ 2016년 이후 남에서 규모 4 이상 지진이 매년 꾸준히 발생했다.

10 다음은 2014년부터 2018년까지의 계절별 일조시간에 대한 자료이다. 다음 중 자료에 대한 설명으로 옳은 것을 모두 고르시오.

[계절별 일조시간]

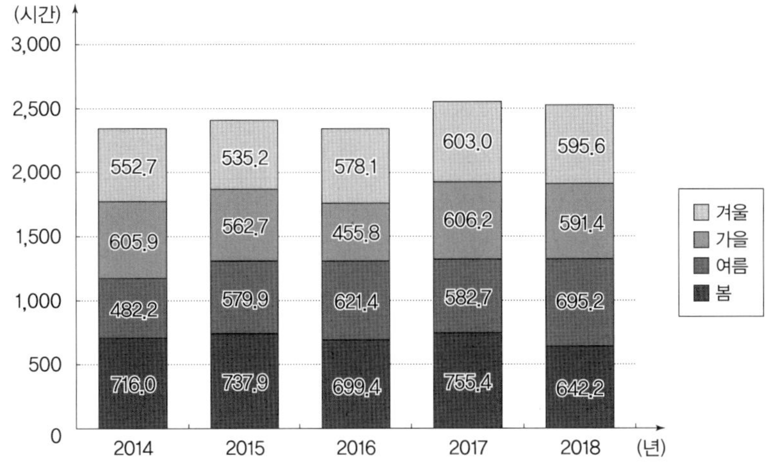

※ 출처: KOSIS(기상청, 기상관측통계)

a. 연도별 일조시간이 가장 많은 해에 가을 일조시간이 차지하는 비중은 20% 이상이다.
b. 제시된 기간 동안 일조시간이 가장 많은 계절은 매년 봄이다.
c. 2016년 여름 일조시간은 2년 전 대비 30% 이상 증가하였다.
d. 여름 일조시간 대비 겨울 일조시간의 비율은 2014년이 2015년보다 작다.

① a ② b, c ③ a, d ④ a, b, d ⑤ b, c, d

11 다음은 2017년 12월과 2018년 12월 지점별 공항 기상관측 현황에 대한 자료이다. 다음 중 자료에 대한 설명으로 옳지 않은 것을 고르시오.

[2017년 12월 지점별 공항 기상관측 현황]

구분	김포공항	인천공항	김해공항	광주공항	제주공항
평균기온(℃)	-2.3	-1.1	2.3	1.0	6.9
평균최고기온(℃)	2.3	2.7	8.0	6.8	9.2
평균최저기온(℃)	-7.3	-5.2	-3.5	-4.3	4.1
최저기온일자(일)	17	27	14	14	14
합계강수량(mm)	31.2	40.7	17.7	41.4	27.0
최다강수량일자(일)	24	24	24	24	24
평균풍속(knot)	5.3	8.0	6.7	4.2	8.8
최대순간풍속(knot)	28	34	28	27	48

[2018년 12월 지점별 공항 기상관측 현황]

구분	김포공항	인천공항	김해공항	광주공항	제주공항
평균기온(℃)	-1.4	-0.3	4.1	2.4	8.4
평균최고기온(℃)	3.8	3.5	9.1	8.2	10.7
평균최저기온(℃)	-6.6	-4.3	-1.0	-2.8	6.1
최저기온일자(일)	28	28	28	29	28
합계강수량(mm)	11.8	14.5	28.2	39.9	91.6
최다강수량일자(일)	4	13	4	4	4
평균풍속(knot)	5.3	7.9	6.6	4.6	8.1
최대순간풍속(knot)	25	34	26	30	34

※ 출처: KOSIS(기상청, 기상관측통계)

① 2018년 12월 평균최고기온과 평균최저기온의 차이가 가장 큰 공항은 광주공항이다.

② 2017년 12월과 2018년 12월 모두 비가 가장 많이 내린 날에 기온이 가장 낮았던 공항은 없다.

③ 2018년 12월 합계강수량이 전년 동월 대비 감소한 공항은 총 3곳이다.

④ 2018년 12월 평균풍속이 전년 동월 대비 증가한 공항은 최대순간풍속도 전년 동월 대비 10% 미만 증가했다.

⑤ 2018년 12월 평균기온이 전년 동월 대비 가장 크게 증가한 공항은 김해공항이다.

12 다음은 A 국의 사물인터넷산업의 사업 분야별 수출액을 나타낸 자료이다. 다음 중 자료에 대한 설명으로 옳은 것을 고르시오.

[사업 분야별 수출액]

(단위: 백만 원)

구분	2022년	2023년	2024년
플랫폼	60,450	91,423	136,787
제품기기	494,088	1,182,874	1,267,392
서비스	582	310	2,368
전체	555,120	1,274,607	1,406,547

① 2022년부터 2024년까지 플랫폼 분야의 연도별 수출액 평균은 2023년 플랫폼 분야의 수출액보다 적다.

② 2024년 서비스 분야의 수출액은 전년도의 6.7배이다.

③ 2024년 사물인터넷산업의 각 사업 분야별 수출액은 모두 전년 대비 증가하였다.

④ 2023년 서비스 분야의 수출액은 전년 대비 증가하였다.

⑤ 2022년 플랫폼 분야의 수출액이 사물인터넷산업 전체 수출액에서 차지하는 비중은 10% 미만이다.

13 다음은 2020년 서울과 인천·경기 지역의 결혼을 망설인 이유에 대한 응답 비율을 나타낸 자료이다. 다음 중 자료에 대한 설명으로 옳은 것을 고르시오.

[지역별 결혼을 망설인 이유에 대한 응답 비율]

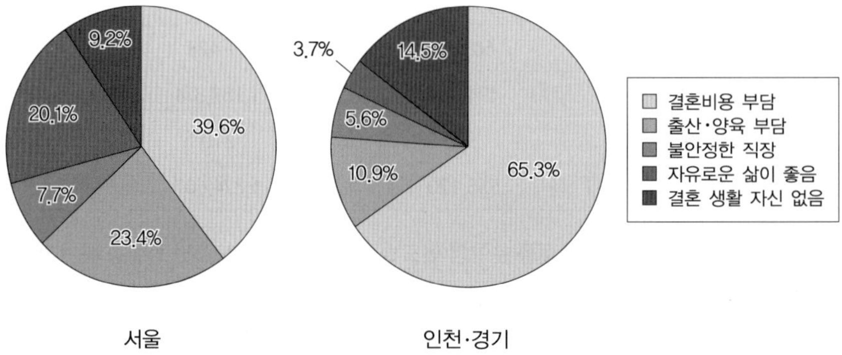

※ 출처: KOSIS(한국청소년정책연구원, 청년사회·경제실태조사)

① 서울 지역의 결혼을 망설인 이유에 대해 '결혼비용 부담'이라고 응답한 비율을 제외한 나머지 응답 비율은 61.4%이다.

② 서울과 인천·경기 지역의 결혼을 망설인 이유에 대한 응답 비율이 높은 항목부터 순서대로 나열하면 두 지역의 순위는 서로 동일하다.

③ 제시된 항목 중 서울과 인천·경기 지역의 응답 비율 차이가 가장 작은 항목은 '불안정한 직장'이다.

④ 제시된 항목 중 서울과 인천·경기 지역의 응답 비율 평균이 두 번째로 높은 항목은 '자유로운 삶이 좋음'이다.

⑤ 응답 비율이 높은 상위 3가지 항목의 비율 합은 인천·경기 지역이 서울 지역보다 6.6%p 더 크다.

14 다음은 S 지역의 성인의 종이책 독서율과 전자책 독서율을 나타낸 자료이다. 다음 중 자료에 대한 설명으로 옳지 않은 것을 고르시오.

[종이책 독서율]

(단위: %)

구분		2020년	2022년	2024년
성	남성	70.3	65.5	58.2
	여성	72.4	65.2	61.5
연령	30대	82.1	77.1	68.9
	40대	77.4	72.2	61.9
	50대	61.7	60.2	52.2
	60대 이상	48.4	36.9	47.8

[전자책 독서율]

(단위: %)

구분		2020년	2022년	2024년
성	남성	14.7	11.6	15.8
	여성	13.1	8.8	12.3
연령	30대	21.3	14.2	22.7
	40대	11.0	7.7	13.8
	50대	4.5	3.5	3.5
	60대 이상	2.5	1.0	1.3

① 2024년 종이책 독서율이 2년 전 대비 가장 많이 감소한 연령의 2022년 전자책 독서율은 2년 전 대비 3.3%p 감소하였다.

② 2022년 남성의 종이책 독서율은 2022년 남성의 전자책 독서율의 5배 미만이다.

③ 2020년 종이책 독서율의 조사대상자 중 30대가 1,071명이었다면, 종이책을 읽지 않은 30대는 190명 이상이다.

④ 2024년 종이책 독서율이 2년 전 대비 증가한 연령의 전자책 독서율은 제시된 기간 중 2020년에 가장 높다.

⑤ 2020년 남성과 여성 중 전자책을 읽지 않은 비율이 높은 성별의 2024년 전자책 독서율의 2년 전 대비 증가율은 35% 이상이다.

15 다음은 충청북도의 운전면허시험 응시자 및 합격자 수와 2019년 운전면허 소지자 수에 대한 자료이다. 다음 중 자료에 대한 설명으로 옳지 않은 것을 고르시오.

[운전면허시험 응시자 및 합격자 수]

(단위: 명)

구분		2017년		2018년		2019년	
		응시자	합격자	응시자	합격자	응시자	합격자
1종	대형	7,637	4,467	7,316	4,254	4,117	3,449
	보통	32,853	17,439	19,573	11,464	27,865	17,222
	특수	2,396	2,123	1,614	1,374	1,880	1,711
	소계	42,886	24,029	28,503	17,092	33,862	22,382
2종	보통	43,855	27,029	24,675	16,492	37,942	28,026
	소형	2,634	1,260	2,827	1,338	1,187	1,070
	원동기	1,044	586	789	468	30	28
	소계	47,533	28,875	28,291	18,298	39,159	29,124
총계		90,419	52,904	56,794	35,390	73,021	51,506

[2019년 운전면허 소지자 수]

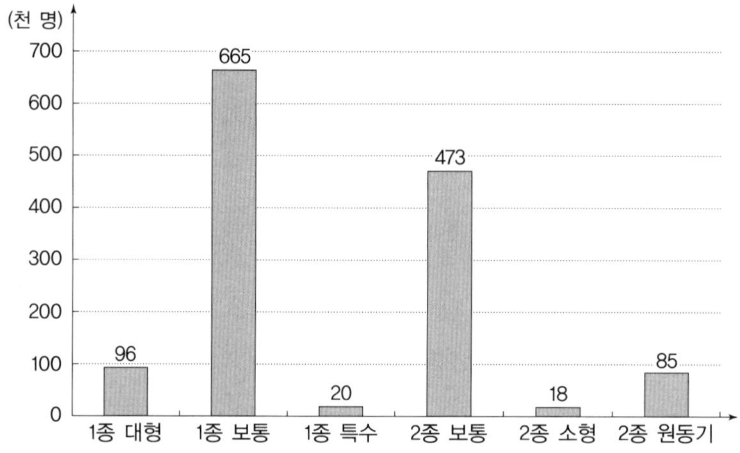

※ 출처: KOSIS(충청북도, 충청북도기본통계)

① 2018년 이후 1종 전체 운전면허시험 응시자 수와 2종 전체 운전면허시험 응시자 수의 전년 대비 증감 추이는 서로 동일하다.

② 2019년 1종 전체 운전면허 소지자 수는 2종 전체 운전면허 소지자 수의 1.5배 미만이다.

③ 2017~2019년 1종 보통 운전면허시험 합격자 수의 평균은 2종 보통 운전면허시험 합격자 수의 평균보다 작다.

④ 제시된 기간 동안 1종 대형 운전면허시험 응시자 수의 합은 20,000명 미만이다.

⑤ 2019년 1종 대형 운전면허 소지자 수에서 2019년 1종 대형 운전면허시험 합격자 수가 차지하는 비중은 같은 해 2종 소형 운전면허 소지자 수에서 2019년 2종 소형 운전면허시험 합격자 수가 차지하는 비중보다 크다.

16 다음은 교원 1인당 학생 수를 나타낸 자료이다. 다음 중 자료에 대한 설명으로 옳은 것을 고르시오.

[연도별 교원 1인당 학생 수]

(단위: 명)

구분	2018년	2019년	2020년	2021년	2022년	2023년	2024년
유치원	15.5	15.2	14.8	14.6	14.5	14.3	13.4
초등학교	21.3	19.8	18.7	17.3	16.3	15.3	14.9
중학교	18.8	18.4	18.2	17.3	16.7	16.0	15.2
고등학교	15.5	15.7	15.5	14.8	14.4	14.2	13.7
전문대학	41.6	39.3	39.4	39.1	37.7	37.2	37.1
일반대학	27.7	27.3	27.0	25.7	25.7	25.4	25.2

※ 1) 교원 1인당 학생 수 = 재적 학생 수 / 재직 교원 수
2) 교원 1인당 학생 수는 학생의 교육환경 정도를 알 수 있는 척도로 수치가 낮을수록 상대적으로 교육환경이 좋음을 뜻함

① 2022년 일반대학의 재적 학생 수와 재직 교원 수는 각각 전년도와 동일했다.

② 유치원의 교원 1인당 학생 수보다 고등학교의 교원 1인당 학생 수가 더 낮았던 해는 2개이다.

③ 2019년 이후 전문대학 학생의 교육환경은 매년 전년 대비 더 좋아졌다.

④ 2024년 교원 1인당 학생 수가 전년 대비 가장 많이 줄어든 학교급은 중학교이다.

⑤ 제시된 기간 동안 초등학교의 재직 교원 수가 매년 동일했다면, 초등학교의 재적 학생 수는 매년 증가했다.

[17 - 18] 다음은 2015~2018년 지역별 공공의료기관 병상 수와 2018년 서울특별시의 기능별 공공의료기관 병상 수에 대한 자료이다. 각 물음에 답하시오.

[지역별 공공의료기관 병상 수]

(단위: 개)

구분	2015년	2016년	2017년	2018년
전국	63,476	64,735	64,385	63,924
서울특별시	8,672	8,553	8,453	8,333
부산광역시	4,078	4,117	4,150	4,010
대구광역시	3,514	3,669	3,653	3,654
인천광역시	1,286	1,196	1,233	1,380
광주광역시	2,675	2,709	2,724	2,753
대전광역시	3,180	3,179	3,141	3,129

[2018년 기능별 서울특별시 공공의료기관 병상 수]

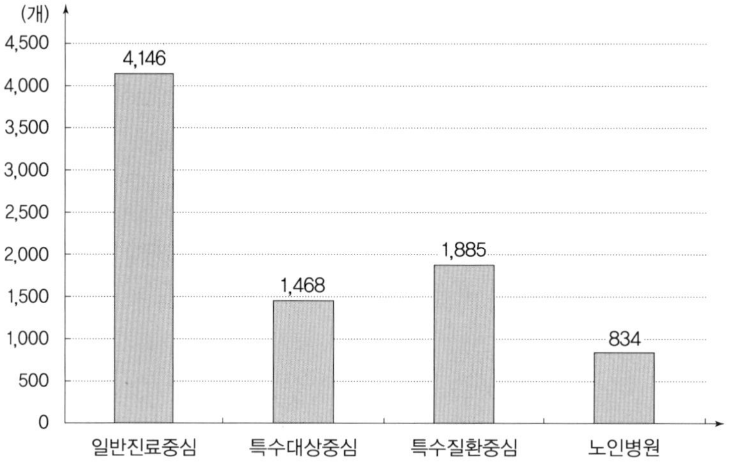

※ 공공의료기관 병상의 기능은 일반진료중심, 특수대상중심, 특수질환중심, 노인병원으로 분류됨

※ 출처: KOSIS(국립중앙의료원, 공공의료기관현황)

17 제시된 지역 중 2016년 이후 공공의료기관 병상 수의 전년 대비 증감 추이가 전국과 매년 다른 지역의 2018년 노인병원 병상 수는 286개이고 나머지 기능별 공공의료기관 병상 수는 각각 120개 이상이면, 2018년 일반진료중심의 최대 병상 수는?

① 614개 ② 734개 ③ 854개 ④ 974개 ⑤ 1,094개

18 다음 중 자료에 대한 설명으로 옳은 것을 고르시오.

① 2018년 서울특별시의 공공의료기관 병상 수에서 일반진료중심 병상 수가 차지하는 비중은 50% 이상이다.
② 2017년 서울특별시와 대구광역시의 공공의료기관 병상 수의 차이는 전년 대비 84개 증가하였다.
③ 2015년 공공의료기관 병상 수는 서울특별시가 대전광역시의 2.5배 이하이다.
④ 2017년 공공의료기관 병상 수의 전년 대비 증가량은 광주광역시가 인천광역시보다 크다.
⑤ 2018년 지역별 공공의료기관 병상 수에서 노인병원 병상 수가 차지하는 비중이 서울특별시와 부산광역시가 같다면, 2018년 부산광역시의 노인병원 병상 수는 380개 이상이다.

19 다음은 A 도의 최고 기온에 대한 자료이다. 이를 바탕으로 2024년 최고 기온을 바르게 나타낸 것을 고르시오.

[2023년 최고 기온]

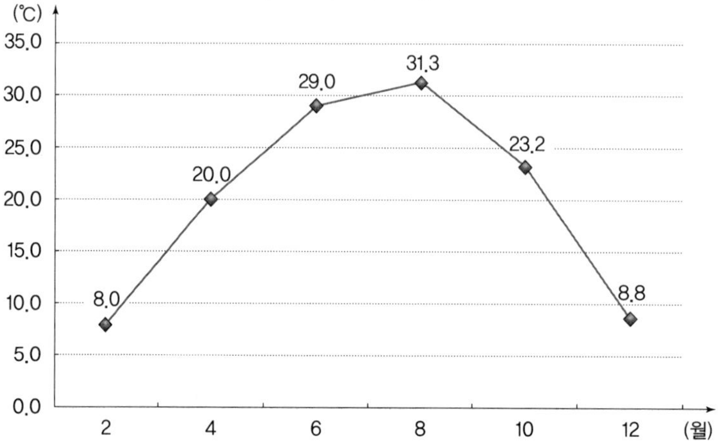

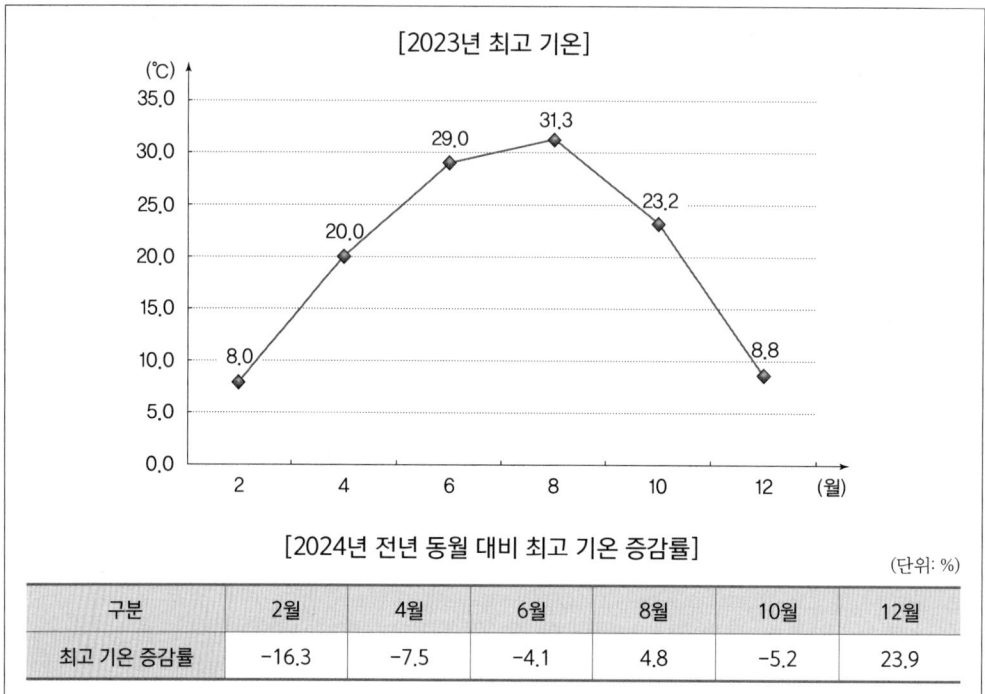

[2024년 전년 동월 대비 최고 기온 증감률]

(단위: %)

구분	2월	4월	6월	8월	10월	12월
최고 기온 증감률	-16.3	-7.5	-4.1	4.8	-5.2	23.9

①

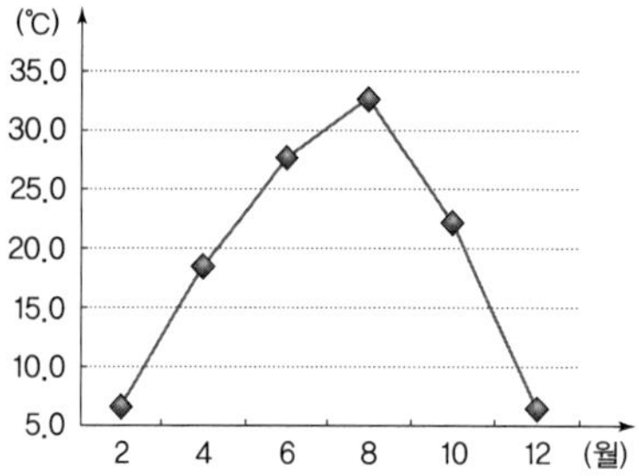

②

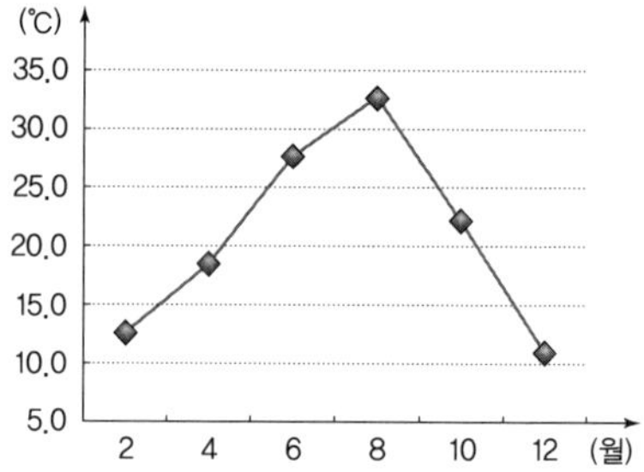

③

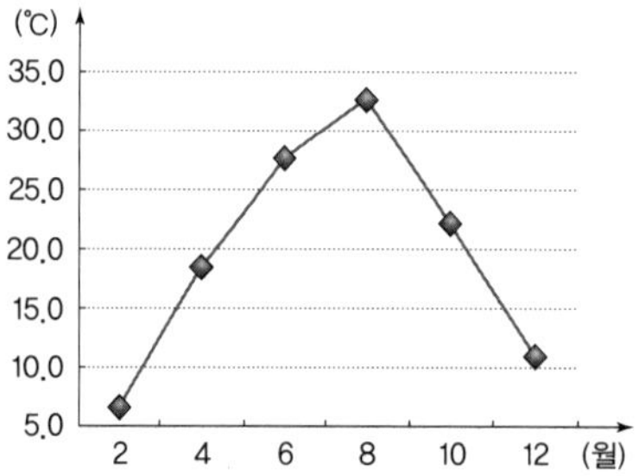

④

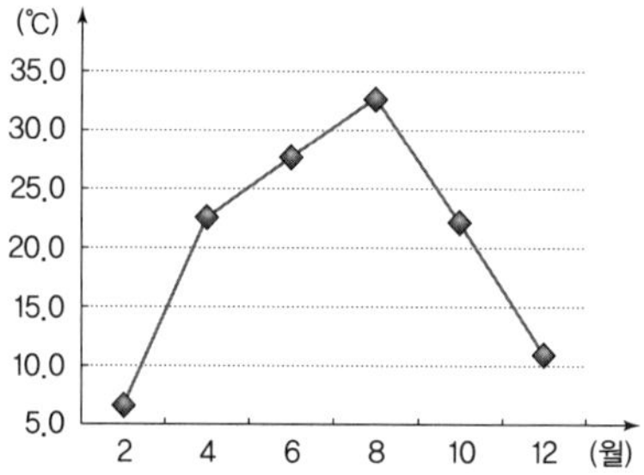

⑤

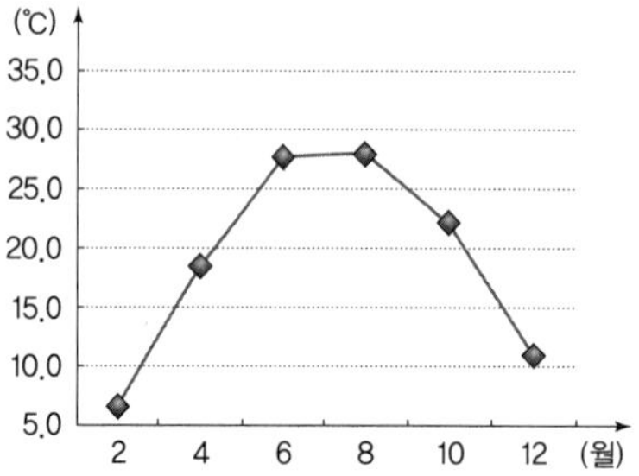

20 다음은 주요 지역별 농가 수 및 재배면적 관련 자료이다. 다음 중 자료에 대한 설명으로 옳지 않은 것을 고르시오.

[지역별 농가 수 및 논·밭 재배면적]

구분	농가 수(가구)	논 면적(ha)	밭 면적(ha)	과수원 면적(ha)
경기도	126,679	82,067	53,342	8,105
강원도	73,082	32,299	58,931	3,110
충청북도	74,611	39,785	47,726	14,571
충청남도	132,008	146,303	61,898	15,293
전라북도	100,362	121,740	46,341	8,946
전라남도	150,141	169,014	79,899	16,593
경상북도	184,642	104,686	101,299	47,522
경상남도	131,455	73,912	51,870	21,692

※ 1) 농가 수는 논이나 밭을 직접 경작하는 가구를 의미함
2) 과수원 면적은 밭 면적의 일부에 해당함
※ 출처: KOSIS(통계청, 농림어업총조사)

① 제시된 지역 중 농가 수가 가장 많은 지역은 과수원 면적도 다른 지역에 비해 가장 넓다.

② 충청남도의 밭 면적에서 과수원 면적이 차지하는 비중은 20% 이상이다.

③ 지역별 논 면적과 밭 면적의 합은 강원도가 가장 좁다.

④ 농가 한 가구당 평균 논 면적은 전라북도가 전라남도보다 넓다.

⑤ 논 면적이 두 번째로 넓은 지역과 밭 면적이 두 번째로 넓은 지역은 다르다.

해설 p.56

01 현지는 농도가 22%인 소금물의 20%를 증발시킨 후 소금 50g을 섞어 농도가 40%인 소금물을 만들었다. 증발시키기 전에 농도가 22%인 소금물의 양은?

① 240g ② 300g ③ 360g ④ 400g ⑤ 450g

02 길이가 100m인 기차 A와 길이가 200m인 기차 B는 길이가 2.4km인 터널을 향해 서로 반대 방향으로 이동하고 있다. 기차 A가 터널에 진입한 지 10초 후 기차 B가 터널에 진입했으며, 기차 B가 터널에 진입한 지 10초 후 두 기차는 터널 안에서 만났다. 기차 B의 속력이 기차 A보다 30m/s 빠를 때, 기차 B의 속력은? (단, 기차 A와 B의 속력은 일정하다.)

① 40m/s ② 60m/s ③ 80m/s ④ 100m/s ⑤ 120m/s

03 농도가 20%인 소금물 100g에 농도가 10%인 소금물 50g을 넣은 후 소금을 추가로 더 넣어 농도가 20%인 소금물을 만들었을 때, 추가한 소금의 양은?

① 4.5g ② 6.25g ③ 8g ④ 10.5g ⑤ 12.5g

04 처음에는 원가가 5,000원인 상품에 40%의 이익이 남도록 정가를 정했지만, 가격이 높아 소비자의 불만이 예측된다는 보고로 인해 최종적으로 처음의 정가에서 x원을 할인하여 판매하기로 하였다. 상품을 판매했을 때 얻을 수 있는 이익이 1,300원 이상이라면, 할인액의 최댓값은?

① 500원 ② 550원 ③ 600원 ④ 650원 ⑤ 700원

05 승현이와 도희는 단판으로 가위바위보 게임을 진행하려고 한다. 승부가 날 때까지 가위바위보를 계속 진행할 때, 승현이와 도희가 세 번째 판에서 승부가 날 확률은?

① $\frac{1}{81}$ ② $\frac{2}{81}$ ③ $\frac{1}{27}$ ④ $\frac{1}{18}$ ⑤ $\frac{2}{27}$

06 가로의 길이가 20cm, 세로의 길이가 12cm인 직사각형 모양의 벽돌로 정사각형 모양의 담장을 만들려고 한다. 벽돌로 만들 수 있는 가장 작은 크기의 담장 한 변의 길이는? (단, 당장에는 빈 공간이 없어야 한다.)

① 20cm ② 30cm ③ 40cm ④ 50cm ⑤ 60cm

07 은영이는 2,000원짜리 붕어빵과 1,500원짜리 초콜릿을 36,000원 이내로 총 20개 구입하려고 한다. 은영이가 구입할 수 있는 붕어빵의 최대 개수는?

① 11개 ② 12개 ③ 13개 ④ 14개 ⑤ 15개

08 기차가 일정한 속력으로 두 개의 터널을 통과한다. 첫 번째 터널의 길이는 600m이고 기차가 터널을 완전히 통과하는 데 48초가 걸리며, 두 번째 터널의 길이는 450m이고 기차가 터널을 완전히 통과하는 데 38초가 걸린다고 할 때, 기차의 길이는?

① 115m ② 120m ③ 125m ④ 130m ⑤ 135m

09 동일한 부품을 제작하는 업체 A 사와 B 사 중 한 곳과 계약을 진행하려고 한다. 업체별 계약금, 부품 1개당 제작 비용과 판매 금액은 각각 아래와 같다. B 사와 계약했을 때의 매출 이익이 더 높으려면 최소 몇 개의 부품을 판매해야 하는가? (단, 부품을 제작하는 데 드는 비용은 계약금과 제작 비용뿐이다.)

구분	계약금	제작 비용	판매 금액
A 사	70만 원	5,000원	8,000원
B 사	90만 원	10,000원	15,000원

① 99개 ② 100개 ③ 101개 ④ 110개 ⑤ 111개

10 다음 그림에서 A에서 B로 이동할 때, P와 Q를 거쳐 이동하는 최단 거리 경우의 수는?

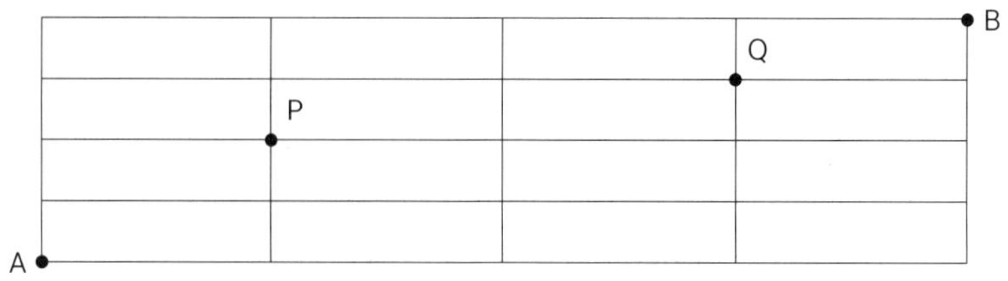

① 18가지 ② 21가지 ③ 24가지 ④ 27가지 ⑤ 30가지

11 ○○그룹의 직원 30명은 지하철, 시내버스, 시외버스 중 한 가지 이상의 대중교통을 이용하여 출근한다. 지하철과 시내버스를 함께 이용하는 직원은 8명, 시내버스와 시외버스를 함께 이용하는 직원은 5명, 지하철과 시외버스를 함께 이용하는 직원은 6명이다. 지하철을 이용하는 직원이 21명, 시내버스는 16명, 시외버스는 10명일 때, 세 종류의 대중교통을 모두 이용하여 출근하는 직원 수는?

① 6명 ② 5명 ③ 3명 ④ 2명 ⑤ 0명

12 강의 상류에서 하류로 내려가는 보트가 2km/h의 속력으로 8km를 가는데 2시간이 걸렸다. 이때 강의 유속은?

① 2km/h ② 3km/h ③ 4km/h ④ 5km/h ⑤ 6km/h

13 A는 1시간 동안 전체 작업량의 $\frac{1}{10}$을 작업하고, B는 1시간 동안 전체 작업량의 $\frac{1}{5}$을 작업한다. 두 사람이 2시간 동안 함께 작업하다가 나머지를 모두 B가 혼자 작업했다고 할 때, B 혼자 작업한 시간은?

① 1시간 ② 1시간 30분 ③ 2시간 ④ 2시간 30분 ⑤ 3시간 30분

14 갑 기업은 생산에 필요한 재료를 A, B 두 업체에서 모두 구매하기로 하였다. A 업체는 보유 중인 재료의 $\frac{1}{4}$을 갑 기업에 판매하여 900개가 남았고, B 업체는 보유 중인 재료의 $\frac{1}{3}$을 갑 기업에 판매하여 1,000개가 남았다고 할 때, 갑 기업이 구매한 재료의 총 개수는?

① 700개 ② 800개 ③ 900개 ④ 1,000개 ⑤ 1,100개

15 갑과 을이 각각 사탕 2개씩 가지고 퍼즐 맞추기 게임을 한다. 제한 시간 내에 상대보다 먼저 퍼즐을 맞추면 이긴 것으로 상대의 사탕을 1개 가져오고, 제한 시간 내에 둘 다 퍼즐을 맞추지 못하면 비긴 것으로 사탕을 그대로 둔다. 갑이 이길 확률은 50%, 을이 이길 확률은 30%, 비길 확률을 20%이고, 갑과 을이 4판의 퍼즐 맞추기 게임을 했을 때, 갑이 사탕 4개를 가지고 있을 확률은? (단, 갑 또는 을이 보유한 사탕이 0개가 되면 게임이 종료된다.)

① $\frac{9}{100}$ ② $\frac{1}{10}$ ③ $\frac{21}{200}$ ④ $\frac{23}{100}$ ⑤ $\frac{3}{25}$

16 볼펜 한 개를 생산할 때 정상 제품으로 제작되면 300원의 수익이 발생하고, 불량 제품으로 제작되면 100원의 손실이 발생한다. 350개의 볼펜을 생산했을 때, 이익을 얻으려면 불량 제품은 최대 몇 개여야 하는가?

① 260개 ② 262개 ③ 264개 ④ 266개 ⑤ 268개

17 형수와 지형이는 가위바위보를 하여 진 사람이 이긴 사람에게 자신의 카드를 5장씩 주는 게임을 하였다. 게임이 끝난 후 형수의 카드는 게임 전의 40%인 60장만 남아 있다고 할 때, 형수가 가위바위보 게임에서 진 횟수는 최소 몇 회인가?

① 15회 ② 16회 ③ 17회 ④ 18회 ⑤ 19회

18 어느 자전거 판매점에서는 두 발 자전거와 네 발 자전거 두 종류의 자전거 총 60대를 보유하고 있다. 두 종류의 자전거 바퀴 개수가 총 160개일 때, 자전거 판매점에서 보유한 두 발 자전거는 총 몇 대인가?

① 10대 ② 20대 ③ 30대 ④ 40대 ⑤ 50대

19 지영이는 시계탑과 자신의 손목시계가 모두 오전 9시 정각을 가리킬 때 지혜를 만났고, 그날 오후 6시 정각에 시계탑 앞에서 다시 만나기로 약속하였다. 지영이는 시계탑이 가리키는 시각을 기준으로 오후 6시 정각에 시계탑 앞에 도착하였으나 자신의 손목시계가 가리키는 시각은 오후 5시 45분이었을 때, 지영이의 손목시계는 1시간 동안 몇 초씩 느리게 움직이는가? (단, 시계탑은 항상 올바른 시각을 가리킨다.)

① 35초 ② 50초 ③ 65초 ④ 80초 ⑤ 100초

20 할머니, 아버지, 지수의 나이의 합은 123살이다. 할머니의 나이는 아버지의 나이에 2배를 하면 9살이 적고, 아버지는 지수보다 28살이 더 많을 때, 할머니와 아버지의 나이 차이는?

① 25세 ② 27세 ③ 29세 ④ 31세 ⑤ 33세

해설 p.59

01 다음 결론이 반드시 참이 되게 하는 전제를 고르시오.

전제	영화를 좋아하는 모든 사람은 뮤지컬을 좋아하지 않는다.
	연극을 좋아하는 모든 사람은 뮤지컬을 좋아한다.
결론	연극을 좋아하는 모든 사람은 음악을 좋아한다.

① 영화를 좋아하는 어떤 사람은 음악을 좋아한다.

② 음악을 좋아하지 않는 모든 사람은 뮤지컬을 좋아한다.

③ 음악을 좋아하는 어떤 사람은 영화를 좋아하지 않는다.

④ 영화를 좋아하지 않는 모든 사람은 음악을 좋아한다.

⑤ 뮤지컬을 좋아하는 어떤 사람은 음악을 좋아한다.

02 신입사원 A, B, C, D 4명의 평가 결과에 따라 1등부터 4등까지 서로 다른 등수를 매겼으며, 평가 등수에 대해 팀장 X, Y, Z 3명 중 1명은 거짓, 2명은 진실을 말하고 있다. 다음 조건을 모두 고려하였을 때, 항상 거짓인 것을 고르시오.

- X : C가 1등입니다.
- Y : A는 3등이 아니고, B보다 등수가 높습니다.
- Z : B는 2등입니다.

① X가 거짓을 말했다면 C는 3등이다.

② Y가 진실을 말했다면 A는 1등이다.

③ Z가 거짓을 말했다면 B는 D보다 등수가 높다.

④ X가 진실을 말했다면 D의 등수가 가장 낮다.

⑤ Y가 거짓을 말했다면 C는 D보다 등수가 낮다.

03 ○○상가 1, 2, 3, 4, 5호에는 카페, 핸드폰 매장, 미용실, 편의점, 분식집이 있고, 각 장소에 택배 A, B, C, D, E 중 서로 다른 한가지 택배가 배달되었다. 다음 조건을 모두 고려하였을 때, C가 배달된 장소를 고르시오.

- 3호는 분식집이고, A는 분식집에 배달되지 않았다.
- B는 1호에 배달되지 않았다.
- 미용실의 옆집에 C가 배달되었다.
- 5호에는 E가 배달되었다.
- 편의점에 배달된 택배는 D이고, 핸드폰 매장에 배달된 택배는 B가 아니다.
- 핸드폰 매장은 분식집과 편의점 사이에 있으며, 핸드폰 매장에서 가장 멀리 떨어진 곳에 미용실이 있다.

1호	2호	3호	4호	5호

① 카페 ② 핸드폰 매장 ③ 미용실 ④ 편의점 ⑤ 분식집

04 다음 전제를 읽고 반드시 참인 결론을 고르시오.

전제	자기 일을 남에게 떠맡기는 모든 사람은 다른 사람을 잘 믿는다.
	순수한 어떤 사람은 다른 사람을 잘 믿는다.
결론	

① 자기 일을 남에게 떠맡기지 않는 모든 사람은 순수하다.

② 자기 일을 남에게 떠맡기는 사람 중에는 순수한 사람이 있을 수 있다.

③ 순수한 모든 사람은 자기 일을 남에게 떠맡기지 않는다.

④ 순수한 모든 사람은 자기 일을 남에게 떠맡긴다.

⑤ 순수한 사람 중에는 자기 일을 남에게 떠맡기는 사람이 있을 수 없다.

05 신입사원 혜령, 세라, 하민, 혜진, 형기, 권준이가 8인용 원탁에 둘러앉으려고 한다. 다음 조건을 모두 고려하였을 때, 항상 참인 것을 고르시오.

> • 권준이의 옆자리는 비어있지 않아야 한다.
> • 형기의 옆자리는 세라가 앉거나 세라가 앉지 않으면 비어있어야 한다.
> • 세라의 왼쪽 옆자리에는 하민이가 앉는다.
> • 혜령이가 마주 보는 자리는 비어있어야 한다.

① 형기의 왼쪽 두 번째 자리에는 하민이가 앉는다.

② 세라가 마주 보는 자리는 비어있다.

③ 하민이와 혜진이는 마주 보고 앉는다.

④ 혜진이의 옆자리는 비어있지 않는다.

⑤ 권준이의 옆자리에 혜령이가 앉을 수 있다.

06 다음 명제가 모두 참일 때, 항상 참인 문장을 고르시오.

> • 아침 식사를 챙겨 먹지 않는 사람은 활동적이지 않다.
> • 다이어트를 하지 않는 사람은 커피를 마시지 않는다.
> • 홍차를 마시는 사람은 피로를 느끼지 않는다.
> • 조깅을 하는 사람은 활동적이다.
> • 홍차를 마시지 않는 사람은 커피를 마신다.
> • 다이어트를 하는 사람은 아침 식사를 챙겨 먹는다.

① 아침 식사를 챙겨 먹지 않는 사람은 홍차를 마신다.

② 피로를 느끼는 사람은 다이어트를 하지 않는다.

③ 조깅을 하지 않는 사람은 홍차를 마시지 않는다.

④ 커피를 마시지 않는 사람은 피로를 느낀다.

⑤ 다이어트를 하는 사람은 활동적이다.

07 다음 명제가 모두 참일 때, 항상 참인 문장을 고르시오.

- 책을 보는 학생은 졸리지 않다.
- 자전거를 타지 않는 학생은 졸리거나 간식을 먹는다.
- 밥을 먹은 학생은 책을 본다.
- 밥을 먹지 않은 학생은 자전거를 타지 않는다.

① 책을 보는 학생은 자전거를 타지 않는다.

② 졸리지 않고 간식을 먹지 않은 학생은 책을 본다.

③ 책을 보지 않는 학생은 자전거를 탄다.

④ 졸린 학생은 밥을 먹는다.

⑤ 자전거를 타지 않는 학생은 밥을 먹지 않는다.

08 균상, 미라, 성민, 소미, 지영 5명은 A~G 구역 중 하나의 구역에서 세차를 하려고 한다. 다음 조건을 모두 고려하였을 때, 항상 거짓인 것을 고르시오.

- 한 구역에서 한 대의 자동차만 세차할 수 있다.
- 성민이는 C 구역에서 세차를 한다.
- 지영이가 세차를 하는 구역의 양옆에 있는 두 개의 구역에서 세차를 하는 사람은 없다.
- 균상이가 세차를 하는 구역보다 왼쪽에 있는 구역에서 세차를 한 사람은 총 3명이다.

[세차장 배치도]

A 구역	B 구역	C 구역	D 구역	E 구역	F 구역	G 구역

① 성민이와 소미가 세차를 하는 구역 사이에서 세차를 하는 사람은 1명이다.

② 지영이는 E 구역에서 세차를 한다.

③ 균상이가 세차를 하는 구역의 바로 옆에 있는 구역 중 비어 있는 구역이 있다.

④ 미라는 A 구역에서 세차를 한다.

⑤ 성민이가 세차를 하는 구역을 기준으로 왼쪽 구역과 오른쪽 구역에서 세차를 하는 사람의 수는 같다.

09 꽃집을 운영하는 민주는 3열 2단 진열장 안에 국화, 백합, 수국, 작약, 장미 다섯 종류의 꽃을 모두 진열하려고 한다. 다음 조건을 모두 고려하였을 때 항상 참인 것을 고르시오.

- 진열장 한 칸에 한 종류의 꽃만 진열하고, 1열 1단은 꽃병을 보관하는 칸으로 꽃을 진열하지 않는다.
- 백합은 장미 바로 옆 칸에 진열한다.
- 작약은 수국보다 높은 단에 진열한다.

[3열 2단 진열장]

	1열	2열	3열
2단			
1단			

① 백합을 작약 바로 옆 칸에 진열하면, 백합은 2열에 진열한다.

② 작약을 1열에 진열하면, 바로 옆 칸에 장미를 진열한다.

③ 장미를 2열에 진열하면, 백합 바로 아래 칸에 꽃병이 있다.

④ 수국 바로 위 칸에 백합을 진열하면, 국화 바로 위 칸에 작약을 진열한다.

⑤ 작약 바로 아래 칸에 국화를 진열하면, 장미 바로 아래 칸에 수국을 진열한다.

10 학술대회에 참가한 가, 나, 다, 라 4명은 논문 발표 순서를 정하려고 한다. 다음 조건을 모두 고려하였을 때, 항상 거짓인 것을 고르시오.

- 4명은 모두 서로 다른 순서로 발표한다.
- 라는 홀수 번째 순서로 발표한다.
- 나 바로 다음 순서로 발표한 사람은 다가 아니다.
- 가는 두 번째 또는 세 번째 순서로 발표한다.

① 나는 홀수 번째 순서로 발표한다.

② 발표 순서로 가능한 경우의 수는 총 6가지이다.

③ 다는 가보다 먼저 발표한다.

④ 가와 나는 연속한 순서로 발표한다.

⑤ 라는 첫 번째 순서로 발표한다.

11 부장, 과장, 대리, 주임, 사원, 인턴 6명은 교육팀, 환경팀, 촬영팀 중 한 팀에 속하며, 각 팀은 2명의 팀원으로 구성되어 있다. 다음 조건을 모두 고려하였을 때, 촬영팀에 속할 수 없는 사람을 고르시오.

- 부장은 환경팀에 속한다.
- 과장과 사원은 같은 팀에 속한다.
- 주임은 교육팀 또는 촬영팀에 속한다.
- 인턴이 속한 팀은 환경팀이 아니다.

① 과장 ② 대리 ③ 주임 ④ 사원 ⑤ 인턴

12 다음 명제가 모두 참일 때, 항상 참인 문장을 고르시오.

- 안압이 높은 사람은 백내장에 걸린다.
- 렌즈를 끼는 사람은 눈이 건조하다.
- 눈이 쉽게 피로해지는 사람은 라식 수술을 한다.
- 안경을 쓰지 않는 사람은 안압이 높다.
- 눈이 건조한 사람은 눈이 쉽게 피로해진다.
- 시력이 좋은 사람은 백내장에 걸리지 않는다.
- 루테인을 섭취하는 사람은 라식 수술을 하지 않는다.

① 안경을 쓰지 않는 사람은 시력이 좋다.

② 백내장에 걸린 사람은 눈이 건조하다.

③ 눈이 쉽게 피로해지지 않는 사람은 렌즈를 낀다.

④ 안압이 높은 사람은 라식 수술을 한다.

⑤ 눈이 건조한 사람은 루테인을 섭취하지 않는다.

13 나은, 예슬, 정민, 유진, 도연 5명은 놀이기구를 타기 위해 한 줄로 섰다. 홀수 번째로 줄을 선 사람은 진실, 짝수 번째로 줄을 선 사람은 거짓을 말했을 때, 세 번째로 줄을 선 사람을 고르시오.

- 나은: 유진이보다 뒤에 선 사람은 없어.
- 예슬: 난 첫 번째 순서로 줄을 섰어.
- 정민: 예슬이는 거짓을 말하고 있어.
- 유진: 나는 다섯 번째로 줄을 섰어.
- 도연: 정민이는 세 번째 순서로 줄을 섰어.

① 나은 ② 예슬 ③ 정민 ④ 유진 ⑤ 도연

14 A, B, C, D, E, F, G, H 8명은 체육대회 종목인 야구에 3명, 보드게임에 3명, 축구에 2명씩 나뉘어 참여하려고 한다. 다음 조건을 모두 고려하였을 때, 항상 거짓인 것을 고르시오.

- A~H는 각자 야구, 보드게임, 축구 중 한 종목에만 참여한다.
- A와 B는 서로 다른 종목에 참여한다.
- C와 E가 참여하는 종목은 서로 다르다.
- D, F, G는 같은 종목에 참여한다.

① G는 야구에 참여한다.

② E가 참여하는 종목에는 총 2명이 참여한다.

③ A와 C는 같은 종목에 참여한다.

④ B는 보드게임에 참여한다.

⑤ H는 축구에 참여한다.

15 가영, 나영, 다영, 라영 4명의 모델은 A 라인, H 라인, 머메이드라인, 벨라인 드레스 중 서로 다른 1개의 드레스를 입고 순서대로 화보를 촬영하였다. 다음 조건을 모두 고려하였을 때, 항상 참인 것을 고르시오.

- 나영이는 가영이 바로 다음 순서로 화보를 촬영하였다.
- 머메이드라인 드레스를 입은 사람이 가장 먼저 화보를 촬영하였다.
- H 라인 드레스를 입은 사람과 벨라인 드레스를 입은 사람 사이에 화보를 촬영한 사람은 1명이다.
- 마지막으로 화보를 촬영한 사람은 라영이다.

① 가영이는 머메이드라인 드레스를 입고 화보를 촬영하였다.
② 다영이보다 먼저 화보를 촬영한 사람은 2명이다.
③ 머메이드라인 드레스를 입은 사람은 벨라인 드레스를 입은 사람과 연이어 화보를 촬영하였다.
④ 나영이가 벨라인 드레스를 입었다면, 라영이는 H 라인 드레스를 입었다.
⑤ 다영이가 머메이드라인 드레스를 입었다면, 가영이는 벨라인 드레스를 입었다.

16 다음 명제가 모두 참일 때, 항상 참인 문장을 고르시오.

- 용재가 출근하면 정우는 출근하지 않는다.
- 명현이가 출근하지 않으면 윤상이 또는 동찬이가 출근한다.
- 대명이와 선주가 모두 출근하면 정우도 출근한다.
- 정우가 출근하지 않으면 윤상이도 출근하지 않는다.
- 동찬이가 출근하지 않으면 선주가 출근한다.

① 용재가 출근하고 동찬이가 출근하지 않으면 명현이가 출근한다.
② 명현이가 출근하지 않으면 대명이와 선주가 모두 출근하지 않는다.
③ 선주가 출근하지 않으면 윤상이가 출근한다.
④ 대명이와 선주가 모두 출근하면 윤상이도 출근한다.
⑤ 정우가 출근하면 용재는 출근하지 않고 동찬이는 출근한다.

17 다음 명제가 모두 참일 때, 항상 참인 문장을 고르시오.

- 바다를 좋아하지 않는 사람은 등산을 좋아한다.
- 산을 좋아하지 않는 사람은 바다를 좋아한다.
- 바다를 좋아하지 않는 사람은 수영을 좋아하지 않는다.
- 산을 좋아하는 사람은 레저를 좋아한다.
- 등산을 좋아하거나 수영을 좋아하는 사람은 레저를 좋아한다.

① 바다를 좋아하지 않는 사람은 레저를 좋아하지 않는다.

② 수영을 좋아하는 사람은 산을 좋아하지 않는다.

③ 바다를 좋아하는 사람은 등산을 좋아한다.

④ 레저를 좋아하지 않는 사람은 바다를 좋아한다.

⑤ 산을 좋아하지 않는 사람은 레저를 좋아하지 않는다.

18 A, B, C, D, E, F, G 7명 중 5년 차 직원만 노트북을 교체하였다. 다음 조건을 모두 고려하였을 때, 노트북을 교체한 사람을 고르시오.

- 7명의 연차는 3, 4, 5, 6년 차 중 하나이며, 각 연차에 해당하는 직원은 적어도 1명 이상이다.
- B는 D보다 1년 먼저 입사했고, F는 C보다 3년 먼저 입사했다.
- E보다 먼저 입사한 직원은 1명이고, 늦게 입사한 직원은 4명이다.
- A는 3년 차이며, B보다 2년 늦게 입사했다.

① B, E ② B, G ③ D, G ④ E, F ⑤ E, G

19 다미, 미주, 보라, 세희, 정하, 현지 6명은 같은 곳을 바라보며 키가 작은 순서대로 한 줄로 서 있다. 다음 조건을 모두 고려하였을 때, 항상 거짓인 것을 고르시오.

- 6명의 키는 모두 서로 다르다.
- 보라보다 키가 큰 사람은 2명이다.
- 세희 바로 뒤에 줄을 서 있는 사람은 미주이다.
- 현지보다 키가 작은 사람은 보라보다 키가 큰 사람에 비해 2명 더 많다.

① 현지 바로 앞뒤로 줄을 서 있는 사람은 보라와 정하이다.
② 세희와 현지 사이에 줄을 서 있는 사람이 3명이면, 미주와 정하 사이에 줄을 서 있는 사람도 3명이다.
③ 보라가 다미 바로 뒤에 줄을 서 있다면, 미주는 두 번째로 줄을 서 있다.
④ 미주와 정하 사이에 줄을 서 있는 사람이 1명이면, 세희는 맨 앞에 줄을 서 있다.
⑤ 정하가 맨 뒤에 줄을 서 있다면, 다미는 맨 앞에 줄을 서 있다.

20 다음 결론이 반드시 참이 되게 하는 전제를 고르시오.

전제	사회 경험이 많은 사람은 모두 세상의 흐름을 읽을 줄 안다.
결론	도덕적인 어떤 사람은 사회 경험이 많다.

① 세상의 흐름을 읽을 줄 모르는 모든 사람은 비도덕적이다.
② 세상의 흐름을 읽을 줄 아는 모든 사람은 도덕적이다.
③ 세상의 흐름을 읽을 줄 아는 어떤 사람은 도덕적이다.
④ 비도덕적인 모든 사람이 세상의 흐름을 읽을 줄 아는 것은 아니다.
⑤ 도덕적인 모든 사람은 세상의 흐름을 읽을 줄 안다.

해설 p.65

01 일정한 규칙으로 나열된 수를 통해 빈칸에 들어갈 알맞은 숫자를 고르시오.

30,240 10,080 2,520 504 ( )

① 31 ② 42 ③ 84 ④ 126 ⑤ 252

02 일정한 규칙으로 나열된 수를 통해 빈칸에 들어갈 알맞은 숫자를 고르시오.

$\frac{64}{31}$ $\frac{96}{73}$ $\frac{6}{7}$ $\frac{4}{7}$ $\frac{12}{31}$ $\frac{6}{23}$ ( )

① $\frac{1}{9}$ ② $\frac{13}{18}$ ③ $\frac{1}{6}$ ④ $\frac{13}{28}$ ⑤ $\frac{5}{14}$

03 일정한 규칙으로 나열된 수를 통해 8번째 항의 값으로 알맞은 숫자를 고르시오.

18 54 162 486 ···

① 8,564 ② 9,746 ③ 13,122 ④ 39,366 ⑤ 118,098

04 일정한 규칙으로 나열된 수를 통해 빈칸에 들어갈 알맞은 숫자를 고르시오.

$\frac{1}{3}$	$\frac{1}{5}$	A	$\frac{3}{5}$	$\frac{5}{3}$	1	$\frac{7}{3}$	B	3

A − B = □

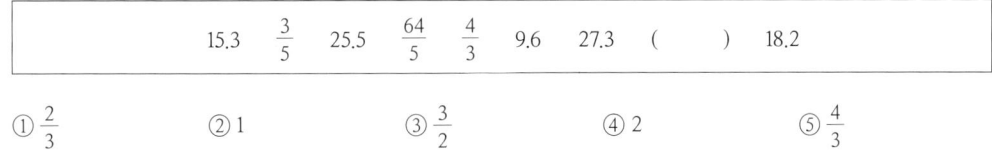

① $-\frac{2}{5}$ ② 0 ③ $\frac{3}{5}$ ④ 1 ⑤ $\frac{7}{5}$

05 일정한 규칙으로 나열된 수를 통해 빈칸에 들어갈 알맞은 숫자를 고르시오.

15.3 $\frac{3}{5}$ 25.5 $\frac{64}{5}$ $\frac{4}{3}$ 9.6 27.3 ( ) 18.2

① $\frac{2}{3}$ ② 1 ③ $\frac{3}{2}$ ④ 2 ⑤ $\frac{4}{3}$

06 일정한 규칙으로 나열된 수를 통해 30번째 항의 값으로 알맞은 숫자를 고르시오.

7 16 25 34 43 52 …

① 205 ② 232 ③ 250 ④ 268 ⑤ 277

07 일정한 규칙으로 나열된 수를 통해 12번째 항의 값으로 알맞은 숫자를 고르시오.

$$\frac{2}{12} \quad \frac{6}{20} \quad \frac{12}{30} \quad \frac{20}{42} \quad \frac{30}{56} \quad \cdots$$

① $\frac{110}{156}$ ② $\frac{132}{182}$ ③ $\frac{156}{210}$ ④ $\frac{182}{240}$ ⑤ $\frac{210}{272}$

08 일정한 규칙으로 나열된 수를 통해 빈칸에 들어갈 알맞은 숫자를 고르시오.

5 16 10 18 30 21 ( ) 25

① 25 ② 42 ③ 84 ④ 90 ⑤ 120

09 일정한 규칙으로 나열된 수를 통해 빈칸에 들어갈 알맞은 숫자를 고르시오.

20 25 32 41 52 65 ( )

① 70 ② 72 ③ 75 ④ 80 ⑤ 85

10 일정한 규칙으로 나열된 수를 통해 빈칸에 들어갈 알맞은 숫자를 고르시오.

324	327	318	345	A	507	-222	B

A - B = ( )

① -2,229 ② -1,701 ③ 499 ④ 1,387 ⑤ 1,965

11 일정한 규칙으로 나열된 수를 통해 빈칸에 들어갈 알맞은 숫자를 고르시오.

$\frac{1}{5}$ $\frac{3}{10}$ $\frac{5}{10}$ $\frac{7}{20}$ $\frac{9}{20}$ $\frac{11}{40}$ (　　)

① $\frac{9}{40}$　② $\frac{11}{40}$　③ $\frac{13}{40}$　④ $\frac{13}{80}$　⑤ $\frac{15}{80}$

12 일정한 규칙으로 나열된 수를 통해 빈칸에 들어갈 알맞은 숫자를 고르시오.

−6　15　24　30　−96　60　(　　)

① −384　② −120　③ 120　④ 192　⑤ 384

13 일정한 규칙으로 나열된 수를 통해 11번째 항의 값으로 알맞은 숫자를 고르시오.

$\frac{4}{7}$ $\frac{2}{7}$ $\frac{4}{21}$ $\frac{1}{7}$ $\frac{4}{35}$ $\frac{2}{21}$ …

① $\frac{3}{77}$　② $\frac{10}{231}$　③ $\frac{4}{77}$　④ $\frac{2}{33}$　⑤ $\frac{4}{33}$

14 일정한 규칙으로 나열된 수를 통해 빈칸에 들어갈 알맞은 숫자를 고르시오.

5　13　2　10　6　4　9　4　(　　)

① 7　② 10　③ 15　④ 18　⑤ 20

15 일정한 규칙으로 나열된 수를 통해 빈칸에 들어갈 알맞은 숫자를 고르시오.

-3 6 24 18 -36 -144 -150 (   )

① -300 ② -200 ③ 100 ④ 200 ⑤ 300

16 ↓부터 시계 방향으로 돌아갈 때, 일정한 규칙을 찾아 빈칸에 들어갈 알맞은 숫자를 고르시오.

↓

8	6	12
( )		6
3	9	3

① 20 ② 3 ③ 1 ④ -1 ⑤ -3

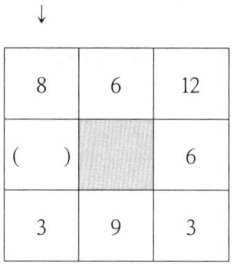

17 일정한 규칙으로 나열된 수를 통해 빈칸에 들어갈 알맞은 숫자를 고르시오.

15	5	-10	-15	A	10	15	5	B

A + B = [   ]

① -20 ② -15 ③ -5 ④ 10 ⑤ 25

18 일정한 규칙으로 나열된 수를 통해 빈칸에 들어갈 알맞은 숫자를 고르시오.

123 162 193 216 231 238 (   )

① 225 ② 227 ③ 229 ④ 237 ⑤ 245

19 일정한 규칙으로 나열된 수를 통해 빈칸에 들어갈 알맞은 숫자를 고르시오.

12 5 49 35 27 64 26 17 (   )

① 36 ② 57 ③ 79 ④ 81 ⑤ 95

20 일정한 규칙으로 나열된 수를 통해 빈칸에 들어갈 알맞은 숫자를 고르시오.

5 9 14 23 37 60 (   )

① 87 ② 95 ③ 97 ④ 101 ⑤ 120

약점 보완 해설집 p.46

실전모의고사 3회

* 모의고사의 시작과 종료 시각을 정하세요.

언어이해 (15분)	시 분~ 시 분
자료해석 (15분)	시 분~ 시 분
창의수리 (15분)	시 분~ 시 분
언어추리 (15분)	시 분~ 시 분
수열추리 (15분)	시 분~ 시 분

01 언어이해

해설 p.70

01 다음 글의 내용과 일치하는 것을 고르시오.

1940년 프랑스 남부 몽티냑 마을에 살던 네 명의 소년은 중세시대의 고성으로 연결되는 비밀통로를 찾던 중, 우연히 발견한 구멍을 파헤친 끝에 라스코 동굴을 발견하였다. 소식을 들은 고고학자 앙리 브뢰이의 조사단이 동굴을 탐사한 결과 형성 시기는 알 수 없으나, 빙하기 말 무렵 인류가 추위를 피해 거주하던 곳으로 밝혀졌다. 동굴은 주 동굴, 주변 동굴, 주 동굴 우측의 작은 동굴로 구성되어 있으며, 주 동굴에는 약 15m 길이의 광장이 있고 그 벽면에는 4.8m에서 5.5m가량의 커다란 소가 여러 마리 그려져 있다. 또한, 주변 동굴에는 거꾸로 그려진 말이, 주 동굴 우측 작은 동굴에는 각종 문양, 사슴, 산양 무리, 소 등이 여러 기호와 함께 그려져 있다. 추후 탄소연대측정법으로 조사한 결과 동굴 벽화는 기원전 1만 8천 년에서 1만 5천 년 사이에 그려진 것으로 밝혀졌다. 다양한 색채를 이용하여 역동적이고 사실적으로 묘사된 라스코 동굴 벽화의 발견은 인류의 예술적 감각이 초기에 추상적이고 단순한 형태였으나, 점차 정교하고 사실적인 형태로 발전했으리라는 오랜 통설을 뒤엎었다. 당시 인류가 동굴 벽화를 그린 목적에 관해서는 여러 가지 가설이 존재한다. 초기 탐사를 진행했던 브뢰이는 수렵의 성공과 풍요를 기원하고자 동물 그림을 그렸다고 추측하였으나, 당시 실재하지 않던 동물들이 여럿 그려져 있어 일각에서는 토템과 관련된 종교적 목적으로 벽화를 그렸다고 주장한다. 하지만 벽화가 종교적 목적으로 그려졌을 경우 동굴은 신성한 장소로 여겨지므로 사람의 생활 흔적이 없어야 한다는 반대 주장이 이어져 라스코 동굴 벽화의 목적은 아직 수수께끼로 남아 있다.

① 라스코 동굴은 탄소연대측정 결과 기원전 1만 8천 년에서 1만 5천 년 사이에 형성되었다.

② 라스코 동굴 벽화는 당시 인류가 동물 사냥의 성공을 기원하기 위한 목적으로 그려졌다.

③ 라스코 동굴의 주 동굴, 주변 동굴, 작은 동굴의 벽면에는 모두 같은 그림이 그려져 있다.

④ 라스코 동굴 벽화의 회화적 특징은 당대의 인류 문화예술에 대한 통념에 변화를 가져왔다.

⑤ 라스코 동굴은 고대 동굴을 탐험하기 위해 모험을 떠난 프랑스 소년들에 의해 발견되었다.

02 다음 글을 읽고 추론한 내용으로 가장 적절한 것을 고르시오.

경쟁에서 승리하였지만, 이후 감당할 수 없을 정도의 비용을 지불해야 하는 사람은 진정 승리한 것일까? 경제학의 역설 중 '승자의 저주'라는 명제는 치열한 경쟁이 끝난 후 과도한 비용으로 후유증을 겪는 상황을 일컫는다. 실제로 승자의 저주는 공통가치경매에서 흔히 찾아볼 수 있다. 공통가치경매란 경매 입찰자마다 가지고 있는 정보가 상이하여 대상의 정확한 객관적 가치를 산정하는 것이 어려워 자신이 보유한 정보에 입각하여 가치를 추정하는 경매이다. 예를 들어, A 기업의 인수합병 과정에서 입찰 기업들은 각자가 가진 정보를 바탕으로 A 기업의 성장 가능성을 고려하여 다양하게 호가를 매길 것이다. 이때, A 기업의 객관적인 가치를 정확하게 추산하는 것은 어렵지만, 대개 여러 입찰자가 모이면 호가의 평균값이 실질적인 가치와 가장 유사할 가능성이 크다. 따라서 최고 호가를 부른 A 기업의 낙찰자는 실제 가치보다 높은 비용을 지불한 것과 다름없는 것이다. 이처럼 불충분한 정보로 인해 적정 가치보다 과도한 비용을 치르고 낙찰받은 경우 인수합병 후에 기업이 실질적인 이익을 얻지 못하게 만들거나, 인수 자금을 위해 무리하게 차입한 금액의 이자를 감당하지 못하여 기업의 현금 흐름에 문제를 줄 수 있다. 어렵게 특수 고등학교에 입학한 학생이 인문계 고등학교에 진학했을 때보다 내신 성적이 높지 않은 경우, 과도한 복지 공약을 내세운 후보자가 당선 후 공약을 지키지 못해 국민의 신뢰를 잃은 경우 역시 승자의 저주에 해당한다. 경쟁에 놓인 상황에서 승부 근성을 발휘하는 것은 인간의 본성이다. 그러나 승자의 저주에 걸리지 않기 위해 경쟁에 뛰어들기 전, 경쟁이 과열되어 감정적으로 대응한 것은 아닌지, 혹은 경쟁에서 승리했을 때 따라오는 책임과 상황의 변화를 충분히 예측하였는지 등 자신과 주변의 상황을 충분히 확인하고 평가하는 과정이 선행되어야 한다.

① 승자의 저주에 빠지지 않기 위해서는 반드시 경쟁에서 이기겠다는 마음가짐이 필요하다.

② 공통가치경매에서 최고가에 입찰되는 가격은 대상의 실제 가치보다 낮을 가능성이 크다.

③ 국회의원 당선 후 공약 달성에 어려움을 겪어 민심을 잃는다면 승자의 저주로 볼 수 있다.

④ 기업 인수를 위해 경매 입찰을 신청할 때 실제 가치의 근삿값을 책정하는 것은 불가능하다.

⑤ 승자의 저주란 경쟁에 들어서기 전 과도한 준비로 인해 지나친 비용을 지불하는 상황이다.

03 다음 글의 중심 내용과 관련된 사례로 가장 적절하지 않은 것을 고르시오.

1913년 모나코의 몬테카를로에 위치한 보자르 카지노에서 룰렛 게임이 진행되고 있었다. 이 게임은 구슬을 던져 룰렛의 검은색 칸과 붉은색 칸 중 어디에 떨어지는지를 맞히는 방식이었는데, 스무 번의 게임에서 연거푸 구슬이 검은색 칸에 떨어지는 신기한 일이 벌어졌다. 현장에 있던 도박사들은 이제는 정말 붉은색 칸에 구슬이 떨어질 차례가 되었다고 확신하며 너 나 할 것 없이 붉은색 칸에 돈을 걸었다. 그러나 스물한 번째에도 구슬은 검은색 칸에 떨어졌고, 그다음 차례에는 반드시 승리하리라 생각한 도박사들은 붉은색 칸에 더 많은 돈을 걸었다. 결국 구슬은 스물여섯 번 연속으로 검은색 칸에 떨어졌고, 스물일곱 번째가 되어서야 붉은색 칸에 떨어졌다. 그사이 붉은색 칸에 돈을 걸었던 도박사들은 가진 돈을 모두 잃고 파산하고 말았다. 룰렛 게임에서 구슬이 검은색 칸과 붉은색 칸에 떨어질 확률은 정확히 반반이지만, 도박사들은 구슬이 검은색 칸에 여러 번 떨어졌었다는 이유로 다음에는 붉은색 칸에 떨어질 것이라고 믿는 오류를 저질렀다. 이처럼 앞에서 일어난 일과 뒤에 일어날 일이 서로 독립적인 사건임에도 불구하고, 과거에 일이 발생한 누적 빈도에 따라 미래에는 과거에 발생한 일과 반대되는 일이 발생할 것이라 믿는 현상을 '몬테카를로의 오류'라고 부른다.

① 작년에는 주가가 하락하였으니 올해는 주가가 오를 것이라고 예상하는 주식 투자자

② 주사위를 던졌을 때 연속해서 1이 나오자 다음번에는 절대 1이 나오지 않으리라 생각하는 사람

③ 복권에 한 번도 당첨되지 않았으므로 다음에는 당첨될 것이라 기대하는 복권 구매자

④ 연속해서 3명의 딸을 낳았으므로 넷째는 아들일 것이라 예상하는 부부

⑤ 직전 경기에서 슛을 넣은 선수가 다음 경기에서도 슛을 넣을 것으로 생각하는 농구 해설가

04 다음 주장에 대한 반박으로 가장 타당한 것을 고르시오.

> 인슈어테크(Insurtech)란 상품 개발, 계약 체결, 고객 관리 등 보험 업무 전반에 정보기술을 융합하는 것으로, 사물인터넷(IoT), 빅데이터, 인공지능(AI) 등이 핵심이다. 보험 가입자에게 가장 친숙한 기술인 사물인터넷을 이용하여 스마트 기기로 수집된 사용자 정보를 실시간으로 분석 후 맞춤 상품을 개발하는 것이 가능해졌다. 또한, 빅데이터를 기반으로 비슷한 연령, 직업, 소득 수준의 보험 가입자가 가입한 상품을 추천하고, 행동 패턴 및 위험 예측을 진행하며 관련 데이터를 계약 심사, 계약 관리에 이용할 수 있다. 인공지능 기술을 이용한 24시간 보험 상담도 가능해져 소비자는 시간과 장소에 구애받지 않고 보험 서비스를 이용할 수 있다. 이처럼 인슈어테크를 통해 편의성을 얻는 것은 물론 더욱 정교한 리스크 관리가 가능해졌으며 이는 인슈어테크 시대가 곧 본격화될 것임을 의미한다. 따라서 보험 업무 전 과정에 인슈어테크를 접목시키는 보험사가 비로소 시장에서 우위를 선점할 수 있음이 분명해진 것이다.

① 인슈어테크 도입으로 인한 일자리 감소, 불완전 판매 등의 부작용에 대한 대책 마련이 우선시되어야 한다.

② 개인마다 건강 상태가 다르다는 점에서 인슈어테크는 정보의 비대칭성으로 인한 불편함을 해소한다.

③ IT 생태계 활성화를 위해 인슈어테크 스타트업 육성 및 발굴 등 적극적인 지원을 해야 한다.

④ 인슈어테크를 접목시킴으로써 빅데이터 기반의 가입자 맞춤 상품 추천이 가능해짐에 따라 사용자 편의성이 높아졌다.

⑤ 기술 발전으로 인해 비용 절감 및 리스크 관리가 강화되므로 인슈어테크는 기업과 소비자 모두에게 긍정적인 형태이다.

05 다음 빈칸에 들어갈 말로 가장 적절한 것을 고르시오.

우리에게 친숙한 작품인 양귀자의 <원미동 사람들>은 원미동에 사는 주민들이 겪는 이야기가 각각의 단편으로 실린 연작소설이다. 이처럼 같은 등장인물들이 같은 배경을 공유하고 있지만, 각각의 단편이 독자적인 이야기로 존재하는 소설의 구성 방법을 '피카레스크식 구성'이라고 한다. 본래 피카레스크는 16~17세기 에스파냐에서 유행하던 건달 소설을 이르는 용어였다. 당시 에스파냐에서는 무직자나 불량배들을 피카로라고 불렀는데, 이들을 주인공으로 삼고 이들의 주변인들까지 풍자의 대상으로 삼는 해학적인 소설이 바로 피카레스크 소설이었다. 그런데 피카레스크 소설이 인기를 얻어 신문에 연재되면서부터 피카레스크의 의미가 조금씩 변하기 시작하였다. 피카레스크 소설은 매회 독자들의 흥미와 긴장감을 유발하기 위해 다양한 기법을 이용하였고, 이러한 과정을 거치면서 어느새 피카레스크 소설은 연작소설이라는 의미까지 포괄하는 단어가 되었다. 한편 연작을 구성하는 또 다른 방법에는 '옴니버스식 구성'이 있다. 옴니버스식 구성은 (   ) 단편들을 모아놓은 구성 방식을 의미한다. 옴니버스는 본래 합승버스라는 뜻을 가지고 있다. 예컨대 버스에는 다양한 사람들이 합승을 하게 되지만, 같은 버스를 탔을 뿐 서로 관계가 거의 없는 사람들이다. 다만 이들은 같은 방향으로 가고자 한다는 공통점을 가지고 있는데, 이것이 바로 옴니버스식 구성의 특징이다. 보통 옴니버스식 구성은 소설보다는 연극이나 영화에서 많이 이용된다. 고전극 <봉산탈춤>이 바로 그 예이다. 총 7개의 독립적인 과장으로 이루어진 <봉산탈춤>에서 6과장은 양반 삼 형제와 말뚝이가 등장하여 양반들을 풍자하고, 7과장은 미얄과 영감이 등장하여 가부장적 문화를 풍자하는 내용이다. 두 과장은 모두 사회적으로 지위가 높은 이들이 가진 허례허식과 사회적 모순을 풍자한다는 점에서 같은 주제 의식을 공유한다고 할 수 있지만, 독립적인 이야기가 전개된다.

① 등장인물만 같을 뿐 주제 의식과 공간 배경이 모두 다른
② 등장인물과 공간 배경은 같지만 전개되는 이야기가 다른
③ 주제 의식만 같을 뿐 공간 배경과 등장인물이 모두 다른
④ 공간 배경은 같지만 등장인물과 주제 의식이 각기 다른
⑤ 주제 의식은 물론 등장인물과 공간 배경까지 모두 다른

06 다음 글의 내용과 일치하지 않는 것을 고르시오.

포식자를 발견하면 경계음을 알리는 미어캣, 위기에 빠진 동료를 구출하는 돌고래는 대가를 바라지 않고 자신을 희생하는 이타적 행위를 한 것으로 볼 수 있다. 이러한 모습은 주로 무리 생활을 하는 동물에서 나타나는데, 지속적으로 만나면서 서로 호의를 베풀고 있거나 받고 있다는 것을 인식할 수 있을 때 발현된다. 현시점에서 도움을 주고받는 것에 그치지 않고, 미래의 보답을 기대하며 상대에게 도움을 주는 일종의 계약적 이타주의인 셈이다. 독일의 조류 연구소는 이러한 사실을 바탕으로 앵무새 중에서도 지능이 높은 회색앵무새와 푸른머리마코앵무새를 대상으로 이타적 행동을 하는지 실험하였다. 두 종류의 앵무새를 두 마리씩 분리한 다음, 네 마리의 앵무새 모두에게 동전 하나를 아몬드 한 알로 바꿀 수 있다는 규칙을 가르쳤다. 이후 각 무리 중 한 마리의 앵무새에게만 동전을 건네주며 그 동전은 아몬드와 바꿔주지 않았다. 그 대신, 옆에 있는 앵무새에게 동전을 주면 동전을 건네받은 앵무새는 그 동전을 아몬드로 바꿀 수 있도록 하였다. 놀라운 점은 회색앵무새는 옆에 있는 앵무새에게 동전을 건네주었으나, 푸른머리마코앵무새는 동전을 건네주지 않았다는 사실이다. 또한, 회색앵무새는 자신과 다른 종의 앵무새에게도 동일한 호의를 베푸는 모습을 보이기도 하였다. 연구진들은 이와 같은 결과의 이유를 집단 규모에서 찾았는데, 소규모로 생활하는 푸른머리마코앵무새와 달리 회색앵무새의 경우 큰 무리를 지어 함께 먹이를 찾으러 다니는 과정에서 이타적 행동이 발달했을 확률이 높다고 설명하였다. 이러한 행동은 자신의 생존을 위한 것이겠지만 남을 돕는 행위라는 것 또한 변하지 않는 사실이다.

① 회색앵무새는 자신과 다른 종류의 개체에게도 이타적 행위를 할 수 있다.
② 높은 지능을 보유한 조류일지라도 무리 생활의 규모에 따라 이타적 행동이 발현되지 않을 수 있다.
③ 동물이 이타적 행위를 하는 이유는 추후 자신도 도움을 받을 수 있을 것이라는 기대에 있다.
④ 단발성으로 만나더라도 서로에게 도움을 주는 것을 알게 되었다면 이타적 행동이 나타날 확률이 높다.
⑤ 대규모로 집단생활을 하는 포유류를 대상으로 앵무새 실험을 하면 회색앵무새와 동일한 결과가 나올 것이다.

07 다음 빈칸에 들어갈 문장으로 가장 적절한 것을 고르시오.

대멸종이란 단기간에 고차의 분류군에 속하는 생물이 대량으로 멸종하는 것을 의미한다. 지금까지 지구 상에서는 다섯 번의 대멸종이 있었으며, 가장 최근에는 공룡이 지구에서 자취를 감추었다. 생물학자들은 현재 제6의 대멸종이 진행되고 있으며, 과거 대멸종과는 다른 양상을 보이고 있다고 말한다. 과거의 대멸종은 운석 충돌, 새로운 생물의 등장과 같은 자연적 요인에 기인했으나, 현재는 인류의 식량 확보와 개발 등의 명목으로 생태계를 파괴한 데에서 시작된 것으로 분석된다. 이와 관련된 대표적인 사례로 도도새의 멸종을 들 수 있다. 아프리카 모리셔스 섬에서 살던 도도새는 16세기 초 유럽 사람들의 먹거리로 이용되며 개체 수가 줄어들었고, 1681년을 기점으로 멸종하였다. 문제는 도도새의 멸종이 다른 생물 종에도 영향을 미쳤다는 점이다. 도도새가 사라지자 특정 나무의 개체 수도 감소하였는데, 나무의 씨앗이 발아하기 위해서는 도도새가 그 나무의 씨앗을 먹고 배설하는 과정이 필요했기 때문이다. 이처럼 생물은 겉으로 드러나지 않더라도 다른 생물과 상호관계를 맺고 살아간다. 따라서 인간으로 인한 한 생물의 멸종은 (   ) 전문가들은 대멸종을 막기 위해서는 생물 다양성 보존이 필수적이며, 각 종에 대한 관심과 더불어 다양한 생물들의 상호관계에 대한 이해도 중요하다고 주장한다.

① 먹이사슬의 최상위에 위치한 인간에게 전적인 책임이 있다.
② 생물의 상호관계에 대한 면밀한 분석을 통해 대안을 수립함으로써 예방할 수 있다.
③ 자연적 요인에 의한 대멸종보다 생태계에 미치는 파급효과가 크지 않을 것이다.
④ 현대 산업 사회에서의 극심한 환경오염을 더욱 가속화시킬 것으로 예상된다.
⑤ 다양한 생물들의 연쇄적인 멸종으로 이어져 제6의 대멸종을 유발할 가능성이 있다.

08 다음 글의 서술상 특징으로 가장 적절한 것을 고르시오.

영화관에서 가장 대표적으로 먹는 간식을 꼽아보라고 한다면 대부분의 사람은 팝콘과 나초를 고를 것이다. 이들은 옥수수를 원재료로 하여 특유의 고소한 맛과 냄새로 사람들을 사로잡는다. 팝콘을 정확히 언제부터 먹었는지에 관한 기록은 남아있는 것이 없지만, 아메리칸 인디언이 처음으로 먹기 시작한 것으로 추측된다. 아메리카 대륙은 기후가 온화하여 옥수수가 매우 잘 자랐기 때문에 인디언들은 아주 오래전부터 옥수수를 재배하여 다양한 음식을 만들어 먹었고, 그중 하나가 팝콘이다. 이 팝콘은 원주민 마사소이드족이 청교도 박해를 피해 아메리카 대륙으로 이주한 영국인에게 평화 협상의 표식으로 전해주며 유럽인들에게 알려졌다. 이후 1885년 미국 시카고에 거주하던 찰스 크레터가 팝콘을 튀기는 기계를 만들면서부터 팝콘은 미국 전역에 본격적으로 퍼지기 시작하였다. 한편 나초는 멕시코 레스토랑 종업원의 이름에서 유래하였다. 1943년 멕시코 코아훌리오의 레스토랑에 주변 미군 기지에 사는 장교의 부인들이 식사를 하고자 방문하였으나 요리사가 잠시 자리를 비운 상태였다. 아쉬워하며 발걸음을 옮기는 손님들에게 레스토랑의 종업원인 이그나시오 나초 아나야가 주방에 남아있던 튀긴 토르티야에 치즈와 할라피뇨를 얹어서 구워주었고, 이 요리가 종업원의 이름을 따서 나초라고 명명되었다.

① 특정 현상에 대한 원인을 분석하고 있다.
② 일상적 경험과 관련된 현상을 제시하여 과학적 원리에 대해 설명하고 있다.
③ 사례의 비교를 통해 문제 해결 방안을 제시하고 있다.
④ 공통점을 가진 두 대상의 유래에 대해 각각 설명하고 있다.
⑤ 설명하고자 하는 대상을 익숙한 다른 대상에 비유하고 있다.

09 다음 글을 읽고 추론한 내용으로 가장 적절하지 않은 것을 고르시오.

채소를 생으로 먹으면 고유의 식감과 향을 그대로 즐길 수 있을 뿐만 아니라 영양소 손실을 최소화할 수 있다. 대부분의 채소에 들어 있는 수용성 비타민(비타민 B군, C)은 데치거나 삶는 조리 과정에서 85~95%가 파괴되기 때문이다. 하지만 두릅이나 냉이, 고사리 등은 먹기 전에 끓는 물에 데쳐 독 성분을 제거해야 하며, 당근의 경우 기름과 함께 조리하면 지용성 비타민인 베타카로틴의 체내 흡수율이 높아진다. 가지 역시 생으로 먹기보다는 익혀 먹는 것이 좋은데, 가지의 중요한 영양소인 안토시아닌은 물에 녹아 손실되므로 기름에 볶거나 튀겨 먹어야 영양소 흡수율을 높일 수 있고 특유의 비린 맛도 제거할 수 있다. 한편 노폐물 배출과 체중 감량을 위해 첨가물 없이 채소와 과일을 착즙하여 만든 주스가 인기를 끌고 있다. 신선한 채소를 챙겨 먹는 것이 여간 번거로운 일이 아니라는 점에서 착즙 주스를 마시는 것도 좋지만, 착즙 주스는 채소의 찌꺼기는 버리고 즙만 섭취하게 되므로 채소의 식이섬유소는 거의 섭취할 수 없다.

① 섭취하려는 영양소에 따라 채소의 조리법을 달리해야 한다.

② 날것 상태의 두릅에는 독 성분이 함유되어 있을 수 있다.

③ 채소를 통해 비타민 C를 섭취하려면 가열하지 않고 생으로 먹는 것이 좋다.

④ 채소에서 짜낸 즙은 채소의 식이섬유소 상당 부분이 빠진 상태이다.

⑤ 영양과 맛을 모두 고려하면 가지는 튀김보다 찜으로 먹는 것이 좋다.

10 다음 글에 이어질 내용을 가장 적절하게 배열한 것을 고르시오.

미국인을 대상으로 가장 훌륭한 대통령을 묻는 조사에서 레이건은 워싱턴, 링컨에 이어 3위에 올랐을 정도로 대중적 인기가 높다. 사실 그에게 다른 대통령을 능가하는 정치적 업적이 있는 것은 아니다. 그럼에도 뛰어난 정치가로 인정받을 수 있었던 것은 특유의 미소와 목소리 덕분이다.

가) 시각적 이미지는 외적으로 보이는 표정, 복장, 몸짓 등을 포괄하고, 청각적 이미지는 목소리뿐만 아니라 어조나 억양과도 관련되어 말의 품질을 결정한다.
나) 이는 상대방과 얼굴을 보며 대화할 때 시각적 이미지가 55%, 청각적 이미지가 38%, 말이 7% 정도의 영향력을 행사한다는 메라비언의 법칙과 일맥상통한다.
다) 예컨대 어두운 표정의 여자가 위축된 목소리로 남자에게 "우리는 아무 문제 없어."라고 말할 경우, 남자는 여자가 부정적인 감정이 있다고 자의적으로 결론을 내리는 것이다.
라) 메라비언의 법칙은 언어적 표현보다 비언어적 표현이 중요하다는 사실을 암시하는데, 특히 비언어적 표현과 언어적 표현이 일치하지 않는 상황에서 비언어적 표현의 중요성은 더욱 강조된다.
마) 말은 대화를 통해 전달하고 싶은 내용 그 자체로, 사실상 대화와 직접적으로 관련 있는 언어적 표현이라 할 수 있다.

① 가) - 마) - 나) - 라) - 다)
② 나) - 가) - 마) - 라) - 다)
③ 나) - 마) - 가) - 다) - 라)
④ 라) - 다) - 가) - 마) - 나)
⑤ 라) - 다) - 나) - 가) - 마)

11 다음 글을 바탕으로 아래 <보기>를 이해한 것으로 가장 적절한 것을 고르시오.

유아가 자신과 공생관계에 있던 어머니에게서 벗어나 독립적 개체성을 확립할 때, 분리 개별화 단계에 이르렀다고 볼 수 있다. 생후 5개월에서 6개월 무렵에 시작되어 3~4세까지 진행되는 분리 개별화 단계는 외부 자극에 대한 반응이 비교적 약한 정상적 자폐 단계와 어머니와의 정서적 애착 관계를 형성하는 정상적 공생 단계를 거쳐 도달한다. 분리 개별화 단계 중 첫 번째 단계는 분화(Differentiation)로, 유아가 외부 세계에 대한 탐색을 시작하고 관심 영역을 확대해가는 단계이다. 어머니로부터 신체적으로 분리되기 시작하면서 신체적 의존도가 감소하고, 어머니를 직접 관찰하여 자신과 다른 개체임을 인지함으로써 자기 자신과 구별할 수 있게 된다. 두 번째 단계는 연습(Practicing)으로, 이 시기 유아는 신체적 분리에 대한 결과에 익숙해지지만 동시에 어머니의 존재를 필요로 한다. 세 번째 단계는 재접근(Rapprochement)으로, 결합의 소망과 자율성의 소망 사이에서 갈등을 느끼는 심리적 위기를 해결하는 단계이다. 이때 자기 주장성과 분리감을 전면에 내세우며 자신을 한 개인으로 인식하고 정체성을 확립하는 데 큰 진전을 보이지만, 동시에 존재를 확인받고자 하는 욕구가 강하게 남아있다. 마지막 단계는 대상 항상성(Object constancy)으로, 이 시기에 도달하면 어머니의 정신 표상을 확고하게 인식함으로써 실제로 어머니가 존재하지 않더라도 있는 것처럼 안정적인 내적 표상을 유지할 수 있다. 이러한 내적 표상을 제대로 발달시킨 유아는 비로소 자율적인 자기감을 확보하게 된다.

<보기>

생후 6~7개월이 되면 아이는 부모의 존재를 알아보고, 부모에게서 심리적인 안정감을 찾으려고 한다. 이때 부모와 떨어져 있는 것에 대하여 심한 불안감을 느끼는 아이들이 있는데, 특히 만 3세 이전에 부모와 안정감 있는 애착 관계를 형성하지 못한 아이의 경우 분리 불안 증세가 나타날 확률이 높다. 분리 불안이 있는 아이에게 가장 필요한 것은 부모의 안정적인 태도와 아이에게 믿음을 주려는 노력이다. 예를 들어, 부모가 집을 나설 때 아이가 불안해한다면 언제까지 집에 돌아오겠다는 정확한 시간을 약속하고, 이를 지키는 모습을 반복해서 보여줌으로써 아이와의 신뢰 관계를 형성하여 불안감을 덜어줄 수 있다. 즉, 경험을 통한 확인만이 아이를 안심시킬 수 있는 유일한 수단이다. 불안함을 느끼는 아이의 기질은 쉽게 사라지지 않는 경우가 많고, 불안함이 완전히 해소될 때까지 오랜 시간이 필요하므로 안정감을 심어주기 위해 부모의 꾸준한 노력이 요구된다.

① 부모와 아이를 강제로 떨어트려 독립심을 키울 수 있도록 독려한다면 분리 불안을 극복하는 데 큰 도움이 된다.

② 대상 항상성 단계에서 유아는 자신의 독립성을 주장하는 동시에 부모로부터의 심리적 안정을 요구한다.

③ 분리 불안이 제대로 치료되지 않은 아이는 분리 개별화 단계에 이르지 못한 채 공생 단계에 머무르게 된다.

④ 유아가 결합 욕구와 자율성 욕구 간 갈등을 해결하지 못하면 분화 단계에서 연습 단계로 나아가는 데 어려움을 겪는다.

⑤ 부모의 존재를 알아보지 못하는 유아는 부모의 실체 유무와 관계없이 내적 표상을 유지할 수 있다.

12 다음 글의 내용과 일치하지 않는 것을 고르시오.

> 췌장은 소화 효소를 분비하는 기관으로, 단백질, 지방, 탄수화물과 같은 영양분의 흡수와 소화를 돕는 장기이다. 또한, 인슐린이나 글루카곤을 비롯한 각종 호르몬을 분비하여 혈당 조절을 하므로 췌장에 문제가 생겼을 경우 소화기능 장애뿐 아니라 당뇨병에 걸릴 위험이 높다. 지금까지 알려진 췌장암의 위험 인자는 가족력, 만성 췌장염, 췌장물혹, 당뇨병이 있으며 이 외에도 흡연, 고지방 식이 등이 원인이 될 수 있다. 췌장에는 여러 종류의 종양이 생길 수 있는데, 가장 흔한 것은 양성인 낭성 종양으로 장액성과 점액성 낭성 종양 등이 있고, 악성 종양으로는 외분비 종양인 췌관 선암종 등이 있다. 그러나 낭성 종양 중에서도 악성 종양이 있고, 애초에 양성이었던 종양이 악성으로 변하는 경우도 있다. 한편, 췌장에 생기는 종양의 위치에 따라 나타나는 증상이 상이한데, 췌장의 머리 부분에 생기는 경우 간에서 담즙이 내려오는 길이 막혀 황달 증상이 발견될 수 있고, 췌장의 가운데 또는 꼬리 부분에 생기는 경우 복부 불편감, 소화불량 등의 증세가 나타날 수도 있다. 가운데나 꼬리 부분에 생기면 머리 부분에 생기는 것에 비하여 뚜렷한 특이 증상이 나타나지 않아 늦게 발견되어 적절한 치료 시기를 놓치기도 한다. 증상이 나타난 뒤 검사를 받으면 암이 주변 장기로 전이되어 근치 절제가 불가능한 경우가 많으므로 소화불량 증상이 지속되거나 췌장암 환자에게서 흔히 나타나는 복통, 체중 감소, 황달 등의 증세가 계속된다면 즉시 내원하는 것이 권장된다.

① 췌장암은 가족력이 없는 사람에게도 환경적 요인으로 인해 발병할 수 있다.
② 복부에 지속해서 통증이 느껴지는 경우 췌장 질환을 의심해 볼 수 있다.
③ 췌장의 끝부분에 종양이 생기면 황달이 미세하게 일어나 인지하지 못하는 경우가 많다.
④ 췌장의 기능이 저하되면 음식물 흡수와 분해는 물론 혈당 조절에도 어려움을 겪는다.
⑤ 양성 종양으로 알려진 점액성 낭성 종양은 시간이 흐른 뒤 악성 종양으로 변할 수 있다.

13 다음 글의 내용과 일치하지 않는 것을 고르시오.

메디치 가문은 14세기부터 17세기까지 다양한 학계의 전문가들이 서로 교류하고 소통할 수 있는 장을 마련해 주었던 것으로 유명한데, 이 소통의 장이 르네상스 시대의 도래를 주도하였다는 역사적 평가가 많다. 이러한 메디치 가문의 이름을 인용하여 지어진 '메디치 효과'는 서로 다른 분야의 요소가 융합되어 창조와 혁신을 만들어내는 것으로, 이스트게이트 쇼핑센터가 대표적인 사례로 꼽히고 있다. 1996년 건축가 피어스는 전기가 부족한 아프리카 짐바브웨에 에어컨이 없는 쇼핑센터의 설계를 요청받았고, 이를 위해 생물학자와 논의하던 중 흰 개미집 구조에서 영감을 얻어 에어컨 없이 실내 온도 24도를 유지하는 쇼핑센터를 지을 수 있었다. 한편, 메디치 효과는 서로 다른 분야의 학문이나 업종 간 협업을 넘어 기업 내 조직구성 측면에서도 폭넓게 활용되고 있다. 직무가 상이한 부서를 통합하거나 개발자와 디자이너처럼 서로 다른 성향의 인원을 한 팀에 배치하는 것, 혹은 IT 기업에서 철학이나 인류학 전공자를 채용하는 것이 그 예시이다. 물론 메디치 효과를 바라고 조직을 구성하다 보면 일시적인 비효율을 겪을 수 있다. 가령 여러 분야의 직원을 한 팀에 배치하여 팀 인원수가 많아지면 개인의 생산성이 떨어질 수 있다. 그러나 다른 기업과 차별화되어 시장에서 경쟁 우위를 선점하기 위해서는 혁신이 필요하며, 새로운 방식으로 문제에 접근할 때 비로소 혁신할 수 있으므로 메디치 효과는 계속해서 그 사용 범위가 넓어질 것이다.

① 직무가 다른 부서가 모여 하나의 팀으로 업무를 하는 제도 또한 메디치 효과를 고려한 제도이다.

② 메디치 효과는 메디치 가문이 여러 부류의 전문가를 모아 협력을 이끌었다는 데에서 붙여진 이름이다.

③ 피어스가 설계한 쇼핑센터는 생물학과 건축학의 협업으로 만들어진 성과이다.

④ 개발팀에서 여러 개발자의 다양한 아이디어를 접목하여 신규 프로그램을 개발한 것도 메디치 효과의 사례로 볼 수 있다.

⑤ 다양한 업계의 사람들이 모여 큰 팀을 이루게 될 때 1인당 공헌도가 낮아져 조직의 생산성이 떨어지는 문제가 생길 수 있다.

14 다음 주장에 대한 반박으로 가장 타당한 것을 고르시오.

사고(思考) 실험이란 실제로 실험하는 것이 아니라 사고상으로만 실험하는 것을 의미한다. 즉, 실험을 할 때 요구되는 조건이나 장치 등을 단순하게 가정하고 이론을 토대로 실제로 성립할지를 머릿속에서 유도하는 실험이다. 실험을 단순화하여 이상적인 결괏값을 도출할 수 있다는 점에서 상황과 조건에 따른 영향을 많이 받아 원하는 결괏값을 도출하기 어려운 실제 실험과는 차이가 있다. 또한, 입증 가능성에 대해 구애받지 않으므로 실제로는 하기 어려운 실험도 수행할 수 있고 실제 실험 전 이론의 모순을 검토할 수도 있다. 특히 사고 실험의 결과가 명확하게 도출되었다면 실제 실험 없이도 이론 입증이 가능하다. 사고 실험은 주로 물리량을 측정할 때 활용되는데, 갈릴레이는 사고 실험을 통해 관성의 법칙을 증명한 바 있으며, 아인슈타인은 사고 실험을 통해 양자역학의 발전에 기여하기도 하였다. 따라서 위대한 발견을 이끌어 낸 사고 실험은 현상 예측을 가능케 하므로 새로운 이론을 증명하고자 할 때 적극적으로 활용될 필요가 있다.

① 관성의 법칙이나 양자역학은 최근에 증명된 법칙이 아니므로 사고 실험을 일반화해서는 안 된다.
② 실제 실험은 원하는 결괏값을 도출하기 어려워 사고 실험을 통해 증명의 타당성을 확인해야 한다.
③ 사고 실험은 실제 실험상의 오차를 고려하지 않아 모든 이론을 증명하기 위한 척도로 활용되기 어렵다.
④ 실험자가 원하는 결론을 이끌기 위해서는 이론에 대한 정립이 선행되어야 한다.
⑤ 사고 실험은 이미 증명된 물리학 이론의 모순을 지적하기 위해서도 이용될 수 있다.

15 다음 문단을 논리적 순서대로 알맞게 배열한 것을 고르시오.

가) 구멍이 숭숭 뚫려 있는 스위스 치즈 조각을 일렬로 세운 후 그 구멍에 긴 꼬챙이를 통과시키려고 할 때, 일반적으로는 구멍의 위치와 크기가 제각각이라 관통시키기가 어렵다. 그런데 각 치즈에 큰 구멍이 많이 나 있거나, 아주 드문 확률로 구멍이 일직선 상에 있다면 겹쳐진 치즈를 꿰뚫을 수 있게 된다.

나) 달리 생각해보면 치즈 조각을 한 장 더 겹침으로써 방어벽을 추가하고, 각 구멍의 크기를 작게 만들거나 구멍을 완전히 없애려는 모두의 노력이 곧 사고를 예방하는 방안임을 알 수 있다.

다) 여기서 치즈 조각을 작업 방식, 치즈 구멍을 위험 요소, 구멍 크기를 사고 발생 가능성, 꼬챙이가 구멍을 통과하는 것을 사고 발생이라고 가정해보자. 사람들이 평소에 하는 안전하지 않은 행동들이 매번 사고로 이어지지는 않지만, 여러 가지의 결함이 중첩되면 결국 사고가 일어나게 되는 것이다.

라) 엄청난 피해를 가져오는 대형 사고가 발생했을 때 사람들은 사고의 원인을 찾으려 한다. 그리고 대부분의 경우 한 가지 원인이나 한 명의 책임자가 단독으로 문제를 일으킨 것이 아니라, 복합적이고 다양한 요소가 동시다발적으로 작용한 결과였음이 밝혀진다. 이러한 현상은 '스위스 치즈 모델'로 설명할 수 있다.

① 가) - 나) - 다) - 라)
② 가) - 라) - 다) - 나)
③ 라) - 가) - 나) - 다)
④ 라) - 가) - 다) - 나)
⑤ 라) - 나) - 가) - 다)

16 다음 글의 주제로 가장 적절한 것을 고르시오.

일반적으로 '가짜'라는 단어는 비교적 부정적인 의미로 인식되며 진짜의 가치를 더 빛나게 하는 대상으로 사용되어 왔다. 그러나 최근 진짜를 능가할 만큼 가치 있는 가짜 상품을 적극적으로 소비하는 '클래시 페이크'가 인기를 끌고 있다. 이는 고급을 의미하는 'Classy'와 가짜를 의미하는 'Fake'가 합쳐진 신조어로, 동물 보호를 위해 천연모피 대신 인조가죽과 인조모피 상품을 소비하는 것이 대표적인 사례이다. 과거에는 아무리 동물 복지나 환경 보호 측면에서 개선을 촉구하는 목소리가 높아도, 인조모피와 같은 가짜가 천연모피 등이 지닌 진짜의 가치를 넘어서지 못하였다. 하지만 진짜에 대한 소비자의 인식이 점차 바뀌게 되었을 뿐만 아니라 기술도 발달하면서 중요한 가치를 지닌 가짜가 진짜를 앞서게 된 것이다. 실제로 동물 단백질인 달걀을 대체하고자 식물성 원료로 만들어진 '비욘드 에그'는 실제 달걀보다 맛과 영양이 더욱 풍부하고 환경오염물질 배출이 적어 큰 인기를 얻었다. 이러한 흐름은 최근 패션, 식품을 넘어 사회, 문화, 기술 등 다양한 분야로 확대되고 있다.

① 과시적 소비에 대한 소비자의 인식 개선
② 진품을 모방한 위조품 제작 기술의 발전사
③ 인조모피의 가치를 바라보는 시각의 변화
④ 소비자의 인식 변화가 환경에 미치는 영향
⑤ 진짜를 넘어서는 가짜 상품의 부상

17 다음 중 (가)의 관점에서 (나)의 주장을 반박한 내용으로 가장 타당한 것을 고르시오.

> (가) 스타트업이 실패하지 않고 안정적으로 자리 잡으려면 특출난 아이디어와 기술 개발, 자금 확보가 필수적이다. 게다가 장기적으로 기업을 운영할 수 있는 능력 또한 갖춰져 있어야 한다. 이에 정부와 일부 대기업에서는 스타트업의 여러 어려움을 돕고자 다양한 지원 사업을 진행하고 있어 지원 대상으로 선정될 경우 기술제휴나 협업을 통해 동반성장의 기회를 얻을 수 있다. 하지만 실제로는 지원 사업이 있다는 사실 자체도 모르는 사람이 많아 신청조차 해보지 못하고 사라지는 스타트업이 많다고 한다.
>
> (나) 스타트업은 초기 위험 부담이 크지만 일단 성공하고 나면 빠른 성장과 함께 높은 수익이 보장되기 때문에 도전하는 사람들이 많다. 그러나 스타트업이 성공하기는 매우 쉽지 않다. 하루에도 수백 개의 스타트업이 생겨나고 있지만, 그중 80% 이상은 2년 이내에 폐업하는 것으로 알려져 있다. 일반적으로 스타트업은 창업한 후 1~3년 이내에 성장이 정체되는 데스밸리(Death valley)를 거치는데, 이때 자금을 안정적으로 조달하지 못하면 이 기간을 버틸 수 없기 때문이다. 또한 창업가 대다수는 사비를 투자하여 스타트업을 운영하고 있어 기술 개발을 위한 초기 자본이 넉넉하지 않으면 결국 폐업 절차를 밟을 수밖에 없다. 따라서 스타트업 창업자는 자금 조달이 스스로 해결해야 하는 몫임을 명확히 인지하고 운영해야 한다.

① 스타트업이 데스밸리를 지나는 동안 실패하지 않으려면 창업가는 기술 개발 시 소요되는 비용을 사전에 예상하고 준비해야 한다.

② 스타트업이라 하더라도 각 기업의 발전 양상과 타깃으로 삼는 대상이 다르므로 모든 스타트업에서 동일한 문제가 발생한다고 보기 어렵다.

③ 정부와 대기업에서 진행하는 스타트업 지원 사업에 적극적으로 지원하고 참여한다면 자본금 부족으로 인한 위험 부담을 줄이고 빠르게 성장할 수 있다.

④ 스타트업 창업 시 초기 자본이 충분하지 않으면 혁신적인 아이템이나 기술을 개발하더라도 자금 문제가 발생하여 폐업할 가능성이 높다.

⑤ 정부와 소수의 대기업에서 시행하는 스타트업 지원 사업은 스타트업이 자금난을 벗어날 수 있을 만큼의 충분한 자금을 조달해줄 수 없다.

18 다음 글의 제목으로 가장 적절한 것을 고르시오.

현대 사회의 바쁜 일상에서 피로와 수면 부족이 만연함에 따라 커피, 음료, 차 등을 통한 카페인 섭취는 선택이 아닌 필수가 되고 있다. 카페인은 약 60여가지 식물에 함유되어 있으며 그 자체로는 쓴맛을 지닌 가루이다. 식물은 해충으로부터 자신을 보호하기 위해 카페인을 분비하는데, 이를 인간이 섭취할 경우 중추신경계를 자극하여 단기적으로 피로감을 줄이고 주의력을 높여주는 효과가 있다. 오스트리아 대학의 연구진은 15명의 실험자들로 하여금 카페인이 체내에 남아있을 수 있는 최대 시간인 12시간 동안 카페인 약 100mg을 섭취하도록 한 후 뇌 반응을 촬영하였다. 연구 결과, 카페인 섭취 직후 대뇌 전두엽과 전방대의 활성이 증가함을 확인하였고, 이를 통해 카페인이 단기 기억과 집중력을 향상시킨다는 사실이 증명되었다. 커피 한 모금을 마시면 소화계에 의해 혈류로 빠르게 흡수되며 약 10분 후 카페인이 몸에 흡수되기 시작한다. 카페인은 피로를 유발하는 아데노신 작용을 억제하고, 혈관 수축을 유발하여 혈압을 높이며 심박수를 증가시킨다. 약 45분 뒤에는 각성 효과가 극대화되어 집중력과 기억력이 향상된다. 카페인의 일일 권장량은 200~300mg이지만 민감도는 개인에 따라 다를 수 있으므로 적당량을 섭취하여 건강을 유지하는 것이 바람직하다.

① 카페인의 역사와 기원
② 카페인과 수면의 상관관계
③ 집중력과 단기 기억 향상을 돕는 카페인
④ 섭취 방법에 따라 구분되는 카페인의 종류
⑤ 카페인 섭취량에 따른 부작용과 위험성

19 다음 글에 이어질 내용을 가장 적절하게 배열한 것을 고르시오.

> 분리주의란 국가나 민족을 구성하는 소수 집단이 주류 집단이나 제도로부터 독립하여 분리된 또는 동등한 지위를 요구하며 전개하는 정치 운동이다. 이러한 분리주의는 주로 지역이나 인종 간의 갈등, 문화적 충돌, 성차별 등의 요인에 의해 일어난다. 그중에서 한 사회나 국가가 다른 사회나 국가로부터 독립하여 주권을 찾으려는 것을 정치적 분리주의라고 하는데, 그 대표적인 사례가 바로 북아일랜드 분쟁이다.

가) 그렇게 된 이유는 16세기로 거슬러 올라간다. 당시 영국은 아일랜드의 구교도들을 개종시켜 보다 확실히 지배하기 위해 아일랜드 북부 지방에 신교도를 대거 이주시켰는데, 이로 인해 북아일랜드의 신교도와 나머지 아일랜드의 구교도 간 갈등이 촉발되었다.

나) 북아일랜드의 신교도들은 오랜 세월 동안 권력을 독점하며 구교도를 박해하고 차별해왔으며, 구교도들은 어떠한 정치적 발언권도 갖지 못했다. 아일랜드 독립 당시에도 북아일랜드의 구교도들은 독립을 원했으나 정권을 잡고 있던 신교도들의 결정으로 북아일랜드는 영국령에 남을 수밖에 없었다.

다) 구교도와 신교도가 모두 참여하는 북아일랜드 자치 정부가 출범하는 등 정치적 타협이 이루어져 현재는 비교적 안정된 상태이나 완전한 평화라고는 할 수 없다. 북아일랜드에서는 여전히 구교도를 중심으로 영국에서의 분리 독립 및 아일랜드와의 통일을 주장하는 목소리가 나오고 있기 때문이다.

라) 이에 구교도들은 IRA라는 무장 단체를 만들어 신교도를 대상으로 테러를 자행했고, 구교도와 신교도의 대립으로 인한 북아일랜드의 혼란을 수습하기 위해 영국 정부가 개입하였다. 그러나 이는 오히려 양 진영의 갈등상태를 격화시켰고, 이후로도 북아일랜드의 구교도와 신교도 간 무혈 투쟁은 계속되었다.

마) 구교도의 나라였던 아일랜드는 12세기부터 신교도인 영국의 지배를 받아왔다. 그러다 20세기에 아일랜드 남부 지역이 영국으로부터 독립할 때 북아일랜드 지역은 잔류를 택하여 현재 영국을 이루는 네 지역 가운데 하나로 남게 되었다.

① 가) - 라) - 다) - 나) - 마)
② 가) - 마) - 라) - 나) - 다)
③ 마) - 가) - 나) - 라) - 다)
④ 마) - 나) - 가) - 다) - 라)
⑤ 마) - 다) - 나) - 가) - 라)

20 다음 글의 각 문단을 요약한 내용 중 본문에 없는 것을 고르시오.

살롱(Salon)은 17~18세기 프랑스 상류 사회를 중심으로 유행하던 정기적인 사교 모임을 일컫는다. 주로 귀족 부인들이 살롱을 개최하여 저택의 객실을 개방하고, 문학, 윤리 등에 관해 자유롭게 토론하거나 문예 작품을 비평하는 자리를 가졌다. 살롱에 초대된 사람들은 지성과 교양을 갖추고 있었으며, 성별과 신분의 벽을 넘어서 남녀노소는 물론이거니와 계층과 국적을 가리지 않고 평등한 관계로 교제하였다.

살롱은 프랑스의 앙리 4세가 궁정에서 살롱을 연 것을 근원으로 하여 귀족들에게 퍼져나갔고, 여성의 지위가 향상되고 타인의 개성을 존중하기 시작한 17세기 초에 절정을 이루었다. 살롱은 개최하는 부인의 영향을 크게 받았으며, 부인의 취향에 따라 살롱의 주제가 순수 문학, 사교, 공연 등으로 분류되었다. 특히 인간의 본성에 관한 화제를 논의하던 살롱은 인간성과 인간이 살아가는 법을 탐구한 모럴리스트 문학의 안식처가 되었고, 이후 고전주의 문학의 형성에 큰 공헌을 하였다.

18세기에는 귀족 부인 외에 부르주아 계급 부인도 살롱을 주최하였을 뿐만 아니라 남성이 개최하는 살롱도 출현하였다. 살롱의 주제 또한 당대 계몽주의를 반영하여 과학, 정치, 철학 등으로 확장되었다. 즉, 18세기 살롱은 계몽주의를 전파하여 프랑스 혁명의 사상적 기틀을 형성하는 역할을 했다는 평가를 받는다. 살롱은 19세기부터 널리 보급되기 시작한 카페와 저널리즘의 영향으로 쇠락의 길을 걸었지만, 문학에 대한 자유로운 대화와 사고를 추구하는 정신은 오늘날까지 이어지고 있다.

한편, 미술사에서는 살롱이 현존하는 화가와 조각가들의 미술 전람회를 지칭하는 말로 사용된다. 1667년에 프랑스의 정치가인 콜베르가 팔레롸얄에서 미술가들의 그림을 일정 기간 전시한 것을 미술 분야에서 최초의 살롱으로 여긴다. 미술사적 의미의 살롱은 미술가와 예술 애호가를 연결하고 미술 작품을 출품하는 기관의 역할을 공고히 하였으며, 현재까지 존속되어 프랑스 파리에서 개최되고 있다.

① 역사의 흐름에 따라 변화한 살롱의 역할
② 살롱의 개념과 살롱에 초대된 사람들의 특징
③ 미술사에서 살롱이 갖는 의미와 중요성
④ 시대별 살롱 운영 방법의 공통점과 차이점
⑤ 프랑스에서 시작된 살롱의 발달 과정과 의의

01 다음은 산지의 타 용도 전용면적 추이를 나타낸 자료이다. 다음 중 자료에 대한 설명으로 옳지 않은 것을 고르시오.

[산지의 타 용도 전용면적 추이]

(단위: ha)

구분		2022년			2023년			2024년		
		합계	보전	준보전	합계	보전	준보전	합계	보전	준보전
농업용	농지	420	126	294	513	186	327	417	176	241
	초지	38	9	29	11	3	8	10	5	5
비농업용	택지	1,668	280	1,388	2,189	422	1,767	1,758	118	1,640
	공장	1,217	384	833	1,475	457	1,018	949	198	751
	도로	722	292	430	918	420	498	902	437	465
	골프장	204	153	51	277	115	162	92	46	46
	스키장	-46	-64	18	0	0	0	0	0	0
	묘지	47	14	33	75	22	53	63	18	45

① 2024년 보전산지 전용면적이 준보전산지 전용면적보다 큰 용도는 없다.

② 2023년 농업용으로 사용된 보전산지의 전체 전용면적과 비농업용으로 사용된 보전산지의 전체 전용면적의 차이는 1,247ha이다.

③ 2024년 택지의 준보전산지 전용면적은 전년 대비 7% 이상 감소하였다.

④ 제시된 기간 중 농지의 보전산지 전용면적이 가장 큰 해에 초지의 보전산지 전용면적은 가장 작다.

⑤ 2023년 비농업용으로 사용된 용도별 보전산지의 전용면적은 모두 전년 대비 증가하였다.

02 다음은 비임금 근로자 비율을 나타낸 자료이다. 다음 자료에 대한 설명으로 옳지 않은 것을 모두 고르시오.

[A 국의 성별 비임금 근로자 비율]

(단위: %)

구분	2017년	2018년	2019년	2020년	2021년	2022년	2023년	2024년
전체	30.0	28.8	28.2	28.2	27.4	26.8	25.9	25.5
남자	30.8	30.0	29.6	29.8	29.0	28.4	27.5	27.5
여자	28.8	27.1	26.4	26.0	25.3	24.6	23.6	22.8

[국가별 비임금 근로자 비율]

(단위: %)

구분	2017년	2018년	2019년	2020년	2021년	2022년	2023년
B 국	7.1	7.0	6.8	6.8	6.6	6.5	6.5
C 국	11.5	11.5	11.1	10.4	10.1	10.2	10.3
D 국	10.7	11.0	10.4	10.5	10.6	10.3	10.3
E 국	13.6	13.5	13.4	13.6	13.5	14.1	14.3
F 국	13.5	15.0	15.2	15.4	16.1	16.6	16.8
G 국	35.1	35.1	36.1	36.6	36.9	35.4	35.2

a. 2024년 A 국 남자의 비임금 근로자 비율은 2017년 대비 2.3%p 감소했다.
b. 2018년부터 2023년까지 비임금 근로자 비율의 전년 대비 증감 추이는 A 국과 B 국이 동일하다.
c. 2017년부터 2023년까지 매년 D 국은 C 국보다 비임금 근로자 비율이 낮다.
d. 2023년 F 국의 비임금 근로자 비율은 2017년 대비 25% 미만 증가했다.

① a, b ② a, c ③ c, d ④ a, b, c ⑤ b, c, d

03 다음은 20XX년 상반기 주요 비철금속의 국제가격을 나타낸 자료이다. 다음 중 자료에 대한 설명으로 옳은 것을 모두 고르시오.

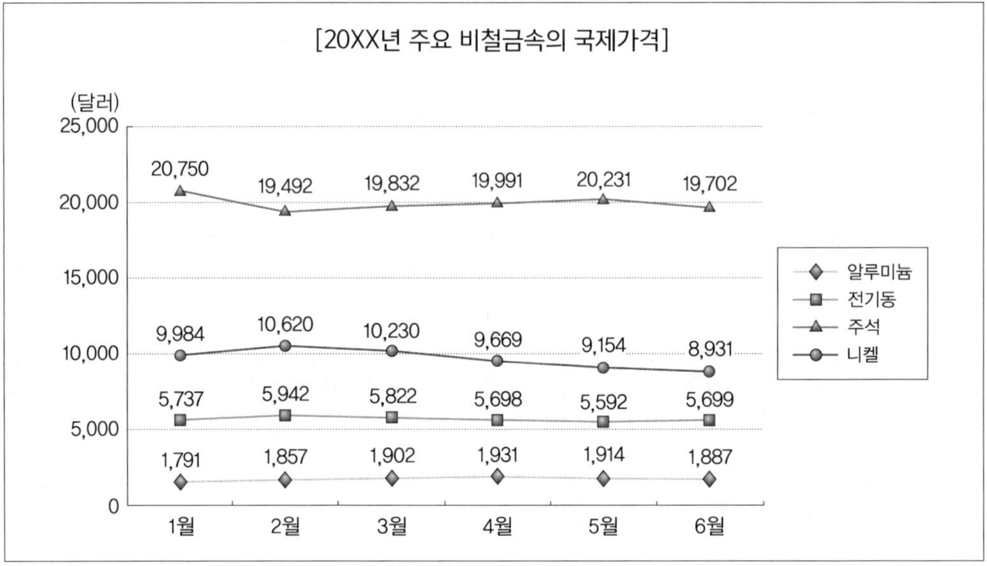

※ 비철금속의 국제가격은 런던금속거래소에서 발표하는 비철금속 1톤을 기준으로 한 공식가격을 의미함

a. 니켈의 국제가격이 가장 높은 달에 전기동의 국제가격도 가장 높다.
b. 매월 전기동 국제가격은 알루미늄 국제가격의 3배 이상이다.
c. 20XX년 상반기에 최고 국제가격과 최저 국제가격의 차이가 가장 큰 비철금속은 주석이다.
d. 2월 이후 주요 비철금속의 국제가격이 모두 전월 대비 감소한 달은 없다.

① a ② c ③ a, d ④ b, d ⑤ a, c, d

[04 - 05] 다음은 2019년 학교급별 사교육비와 연도별 초·중·고등학교 전체 사교육비에 대한 자료이다. 각 물음에 답하시오.

[2019년 학교급별 사교육비]

(단위: 십억 원)

구분	일반교과				일반교과 이외			
	개인과외	그룹과외	학원수강	기타	개인과외	그룹과외	학원수강	기타
합계	1,916	1,437	10,697	1,280	788	414	4,023	245
초등학교	448	576	3,626	1,004	394	310	3,028	189
중학교	563	445	3,440	170	132	57	398	36
고등학교	905	416	3,631	106	262	47	597	20

[연도별 초·중·고등학교 전체 사교육비]

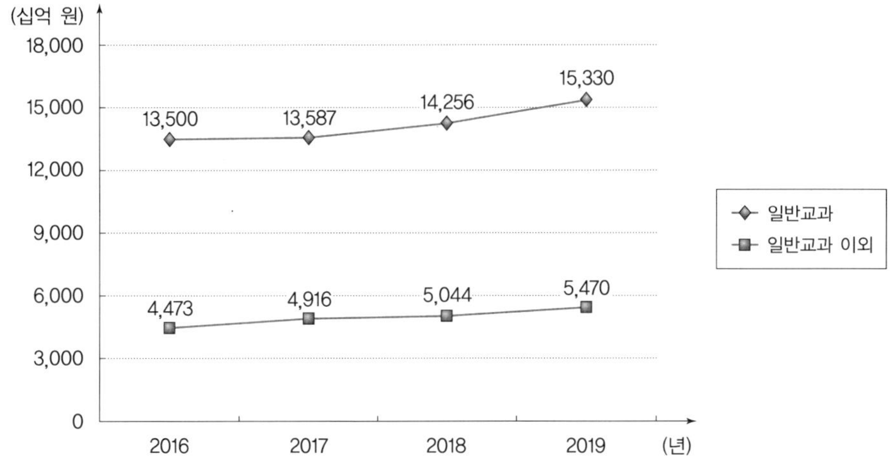

※ 출처: KOSIS(교육부, 초중고사교육비조사)

04 초·중·고등학교의 일반교과와 일반교과 이외의 전체 사교육비 합에서 일반교과 개인과외 사교육비와 일반교과 이외 개인과외 사교육비의 합이 차지하는 비중이 2018년과 2019년이 동일할 때, 2018년 일반교과 개인과외 사교육비와 일반교과 이외 개인과외 사교육비의 합은?

① 2,126십억 원 ② 2,320십억 원 ③ 2,467십억 원 ④ 2,509십억 원 ⑤ 2,706십억 원

05 다음 중 자료에 대한 설명으로 옳은 것을 고르시오.

① 2019년 학교급별 일반교과 그룹과외 사교육비의 평균은 489십억 원이다.

② 2019년 고등학교의 일반교과 이외 전체 사교육비는 826십억 원이다.

③ 2019년 초등학교의 기타 사교육비는 일반교과가 일반교과 이외보다 815십억 원 더 많다.

④ 2017년 초·중·고등학교의 일반교과 이외 전체 사교육비는 전년 대비 433십억 원 증가하였다.

⑤ 2019년 일반교과 이외 학원수강 사교육비는 고등학교가 중학교의 1.6배이다.

06 다음은 연도별 국내 나노융합산업 사업체의 매출액에 대한 자료이다. 제시된 기간 중 나노소재 매출액과 나노바이오·의료 매출액의 차이가 9,500십억 원을 처음으로 넘는 해에 나노소재, 나노바이오·의료, 나노장비·기기 매출액의 합은?

[연도별 나노융합산업 사업체 매출액]

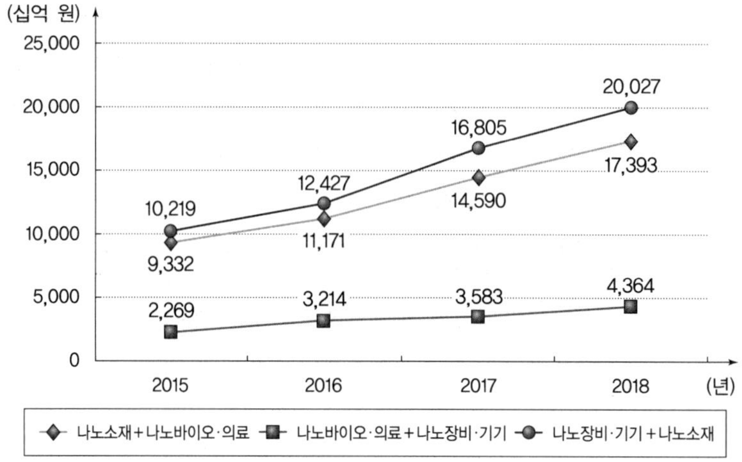

※ 출처: KOSIS(산업통상자원부, 나노융합산업조사)

① 10,910십억 원 ② 13,406십억 원 ③ 15,480십억 원 ④ 17,489십억 원 ⑤ 20,892십억 원

07 다음은 개인사업자 및 법인에 대한 세무조사와 조세포탈범에 대한 조세포탈 범칙조사 실적을 나타낸 자료이다. 다음 중 자료에 대한 설명으로 옳지 않은 것을 고르시오.

[개인사업자 및 법인 세무조사 실적]

구분		2019년	2020년	2021년	2022년	2023년	2024년
대상 인원 (천 명)	개인사업자	3,570	3,785	3,956	4,353	4,565	5,053
	법인	440	467	500	538	576	623
조사 인원 (명)	개인사업자	3,624	3,669	4,563	4,392	4,264	4,108
	법인	4,430	4,689	4,549	5,128	5,443	5,577
부과 세액 (억 원)	개인사업자	5,175	7,175	8,571	10,068	9,536	9,091
	법인	35,501	44,438	49,377	66,128	64,308	55,117

[조세포탈 범칙조사 실적]

(단위: 건)

구분		2019년	2020년	2021년	2022년	2023년	2024년
전체 조사 건수		443	527	641	583	461	364
범칙처분 건수	합계	421	504	614	523	425	338
	고발	369	449	570	454	386	286
	통고처분	52	55	44	69	39	52
무혐의 건수		22	23	27	60	36	26

※ 조세포탈 범칙조사는 조세범 처벌법에 따라 형벌을 적용할 목적으로 범칙자와 범칙 사실을 확정 짓기 위해 시행하는 조사를 의미함

① 2020년 이후 개인사업자와 법인에 부과된 세액의 전년 대비 증감 추이는 매년 서로 동일하다.

② 2020년 이후 조세포탈 범칙조사 실적에서 무혐의 건수가 전년 대비 가장 많이 증가한 해는 2022년이다.

③ 제시된 기간 중 개인사업자 조사 인원이 가장 많은 해에 법인 조사 인원은 가장 적다.

④ 2024년 범칙처분 건수에서 고발 건수가 차지하는 비중은 80% 이상이다.

⑤ 2020년 이후 전체 조세포탈 범칙조사 건수가 전년 대비 감소한 모든 해에 범칙처분 건수도 전년 대비 감소하였다.

08 다음은 학교 급식 위생에 대한 인식도를 나타낸 자료이다. 자료를 보고 빈칸에 해당하는 값을 예측했을 때 가장 타당한 값을 고르시오.

[학교급별 급식 위생 인식도]

(단위: %)

구분	2017년				2018년			
	전혀 위생적이지 않다	위생적이지 않은 편이다	위생적인 편이다	매우 위생적이다	전혀 위생적이지 않다	위생적이지 않은 편이다	위생적인 편이다	매우 위생적이다
초등학교	5.7	10.1	(㉡)	( )	7.2	9.5	42.2	41.1
중학교	( )	(㉠)	60.8	22.0	4.0	13.2	( )	23.8
고등학교	( )	15.8	65.2	14.0	5.2	16.6	63.3	14.9

※ 출처: KOSIS(한국청소년정책연구원, 아동청소년인권실태조사)

- 중학교의 '위생적이지 않은 편이다'와 '위생적인 편이다'라고 응답한 비율의 합은 2017년이 2018년보다 1.5%p 더 높다.
- 2017년 초등학교의 '위생적인 편이다'라고 응답한 비율은 같은 해 고등학교의 '전혀 위생적이지 않다'라고 응답한 비율의 8.8배이다.

	㉠	㉡
①	11.4	39.6
②	11.4	44.0
③	12.9	35.2
④	12.9	39.6
⑤	12.9	44.0

09 다음은 종사자 및 매출액 규모별 물산업 연구개발비를 나타낸 자료이다. 다음 중 자료에 대한 설명으로 옳지 않은 것을 고르시오.

[물산업 연구개발비]

(단위: 억 원)

구분		2018년	2019년
종사자 규모	1인 이상 4인 이하	53	100
	5인 이상 9인 이하	422	418
	10인 이상 19인 이하	816	1,274
	20인 이상 49인 이하	1,671	2,016
	50인 이상 99인 이하	1,081	1,790
	100인 이상	4,900	2,375
매출액 규모	10억 원 미만	215	171
	10억 원 이상 50억 원 미만	1,425	1,637
	50억 원 이상 100억 원 미만	1,103	1,502
	100억 원 이상	6,200	4,663

※ 출처: KOSIS(환경부, 물산업통계)

① 2019년 종사자 규모가 9인 이하인 사업체의 연구개발비는 전년 대비 43억 원 증가하였다.

② 2018년 매출액 규모가 100억 원 이상인 사업체의 연구개발비는 같은 해 매출액 규모가 100억 원 미만인 사업체의 연구개발비의 2배 이상이다.

③ 2019년 종사자 규모가 100인 이상인 사업체의 연구개발비는 전년 대비 50% 이상 감소하였다.

④ 제시된 종사자 규모 중 2019년 연구개발비가 전년 대비 400억 원 이상 증가한 사업체의 종사자 규모는 3개이다.

⑤ 연도별로 연구개발비가 적은 매출액 규모부터 순서대로 나열하면 그 순위는 2018년과 2019년이 동일하다.

10 다음은 피상속인의 사망으로 인하여 상속인 등이 사망자의 재산을 무상으로 취득할 경우 부과해야 하는 상속세에 대한 자료이다. 다음 중 자료에 대한 설명으로 옳지 않은 것을 고르시오.

[연도별 상속세 결정 추이]

구분	2017년	2018년	2019년	2020년	2021년	2022년	2023년	2024년
피상속인(명)	4,340	4,547	5,720	6,201	6,275	7,542	6,592	7,393
과세표준(억 원)	53,366	43,979	53,280	56,797	51,354	65,127	61,355	76,786
결정세액(억 원)	15,464	12,217	15,545	17,659	13,630	17,453	18,439	22,561

※ 1) 피상속인은 상속의 목적이 되는 재산의 원래 주체가 되는 사람으로 사망한 자를 의미함
2) 과세표준은 세금을 부과하는 데 기준이 되는 금액을 의미함
3) 결정세액은 과세표준에 세율을 곱한 산출세액에서 세액 공제 등을 차감한 금액을 의미함

① 결정세액이 가장 높은 해와 가장 낮은 해는 각각 2024년, 2018년이다.

② 2023년에 과세표준 대비 결정세액의 비율은 0.5 미만이다.

③ 피상속인이 가장 많은 해에 과세표준도 가장 높다.

④ 제시된 기간 동안 결정세액이 1조 5천억 원 이상 2조 원 미만인 해는 총 5개 연도이다.

⑤ 피상속인이 처음으로 6천 명을 넘은 해에 과세표준은 5조 원 이상이다.

11 다음은 주요 대도시의 도로변 주거지역 소음도를 나타낸 자료이다. 다음 중 자료에 대한 설명으로 옳지 않은 것을 모두 고르시오.

[주요 대도시 도로변 주거지역 소음도]

(단위: dB)

구분	2010년		2011년		2012년		2013년		2014년		2015년		2016년		2017년		2018년	
	낮	밤	낮	밤	낮	밤	낮	밤	낮	밤	낮	밤	낮	밤	낮	밤	낮	밤
서울	68	65	68	65	68	65	68	65	68	66	69	66	68	66	68	66	68	66
부산	67	63	67	62	67	62	67	62	67	62	67	62	67	62	68	62	66	61
대구	67	63	67	62	68	63	68	63	67	63	67	62	65	61	67	61	67	60
인천	66	63	66	62	67	63	66	62	66	62	66	62	66	62	66	61	66	62
광주	64	59	64	59	63	58	64	59	63	58	63	57	63	57	62	57	63	58
대전	62	56	61	55	61	55	60	54	60	55	60	56	60	54	61	55	60	53

※ 도로변 주거지역 환경 기준: 낮(65dB), 밤(55dB)
※ 출처: KOSIS(환경부, 환경통계연감)

a. 서울 지역에서 도로변 주거지역 소음도가 도로변 주거지역 환경 기준 이하인 해는 없다.
b. 제시된 기간 동안 대구 지역에서 밤의 도로변 주거지역 소음도는 매년 낮의 도로변 주거지역 소음도의 90% 이상이다.
c. 제시된 기간 동안 인천 지역에서 밤의 도로변 주거지역 소음도의 평균은 62dB 이상이다.
d. 제시된 기간 동안 대전 지역에서 낮의 도로변 주거지역 소음도가 가장 높은 해에 낮의 도로변 주거지역 소음도는 도로변 주거지역 환경 기준 이하이지만, 밤의 도로변 주거지역 소음도는 도로변 주거지역 환경 기준 이상이다.

① a ② b ③ b, c ④ b, d ⑤ c, d

12 다음은 2년 주기로 고등학교 학년별 흡연 경험을 조사한 자료이다. 이를 바탕으로 2020년 흡연 경험이 있다고 응답한 응답자 수가 가장 많은 학년의 연도별 흡연 경험이 있다고 응답한 응답자 수를 바르게 나타낸 것을 고르시오.

[고등학교 학년별 흡연 경험 조사 응답자 수]

(단위: 명)

구분	2016년	2018년	2020년
1학년	2,027	1,743	1,465
2학년	2,099	1,988	1,661
3학년	1,791	2,233	1,823

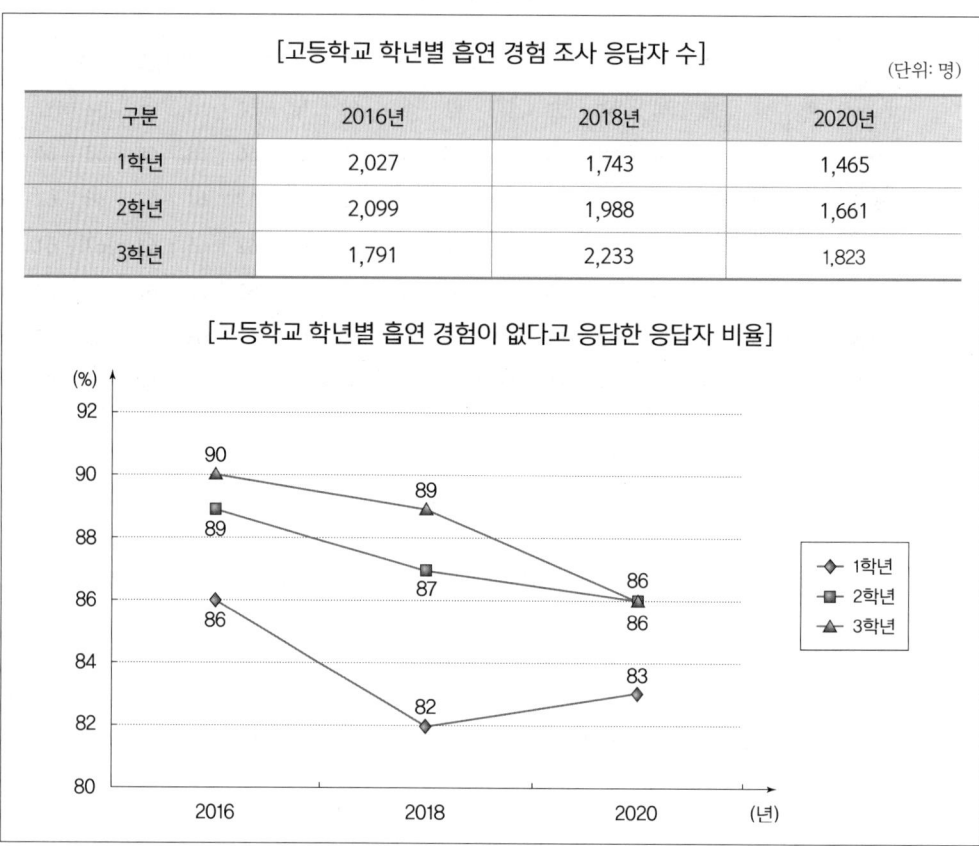

[고등학교 학년별 흡연 경험이 없다고 응답한 응답자 비율]

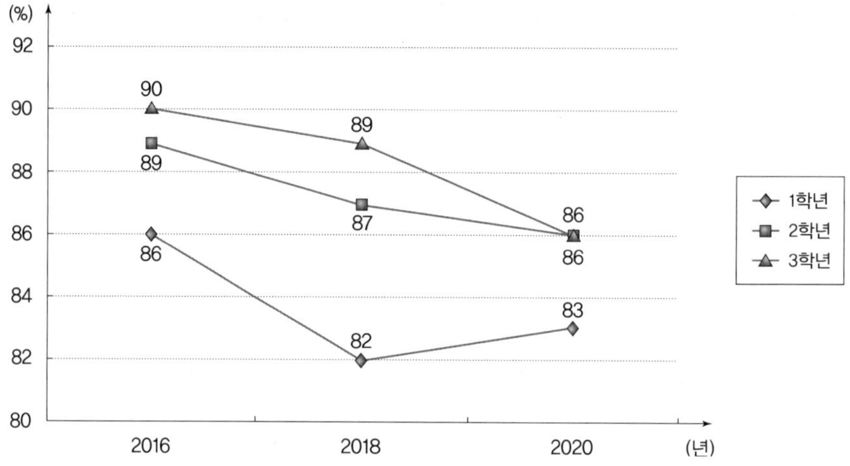

※ 모든 응답자는 '흡연 경험 있음' 또는 '흡연 경험 없음'으로 응답함

※ 출처: KOSIS(여성가족부, 청소년매체이용및유해환경실태조사)

①

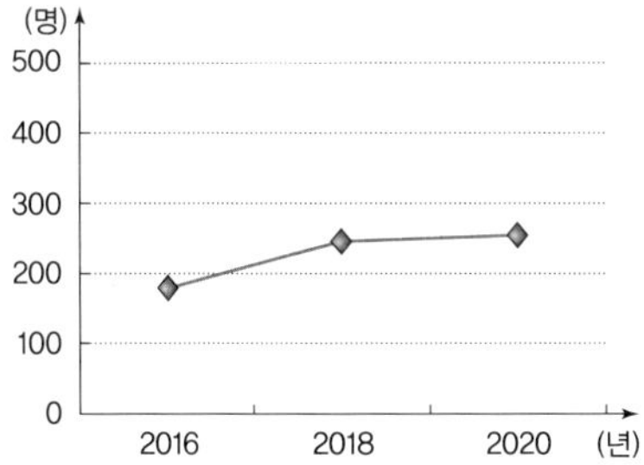
(명)
500
400
300
200
100
0
2016
2018
2020
(년)

②

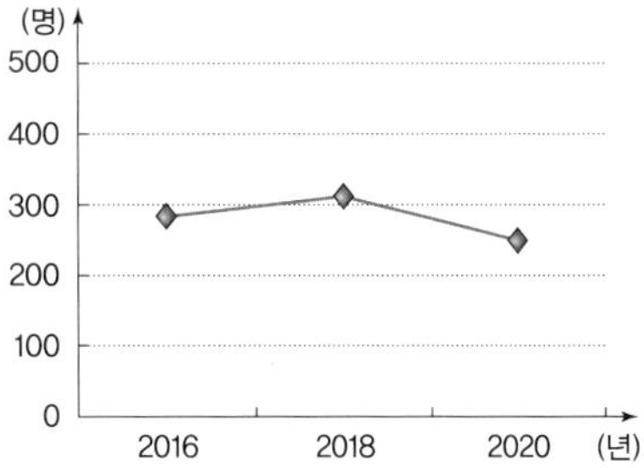
(명)
500
400
300
200
100
0
2016
2018
2020
(년)

③

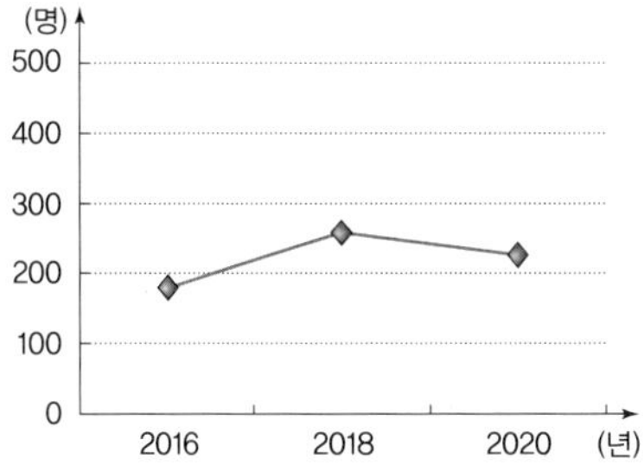
(명)
500
400
300
200
100
0
2016
2018
2020
(년)

④

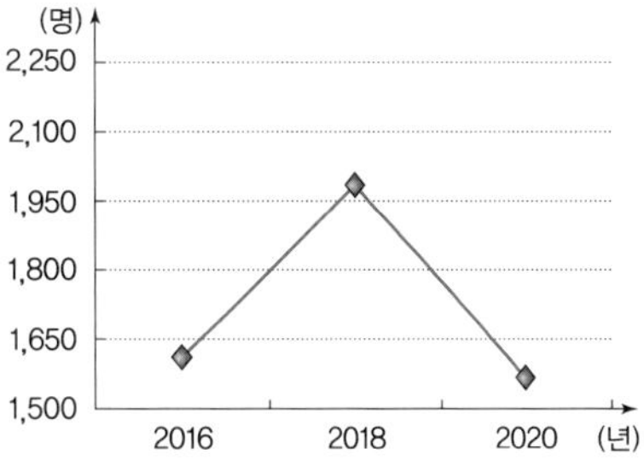
(명)
2,250
2,100
1,950
1,800
1,650
1,500
2016
2018
2020
(년)

⑤

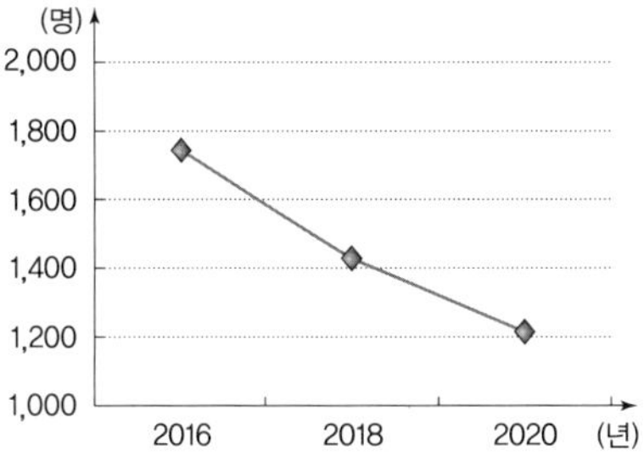
(명)
2,000
1,800
1,600
1,400
1,200
1,000
2016
2018
2020
(년)

13 다음은 20XX년 하반기 최종에너지 원별 소비량 및 부문별 소비량에 대한 자료이다. 다음 중 자료에 대한 설명으로 옳은 것을 모두 고르시오.

[최종에너지 원별 소비량 및 부문별 소비량]

(단위: 천 toe)

구분		7월	8월	9월	10월	11월	12월
전체		17,524	17,661	17,711	17,338	18,355	20,955
원별	석탄	2,567	2,610	2,631	2,652	2,543	2,862
	석유	9,071	8,943	8,908	8,752	8,941	9,515
	천연가스	318	327	304	314	309	334
	도시가스	1,127	1,125	1,137	1,437	2,066	3,147
	전력	3,618	3,836	3,880	3,360	3,539	3,872
	열	77	79	75	140	268	486
	신재생 및 기타	746	741	776	683	689	739
부문별	산업	11,463	11,423	11,488	11,216	10,854	12,225
	수송	3,330	3,282	3,228	3,156	3,602	3,249
	가정·상업	2,305	2,518	2,541	2,577	3,473	4,974
	공공	426	438	454	389	426	507

a. 7월 산업 부문의 석유 소비량은 최소 3,010천 toe이다.
b. 전력 소비량의 전월 대비 증가율은 12월이 11월보다 더 작다.
c. 제시된 기간 중 수송 부문 소비량이 다른 달에 비해 가장 많은 달에 전체 소비량에서 수송 부문 소비량이 차지하는 비중은 20% 이상이다.
d. 8월 이후 전체 소비량의 전월 대비 증감 추이와 매월 동일한 증감 추이를 보이는 부문은 총 1개이다.

① a, b ② a, c ③ a, d ④ b, d ⑤ c, d

14 다음은 지역별 장애인 복지시설 수와 생활인원 수에 대한 자료이다. 다음 중 자료에 대한 설명으로 옳은 것을 고르시오.

[지역별 장애인 복지시설 수 및 생활인원 수]

(단위: 개소, 명)

구분	2016년		2017년	
	복지시설 수	생활인원 수	복지시설 수	생활인원 수
서울특별시	44	2,791	49	2,640
부산광역시	26	1,242	26	1,214
대구광역시	51	1,648	52	1,614
인천광역시	86	1,252	70	1,081
광주광역시	23	770	23	761
대전광역시	40	883	72	1,149
울산광역시	49	1,261	40	1,237
경기도	625	6,334	645	6,258

※ 출처: KOSIS(행정안전부, 한국도시통계)

① 2016년 장애인 복지시설 수가 많은 지역부터 순서대로 나열한 순위와 생활인원 수가 많은 지역부터 순서대로 나열한 순위는 동일하다.

② 2017년 장애인 복지시설의 생활인원 수는 부산광역시가 광주광역시보다 443명 더 많다.

③ 2016년 제시된 지역의 장애인 복지시설 수의 평균은 118개소이다.

④ 2017년 장애인 복지시설 수가 전년 대비 가장 많이 증가한 지역의 2017년 생활인원 수는 전년 대비 30% 미만 증가하였다.

⑤ 2017년 대구광역시의 장애인 복지시설 1개소당 생활인원 수는 전년 대비 증가하였다.

15 다음은 현금영수증 발급과 관련된 자료이다. 다음 중 자료에 대한 설명으로 옳은 것을 고르시오.

[업태별 현금영수증 발급 건수]

(단위: 만 건)

구분	2014년	2015년	2016년	2017년	2018년
소매업	326,300	312,803	312,303	298,435	275,129
음식업	39,756	38,975	35,821	31,280	27,910
숙박업	1,630	1,513	1,700	1,763	1,731
병의원	11,468	10,652	10,149	9,318	8,606
학원	778	857	910	909	966
전문직	546	502	490	484	482
서비스업	10,484	10,239	9,777	9,511	7,718
기타	128,331	129,044	131,317	127,596	130,543

※ 가맹점의 주 업종 코드로 분류한 것이며, 여러 업종을 겸업하는 경우 주 업종의 실적이 포함

[연도별 전문직의 현금영수증 발급 금액]

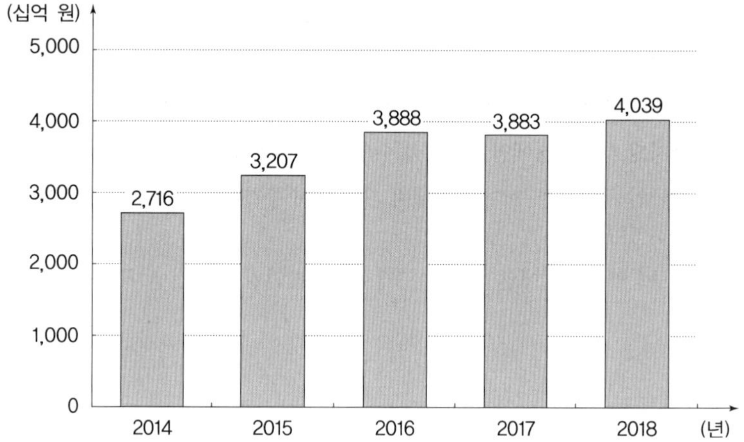

※ 출처: KOSIS(통계청, 국세통계)

① 소매업의 현금영수증 발급 건수가 가장 많은 해와 가장 적은 해의 현금영수증 발급 건수 차이는 51,181만 건이다.

② 기타를 제외하고 2015년과 2016년에 현금영수증 발급 건수가 많은 순서에 따른 업태별 순위는 서로 다르다.

③ 2018년 전문직의 현금영수증 발급 건수당 평균 발급 금액은 90만 원 이하이다.

④ 제시된 기간 중 병의원의 현금영수증 발급 건수가 서비스업의 현금영수증 발급 건수보다 적은 해는 총 2개 연도이다.

⑤ 2015년 이후 음식업과 학원의 현금영수증 발급 건수의 전년 대비 증감 추이는 서로 정반대이다.

16 다음은 Z 국의 연도별 남자와 여자의 암 발생자 수를 나타낸 자료이다. 다음 중 자료에 대한 설명으로 옳지 않은 것을 모두 고르시오.

[연도별 암 발생자 수]

(단위: 명)

구분	2021년		2022년		2023년		2024년	
	남자	여자	남자	여자	남자	여자	남자	여자
위암	19,723	9,710	20,672	10,065	20,175	9,864	19,865	9,414
대장암	16,156	11,052	16,890	11,569	16,877	11,612	16,686	11,223
간암	11,869	4,084	11,884	4,053	11,651	3,962	11,728	4,008
췌장암	3,389	3,016	3,421	3,323	3,767	3,344	4,020	3,591
폐암	17,270	7,415	18,052	8,134	18,921	8,471	19,524	9,104
갑상선암	5,470	20,012	5,647	20,895	6,141	20,552	6,727	21,924

a. 제시된 기간 중 전체 위암 발생자 수가 다른 해에 비해 가장 많은 해는 2023년이다.
b. 제시된 기간 동안 남자의 대장암 발생자 수는 매년 남자의 췌장암 발생자 수의 5배 미만이다.
c. 2024년 여자의 암 발생자 수의 전년 대비 증가 인원은 폐암이 갑상선암보다 750명 이상 더 적다.
d. 제시된 암 종류 중 2022년 이후 남자의 암 발생자 수가 매년 전년 대비 증가한 암은 3가지이다.

① a, b ② a, c ③ c, d ④ a, b, c ⑤ a, c, d

17 다음은 학교급별 청소년 상담자 수와 항목별 청소년 상담 건수를 나타낸 자료이다. 다음 중 자료에 대한 설명으로 옳지 않은 것을 고르시오.

[학교급별 청소년 상담자 수]

(단위: 천 명)

학교급	2020년	2021년	2022년	2023년	2024년
초등학교	952	1,024	928	897	951
중학교	1,098	1,308	1,293	1,306	1,282
고등학교	772	970	1,033	1,113	1,122
대학교	62	72	69	91	81
합계	2,884	3,374	3,323	3,407	3,436

[항목별 청소년 상담 건수]

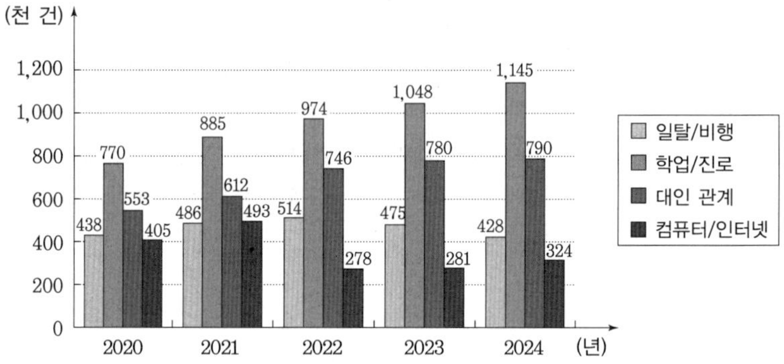

① 2021년 학교급별 청소년 상담자의 전년 대비 증가 인원이 세 번째로 많은 학교급은 초등학교이다.

② 컴퓨터/인터넷 관련 상담 건수가 가장 적었던 해의 고등학교 상담자 수의 전년 대비 증가율은 5% 이상이다.

③ 2024년 청소년 상담 건수가 전년 대비 감소한 항목은 일탈/비행뿐이다.

④ 2023년 전체 청소년 상담자 수에서 중학교와 고등학교 상담자 수의 합이 차지하는 비중은 70% 미만이다.

⑤ 학업/진로와 일탈/비행 관련 상담 건수의 차이는 매년 증가하였다.

18 다음은 X 국의 지역별 연강수량에 대한 자료이다. 다음 중 자료에 대한 설명으로 옳은 것을 고르시오.

[지역별 연강수량]

(단위: mm)

구분	2020년	2021년	2022년	2023년	2024년
A 지역	670	982	780	1,183	992
B 지역	1,141	1,056	822	1,703	713
C 지역	1,517	990	1,139	823	895
D 지역	1,441	1,210	1,186	1,058	904
E 지역	904	834	385	906	626
F 지역	1,228	1,615	1,764	1,426	922
G 지역	2,209	1,688	1,303	1,534	1,243
H 지역	852	699	529	857	704
I 지역	1,365	1,505	1,341	1,570	781
J 지역	1,122	863	865	967	583
K 지역	826	872	765	890	603
L 지역	1,411	1,002	928	1,044	1,079

① 제시된 기간 동안 강수량이 매년 1,000mm 미만인 지역은 총 4곳이다.

② 2022년 이후 A 지역과 L 지역의 강수량 차이는 매년 전년 대비 증가하였다.

③ 2024년 J 지역의 강수량은 4년 전 대비 50% 이상 감소하였다.

④ 2022년 강수량이 1,000mm 이상인 지역의 강수량의 평균은 1,340mm 이상이다.

⑤ 2023년 B 지역의 강수량은 2년 전 대비 747mm 증가하였다.

19 다음은 K 국의 구직급여 신청 동향을 나타낸 자료이다. 다음 중 자료에 대한 설명으로 옳지 않은 것을 고르시오.

[연령별 구직급여 신청자 수]

(단위: 명)

구분	2023년	2024년
29세 이하	70,248	86,213
30~39세	107,170	124,618
40~49세	98,139	117,118
50~59세	106,497	127,345
60세 이상	55,591	73,403
합계	437,645	528,697

[성별 구직급여 신청자 수]

(단위: 명)

구분	2023년	2024년
남자	226,366	264,137
여자	211,279	264,560
합계	437,645	528,697

① 2023년 구직급여 신청자 수가 가장 많은 연령의 구직급여 신청자 수가 전체 구직급여 신청자 수에서 차지하는 비중은 25% 미만이다.

② 2023년 남자와 여자 구직급여 신청자 수의 차이는 같은 해 29세 이하와 60세 이상 구직급여 신청자 수의 차이보다 크다.

③ 2024년 구직급여 신청자 수가 전년 대비 증가하지 않은 연령과 성은 하나도 없다.

④ 2024년 구직급여 신청자 수의 전년 대비 증가율은 20% 미만이다.

⑤ 2024년 40~59세 구직급여 신청자 수는 2024년 여자 구직급여 신청자 수보다 적다.

20 다음은 연도별 재외 동포 수에 대한 자료이다. B 국 재외 동포 수와 F 국 재외 동포 수의 차이가 세 번째로 큰 해에 D 국 재외 동포 수의 2년 전 대비 증가율과 G 국 재외 동포 수의 2년 전 대비 증가율의 차이는 약 %p인가? (단, 소수점 둘째 자리에서 반올림하여 계산한다.)

[연도별 재외 동포 수]

(단위: 천 명)

구분	2014년	2016년	2018년	2020년	2022년	2024년
A 국	893	913	913	893	856	819
B 국	2,762	2,337	2,705	2,574	2,586	2,548
C 국	2,017	2,102	2,076	2,091	2,239	2,492
D 국	216	223	231	206	224	241
E 국	108	107	113	111	105	107
F 국	645	656	657	616	627	631
G 국	384	461	453	486	511	558

① 1.5%p ② 2.2%p ③ 3.6%p ④ 4.4%p ⑤ 5.8%p

01 S 식당에서 현재 원가가 한 줄당 3,000원인 김밥에 50% 이윤을 붙여 하루 100줄씩 판매하고 있으나, 다음 달부터 원가가 20% 인상되어 정가도 인상하고자 한다. 정가가 인상되면 하루 50줄씩만 판매될 때, 하루 이익이 현재와 동일하기 위해 책정되어야 할 다음 달 김밥의 한 줄당 정가는?

① 5,600원 ② 6,100원 ③ 6,600원 ④ 7,100원 ⑤ 7,600원

02 농도가 6%인 소금물 500g과 농도가 18%인 소금물 700g을 섞은 후 소금물 600g을 추가하여 농도가 11%인 소금물을 만들었을 때, 추가한 소금물 600g의 농도는?

① 5% ② 6% ③ 7% ④ 8% ⑤ 9%

03 같은 부서에 근무하는 동료 A, B는 프로모션을 진행하기 위해 각자의 집에서 백화점으로 출근해야 하며, 백화점으로 가기 전, A는 회사에 들러 관련 서류를 챙기고, B는 공장에 들러 샘플 제품을 가져가야 한다. A는 집 앞 정류장에서 70km/h의 속력으로 달리는 버스를 타고 회사까지 이동하고 회사에서 20분의 시간을 소요한 후, 3km/h의 속력으로 걸어서 백화점까지 이동했다. 반면, B는 자가용을 타고 집에서 공장까지는 90km/h의 속력으로, 공장에서 백화점까지는 80km/h의 속력으로 운전했다. 두 사람이 같은 시각에 각자의 집에서 출발하고 B가 공장에서 소요한 시간이 1시간일 때, 둘 중 누가, 얼마나 먼저 백화점에 도착하는가? (단, A가 집에서 정류장까지 이동한 거리와 시간은 고려하지 않으며, A가 버스를 기다린 시간은 5분이다.)

출발지	도착지	거리
A의 집	회사	35km
B의 집	공장	45km
회사	백화점	2km
공장	백화점	20km

① A, 10분 ② A, 15분 ③ B, 10분 ④ B, 15분 ⑤ 동시에 도착

04 지연이는 200만 원에 수입한 그릇을 260만 원에 모두 판매하였다. 그릇 1개당 1,200원의 수익이 있었다면 수입한 그릇은 총 몇 개인가?

① 100개 ② 200개 ③ 300개 ④ 400개 ⑤ 500개

05 A 기업의 전체 직원 980명 중 20%는 B형 간염 보균자이며, B형 간염 보균자 중 B형 간염 예방 주사를 맞은 직원은 80명이고, B형 간염 보균자가 아닌 직원 중 B형 간염 예방 주사를 맞은 직원은 320명이다. 전체 직원 중 임의로 뽑은 한 명이 B형 간염 예방 주사를 맞지 않았을 때, 이 직원이 B형 간염 보균자가 아닐 확률은?

① $\frac{1}{4}$ ② $\frac{3}{4}$ ③ $\frac{2}{5}$ ④ $\frac{3}{5}$ ⑤ $\frac{4}{5}$

06 A는 만년필 1개당 원가의 30% 이익을 더한 금액을 정가로 책정하여 판매하였으나 판매율이 저조해 20% 할인된 금액으로 판매하여 만년필 1개당 2,500원의 이익을 얻었다고 할 때, 만년필 1개의 정가는?

① 50,000원 ② 62,500원 ③ 75,000원 ④ 81,250원 ⑤ 85,250원

07 물티슈 1개의 가격은 3,000원이지만 물티슈 2개가 들어있는 세트 상품을 구입할 경우 물티슈 1개당 700원씩 할인된 금액으로 구입할 수 있다. 96,000원으로 최대한 많은 물티슈를 구입했다면, 물티슈 구입 개수는?

① 39개 ② 40개 ③ 41개 ④ 42개 ⑤ 43개

08 한 변의 길이가 10cm, 다른 한 변의 길이가 7cm인 직사각형 모양의 엽서 16장을 1cm씩 간격을 두고 게시판에 붙였더니 남는 면적 없이 게시판 면적과 딱 들어맞았다. 게시판의 가로 방향과 세로 방향에는 엽서가 각각 4장씩 붙어있고 엽서는 모두 길이가 긴 변이 가로로 배치되어 있다면 게시판의 넓이는?

① 1,190cm² ② 1,225cm² ③ 1,305cm² ④ 1,333cm² ⑤ 1,375cm²

09 석민이는 오전 11시에 여행지에서부터 60km/h의 일정한 속력으로 운전하여 집으로 오는 도중에 교통사고가 나서 30분간 사고 처리를 하였다. 이후 석민이의 차는 50km/h의 일정한 속력으로 견인되어 오후 2시 48분에 집에 도착했을 때, 석민이가 견인되어 온 거리는? (단, 여행지에서부터 석민이의 집까지의 거리는 170km이다.)

① 110km ② 120km ③ 130km ④ 140km ⑤ 150km

10 1부터 4까지의 자연수와 A부터 D까지의 알파벳을 사용하여 숫자와 문자가 번갈아 조합되는 비밀번호를 만들려고 한다. 모든 숫자와 문자를 사용할 때, 만들 수 있는 비밀번호는 총 몇 가지인가?

① 288가지 ② 576가지 ③ 1,152가지 ④ 2,304가지 ⑤ 4,608가지

11 A 회사는 리조트에서 1박 2일로 워크숍을 진행하며, 전 직원을 리조트의 각 방에 배정하려고 한다. 1개의 방에 같은 인원수로 4명씩 또는 5명씩 또는 6명씩 배정하면 각각 2명이 남는다고 할 때, A 회사의 전 직원 수는? (단, 모든 경우에 필요한 방의 개수는 40개 이상 65개 이하이다.)

① 122명 ② 182명 ③ 242명 ④ 302명 ⑤ 362명

12 동일한 상품을 서울 지점에서는 6,000원, 강원 지점에서는 9,000원에 판매하고 있으며, 두 지점은 모두 한 달이 지날 때마다 상품 가격을 할인할 계획이다. 매달 서울 지점은 10%씩, 강원 지점은 30%씩 가격을 낮출 때 서울 지점보다 강원 지점의 상품 가격이 더 저렴한 때는 몇 개월 후부터인가?

① 1개월 ② 2개월 ③ 3개월 ④ 4개월 ⑤ 5개월

13 1반에 소속되어 있는 인원은 4명, 2반에 소속되어 있는 인원은 6명이고, 이들 10명이 받은 영어 점수의 평균은 84점이다. 1반의 평균 점수가 78점일 때, 2반의 평균 점수는?

① 85점 ② 86점 ③ 87점 ④ 88점 ⑤ 89점

14 오늘 카페에 입고된 플라스틱 컵의 개수는 기존에 카페에 있던 플라스틱 컵의 개수의 1.2배이고, 판매된 음료에 활용된 플라스틱 컵의 개수는 기존에 카페에 있던 플라스틱 컵의 개수보다 17개 더 많다. 현재 카페에 남아 있는 플라스틱 컵의 재고가 31개일 때, 플라스틱 컵이 입고되기 전 카페에 있던 플라스틱 컵의 개수는?

① 30개 ② 32개 ③ 37개 ④ 40개 ⑤ 45개

15 영주가 혼자 처리하면 2시간 40분이 소요되고, 영주와 솔미가 함께 처리하면 1시간이 소요되는 일이 있다. 이 일을 솔미가 혼자 처리하는 데 소요되는 시간은?

① 1시간 12분 ② 1시간 24분 ③ 1시간 36분 ④ 1시간 48분 ⑤ 2시간

16 20대와 30대만 묵을 수 있는 게스트하우스에 오늘 묵고 있는 연령대별 남자와 여자 투숙객의 비는 3 : 7이고, 20대와 30대 투숙객의 비는 4 : 1이며, 30대 남자 투숙객 수는 15명이다. 내일 남자 투숙객 중 50명이 퇴실한다고 했을 때, 내일 게스트하우스에 묵게 되는 20대 여자 투숙객의 비율은 전체에서 몇 %인가?

① 32% ② 40% ③ 48% ④ 56% ⑤ 70%

17 물이 들어 있는 A 컵과 B 컵에 21g의 소금을 나누어 넣었다. 두 컵에 들어 있던 소금물을 비어있는 C 컵에 넣어 섞은 후 소금 15g을 더 넣었더니 농도가 30%인 소금물이 되었을 때, 소금을 더 넣기 전 C 컵에 들어 있던 소금물의 농도는?

① 18% ② 20% ③ 23% ④ 25% ⑤ 26%

18 재민이, 수영이, 지은이는 각자 10일, 16일, 24일마다 하루 동안 봉사활동을 한다. 수영이와 지은이는 오늘 봉사활동을 했고, 재민이는 이틀 전에 봉사활동을 했다. 세 사람이 처음으로 함께 봉사활동을 하는 날은 오늘부터 며칠 뒤인가?

① 32일 ② 48일 ③ 72일 ④ 120일 ⑤ 240일

19 회원이 16명인 ○○ 동아리에서 동아리장 1명과 총무 1명을 선출하였다. 선출된 회원이 모두 여자 회원일 확률이 $\frac{3}{8}$일 때, ○○ 동아리의 여자 회원 수는?

① 9명 ② 10명 ③ 11명 ④ 12명 ⑤ 13명

20 커피를 마실 때 정량으로 마시는 사람은 150mL의 물을 넣고, 진하게 마시는 사람은 정량의 90%의 물을 넣고, 연하게 마시는 사람은 정량에 12%의 물을 추가하여 마신다. 60명 중 커피를 진하게 마시는 사람은 연하게 마시는 사람보다 3배 많고, 정량으로 마시는 사람보다는 4명 적다고 할 때, 60명 모두가 커피를 마시기 위해 필요한 물의 양은 총 얼마인가?

① 5,468mL ② 6,324mL ③ 8,784mL ④ 9,124mL ⑤ 10,258mL

01 다음 전제를 읽고 반드시 참인 결론을 고르시오.

전제	근면한 어떤 농부는 풍작을 이룬다.
	거름을 잘 주지 않는 모든 농부는 풍작을 이루지 못한다.
결론	

① 근면한 어떤 농부는 거름을 잘 준다.
② 근면한 모든 농부는 거름을 잘 준다.
③ 거름을 잘 주지 않는 어떤 농부는 근면하다.
④ 근면한 어떤 농부는 거름을 잘 주지 않는다.
⑤ 거름을 잘 주는 모든 농부는 근면하다.

02 상추, 호박, 고추, 가지, 감자 5가지 농작물의 수확 시기를 조사한 결과, 5가지 농작물은 모두 서로 다른 시기에 수확된 것을 확인하였다. 다음 조건을 모두 고려하였을 때, 가장 먼저 수확된 농작물을 고르시오.

- 5가지 농작물이 심어진 날짜와 시간은 모두 동일하다.
- 가지보다 늦게 수확되는 농작물은 3가지이다.
- 고추는 호박보다 먼저 수확되지만, 가장 먼저 수확되는 농작물은 아니다.
- 상추의 수확 시기는 감자보다 늦지만, 가장 늦지는 않다.

① 상추 ② 호박 ③ 고추 ④ 가지 ⑤ 감자

03 아시아, 아프리카, 유럽, 아메리카를 각자 대표하는 4명을 대상으로 퀴즈 대회가 열렸다. 다음 조건을 모두 고려하였을 때, 항상 거짓인 것을 고르시오.

- 100점을 먼저 얻은 순서에 따라 순위가 결정된다.
- 두 명 이상이 동시에 100점을 얻는 경우는 없었다.
- 아메리카 대표는 아시아 대표보다 늦게 100점을 얻었다.
- 유럽 대표는 아프리카 대표보다 먼저 100점을 얻었다.
- 아프리카 대표의 순위는 2위 또는 4위이다.

① 아시아 대표가 가장 먼저 100점을 얻었다.
② 아메리카 대표가 가장 늦게 100점을 얻었다.
③ 아시아 대표의 순위가 3위이면 유럽 대표는 2위이다.
④ 아프리카 대표의 순위가 2위이면 유럽 대표는 1위이다.
⑤ 가능한 경우는 총 4가지이다.

04 다음 결론이 반드시 참이 되게 하는 전제를 고르시오.

전제	성실한 모든 사람은 일의 성과를 낸다.
결론	일의 성과를 내는 어떤 사람은 나태하지 않다.

① 어떤 나태한 사람은 일의 성과를 낸다.
② 나태한 사람 중에는 성실한 사람도 있다.
③ 나태한 사람은 결코 성실한 사람이 아니다.
④ 어떤 나태한 사람은 성실한 사람이다.
⑤ 성실한 사람은 나태한 사람이다.

05 다음 전제를 읽고 반드시 참인 결론을 고르시오.

전제	어떤 모델도 과식을 하지 않는다.
	옷을 잘 입는 어떤 사람은 키가 큰 사람이다.
	키가 큰 어떤 사람은 모델이다.
결론	

① 옷을 잘 입는 어떤 사람은 모델이다.

② 키가 큰 어떤 사람은 과식을 하지 않는다.

③ 어떤 모델은 옷을 잘 입는다.

④ 옷을 잘 입는 어떤 사람은 과식을 하지 않는다.

⑤ 키가 큰 어떤 사람은 과식을 한다.

06 어느 푸드코트에서 김치찌개, 계란말이, 제육볶음, 감자탕, 수육, 된장찌개를 판매하고 있다. 어느 날 음식 재료 수급에 문제가 발생하여 판매할 수 없는 메뉴가 생겼다. 다음 명제가 모두 참일 때, 푸드코트에서 최대로 판매할 수 있는 메뉴의 조합을 고르시오.

- 김치찌개를 판매하면 계란말이를 판매한다.
- 감자탕을 판매하면 제육볶음은 판매하지 않거나 된장찌개는 판매하지 않는다.
- 계란말이 또는 제육볶음을 판매하면 수육 또는 된장찌개를 판매한다.
- 제육볶음을 판매하면 김치찌개는 판매하지 않는다.
- 김치찌개를 판매하지 않거나 감자탕을 판매하지 않으면 수육은 판매하지 않는다.

① 계란말이, 제육볶음, 된장찌개

② 김치찌개, 감자탕, 수육, 된장찌개

③ 계란말이, 제육볶음, 감자탕, 수육

④ 김치찌개, 계란말이, 감자탕, 수육, 된장찌개

⑤ 계란말이, 제육볶음, 감자탕, 수육, 된장찌개

07 주희, 선호, 달미, 원희 4명의 취미는 꽃꽂이, 댄스, 볼링, 테니스, 골프 중 하나이다. 다음 조건을 모두 고려하였을 때, 항상 참인 것을 고르시오.

- 4명의 취미는 모두 다르다.
- 달미의 취미는 댄스가 아니다.
- 주희의 취미는 볼링 아니면 테니스이다.
- 원희의 취미는 꽃꽂이 아니면 테니스이다.
- 선호의 취미는 골프이다.

① 원희의 취미가 꽃꽂이이면, 달미의 취미는 테니스이다.

② 4명의 취미로 가능한 경우의 수는 총 4가지이다.

③ 주희의 취미가 볼링이면, 원희의 취미는 꽃꽂이이다.

④ 달미의 취미는 테니스이다.

⑤ 달미의 취미가 꽃꽂이이면, 주희의 취미는 볼링이다.

08 다음 결론이 반드시 참이 되게 하는 전제를 고르시오.

전제	초콜릿을 좋아하는 어떤 어린이는 아이스크림을 좋아한다.
결론	아이스크림을 좋아하는 어떤 어린이는 치과에 자주 간다.

① 초콜릿을 좋아하는 어떤 어린이는 치과에 자주 간다.

② 치과에 자주 가는 어떤 어린이는 초콜릿을 좋아하지 않는다.

③ 초콜릿을 좋아하는 모든 어린이는 치과에 자주 간다.

④ 치과에 자주 가는 모든 어린이는 초콜릿을 좋아한다.

⑤ 치과에 자주 가는 모든 어린이는 아이스크림을 좋아하지 않는다.

09 A, B, C, D, E 5명 중 장기자랑 예선을 통과한 사람은 2명이고, 예선에서 탈락한 사람만 모두 거짓말을 하고 있다. 다음 조건을 모두 고려하였을 때, 예선을 통과한 사람끼리 바르게 묶인 것을 고르시오.

- A: B와 E는 둘 다 예선에서 탈락했다.
- B: E는 예선에서 탈락했다.
- C: A는 거짓말을 하고 있다.
- D: A와 B 중 적어도 한 명은 진실을 말하고 있다.
- E: 나는 예선을 통과했다.

① A, B ② B, C ③ B, D ④ C, E ⑤ D, E

10 다음 명제가 모두 참일 때, 항상 참인 문장을 고르시오.

- 바나나를 좋아하는 사람은 딸기를 좋아하거나 수박을 좋아한다.
- 사과를 좋아하는 사람은 바나나를 좋아하지 않고 배를 좋아한다.
- 배를 좋아하는 사람은 귤을 좋아하거나 딸기를 좋아하지 않는다.
- 수박을 좋아하는 사람은 배를 좋아하지 않는다.
- 귤을 좋아하는 사람은 사과를 좋아한다.

① 딸기를 좋아하지 않고 배를 좋아하는 사람은 바나나를 좋아한다.
② 사과를 좋아하는 사람은 귤을 좋아하고 딸기를 좋아하지 않는다.
③ 귤을 좋아하는 사람은 배를 좋아하지 않는다.
④ 수박을 좋아하는 사람은 사과를 좋아한다.
⑤ 바나나를 좋아하는 사람은 귤을 좋아하지 않는다.

11 ○○기업 인사팀은 신입사원 선발을 위한 1차~4차 회의를 진행할 예정이며, 회의실은 501호~504호까지 있다. 제시된 조건을 모두 고려하였을 때, <보기>에서 항상 참인 것을 모두 고르시오.

- 1차 회의는 두 번 진행한다.
- 회의실 중 1곳에서는 회의를 두 번 진행하고 나머지 3곳에서는 한 번만 진행한다.
- 2차 회의는 502호에서 진행한다.
- 501호는 1차 회의 때 사용된다.
- 4차 회의는 2차 회의를 진행한 회의실에서 진행한다.

<보기>

㉠ 회의를 두 번 진행하는 회의실은 502호이다.
㉡ 503호에서 3차 회의를 진행한다.
㉢ 1차 회의를 504호에서 진행하면 3차 회의는 503호에서 진행한다.

① ㉠ ② ㉢ ③ ㉠, ㉢ ④ ㉡, ㉢ ⑤ ㉠, ㉡, ㉢

12 다음 글의 내용이 참일 때, 항상 참인 문장을 고르시오.

고독을 즐기는 사람은 클래식을 좋아한다. 예술가는 그림 그리는 것을 좋아하고 고독을 즐긴다. 그림 그리는 것을 좋아하는 사람은 독서를 좋아하고 커피는 좋아하지 않는다. 패션에 관심이 많지 않은 사람은 모델이 아니다. 독서를 좋아하고 커피를 좋아하지 않는 사람은 패션에 관심이 많다.

① 예술가는 클래식을 좋아하지 않는다.
② 독서를 좋아하지 않는 사람은 그림 그리는 것을 좋아한다.
③ 모델은 커피를 좋아한다.
④ 그림 그리는 것을 좋아하는 사람은 패션에 관심이 많다.
⑤ 커피를 좋아하는 사람은 예술가이다.

13 A, B, C, D, E, F, G, H 8명이 정사각형 탁자 2개에 둘러앉아 있다. 다음 조건을 모두 고려하였을 때, 항상 거짓인 것을 고르시오.

- A는 1번 자리에 앉아 있다.
- B는 5번, D는 6번 자리에 앉아 있다.
- C는 G와 서로 마주 보고 앉아 있다.
- E는 B와 서로 마주 보고 앉아 있다.
- B와 H는 서로 다른 탁자에 앉아 있다.

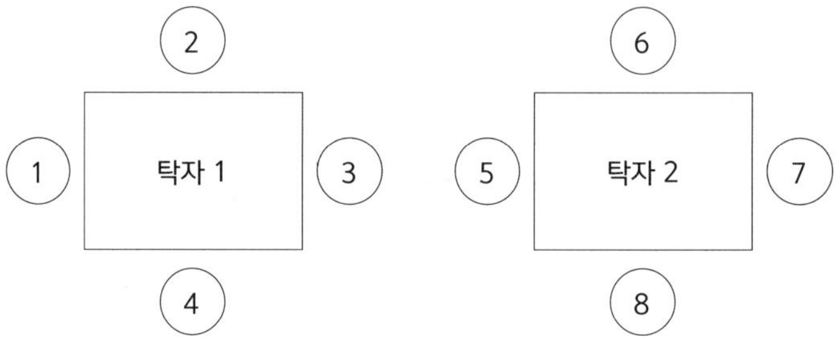

① C는 2번 자리에 앉아 있다.

② A와 H는 같은 탁자에 앉아 있다.

③ D와 F는 서로 마주 보고 앉아 있다.

④ F와 G는 같은 탁자에 앉아 있다.

⑤ B와 C는 서로 다른 탁자에 앉아 있다.

14 총 3개의 방으로 구성된 1인 독서실을 등록한 세빛, 지아, 우람이는 모두 성씨와 나이가 서로 다르다. 다음 조건을 모두 고려하였을 때, 세빛이의 성씨와 나이가 올바르게 짝지어진 것을 고르시오.

- 3명의 성씨는 김, 이, 박 중 하나이며, 나이는 14세, 18세, 22세 중 하나이다.
- 3명이 등록한 방은 모두 다르다.
- 3번 방을 등록한 사람은 1번 방을 등록한 사람보다 어리다.
- 지아의 바로 옆 방을 등록한 사람은 1명이며, 3명 중 나이가 가장 많다.
- 3명 중 가장 어린 사람은 김 씨 성을 가진 사람보다 8살 어리다.
- 지아와 우람이가 등록한 방은 서로 이웃하지 않는다.
- 지아와 2번 방을 등록한 사람의 나이 합은 40살이다.

[1인 독서실]

1번 방	2번 방	3번 방

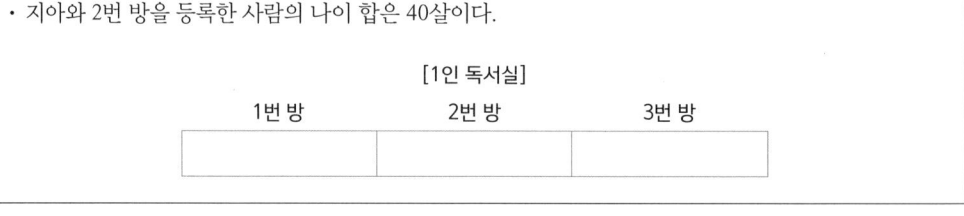

① 이 씨 - 14세 ② 박 씨 - 18세 ③ 김 씨 - 14세 ④ 박 씨 - 22세 ⑤ 김 씨 - 22세

15 A~E 5명 중 진실을 말한 3명은 1반에, 거짓을 말한 나머지 2명은 2반에 속한다. 다음 조건을 모두 고려하였을 때, 거짓을 말한 사람끼리 바르게 묶인 것을 고르시오.

- A: D의 말은 진실이야.
- B: C는 1반이야.
- C: 나와 A는 같은 반이야.
- D: 나는 1반이야.
- E: C는 2반이야.

① A, B ② A, D ③ B, C ④ B, E ⑤ C, E

16 A, B, C, D, E 5명이 당직 근무 요일을 정하려고 한다. 다음 조건을 모두 고려하였을 때, 항상 거짓인 것을 고르시오.

- 월요일부터 금요일까지 하루에 1명씩 근무한다.
- D는 월요일 또는 금요일에 근무한다.
- E는 A보다 늦게 근무하고, B보다는 먼저 근무한다.
- C가 근무한 이후로 총 3명이 근무한다.

① C와 D는 연속한 순서로 근무한다.

② B는 금요일에 근무한다.

③ 월요일에 근무할 수 있는 사람은 2명이다.

④ A가 수요일에 근무할 때 D는 금요일에 근무한다.

⑤ E는 B보다 하루 먼저 근무한다.

17 현모와 우연이는 1부터 20까지 숫자가 적힌 20장의 숫자 카드와 덧셈, 뺄셈, 곱셈, 나눗셈 4장의 연산 카드를 가지고 게임을 진행하고 있다. 다음 조건을 모두 고려하였을 때, 항상 참인 것을 고르시오.

- 카드는 1부터 20까지 숫자가 적힌 숫자 카드와 덧셈, 뺄셈, 곱셈, 나눗셈 연산 카드가 각각 1장씩 총 24장이다.
- 숫자 카드와 연산 카드는 구분되어 있으며, 24장의 카드는 모두 뒤집어져 있어 확인할 수 없다.
- 현모가 먼저 숫자 카드 4장과 연산 카드 2장을 뽑고, 뒤이어 우연이가 숫자 카드 4장과 연산 카드 2장을 뽑는다.
- 카드를 뽑은 뒤, 자신이 뽑은 카드를 확인하고 자신이 뽑은 카드 중 3장의 숫자 카드와 2장의 연산 카드를 선택하여 계산식을 만든다.
- 계산식은 곱셈과 나눗셈, 덧셈과 뺄셈이 혼합되어 있을 경우, 곱셈과 나눗셈을 먼저, 덧셈과 뺄셈을 나중에 계산한다.
- 계산식의 결괏값이 50인 사람이 승리하며, 50인 사람이 없을 경우, 50에 가까운 사람이 승리한다.
- 결괏값이 서로 같을 경우 무승부이며, 재경기를 진행한다.

① 현모가 곱셈과 나눗셈 연산 카드를 가지고 나온 결괏값이 48이었다면 현모가 승리한다.

② 덧셈과 곱셈 연산 카드를 모두 가지면 반드시 승리한다.

③ 현모와 우연이 모두 결괏값이 50이 되는 경우가 있다.

④ 1, 2, 3, 4가 적힌 숫자 카드를 뽑았다면 곱셈과 나눗셈의 연산 카드를 뽑는 것 보다 덧셈과 뺄셈의 연산 카드를 뽑는 것이 유리하다.

⑤ 5, 6, 7, 8이 적힌 숫자 카드를 뽑았다면 계산식의 결괏값이 50이 되는 경우는 없다.

18 다음 명제가 모두 참일 때, 항상 참인 문장을 고르시오.

- 부지런한 사람은 계획적이다.
- 실수가 많은 사람은 신뢰도가 낮다.
- 메모를 하지 않는 사람은 기억력이 좋지 않다.
- 계획적인 사람은 약속 시간을 잘 지킨다.
- 실수가 많지 않은 사람은 기억력이 좋다.
- 메모를 하는 사람은 약속 시간을 잘 지킨다.

① 계획적인 사람은 실수가 많지 않다.

② 약속 시간을 잘 지키지 않는 사람은 부지런하다.

③ 신뢰도가 낮지 않은 사람은 약속 시간을 잘 지킨다.

④ 부지런한 사람은 메모를 한다.

⑤ 약속 시간을 잘 지키는 사람은 부지런한다.

19 책꽂이에 국어, 영어, 수학 세 과목의 책 A, B, C, D, E, F, G 7권이 꽂혀 있다. 다음 조건을 모두 고려하였을 때, 항상 참인 것을 고르시오.

- 책꽂이는 위, 아래 2칸으로 구분되어 있고, 책은 아래 칸보다 위 칸에 더 많다.
- A와 C는 아래 칸에 있다.
- A는 영어책이고, F는 수학책이다.
- 국어책은 세 과목의 책 중 가장 많고, 위 칸보다 아래 칸에 더 많다.
- D와 F는 서로 다른 칸에 있다.

① A와 C는 같은 과목의 책이다.

② B와 E는 서로 다른 과목의 책이다.

③ G의 과목은 수학이다.

④ F는 영어책과 같은 칸에 있지 않다.

⑤ C와 D는 서로 다른 칸에 있다.

20 A, B, C, D, E, F, G, H, I 9명은 함께 출장을 가기 위해 4인승 차량 3대에 탑승하였고, 각 차량에는 운전면허가 있는 사람이 적어도 한 명은 탑승하여 운전하였다. 다음 조건을 모두 고려하였을 때, 항상 거짓인 것을 고르시오.

- 운전면허가 있는 사람은 F, G, I이다.
- 각각의 차량에는 모두 3명씩 탑승하였다.
- A, B, C, D는 남성, E, F, G, H, I는 여성이다.
- A는 F와 같은 차량에 탑승하였다.
- C와 G는 같은 차량에 탑승하지 않았다.
- B는 C와 같은 차량에 탑승하였다.

① D와 F는 같은 차량에 탑승하였다.

② A가 탑승한 차량에는 여성이 1명 탑승하였다.

③ I는 이성 2명과 함께 탑승하였다.

④ A가 탑승한 차량에는 A와 동성이 없다.

⑤ G가 운전하는 차량에는 B가 탑승하였다.

해설 p.88

01 일정한 규칙으로 나열된 수를 통해 10번째 항의 값으로 알맞은 숫자를 고르시오.

337 295 257 223 193 …

① 95 ② 97 ③ 103 ④ 113 ⑤ 128

02 일정한 규칙으로 나열된 수를 통해 빈칸에 들어갈 알맞은 숫자를 고르시오.

12	A	26	21	22	B	39	40	80

A + B = ( )

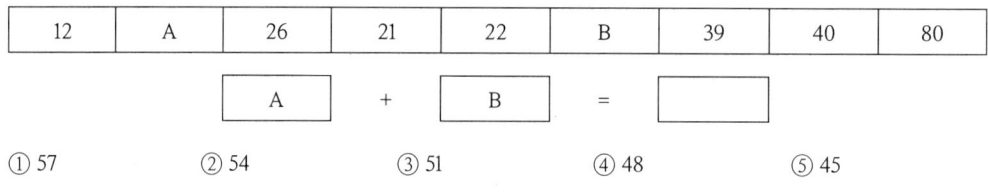

① 57 ② 54 ③ 51 ④ 48 ⑤ 45

03 일정한 규칙으로 나열된 수를 통해 빈칸에 들어갈 알맞은 숫자를 고르시오.

4 −4 12 −20 44 −84 ( )

① 92 ② 94 ③ 124 ④ 168 ⑤ 172

04 다음 도형에서 일정한 규칙을 찾아 □ 안에 들어갈 알맞은 숫자를 고르시오.

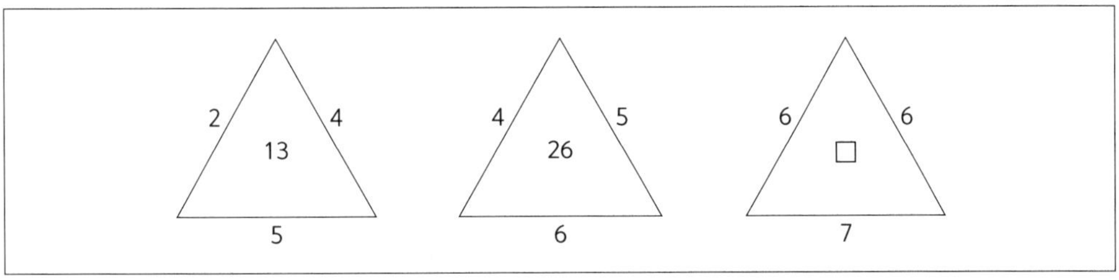

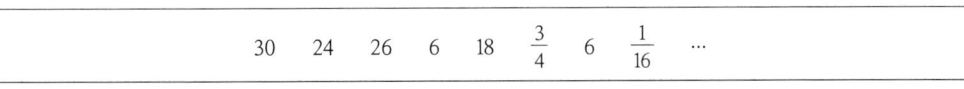

① 30　② 33　③ 39　④ 43　⑤ 46

05 일정한 규칙으로 나열된 수를 통해 10번째 항의 값으로 알맞은 숫자를 고르시오.

30　24　26　6　18　$\frac{3}{4}$　6　$\frac{1}{16}$　…

① −9　② −4　③ $\frac{1}{256}$　④ $\frac{5}{8}$　⑤ 3

06 일정한 규칙으로 나열된 수를 통해 빈칸에 들어갈 알맞은 숫자를 고르시오.

3　5　64　4　7　121　9　2　(　　)

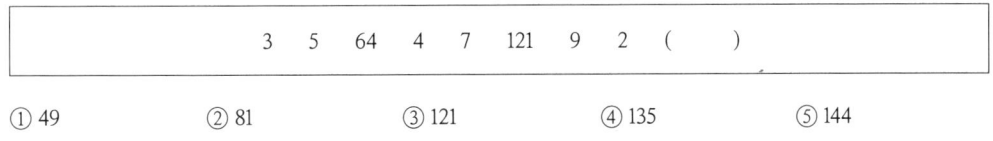

① 49　② 81　③ 121　④ 135　⑤ 144

07 일정한 규칙으로 나열된 수를 통해 빈칸에 들어갈 알맞은 숫자를 고르시오.

19　38　41　40　80　83　81　(　　)

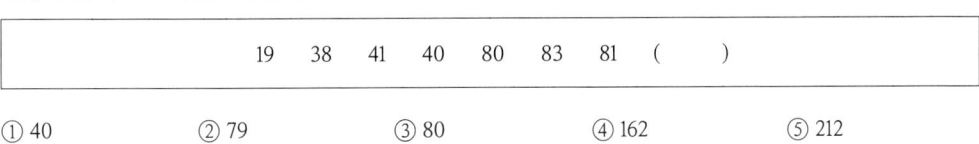

① 40　② 79　③ 80　④ 162　⑤ 212

08 일정한 규칙으로 나열된 수를 통해 빈칸에 들어갈 알맞은 숫자를 고르시오.

197 236 266 287 299 (   )

① 300 ② 301 ③ 302 ④ 303 ⑤ 304

09 일정한 규칙으로 나열된 수를 통해 빈칸에 들어갈 알맞은 숫자를 고르시오.

53 52 104 107 106 212 217 216 (   ) 439

① 412 ② 418 ③ 422 ④ 428 ⑤ 432

10 일정한 규칙으로 나열된 수를 통해 빈칸에 들어갈 알맞은 숫자를 고르시오.

A	−2,106	−702	B	−78	−26

[A] − [B] = [   ]

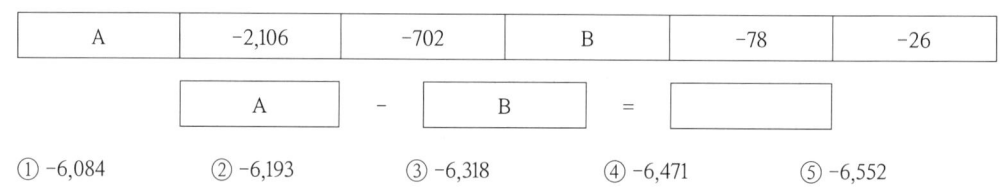

① −6,084 ② −6,193 ③ −6,318 ④ −6,471 ⑤ −6,552

11 일정한 규칙으로 나열된 수를 통해 9번째 항의 값으로 알맞은 숫자를 고르시오.

$\frac{1}{16}$ $\frac{1}{4}$ $\frac{5}{8}$ $\frac{7}{4}$ $\frac{19}{4}$ 13 …

① 143 ② 210 ③ 265 ④ 292 ⑤ 362

12 일정한 규칙으로 나열된 수를 통해 빈칸에 들어갈 알맞은 숫자를 고르시오.

5 23 14 8 18 13 9 15 ( )

① 12 ② 13 ③ 14 ④ 15 ⑤ 16

13 일정한 규칙으로 나열된 수를 통해 빈칸에 들어갈 알맞은 숫자를 고르시오.

$\frac{1}{3}$ $\frac{13}{30}$ $\frac{8}{15}$ $\frac{19}{30}$ $\frac{11}{15}$ $\frac{5}{6}$ ( )

① $\frac{2}{3}$ ② $\frac{14}{15}$ ③ $\frac{19}{15}$ ④ $\frac{13}{10}$ ⑤ $\frac{11}{5}$

14 다음 도형에서 일정한 규칙을 찾아 □ 안에 들어갈 알맞은 숫자를 고르시오.

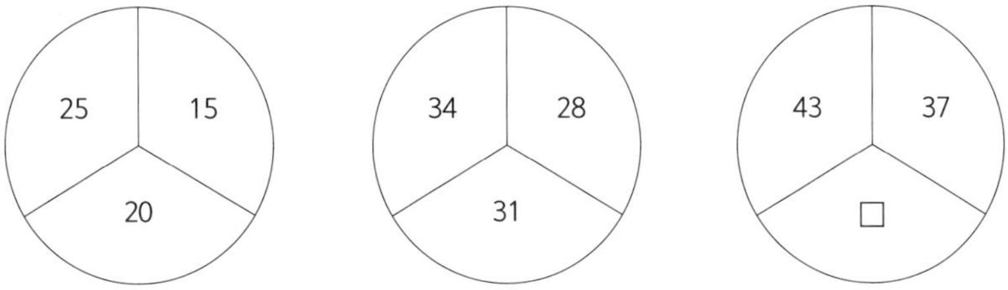

① 36 ② 38 ③ 40 ④ 42 ⑤ 44

15 일정한 규칙으로 나열된 수를 통해 빈칸에 들어갈 알맞은 숫자를 고르시오.

123 98 25 73 48 (   )

① 121 ② −121 ③ 25 ④ −25 ⑤ 73

16 일정한 규칙으로 나열된 수를 통해 빈칸에 들어갈 알맞은 숫자를 고르시오.

1 3 7 11 −4 4 8 −2 (   )

① 1 ② 3 ③ 5 ④ 7 ⑤ 9

17 일정한 규칙으로 나열된 수를 통해 빈칸에 들어갈 알맞은 숫자를 고르시오.

162	A	54	72	B	63	6	54

A − B = (   )

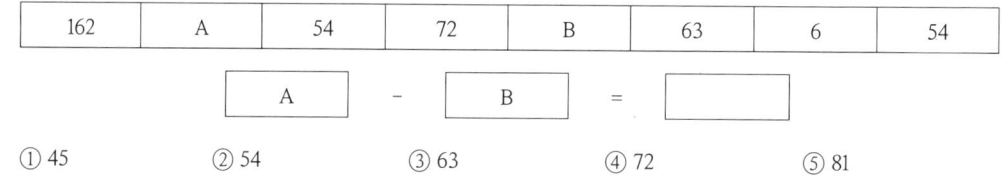

① 45 ② 54 ③ 63 ④ 72 ⑤ 81

18 일정한 규칙으로 나열된 수를 통해 15번째 항의 값으로 알맞은 숫자를 고르시오.

0.4 1.6 3.9 7.3 11.8 …

① 87.4 ② 100.4 ③ 101.8 ④ 114.8 ⑤ 117.3

19 일정한 규칙으로 나열된 수를 통해 빈칸에 들어갈 알맞은 숫자를 고르시오.

18 19 17 18 15 16 12 ( )

① 11 ② 12 ③ 13 ④ 15 ⑤ 17

20 일정한 규칙으로 나열된 수를 통해 빈칸에 들어갈 알맞은 숫자를 고르시오.

8 8.5 10 14.5 28 ( )

① 28.5 ② 38 ③ 48.5 ④ 58 ⑤ 68.5

약점 보완 해설집 p.68

실전모의고사 4회_고난도

* 모의고사의 시작과 종료 시각을 정하세요.

언어이해 (15분)	시 분 ~ 시 분
자료해석 (15분)	시 분 ~ 시 분
창의수리 (15분)	시 분 ~ 시 분
언어추리 (15분)	시 분 ~ 시 분
수열추리 (15분)	시 분 ~ 시 분

01 언어이해

해설 p.92

01 다음 글의 내용과 일치하는 것을 고르시오.

정보를 신속하고 정확하게 전달하는 것은 인류 역사에서 매우 중요한 과제였다. 그래서 음성을 직접 전할 수 있는 전화의 발명과 상업화는 정보 전달의 역사에서 단연 손꼽히는 혁신 중 하나이다. 소리를 전달하는 방법에 대한 연구는 오래전부터 있었지만, 초기의 연구들은 소리의 진동을 물리적인 방법으로 전달하려 하였으므로 전달 거리의 한계를 극복하지 못하고 있었다. 그런데 1837년 미국의 물리학자 페이지가 전류를 이용하여 음성을 전달하는 원리를 발견하여 통신 방식에 대한 연구의 새로운 장을 열었고, 이후 여러 연구자에 의해 발전되었다. 오랫동안 전화의 발명자는 미국의 알렉산더 그레이엄 벨로 알려졌으나, 여러 자료의 발견과 연구를 통해 벨이 전화를 가장 먼저 발명한 사람은 아니었다는 사실이 밝혀졌다. 1854년 프랑스의 부르쇨은 페이지가 발견한 원리를 발전시켜 '전기를 통한 음성 전달'에 대한 글을 발표하였으며, 1861년 독일의 라이스는 부르쇨의 아이디어를 토대로 실험을 진행하고 전화를 의미하는 영어인 '텔레폰(Telephone)'이라는 용어를 처음으로 사용하였다. 한편 이탈리아 출신 미국의 발명가 안토니오 무치는 1860년경 전기를 이용한 독자적인 전화 시스템을 개발하였다. 그는 자신의 발명품을 언론에 알리고 1871년에 전화기에 대하여 임시 특허를 냈다. 하지만 특허권을 획득하기 위해 웨스턴 유니언 전신회사와 협의하는 동안 자신이 만든 전화기 모델과 설계도를 잃어버렸고, 무치가 비용이 없어 정식 등록을 못 하면서 그가 낸 특허 신청이 소멸하고 말았다. 그리고 얼마 뒤인 1876년 벨이 비슷한 원리의 전화기로 특허를 취득하였다. 1879년에 무치는 벨을 법원에 고발하였으나 재판이 진행되던 중에 무치가 사망하면서 재판도 흐지부지되고 말았다. 그로부터 100년이 훨씬 흐른 2002년에 미국 하원은 뒤늦게나마 무치가 벨보다 앞서 전화기를 발명하였음을 인정하는 결의안을 통과시켰다.

① 프랑스의 부르쇨은 역사적으로 전화라는 의미의 영어 단어인 텔레폰을 최초로 사용한 인물이다.
② 여러 연구 결과에 따라 통념과는 다르게 벨이 전화기의 최초 발명가가 아니라는 결론이 도출되었다.
③ 벨이 전화기로 특허를 획득한 이후에 무치가 벨을 정식으로 고발하여 재판에서 승리하였다.
④ 소리의 진동을 물리적으로 전달하는 방법을 발견하게 되면서 전달 거리의 한계가 극복되었다.
⑤ 무치는 전화기 모델과 설계도를 가지고 있었음에도 돈이 없어서 정식 등록을 하지 못 하였다.

02 다음 글에 나타난 전략과 관련된 사례로 가장 적절하지 않은 것을 고르시오.

> 많은 기업들이 글로벌 진출을 통해 새로운 시장을 창출하고 있다. 글로벌 시장에서는 각 시장의 문화적, 경제적 차이를 이해하여 소비자의 요구를 파악하고 이를 제품 개발 및 마케팅에 반영하는 것이 필수적이다. 각국의 문화적 차이로 인해 해외 소비자들에게 외면받을 수 있는 요소를 예측하여 개선하는 과정이 필요하며, 언어와 디자인 요소를 현지에 맞게 조정하는 현지화 전략을 수립해야 한다. 글로벌 시장에서 브랜드의 가치를 높이기 위해서는 세계적으로 적용 가능한 기술적 역량을 보유하고 활용하는 것 또한 중요하다. 더 나아가 소셜 미디어와 디지털 마케팅을 적극 활용하면 소비자와의 관계를 더욱 깊게 형성할 수 있고, 이는 소비자의 신뢰를 얻는 데 주요한 역할을 한다. 글로벌 시장에서의 차별화된 전략을 바탕으로 기업들은 경쟁력을 강화하며 지속가능한 성장을 실현하고 있다. 다만 글로벌 진출 시 유의해야 할 점은 국가별 혹은 지역별로 상이한 무역 규제, 재산권 보호 등의 법적 절차들을 정확하게 파악하고 준수해야 한다는 것이다. 또한 변화하는 세계의 경제, 환경에 대한 유연한 대응 전략을 수립하여 안정적인 운영을 이어 나갈 수 있도록 해야 할 것이다.

① A 사는 각국의 언어로 고객 지원 서비스를 제공하여 소통을 강화하고 고객 만족도를 높였다.
② B 사는 다양한 국가에 맞춘 결제 방식을 도입하여 안정적인 시장 점유율을 확보하였다.
③ C 사는 현지 공급업체와의 협력을 통해 시장 이해도를 높이고 운영상의 위험 부담을 낮췄다.
④ D 사는 육식을 하지 않는 나라의 문화에 맞춰 채식 메뉴를 새롭게 개발하였다.
⑤ E 사는 자국에 신제품을 우선적으로 출시함으로써 내수 시장에서의 입지를 강화하였다.

03 다음 빈칸에 들어갈 말로 가장 적절한 것을 고르시오.

마지노선은 흔히 '마지막 한계점', '빼앗겨서는 안 되는 최후 방어선'이라는 의미로 사용되는 단어이다. 실제로 "이해관계자들이 마지노선을 정하고 협상에 임했다." 또는 "이 야구팀은 포스트시즌 진출의 마지노선인 5위를 달리고 있다." 등의 표현이 쓰이는 것을 쉽게 접할 수 있지만, 이 단어의 어원을 정확히 아는 사람은 그리 많지 않다. 제1차 세계대전 당시 독일과 교전을 벌이던 프랑스는 공격보다 방어를 최우선으로 하는 국방 정책을 전개했다. 그 일환으로 프랑스와 독일 사이의 국경지대에 거대한 장벽으로 요새선을 구축하고, 이 요새선의 구축을 주도한 국방부 장관 앙드레 마지노의 이름을 따서 '마지노선(Maginot line)'이라고 명명했다. 1936년에 완성된 마지노선은 350km에 걸쳐 142개의 대규모 요새로 구성되었고, 비용만 해도 160억 프랑이 투입되었다. 그러나 프랑스는 독일군의 우회 작전으로 대패하게 되었고, 마지노선에 주둔하던 80만 명의 프랑스군은 자신들의 거대 진지를 포기할 수 없었기에 수도 파리가 함락되는 것까지 속수무책으로 지켜봐야만 했다. 이런 배경을 놓고 보면, 마지노선이라는 단어는 '최후의'라는 의미보다는 '최전방의'라는 의미가, '절대로 포기해서는 안 되는 최후의 보루'보다는 (　　　　　　) 의미가 더 어울린다고 할 수 있다.

① '절대로 넘겨서는 안 되는 마지막 한계선'이라는
② '최악의 상황에서 아군을 엄호해줄 수 있는 존재'라는
③ '외부는 강해 보이지만 내부는 부실한 것'이라는
④ '어떠한 상황에서도 적의 공격을 막아낼 수 있는 철옹성'이라는
⑤ '엄청난 공을 들였지만 정작 필요할 때 무용지물이 된 것'이라는

04 다음 글의 내용과 일치하는 것을 고르시오.

유성생식은 암컷과 수컷의 교미를 통해 생식세포가 결합하여 다음 세대를 이루는 번식 방법이고, 이와 반대로 무성생식은 다른 개체와 교미하지 않고 한 개체에서 새로운 개체가 번식하는 방법이다. 무성생식은 번식을 위해 짝을 찾을 필요가 없고 자손의 수를 기하급수적으로 늘릴 수 있다는 이점이 존재한다. 그럼에도 불구하고 대부분의 생물이 유성생식을 하는 이유에 대해서는 다양한 가설이 제시되고 있다. 첫 번째 가설은 유전적 다양성을 높여 환경에 잘 적응하기 위해 유성생식을 한다는 해석이다. 세대를 거쳐 원 개체와 동일한 유전 정보가 복제되는 무성생식과 달리, 유성생식은 부모의 유전자가 혼합되어 세대를 거칠수록 유전적 다양성이 증가한다. 유전적 다양성은 환경 변화에 따라 적응이 용이하고 생존과 번식에 유리한 유전자가 자연 선택되어 후대에 전해질 수 있는 가능성을 높인다. 두 번째 가설은 기생 생물을 막기 위해 유성생식을 한다는 가설이다. 이 가설은 생물이 유전적 다양성을 높이기 위해 유성생식을 한다는 가설에 동의하지만, 유전적 다양성의 목적이 환경 적응이 아니라 기생 생물과의 싸움에서 우위를 차지하기 위해서라고 주장한다는 점에서 차이가 있다. 다양한 면역 관련 세포를 만들 수 있는 유전적 다양성을 확보함으로써 빠른 속도로 유전적 변이를 일으키는 기생 생물에 대한 저항력을 강화할 수 있는 것이다. 그 밖에도 DNA의 복제 오류로 발생한 해로운 돌연변이 DNA를 제거하여 다음 세대에 누적되지 않도록 교정하기 위해 유성생식을 한다는 등 여러 가설이 존재한다. 중요한 것은 유성생식은 무성생식에 비하여 복잡한 절차를 필요로 하는 방식이므로 각각의 가설이 반드시 독립적인 것은 아니며, 다양한 가설이 함께 작용하여 나타난 결과일 수 있다는 것이다.

① 무성생식을 통해 번식한 세대의 개체와 그 이전 세대의 개체는 서로 다른 유전 정보를 가진다.
② 유성생식은 부정적인 돌연변이 유전 정보가 후대에 전해지지 않도록 바로잡는 역할을 한다.
③ 유성생식은 생식을 위한 배우자가 필요 없고 빠르게 개체군을 증식할 수 있다는 장점이 있다.
④ 생물이 무성생식과 유성생식 중 어떤 생식을 하는가를 결정하는 데에는 단일 요인이 작용한다.
⑤ 기생 생물을 막기 위해 유성생식을 한다는 가설은 유전적 다양성의 필요성을 인정하지 않는다.

05 다음 글의 서술상 특징으로 가장 적절한 것을 고르시오.

> 리처드 뷰캐넌의 디자인 4단계 모형에 따르면, 1단계는 기호와 상징으로서의 디자인, 2단계는 제품이나 가구와 같은 물리적 형태의 디자인, 3단계는 상호작용적 디자인, 4단계는 시스템 및 환경을 포함하는 디자인이다. 이 중 최근 주목받고 있는 것은 4단계 디자인이다. 이는 공공 정책이나 조직 설계처럼 복합적인 디자인을 의미하며, 앞의 세 가지 단계의 디자인적 요소를 모두 포함한다. 4단계 디자인 중 공공디자인은 단순히 미적 요소를 넘어서 사회를 통합하고 포용하는 사회적 디자인으로서의 역할을 해야 한다. 모든 사람들이 접근 가능한 환경을 조성하기 위해서 청소년, 노인, 장애인 등 사회적 약자를 위한 디자인이 중요해지고 있으며, 이는 그들이 직면한 불평등을 해소하는 데 도움을 준다. 사회적 디자인은 삶의 질을 향상시킨다는 목적에서 상업 디자인과 유사하지만, 사회문제에 선제적으로 대응한다는 점에서 차이를 가진다. 주요 사례로는 어린이들이 횡단보도를 이용할 때 안전하게 대기할 수 있는 '옐로 카펫'이 있다. 횡단보도의 보도부터 벽면까지 밝은 노란색의 삼각뿔 모양으로 칠해진 디자인으로 운전자에게 어린이가 눈에 잘 띄게끔 돕는 역할을 한다. 통계에 따르면 운전자의 91%가 옐로 카펫 설치 구간을 지날 때 감속하거나 일시 정지 후 주행하였다. 이처럼 사회적 역할이 확장된 공공디자인은 더 나은 사회를 만드는 데 중요한 역할을 하게 된다.

① 구체적인 예시를 통해 이론이 적용된 방법을 이해하기 쉽게 서술하고 있다.
② 제기된 의문에 대한 새로운 접근 방법의 필요성을 주장하고 있다.
③ 상반된 두 주장을 대비한 후 절충적인 견해를 제시하고 있다.
④ 대조적인 사례를 분석함으로써 결론에 도달하고 있다.
⑤ 예상되는 다른 의견을 비판함으로써 주장을 강화하고 있다.

06 다음 글을 읽고 추론한 내용으로 가장 적절하지 않은 것을 고르시오.

일사부재리(一事不再理)란 형사소송법에서 어떤 사건에 대해 유죄 혹은 무죄의 실체적 판결이 이루어지거나 공소권이 없어지는 면소 판결이 확정되었을 때 발생하는 판결의 기판력 효과로서, 동일 사건에 대해 두 번 다시 공소를 제기할 수 없다는 원칙을 의미한다. 헌법에서는 '동일한 범죄에 대해 거듭 처벌하지 않는다'라고 규정함으로써 일사부재리를 명문화하고 있다. 이는 피고인의 인권을 옹호함과 동시에 법적 안정의 보호 및 유지를 위해 설정된 것으로, 만약 실수로 공소가 다시 제시되었을 경우 소송 조건의 흠결이 생기게 되어 면소 판결이 이루어진다. 다만, 일사부재리 원칙은 형사소송법상에서만 인정되기 때문에 민사소송법상 확정 판결에는 적용되지 않는다. 민사소송의 소송물인 법률 효과는 판결 이후에도 다시 발생하거나 소멸할 수 있어 엄밀히 말해 동일 사건으로 판단하기 어렵기 때문이다. 한편, 흔히 일사부재리와 일사부재의(一事不再議)를 혼동하는 경우가 많은데, 일사부재의는 회의체의 의사 과정에서 해당 회기 중에 부결된 의안은 같은 회기 중에 다시 제출할 수 없다는 원칙이다. 일사부재의는 이미 의결이 진행된 이상 해당 회의체의 의사가 확정되었다고 보아 다시 논의할 필요가 없다는 것에 근거를 두고 있고, 의사 진행이 원활하게 진행되면서 소수파가 의사를 방해하지 못하도록 하는 데 목적을 둔다는 점에서 일사부재리와 다른 뜻으로 사용된다.

① 확정 판결이 난 사건에 대해 재공소가 제기된다면 해당 사건은 면소의 판결이 이루어진다.

② 피고인의 인권을 옹호하고 법정 안정의 보호 및 유지를 하는 것이 일사부재리의 시행 목적이다.

③ 일사부재리는 헌법에도 명문화되어 있는 원칙이다.

④ 민사소송상 확정 판결에도 일사부재리가 적용된다.

⑤ 회의체의 의사 결정 과정에서 적용되는 원칙은 일사부재의이다.

07 다음 글의 주제로 가장 적절한 것을 고르시오.

수년 전 가습기 살균제 사건, 살균제 치약 논란, 살충제 달걀 파동 등 우리 삶과 밀접한 관련성이 있는 제품이 우리의 안전을 위협하면서 한국 사회에 화학물질에 대한 공포증인 '케미포비아(Chemiphobia)'가 확산되었다. 실제로 한 기관에서 시행한 설문조사에서 응답자의 85% 이상이 생활 화학제품의 사용을 꺼리거나 불신감을 가지고 있는 것으로 나타났다. 또한, 화학물질이 포함된 생활용품에 대한 불신으로 화학제품 사용을 거부하는 노케미(No-chemi)족도 주변에서 심심찮게 찾아볼 수 있다. 이와 같은 케미포비아를 확산시키는 가장 큰 원인으로 지목되는 것은 화학물질 안전관리 통합 시스템의 부재이다. 화학물질은 제품의 생산부터 폐기에 이르기까지 통합 관리가 필요한데, 우리나라는 각기 다른 부서에서 관리한다. 이로 인해 비슷한 제품도 부처에 따라 다른 안전 기준을 적용하고 있어 혼란을 일으키며, 부처 간의 정보 교류 및 협조가 잘 이루어지지 않아 효율적인 관리가 어려운 상황이다. 따라서 가장 먼저 화학물질을 통합적으로 관리할 수 있는 컨트롤 타워를 마련하고 제품의 위해성 평가 기준을 통일하여 전문성을 강화할 필요가 있다. 그리고 무엇보다도 소비자의 건강 보호를 최우선으로 하는 기업의 책임 의식이 동반되어야 할 것이다.

① 생활 화학제품의 생산 및 관리 방법

② 가습기 살균제 사건과 노케미족의 등장

③ 화학물질 안전관리 통합 시스템의 부작용

④ 케미포비아의 확산 배경과 해결 방안

⑤ 한국 정부의 케미포비아 대응 방안

08 다음 글에 이어질 내용을 가장 적절하게 배열한 것을 고르시오.

> 바야흐로 온디맨드(On-demand) 경제 시대이다. 온디맨드 경제란 수요자가 원하는 형태의 서비스나 제품을 즉각적으로 제공하는 경제 시스템으로, 특히 온라인과 오프라인을 접목하여 고객을 모집하고 서비스를 제공하는 O2O(Online To Offline) 서비스의 성장은 온디맨드 경제로의 구조 전환을 촉진하고 있다.

가) 이처럼 다양한 분야의 서비스를 제공할 수 있는 온디맨드 경제의 가장 큰 장점은 통신 기술의 발달에 힘입어 거래 비용이 절감되고 거래 과정이 간소화된다는 데 있다.
나) 온디맨드 경제에서 활용되는 O2O 서비스는 분야가 정해져 있지 않으므로 일상생활에서 서비스가 필요한 모든 영역에 도입되고 있는 현황이다.
다) 실제로 국내에서는 사용자 주변에 있는 배달 음식점 정보 및 주문 서비스를 제공하는 음식 배달 앱을 필두로 숙박, 부동산, 콜택시 등 여러 산업 분야에서 O2O 서비스가 사용되고 있다.
라) 그러나 온디맨드 경제에 긍정적 효과만 있는 것은 아니다. 여러 업체가 엇비슷한 서비스를 쏟아내며 첨예하게 경쟁함에 따라 출혈 경쟁까지 불사하는 '치킨 게임'이 발생할 수 있기 때문이다.
마) 즉, 소비자들은 당장 필요한 서비스를 복잡한 절차 없이 간편하게, 합리적인 가격으로 이용할 수 있게 되었다.

① 나) - 마) - 가) - 라) - 다)
② 나) - 다) - 가) - 마) - 라)
③ 다) - 나) - 라) - 가) - 마)
④ 라) - 나) - 다) - 마) - 가)
⑤ 라) - 다) - 가) - 나) - 마)

09 다음 글의 내용과 일치하지 않는 것을 고르시오.

트렌드는 사회에서 대중적 지지를 받는 특정 흐름을 통칭한다. 기업은 제품 기획에서부터 판매에 이르기까지 모든 과정에서 트렌드의 영향을 받게 되며, 트렌드가 기업의 성패를 좌우하기도 한다. 따라서 정확한 트렌드 분석과 이에 따른 전략은 기업의 생존을 결정짓는 중요한 열쇠이다. 하지만 기업이 트렌드에 대응하기는 쉽지 않다. 그 원인을 언급하기에 앞서 우선 트렌드의 종류를 알아볼 필요가 있다. 트렌드는 광범위한 용어로 사용되지만, 사실 여러 종류로 나뉜다. 마이크로 트렌드는 특정 상황으로 인해 사람들의 관심을 끌게 된 어떤 현상이나 일부 사람들에게만 영향을 끼치는 변화 요인으로, 확실한 트렌드로 굳어지기 전 단계로 볼 수 있다. 마이크로 트렌드가 3~5년 이상 계속되면 사회 전반에 영향을 끼치는 매크로 트렌드가 되며, 매크로 트렌드가 10년 이상 계속되면 대부분의 사람과 사회의 모든 분야에 영향을 미치는 메가 트렌드가 된다. 문제는 마이크로 트렌드와 매크로 트렌드 사이에서 기업이 겪는 어려움이다. 단기간에 선풍적인 인기를 얻은 특정 흐름이 급속하게 사라지는 경우도 있기 때문이다. 이러한 현상을 패드(Fad)라고 한다. 패드에 집중적으로 투자한 기업이 돌이킬 수 없는 손실을 안게 되는 것은 당연한 일이다. 거꾸로 매크로 트렌드가 될 마이크로 트렌드를 패드로 인식하여 투자를 주저한다면 시장에서의 낙오를 피할 수 없다. 한편 기업이 트렌드에 대응하는 것을 어렵게 하는 또 다른 요소로 역트렌드가 있다. 이는 트렌드에 대해 거부감을 가져 그 반대를 지향하는 현상으로, 최근 개성을 추구하는 소비자가 속속 등장함에 따라 역트렌드의 발생이 잦아지고 있다. 이를 간과하고 기업이 트렌드만을 쫓을 경우 차별화에 실패할 수 있으며, 결국 고객 이탈이라는 난관에 봉착하게 된다.

① 개성을 강조하는 사회에서는 역트렌드가 많이 발생할 가능성이 높다.

② 패드와 역트렌드는 기업이 트렌드에 대응하기 어렵게 만드는 요인이다.

③ 메가 트렌드는 매크로 트렌드에 비해서 거시적인 트렌드라고 할 수 있다.

④ 트렌드의 지속 기간과 영향력이 미치는 범위를 기준으로 트렌드를 분류할 수 있다.

⑤ 출시 후 반짝 인기를 끌다 반년도 안 돼 사라지는 제품은 매크로 트렌드로 볼 수 있다.

10 다음 글을 읽고 추론한 내용으로 가장 적절한 것을 고르시오.

고대 그리스의 의학자인 히포크라테스는 인간이 하품을 하는 이유가 좋은 공기를 들이마시고 나쁜 공기를 배출하기 위함이라고 주장하였다. 이러한 주장은 하품이 이산화탄소를 밖으로 배출하고 산소를 공급하는 역할을 한다는 지난 수 세기 동안의 지배적 가설과 크게 다르지 않다. 그러나 최근의 학설에 따르면 하품은 뇌의 온도를 떨어뜨려 시원하게 조절하기 위한 행동이라는 연구 결과가 보고되었다. 미국의 한 연구팀은 하품을 하는 원인으로 추정되는 뇌 냉각 가설을 입증하고자 뇌와 연결된 혈관인 경동맥의 온도 변화에 따라 하품을 하는 정도가 어떻게 달라지는지 실험하였다. 실험 참가자들을 경동맥 부근에 각각 4℃와 22℃, 46℃의 팩을 부착한 세 팀으로 나눈 후 모든 팀에게 하품하는 사람들의 모습을 63초간 보여주었다. 그 결과, 가장 낮은 온도의 팩을 부착한 실험 참가자의 절반가량만이 하품 충동을 느끼거나 하품을 한 것과는 대조적으로 22℃의 팩을 부착한 실험 참가자의 69.2%, 46℃의 팩을 부착한 실험 참가자의 84.8%가 하품 충동을 느끼거나 하품을 하였다. 실제로 하품을 할 때 두개골 주변의 근육이 수축 및 이완되어 따뜻한 혈액을 내보내고 차가운 공기를 받아들이면서 뇌의 온도를 식힌다. 연구진들은 과열이 된 뇌가 대사 작용을 원활하게 하지 못해 하품을 통해 뇌의 온도를 식힘으로써 제 기능을 하려는 것으로 보고 있다.

① 실험 참가자들의 하품 영상 시청 시간이 길어진다면 결과는 달라졌을 것이다.
② 하품을 하고자 하는 욕구가 강해지는 원인으로 높아진 뇌의 온도를 꼽을 수 있다.
③ 고대 그리스인들은 인간이 체온 조절을 하기 위해 하품을 한다고 생각하였다.
④ 두개골 주변의 온도가 높아질수록 체내 신진대사 활동이 활발해진다.
⑤ 폐에 충분한 산소를 공급하기 위해서는 경동맥의 온도를 낮추는 것이 도움이 된다.

11 다음 주장에 대한 반박으로 가장 타당한 것을 고르시오.

자발적 이직이란 조직의 의사와 관계없이 구성원에 의해 주도되는 이직 유형이다. 학업, 결혼, 이민 등 개인 사정으로 인한 사직부터 조직에 대한 불만, 더 나은 처우를 제공하는 곳으로의 이동과 같은 전직을 모두 포함하는 개념이다. 이때 퇴직하는 인원이 발생함으로써 기업의 인적 자원 손실은 물론, 인력 대체 비용, 업무 공백으로 인한 남은 직원의 사기 저하 등 다양한 문제가 유발된다. 이와 같은 문제는 고용조정이나 해고와 같이 회사의 재정 및 개인에 대한 징계 등으로 인해 이루어지는 비자발적 이직보다 조직에 훨씬 큰 손실을 끼치게 된다. 이는 조직 차원에서 자발적 이직으로 인한 인력 이탈을 막기 위해 많은 시간과 비용을 투자해야 함을 함축한다.

① 퇴직 인력을 대체하기 위해 신규 인력을 발굴하는 비용이 크므로 꾸준한 인력 관리를 통해 인력 이탈을 억제하는 노력이 요구된다.

② 자발적 이직은 조직 부적응 인원 및 저성과자 대신 신규 인력을 확보하는 기회가 되므로 조직 활성화에 바람직한 영향을 준다.

③ 인력 의존도가 높은 업계일수록 보상, 평가, 교육과 같은 인적 자원관리의 기능을 지속적으로 개선하여 기존 인력을 유지해야 한다.

④ 자발적 이직의 원인을 파악해 인적 자원관리 방식의 문제점에 대한 해결책을 찾게 된다면 장기적으로 조직에 긍정적인 영향을 줄 것이다.

⑤ 조직 고유의 지식이 유출될 수 있다는 점에서 기업은 퇴직 인원이 일정 기간 동일 업계로 이직하지 못하는 등의 사후 제도를 마련해야 한다.

12 다음 중 (가)의 관점에서 (나)의 주장을 반박한 내용으로 가장 타당한 것을 고르시오.

(가) 전쟁이란 일반적으로 국가와 국가 사이에서 발생하는 싸움을 말한다. 최근 국제법에 따르면 식민지 지배나 외국의 점령, 인종 차별 체제에 투쟁하는 민족 해방 전쟁과 한 국가 안에서 발생하는 정치적 권력 집단 간의 무력 투쟁 역시 전쟁으로 포함한다. 전쟁은 국가의 존망과 국민의 생사가 달려있다는 특징이 있으며, 약속이나 계약에 의해 발생하는 것이 아니라 전쟁을 하고자 하는 측의 의지에 따라 발발된다. 무엇보다도 패자는 승자에게 굴욕적인 굴복을 당하게 되어 있다. 이에 따라 한쪽의 의지를 강요하는 행위라 비판받기도 하지만, 민족이나 국가 사이에서 나타난 분쟁이 조정기관에 의해 중재되거나 해결된 일이 없기 때문에 전쟁은 문제 해결을 위한 하나의 방법으로 여겨진다. 게다가 전쟁은 지금까지 인류가 생존하는 데 있어서 기본적인 요소였으므로 기술 발달로 사회가 변화했을지라도 인간의 천성이 변하지 않는 한 국가와 민족의 생존권 확보와 번영을 위해 계속 존재할 수밖에 없다.

(나) 과거 농민들에게 있어서 자연재해보다 더 두려운 존재는 전쟁이었다. 가뭄이나 홍수와 같은 자연재해는 발생하기 전에 저수지를 형성하거나 둑을 쌓는 등의 예방책을 마련할 수 있지만, 전쟁은 피할 방법이 없었기 때문이다. 일단 전쟁이 발발하면 농민들은 국가에 막대한 세금을 납부해야 했고, 소규모 자작 농민은 노예로 전락하기도 하였다. 그뿐만 아니라 군대에 징집되어 본인의 의사와 관계없이 전쟁에 참전해야만 했다. 전쟁에 참여하지 않더라도 집이나 농지가 전쟁터로 변하면서 쑥대밭이 되었고, 결과적으로 목숨만 부지한 채 비극적인 삶을 영위해야만 했다. 현대에 이르러서도 이스라엘과 팔레스타인 사이에서 발생한 분쟁에서 알 수 있듯 전쟁으로 말미암아 발생하는 희생자와 난민의 수는 헤아리기 어려울 정도로 많다. 따라서 전쟁은 절대로 일어나서는 안 되며, 국가는 무력 전쟁을 통해 국가 간에 발생한 분쟁을 해결하기보다는 국제 사회의 중재 및 협력을 통해 문제를 해결할 필요가 있다.

① 전쟁은 당사국의 국민으로부터 인적, 물적 자원을 조달받아야 하므로 국민의 의견이 하나로 모이지 않을 경우 전쟁을 일으켜서는 안 된다.

② 타국의 식민 지배나 인종 차별 폐지를 위해 투쟁하는 약자의 입장에서는 전쟁을 통한 무력 투쟁만이 자신의 의지를 관철하는 유일한 수단이 될 수 있다.

③ 현대에 발생하는 국가 간의 분쟁은 미국, 러시아 등 강대국에 의해 결과가 좌지우지되므로 강대국과의 연합 없이 함부로 전쟁을 일으켜서는 안 된다.

④ 현대의 전쟁은 군대의 규모보다 최첨단 기술이 집약된 화학 무기가 승패를 좌우하므로 이와 관련된 인재를 양성하기 위해 투자를 아끼지 말아야 한다.

⑤ 다른 나라와 분쟁이 발생하더라도 국제연합과 같은 국제기구의 도움을 받으면 무력을 동원하지 않아도 충분히 문제를 해결할 수 있다.

13 다음 글의 내용과 일치하지 않는 것을 고르시오.

> 고대부터 인류는 자연에너지인 바람의 힘을 이용해서 동력을 얻기 시작하였는데, 이를 입증하는 것이 산업혁명 이전까지 활용되었던 풍차이다. 과거 우리나라에서는 산악 지형에 적합한 수차를 동력 설비로 활용하기도 하였으나, 유럽은 평평한 들판으로 이루어진 곳이 많아 풍차를 주로 사용하였다. 자연에너지를 활용한 풍차의 시작은 A.D. 500~900년경 페르시아 등에서 낮은 곳으로부터 높은 곳으로 물을 끌어오기 위해 수직축 파네몬형 항력식 구조의 풍차를 활용하면서부터이다. 이후 1270년경 크레타식 돛날개 풍차가 사용되었고, 1390년대 초에 이르러서야 우리가 흔히 알고 있는 네덜란드식 풍차로 이어져 유럽 전역에서 활용되기 시작하였다. 네덜란드식 풍차는 크레타식 돛날개 풍차의 진보 형태로, 대개 나무 틀로 만든 다음 천으로 씌워 제작되었다. 다층 구조의 탑 위에 회전자 날개를 다는 경우가 많았으며, 날개는 대부분 4개로 구성되는 것이 일반적이었다. 네덜란드에서는 이 풍차를 활용해 1850년대 말 산업 발전을 위한 동력의 80%가량을 확보할 수 있었는데, 확보된 동력은 향신료, 염료와 같은 소비재 제조 시 활용되었다. 한편 현대식 풍력 발전 시스템은 항공공학과 전기공학이 발달함에 따라 양력식 날개가 도입된 데서 출발하였으며, 기술적으로 전력을 생산하게 됨에 따라 출현할 수 있었다. 주로 상업용으로 활용하는 오늘날의 풍력 발전 시스템이 세 개의 프로펠러식 날개, 원통형 지주대, 유도형 발전기 등의 특징을 지닌 덴마크식 풍차를 모델로 삼아 발전한 것으로 알려져 있다.

① 크레타식 돛날개 풍차는 네덜란드식 풍차 구조에 영향을 주었다.

② 네덜란드식 풍차는 다층 구조로 만들어진 탑 위에 회전자 날개가 달려 있는 형태로 제작되었다.

③ 자연에너지를 동력으로 활용할 때 높은 산이 많은 지역에는 풍차가, 평원 지형에는 수차가 유리하다.

④ 기술적으로 전력을 생산하는 현대식 풍력 발전 시스템 개발은 덴마크식 풍차로부터 출발하였다.

⑤ 최초의 풍차로 여겨지는 풍차는 수직축 파네몬형 항력식 구조를 활용하였다.

14 다음 빈칸에 들어갈 문장으로 가장 적절한 것을 고르시오.

동조란 개인의 의견이나 행동을 내세우지 않고 사회적 규범 내지 다수의 의견에 동화하여 주위 사람들의 의견이나 행동에 따르는 현상을 말한다. 경찰, 의사, 교사 등 권위자의 지시에 따르는 복종과 달리, 동조는 자신과 동등한 위치에 있는 사람과 똑같이 행동하는 것이다. 모든 사람은 하나 이상의 집단에 속하여 집단 구성원으로서의 역할을 수행하기 때문에 개인은 동조를 겪을 수밖에 없는 상황에 놓인다. 동조에 대한 최초의 심리학적 실험은 셰리프의 자동운동 실험으로, 완전히 어두운 공간에 있는 사람이 정지해 있는 작은 불빛을 볼 때 불빛이 움직인다고 착각하는 시각적 착시를 이용한다. 셰리프는 먼저 참가자들을 분리하여 각자가 인식하는 점의 이동 범위를 기술하게 한 뒤, 참가자들을 다시 모아 다 같이 이동 범위에 대해 논의하게 한 이후 참가자들을 다시 분리하여 개별적으로 점이 움직인 범위를 기술해 달라고 요청하였다. 그 결과, (　　　　　　　　　　　　　　　　　　) 이러한 셰리프의 자동운동 실험은 동조를 처음으로 입증하였는데, 정답이 없거나 명확하지 않은 상황에서 개인은 집단의 의견을 하나의 정보로 활용하여 의사 결정을 한다는 사실을 밝혀낼 수 있었다. 특히 사람은 누구나 규범을 준수하려는 경향이 있어 집단의 의견은 개인에게 하나의 규범으로서 작용할 뿐 아니라, 다수의 의견은 개인에게 합리적인 판단으로서 여겨지게 된다.

① 맨 처음 참가자들이 기술한 내용에서 변화가 생기지 않았다.

② 마지막에 참가자가 기술한 점의 이동 범위가 실제 불빛의 이동 범위와 가장 유사하였다.

③ 참가자들 간 논의 이후 그들이 기술한 불빛의 움직임은 한 점으로 수렴하였다.

④ 대다수의 참가자는 불빛이 실제로 움직이지 않는다는 사실을 파악하였다.

⑤ 참가자들이 기술한 내용의 대부분이 권위자의 의견에 따르는 경향을 보였다.

15 다음 글의 제목으로 가장 적절한 것을 고르시오.

인상주의(印象主義)는 19세기 후반에서 20세기 초기에 걸쳐 프랑스를 중심으로 유럽에서 유행한 예술 경향을 말한다. 있는 그대로의 것을 재현하는 것보다는 사물에서 작가가 받은 순간적인 인상을 표현하는 것을 목적으로 하였는데, 장면·성격·정서 따위를 표현할 때 사실적인 수법을 버리고 주관적 인상을 대담하게 묘사하려고 한 것이 특징이다. 미술 분야에서는 19세기 후반 프랑스에서 가장 활발하게 행해졌다. 드가, 르누아르, 마네, 모네 등으로 대표되는 인상주의 화가들은 사물의 고유색을 부정하고 태양 광선에 의하여 시시각각으로 변해 보이는 대상의 순간적인 색채를 포착해서 밝은 그림을 그렸다. 음악 분야 역시 프랑스를 중심으로 발달하여 점차 유럽 전역에 유행하게 되었다. 음악 분야에서 인상주의란 전통적인 화성의 속박을 벗어나 다양한 음색을 나타내던 것으로, 악기마다 각각 다른 악음(樂音)의 색채감을 중시하여 순간적인 감정이나 분위기를 강조하였다. 인상주의는 예술 분야에서 단체적으로 행동한 운동이라는 점에서 의의가 있다. 다만, 인상주의는 변화하는 색채나 음악 등을 표현하는 것이었으므로 사물이 고유하게 갖고 있는 색과 작가 자신의 내면을 표현하기 어렵다는 한계가 있었다. 이로 인해 후기 인상주의에서는 인상주의에 대한 반발로 다양한 기법 등이 등장하게 된다. 미술 분야에서는 점묘법이 등장하는 한편, 인상주의보다 더 합리적이고 과학적으로 빛과 색채를 표현한 신인상주의가 나타나게 되었다.

① 사물을 있는 그대로 그리고자 하는 인상주의의 특징
② 예술적 측면에서 인상주의의 특징과 한계에 따른 이후 발전 방향
③ 신인상주의의 주요 표현 특징과 이를 대표하는 화가
④ 인상주의 화가인 드가, 르누아르, 마네, 모네의 주요 활동
⑤ 인상주의 이후 발전하게 된 점묘법의 특징

16 다음 글의 내용과 일치하지 않는 것을 고르시오.

보어인은 남아프리카로 이주한 네덜란드계 백인이다. 이들은 17세기에 원주민을 몰아내고 남아프리카의 케이프타운을 차지했다. 그러나 영국이 케이프타운을 점령하자 보어인들은 북쪽으로 이동해 원주민을 몰아내고 트란스발 공화국과 오렌지 자유국을 세웠다. 오렌지 자유국보다 상대적으로 반(反)영 성향이 두드러진 트란스발 공화국은 다이아몬드 광산의 발견과 함께 영국의 집중 견제 대상이 되었고, 결국 영국령에 강제 편입되었다. 하지만 제1차 보어전쟁에서 트란스발 공화국은 영국에 승리하며 독립의 기쁨을 누릴 수 있었다. 1883년부터 트란스발 공화국에서는 금광이 잇따라 발견되었는데, 그중 위트워터스랜드 금광은 그 규모가 어마어마했다. 이에 트란스발 공화국의 대통령이 국가 주도의 금광 개발 계획을 밝혔음에도 불구하고 금을 구하기 위해 영국인들이 밀려왔다. 위트워터스랜드 금광에 보어인보다 훨씬 많은 외국인이 모인 가운데 영국은 이 금광에서 일하는 노동자의 투표권을 보장하라며 트란스발 공화국의 내정에 간섭했다. 트란스발 공화국의 저항이 계속되자 결국 제2차 보어전쟁이 발발하기에 이르렀다. 이때, 10만 명이 채 되지 않는 보어인에 맞선 영국군은 무려 45만 명으로 애초에 영국의 손쉬운 승리가 예상되었다. 그러나 지형에 익숙하고 사격술이 뛰어났던 보어인들이 끈질기게 게릴라전을 펼침에 따라 영국도 막대한 피해를 보게 되었다. 이에 영국은 농장을 불태우고 2만 명이 넘는 민간인을 강제수용소에서 살육하는 등 온갖 야만적인 수법을 동원한 끝에 승리를 거두었다. 이후 트란스발 공화국은 영국의 식민지가 되었으며, 곧 영국은 케이프타운 식민지, 트란스발 공화국 등을 합쳐 남아프리카연방을 탄생시켰다.

① 남아프리카연방이 수립될 당시 여기에는 보어인이 세운 국가도 포함되었다.

② 제1차 보어전쟁에서는 트란스발 공화국이, 제2차 보어전쟁에서는 영국이 승리했다.

③ 보어전쟁은 남아프리카 지역을 무대로 백인들 간에 벌어진 전쟁이다.

④ 위트워터스랜드 금광의 노동자는 대부분 보어인으로, 외국인의 비중은 작았다.

⑤ 오렌지 자유국은 트란스발 공화국에 비하면 반영 감정이 약한 편이었다.

17 다음 문단을 논리적 순서대로 알맞게 배열한 것을 고르시오.

가) 명품이 20~30대 청년층을 빠르게 파고들면서 여유가 된다면 한 개나 두 개 정도의 명품은 가져도 된다는 인식이 점점 퍼지게 되었고, 명품에 대한 수요도 폭발적으로 증가하였다. 이처럼 명품 산업이 호황을 누릴 수 있었던 데에는 가치 소비의 증가가 중요한 역할을 하였다.

나) 이에 대해 명품 브랜드는 서브 브랜드를 마련하여 매스티지를 출시하고 있으며, 중저가 브랜드는 더 높은 감성이나 기능을 부여한 매스티지를 출시하여 자신들의 제품을 명품 수준으로 끌어 올리는 전략으로 소비자 공략에 나서고 있다.

다) 그러나 비현실적인 가격 때문에 여전히 명품을 사고 싶어도 살 수 없는 소비자도 적지 않다. 여기에 주목한 개념이 바로 대중이 비교적 쉽게 접근할 수 있는 가격대의 준명품인 매스티지이다. 매스티지는 대량 생산으로 명품에 비해 가격과 급이 다소 낮을 수는 있지만, 여전히 중저가 브랜드에 비하여 고가이며 명품의 느낌을 그대로 가지고 있다는 장점 덕분에 중산층을 중심으로 큰 인기를 얻었다.

라) 소비자는 생활필수품을 구입할 때 조금이라도 저렴한 가격에 판매하는 곳을 찾아나서는 반면 자신의 정체성을 부여 및 표현해주는 제품을 구입할 때는 많은 비용을 지불하는 것을 망설이지 않는다. 다시 말해 소비자는 자신이 가치를 두고 있는 정도에 따라 제품 구입 비용을 결정하는데, 이때 명품에 높은 가치를 두는 소비자가 많아지면서 명품의 인기가 상승할 수 있었던 것이다.

① 가) - 다) - 라) - 나)
② 가) - 라) - 나) - 다)
③ 가) - 라) - 다) - 나)
④ 라) - 가) - 나) - 다)
⑤ 라) - 가) - 다) - 나)

18 다음 주장에 대한 반박으로 가장 타당한 것을 고르시오.

가공식품 섭취가 늘어난 오늘날 첨가물인 화학물질을 몸속에서 해독시키기 위해 소모되는 영양소가 증가하고 있으며, 이로 인해 과도하게 소모되는 영양소를 보충하는 것이 중요해졌다. 그러나 영양가가 낮은 음식이나 지방질 또는 당분에 편중된 과잉 영양 섭취가 이루어지고 있어 영양 불균형으로 인한 결핍증이 심화되는 상황이다. 영양분을 과도하게 섭취할 경우 권장량 이상의 열량이 충족되지만, 동시에 다른 영양소의 결핍을 유도하여 영양 불균형을 일으키고, 결국 비만을 초래하게 된다. 이러한 영양 불균형 문제를 해결하기 위해 체내에서 결핍된 영양소를 보충함과 동시에 적정량의 열량을 섭취하는 것이 중요하다. 특히, 비만 환자 중에서는 지용성 비타민인 비타민 D 또는 비타민 E가 부족한 경우를 쉽게 찾아볼 수 있는데, 지용성 비타민 특성상 지방 조직에 잘 녹아 몸속에 제대로 수용되지 못한 채 결핍으로 이어지기 쉽기 때문이다. 또한, 비만인 사람의 신체는 그렇지 않은 사람보다 비타민 D가 적게 합성되며, 비타민 D의 생체이용률이 낮아 제 기능을 원활하게 하지 못하므로 비타민 D가 함유된 식품과 영양 보충제를 꾸준히 섭취하면 비만을 예방할 수 있다.

① 저열량의 식단 위주의 식사는 영양 불균형을 초래하여 영양 결핍으로 이어질 수 있다.

② 비만 환자는 단백질 위주의 식단을 통해 체중을 감량하는 것이 선행되어야 한다.

③ 지방 섭취량이 감소하면 신체는 권장 열량 유지를 위해 움직임을 최소화하여 오히려 비만을 야기한다.

④ 영양소 균형이 무너진 비만인 사람들이 지용성 비타민 또한 부족한 것이므로 인과관계를 혼동하고 있다.

⑤ 비타민 D의 생체이용률을 높일 수 있도록 비만인 사람들은 적정량 이상의 비타민 D를 섭취해야 한다.

19 다음 글을 바탕으로 아래 <보기>를 이해한 것으로 적절한 것을 고르시오.

스키마는 외부 환경에 적응할 수 있도록 환경을 조작하는 감각적·행동적·인지적 지식과 기술을 통틀어 이르는 말로, 기억 속에 저장된 지식의 추상적 구조라고 할 수 있다. 스키마는 영아기부터 성인기까지 주변 사물이나 사건으로부터 추상적인 개념으로 발달한다. 스키마의 개념을 체계화시킨 피아제에 의하면 인간은 낯선 경험을 기존의 스키마에 동화하거나 변형하는 과정을 반복적으로 수행함에 따라 자신만의 스키마를 형성한다고 한다. 따라서 일상적인 현상에 직면하는 경우, 분석 과정을 생략하고 자동적으로 스키마가 제공하는 대안을 택한다. 그러나 현상이 제공하는 정보나 해결해야 할 문제가 익숙하지 않은 경우, 그에 대한 스키마가 형성되어 있지 않으므로 제공되는 정보를 보다 심도 있게 분석하여 의식적인 판단과 선택을 내린다. 이러한 스키마는 글을 읽을 때 여러 측면에서 영향을 미친다. 문맥 속에서 낱말의 정확한 의미를 확인하거나 글의 문맥을 유추하는 등 글 속의 정보와 자신이 갖고 있는 지식과 비교 또는 통합할 수 있도록 자신이 보유한 스키마를 불러오는 것이다. 또한, 어떠한 메시지가 전개될 것인지 예측하는 것을 돕는 역할을 수행한다. 자신이 보유한 배경지식을 떠올리며 전개될 양상에 대해 예측할 수 있게 만들어주는 것이다.

<보기>

심리 치료에서 쓰이는 근거 기반 실천은 세 가지 요소로 구성된다. 우선, 첫 번째 요소인 최고의 연구 근거란 다양한 연구를 통해 축적된 타당한 과학적 연구 결과 모두를 아우르는 개념이다. 이때 심리 치료의 효능과 효과 두 요소가 모두 포함되므로 실질적인 효과성 여부가 중요하게 작용한다. 두 번째 요소인 임상적 전문성은 과거의 경험과 임상 기술 등을 바탕으로 내담자의 상태를 진단 및 평가하여 최상의 치료 결과를 내놓을 수 있는 임상가의 능력을 말한다. 최대의 결과를 발휘할 수 있는 전제 조건으로서, 내담자의 상태 측정, 임상적 의사 결정 및 치료 과정에 대한 감독, 치료 관계를 이끄는 대인 관계 역량 등을 포함한다. 끝으로, 내담자의 가치는 내담자의 걱정과 기대를 의미하며, 이는 내담자 개인의 선호도와 치료로 인해 발생한다. 최고의 효능이 검증된 심리 치료 방법이라 할지라도 내담자의 선호에 따라 다른 결과를 일으킬 수 있으므로 내담자 개인의 특성을 고려하는 것이 중요하다.

① 개개인이 보유하고 있는 지식의 구조에 따라 연구 근거에 대한 신뢰도가 달라진다.

② 심리 치료 시 내담자의 상태를 확인할 수 있도록 관계를 쌓아가는 것이 가장 중요하다.

③ 인간은 사전에 보유한 지식으로만 새로운 정보를 평가하려는 경향이 있다.

④ 부정적인 진료 경험을 보유한 환자는 연구 근거의 신뢰도와 관계없이 특정 방법을 거부할 수 있다.

⑤ 독서를 할 때 자신이 예측하지 못한 결말이 나왔다면 스키마가 발현되지 않은 것이다.

20 다음 글에 이어질 내용을 가장 적절하게 배열한 것을 고르시오.

칸트는 계몽이란 인간이 자신의 미성숙함에서 벗어나 스스로 생각하고 행동하려는 행위라고 규정하였다. 그는 인간이 미성숙한 것은 이성이 부족해서가 아니라 타인의 가르침 없이 스스로 이성을 사용하려는 용기와 결단이 부족하기 때문이라고 보았고, 계몽을 위해 스스로 사고하려는 의지를 가져야 한다고 북돋았다. 계몽주의는 18세기에 이르면서 정점을 찍었으며 절대적인 존재에 의존한 계몽에서 벗어나 인간의 이성에 의한 도덕성 정립의 필요성이 대두되었다.

가) 그는 인간의 이성적 판단을 탐구하고자 자신의 세계를 존재의 세계와 당위의 세계로 분류했는데, 존재의 세계 속 인간은 인과 법칙으로 행위를 판단하는 환경에 적응하며 살아가는 순수 이성적 존재로 표현된다.
나) 다시 말해 인간은 어떤 행동을 하기 전에 이것이 옳은 일인가를 먼저 생각하는 존재라는 것으로, 이는 칸트의 '인간은 도덕적 법칙에 따라 실천하는 존재'라는 주장에 부합한다고 볼 수 있다.
다) 칸트는 도덕적 법칙의 가치를 존중하며 살아가는 인간을 별이 빛나는 하늘에 비유하였고, 그의 철학처럼 묘비에는 '머리 위에 별이 빛나는 하늘과 내 마음속의 도덕 법칙'이라는 구절이 새겨져 있다.
라) 반면 당위의 세계 속 인간은 인과 법칙에서 벗어나 도덕적 법칙에 의한 윤리적인 양심에 따라 행동해야 하는 실천 이성적 존재이며 자신의 행동에 대한 책임을 져야 하는 도덕적 자아라 보았다.
마) 이 시기에 칸트는 도덕성에 대해 자연 발생적인 욕심을 배제하고 오로지 인간의 이성을 바탕으로 세워진 법칙을 실현하는 의지라고 정리하며 계몽 철학자로서의 명맥을 이어갔다.

① 나) - 가) - 다) - 마) - 라)
② 나) - 다) - 가) - 라) - 마)
③ 마) - 가) - 나) - 다) - 라)
④ 마) - 가) - 라) - 나) - 다)
⑤ 마) - 다) - 가) - 나) - 라)

01 다음은 자동차 브랜드별 A/S 만족도 점수를 나타낸 자료이다. 다음 중 자료에 대한 설명으로 옳은 것을 고르시오.

[자동차 브랜드별 A/S 만족도 점수]

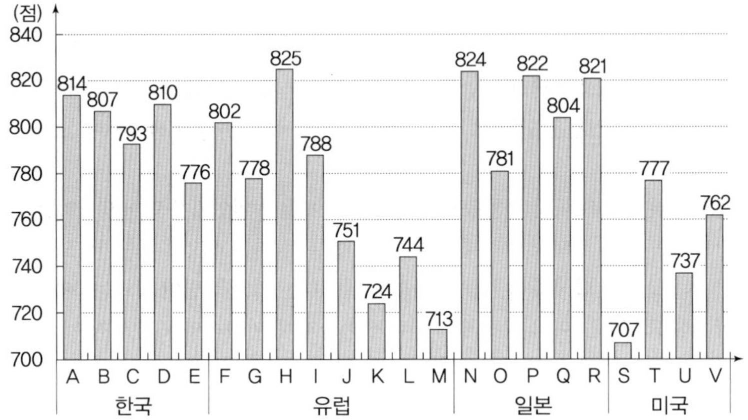

※ 한국, 유럽, 일본, 미국을 포함한 전세계 자동차 브랜드의 A/S 만족도 점수의 평균은 792점임

① A/S 만족도 점수가 가장 높은 자동차 브랜드와 가장 낮은 자동차 브랜드는 모두 유럽의 자동차 브랜드이다.

② 5개의 한국 자동차 브랜드의 A/S 만족도 점수의 평균은 790점이다.

③ 전세계 자동차 브랜드의 A/S 만족도 점수의 평균보다 만족도 점수가 낮은 브랜드는 13개이다.

④ 유럽의 자동차 브랜드 중 Q브랜드보다 A/S 만족도 점수가 높은 브랜드는 2개이다.

⑤ 한국과 일본의 국가별 A/S 만족도 점수가 가장 높은 자동차 브랜드의 A/S 만족도 점수의 평균은 819점이다.

02 다음은 X 국의 정부 및 민간이 난민에게 전달한 지원물품의 가치를 금액으로 환산하여 나타낸 난민 지원 규모에 대한 자료이다. 다음 중 자료에 대한 설명으로 옳은 것을 고르시오.

[연도별 난민 지원 규모]

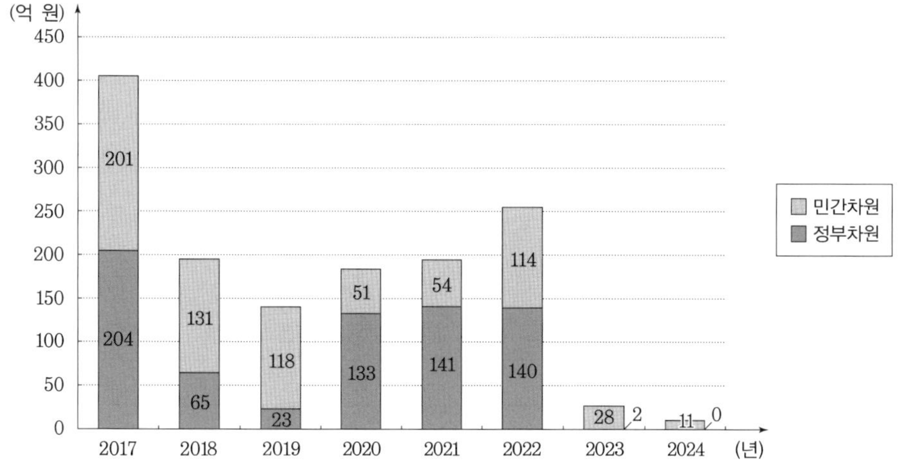

※ 난민 지원은 정부차원, 민간차원으로 구분됨

① 2017년부터 2024년까지 민간차원 난민 지원 규모가 정부차원보다 큰 해가 작은 해보다 많다.

② 2022년 난민 지원에 대한 총액은 250억 원을 넘는다.

③ 2023년 민간차원 난민 지원 규모는 같은 해 정부차원 난민 지원 규모의 15배 이상이다.

④ 정부차원 난민 지원 규모와 민간차원 난민 지원 규모의 전년 대비 증감 추이는 매년 같다.

⑤ 2024년에는 민간차원 난민 지원이 진행되지 않았다.

03 다음은 20XX년 개인 이러닝 이용기기 현황에 대한 자료이다. 다음 중 자료에 대한 설명으로 옳은 것을 모두 고르시오.

[연령별 이러닝 이용기기 현황]

(단위: %)

구분	3~9세	10대	20대	30대	40대	50대
스마트폰	19.5	35.3	51.0	43.5	40.2	31.6
태블릿	46.7	33.8	16.8	17.2	24.4	16.0
노트북	8.9	18.0	19.7	22.0	16.6	22.3
PC	17.7	10.1	11.3	17.3	17.9	29.3
교육용 로봇	4.5	1.6	0.8	0.0	0.5	0.0
스마트 TV	2.7	1.2	0.0	0.0	0.4	0.8
인공지능 스피커	0.0	0.0	0.4	0.0	0.0	0.0

[학력별 이러닝 이용기기 현황]

(단위: %)

구분	미취학	초등학생	중학생	고등학생	대학	대학교	대학원 이상
스마트폰	18.9	33.7	37.3	36.2	50.9	42.4	41.4
태블릿	49.3	33.9	37.5	25.2	18.3	18.1	18.8
노트북	6.9	16.4	19.0	17.4	11.6	22.1	20.6
PC	16.2	12.3	5.0	20.1	19.2	16.3	19.2
교육용 로봇	5.4	2.9	1.2	0.0	0.0	0.5	0.0
스마트 TV	3.3	0.8	0.0	1.1	0.0	0.4	0.0
인공지능 스피커	0.0	0.0	0.0	0.0	0.0	0.2	0.0

※ 대학은 4년제 미만, 대학교는 4년제를 의미함

a. 모든 연령에서 가장 많이 사용되는 이러닝 이용기기는 태블릿이다.
b. 제시된 학력 중 이러닝 이용기기로 노트북을 사용하는 비중과 PC를 사용하는 비중의 차이가 세 번째로 큰 학력은 대학이다.
c. 20대 연령에서 이러닝 이용기기로 스마트폰을 사용하는 사람 수는 나머지 이러닝 이용기기를 사용하는 사람 수보다 더 많다.
d. 학력이 높아질수록 이러닝 이용기기로 스마트폰을 사용하는 비중은 커지고, 태블릿을 사용하는 비중은 작아진다.

① a, b ② b, c ③ c, d ④ a, b, c ⑤ b, c, d

04 다음은 지역 및 자녀 연령별 한부모 가구 수에 대한 자료이다. 다음 중 자료에 대한 설명으로 옳지 않은 것을 고르시오.

[지역 및 자녀 연령별 한부모 가구 수]

(단위: 천 가구)

구분	2018년			2019년			2020년		
	전체	18세 이하	19세 이상	전체	18세 이하	19세 이상	전체	18세 이하	19세 이상
서울	307	64	243	302	58	244	299	55	244
부산	124	28	96	122	26	96	121	25	96
대구	82	21	61	80	19	61	80	18	62
인천	103	27	76	103	26	77	102	25	77
광주	48	15	33	47	14	33	46	13	33
대전	45	13	32	44	12	32	44	12	32
울산	30	9	21	29	8	21	29	8	21
세종	5	2	3	6	2	4	6	2	4
경기	373	103	270	375	98	277	383	96	287
강원	44	13	31	43	12	31	44	12	32
충남	44	13	31	44	13	31	44	12	32
충북	54	17	37	54	16	38	54	16	38
전북	52	16	36	52	15	37	52	15	37
전남	45	13	32	46	13	33	46	13	33
경북	68	19	49	68	18	50	68	18	50
경남	94	28	66	93	26	67	94	26	68
제주	20	7	13	21	7	14	21	7	14
전국	1,538	408	1,130	1,529	383	1,146	1,533	373	1,160

※ 출처: KOSIS(통계청, 인구총조사)

① 2019년 이후 전국의 전체 한부모 가구 수가 매년 전년 대비 감소하는 것은 아니다.

② 2020년 자녀 연령이 19세 이상인 한부모 가구 수가 자녀 연령이 18세 이하인 한부모 가구 수의 4배 이상인 지역은 총 2곳이다.

③ 2020년 전체 한부모 가구 수가 50천 가구 미만인 지역의 2020년 자녀 연령이 18세 이하인 한부모 가구 수는 총 79천 가구이다.

④ 제시된 기간 중 서울의 전체 한부모 가구 수가 다른 해에 비해 가장 많았던 해는 서울의 자녀 연령이 18세 이하인 한부모 가구 수가 다른 해에 비해 가장 많았던 해와 동일하다.

⑤ 2018년 자녀 연령이 18세 이하인 한부모 가구 수 대비 자녀 연령이 19세 이상인 한부모 가구 수의 비율은 전북이 대전보다 작다.

05 다음은 공공연구기관의 연도별 기술이전율 및 기술료 수입을 나타낸 자료이다. 다음 자료에 대한 설명으로 옳은 것을 모두 고르시오.

[연도별 기술이전율]

(단위: %)

구분	2017	2018	2019	2020	2021	2022	2023	2024
공공연구소	42	30	31	38	40	35	43	39
대학	15	16	17	14	16	20	20	25
전체	27	22	23	23	26	27	31	32

※ 기술이전은 양도, 실시권 허여, 기술지도 등의 방법을 통하여 기술이 기술보유자로부터 다른 사람에게 이전되는 것을 의미함

[연도별 기술료 수입]

(단위: 억 원)

구분	2017	2018	2019	2020	2021	2022	2023	2024
공공연구소	893	1,023	740	918	832	1,170	985	898
대학	151	265	277	327	426	482	369	505
전체	1,044	1,288	1,017	1,245	1,258	1,652	1,354	1,403

a. 대학의 기술이전율이 20%보다 낮은 모든 해의 대학의 평균 기술이전율은 15.6%이다.
b. 공공연구소의 기술이전율과 기술료 수입의 전년 대비 증감 추이는 매년 서로 정반대의 추이를 보인다.
c. 2022년 전체 기술료 수입은 5년 전 대비 50% 미만 증가했다.

① a ② b ③ a, b ④ a, c ⑤ b, c

06 다음은 시간 경과에 따른 세포 배양 실험 결과를 정리한 자료이다. 다음 중 자료에 대한 설명으로 옳은 것을 고르시오.

[시간 경과에 따른 세포의 길이 및 너비]

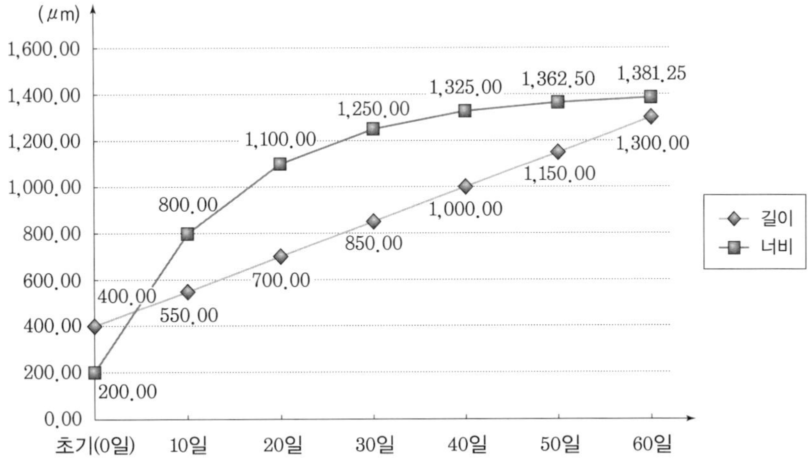

※ 1) 세포 배양 실험 결과는 실험 초기(0일)를 기준으로 10일 단위로 확인함
2) 세포의 길이와 너비는 10일마다 각각 일정한 규칙으로 증가하였으며, 배양 실험은 60일 이후에도 계속 진행됨

① 세포 너비가 초깃값보다 1,050.00㎛ 길어졌을 때의 세포 길이는 700.00㎛이다.

② 10일 전 대비 세포 길이의 증가량이 처음으로 세포 너비의 증가량보다 많아진 때에 세포 길이와 너비의 차이는 400.00㎛이다.

③ 세포 길이의 증가량이 위와 동일하고 세포 길이의 초깃값이 50.00㎛인 세포로 배양 실험을 했다면, 실험 50일째 세포 길이는 650.00㎛일 것이다.

④ 실험 20일째 세포 길이는 세포 너비의 약 1.6배이다.

⑤ 실험 70일째 세포 너비는 세포 길이보다 짧아진다.

07 다음은 지역별 미세먼지 농도에 대한 자료이다. 다음 중 자료에 대한 설명으로 옳지 않은 것을 고르시오.

[지역별 미세먼지 농도]

(단위: μg/m³)

구분	2019년	2020년	2021년	2022년	2023년
A 지역	20	24	27	41	39
B 지역	16	19	22	31	36
C 지역	23	21	26	39	36
D 지역	15	17	21	36	41
E 지역	24	28	31	38	52

① 2020년부터 2023년까지 D 지역 미세먼지 농도의 전년 대비 증감 추이와 동일한 지역은 B, E 지역이다.

② 2021년 B 지역 미세먼지 농도의 전년 대비 증가율은 15% 이상이다.

③ 제시된 기간 중 C 지역의 미세먼지 농도가 다른 해에 비해 가장 낮은 해에 A~E 지역의 평균 미세먼지 농도는 22μg/m³ 이하이다.

④ A~E 지역에서 A 지역의 미세먼지 농도가 차지하는 비중은 2019년이 2022년보다 작다.

⑤ 2019년부터 2023년까지 미세먼지 농도는 매년 E 지역이 B 지역의 1.3배 이상이다.

08 다음은 A 국의 연도별 여권발급 추이에 대한 자료이다. 다음 중 자료에 대한 설명으로 옳지 않은 것을 고르시오.

[연도별 여권발급 추이]

구분		2017	2018	2019	2020	2021	2022	2023	2024
합계	건수(천 건)	3,963	3,328	3,349	3,229	3,150	3,939	4,670	5,236
	비중(%)	100	100	100	100	100	100	100	100
국내	건수(천 건)	3,770	3,153	3,204	3,114	3,052	3,833	4,531	5,109
	비중(%)	95.1	94.7	95.7	96.4	96.9	97.3	97.0	97.6
국외	건수(천 건)	193	175	145	115	98	106	139	127
	비중(%)	4.9	5.3	4.3	3.6	3.1	2.7	3.0	2.4

① 제시된 기간 동안 국내와 국외의 여권발급 건수의 전년 대비 증감 추이가 서로 일치하지 않는 해는 총 2개 연도이다.

② 전체 여권발급 건수가 가장 적은 해에 국내의 여권발급 비중도 다른 해에 비해 가장 낮다.

③ 제시된 기간 동안 국외의 여권발급 건수와 여권발급 비중의 증감 추이가 매년 일치하지는 않는다.

④ 제시된 기간 동안 전체 여권발급 건수가 전년 대비 감소한 해는 총 3개 연도이다.

⑤ 국외의 여권발급 건수가 가장 많은 해와 가장 적은 해의 국외의 여권발급 건수의 차이는 95천 건이다.

09 다음은 K 지역의 아파트별 주차장 확보 현황에 대한 자료이다. 제시된 아파트 중 가구수 대비 주차등록대수가 가장 많은 아파트의 주차장 확보율은?

[아파트별 주차장 확보 현황]

구분	A 아파트	B 아파트	C 아파트	D 아파트	E 아파트
주차장면수(면)	5,589	4,864	8,412	4,112	6,390
주차등록대수(대)	6,075	5,120	10,515	4,563	9,702
가구수(호)	3,418	4,424	7,468	3,736	5,880

※ 주차장 확보율(%) = (주차장면수 / 주차등록대수) × 100

① 78% ② 90% ③ 92% ④ 95% ⑤ 98%

10 다음은 하남시 청소년을 대상으로 행복하기 위해 가장 필요한 것에 대해 조사한 자료이다. 다음 중 자료에 대한 설명으로 옳지 않은 것을 고르시오.

[성 및 학교급별 행복하기 위해 가장 필요한 것에 대한 응답 비율]

(단위: %)

구분			건강	돈	학업 성적	친구	화목한 가족	자유	종교	자격증	기타
성	남자		10.7	14.5	3.8	20.7	29.6	14.3	1.7	0.4	4.3
	여자		6.6	13.2	5.5	19.3	37.5	13.9	0.6	0.3	3.1
학교급	초등학교	4학년	12.8	0.6	1.2	10.4	55.5	15.7	0.9	0.3	2.6
		5학년	8.3	2.7	1.9	15.0	53.6	14.7	0.8	0.5	2.5
		6학년	9.5	5.6	1.6	19.3	48.2	12.1	0.3	0.3	3.1
	중학교	1학년	8.1	7.4	3.9	28.1	32.9	14.2	0.3	0.0	5.1
		2학년	9.9	12.0	8.2	25.7	21.6	18.1	2.0	0.3	2.2
		3학년	7.5	16.9	5.6	24.9	24.4	13.1	2.4	0.0	5.2
	고등학교	1학년	4.1	24.4	7.0	24.0	18.8	15.5	1.5	0.0	4.7
		2학년	7.7	26.1	8.0	19.1	19.7	12.7	1.0	0.7	5.0
		3학년	9.4	32.2	4.7	15.0	22.4	10.3	0.6	0.9	4.5

※ 출처: KOSIS(경기도 하남시, 하남시청소년사회환경조사)

① 초등학교 4, 5, 6학년은 모두 행복하기 위해 가장 필요한 것 중 화목한 가족에 대한 응답 비율이 가장 높다.

② 여자가 행복하기 위해 가장 필요한 것 중 첫 번째로 응답 비율이 높은 것과 두 번째로 응답 비율이 높은 것의 응답 비율 차이는 18.2%p이다.

③ 행복하기 위해 가장 필요한 것 중 중학교 1학년과 3학년의 응답 비율 차이가 가장 큰 것은 돈이다.

④ 성별로 행복하기 위해 가장 필요한 것에 대한 응답 비율이 높은 것부터 순서대로 나열하면 남자와 여자의 순서는 서로 다르다.

⑤ 조사에 응한 중학교 3학년 학생 수가 3,000명, 고등학교 3학년 학생 수가 4,000명이면, 행복하기 위해 가장 필요한 것이 자유라고 응답한 중학교 3학년과 고등학교 3학년 학생 수의 차이는 18명이다.

11 다음은 20XX년 일부 지역의 종사자 규모별 바이오 사업장 수와 전국의 종사자 규모별 바이오 사업장 비중에 대한 자료이다. 다음 중 자료에 대한 설명으로 옳지 않은 것을 고르시오.

[종사자 규모별 바이오 사업장 수]

(단위: 개)

구분	서울특별시	대전광역시	경기도	강원도	충청북도
1~49명	131	55	170	31	45
50~299명	55	17	93	11	21
300~999명	16	2	29	4	10
1,000명 이상	4	4	12	1	3
미상	24	4	15	3	2

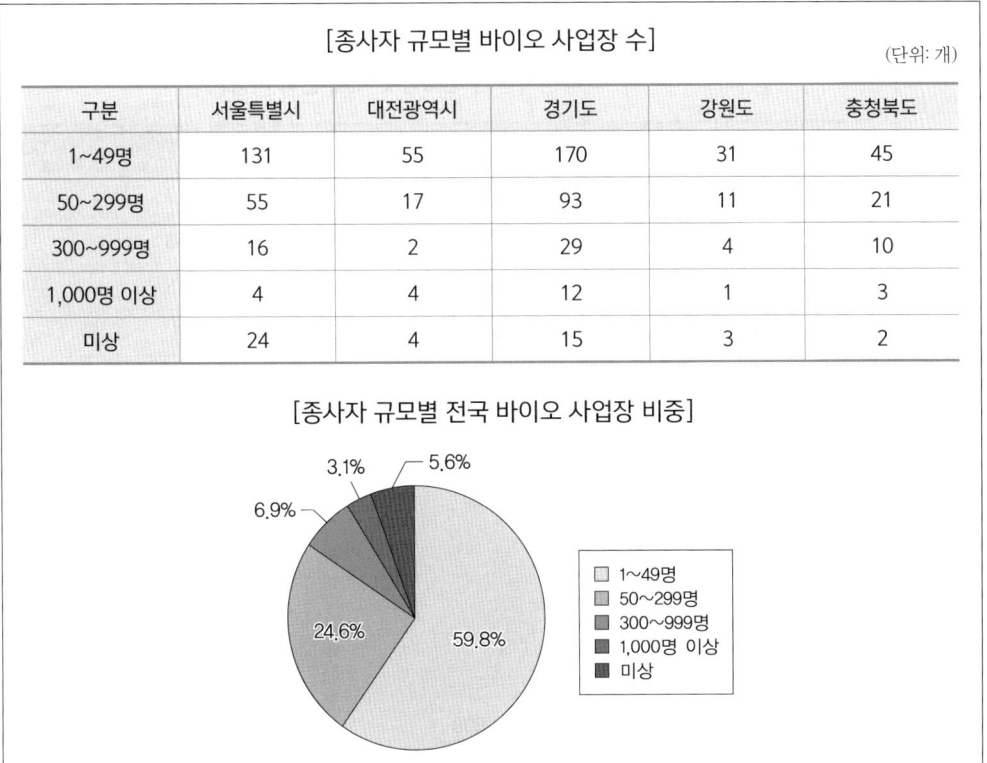

[종사자 규모별 전국 바이오 사업장 비중]

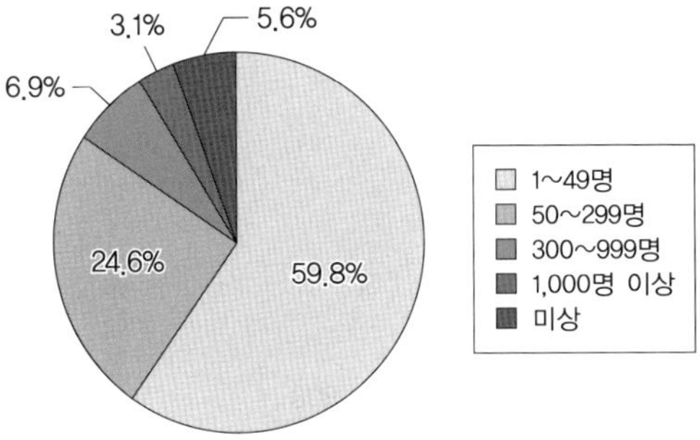

① 강원도 전체 바이오 사업장 수에서 종사자 규모가 300~999명인 사업장이 차지하는 비중은 전국 바이오 사업장 수에서 종사자 규모가 300~999명인 사업장이 차지하는 비중보다 크다.

② 바이오 사업장 수는 대전광역시가 충청북도보다 많다.

③ 지역별로 미상을 제외하고 바이오 사업장 수가 많은 순서대로 종사자 규모를 나열했을 때 그 순서가 전국과 동일한 지역은 3곳이다.

④ 종사자 규모가 미상인 바이오 사업장 수는 서울특별시가 경기도의 1.6배이다.

⑤ 전국 바이오 사업장 수에서 종사자 규모가 1~49명인 사업장이 차지하는 비중은 종사자 규모가 50~299명인 사업장이 차지하는 비중보다 35.2%p 더 크다.

12 다음은 복분자딸기의 재배량별 재배 인력 비중과 연령대별 재배 인력 수에 대한 자료이다. 제시된 재배량 중 복분자딸기 총 재배 인력 수가 두 번째로 많은 재배량의 연령대별 재배 인력 수를 바르게 나타낸 것을 고르시오.

[복분자딸기 재배량별 재배 인력 비중]

(단위: %)

구분	40대 이하	50대	60대	70대 이상
1천 본 미만	15	20	17	17
1천 본 이상~5천 본 미만	41	54	63	66
5천 본 이상~10천 본 미만	33	17	15	13
10천 본 이상	11	9	5	4

[연령대별 복분자딸기 재배 인력 수]

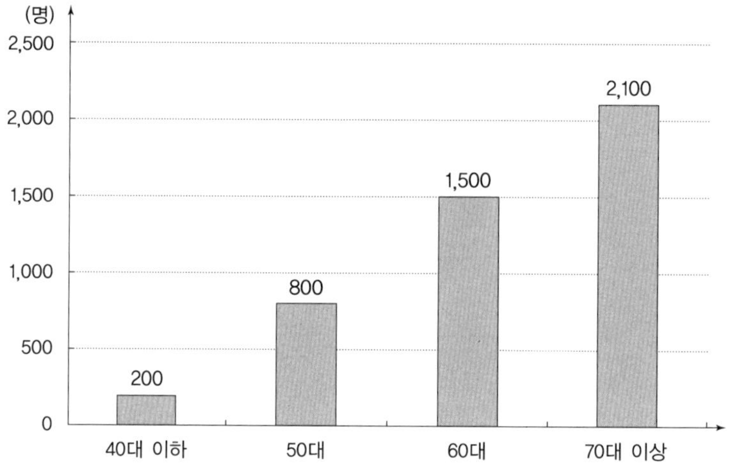

①

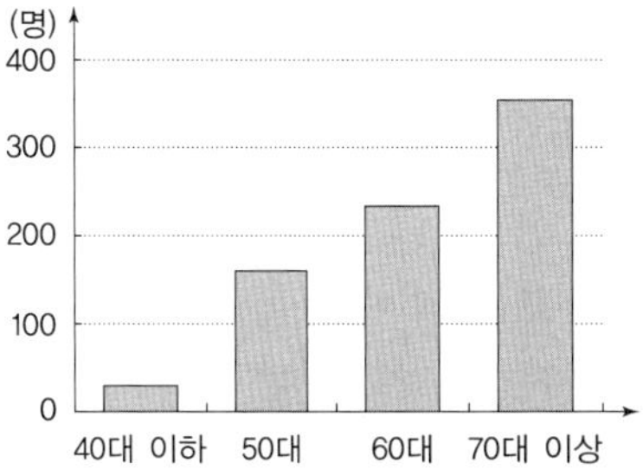
(명)
400
300
200
100
0
40대 이하
50대
60대
70대 이상

②

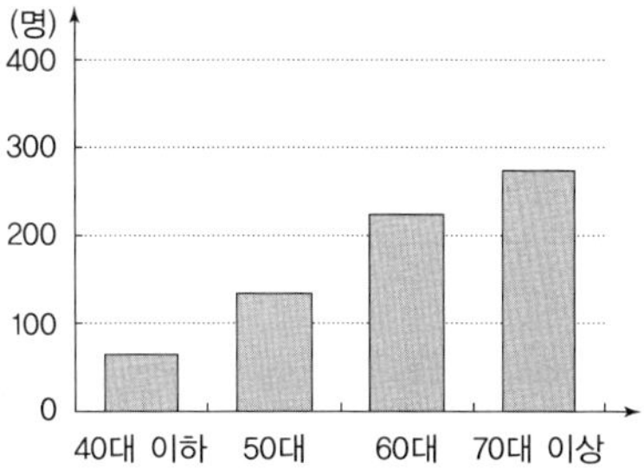
(명)
400
300
200
100
0
40대 이하
50대
60대
70대 이상

③

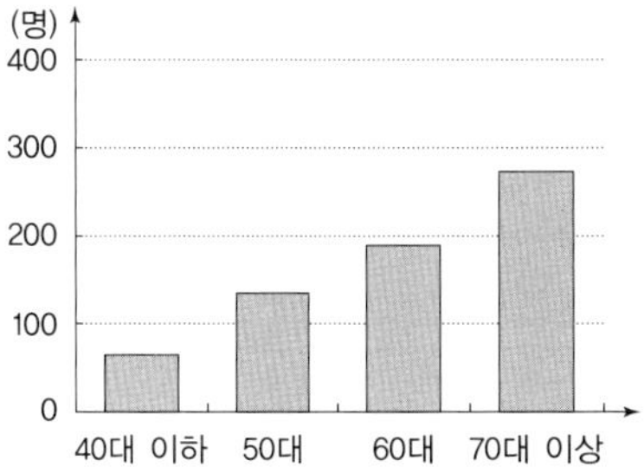
(명)
400
300
200
100
0
40대 이하
50대
60대
70대 이상

④

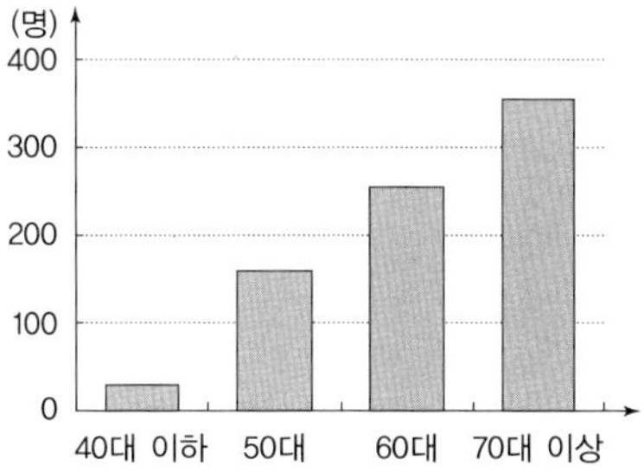
(명)
400
300
200
100
0
40대 이하
50대
60대
70대 이상

⑤

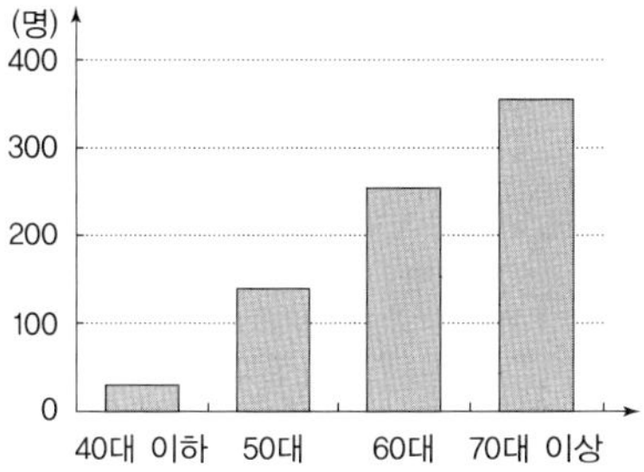
(명)
400
300
200
100
0
40대 이하
50대
60대
70대 이상

13 다음은 20XX년 직업군별로 투표참여 중요도에 대해 설문 조사한 자료이다. 응답 인원이 총 8,000명일 때, 제시된 직업군 중 '매우 중요하다'라고 응답한 사람의 수가 다른 직업군에 비해 가장 많은 직업군의 평균 점수는? (단, 평균 점수는 소수점 둘째 자리에서 반올림하여 계산한다.)

[직업군별 투표참여 중요도에 대한 응답 비율]

(단위: %)

구분	전혀 중요하지 않다	중요하지 않다	보통이다	중요하다	매우 중요하다
전문관리	1.1	4.8	9.9	40.2	44.0
사무	0.2	2.9	9.3	58.1	29.5
서비스판매	0.8	4.6	9.3	52.3	33.0
농림어업	0.5	1.0	2.0	44.5	52.0
기능노무	0.5	6.5	11.0	44.8	37.2
기타	0.0	5.6	11.2	32.0	51.2

※ 1) 각 중요도에는 점수가 부여되며 '전혀 중요하지 않다'부터 '매우 중요하다' 순으로 각각 1~5점의 점수가 부여됨
2) 직업군별 평균 점수는 각 중요도에 부여된 점수와 응답 비율을 곱하여 모두 더한 값임

[직업군별 설문 조사 응답 인원 비중]

(단위: %)

구분	합계	전문관리	사무	서비스판매	농림어업	기능노무	기타
비중	100	25	20	15	20	15	5

① 3.9점 ② 4.0점 ③ 4.2점 ④ 4.3점 ⑤ 4.5점

14 다음은 20XX년 일부 지역의 층수별 건축물 수를 나타낸 자료이다. 다음 중 자료에 대한 설명으로 옳은 것을 모두 고르시오.

[층수별 건축물 수]

(단위: 동)

구분	서울	부산	대구	인천	대전	울산	세종	경기
1층	108,763	142,961	83,960	86,102	48,595	66,204	24,442	615,256
2층 이상 4층 이하	364,153	180,972	144,905	107,847	74,676	62,680	7,782	499,606
5층	63,942	13,887	6,489	12,594	3,845	2,964	302	37,445
6층 이상 10층 이하	34,746	9,530	2,756	5,048	2,314	2,250	465	17,336
11층 이상 20층 이하	16,641	5,404	4,292	4,821	2,883	2,096	913	26,618
21층 이상 30층 이하	3,722	2,718	1,152	1,590	790	636	601	8,393
31층 이상	443	471	155	457	68	123	5	842

a. 제시된 지역 중 1층 건축물 수가 다른 층수의 건축물 수에 비해 가장 많은 지역은 총 2곳이다.
b. 제시된 지역 중 6층 이상 10층 이하 건축물 수가 다른 지역에 비해 가장 많은 지역과 가장 적은 지역의 6층 이상 10층 이하 건축물 수의 차이는 34,281동이다.
c. 지역별로 건축물 수가 많은 순서대로 층수를 나열하면 그 순서는 대구와 대전이 동일하다.
d. 제시된 지역 중 31층 이상 건축물 수가 세 번째로 많은 지역의 31층 이상 건축물 수는 470동 이상이다.

① a, b ② b, c ③ b, d ④ c, d ⑤ a, b, c

15 다음은 OECD 주요국의 GDP 대비 경상의료비 비율을 나타낸 자료이다. 자료를 보고 빈칸에 해당하는 값을 예측했을 때 가장 타당한 값을 고르시오.

[연도별 OECD 주요국의 GDP 대비 경상의료비 비율]

(단위: %)

구분	2014	2015	2016	2017	2018	2019	2020	2021	2022
한국	5.8	6.4	6.5	6.6	6.7	(㉠)	7.1	7.4	7.7
독일	10.2	11.2	11.0	10.7	10.8	11.0	11.1	11.2	11.3
미국	15.3	16.3	16.4	16.4	16.4	16.3	16.5	16.9	17.2
영국	7.7	8.6	8.5	8.5	8.5	9.9	9.8	9.9	9.7
일본	8.2	9.1	(㉡)	10.6	10.8	10.8	10.8	10.9	10.9
프랑스	10.1	10.8	10.7	10.7	10.8	10.9	11.1	(㉢)	11.0
호주	8.3	8.6	8.5	8.6	8.7	8.8	9.1	9.4	9.6

※ GDP 대비 경상의료비 비율은 한 국가의 국민이 한 해 동안 보건의료 재화와 서비스를 구매하는 데 지출한 최종 소비를 GDP에 대한 비율로 나타낸 것을 의미함

- 2017년 일본의 GDP 대비 경상의료비 비율이 전년 대비 증가한 만큼 2019년 영국의 GDP 대비 경상의료비 비율도 전년 대비 증가하였다.
- OECD 주요국인 7개국의 GDP 대비 경상의료비 비율이 전년 대비 모두 증가한 해는 2015년 한 해뿐이다.
- 2014년 영국과 프랑스의 GDP 대비 경상의료비 비율의 평균은 2019년 한국과 프랑스의 GDP 대비 경상의료비 비율의 평균과 같다.

	㉠	㉡	㉢
①	6.8	9.2	11.0
②	6.8	10.5	11.1
③	6.9	9.2	11.1
④	6.9	9.2	11.2
⑤	7.0	10.5	11.2

16 다음은 2023년 월별 세계 3대 원유 가격 및 국내 휘발유 가격에 대한 자료이다. 다음 중 자료에 대한 설명으로 옳은 것을 고르시오.

[2023년 월별 세계 3대 원유 가격 및 국내 휘발유 가격]

구분	두바이유(달러/배럴)	브렌트유(달러/배럴)	WTI(달러/배럴)	국내 휘발유(원/L)
1월	59.09	60.24	51.55	1,213.58
2월	64.59	64.43	54.98	1,235.53
3월	66.94	67.03	58.17	1,301.66
4월	70.90	71.63	63.87	1,376.91
5월	69.38	70.30	60.87	1,433.87
6월	61.78	63.04	54.71	1,375.81
7월	63.28	64.21	57.55	1,406.86
8월	59.13	59.50	54.84	1,390.25
9월	61.13	62.29	56.97	1,456.41
10월	59.39	59.63	54.01	1,441.17
11월	61.99	62.71	57.07	1,459.36
12월	64.91	65.17	59.80	1,470.00

※ 원유 1배럴은 160L로 가정하며 원유 1배럴당 20L의 휘발유를 생산 가능함

① 2023년 세계 3대 원유 중 가격이 가장 저렴한 원유와 가격이 가장 비싼 원유는 매달 동일하다.

② 2023년 2월 이후 WTI 가격과 국내 휘발유 가격의 전월 대비 증감 추이는 동일하다.

③ 2023년 12월 원유 1배럴당 생산할 수 있는 휘발유의 총금액은 29,400원이다.

④ 2023년 4/4분기 두바이유 1배럴당 평균 가격은 63달러 이상이다.

⑤ 2023년 5월 브렌트유 가격은 WTI 가격보다 1배럴당 9.33달러 더 비싸다.

17 다음은 신문산업별 종사자 수를 나타낸 자료이다. 2018년과 2019년 중 전체 신문산업의 종사자 수가 더 많은 해에 대학 졸업 학력인 종사자 중 종이신문 산업에 종사하는 남성의 최소 인원과 인터넷신문 산업에 종사하는 남성의 최소 인원의 차이는?

[신문산업별 종사자 수]

(단위: 백 명)

구분		2018년		2019년	
		종이신문	인터넷신문	종이신문	인터넷신문
성	여성	78	68	79	62
	남성	168	106	166	95
학력	고교 졸업 이하	18	9	10	14
	전문대 졸업	29	13	50	36
	대학 졸업	183	136	175	102
	대학원 졸업 이상	16	16	10	5

① 2백 명　② 19백 명　③ 37백 명　④ 56백 명　⑤ 66백 명

18 다음은 연도별 LNG 도입량 및 수요량을 나타낸 자료이다. 다음 중 자료에 대한 설명으로 옳은 것을 모두 고르시오.

[연도별 LNG 도입량 및 수요량]

(단위: 천 톤)

구분		2018	2019	2020	2021	2022	2023	2024
도입량		36,685	36,184	39,326	36,332	31,410	31,895	37,537
수요량	계	33,570	36,547	38,675	35,173	31,456	32,751	32,162
	도시가스용	18,255	19,557	19,596	18,180	16,929	17,346	18,390
	발전용	15,315	16,990	19,079	16,993	14,527	15,405	13,772

a. 2023년 전체 LNG 수요량에서 발전용 LNG 수요량이 차지하는 비중은 50% 미만이다.
b. 제시된 기간 중 LNG 도입량이 가장 많은 해에 LNG 도입량은 2년 전 대비 2,541천 톤 증가하였다.
c. 2021년부터 2024년까지 4년 동안 도시가스용 LNG 수요량의 평균은 17,000천 톤 이상이다.
d. 제시된 기간 중 LNG 수요량이 LNG 도입량보다 적은 해는 총 3개 연도이다.

① a, c ② a, d ③ a, b, c ④ a, c, d ⑤ b, c, d

19 다음은 연도별 환경사범 형사사건에 대한 자료이다. 다음 중 자료에 대한 설명으로 옳은 것을 고르시오.

[환경사범 형사사건 접수 및 처리 인원]

(단위: 명)

구분	접수 인원	처리 인원				
		계	구공판	구약식	불기소	기타
2017년	10,981	10,939	387	7,050	3,306	196
2018년	10,365	10,440	325	6,274	3,609	232
2019년	11,232	11,161	430	6,902	3,453	376
2020년	11,735	11,810	411	7,576	3,467	356
2021년	11,093	10,954	437	6,970	3,183	364
2022년	10,729	10,730	457	7,102	2,903	268
2023년	12,283	12,062	664	7,391	3,501	506
2024년	13,275	13,439	768	7,806	4,185	680

① 2018년 이후 환경사범 접수 인원이 전년 대비 증가한 해는 총 5개 연도이다.

② 환경사범 처리 인원 중 구공판 처리 인원은 2019년부터 매년 전년 대비 증가했다.

③ 2024년 환경사범 처리 인원은 전년 대비 1,377명 증가했다.

④ 2023년 환경사범 처리 인원에서 불기소 처리 인원이 차지하는 비중은 30% 이상이다.

⑤ 제시된 기간 동안 환경사범 접수 인원과 처리 인원의 차이가 가장 큰 해는 2021년이다.

20 다음은 연도별 국제인구이동을 나타낸 자료이다. 다음 중 자료에 대한 설명으로 옳은 것을 고르시오.

[연도별 국제인구이동]

(단위: 명)

구분		2018	2019	2020	2021	2022	2023	2024
전체	총이동자 수	1,279,412	1,307,120	1,328,711	1,306,006	1,352,687	1,409,418	1,479,941
	입국자 수	643,009	696,166	735,181	683,716	714,023	758,106	817,974
	출국자 수	636,403	610,954	593,530	622,290	638,664	651,312	661,967
내국인	총이동자 수	689,192	678,561	651,125	632,061	625,523	608,052	619,745
	입국자 수	342,832	335,693	328,118	310,781	311,820	305,449	322,895
	출국자 수	346,360	342,868	323,007	321,280	313,703	302,603	296,850
외국인	총이동자 수	590,220	628,559	677,586	673,945	727,164	801,366	860,196
	입국자 수	300,177	360,473	407,063	372,935	402,203	452,657	495,079
	출국자 수	290,043	268,086	270,523	301,010	324,961	348,709	365,117

※ 순이동자 수 = 입국자 수 - 출국자 수

※ 출처: KOSIS(통계청, 국제인구이동통계)

① 2024년 내국인 출국자 수는 2018년 대비 49,410명 감소하였다.

② 외국인 총이동자 수가 다른 해에 비해 두 번째로 많은 해에 내국인 총이동자 수는 전년 대비 5.0% 이상 감소하였다.

③ 2019년 이후 내국인 출국자 수와 외국인 출국자 수의 전년 대비 증감 추이는 같다.

④ 2024년 전체 입국자 수에서 외국인 입국자 수가 차지하는 비중은 60% 이상이다.

⑤ 제시된 기간 동안 외국인 입국자 수가 전년 대비 감소한 해에 전체 순이동자 수는 60,000명 이하이다.

01 두 컵 A, B에 소금물이 들어 있고, A 컵에 들어 있는 소금물의 농도는 6%이며 B 컵에 들어 있는 소금물의 농도는 30%이다. 두 컵에 들어 있는 소금물을 섞고 난 후 농도를 재었더니 24%였다. 처음 B 컵에 들어 있던 소금물의 양이 A 컵에 들어 있던 소금물의 양보다 200g 더 많았다고 할 때, 처음 A 컵에 들어 있던 소금의 양은?

① 3g ② 6g ③ 30g ④ 36g ⑤ 72g

02 J 회사에서 세탁기는 원가에 10% 이익을 붙여 판매하고 건조기는 원가에 30% 이익을 붙여 판매하였더니, 세탁기 판매량이 건조기 판매량의 2배였다. 세탁기와 건조기를 총 120대 판매하여 얻은 총이익이 1,140만 원일 때, 세탁기의 원가는? (단, 세탁기와 건조기의 원가는 서로 동일하다.)

① 57만 원 ② 60만 원 ③ 63만 원 ④ 66만 원 ⑤ 69만 원

03 물과 딸기 시럽을 섞어 딸기잼을 만들려고 한다. 농도가 70%인 딸기잼 200g에 농도가 30%인 딸기잼 100g을 섞고 추가로 물을 넣어 농도가 50%인 딸기잼을 만들었을 때, 추가로 넣은 물의 양은?

① 30g ② 35g ③ 40g ④ 45g ⑤ 50g

04 서로 다른 부서에 소속된 a, b, c, d, e, f 6명이 회사에서 진행한 교육 프로그램의 수료식에 참석하여 한 줄로 나란히 앉으려고 한다. a와 b는 연달아 수료증서를 받게 되어 바로 옆에 앉고, c는 외국인인 d의 통역을 담당하고 있어 d의 바로 옆에 앉을 때, 6명이 한 줄로 앉는 경우의 수는?

① 48가지 ② 96가지 ③ 120가지 ④ 240가지 ⑤ 720가지

05 지하 주차장이 있는 어떤 건물은 층간 높이가 일정하며, 1층부터 30층까지의 전체 높이는 120m이다. 일정한 속력으로 운행되는 엘리베이터를 타고 1층에서 13층까지 올라가는 데 6초가 걸린다면, 20층에서 지하 3층까지 내려가는 데 걸리는 시간은?

① 10.0초 ② 10.5초 ③ 11.0초 ④ 11.5초 ⑤ 12.0초

06 A 팀 직원과 B 팀 직원의 합은 총 100명이고, A 팀 직원과 B 팀 직원의 비율은 7 : 3이다. 남자 직원과 여자 직원의 비율이 A 팀은 3 : 7, B 팀은 4 : 6이라고 할 때, A 팀 여자 직원과 B 팀 여자 직원은 총 몇 명인가?

① 70명 ② 67명 ③ 58명 ④ 33명 ⑤ 30명

07 임원진 3명, 팀장 3명, 사원 3명과 외부 인사 2명이 11인용 원탁에 앉아 회의를 하려고 한다. 외부 인사의 양옆에는 임원진만 앉을 수 있다고 할 때, 11명이 원탁에 앉아 회의하는 방법은 총 몇 가지인가? (단, 좌석 간 간격은 일정하다.)

① 120가지 ② 720가지 ③ 1,440가지 ④ 4,320가지 ⑤ 8,640가지

08 물품 운반 차량 한 대당 한 종류의 물품만 실을 수 있으며, 물품별로 최대 종이컵 500개, 스푼 1,300개, 빨대 800개를 운반할 수 있다. 각 물품을 실은 차량은 최소 한 대 이상이고, 차량은 총 16대이다. 차량의 대수는 종이컵을 운반하는 차량이 빨대를 운반하는 차량의 3배일 때, 물품 운반 차량이 운반할 수 있는 전체 물품의 최대 개수는?

① 12,100개 ② 13,100개 ③ 15,000개 ④ 17,900개 ⑤ 21,000개

09 ○○기업은 불량품을 생산할 확률이 15%인 A 공장에서 드라이어를 생산하려 했지만, 생산 시작 전에 문제가 생겨 불량품을 생산할 확률이 30%인 B 공장에서 동일한 개수만큼의 드라이어를 생산하는 것으로 계획을 변경했다. B 공장에서 생산한 드라이어를 모두 판매한 결과 B 공장에서는 A 공장에서 생산한 드라이어를 한 개당 14만 원에 판매했을 경우 예상한 만큼의 이익을 창출했다. 이때 드라이어를 한 개당 얼마에 판매했는가? (단, 불량품은 판매할 수 없으며, 두 공장에서의 드라이어 개당 생산비용은 동일하다.)

① 16만 원 ② 17만 원 ③ 18만 원 ④ 19만 원 ⑤ 20만 원

10 A 회사의 적성검사 응시자는 6명으로 1등과 2등의 평균 점수는 89점, 3등과 4등의 평균 점수는 82점, 5등과 6등의 평균 점수는 72점이다. 1등, 3등, 4등의 평균 점수는 85점, 4등, 5등, 6등의 평균 점수는 75점일 때, 2등과 3등의 점수는 각각 몇 점인가?

① 85점, 83점 ② 85점, 84점 ③ 87점, 83점 ④ 87점, 85점 ⑤ 88점, 84점

11 어느 기계의 제품 A, B, C에 대한 생산비는 3:3:4이다. 제품 A, B, C를 생산했을 때 불량품이 발생할 확률이 각각 3%, 5%, 4%라면, 생산된 불량품 중 하나를 선택했을 때 그 불량품이 제품 B일 확률은?

① $\frac{2}{5}$ ② $\frac{3}{8}$ ③ $\frac{7}{8}$ ④ $\frac{9}{40}$ ⑤ $\frac{21}{40}$

12 현재 시각이 9시 10분일 때, 시침과 분침이 이루는 각도는?

① 140° ② 143.5° ③ 145° ④ 147.5° ⑤ 150°

13 ○○동 주민자치센터에서 50명의 주민이 에어로빅, 바이올린, 수영 중 한 개 이상의 강좌에 접수했다고 한다. 에어로빅은 29명, 바이올린은 20명, 수영은 23명이 접수했고, 에어로빅과 바이올린은 9명, 에어로빅과 수영은 9명, 바이올린과 수영은 10명이 접수했을 때, 세 강좌에 모두 접수한 주민의 수는?

① 2명 ② 3명 ③ 4명 ④ 6명 ⑤ 8명

14 상자에는 1부터 9까지가 적혀 있는 공이 들어 있고, 두 개의 공을 차례대로 뽑아 적혀 있는 숫자를 십의 자리 수, 일의 자리 수로 각각 쓰려고 한다. 뽑은 공은 다시 상자에 넣지 않을 때, 공을 뽑아 만든 숫자가 32 이상이 될 확률은?

① $\frac{7}{28}$ ② $\frac{21}{28}$ ③ $\frac{49}{72}$ ④ $\frac{55}{72}$ ⑤ $\frac{56}{81}$

15 진수는 편도 거리가 1,000m인 산책로를 올라갈 때는 1m/s로 걸었고, 내려갈 때 일정 거리는 4m/s로 달려서 내려간 후 나머지 거리를 2m/s로 걸어 내려갔다. 진수가 산책로를 올라갈 때의 시간과 산책로를 내려갈 때의 시간 차이가 600초일 때, 진수가 산책로를 달려서 내려간 거리는? (단, 진수는 산책로를 내려갈 때보다 올라갈 때 시간이 더 오래 걸렸다.)

① 100m ② 200m ③ 400m ④ 600m ⑤ 800m

16 운동장 한 바퀴를 도는데 진영이는 6분이 걸리고, 소윤이는 9분이 걸린다. 10시에 진영이와 소윤이가 동시에 같은 방향으로 운동장을 돌기 시작할 때, 진영이와 소윤이가 세 번째로 만나게 되는 시간은?

① 10시 18분 ② 10시 30분 ③ 10시 36분 ④ 10시 45분 ⑤ 10시 54분

17 진아가 만든 목걸이를 원가에 25%의 이익을 붙여 정가를 정하였으나 목걸이가 하나도 팔리지 않아 정가의 30%를 할인하여 판매하였더니 목걸이 1개당 500원의 손해를 보았을 때, 목걸이의 원가는?

① 2,000원 ② 3,000원 ③ 4,000원 ④ 5,000원 ⑤ 6,000원

18 큰 원통 형태의 120L짜리 수조에 분당 5L씩 물이 채워짐과 동시에 분당 2L씩 물이 새어나간다고 할 때, 수조에 물이 가득 차는 데 걸리는 총시간은 얼마인가? (단, 처음에 수조는 비어 있었다.)

① 20분 ② 25분 ③ 30분 ④ 35분 ⑤ 40분

19 사과 과수원을 운영 중인 진경이는 친구 두 명에게 자신이 수확한 사과를 A 박스와 B 박스에 담아 각각 보내려고 한다. A 박스와 B 박스에 담겨 있는 사과의 개수 비는 1:2였으나, 진경이가 B 박스에 담겨 있던 사과 8개를 A 박스로 옮겨 담았더니 각 박스에 담겨 있는 사과의 개수 비가 2:3이 되었을 때, 옮겨 담기 전 A 박스에 담겨 있던 사과의 개수는?

① 30개 ② 40개 ③ 48개 ④ 72개 ⑤ 80개

20 보라, 선예 두 사람이 함께 교재 한 권을 편집하는 데 21일이 걸린다. 보라가 혼자 교재 한 권을 편집할 때 35일이 걸린다면, 선예가 혼자 교재 한 권을 편집할 때에는 최소 며칠이 걸리겠는가?

① 42일 ② 45일 ③ 49일 ④ 53일 ⑤ 57일

해설 p.104

01 인사팀, 총무팀, 홍보팀, 마케팅팀, 디자인팀, 영업팀 총 6개 팀의 사무실은 6층짜리 건물에 위치한다고 한다. 다음 조건을 모두 고려하였을 때, 항상 참인 것을 고르시오.

- 각 층에는 1개 팀의 사무실만 위치한다.
- 디자인팀과 홍보팀의 사무실 사이에는 3개 팀의 사무실이 위치한다.
- 총무팀의 사무실은 마케팅팀의 사무실보다 위층에 위치한다.
- 영업팀의 사무실은 가장 위층에 위치하지 않는다.
- 인사팀의 사무실은 2층에 위치한다.

① 마케팅팀의 사무실은 3층에 위치한다.
② 총무팀의 사무실은 6층에 위치한다.
③ 마케팅팀의 사무실은 홍보팀의 사무실보다 위층에 위치한다.
④ 영업팀의 사무실은 디자인팀의 사무실보다 아래층에 위치한다.
⑤ 인사팀과 디자인팀의 사무실은 바로 인접한 층에 위치한다.

02 다음 전제를 읽고 반드시 참인 결론을 고르시오.

전제	강아지를 키우는 모든 가정은 정수기가 있다.
	세탁기가 있는 어떤 가정은 강아지를 키운다.
결론	

① 세탁기가 없는 모든 가정은 정수기가 없다.
② 정수기가 없는 어떤 가정은 세탁기가 있다.
③ 세탁기가 없는 어떤 가정은 정수기가 있다.
④ 세탁기가 없는 모든 가정은 정수기가 있다.
⑤ 정수기가 있는 어떤 가정은 세탁기가 있다.

03 ○○공장은 A~E 5개의 생산라인에서 물품을 생산한다. 각 생산라인은 한 명의 팀장이 담당하여 관리하고 있으며, 이 중 불량품이 발생한 생산라인은 3개이다. 불량품이 발생한 생산라인의 팀장들은 거짓을 말하고 있고, 나머지 생산라인의 팀장들은 진실을 말하고 있을 때, 불량품이 발생한 생산라인을 모두 고르시오.

- A 생산라인 팀장: C 생산라인과 D 생산라인은 모두 불량품이 발생했다.
- B 생산라인 팀장: A 생산라인에 불량품이 발생했다.
- C 생산라인 팀장: D 생산라인 팀장은 거짓을 말하고 있다.
- D 생산라인 팀장: 우리 생산라인에는 불량품이 발생하지 않았다.
- E 생산라인 팀장: A 생산라인과 C 생산라인 중 적어도 한 생산라인은 불량품이 발생하지 않았다.

① A, B, C ② A, C, E ③ B, C, D ④ B, C, E ⑤ C, D, E

04 다음 명제가 모두 참일 때, 항상 참인 문장을 고르시오.

- 눈을 좋아하는 사람은 비를 좋아하지 않는다.
- 추위를 많이 타지 않는 사람은 더위를 많이 탄다.
- 추위를 많이 타는 사람은 눈을 좋아하지 않는다.
- 산책을 좋아하지 않는 사람은 비를 좋아한다.

① 비를 좋아하는 사람은 더위를 많이 타지 않는다.
② 산책을 좋아하지 않는 사람은 추위를 많이 탄다.
③ 비를 좋아하는 사람은 추위를 많이 타지 않는다.
④ 추위를 많이 타는 사람은 비를 좋아하지 않는다.
⑤ 더위를 많이 타지 않는 사람은 눈을 좋아하지 않는다.

05 A 문구점은 월요일부터 일요일까지 할인 행사를 진행하려고 한다. 다음 조건을 모두 고려하였을 때, 항상 참인 것을 고르시오.

- 할인 품목은 가위, 공책, 볼펜, 연필, 지우개, 풀, 형광펜이다.
- 요일별 할인 품목은 모두 다르다.
- 공책을 할인하는 날의 바로 전날과 바로 다음 날에 연필을 할인하지 않는다.
- 수요일 할인 품목은 공책이다.
- 가위, 지우개, 풀은 각각 금요일, 토요일, 일요일 중 하루에 할인한다.

① 볼펜은 화요일에 할인한다.

② 가위와 형광펜은 목요일, 금요일 연달아 할인한다.

③ 연필과 지우개는 연달아 할인한다.

④ 공책을 할인하는 날의 바로 다음 날에는 형광펜을 할인한다.

⑤ 연필은 월요일에 할인한다.

06 다음 결론이 반드시 참이 되게 하는 전제를 고르시오.

전제	아침을 먹는 모든 사람은 하루에 두 끼 식사를 한다.
결론	아침을 먹는 모든 사람은 날씬하다.

① 날씬하지 않은 모든 사람은 하루에 두 끼 식사를 하지 않는다.

② 하루에 두 끼 식사를 하는 모든 사람이 날씬한 것은 아니다.

③ 하루에 두 끼 식사를 하는 어떤 사람은 날씬하다.

④ 날씬한 모든 사람은 하루에 두 끼 식사를 한다.

⑤ 날씬한 어떤 사람은 하루에 한 끼 이하의 식사를 한다.

07 지윤, 윤아, 소영, 경아는 각자 치마, 바지, 원피스 중 옷 한 벌과 운동화, 구두, 슬리퍼 중 신발 한 켤레를 구매하였다. 다음 조건을 모두 고려하였을 때, 항상 거짓인 것을 고르시오.

- 모든 종류의 옷과 신발이 한 개 이상 구매되었다.
- 원피스를 구매한 2명 중 한 사람은 윤아이다.
- 소영이는 치마를 구매하였으나, 구두는 구매하지 않았다.
- 바지를 구매한 사람만 운동화를 구매하였다.
- 슬리퍼를 구매한 사람은 1명이다.

① 윤아는 구두를 구매하였다.

② 지윤이는 바지를 구매하였다.

③ 운동화를 구매한 사람은 1명이다.

④ 경아는 슬리퍼를 구매하였다.

⑤ 지윤이가 원피스를 구매하였다면 경아는 운동화를 구매하였다.

08 A, B, C, D, E가 5층짜리 박물관의 서로 다른 층에서 한 명씩 당직을 선 날, 한 층에서 도난 사고가 발생했다. 도난 사고가 발생한 층에서 당직을 선 사람만 거짓을 말했을 때, 1층에서 당직을 선 사람을 고르시오.

- A: C와 E는 4층에서 당직을 서지 않았어.
- B: 나는 D보다 두 개 낮은 층에서 당직을 섰어.
- C: 나는 A보다 한 개 높은 층에서 당직을 섰어.
- D: B는 가장 높은 층에서 당직을 섰어.
- E: 나는 A 또는 C와 이웃한 층에서 당직을 서지 않았어.

① A ② B ③ C ④ D ⑤ E

09 다음 명제가 모두 참일 때, 항상 참인 문장을 고르시오.

- 오리를 좋아하지 않는 사람은 토끼를 좋아한다.
- 오렌지를 좋아하는 사람은 한라봉을 좋아하거나 귤을 좋아한다.
- 사슴을 좋아하지 않는 사람은 오리를 좋아한다.
- 오렌지를 좋아하지 않는 사람은 사과를 좋아한다.
- 한라봉을 좋아하는 사람은 오리를 좋아하지 않는다.

① 귤을 좋아하지 않는 사람은 사과를 좋아한다.

② 한라봉을 좋아하는 사람은 사슴을 좋아한다.

③ 오리를 좋아하지 않는 사람은 사과를 좋아한다.

④ 토끼를 좋아하는 사람은 귤을 좋아한다.

⑤ 한라봉을 좋아하는 사람은 사과를 좋아하지 않는다.

10 민수는 월요일부터 목요일까지 학원을 다니며 국어, 영어, 수학, 과학 4개 과목의 수업을 듣고 있다. 각 수업은 일주일에 2번 진행할 때, 항상 거짓인 것을 고르시오. (단, 1교시당 1시간씩 수업이 진행된다.)

- 1교시인 수업은 2개, 2교시인 수업은 2개, 3교시인 수업은 4개이다.
- 하루에 2개 과목의 수업이 각각 1시간씩 진행된다.
- 모든 영어 수업은 1교시에, 모든 과학 수업은 3교시에 진행된다.
- 국어와 과학 수업은 수요일에 진행되지 않는다.
- 주중 첫 수학 수업은 화요일 2교시에, 주중 첫 영어 수업은 수요일에 진행된다.

구분	월	화	수	목
1교시				
2교시				
3교시				

① 월요일 2교시 수업은 국어이다.

② 과학 수업은 화요일과 목요일에 진행된다.

③ 수요일 2교시와 목요일 2교시 수업은 없다.

④ 화요일과 목요일에 모든 과목의 수업이 각각 1번씩 진행된다.

⑤ 목요일 3교시 수업은 국어이다.

11 A 동네에 사는 철수는 B 동네에 사는 영희를 만나러 가려고 하는데 전날 폭설로 인해 ㉠~㉪ 교차로가 막혀 지나갈 수 없는 상황이다. 다음 중 참인 것을 모두 고르시오.

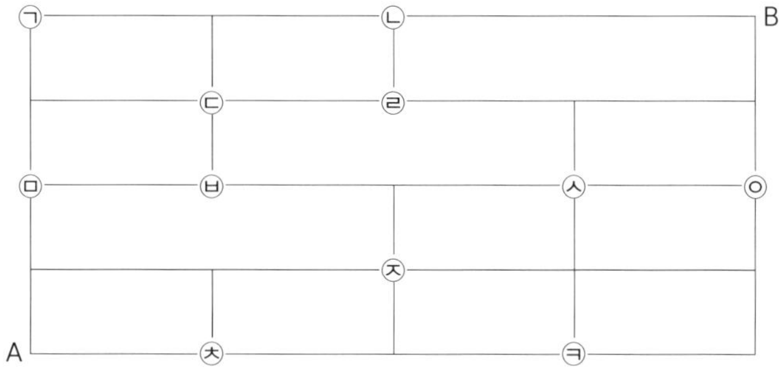

a. 철수는 통제된 교차로 중 최소 2군데만 뚫으면 영희를 만날 수 있다.
b. 철수는 통제된 교차로 중 무작위로 8군데를 뚫으면 반드시 영희를 만날 수 있다.
c. 통제된 교차로가 없다면 철수가 영희에게 최단 거리로 가는 방법은 28가지이다.

① a ② c ③ a, c ④ b, c ⑤ a, b, c

12 각각 다른 사건의 당사자인 갑, 을, 병, 정, 무 5명에 대한 재판이 동일 지방법원 법정에서 같은 날 서로 다른 시각에 시작된다고 한다. 다음 조건을 모두 고려하였을 때, 가장 마지막 순서로 법정에 출석하는 당사자를 고르시오.

- 5명은 자신의 재판 시작 시각에 맞춰 반드시 출석한다.
- 병보다 먼저 법정에 출석하는 당사자는 2명이다.
- 을과 병의 법정 출석 순서는 서로 연속된다.
- 무의 법정 출석 시각은 정보다 빠르지만, 가장 빠르지는 않다.

① 갑 ② 을 ③ 병 ④ 정 ⑤ 무

13 다음 명제가 모두 참일 때, 항상 참인 문장을 고르시오.

- 나무가 많이 모인 곳은 숲이다.
- 공기가 좋은 곳은 자연휴양림으로 운영된다.
- 자연을 아끼는 사람은 숲을 보존한다.
- 나무가 많이 모이지 않은 곳은 자연휴양림으로 운영되지 않는다.
- 일회용품을 사용하지 않는 사람은 자연을 아낀다.
- 일회용품을 사용하는 사람은 환경운동에 관심이 있지 않다.
- 환경운동에 관심이 있는 사람은 나무가 많이 모이고 공기가 좋은 곳을 만든다.

① 환경운동에 관심이 있는 사람은 숲을 보존한다.

② 자연휴양림으로 운영되는 곳은 숲이 아니다.

③ 자연을 아끼는 사람은 환경운동에 관심이 있다.

④ 일회용품을 사용하지 않는 사람은 공기가 좋은 곳을 만든다.

⑤ 숲은 자연휴양림으로 운영된다.

14 다음 전제를 읽고 반드시 참인 결론을 고르시오.

전제	물이 존재하는 어떤 별에는 공기와 생물이 존재한다.
	공기 없이 생물만 존재하는 별과 생물 없이 공기만 존재하는 별은 있으나, 공기 없이 물만 존재하는 별은 없다.
결론	

① 물이 존재하는 어떤 별은 공기와 생물이 존재하지 않는 별이다.

② 공기가 존재하는 별은 물이 존재하는 별이다.

③ 물이 존재하는 어떤 별은 공기는 존재하나 생물은 존재하지 않는 별이다.

④ 물이 존재하는 별은 생물이 존재하는 별이다.

⑤ 공기와 물의 존재 없이 생물이 존재하는 별이 있다.

15 몸무게가 서로 다른 A, B, C, D, E, F, G 7명은 몸무게가 적게 나가는 사람부터 1번부터 7번까지 차례대로 번호를 받는다. 다음 조건을 모두 고려하였을 때, 항상 거짓인 것을 고르시오.

- D는 5번을 받는다.
- E는 C보다 몸무게가 많이 나간다.
- G보다 몸무게가 적게 나가는 사람은 2명이다.
- F보다 몸무게가 많이 나가면서 B보다 몸무게가 적게 나가는 사람은 4명이다.

① 4번을 받는 사람으로 가능한 경우는 3가지이다.

② B보다 몸무게가 많이 나가는 사람은 E이다.

③ A보다 몸무게가 적게 나가는 사람은 1명 이상이다.

④ 몸무게가 가장 적게 나가는 사람은 F이다.

⑤ E보다 몸무게가 적게 나가는 사람은 1명이다.

16 동물원에 살고 있는 코끼리, 기린, 물소, 코뿔소, 얼룩말을 4종류의 먹이(나뭇잎, 아카시아잎, 풀, 과일)에 따라 4개(1~4호) 우리에 나눠 키우고 있다. 다음 조건을 모두 고려하였을 때, 항상 거짓인 것을 고르시오.

- 각 우리에는 최소 1종 이상의 동물이 살고 있다.
- 코끼리는 다른 종의 동물과 함께 살지 않으며, 홀수 호실에 살고 있다.
- 각 우리에는 서로 다른 종류의 먹이가 1종류씩 주어진다.
- 2~4호 우리에는 1종의 동물만 살고 있으며 풀이 먹이로 주어지지 않는다.
- 코끼리와 기린에게는 나뭇잎 또는 아카시아잎이 먹이로 주어진다.
- 물소와 코뿔소는 한 우리에서 함께 살고 있다.

① 얼룩말은 4호 우리에 살고 있다.

② 2호 우리에는 아카시아잎이 먹이로 주어지지 않는다.

③ 과일이 먹이로 주어지는 동물은 얼룩말이다.

④ 물소와 코뿔소가 살고 있는 우리에는 풀이 먹이로 주어진다.

⑤ 3호 우리에는 나뭇잎이 먹이로 주어지며 기린이 살고 있다.

17 A, B, C, D는 각자 글로벌, 정보, 환경 교육 프로그램 중 1가지의 프로그램을 수강하며, 진실을 말한 사람은 1명이고 나머지는 거짓을 말하였다. 다음 조건을 모두 고려하였을 때, 항상 거짓인 것을 고르시오. (단, 아무도 수강하지 않는 프로그램은 없다.)

- A: B와 D는 서로 다른 프로그램을 수강한다.
- B: 정보 교육 프로그램을 수강하는 사람은 2명이다.
- C: 나는 글로벌 교육 프로그램을 수강한다.
- D: A는 글로벌 교육 프로그램을 수강하지 않는다.

① 진실을 말한 사람은 D이다.

② C가 수강할 수 있는 교육 프로그램은 2가지이다.

③ A와 C는 같은 교육 프로그램을 수강한다.

④ B는 글로벌 교육 프로그램을 D와 함께 수강한다.

⑤ A는 모든 교육 프로그램을 수강할 수 있다.

18 다음 명제가 모두 참일 때, 항상 참인 문장을 고르시오.

- 고기를 먹는 사람은 채소와 과일을 모두 먹는다.
- 운동을 하는 사람은 밀가루를 먹지 않는다.
- 밀가루를 먹는 사람은 고기를 먹는다.
- 외모에 관심이 많은 사람은 밀가루를 먹지 않는다.
- 채소를 먹지 않는 사람은 외모에 관심이 많지 않거나 운동을 하지 않는다.

① 밀가루를 먹는 사람은 과일을 먹는다.

② 고기를 먹는 사람은 운동을 하지 않는다.

③ 외모에 관심이 많고 운동을 하는 사람은 고기를 먹는다.

④ 채소를 먹지 않는 사람은 밀가루를 먹는다.

⑤ 운동을 하는 사람은 외모에 관심이 많다.

19 5명의 지원자 A, B, C, D, E 중 최종 면접에 합격한 1명은 다음 주 월요일에 ○○기업에 입사하게 된다. 2명은 거짓을 말하고 있고, 나머지 3명은 진실을 말하고 있을 때, 최종 면접에 합격한 사람을 고르시오.

- A: D가 최종 면접에 합격했어.
- B: E는 입사할 수 없어.
- C: A가 입사하게 되었어.
- D: B와 C는 최종 면접에 불합격했어.
- E: C는 거짓을 말하고 있어.

① A ② B ③ C ④ D ⑤ E

20 A, B, C, D, E 5명은 각자 서로 다른 준비물을 하나씩 챙겨 캠핑을 갔다. A~E가 캠핑에 가져간 준비물은 고기, 김치, 밑반찬, 석쇠, 숯이고, 자동차 2대에 각각 나누어 탑승한 뒤 이동하였을 때, 항상 참인 것을 고르시오.

- 자동차 종류는 쿠페와 SUV이고, 쿠페에 2명, SUV에 3명이 탑승하였다.
- C는 A와 같은 자동차에, B와 다른 자동차에 탑승하였다.
- SUV에 탑승한 사람의 준비물은 밑반찬이 아니다.
- D와 E는 같은 자동차에 탑승하였고, D와 E의 준비물은 김치가 아니다.
- A의 준비물은 고기이다.

① B는 쿠페에 탑승하였다.
② 준비물이 석쇠인 사람은 SUV에 탑승하였다.
③ A와 E는 같은 자동차에 탑승하였다.
④ D의 준비물은 숯이다.
⑤ E의 준비물은 석쇠이다.

해설 p.110

01 일정한 규칙으로 나열된 수를 통해 빈칸에 들어갈 알맞은 숫자를 고르시오.

216	A	221	126	226	378	B	1,134	236

A	+	B	=	

① 235 ② 251 ③ 262 ④ 273 ⑤ 284

02 일정한 규칙으로 나열된 수를 통해 30번째 항의 값으로 알맞은 숫자를 고르시오.

3 7 13 21 31 43 57 ···

① 111 ② 241 ③ 421 ④ 651 ⑤ 931

03 일정한 규칙으로 나열된 수를 통해 빈칸에 들어갈 알맞은 숫자를 고르시오.

39 1,335 1,551 1,587 1,593 ( )

① 1,492 ② 1,594 ③ 1,597 ④ 1,599 ⑤ 1,613

04 일정한 규칙으로 나열된 수를 통해 빈칸에 들어갈 알맞은 숫자를 고르시오.

$\frac{13}{3}$ ( ) $\frac{19}{12}$ $\frac{22}{24}$ $\frac{25}{48}$ $\frac{28}{96}$

① $\frac{12}{9}$ ② $\frac{13}{9}$ ③ $\frac{14}{6}$ ④ $\frac{15}{6}$ ⑤ $\frac{16}{6}$

05 일정한 규칙으로 나열된 수를 통해 빈칸에 들어갈 알맞은 숫자를 고르시오.

8 16 13 26 29 58 55 ( ) 113

① 52 ② 55 ③ 58 ④ 110 ⑤ 116

06 ↓부터 시계 방향으로 돌아갈 때, 일정한 규칙을 찾아 빈칸에 들어갈 알맞은 숫자를 고르시오.

↓

( )	5	−10
329		21
−162	83	−40

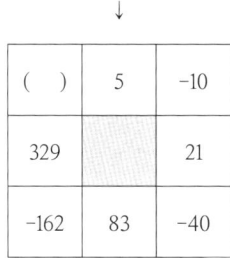

① −652 ② −638 ③ −624 ④ −616 ⑤ −608

07 일정한 규칙으로 나열된 수를 통해 빈칸에 들어갈 알맞은 숫자를 고르시오.

550 275 137.5 ( ) 34.375 17.1875

① 62.75 ② 63.75 ③ 65.75 ④ 68.75 ⑤ 69.75

08 일정한 규칙으로 나열된 수를 통해 빈칸에 들어갈 알맞은 숫자를 고르시오.

20	25	22.5	140	70	105	A	315	270	430	490	B

A − B = ☐

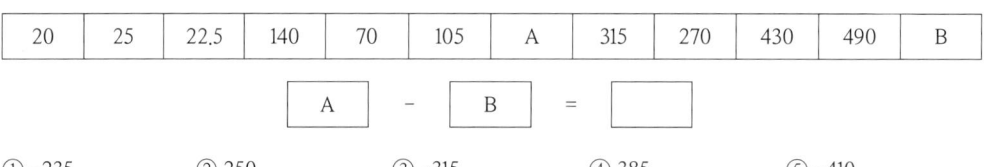

① −235 ② 250 ③ −315 ④ 385 ⑤ −410

09 일정한 규칙으로 나열된 수를 통해 7번째 항의 값으로 알맞은 숫자를 고르시오.

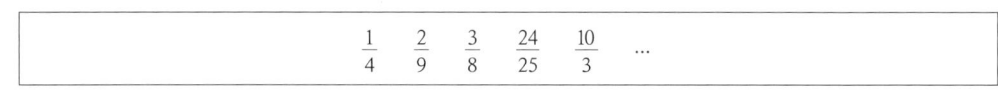

$\frac{1}{4}$ $\frac{2}{9}$ $\frac{3}{8}$ $\frac{24}{25}$ $\frac{10}{3}$ …

① $\frac{435}{8}$ ② $\frac{197}{8}$ ③ $\frac{285}{4}$ ④ $\frac{315}{4}$ ⑤ $\frac{159}{2}$

10 일정한 규칙으로 나열된 수를 통해 빈칸에 들어갈 알맞은 숫자를 고르시오.

1 3 10 3 5 34 7 9 ( )

① 16 ② 63 ③ 81 ④ 100 ⑤ 130

11 일정한 규칙으로 나열된 수를 통해 빈칸에 들어갈 알맞은 숫자를 고르시오.

$\frac{1}{2}$ $\frac{1}{2}$ $\frac{1}{4}$ $\frac{3}{8}$ $\frac{1}{8}$ $\frac{9}{32}$ $\frac{1}{16}$ ( ) $\frac{1}{32}$

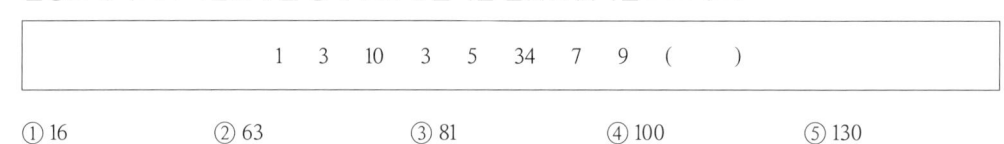

① $\frac{9}{32}$ ② $\frac{27}{32}$ ③ $\frac{3}{128}$ ④ $\frac{9}{128}$ ⑤ $\frac{27}{128}$

12 일정한 규칙으로 나열된 수를 통해 10번째 항의 값으로 알맞은 숫자를 고르시오.

1.23　　2.56　　3.89　　5.22　　6.55　　…

① 11.87　② 12.50　③ 13.20　④ 14.53　⑤ 15.86

13 일정한 규칙으로 나열된 수를 통해 빈칸에 들어갈 알맞은 숫자를 고르시오.

132　　184　　230　　270　　304　　(　　)

① 310　② 322　③ 328　④ 332　⑤ 338

14 일정한 규칙으로 나열된 수를 통해 빈칸에 들어갈 알맞은 숫자를 고르시오.

20　　432　　120　　144　　720　　48　　4,320　　(　　)

① 8　② 16　③ 24　④ 32　⑤ 40

15 다음 도형에서 일정한 규칙을 찾아 □ 안에 들어갈 알맞은 숫자를 고르시오.

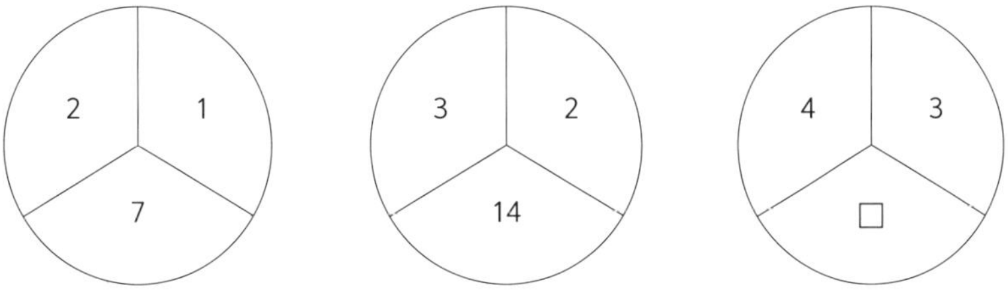

① 12　② 22　③ 54　④ 69　⑤ 86

16 일정한 규칙으로 나열된 수를 통해 빈칸에 들어갈 알맞은 숫자를 고르시오.

-13	2	-4	A	-22	-7	14	29	B

A	+	B	=	

① -69 ② -58 ③ -47 ④ 11 ⑤ 44

17 일정한 규칙으로 나열된 수를 통해 빈칸에 들어갈 알맞은 숫자를 고르시오.

-140 -32 -170 88 ( ) 158 -80 178 40

① -150 ② -130 ③ 148 ④ 150 ⑤ 158

18 일정한 규칙으로 나열된 수를 통해 빈칸에 들어갈 알맞은 숫자를 고르시오.

$1.5 \quad \frac{20}{10} \quad \frac{7}{2} \quad 5.5 \quad \frac{90}{10} \quad (\quad)$

① $\frac{130}{10}$ ② $\frac{135}{10}$ ③ $\frac{140}{10}$ ④ $\frac{145}{10}$ ⑤ $\frac{150}{10}$

19 일정한 규칙으로 나열된 수를 통해 11번째 항의 값으로 알맞은 숫자를 고르시오.

382 314 256 207 166 132 …

① 29 ② 32 ③ 37 ④ 44 ⑤ 46

20 일정한 규칙으로 나열된 수를 통해 빈칸에 들어갈 알맞은 숫자를 고르시오.

105 100 20 14 2.8 −4.2 ( )

① -9.2 ② −0.92 ③ −0.84 ④ 0.84 ⑤ 8.4

약점 보완 해설집 p.90

PART 3

심층검사

합격 가이드

실전모의고사

* 인성검사는 각 기업마다 채점기준이 다르며, 이 채점기준을 공개하지 않기 때문에 본 교재에서도 문제만 제공되며 정답은 제공되지 않습니다.

합격 가이드

심층검사란?

SK의 '일 잘하는 인재'가 직무를 원활히 수행하기 위해 필요한 성격, 가치관, 태도를 측정하는 검사이다. 지원자의 기본적인 인간성과 사회생활에서 필요한 사교성, 대인관계능력, 사회규범에 대한 적응력 등과 같은 사회성을 파악하고 기업의 인재상에 부합하는 인재인지를 알아보기 위한 검사를 시행하게 된다. SK 그룹의 경우 인지검사와 심층검사를 동일한 날에 시행하고 있다.

심층검사 출제 경향

SKCT 심층검사는 PART1 문장 선택형과 PART2 점수 척도형 2개의 유형이 출제된다. PART1 문장 선택형은 제시된 문장 중 자신의 성향과 가장 먼 것 또는 가장 가까운 것을 선택하는 유형이고, PART2 점수 척도형은 제시된 문장을 읽고 자신의 성향을 '전혀 아니다~매우 그렇다'의 척도로 나타내는 유형이다.

[예제]

[PART1] 다음 문항을 읽고 A~C 각각에 대해 ① 전혀 아니다, ② 아니다, ③ 약간 아니다, ④ 보통이다, ⑤ 약간 그렇다, ⑥ 그렇다, ⑦ 매우 그렇다 중에서 본인에게 해당된다고 생각하는 것을 선택하여 표기하고, A~C 중 자신의 성향과 가장 먼 것(Least) 1개와 가장 가까운 것(Most) 1개를 선택하여 표기하시오.

문항군			응답 1							응답 2	
			전혀 아니다 ◀ 보통 ▶ 매우 그렇다							멀다	가깝다
1	A	시끄러운 곳보다 조용한 곳을 좋아한다.	①	②	③	④	⑤	⑥	⑦	○	○
	B	말보다 행동이 앞서는 편이다.	①	②	③	④	⑤	⑥	⑦	○	○
	C	냉소적이고 비판적인 생각을 많이 하는 편이다.	①	②	③	④	⑤	⑥	⑦	○	○

[PART2] 다음 문항을 읽고 ① 전혀 아니다, ② 아니다, ③ 약간 아니다, ④ 보통이다, ⑤ 약간 그렇다, ⑥ 그렇다, ⑦ 매우 그렇다 중에서 본인에게 해당된다고 생각하는 것을 선택하여 표기하시오.

문항		전혀 아니다 ◀ 보통 ▶ 매우 그렇다						
1	다소의 희생이 따르더라도 조직의 성과가 중요하다.	①	②	③	④	⑤	⑥	⑦
2	사소한 일에도 화가 나는 경우가 있다.	①	②	③	④	⑤	⑥	⑦
3	공상에 잘 빠진다.	①	②	③	④	⑤	⑥	⑦

심층검사 특징

유사한 문제가 일정한 간격을 두고 반복되어 나오며, 인성검사의 각 문항에 대해 명확하게 제시된 정답은 없으나, 일반적으로 인성검사에서는 제시된 문항에 대해 정직성과 허구성을 검출하는 방식으로 채점을 한다.

심층검사 Tip

일관성 있게 답변한다.

인성검사에서는 유사한 내용의 문항들에 대한 응답이 상반될 경우 거짓으로 답변한 것으로 간주할 가능성이 있다. 이로 인해 지원자의 검사 결과에 신뢰도가 낮다고 판단하여 탈락 요인이 될 수 있으므로, 자신의 성향에 따라 솔직하고 일관성 있게 답변하는 것이 좋다.

오래 고민하지 않는다.

인성검사는 많은 문항이 제시되지만, 모든 문항에 대해 빠짐없이 응답하는 것이 좋다. 따라서 주어진 시간 내에 모든 문항에 응답할 수 있도록 오래 고민하지 말고 바로 답변을 선택하도록 한다.

SK 그룹의 인재상을 파악해둔다.

심층검사는 지원자가 SK의 '일 잘하는 인재' 상에 부합하는 인물인지를 객관적으로 검증하기 위한 목적도 존재한다. 따라서 시험 전에 SK 그룹의 인재상을 숙지해두는 것이 좋다.

실전모의고사

[PART1] 다음 문항을 읽고 A~C 각각에 대해 ① 전혀 아니다, ② 아니다, ③ 약간 아니다, ④ 보통이다, ⑤ 약간 그렇다, ⑥ 그렇다, ⑦ 매우 그렇다 중에서 본인에게 해당된다고 생각하는 것을 선택하여 표기하고, A~C 중 자신의 성향과 가장 먼 것(Least) 1개와 가장 가까운 것(Most) 1개를 선택하여 표기하시오.

문항군			응답 1							응답 2	
			전혀 아니다 ◀ 보통 ▶ 매우 그렇다							멀다	가깝다
1	A	슬픈 영화를 보면 나도 모르게 눈물이 난다.	①	②	③	④	⑤	⑥	⑦	○	○
	B	경쟁에서 앞서가기를 선호한다.	①	②	③	④	⑤	⑥	⑦	○	○
	C	실제보다는 개념이나 이론을 좋아한다.	①	②	③	④	⑤	⑥	⑦	○	○
2	A	기후 변화에 따라 느낌이 뚜렷하다.	①	②	③	④	⑤	⑥	⑦	○	○
	B	어두운 것을 별로 무서워하지 않는다.	①	②	③	④	⑤	⑥	⑦	○	○
	C	불리한 자극을 받아도 심하게 억압되지 않는다.	①	②	③	④	⑤	⑥	⑦	○	○
3	A	좋은 소식을 들어도 그저 그렇다.	①	②	③	④	⑤	⑥	⑦	○	○
	B	몸이 상한 동물을 보면 애처로운 느낌이 든다.	①	②	③	④	⑤	⑥	⑦	○	○
	C	혼자 있어도 별로 외롭지 않다.	①	②	③	④	⑤	⑥	⑦	○	○
4	A	억울한 일을 당하면 복수하고 싶어진다.	①	②	③	④	⑤	⑥	⑦	○	○
	B	칭찬을 들어도 담담하다.	①	②	③	④	⑤	⑥	⑦	○	○
	C	깔끔하고 단정한 것을 선호한다.	①	②	③	④	⑤	⑥	⑦	○	○
5	A	운동보다는 여행하기를 좋아한다.	①	②	③	④	⑤	⑥	⑦	○	○
	B	법도 사회 변화에 따라 달라져야 한다.	①	②	③	④	⑤	⑥	⑦	○	○
	C	꽃보다는 도자기를 좋아한다.	①	②	③	④	⑤	⑥	⑦	○	○
6	A	분위기에 쉽게 동화된다.	①	②	③	④	⑤	⑥	⑦	○	○
	B	자연환경보다는 기계 문명을 선호한다.	①	②	③	④	⑤	⑥	⑦	○	○
	C	별 이유 없이 잘 놀란다.	①	②	③	④	⑤	⑥	⑦	○	○
7	A	지적 흥미보다는 정서(생활)에 흥미를 갖는다.	①	②	③	④	⑤	⑥	⑦	○	○
	B	가끔 색다른 음식을 의도적으로 먹는다.	①	②	③	④	⑤	⑥	⑦	○	○
	C	환경보다는 자신의 느낌이 중요하다고 생각한다.	①	②	③	④	⑤	⑥	⑦	○	○
8	A	예측되는 상황을 긍정적으로 인식한다.	①	②	③	④	⑤	⑥	⑦	○	○
	B	경험한 것을 참고하여 생각하는 편이다.	①	②	③	④	⑤	⑥	⑦	○	○
	C	어려운 상황에서는 판단이 신속하게 되지 않는다.	①	②	③	④	⑤	⑥	⑦	○	○
9	A	판단을 잘못하여 실수한 적이 더러 있다.	①	②	③	④	⑤	⑥	⑦	○	○
	B	바르다고 판단하면 끝까지 주장을 굽히지 않는다.	①	②	③	④	⑤	⑥	⑦	○	○
	C	일 처리를 힘들지 않게 진행하지 못한다.	①	②	③	④	⑤	⑥	⑦	○	○

10	A	다른 사람의 의견을 많이 듣는다.	①	②	③	④	⑤	⑥	⑦	○	○
	B	판단이 서지 않아 망설일 때가 많다.	①	②	③	④	⑤	⑥	⑦	○	○
	C	논리적으로 생각하는 것은 판단에 도움이 안 된다.	①	②	③	④	⑤	⑥	⑦	○	○
11	A	일정한 것보다는 변화가 있는 것을 선호한다.	①	②	③	④	⑤	⑥	⑦	○	○
	B	난처한 일이 생길 경우 유머 있게 대응하지 못한다.	①	②	③	④	⑤	⑥	⑦	○	○
	C	행동하기 전에 생각을 많이 한다.	①	②	③	④	⑤	⑥	⑦	○	○
12	A	융통성이 부족한 성향이다.	①	②	③	④	⑤	⑥	⑦	○	○
	B	비판하기를 좋아한다.	①	②	③	④	⑤	⑥	⑦	○	○
	C	운동 신경이 둔한 편이다.	①	②	③	④	⑤	⑥	⑦	○	○
13	A	충동이나 자극이 주어지면 망설여진다.	①	②	③	④	⑤	⑥	⑦	○	○
	B	문제가 주어지면 확인하는 편이다.	①	②	③	④	⑤	⑥	⑦	○	○
	C	일을 하고 나서 후회할 때가 많다.	①	②	③	④	⑤	⑥	⑦	○	○
14	A	행동에 앞서 대화로 문제를 해결하는 성향이다.	①	②	③	④	⑤	⑥	⑦	○	○
	B	표정이 부드럽지 않은 인상을 준다는 평을 듣는다.	①	②	③	④	⑤	⑥	⑦	○	○
	C	상대에게 기회를 주는 성향이다.	①	②	③	④	⑤	⑥	⑦	○	○
15	A	친구들에게 양보심이 많다는 평을 듣는다.	①	②	③	④	⑤	⑥	⑦	○	○
	B	많은 사람과 대화하기를 싫어한다.	①	②	③	④	⑤	⑥	⑦	○	○
	C	온정을 지나치게 베푸는 것은 좋지 않다.	①	②	③	④	⑤	⑥	⑦	○	○
16	A	자유로운 일보다는 틀에 박힌 일을 선호한다.	①	②	③	④	⑤	⑥	⑦	○	○
	B	상대가 인사하기 전에 내가 먼저 하는 성향이다.	①	②	③	④	⑤	⑥	⑦	○	○
	C	계획을 미리 하고 행동하는 편이다.	①	②	③	④	⑤	⑥	⑦	○	○
17	A	꾸준한 것보다는 변화가 있는 것을 선호한다.	①	②	③	④	⑤	⑥	⑦	○	○
	B	현실보다 이상을 추구하는 성향이다.	①	②	③	④	⑤	⑥	⑦	○	○
	C	간혹 엉뚱한 말을 해서 사람들을 웃긴다.	①	②	③	④	⑤	⑥	⑦	○	○
18	A	친절성이 다소 부족하다고 생각한다.	①	②	③	④	⑤	⑥	⑦	○	○
	B	사람들이 같이 있어 주기를 원하는 편이다.	①	②	③	④	⑤	⑥	⑦	○	○
	C	분수에 넘치는 행동을 간혹 한다.	①	②	③	④	⑤	⑥	⑦	○	○
19	A	친절이 지나친 것은 별로 좋은 것이 아니다.	①	②	③	④	⑤	⑥	⑦	○	○
	B	문장 쓰기보다는 대화하기를 좋아한다.	①	②	③	④	⑤	⑥	⑦	○	○
	C	지나친 요구는 단호히 거절한다.	①	②	③	④	⑤	⑥	⑦	○	○
20	A	직관보다는 경험으로 판단한다.	①	②	③	④	⑤	⑥	⑦	○	○
	B	상대가 어떻게 생각하는지 신경을 많이 쓴다.	①	②	③	④	⑤	⑥	⑦	○	○
	C	표정이 밝다는 평을 듣는 편이다.	①	②	③	④	⑤	⑥	⑦	○	○
21	A	지나간 일을 후회할 때가 많다.	①	②	③	④	⑤	⑥	⑦	○	○
	B	상대에게 불쾌한 자극을 준 적이 별로 없다.	①	②	③	④	⑤	⑥	⑦	○	○
	C	다소 화가 나더라도 웃음으로 넘긴다.	①	②	③	④	⑤	⑥	⑦	○	○

22	A	사소한 일에도 걱정이 많다.	①	②	③	④	⑤	⑥	⑦	○	○
	B	앞으로의 일에 대해서 크게 생각하지 않는다.	①	②	③	④	⑤	⑥	⑦	○	○
	C	모르는 사람이라도 최선을 다해 응대한다.	①	②	③	④	⑤	⑥	⑦	○	○
23	A	자신이 스스로 정했거나 하고 싶은 일을 지키려고 애쓴다.	①	②	③	④	⑤	⑥	⑦	○	○
	B	주변 일에 관심을 많이 갖는다.	①	②	③	④	⑤	⑥	⑦	○	○
	C	자신에게 주어진 일은 반드시 해낸다.	①	②	③	④	⑤	⑥	⑦	○	○
24	A	사람의 얼굴과 생김새의 특징을 잘 기억하는 편이다.	①	②	③	④	⑤	⑥	⑦	○	○
	B	외향적이며 모험을 좋아한다.	①	②	③	④	⑤	⑥	⑦	○	○
	C	화가 날 때 무엇을 때려 부수고 싶은 충동이 생긴다.	①	②	③	④	⑤	⑥	⑦	○	○
25	A	나는 내가 성공할 것이라고 믿는다.	①	②	③	④	⑤	⑥	⑦	○	○
	B	어떤 함정에 빠져 헤어날 수 없는 기분이 든다.	①	②	③	④	⑤	⑥	⑦	○	○
	C	손해 보는 일이 없도록 신경을 많이 쓴다.	①	②	③	④	⑤	⑥	⑦	○	○
26	A	덜렁대는 성격이다.	①	②	③	④	⑤	⑥	⑦	○	○
	B	변화를 싫어하고 완고하지만 책임감이 강하다.	①	②	③	④	⑤	⑥	⑦	○	○
	C	좋고 싫은 것에 대한 자신의 감정을 잘 파악하고 있다.	①	②	③	④	⑤	⑥	⑦	○	○
27	A	모임에 잘 참석하는 편이다.	①	②	③	④	⑤	⑥	⑦	○	○
	B	다른 사람의 좋은 점을 말하고 칭찬하기를 좋아한다.	①	②	③	④	⑤	⑥	⑦	○	○
	C	다른 사람의 말을 들을 때, 신중히 귀 기울여 듣지 않는 경향이 있다.	①	②	③	④	⑤	⑥	⑦	○	○
28	A	기분 변화에 민감하여 상황에 잘 대처한다.	①	②	③	④	⑤	⑥	⑦	○	○
	B	음식을 신속하게 먹는 편이다.	①	②	③	④	⑤	⑥	⑦	○	○
	C	마음에 드는 일이 흔치 않다고 생각한다.	①	②	③	④	⑤	⑥	⑦	○	○
29	A	남들과 서로 도와가면서 지내기를 좋아한다.	①	②	③	④	⑤	⑥	⑦	○	○
	B	반복적인 업무보다는 새로운 것을 찾는다.	①	②	③	④	⑤	⑥	⑦	○	○
	C	평범함 속에서 행복을 찾고 싶다.	①	②	③	④	⑤	⑥	⑦	○	○
30	A	자신보다는 상대를 우선으로 하는 성향이다.	①	②	③	④	⑤	⑥	⑦	○	○
	B	상대의 입장을 이해하는 데 시간이 걸린다.	①	②	③	④	⑤	⑥	⑦	○	○
	C	나의 이미지가 조직의 이미지를 대변할 수 있다고 생각한다.	①	②	③	④	⑤	⑥	⑦	○	○
31	A	관습과 원리에 큰 비중을 두지 않는다.	①	②	③	④	⑤	⑥	⑦	○	○
	B	짜증이 나면 스스로 잘 벗어나기 힘들다.	①	②	③	④	⑤	⑥	⑦	○	○
	C	기대에 못 미치면 의욕이 떨어진다.	①	②	③	④	⑤	⑥	⑦	○	○
32	A	회사(단체) 일이 있으면 개인 약속을 잡지 않는다.	①	②	③	④	⑤	⑥	⑦	○	○
	B	지각이나 조퇴한 경우가 다소 있다.	①	②	③	④	⑤	⑥	⑦	○	○
	C	행동하기 전에 꼼꼼히 생각한다.	①	②	③	④	⑤	⑥	⑦	○	○
33	A	사소한 일에도 화가 나는 경우가 있다.	①	②	③	④	⑤	⑥	⑦	○	○
	B	공상에 잘 빠진다.	①	②	③	④	⑤	⑥	⑦	○	○
	C	다소의 희생이 따르더라도 조직의 성과가 중요하다.	①	②	③	④	⑤	⑥	⑦	○	○

34	A	프로젝트가 원만히 진행되고 있을 때 새로운 아이디어를 제안하는 것은 비효율적이다.	①	②	③	④	⑤	⑥	⑦	○	○
	B	친구가 많은 편이다.	①	②	③	④	⑤	⑥	⑦	○	○
	C	남들 앞에서 허세부리는 것을 좋아하지 않는다.	①	②	③	④	⑤	⑥	⑦	○	○
35	A	옆에 사람이 있으면 싫다.	①	②	③	④	⑤	⑥	⑦	○	○
	B	음식을 빠르게 먹는 편이다.	①	②	③	④	⑤	⑥	⑦	○	○
	C	성공에 대한 집착이 강하다.	①	②	③	④	⑤	⑥	⑦	○	○
36	A	항상 친구들에게 먼저 연락하는 편이다.	①	②	③	④	⑤	⑥	⑦	○	○
	B	가끔 색다른 음식을 먹는 것을 좋아한다.	①	②	③	④	⑤	⑥	⑦	○	○
	C	오래 고민하는 것을 좋아하지 않는다.	①	②	③	④	⑤	⑥	⑦	○	○
37	A	비판적이고 냉소적이라는 평가를 많이 받는다.	①	②	③	④	⑤	⑥	⑦	○	○
	B	나에게 도움이 되는 사람만 사귄다.	①	②	③	④	⑤	⑥	⑦	○	○
	C	도전하는 것이 즐거운 편이다.	①	②	③	④	⑤	⑥	⑦	○	○
38	A	주변 상황에 관심이 많다.	①	②	③	④	⑤	⑥	⑦	○	○
	B	좋은 소식을 들어도 그다지 기쁘지 않다.	①	②	③	④	⑤	⑥	⑦	○	○
	C	사소한 일도 최선을 다해 행하는 편이다.	①	②	③	④	⑤	⑥	⑦	○	○
39	A	항상 다른 사람에게 먼저 인사한다.	①	②	③	④	⑤	⑥	⑦	○	○
	B	내향적이라는 이야기를 많이 듣는다.	①	②	③	④	⑤	⑥	⑦	○	○
	C	다른 사람들이랑 약속을 자주 잡는 편이다.	①	②	③	④	⑤	⑥	⑦	○	○
40	A	짓궂은 장난을 즐겨한다.	①	②	③	④	⑤	⑥	⑦	○	○
	B	휴일에는 집에서 혼자 쉬는 것을 좋아한다.	①	②	③	④	⑤	⑥	⑦	○	○
	C	대인관계가 어려운 편이다.	①	②	③	④	⑤	⑥	⑦	○	○
41	A	취미가 다양한 편이다.	①	②	③	④	⑤	⑥	⑦	○	○
	B	공상에 잘 빠진다.	①	②	③	④	⑤	⑥	⑦	○	○
	C	독창적인 아이디어로 주목받는 편이다.	①	②	③	④	⑤	⑥	⑦	○	○
42	A	수리보다는 언어가 더 좋다.	①	②	③	④	⑤	⑥	⑦	○	○
	B	친구들의 고민을 잘 들어주는 편이다.	①	②	③	④	⑤	⑥	⑦	○	○
	C	상대방의 표정만 보고도 기분을 알아차리는 편이다.	①	②	③	④	⑤	⑥	⑦	○	○
43	A	규칙이나 질서를 바꾸는 것을 선호하지 않는다.	①	②	③	④	⑤	⑥	⑦	○	○
	B	작은 소리나 냄새에 예민한 편이다.	①	②	③	④	⑤	⑥	⑦	○	○
	C	나는 내가 성공할 것이라고 믿는다.	①	②	③	④	⑤	⑥	⑦	○	○
44	A	사람이 많아 시끌벅적한 곳보다는 한적한 곳이 좋다.	①	②	③	④	⑤	⑥	⑦	○	○
	B	즉흥 여행에 대한 환상이 있다.	①	②	③	④	⑤	⑥	⑦	○	○
	C	나를 화나게 한 사람에게는 무슨 일이 있어도 보복을 한다.	①	②	③	④	⑤	⑥	⑦	○	○
45	A	나에게 불만이 있는 사람이 있어도 신경 쓰지 않는다.	①	②	③	④	⑤	⑥	⑦	○	○
	B	상대방이 약속 시간에 늦으면 기다리지 않고 가 버린다.	①	②	③	④	⑤	⑥	⑦	○	○
	C	예지몽을 종종 꾼다.	①	②	③	④	⑤	⑥	⑦	○	○

46	A	유명인과 서로 아는 사이가 되고 싶다.	①	②	③	④	⑤	⑥	⑦	○	○
	B	나는 잘생기고 예쁘다고 생각한다.	①	②	③	④	⑤	⑥	⑦	○	○
	C	낯을 가리는 편이다.	①	②	③	④	⑤	⑥	⑦	○	○
47	A	새로운 사람과 만나는 것은 항상 즐겁다.	①	②	③	④	⑤	⑥	⑦	○	○
	B	내성적이라고 생각한다.	①	②	③	④	⑤	⑥	⑦	○	○
	C	마음에 드는 일이 별로 없다고 생각한다.	①	②	③	④	⑤	⑥	⑦	○	○
48	A	실수가 잦은 편이다.	①	②	③	④	⑤	⑥	⑦	○	○
	B	발명가의 삶을 살고 싶다고 생각한다.	①	②	③	④	⑤	⑥	⑦	○	○
	C	예측되지 않는 상황에 놓이는 것을 싫어한다.	①	②	③	④	⑤	⑥	⑦	○	○
49	A	운동보다는 여행이 더 좋다.	①	②	③	④	⑤	⑥	⑦	○	○
	B	TV 시청보다는 책을 읽는 편이 좋다.	①	②	③	④	⑤	⑥	⑦	○	○
	C	친구를 만날 때 약속을 먼저 잡는 편이다.	①	②	③	④	⑤	⑥	⑦	○	○
50	A	자신보다는 상대방이 우선이다.	①	②	③	④	⑤	⑥	⑦	○	○
	B	책임감이 강하다는 소리를 자주 듣는다.	①	②	③	④	⑤	⑥	⑦	○	○
	C	도전보다는 안정적인 것이 좋다.	①	②	③	④	⑤	⑥	⑦	○	○
51	A	실수하는 사람들을 보면 화가 난다.	①	②	③	④	⑤	⑥	⑦	○	○
	B	다른 사람과의 대화가 어렵다.	①	②	③	④	⑤	⑥	⑦	○	○
	C	친한 친구가 많지 않다.	①	②	③	④	⑤	⑥	⑦	○	○
52	A	약속에 늦는 사람을 매우 싫어한다.	①	②	③	④	⑤	⑥	⑦	○	○
	B	규칙을 지키지 않는 것을 용납하지 못한다.	①	②	③	④	⑤	⑥	⑦	○	○
	C	기분 변화에 민감한 편이다.	①	②	③	④	⑤	⑥	⑦	○	○
53	A	다른 사람의 기분을 잘 알아차리는 편이다.	①	②	③	④	⑤	⑥	⑦	○	○
	B	타인과 이야기하는 것이 즐겁다.	①	②	③	④	⑤	⑥	⑦	○	○
	C	책 읽기보다는 운동이 더 좋다.	①	②	③	④	⑤	⑥	⑦	○	○
54	A	평범함 속에서 행복을 찾고 싶다.	①	②	③	④	⑤	⑥	⑦	○	○
	B	연예인이 되고 싶다고 생각한 적이 있다.	①	②	③	④	⑤	⑥	⑦	○	○
	C	매일 다른 사람과 밥을 먹을 수 있다.	①	②	③	④	⑤	⑥	⑦	○	○
55	A	상대가 약속을 어겨도 이해하는 편이다.	①	②	③	④	⑤	⑥	⑦	○	○
	B	집단에서 리더인 편이다.	①	②	③	④	⑤	⑥	⑦	○	○
	C	사람들을 잘 배려한다.	①	②	③	④	⑤	⑥	⑦	○	○
56	A	학창 시절에 눈에 띄는 사람이었다.	①	②	③	④	⑤	⑥	⑦	○	○
	B	매사가 조심스럽다.	①	②	③	④	⑤	⑥	⑦	○	○
	C	자존감이 높은 편이다.	①	②	③	④	⑤	⑥	⑦	○	○
57	A	자신의 외모에 자신감이 없는 편이다.	①	②	③	④	⑤	⑥	⑦	○	○
	B	깔끔하고 단정한 것을 좋아한다.	①	②	③	④	⑤	⑥	⑦	○	○
	C	신뢰가는 얼굴이라는 소리를 자주 듣는다.	①	②	③	④	⑤	⑥	⑦	○	○

58	A	모르는 사람을 만나는 일은 피곤하다.	①	②	③	④	⑤	⑥	⑦	○	○
	B	형식과 절차에 맞추어 일을 하는 것이 좋다.	①	②	③	④	⑤	⑥	⑦	○	○
	C	낙천적인 성격이다.	①	②	③	④	⑤	⑥	⑦	○	○
59	A	부정적인 성격이다.	①	②	③	④	⑤	⑥	⑦	○	○
	B	운전하면서 비속어를 사용한 적이 있다.	①	②	③	④	⑤	⑥	⑦	○	○
	C	스트레스를 해소하는 나만의 방법이 있다.	①	②	③	④	⑤	⑥	⑦	○	○
60	A	잘못한 것을 보면 바로 지적한다.	①	②	③	④	⑤	⑥	⑦	○	○
	B	주도적으로 일을 하는 것이 좋다.	①	②	③	④	⑤	⑥	⑦	○	○
	C	운동은 잘 하지 않는 편이다.	①	②	③	④	⑤	⑥	⑦	○	○
61	A	다수의 이익을 위해 일부는 손해를 볼 수 있다.	①	②	③	④	⑤	⑥	⑦	○	○
	B	미래를 생각하면 가끔 불안하다.	①	②	③	④	⑤	⑥	⑦	○	○
	C	누군가 재촉하면 마음이 불안해진다.	①	②	③	④	⑤	⑥	⑦	○	○
62	A	주어진 역할만 충실하게 하는 편이다.	①	②	③	④	⑤	⑥	⑦	○	○
	B	집단에서 팔로워에 해당한다.	①	②	③	④	⑤	⑥	⑦	○	○
	C	수동적으로 일하는 것이 좋다.	①	②	③	④	⑤	⑥	⑦	○	○
63	A	공감 능력이 뛰어난 편이다.	①	②	③	④	⑤	⑥	⑦	○	○
	B	모든 문제에 대해 이성적으로 판단할 수 있다.	①	②	③	④	⑤	⑥	⑦	○	○
	C	넓은 공간이 좁은 공간보다 좋다.	①	②	③	④	⑤	⑥	⑦	○	○
64	A	실수가 있어도 빠르게 인정하지 않는 편이다.	①	②	③	④	⑤	⑥	⑦	○	○
	B	고집 있다는 소리를 종종 듣는다.	①	②	③	④	⑤	⑥	⑦	○	○
	C	배드민턴보다는 등산을 좋아한다.	①	②	③	④	⑤	⑥	⑦	○	○
65	A	시원시원한 성격이라는 소리를 자주 듣는다.	①	②	③	④	⑤	⑥	⑦	○	○
	B	의사소통이 원활하지 않을 때가 가끔 있다.	①	②	③	④	⑤	⑥	⑦	○	○
	C	새로운 환경에 적응하는 것은 어렵다.	①	②	③	④	⑤	⑥	⑦	○	○
66	A	가끔 야근은 필요하다고 생각한다.	①	②	③	④	⑤	⑥	⑦	○	○
	B	운동 신경이 둔한 편이다.	①	②	③	④	⑤	⑥	⑦	○	○
	C	덜렁대는 성격이다.	①	②	③	④	⑤	⑥	⑦	○	○
67	A	별다른 이유 없이 잘 놀란다.	①	②	③	④	⑤	⑥	⑦	○	○
	B	기후 변화에 민감하게 받아들이는 편이다.	①	②	③	④	⑤	⑥	⑦	○	○
	C	거짓말로 협박한 적이 있다.	①	②	③	④	⑤	⑥	⑦	○	○
68	A	슬픈 영화를 보면 나도 모르게 눈물이 난다.	①	②	③	④	⑤	⑥	⑦	○	○
	B	주위 사람을 많이 인식하는 편이다.	①	②	③	④	⑤	⑥	⑦	○	○
	C	다른 사람의 주목을 받는 것을 좋아한다.	①	②	③	④	⑤	⑥	⑦	○	○
69	A	단조로운 일을 해도 지루하지 않다.	①	②	③	④	⑤	⑥	⑦	○	○
	B	항상 새로운 일을 하는 것을 좋아한다.	①	②	③	④	⑤	⑥	⑦	○	○
	C	추위를 잘 탄다.	①	②	③	④	⑤	⑥	⑦	○	○

70	A	겨울보다는 여름을 선호한다.	①	②	③	④	⑤	⑥	⑦	○	○
	B	정확한 업무 처리를 위해 항상 신중하게 행동한다.	①	②	③	④	⑤	⑥	⑦	○	○
	C	정확도보다 신속함이 더 중요하다고 생각한다.	①	②	③	④	⑤	⑥	⑦	○	○
71	A	격분했을 때 비속어를 사용한 적이 있다.	①	②	③	④	⑤	⑥	⑦	○	○
	B	통찰력이 있다.	①	②	③	④	⑤	⑥	⑦	○	○
	C	쉽게 우쭐해지는 편이다.	①	②	③	④	⑤	⑥	⑦	○	○
72	A	내 의견과 반대되는 의견을 들으면 기분이 나쁘다.	①	②	③	④	⑤	⑥	⑦	○	○
	B	기운이 없고 침체된 기분을 자주 느낀다.	①	②	③	④	⑤	⑥	⑦	○	○
	C	모임에 잘 참석한다.	①	②	③	④	⑤	⑥	⑦	○	○
73	A	사람들과의 만남은 피곤하다.	①	②	③	④	⑤	⑥	⑦	○	○
	B	휴일에는 여행보다는 집에 있는 것이 좋다.	①	②	③	④	⑤	⑥	⑦	○	○
	C	다른 사람들로부터 재치 있다는 말을 자주 듣는다.	①	②	③	④	⑤	⑥	⑦	○	○
74	A	매사에 꼼꼼한 편이다.	①	②	③	④	⑤	⑥	⑦	○	○
	B	경험보단 직관이 더 중요하다.	①	②	③	④	⑤	⑥	⑦	○	○
	C	거짓말을 자주 한다.	①	②	③	④	⑤	⑥	⑦	○	○
75	A	생각을 공유하는 친구가 많지 않은 편이다.	①	②	③	④	⑤	⑥	⑦	○	○
	B	팀워크가 필요한 일은 선호하지 않는다.	①	②	③	④	⑤	⑥	⑦	○	○
	C	새로운 친구를 사귀는 데에 어려움을 느낀다.	①	②	③	④	⑤	⑥	⑦	○	○
76	A	걱정이 많은 편이다.	①	②	③	④	⑤	⑥	⑦	○	○
	B	행동보다는 말이 앞서는 편이다.	①	②	③	④	⑤	⑥	⑦	○	○
	C	나에게 도움되는 사람만 사귄다.	①	②	③	④	⑤	⑥	⑦	○	○
77	A	안정적인 행동보다는 도전적인 행동이 더 좋다.	①	②	③	④	⑤	⑥	⑦	○	○
	B	남을 험담한 일이 없다.	①	②	③	④	⑤	⑥	⑦	○	○
	C	실수는 용납해서는 안 된다고 생각한다.	①	②	③	④	⑤	⑥	⑦	○	○
78	A	나에게 피해를 준 사람과는 사귀지 않는다.	①	②	③	④	⑤	⑥	⑦	○	○
	B	지도자는 즉각적으로 판단해야 한다고 생각한다.	①	②	③	④	⑤	⑥	⑦	○	○
	C	짜증스러운 일이 많다.	①	②	③	④	⑤	⑥	⑦	○	○
79	A	잘 웃고 표정이 밝다는 이야기를 많이 듣는다.	①	②	③	④	⑤	⑥	⑦	○	○
	B	모임에서는 주로 리더이다.	①	②	③	④	⑤	⑥	⑦	○	○
	C	융통성이 부족하다는 소리를 자주 듣는다.	①	②	③	④	⑤	⑥	⑦	○	○
80	A	계획을 하고 행동하는 편이다.	①	②	③	④	⑤	⑥	⑦	○	○
	B	추상화를 보고도 작가의 의도를 파악할 수 있다.	①	②	③	④	⑤	⑥	⑦	○	○
	C	외모에 관심이 많지 않은 편이다.	①	②	③	④	⑤	⑥	⑦	○	○

[PART2] 다음 문항을 읽고 ① 전혀 아니다, ② 아니다, ③ 약간 아니다, ④ 보통이다, ⑤ 약간 그렇다, ⑥ 그렇다, ⑦ 매우 그렇다 중에서 본인에게 해당된다고 생각하는 것을 선택하여 표기하시오.

	문항군	전혀 아니다 ◀ 보통이다 ▶ 매우 그렇다						
1	큰일보다는 작은 일에 우선순위를 둔다.	①	②	③	④	⑤	⑥	⑦
2	불쾌한 자극을 받아도 쉽게 잊어버린다.	①	②	③	④	⑤	⑥	⑦
3	모임(단체)에서의 표현이 자연스럽지 않다.	①	②	③	④	⑤	⑥	⑦
4	옆에서 도와주는 일보다 앞장서서 일하는 것을 좋아하는 성향이다.	①	②	③	④	⑤	⑥	⑦
5	잘못하는 것을 보면 바로 지적한다.	①	②	③	④	⑤	⑥	⑦
6	외모에 관심을 많이 갖는 편이다.	①	②	③	④	⑤	⑥	⑦
7	작은 소리에도 민감한 편이다.	①	②	③	④	⑤	⑥	⑦
8	책임이 주어져도 지나치게 신경 쓰지 않는다.	①	②	③	④	⑤	⑥	⑦
9	나는 나의 권리를 지키기 위해 필요하다면 폭력을 쓴다.	①	②	③	④	⑤	⑥	⑦
10	사람들이 외향적이라고 평을 많이 한다.	①	②	③	④	⑤	⑥	⑦
11	어려운 문제가 주어지면 슬그머니 피한다.	①	②	③	④	⑤	⑥	⑦
12	주위 사람들을 많이 의식하는 편이다.	①	②	③	④	⑤	⑥	⑦
13	문제 해결을 잘한다는 평을 듣는다.	①	②	③	④	⑤	⑥	⑦
14	무슨 일을 하든지 의욕이 없다.	①	②	③	④	⑤	⑥	⑦
15	넓은 공간보다는 작은 공간을 선호한다.	①	②	③	④	⑤	⑥	⑦
16	생각보다 행동으로 해결하는 편이다.	①	②	③	④	⑤	⑥	⑦
17	다른 사람에게 지적을 당하면 매우 불쾌해진다.	①	②	③	④	⑤	⑥	⑦
18	다른 사람과 함께 있을 때는 나의 언행에 신경을 쓰게 된다.	①	②	③	④	⑤	⑥	⑦
19	여럿이 같이 있기를 좋아한다.	①	②	③	④	⑤	⑥	⑦
20	취미가 다양하지 않다.	①	②	③	④	⑤	⑥	⑦
21	나에게 무슨 일이 주어지면 걱정이 먼저 된다.	①	②	③	④	⑤	⑥	⑦
22	다른 사람이 하지 않는 독창적인 일을 하고 싶다.	①	②	③	④	⑤	⑥	⑦
23	어려운 일이 있을 때는 다른 사람에게 도움을 청한다.	①	②	③	④	⑤	⑥	⑦
24	할 말이 있으면 망설이지 않고 말한다.	①	②	③	④	⑤	⑥	⑦
25	작은 일에는 별로 관심을 갖지 않는다.	①	②	③	④	⑤	⑥	⑦
26	한자리에 오래 있는 성향이다.	①	②	③	④	⑤	⑥	⑦
27	새로운 환경에도 쉽게 적응한다.	①	②	③	④	⑤	⑥	⑦
28	규칙이나 질서가 바뀌는 것을 싫어한다.	①	②	③	④	⑤	⑥	⑦
29	누가 나를 때릴 때 나도 맞서서 때린 적이 있다.	①	②	③	④	⑤	⑥	⑦
30	어려운 여건에도 포기하지 않고 헤쳐 나간다.	①	②	③	④	⑤	⑥	⑦
31	매사를 신중하고 섬세하게 처리하는 성향이다.	①	②	③	④	⑤	⑥	⑦
32	상대가 요구하면 양보를 많이 한다.	①	②	③	④	⑤	⑥	⑦
33	대인관계가 부담스럽다.	①	②	③	④	⑤	⑥	⑦

34	나는 다소 낙천적인 성향이다.	①	②	③	④	⑤	⑥	⑦
35	하고자 하는 일이 뜻대로 안 되고 막히는 기분이 들 때가 있다.	①	②	③	④	⑤	⑥	⑦
36	몸에 이상이 있으면 큰 병이 생긴 것은 아닌지 불안하다.	①	②	③	④	⑤	⑥	⑦
37	잘하지 못하는 것은 시작하지 않는다.	①	②	③	④	⑤	⑥	⑦
38	나는 내 의견과 반대되는 의견은 반박해버리는 경우가 있다.	①	②	③	④	⑤	⑥	⑦
39	남이 억울한 일을 당하면 내가 당한 것 같다.	①	②	③	④	⑤	⑥	⑦
40	활동적인 성향이다.	①	②	③	④	⑤	⑥	⑦
41	토론에서 내 주장을 관철하는 것이 부족하다.	①	②	③	④	⑤	⑥	⑦
42	짜증스러운 일이 많다.	①	②	③	④	⑤	⑥	⑦
43	예기치 않은 일이 생기면 땀이 난다.	①	②	③	④	⑤	⑥	⑦
44	혼자 있기를 싫어한다.	①	②	③	④	⑤	⑥	⑦
45	의논해서 하기보다는 스스로 해결한다.	①	②	③	④	⑤	⑥	⑦
46	해봐서 안 되면 쉽게 포기한다.	①	②	③	④	⑤	⑥	⑦
47	내가 하는 일 외에는 별 관심이 없다.	①	②	③	④	⑤	⑥	⑦
48	내 의견과 상반되면 무시한다.	①	②	③	④	⑤	⑥	⑦
49	상대를 의심하기보다 신뢰하는 편이다.	①	②	③	④	⑤	⑥	⑦
50	일을 해 놓고 후회할 때가 많다.	①	②	③	④	⑤	⑥	⑦
51	형식적인 절차를 별로 좋아하지 않는다.	①	②	③	④	⑤	⑥	⑦
52	기운이 없고 침체된 기분이다.	①	②	③	④	⑤	⑥	⑦
53	하는 일을 끝내지 않으면 불안하다.	①	②	③	④	⑤	⑥	⑦
54	단조로운 일을 해도 지루하지 않다.	①	②	③	④	⑤	⑥	⑦
55	짜증이 나도 스스로 잘 벗어난다.	①	②	③	④	⑤	⑥	⑦
56	실수한 것은 쉽게 잊어버리지 못한다.	①	②	③	④	⑤	⑥	⑦
57	감당하기 어려운 것은 피하는 성향이다.	①	②	③	④	⑤	⑥	⑦
58	상대가 약속을 어겨도 이해하는 성향이다.	①	②	③	④	⑤	⑥	⑦
59	불공평한 대우를 받으면 몹시 화가 난다.	①	②	③	④	⑤	⑥	⑦
60	나는 짓궂은 장난을 좋아한다.	①	②	③	④	⑤	⑥	⑦
61	사물을 보며 또 다른 것을 상상한다.	①	②	③	④	⑤	⑥	⑦
62	모든 일에 정확을 기하느라 일을 제때 해내지 못한다.	①	②	③	④	⑤	⑥	⑦
63	사건을 접하면 전후 내용 연상이 잘 안 된다.	①	②	③	④	⑤	⑥	⑦
64	사물을 보고 역할이 무엇인지 쉽게 파악한다.	①	②	③	④	⑤	⑥	⑦
65	처음 접하는 일은 어떻게 해야 할지 망설인다.	①	②	③	④	⑤	⑥	⑦
66	명확하지 않은 것은 정리를 잘하지 못한다.	①	②	③	④	⑤	⑥	⑦
67	문제의 핵심을 잘 파악하지 못한다.	①	②	③	④	⑤	⑥	⑦
68	중요한 것을 놓쳐 손해 본 경우가 있다.	①	②	③	④	⑤	⑥	⑦
69	매사에 걱정을 많이 한다.	①	②	③	④	⑤	⑥	⑦

70	내가 보고 느낀 것은 정확한 편이다.	①	②	③	④	⑤	⑥	⑦
71	문제를 접하면 생각이 좁아진다.	①	②	③	④	⑤	⑥	⑦
72	일 처리를 하면 정확하게 하는 편이다.	①	②	③	④	⑤	⑥	⑦
73	좋은 자리가 있어도 지정된 자리에 앉는다.	①	②	③	④	⑤	⑥	⑦
74	사물을 접하면 자연스럽게 다른 활용 방안에 대해 생각한다.	①	②	③	④	⑤	⑥	⑦
75	나의 주장과 맞지 않으면 설득하려고 노력한다.	①	②	③	④	⑤	⑥	⑦
76	사건을 접하면 축소 해석하기보다는 확대 해석하는 편이다.	①	②	③	④	⑤	⑥	⑦
77	지도자의 즉각적인 판단은 위험하다고 생각한다.	①	②	③	④	⑤	⑥	⑦
78	약속 시간에 대한 강박 의식이 있다.	①	②	③	④	⑤	⑥	⑦
79	몸에 꼭 맞는 옷보다는 넉넉한 옷을 선호한다.	①	②	③	④	⑤	⑥	⑦
80	줄무늬 옷보다는 단색 옷을 선호한다.	①	②	③	④	⑤	⑥	⑦
81	수리 영역보다 어휘 영역이 좋다.	①	②	③	④	⑤	⑥	⑦
82	보고 느낀 것의 구분이 명확한 편이다.	①	②	③	④	⑤	⑥	⑦
83	새로운 물건에 대한 적응력이 빠르지 못하다.	①	②	③	④	⑤	⑥	⑦
84	영화를 보면 다음 장면이 연상되어 떠오른다.	①	②	③	④	⑤	⑥	⑦
85	처음 생각하고 판단한 것이 나중에 판단한 것보다 옳다고 생각한다.	①	②	③	④	⑤	⑥	⑦
86	나는 나를 화나게 하는 사람에게 물건을 집어 던진 적이 있다.	①	②	③	④	⑤	⑥	⑦
87	예상치 못했던 질문도 쉽게 대답한다.	①	②	③	④	⑤	⑥	⑦
88	여러 가지 일을 동시에 할 수 없다.	①	②	③	④	⑤	⑥	⑦
89	책을 한 번 읽어도 기억에 잘 남는다.	①	②	③	④	⑤	⑥	⑦
90	불쾌한 냄새에도 무리 없이 적응하는 편이다.	①	②	③	④	⑤	⑥	⑦
91	실내 공기가 탁해도 별 자극을 느끼지 않는다.	①	②	③	④	⑤	⑥	⑦
92	여러 가지 냄새를 뚜렷하게 구분하지 못한다.	①	②	③	④	⑤	⑥	⑦
93	환경 변화를 민감하게 판단한다.	①	②	③	④	⑤	⑥	⑦
94	사물을 섬세하게 감지하지 않는 성향이다.	①	②	③	④	⑤	⑥	⑦
95	낯익은 것들도 생소하거나 비현실적인 것처럼 느낀다.	①	②	③	④	⑤	⑥	⑦
96	기온의 변화에 민감하지 않다.	①	②	③	④	⑤	⑥	⑦
97	작은 소리도 민감하게 들린다.	①	②	③	④	⑤	⑥	⑦
98	매운 음식을 좋아하지 않는다.	①	②	③	④	⑤	⑥	⑦
99	신선한 음식과 그렇지 않은 음식의 구분을 별로 안 한다.	①	②	③	④	⑤	⑥	⑦
100	잠자리를 바꾸면 깊은 수면을 취하지 못한다.	①	②	③	④	⑤	⑥	⑦
101	한 번 찾아간 집도 잘 찾는다.	①	②	③	④	⑤	⑥	⑦
102	다양한 색상보다 단순한 색상을 좋아한다.	①	②	③	④	⑤	⑥	⑦
103	원을 그리면 한 번에 균형을 맞추어 그린다.	①	②	③	④	⑤	⑥	⑦
104	추상화를 보면 작가의 의도를 파악할 수 있다.	①	②	③	④	⑤	⑥	⑦
105	복잡한 거리보다 조용한 거리를 선호한다.	①	②	③	④	⑤	⑥	⑦

106	물건을 힘있게 잡는 편이다.	①	②	③	④	⑤	⑥	⑦
107	자극이 강해야 느낌이 온다.	①	②	③	④	⑤	⑥	⑦
108	수면 중에 꿈을 많이 꾸는 편이다.	①	②	③	④	⑤	⑥	⑦
109	나는 다른 사람과 언쟁한 적이 많다.	①	②	③	④	⑤	⑥	⑦
110	상대의 표정을 잘 파악한다.	①	②	③	④	⑤	⑥	⑦
111	말을 느리게 하는 편이다.	①	②	③	④	⑤	⑥	⑦
112	누군가에게 화가 났을 때 침묵으로 대하는 편이다.	①	②	③	④	⑤	⑥	⑦
113	큰 소리로 웃기를 좋아한다.	①	②	③	④	⑤	⑥	⑦
114	다른 사람에게는 없는 생각이나 신념을 갖고 있다.	①	②	③	④	⑤	⑥	⑦
115	넓은 곳에서는 분위기 파악이 잘 안 된다.	①	②	③	④	⑤	⑥	⑦
116	계절 변화에 잘 적응이 안 된다.	①	②	③	④	⑤	⑥	⑦
117	추위를 잘 탄다.	①	②	③	④	⑤	⑥	⑦
118	전염병에 별로 영향을 받지 않는 체질이다.	①	②	③	④	⑤	⑥	⑦
119	주위에 관심을 많이 기울인다.	①	②	③	④	⑤	⑥	⑦
120	여러 사람이 있는 곳에 가면 거북해진다.	①	②	③	④	⑤	⑥	⑦
121	문제를 해결하는 데는 힘보다는 지적 능력이 중요하다.	①	②	③	④	⑤	⑥	⑦
122	일을 잘 못 하는 사람에게 비난을 퍼부은 적이 있다.	①	②	③	④	⑤	⑥	⑦
123	부정적 사고가 높은 편이다.	①	②	③	④	⑤	⑥	⑦
124	충동이나 자극을 받으면 집중이 안 된다.	①	②	③	④	⑤	⑥	⑦
125	문제가 생기면 나보다 상대의 입장을 생각한다.	①	②	③	④	⑤	⑥	⑦
126	결과보다 역할에 대한 생각을 많이 한다.	①	②	③	④	⑤	⑥	⑦
127	새로운 것을 접할 때 생각을 많이 하지 않는다.	①	②	③	④	⑤	⑥	⑦
128	부정과 긍정은 분류되어 있다.	①	②	③	④	⑤	⑥	⑦
129	계획에 변화가 생기면 적응하기 어렵다.	①	②	③	④	⑤	⑥	⑦
130	어떤 것에 몰두하면서도 다른 생각을 한다.	①	②	③	④	⑤	⑥	⑦
131	미래 예측 확률이 낮다.	①	②	③	④	⑤	⑥	⑦
132	현실 파악을 잘못하여 어려움에 처한 경우가 많다.	①	②	③	④	⑤	⑥	⑦
133	거짓말로 협박한 적이 있다.	①	②	③	④	⑤	⑥	⑦
134	주어진 문제를 폭넓게 이해하는 편이다.	①	②	③	④	⑤	⑥	⑦
135	의사소통이 원만하지 못한 경우가 간혹 있다.	①	②	③	④	⑤	⑥	⑦
136	단조로운 일보다는 생각을 많이 하는 일을 선호한다.	①	②	③	④	⑤	⑥	⑦
137	토론에서 나의 의견을 잘 표현한다.	①	②	③	④	⑤	⑥	⑦
138	무슨 일이든 조급해서 안절부절못한다.	①	②	③	④	⑤	⑥	⑦
139	이해가 되는 주장을 들으면 자신의 의견을 쉽게 바꾼다.	①	②	③	④	⑤	⑥	⑦
140	다른 사람들의 생각도 내 생각보다 좋은 것이 많다.	①	②	③	④	⑤	⑥	⑦
141	다른 사람보다 노력을 많이 한다고 생각한다.	①	②	③	④	⑤	⑥	⑦

142	다른 사람과 일을 할 때 호흡이 잘 맞는다.	①	②	③	④	⑤	⑥	⑦
143	친구가 많지 않다.	①	②	③	④	⑤	⑥	⑦
144	생각이 같은 친구가 많다.	①	②	③	④	⑤	⑥	⑦
145	의견 충돌이 있으면 생각을 다시 한번 해 본다.	①	②	③	④	⑤	⑥	⑦
146	또래가 많더라도 의사소통을 잘한다.	①	②	③	④	⑤	⑥	⑦
147	한번 생각한 것을 바꾸기가 힘들다.	①	②	③	④	⑤	⑥	⑦
148	상대의 표정에 민감한 반응을 느낀다.	①	②	③	④	⑤	⑥	⑦
149	낯선 장소에서는 불안감을 느낀다.	①	②	③	④	⑤	⑥	⑦
150	하고 싶은 일을 해도 성취감을 강하게 느끼지 않는다.	①	②	③	④	⑤	⑥	⑦

2025 최신판

해커스 SKCT 통합 기본서

SK그룹 종합역량검사

최신기출유형+실전모의고사

개정 2판 2쇄 발행 2025년 4월 7일
개정 2판 1쇄 발행 2025년 1월 13일

지은이	해커스 SKCT 취업교육연구소
펴낸곳	(주)챔프스터디
펴낸이	챔프스터디 출판팀
주소	서울특별시 서초구 강남대로61길 23 (주)챔프스터디
고객센터	02-537-5000
교재 관련 문의	publishing@hackers.com 해커스잡 사이트(ejob.Hackers.com) 교재 Q&A 게시판
학원 강의 및 동영상강의	ejob.Hackers.com
ISBN	978-89-6965-585-1 (13320)
Serial Number	02-02-01

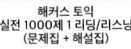

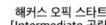

해커스

SKCT

통합 기본서

SK그룹 종합역량검사

최신기출유형+실전모의고사

약점 보완 해설집

해커스잡

PART 1 기출유형공략

01 | 언어이해

출제예상문제

p.28

01	02	03	04	05	06	07	08	09	10
⑤	⑤	⑤	③	③	①	⑤	②	④	②
11	**12**	**13**	**14**	**15**	**16**	**17**	**18**	**19**	**20**
②	④	⑤	④	④	③	④	④	②	③

01 세부 내용 파악 정답 ⑤

자아는 현실적인 판단을 바탕으로 행동한다고 하였으므로 비현실적인 판단을 바탕으로 행동하는 것은 아님을 알 수 있다.

오답 체크

① 현실적 불안은 외부의 실제적인 위협에 대한 반응으로 자아가 현실적인 상황을 인식하고 대처할 때 발생한다고 하였으므로 적절한 내용이다.

② 개인의 성격 구조는 원초아, 자아, 초자아로 이루어지고, 초자아는 잘못을 저질렀을 때 자신에게 주는 비판적 평가 혹은 죄의식인 양심과 긍정적인 행동을 했을 때 스스로 자긍심을 느끼는 자아이상으로 구분된다고 하였으므로 적절한 내용이다.

③ 원초아는 본능과 욕망의 세계로, 즉각적인 쾌락을 추구하며 사회적 규범의 외부에 존재한다고 하였으므로 적절한 내용이다.

④ 원초아의 충동이 자아의 통제를 벗어날까 두려워하는 신경증적 불안은 자아가 본능적 위협을 감지할 때 발생하며 과도할 경우 정신병으로 발전하기도 한다고 하였으므로 적절한 내용이다.

02 세부 내용 파악 정답 ⑤

이산화탄소를 용매로 하여 카페인을 추출할 경우 커피콩을 볶는 과정에서 이산화탄소가 기체로 증발한다고 하였으므로 이산화탄소를 이용한 디카페인 커피에 용매가 잔류하게 되는 것은 아님을 알 수 있다.

오답 체크

① 디카페인 커피는 카페인 성분을 97% 이상 제거한 커피라고 하였으므로 적절한 내용이다.

② 물을 이용해 커피콩에서 카페인을 포함한 수용성 화학물질이 녹아 나오게 하면 디카페인 커피콩을 만들 수 있다고 하였으므로 적절한 내용이다.

③ 카페인은 중독성이 있어 평소보다 적은 양을 섭취하면 피로감, 두통, 신경과민, 우울증 등과 같은 금단 현상이 나타날 수 있다고 하였으므로 적절한 내용이다.

④ 과거에는 볶지 않고 증기로 찐 생커피콩을 이염화메탄으로 씻어 카페인을 추출하였고, 최근에는 이산화탄소를 이용해 카페인을 추출한 뒤 커피콩을 볶아 디카페인 커피를 만든다고 하였으므로 적절한 내용이다.

03 비판/반론 정답 ⑤

제시된 글의 필자는 자율주행차의 센서가 인간 운전자의 반응 속도보다 훨씬 빠르고, 다양한 안전 기술이 내재되어 있어 실제로 트롤리 딜레마와 같은 이분법적 결정 상황에 놓일 확률이 낮으므로 자율주행차의 상용화를 위해 직면할 수 있는 문제에 대한 유의미한 기술적 논의를 진행하여야 한다고 주장하고 있다.
따라서 자율주행차의 기술적 발전에 치중된 연구는 윤리적 기준의 확립을 소홀히 할 위험이 있다는 반박이 타당하다.

04 글의 구조 파악 정답 ③

이 글은 인터넷 중독의 정의 및 원인과 위험성에 대해 설명하고 인터넷 중독의 극복 방안을 제안하는 글이다.
따라서 '다) 사회적 문제로 대두한 인터넷 중독의 정의 → 나) 인터넷 중독의 근본적인 원인 → 가) 인터넷 중독의 위험성(1) : 시간관념 부재 및 현실의 삶에 대한 의욕 상실 → 라) 인터넷 중독의 위험성(2) : 정신질환 유발 및 대인관계 악화 → 마) 인터넷 중독의 극복 방안' 순으로 배열해야 한다.

05 세부 내용 파악

정답 ③

지능의 사용 범위와 정보 습득 매체가 한정적이었던 과거와 달리 현대 사회는 교육의 기회가 확대됨으로써 추상적인 문제를 해결하는 데 능숙해졌을 뿐 아니라 다양한 시각 매체를 활용함으로써 시각 정보 처리 능력이 향상되었다고 하였으므로 인간의 정보 처리 능력이 시대상의 변화로 인하여 발전하고 있음을 알 수 있다.

오답 체크

① 과거와 비교하였을 때 IQ가 상승한 부분은 추상적인 문제를 해결하는 능력에 한정되어 있다고 하였으므로 적절하지 않은 내용이다.
② 1900년대 미국 성인의 평균 IQ는 약 50에서 70 사이였으나, 오늘날 미국 성인의 평균 IQ는 100에 달한다고 하였으므로 적절하지 않은 내용이다.
④ 플린이 조사 범위를 미군 신병에서 14개의 국가로 넓혀 검사한 결과 유사한 값을 얻었다고 하였으므로 적절하지 않은 내용이다.
⑤ IQ의 증가가 지적 능력 향상으로 바라볼 수 있는지에 대해 의견이 엇갈리고 있으며, 학계에서는 IQ 상승을 지적 능력 발달의 결과보다는 현대 사회의 시대상이 반영된 것으로 본다고 하였으므로 적절하지 않은 내용이다.

06 글의 구조 파악

정답 ①

이 글은 프로타고라스의 인간척도론에 대한 설명과 예시를 토대로 해당 이론이 지니고 있는 가치로 인하여 후대 철학자들에게 강력한 영향을 미쳤으나, 이러한 사상이 신에 대한 불경죄로 여겨져 끝내 프로타고라스가 아테네에서 추방되었음을 설명하는 글이다.
따라서 프로타고라스의 인간척도론에 대한 설명을 언급한 글에 이어질 내용은 '나) 받아들이는 사람에 따라 달라지는 사물 → 가) 받아들이는 상황에 따라 달라지는 사물 → 마) 일상적인 예시로 찾아볼 수 있는 프로타고라스 주장의 논리적 타당성 → 다) 프로타고라스 사상의 가치와 후대 철학자들에게 미친 영향력 → 라) 신에 대한 불경죄로 아테네에서 추방된 프로타고라스' 순으로 배열해야 한다.

07 글의 구조 파악

정답 ⑤

추상적인 심리학 개념인 '게슈탈트'를 과일 목록을 외울 때의 경험을 통해 쉽게 이해할 수 있도록 설명하며, '게슈탈트 붕괴'를 바닥의 타일이나 벽의 무늬를 볼 때와 같은 일상 속에서의 경험에 비유하고 있으므로 서술상 특징으로 가장 적절한 것은 ⑤이다.

08 세부 내용 파악

정답 ②

인디카종과 자포니카종의 교배는 일본 학자들도 시도했다가 포기할 정도로 까다로웠지만, 허문회 교수는 창의적인 육종 방법인 삼원교배를 통해 통일벼를 개발했다고 하였으므로 허문회 교수가 인디카종과 자포니카종의 교배를 최초로 시도한 학자인 것은 아님을 알 수 있다.

오답 체크

① 우리나라는 1976년에 최초로 쌀 자급을 달성했다고 하였으므로 적절한 내용이다.
③ 우리나라에서 자포니카종을 재배하던 1960~70년대에 쌀 생산량이 부족하여 허문회 교수가 생산성이 높은 벼 품종의 개발에 나섰다고 하였으므로 적절한 내용이다.
④ 통일벼는 저온에 취약하고 밥맛이 좋지 않다는 단점이 있으나 아직 완벽한 해결책을 찾지 못했다고 하였으므로 적절한 내용이다.
⑤ 열대형 벼에 해당하는 인디카종은 저온에 약하고 자포니카종보다 밥맛이 좋지 않다고 하였으므로 적절한 내용이다.

09 중심 내용 파악

정답 ④

이 글에 나타난 전략은 기업이 제품이나 서비스 시장을 세분화(Segmentation)하여 목표 고객을 타겟팅(Targeting)하고 선별된 고객들을 위해 제품 및 서비스 이미지를 포지셔닝(Positioning)하는 과정을 거쳐야 한다는 STP 전략이다.
따라서 글에 나타난 전략과 관련된 사례로 가장 적절하지 않은 것은 ④이다.

10 비판/반론

정답 ②

제시된 글의 필자는 자본주의 체제가 노동자의 경제적 착취를 초래하는 구조적인 문제가 있는 반면 사회주의 체제는 모든 시민에 대해 기본적인 권리 및 기회를 보장하므로 사회적 불만 및 갈등을 해소할 수 있는 체제라고 주장하고 있다.
따라서 사회주의 체제는 역사적으로 실패한 사례가 많으며, 실현 가능성이 낮은 지나치게 이상적인 이론이라는 반박이 타당하다.

11 세부 내용 파악

정답 ②

빈칸 앞에서는 최근 환경과 지속 가능성에 대한 인식이 높아지면서 패스트 패션의 문제점에 대한 비판의 목소리가 커지고 있다는 내용을 말하고 있고, 빈칸 뒤에서는 면 티셔츠 생산에 필요한 물의 양과 버려지는 의류로 인한 대량의 폐기물을 예로 들어 환경 파괴에 대한 구체적인 예시를 들어 말하고 있다.
따라서 전 세계의 의류 생산 과정에서 사용되는 화학 물질과 에너지는 엄청난 양에 달한다는 내용이 들어가야 한다.

12 중심 내용 파악 정답 ④

이 글은 인간은 식사를 통해 문화와 정체성을 형성하지만 반려견에게 음식은 생리적 요구를 충족하는 본능적 수단으로 여겨지며, 이를 고려할 때 영양 균형이 맞춰진 사료가 반려견의 건강에 가장 적합하다고 설명하는 내용이므로 이 글의 중심 내용으로 가장 적절한 것은 ④이다.

오답 체크

① 글 후반부에서 음식으로 인한 부작용은 인간에 비해 훨씬 빠르고 치명적으로 나타날 수 있다고 서술하고 있으나, 글 전체를 포괄하지 못하므로 적절하지 않은 내용이다.
② 글 후반부에서 의학적으로 반려견은 인간과 다른 소화시스템을 가졌다고 하였으므로 적절하지 않은 내용이다.
③ 글 전반부에서 반려견에게 음식은 생리학적 요구를 충족시키기 위한 본능적인 수단으로 여겨진다고 하였으므로 적절하지 않은 내용이다.
⑤ 글 전체에서 반려견에게 주는 사료는 항상 같은 성분으로 구성되어야 한다는 점에 대해서는 서술하고 있지 않으므로 적절하지 않은 내용이다.

13 세부 내용 파악 정답 ⑤

피라미드 둘레의 총 길이를 높이의 두 배로 나누면 원주율과 거의 같은 숫자가 된다고 하였으므로 피라미드 둘레의 전체 길이를 높이의 두 배로 나눈 수치가 태양년의 일수와 일치한다는 것은 아님을 알 수 있다.

오답 체크

① 대표적인 피라미드인 쿠푸 파라오의 피라미드는 그 표면이 면도날도 들어가지 않을 정도로 정확하게 들어맞아 있다고 하였으므로 적절한 내용이다.
② 피라미드 내에 파라오의 머리가 놓이는 곳은 피라미드의 무게 중심과 정확히 일치한다고 하였으므로 적절한 내용이다.
③ 이집트 제3왕조인 조세르 파라오 대에는 마스타바라는 무덤 위에 작은 마스타바를 쌓아 계단형의 마스타바를 만들었다고 하였으며, 오늘날 흔히 알고 있는 사각뿔 모양은 제4왕조인 쿠푸 파라오의 피라미드에서부터 확인할 수 있다고 하였으므로 적절한 내용이다.
④ 피라미드는 파라오의 위엄과 권력을 보여줌과 동시에 이집트인의 사후 세계관을 보여준다고 하였으므로 적절한 내용이다.

14 비판/반론 정답 ④

제시된 글의 필자는 독일의 울리히 벡 교수가 주장하는 바와 같이 산업화와 근대화를 이룩한 현대 사회에는 인간이 통제할 수 없는 위험이 도사리게 될 것이며, 인간은 풍요를 위해 힘쓰기보다 불안전 사회에서 최악의 상황이 발생하지 않도록 힘쓸 것임을 주장하고 있다.
따라서 위험을 보는 인식과 해결 방법은 주체에 따라 달라질 수 있어 현대 사회의 위험이 모두 하나의 결론으로 귀결된다고 보기는 어렵다는 반박이 타당하다.

15 중심 내용 파악 정답 ④

이 글은 ADHD의 특성과 발병 가능성을 높이는 요인에 대해 설명하고 약물 치료의 뛰어난 효과에 대해 설명하는 내용이므로 이 글의 중심 내용으로 가장 적절한 것은 ④이다.

오답 체크

① 글 후반부에서 ADHD의 치료는 약물로 이루어진다고 하였으므로 적절하지 않은 내용이다.
② 글 중반부에서 ADHD는 육아 방법에 의해서 발병했다고 보지 않는다고 하였으므로 적절하지 않은 내용이다.
③ 글 중반부에서 ADHD 아동은 여러 자극에 선택적으로 집중하지 못한다는 내용은 서술하고 있으나, 글 전체를 포괄하지 못하므로 적절하지 않은 내용이다.
⑤ 글 전체에서 성인이 ADHD를 진단받을 수 있다는 사실을 간과하지 말아야하는지에 대해서는 서술하지 않고 있으므로 적절하지 않은 내용이다.

16 세부 내용 파악 정답 ③

크리스토포리는 해머를 이용해 현을 두드려 소리를 내는 방식으로 연주자가 음량을 조절하여 곡에 감정을 싣는 데 용이한 피아노를 발명했다고 하였으므로 해머를 이용해 현을 튕기는 소리를 낸다는 것은 아님을 알 수 있다.

오답 체크

① 피아노는 연주자가 직접 음을 조율해야 하는 관악기 및 현악기와 달리 음과 음 사이의 간격이 동일하게 조율돼 있어 초보자도 쉬이 배울 수 있다고 하였으므로 적절한 내용이다.
② 프란츠 리스트는 피아노에 대해 여러 악기 중 가장 월등한 장점을 가진 악기라 표현했다고 하였으므로 적절한 내용이다.
④ 연주와 관계없는 현의 떨림을 방지하고자 댐퍼가 발명됐다고 하였으므로 적절한 내용이다.
⑤ 피아노는 연주자가 곡을 어떻게 해석하느냐에 따라 때로는 여리게 때로는 강하게 표현할 수 있다고 하였으므로 적절한 내용이다.

17 글의 구조 파악 정답 ④

이 글은 빈대의 특성과 빈대에 물린 경우 나타날 수 있는 증상에 대해 설명하는 글이다.
따라서 '라) 빈대를 곱지 못한 시선으로 본 우리 선조 → 나) 빈댓과 곤충인 빈대의 특징 → 가) 빈대의 먹이가 되는 피 → 다) 빈대 물림 시 나타나는 증상' 순으로 배열해야 한다.

18 중심 내용 파악 정답 ④

이 글은 심판의 공정한 판정을 위해 한국 프로 야구에서 ABS 기반의 자동 볼 판정 시스템을 도입하며, 국제 경쟁력 약화 및 심판의 역할 축소와 같은 부정적 효과도 있지만 공정한 경기 운용을 위해서 로봇 심판을 활용해야 한다는 내용이므로 이 글의 필자가 주장하는 내용으로 가장 적절한 것은 ④이다.

오답 체크

① 글 후반부에서 로봇 심판 활용 시 우리나라 프로 야구 선수들이 국제 경쟁력을 잃을 수 있다는 내용은 서술하고 있지만, 로봇 심판의 도입 재고에 대해서는 서술하고 있지 않으므로 적절하지 않은 내용이다.

② 글 중반부에서 로봇 심판 도입은 경기를 직접 행하는 선수들이 오히려 혼란을 겪지 않을 수 있다고 하였으므로 적절하지 않은 내용이다.

③ 글 전체에서 심판의 판정에 보완할 수 있는 다양한 방법에 대해서는 설명하고 있지 않으므로 적절하지 않은 내용이다.

⑤ 글 전반부에서 심판의 잘못된 판정은 경기를 좌지우지할 수 있으며, 그에 따라 로봇 심판 도입을 고려하게 되었으며, 도입 시 심판 역할이 축소될 부작용이 있다고 하였으나 글 전체를 포괄할 수 없으므로 적절하지 않은 내용이다.

19 중심 내용 파악 정답 ②

이 글은 인플레이션 현상이 발생했을 때 기업이 선택할 수 있는 슈링크플레이션에 대해서 설명하는 내용이므로 이 글의 제목으로 가장 적절한 것은 ②이다.

오답 체크

① 글 전체에서 슈링크플레이션의 도입으로 인해 발생하는 문제점에 대해서는 설명하고 있지 않으므로 적절하지 않은 내용이다.

③ 글 중반부에서 인플레이션 발생 시 기업은 제품의 가격을 인상하거나 저렴한 원자재로의 변경, 제품 용량 축소 중 선택하게 된다는 내용은 설명하고 있지만, 글 전체를 포괄하지 못하므로 적절하지 않은 내용이다.

④ 글 후반부에서 제품 용량 축소는 소비자가 알지 못하면 고객의 이탈 없이도 제품을 계속 판매하여 이윤 창출이 가능하다고 하였으므로 적절하지 않은 내용이다.

⑤ 글 전체에서 기업이 슈링크플레이션을 기피하는 이유에 대해서는 설명하고 있지 않으므로 적절하지 않은 내용이다.

20 세부 내용 파악 정답 ③

비올라가 바이올린 대비 음폭이 1.5배 더 넓은 것과 달리 음역은 연주자가 직접 손가락으로 현을 짚음으로써 생기는 진동수의 변화로 음의 높이를 만들어 연주자의 역량에 따라 다르게 나타난다고 하였으므로 바이올린 대비 비올라의 음역이 1.5배 정도 더 높다는 것은 아님을 알 수 있다.

오답 체크

① 비올라는 조현이 바이올린보다 완전 5도 낮은 완전 5도 간격으로 이루어져 있다고 하였으므로 적절한 내용이다.

② 과거에는 비올라가 합주할 때만 필요한 악기로 여겨져 바이올린 연주자가 비올라 자리를 대신하는 경우도 있었다고 하였으므로 적절한 내용이다.

④ 비올라 음을 기보할 때는 바이올린보다 완전 5도 낮은 음역임을 확인할 수 있도록 낮은 음역에서는 낮은음자리표를, 높은 음역에서는 높은음자리표를 활용한다고 하였으므로 적절한 내용이다.

⑤ 비올라는 바이올린과 비교하였을 때 몸체가 3인치 정도 더 길 뿐 모양과 현의 개수가 4개로 동일하다고 하였으므로 적절한 내용이다.

02 | 자료해석

출제예상문제

p.56

01	02	03	04	05	06	07	08	09	10
③	③	①	①	④	③	⑤	③	④	⑤
11	**12**	**13**	**14**	**15**	**16**	**17**	**18**	**19**	**20**
②	⑤	④	③	④	⑤	①	③	⑤	②

01 자료이해 정답 ③

2021년 D 지역의 편의점 수는 A 지역의 편의점 수의 63,420 / 30,020 ≒ 2.11배이고, 2022년에는 68,500 / 33,480 ≒ 2.05배, 2023년에는 51,900 / 17,160 ≒ 3.02배로 매년 2배 이상이므로 옳은 설명이다.

오답 체크

① 2022년 A 지역의 편의점 수는 전년 대비 {(33,480 - 30,020) / 30,020} × 100 ≒ 11.5% 증가하였으므로 옳지 않은 설명이다.

② C 지역의 편의점 수 대비 B 지역의 편의점 수의 비율은 2022년에 35,950 / 77,900 ≒ 0.46, 2023년에 22,650 / 44,280 ≒ 0.51로 2023년에 전년 대비 증가하였으므로 옳지 않은 설명이다.

④ 2023년 X 국의 총 편의점 수는 17,160 + 22,650 + 44,280 + 51,900 = 135,990호이므로 옳지 않은 설명이다.

⑤ 2021년에 편의점 수가 다른 지역에 비해 가장 적은 B 지역은 2022년 편의점 수가 전년 대비 35,950 - 26,500 = 9,450호 증가하였으므로 옳지 않은 설명이다.

02 자료계산 정답 ③

지역별 주차장 1개당 주차가능대수를 계산하면 다음과 같다.

- A 지역: 127,028 / 4,706 ≒ 26.99대
- B 지역: 26,880 / 995 ≒ 27.02대
- C 지역: 222,378 / 8,657 ≒ 25.69대
- D 지역: 26,204 / 1,228 ≒ 21.34대

이에 따라 제시된 지역 중 주차장 1개당 주차가능대수가 가장 많은 지역은 B 지역이다.

따라서 B 지역의 전기차 충전소 수 대비 장애인 주차구역 수의 비율은 2,187 / 486 = 4.5이다.

03 자료이해 정답 ①

2022년 소재 제품의 생산직 인력 수는 1,900 × 0.49 = 931백 명으로 바이오·의료 제품의 생산직 인력 수인 400 × 0.21 = 84백 명의 931 / 84 ≒ 11.1배이므로 옳지 않은 설명이다.

오답 체크

② 2023년 장비·기기 제품의 연구직과 생산직 인력 수의 차는 1,200 × (0.32 - 0.26) = 72백 명이므로 옳은 설명이다.

③ 바이오·의료 제품의 총 인력 수 대비 전자 제품의 총 인력 수의 비율은 2022년에 11,800 / 400 = 29.5, 2023년에 12,900 / 500 = 25.8로 2023년에 전년 대비 감소하였으므로 옳은 설명이다.

④ 2023년 전자 제품의 영업직 인력 수는 전년 대비 (12,900 × 0.40) - (11,800 × 0.42) = 204백 명 증가하였으므로 옳은 설명이다.

⑤ 2023년 바이오·의료 제품의 연구직 비중은 전년 대비 21.0 - 16.0 = 5.0%p 감소하였으므로 옳은 설명이다.

04 자료이해 정답 ①

a. 2022년 외국인 근로자의 전년 대비 증가 인원은 588,944 - 552,946 = 35,998명으로 2024년 외국인 근로자의 전년 대비 증가 인원인 538,587 - 520,906 = 17,681명보다 많으므로 옳은 설명이다.

b. 2024년에는 유학생 수만 전년 대비 감소하고, 나머지 항목의 외국인 주민 수는 모두 전년 대비 증가하여 외국인 주민 중 유학생이 차지하는 비중은 2024년이 2023년보다 낮으므로 옳은 설명이다.

오답 체크

c. 2020년 결혼 이민자 수는 141,654 / (1 + 0.132) ≒ 125,136명이므로 옳지 않은 설명이다.

d. 2022년부터 2024년까지 외국인 주민 수가 매년 증가한 항목은 결혼 이민자, 외국국적 동포, 기타 외국인이므로 옳지 않은 설명이다.

05 자료이해 정답 ④

제시된 기간 동안 G 지역 대학교의 전체 합격자 수가 다른 해에 비해 가장 적은 2020년에 지원자 수 대비 합격자 수의 비율은 A 대학교가 134,766 / 226,759 ≒ 0.59, B 대학교가 2,056 / 4,980 ≒ 0.41, C 대학교가 50,694 / 67,065 ≒ 0.76, D 대학교가 116,150 / 257,930 ≒ 0.45로 가장 작은 대학교는 B 대학교이므로 옳은 설명이다.

오답 체크

① 2022년 A 대학교와 D 대학교 지원자 수의 합은 237,633 + 259,077 = 496,710명으로 2022년 G 지역 대학교의 전체 지원자 수의 (496,710 / 556,440) × 100 ≒ 89.3%이므로 옳지 않은 설명이다.

② C 대학교 불합격자 수는 2021년에 64,787 − 58,540 = 6,247명, 2023년에 55,335 − 49,291 = 6,044명으로 2021년이 2023년보다 많으므로 옳지 않은 설명이다.

③ 2021년 합격자 수의 전년 대비 증가량은 A 대학교가 145,882 − 134,766 = 11,116명, D 대학교가 136,629 − 116,150 = 20,479명으로 A 대학교가 D 대학교보다 작으므로 옳지 않은 설명이다.

⑤ 제시된 기간 동안 C 대학교의 지원자 수가 다른 해에 비해 가장 많은 2020년에 G 지역 대학교의 전체 지원자 수에서 C 대학교의 지원자 수가 차지하는 비중은 (67,065 / 556,734) × 100 ≒ 12%이므로 옳지 않은 설명이다.

06 자료이해 정답 ③

2024년 상반기 시스템반도체 총수출액의 전년 동월 대비 증가액은 1월에 29,000 − 25,000 = 4,000십만 달러, 2월에 27,000 − 23,800 = 3,200십만 달러, 3월에 28,900 − 26,540 = 2,360십만 달러, 4월에 29,400 − 18,450 = 10,950십만 달러, 5월에 30,200 − 19,400 = 10,800십만 달러, 6월에 31,300 − 21,400 = 9,900십만 달러로, 4월에 가장 크므로 옳지 않은 설명이다.

오답 체크

① 2023년 6월 아날로그 IC 수출액의 전월 대비 증가율은 {(60 − 40) / 40} × 100 = 50%이므로 옳은 설명이다.

② 2023년 6월 수출액의 전월 대비 증가액은 MCP가 1,220 − 700 = 520십만 달러, 아날로그 IC가 60 − 40 = 20십만 달러로 MCP가 아날로그 IC의 520 / 20 = 26배이므로 옳은 설명이다.

④ 2024년 1월 시스템반도체 총수출액의 전년 동월 대비 증가율은 {(29,000 − 25,000) / 25,000} × 100 = 16%이므로 옳은 설명이다.

⑤ 2023년 아날로그 IC 수출액 대비 기타 디지털 IC 수출액의 비율은 3월에 21,350 / 70 = 305, 6월에 18,720 / 60 = 312로 6월이 3월보다 크므로 옳은 설명이다.

07 자료이해 정답 ⑤

제시된 기간 중 여름과 가을의 산불 발생 건수 합이 39 + 83 = 122건으로 가장 큰 2020년에 산불 발생 건수 1건당 피해 면적은 2,782 / 629 ≒ 4.4ha이므로 옳은 설명이다.

오답 체크

① 제시된 기간 중 산불 피해 면적이 가장 적은 2021년에 전체 산불 발생 건수에서 겨울의 산불 발생 건수가 차지하는 비중은 (147 / 429) × 100 ≒ 34.3%이므로 옳지 않은 설명이다.

② 2020년 봄의 산불 발생 건수는 전년 대비 381 − 292 = 89건 증가하였고, 2023년 겨울의 산불 발생 건수는 전년 대비 258 − 179 = 79건 감소하였으므로 옳지 않은 설명이다.

③ 2019~2023년 연도별 봄의 산불 발생 건수의 평균은 (292 + 381 + 238 + 377 + 370) / 5 = 331.6건이므로 옳지 않은 설명이다.

④ 가을 대비 봄의 산불 발생 건수는 2019년에 292 / 30 ≒ 9.7건, 2020년에 381 / 83 ≒ 4.6건, 2021년에 238 / 25 = 9.52건, 2022년에 377 / 82 ≒ 4.6건, 2023년에 370 / 40 = 9.25건으로 2019년에 가장 크고, 2019년 산불 발생 건수 1건당 피해 금액은 268,758 / 553 = 486백만 원이므로 옳지 않은 설명이다.

08 자료이해 정답 ③

2023년 근로 환경 만족도에 대해 응답한 남자 응답자 수를 a, 여자 응답자 수를 b라고 할 때, '매우 만족'이라고 응답한 비율은 남자가 8.5%, 여자가 2.5%, 전체가 6.5%이므로

$0.085a + 0.025b = 0.065(a + b) \rightarrow a = 2b$

이에 따라 남자 응답자 수가 여자 응답자 수의 2배임을 알 수 있으므로 옳지 않은 설명이다.

오답 체크

① 2019~2023년 연도별 근로 환경 만족도에 대해 '매우 만족'이라고 응답한 비율의 평균은 (7.4 + 5.2 + 4.8 + 4.1 + 6.5) / 5 = 5.6%이므로 옳은 설명이다.

② 2022년 근로 환경 만족도에 대해 '보통'이라고 응답한 비율은 전년 대비 {(32.2 − 25.4) / 32.2} × 100 ≒ 21.1% 감소하였으므로 옳은 설명이다.

④ 2020년 근로 환경 만족도에 대해 '약간 만족'이라고 응답한 비율은 '약간 불만족'이라고 응답한 비율의 52.8 / 9.6 = 5.5배이므로 옳은 설명이다.

⑤ 근로 환경 만족도에 대해 '약간 만족'이라고 응답한 비율과 '매우 불만족'이라고 응답한 비율의 차이는 2019년에 43.4 − 7.7 = 35.7%p, 2020년에 52.8 − 6.8 = 46.0%p, 2021년에 44.7 − 9.6 = 35.1%p, 2022년에 46.6 − 9.1 = 37.5%p, 2023년에 43.6 − 8.4 = 35.2%p로 매년 35%p 이상이므로 옳은 설명이다.

09 자료이해 정답 ④

연도별 출원 항목의 심사 처리 건수의 합계가 258,522건으로 가장 적은 해인 2020년에 디자인 출원 심사 처리 건수는 전년 대비 51,492 - 43,769 = 7,723건 감소하였으므로 옳지 않은 설명이다.

오답 체크

① 디자인 출원의 심사 처리 건수는 2020년까지 전년 대비 감소하였다가 2021년부터 2024년까지 매년 전년 대비 증가하였으므로 옳은 설명이다.

② 2021년 출원 항목별 심사 처리 기간은 특허·실용신안 출원이 18.5개월, 디자인 출원이 10.0개월, 상표 출원이 10.6개월로 다른 해에 비해 가장 길었으므로 옳은 설명이다.

③ 2021년 특허·실용신안 출원 심사 처리 건수인 137,940건은 같은 해 상표 출원 심사 처리 건수인 133,212건보다 처음으로 많아졌으므로 옳은 설명이다.

⑤ 상표 출원의 심사 처리 기간이 가장 짧았던 해인 2019년에 상표 출원 심사 처리 건수가 전체 건수에서 차지하는 비중은 (162,697 / 323,517) × 100 ≒ 50.3%이므로 옳은 설명이다.

10 자료이해 정답 ⑤

2024년 전체 출생자 수는 2020년 대비 {(492 - 282) / 492} × 100 ≒ 42.7% 감소하였으므로 옳은 설명이다.

오답 체크

① 2020년과 2021년에는 전체 출생자 수가 전체 사망자 수보다 100명 이상 더 많지만, 2022년 이후에는 전체 출생자 수가 전체 사망자 수보다 100명 미만 더 많으므로 옳지 않은 설명이다.

② 월 평균 사망자 수는 2020년에 289 / 12 ≒ 24명, 2021년에 259 / 12 ≒ 22명, 2022년에 277 / 12 ≒ 23명, 2023년에 254 / 12 ≒ 21명, 2024년에 244 / 12 ≒ 20명으로 2020년에 가장 많으므로 옳지 않은 설명이다.

③ 2021년 출생자 수가 다른 달에 비해 가장 많은 달은 1월, 2024년 출생자 수가 다른 달에 비해 가장 많은 달은 7월이므로 옳지 않은 설명이다.

④ 2024년 출생자 수가 사망자 수보다 많은 달은 2월, 3월, 4월, 6월, 7월, 11월로 총 6개이고, 사망자 수가 출생자 수보다 많은 달은 1월, 8월, 9월, 10월로 총 4개이므로 옳지 않은 설명이다.

빠른 문제 풀이 Tip

② 연도별 월 평균 사망자 수가 가장 많은 해는 연도별 전체 사망자 수가 가장 많은 해와 같다.
2020년부터 2024년까지 전체 사망자 수가 가장 많은 해는 2020년이므로 월 평균 사망자 수가 가장 많은 해도 2020년임을 알 수 있다.

11 자료이해 정답 ②

a. 2022년 A 산업 연구개발비의 전년 대비 증가율은 {(2,680 - 2,000) / 2,000} × 100 = 34%이므로 옳은 설명이다.

b. 2020~2023년 연도별 B 산업 기업체 수의 평균은 (384 + 381 + 428 + 475) / 4 = 417개이므로 옳은 설명이다.

오답 체크

c. A 산업 기업체 수 1개당 연구개발비는 2020년에 2,180 / 628 ≒ 3.47십억 원, 2021년에 2,000 / 609 ≒ 3.28십억 원, 2022년에 2,680 / 691 ≒ 3.88십억 원, 2023년에 2,760 / 769 ≒ 3.59십억 원으로 2022년에 가장 많으므로 옳지 않은 설명이다.

12 자료이해 정답 ⑤

a. 2024년 전체 공연시설 수는 전년 대비 감소하였으므로 옳지 않은 설명이다.

b. 2024년 재정자립도가 50% 이상인 A 지역, B 지역, F 지역의 2024년 평균 공연시설 수는 (359 + 64 + 34) / 3 ≒ 152개이므로 옳지 않은 설명이다.

d. 제시된 기간 동안 A 지역의 공연시설 수가 가장 적은 해는 2022년이지만, 재정자립도가 가장 낮은 해는 2024년이므로 옳지 않은 설명이다.

오답 체크

c. 2022년 공연시설 수가 100개 이상인 A 지역, I 지역의 2022년 공연시설 수의 합은 355 + 122 = 477개이고, 2022년 공연시설 수가 100개 미만인 나머지 지역의 2022년 공연시설 수의 합은 721 - 477 = 244개이므로 옳은 설명이다.

13 자료이해 정답 ④

2018년 전체 선박의 보유 척수는 2015년 대비 9,831 - 9,513 = 318척 감소하였으므로 옳지 않은 설명이다.

오답 체크

① 유조선 보유 척수와 유조선 총 톤수는 모두 2015년부터 2017년까지 전년 대비 증가하였고, 2018년에 전년 대비 감소하였으므로 옳은 설명이다.

② 2018년 기타의 보유 척수는 같은 해 여객선 보유 척수의 7,226 / 330 ≒ 21.9배이므로 옳은 설명이다.

③ 여객선의 보유 척수가 다른 해에 비해 가장 적은 2014년에 유조선의 보유 척수도 다른 해에 비해 가장 적으므로 옳은 설명이다.

⑤ 2014년 화물선 1척당 평균 톤수는 33,032 / 1,125 ≒ 29.4천 톤이므로 옳은 설명이다.

14 자료이해

정답 ③

한우의 평균 도축 생체중량이 다른 달에 비해 가장 작은 달은 6월, 젖소, 육우의 평균 도축 생체중량이 다른 달에 비해 가장 작은 달은 2월이므로 옳지 않은 설명이다.

오답 체크

① 3월 한우, 젖소, 육우, 말, 토끼의 평균 도축 생체중량은 1월 대비 감소하였으며, 1월과 3월 돼지, 양, 닭, 오리의 평균 도축 생체중량은 동일하므로 옳은 설명이다.

② 1월부터 6월까지 닭, 오리, 토끼 각각의 최대 평균 도축 생체중량은 각각 2kg 또는 3kg 또는 4kg으로 매달 5kg 미만이므로 옳은 설명이다.

④ 말의 평균 도축 생체중량이 다른 달에 비해 가장 큰 2월에 말의 평균 도축 생체중량의 전월 대비 증가율은 {(456 - 433) / 433} × 100 ≒ 5.3%이므로 옳은 설명이다.

⑤ 6월 평균 도축 생체중량의 1월 대비 증가량이 가장 큰 축종은 764 - 756 = 8kg 증가한 육우이므로 옳은 설명이다.

15 자료이해

정답 ④

a. 제시된 17곳 중 서울을 제외한 나머지 지역 16곳이 모두 1주간 시내버스를 지하철보다 많이 이용하였으므로 옳은 설명이다.

b. 1주간 시내버스만 이용한 지역은 충북, 전북, 전남, 제주, 세종이며, 대중교통 이용 횟수가 10회 이하인 비율은 충북이 49.8 + 39.7 = 89.5%, 전북이 48.8 + 39.1 = 87.9%, 전남이 47.7 + 39.5 = 87.2%, 제주가 41.0 + 45.4 = 86.4%, 세종이 49.5 + 44.2 = 93.7%로 모두 85%를 넘으므로 옳은 설명이다.

c. 1주간 지하철 이용 비율 상위 5곳은 서울, 인천, 부산, 대구, 경기이며, 상위 5곳의 1주간 대중교통을 21회 이상 이용한 비율의 합은 8.5 + 6.3 + 4.9 + 4.9 + 7.8 = 32.4%이므로 옳은 설명이다.

오답 체크

d. 제시된 17곳 중 서울, 부산, 대구, 광주, 울산, 경기, 제주 7곳은 1주간 대중교통을 6~10회 이용한 비율이 가장 높고, 나머지 지역 10곳은 1주간 대중교통을 1~5회 이용한 비율이 가장 높으므로 옳지 않은 설명이다.

16 자료이해

정답 ⑤

해외건설 수주실적이 6~10위인 국가의 수주금액의 평균은 2017년에 (1,608 + 1,443 + 1,429 + 1,347 + 1,205) / 5 = 1,406.4백만 달러, 2018년에 (1,971 + 1,312 + 1,064 + 943 + 895) / 5 = 1,237.0백만 달러, 2019년에 (1,319 + 1,287 + 886 + 709 + 581) / 5 = 956.4백만 달러로, 매년 감소하였으므로 옳은 설명이다.

오답 체크

① 제시된 기간 동안 해외건설 수주실적이 매년 10위 안에 포함되는 국가는 아랍에미리트, 베트남이므로 옳지 않은 설명이다.

② 2018년 해외건설 수주실적 상위 10개국의 수주금액에서 상위 5개국의 수주금액이 차지하는 비중은 {(5,336 + 4,403 + 3,141 + 2,583 + 2,405) / 24,053}×100 ≒ 74.3%이므로 옳지 않은 설명이다.

③ 2019년 해외건설 수주실적이 1위인 인니의 수주금액은 같은 해 7위인 싱가포르의 수주금액의 3,744 / 1,287 ≒ 2.9배이므로 옳지 않은 설명이다.

④ 2019년 사우디의 수주금액은 전년 대비 {(3,019 - 2,405) / 2,405}×100 ≒ 25.5% 증가하였으므로 옳지 않은 설명이다.

빠른 문제 풀이 Tip

② 비중에 해당하는 수치를 대략적으로 구하여 합을 비교한다.
2018년 해외건설 수주실적 상위 10개국의 수주금액의 80%는 24,053×0.8 ≒ 19,242백만 달러이고, 상위 5개국의 수주금액은 5,336 + 4,403 + 3,141 + 2,583 + 2,405 = 17,868백만 달러이므로 상위 10개국의 수주금액에서 상위 5개국의 수주금액이 차지하는 비중은 80% 미만임을 알 수 있다.

⑤ 해외건설 수주실적이 6~10위인 국가의 수주금액의 전년 대비 증감 추이와 변화량으로 평균값 추이를 파악한다.
2019년 6~10위 국가의 수주금액은 전년 대비 모두 감소하였으므로 6~10위 국가의 평균 수주금액도 전년 대비 감소하였음을 알 수 있다. 또한, 2018년 6위 국가의 수주금액은 전년 대비 증가하였고, 7~10위 국가의 수주금액은 전년 대비 감소하였으므로 증가량과 감소량을 비교하면, 2018년 6위 국가의 수주금액은 전년 대비 1,971 - 1,608 = 363백만 달러 증가하였고, 같은 해 9위 국가의 수주금액은 전년 대비 1,347 - 943 = 404백만 달러 감소하였으므로 2018년에도 6~10위 국가의 평균 수주금액이 전년 대비 감소하였음을 알 수 있다. 이에 따라 제시된 기간 동안 해외건설 수주실적이 6~10위인 국가의 평균 수주금액이 매년 감소하였음을 알 수 있다.

17 자료계산

정답 ①

컨테이너 화물 처리 실적 = 수출입화물 + 환적화물 + 연안화물임을 적용하여 구한다.
2024년 컨테이너 화물 처리 실적은 16,311 + 10,710 + 447 = 27,468천 TEU이고, 2020년 컨테이너 수입화물 처리 실적은 13,948 - 7,011 = 6,937천 TEU이다.
따라서 2024년 전체 컨테이너 화물 처리 실적과 2020년 컨테이너 수입화물 처리 실적의 합은 27,468 + 6,937 = 34,405천 TEU이다.

18 자료변환 정답 ③

제시된 자료에 따르면 연도별 자전거 도로 노선 수는
2009년이 471 + 4,109 + 67 = 4,647개소,
2010년이 622 + 4,687 + 83 = 5,392개소,
2011년이 599 + 4,764 + 126 = 5,489개소,
2012년이 932 + 5,269 + 190 = 6,391개소,
2013년이 1,015 + 5,766 + 188 = 6,969개소,
2014년이 1,001 + 7,936 + 251 = 9,188개소이다.
하지만 [자전거 도로 노선 수] 꺾은선그래프는 2013년 자전거 도로 노선 수가 8,000개소 이상이므로 옳지 않은 그래프는 ③이다.

19 자료이해 정답 ⑤

2016년 경상남도의 식품 제조 가공업체 수는 2년 전 대비 {(2,515 − 2,397) / 2,397} × 100 ≒ 4.9% 증가하였으므로 옳지 않은 설명이다.

오답 체크

① 2017년 서울특별시의 식품 제조 가공업체 수는 전년 대비 2,244 − 2,096 = 148개 감소하였으므로 옳은 설명이다.
② 2015년 식품 제조 가공업체 수는 경기도가 전라남도의 6,079 / 2,460 ≒ 2.5배이므로 옳은 설명이다.
③ 제시된 기간 동안 식품 제조 가공업체 수가 다른 지역에 비해 가장 적은 지역은 매년 충청북도이므로 옳은 설명이다.
④ 제시된 기간 동안 강원도의 식품 제조 가공업체 수의 평균은 (1,665 + 1,708 + 1,714 + 1,682) / 4 ≒ 1,692개이므로 옳은 설명이다.

20 자료이해 정답 ②

a. 도시 규모별로 운동경기 관람 경험이 있다고 답한 응답자의 비율은 대도시가 16.5%, 중소도시가 17.7%, 읍면지역이 11.8%로 도시 규모가 대도시보다 작은 중소도시의 비율이 더 높으므로 옳지 않은 설명이다.
d. 3개월 주기로 운동경기를 관람하는 응답자의 비율이 가장 높은 읍면지역에 거주하는 응답자 중 운동경기 관람 경험이 없다고 답한 응답자의 수는 1,304 × 0.882 ≒ 1,150명이므로 옳지 않은 설명이다.

오답 체크

b. 중소도시에 거주하는 응답자 중 6개월 주기로 운동경기를 관람하는 응답자의 수는 3,549 × 0.177 × 0.19 ≒ 119명이므로 옳은 설명이다.
c. 전체 응답자는 9,000명이고, 그중 대도시에 거주하는 응답자는 4,147명으로 전체의 (4,147 / 9,000) × 100 ≒ 46%를 차지하므로 옳은 설명이다.

빠른 문제 풀이 Tip

c. 전체 응답자의 50%에 해당하는 값을 찾아 이를 대도시에 거주하는 응답자 수와 비교한다.
대도시에 거주하는 응답자 수 4,147명은 전체 응답자 9,000명의 절반인 4,500명을 넘지 않으므로 옳은 설명이다.

03 | 창의수리

출제예상문제

p.84

01	02	03	04	05	06	07	08	09	10
⑤	②	③	④	⑤	④	③	②	③	⑤
11	**12**	**13**	**14**	**15**	**16**	**17**	**18**	**19**	**20**
③	②	③	①	⑤	④	⑤	⑤	①	①

01 용액의 농도 정답 ⑤

포도의 양 = 포도주스의 양 × $\frac{\text{포도주스의 농도}}{100}$임을 적용하여 구한다.

퍼낸 포도주스의 양을 x라고 하면

농도가 30%인 포도주스 120L에 들어있는 포도의 양은 $120 \times \frac{30}{100} = 36$L, 농도가 15%인 포도주스 40L에 들어있는 포도의 양은 $40 \times \frac{15}{100} = 6$L이고, 농도가 30%인 포도주스에서 퍼낸 포도주스에 들어있는 포도의 양은 $(x \times \frac{30}{100})$L이며, 농도가 15%인 포도주스에서 퍼낸 포도주스에 들어있는 포도의 양은 $(x \times \frac{15}{100})$L이다.

이때 x만큼의 포도주스를 퍼내어 서로 바꾸어 부으면 120L 포도주스에 들어있는 포도의 양은 $\{36 - (x \times \frac{30}{100}) + (x \times \frac{15}{100})\}$L이고, 40L 포도주스에 들어있는 포도의 양은 $\{6 - (x \times \frac{15}{100}) + (x \times \frac{30}{100})\}$L이며, 두 포도주스의 농도가 서로 같아졌으므로

$\frac{36-(x\times\frac{30}{100})+(x\times\frac{15}{100})}{120} \times 100 = \frac{6-(x\times\frac{15}{100})+(x\times\frac{30}{100})}{40} \times 100 \rightarrow x = 30$L

따라서 퍼낸 포도주스의 양은 30L이다.

02 거리/속력/시간 정답 ②

속력 = $\frac{\text{거리}}{\text{시간}}$임을 적용하여 구한다.

직선 레일의 거리를 x라고 하면

20초 동안 A는 직선 레일 거리의 $\frac{1}{2}$만큼 달렸고, B는 직선 레일 거리의 $\frac{2}{3}$만큼 달렸으므로 A가 20초 동안 이동한 거리는 $\frac{1}{2}x$, B가 20초 동안 이동한 거리는 $\frac{2}{3}x$이다. 이때 20초 후 A와 B 사이의 거리는 50m이고, 이는 A와 B가 20초 동안 이동한 거리의 차이와 같으므로

$\frac{2}{3}x - \frac{1}{2}x = 50 \rightarrow \frac{1}{6}x = 50 \rightarrow x = 300$

이에 따라 B가 20초 동안 이동한 거리는 $\frac{2}{3} \times 300 = 200$m이다.

따라서 B의 속력은 $\frac{200}{20} = 10$m/s이다.

03 경우의 수/확률 정답 ③

전체 신입사원 수를 x명이라고 하면, 여자 신입사원 중 안경을 쓴 사람은 $0.35x \times 0.36 = 0.126x$명이다. 전체 신입사원 중 무작위로 한 명을 뽑았을 때, 그 사람이 안경을 쓸 확률이 23%이므로 전체 신입사원 중 안경을 쓴 사람은 $0.23x$명이다.

이때 남자 신입사원 중 안경을 쓴 사람의 비중을 y라고 하면

$0.65x \times y + 0.126x = 0.23x \rightarrow y = 0.16$

따라서 남자 신입사원 중 안경을 쓴 사람의 비중은 16%이다.

04 경우의수/확률 정답 ④

A 지점에서 B 지점과 C 지점을 거쳐 D 지점으로 가는 경우의 수는 $3 \times 2 \times 3 = 18$가지, A 지점에서 B 지점은 거치지만 C 지점은 거치지 않고 D 지점으로 가는 경우의 수는 $3 \times 1 = 3$가지, A 지점에서 B 지점과 C 지점을 거치지 않고 D 지점으로 가는 경우의 수는 1가지이다.

따라서 A 지점에서 D 지점으로 가는 경우의 수는 $18 + 3 + 1 = 22$가지이다.

05 거리/속력/시간 정답 ⑤

거리 = 속력 × 시간임을 적용하여 구한다.

A가 집에서 출발해 0.8km의 거리를 걸어서 이동한 후, 36km/h의 속력으로 이동하는 버스에 탑승하여 8분 후 회사에 도착했으므로 집에서 회사까지의 거리는

$0.8 + 36 \times \frac{8}{60} = 0.8 + 4.8 = 5.6$km이고,

집에서 회사까지 걸린 시간은

$12 + 8 = 20$분 $= \frac{1}{3}$시간이다.

따라서 자전거의 평균 속력은 $\frac{5.6}{\frac{1}{3}} = 16.8$km/h이다.

06 방정식의 활용

정답 ④

A 상품의 제작 개수를 x, B 상품의 제작 개수를 y라고 하면
A 상품과 B 상품을 제작하는 데 사용되는 빨간색 실은 90kg = 90,000g이하이므로
$700x + 600y \leq 90,000 \rightarrow y \leq -\frac{7}{6}x + 150$ … ⓐ
A 상품과 B 상품을 제작하는 데 사용되는 노란색 실은 36kg = 36,000g 이하이므로
$100x + 300y \leq 36,000 \rightarrow y \leq -\frac{1}{3}x + 120$ … ⓑ
제작할 수 있는 A 상품과 B 상품 개수의 합의 최댓값은
$y = -\frac{7}{6}x + 150$, $y = -\frac{1}{3}x + 120$ 그래프의 교점이 되므로

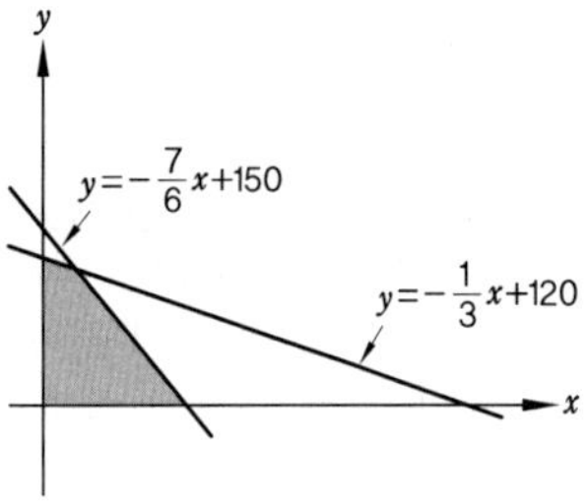

$y = -\frac{7}{6}x + 150$ … ⓐ'
$y = -\frac{1}{3}x + 120$ … ⓑ'
ⓐ' - ⓑ'에서 $\frac{5}{6}x = 30 \rightarrow x = 36$, $y = 108$이다.
따라서 제작할 수 있는 A 상품과 B 상품 개수의 합은 36 + 108 = 144개이다.

07 방정식의 활용

정답 ③

조사대상 전체에서 이 제품의 선호도가 긍정인 사람은 10,000×0.4+5,000×0.7=7,500명이고, 부정인 사람은 10,000×0.6+5,000×0.3=7,500명으로 동일하다.
따라서 조사대상 전체에서 이 제품의 선호도에 대한 긍정과 부정의 비는 1 : 1이다.

08 일의 양

정답 ②

시간당 작업량 = $\frac{작업량}{시간}$임을 적용하여 구한다.
전체 작업량을 1, 새롬이의 시간당 작업량을 x, 연지의 시간당 작업량을 y라고 하면
H 상품을 조립하는 데 새롬이가 5시간, 연지가 9시간 동안 작업해서 일을 모두 완료했고, 같은 상품을 조립하는 데 새롬이가 7시간, 연지가 5시간 동안 작업해서 일을 모두 완료했으므로
$5x + 9y = 1$ … ⓐ
$7x + 5y = 1$ … ⓑ
7ⓐ - 5ⓑ에서 $38y = 2 \rightarrow y = \frac{1}{19}$
따라서 H 상품을 연지가 혼자 작업하여 일을 모두 완료하는 데 걸리는 시간은 19시간이다.

09 용액의 농도

정답 ③

소금의 양 = 소금물의 양 × $\frac{소금물의\ 농도}{100}$ 임을 적용하여 구한다.
소금물 250g의 농도를 x라고 하면
소금물 250g에 들어 있는 소금의 양은 $250 \times \frac{x}{100} = 2.5x$이다.
소금물을 섞은 후 소금물의 양이 800g이므로 농도가 10%인 소금물의 양은 800 - 250 = 550g이고, 들어 있는 소금의 양은 550 × 0.1 = 55g이다.
$2.5x + 55 = 800 \times 0.15 \rightarrow x = 26$
따라서 소금물 250g의 농도는 26%이다.

10 방정식의 활용

정답 ⑤

6,000원짜리 메뉴 1개를 20번 먹을 경우의 비용은 6,000 × 20 = 120,000원이므로 A 식권을 사면 120,000 - 100,000 = 20,000원을 절약할 수 있고, 7,000원짜리 메뉴 1개를 15번 먹을 경우의 비용은 7,000 × 15 = 105,000원이므로 B 식권을 사면 105,000 - 90,000 = 15,000원을 절약할 수 있다.
따라서 A 식권과 B 식권을 한 묶음씩 산다면 20,000 + 15,000 = 35,000원을 절약할 수 있다.

11 방정식의 활용

정답 ③

A, B 라디오 채널은 30분과 18분의 최소공배수인 90분 간격으로 동시에 광고를 송출한다.
A, B 라디오 채널에서 동시에 광고가 송출되는 시각은 5시부터 90분 간격으로 5시, 6시 30분, 8시, 9시 30분, 11시, 12시 30분, 14시, …이다.
따라서 13시 이후에 A, B 라디오 채널에서 처음으로 동시에 광고가 송출되는 시각은 14시이다.

12 방정식의 활용

정답 ②

2주 동안 5kg을 감량하려면 다이어트 기간에 섭취하는 음식의 칼로리까지 모두 소모해야 한다.
1kg을 감량하기 위해 7,700kcal를 소모해야 하므로 5kg을 감량하려면 7,700 × 5 = 38,500kcal를 소모해야 한다. 이때, 신혜가 하루 동안 고구마 2개, 계란 1개를 먹어 섭취하는 칼로리는 (800 × 2) + 490 = 2,090kcal이고, 2주 동안 섭취하는 칼로리는 2,090 × 14 = 29,260kcal이므로 소모해야 하는 전체 칼로리는 38,500 + 29,260 = 67,760kcal이다.
내일부터 13일 동안 매일 스쿼시 운동을 1시간씩 할 때, 소모할 수 있는 칼로리는 770 × 13 = 10,010kcal이다.
따라서 2주 동안 5kg을 감량하려면 하루에 스쿼시 운동을 67,760 / 10,010 ≒ 6.8시간씩 해야 한다.

13 거리/속력/시간 정답 ③

시간 = $\frac{거리}{속력}$, 연료비 = 유가 × $\frac{거리}{연비}$임을 적용하여 구한다.

비가 오지 않을 때는 60km/h의 속력으로 180 + 150 = 330km를 운전했으므로 $\frac{330}{60}$ = 5.5시간이 걸렸고, 비가 올 때는 60km/h의 40%의 속력인 24km/h로 30km를 운전했으므로 $\frac{30}{24}$ = 1.25시간이 걸렸다. 이때, 출장지에서 머무른 시간은 75분, 즉, 1.25시간이므로 A가 출장을 다녀온 시간은 총 5.5 + 1.25 + 1.25 = 8시간이며, A의 시급은 15,000원이므로 A는 15,000 × 8 = 120,000원을 받는다. 또한, 비가 오지 않을 경우 차량의 연비는 1L당 20km이고, 비가 올 경우에는 1L당 12km이므로 서울과 대전을 왕복하는 데 사용한 연료비는 1,500 × ($\frac{330}{20}$ + $\frac{30}{12}$) = 28,500원이다.

따라서 A의 출장비는 120,000 + 28,500 = 148,500원이다.

14 방정식의 활용 정답 ①

A의 올해 나이를 x, B의 올해 나이를 y라고 하면

$x : y = 2 : 3 \rightarrow 3x = 2y \rightarrow 3x - 2y = 0$ … ⓐ

$x - 5 : y - 5 = 5 : 8 \rightarrow 8(x - 5) = 5(y - 5)$

$\rightarrow 8x - 5y = 15$ … ⓑ

5ⓐ - 2ⓑ에서 x = 30이므로 올해 A의 나이는 30세, B의 나이는 45세이다.

따라서 5년 전 A의 나이는 30 - 5 = 25세이다.

15 방정식의 활용 정답 ⑤

작년에 입사한 신입사원 수를 x라고 하면

올해 입사한 신입사원 수는 $1.07x$이므로

$1.07x = 214 \rightarrow x = \frac{214}{1.07} \rightarrow x = 200$

따라서 작년에 입사한 신입사원 수는 200명이다.

16 원가/정가 정답 ④

용철이가 기존에 책정한 이익률을 x, 원가를 y라고 하면

비타민 1개의 정가는 $y(1 + \frac{x}{100})$원이다.

용철이는 정가보다 25% 낮은 가격으로 판매하고 있으므로 실제 비타민 1개당 판매가는 $0.75y(1 + \frac{x}{100})$원이다.

이때 정수는 원가에 35%의 이윤을 남겨 판매하였으므로

$0.75y(1 + \frac{x}{100}) = 1.35y \rightarrow 1 + \frac{x}{100} = \frac{1.35}{0.75} = 1.80 \rightarrow x = 80$

따라서 용철이가 기존에 책정한 이익률은 80%이다.

17 경우의 수/확률 정답 ⑤

성우가 퀴즈 문제 하나를 풀었을 때 정답을 맞힐 확률은 $\frac{1}{3}$이고 틀릴 확률은 $1 - \frac{1}{3} = \frac{2}{3}$이다.

3문제 중 2문제 이상을 맞히면 상품을 받을 수 있으므로 성우는 2문제를 맞히거나 3문제를 모두 맞혔을 때 상품을 받을 수 있다.

3문제 중 2문제를 맞히는 경우의 수는 첫 번째 문제만 틀리는 경우, 두 번째 문제만 틀리는 경우, 세 번째 문제만 틀리는 경우로 총 3가지이고, 3문제를 모두 맞히는 경우의 수는 1가지다.

따라서 성우가 3문제를 풀었을 때 상품을 받을 확률은 $3 \times (\frac{1}{3} \times \frac{1}{3} \times \frac{2}{3}) + (\frac{1}{3} \times \frac{1}{3} \times \frac{1}{3}) = \frac{7}{27}$이다.

18 방정식의 활용 정답 ⑤

작년 자전거 판매량을 x, 작년 키보드 판매량을 y라고 하면

$x + y = 4{,}000$ … ⓐ

$1.4x + 0.6y = 4{,}800$ … ⓑ

0.6ⓐ - ⓑ에서 $0.8x = 2{,}400 \rightarrow x = 3{,}000$

따라서 작년 대비 판매량이 40% 증가한 올해 자전거의 판매량은 3,000 × 1.4 = 4,200대이다.

19 원가/정가 정답 ①

이익률 = $\frac{정가 - 원가}{원가}$ × 100임을 적용하여 구한다.

원가가 25만 원인 노트북 7대를 판매하여 60%의 이익을 남기고, 이후 노트북 3대는 원가로 판매하였으므로 노트북 10대를 판매했을 때의 이익은 25 × 0.6 × 7 = 105만 원이고, 노트북 10대의 원가는 총 25 × 10 = 250만 원이다.

따라서 판매한 노트북 10대에 대한 이익률은 $\frac{105}{250}$ × 100 = 42%이다.

20 방정식의 활용 정답 ①

작년의 남성 임직원 수를 x라고 하면, 작년의 여성 임직원 수는 $385 - x$이므로

$x(1 + 0.04) + (385 - x)(1 - 0.05) = 386$

$\rightarrow 0.09x = 20.25 \rightarrow x = 225$

따라서 작년의 남성 임직원 수는 225명이다.

빠른 문제 풀이 Tip

작년의 남성 임직원 수를 x라고 하면, 작년의 여성 임직원 수는 $385 - x$이다. 작년 임직원 수와 올해 임직원 수의 차이는 386 - 385 = 1명이므로

$x \times 0.04 - (385 - x) \times 0.05 = 1 \rightarrow 0.09x = 20.25 \rightarrow x = 225$

따라서 작년의 남성 임직원 수는 225명임을 알 수 있다.

출제예상문제

p.96

01	02	03	04	05	06	07	08	09	10
④	④	③	⑤	②	④	⑤	④	①	②
11	**12**	**13**	**14**	**15**	**16**	**17**	**18**	**19**	**20**
④	④	②	②	④	①	②	⑤	⑤	④

01 조건추리_위치/배치 정답 ④

제시된 조건에 따르면 D는 가장 위에 달므로 1번 위치에 달고, C는 왼쪽에 달며 E보다 아래에 달므로 C는 2번 또는 4번, E는 2번 또는 3번 위치에 단다. 이때 A는 B보다 위에 달므로 B는 5번 위치에 다는 것을 알 수 있다. C를 다는 위치에 따라 가능한 경우는 아래와 같다.

경우 1. C를 2번 위치에 다는 경우

1번 (맨 위)	2번 (왼쪽)	3번 (오른쪽)	4번 (왼쪽)	5번 (오른쪽)
D	C	E	A	B

경우 2. C를 4번 위치에 다는 경우

1번 (맨 위)	2번 (왼쪽)	3번 (오른쪽)	4번 (왼쪽)	5번 (오른쪽)
D	A 또는 E	A 또는 E	C	B

따라서 A를 3번 위치에 달면, E는 2번 위치에 달므로 항상 참인 설명이다.

오답 체크

① B는 5번 위치에 달므로 항상 거짓인 설명이다.

② A를 왼쪽에 달면 E는 오른쪽, A를 오른쪽에 달면 E는 왼쪽에 달므로 항상 거짓인 설명이다.

③ C를 4번 위치에 달면, E는 왼쪽 또는 오른쪽에 달므로 항상 참인 설명은 아니다.

⑤ E를 3번 위치에 달면, C는 2번 또는 4번 위치에 달므로 항상 참인 설명은 아니다.

02 조건추리_위치/배치 정답 ④

제시된 조건에 따르면 2층의 가장 왼쪽 사물함은 공용으로 아무도 배정받지 않았고, 야수와 투수의 사물함은 서로 다른 층에 있으며, 투수와 포수의 사물함은 서로 이웃하여 있다. 이에 따라 투수와 포수의 사물함은 1층에, 야수의 사물함은 2층에 있고, 포수의 사물함은 1층 가운데에 있음을 알 수 있다. 또한, 영일이의 포지션은 포수, 민수의 포지션은 투수이고, 민수와 용현이의 포지션은 서로 다르므로 용현이의 포지션은 야수이다. 이때, 용현이의 사물함은 정수의 사물함과 서로 이웃하면서 규현이의 사물함과도 서로 이웃하므로 2층의 가장 오른쪽에 있음을 알 수 있다. 정수와 규현이의 포지션에 따라 신규 부원이 배정받은 사물함의 위치로 가능한 경우는 다음과 같다.

경우 1. 정수의 포지션이 야수이고, 규현이의 포지션이 투수인 경우

2층	**공용**	정수	용현
1층	민수	영일	규현

경우 2. 정수의 포지션이 투수이고, 규현이의 포지션이 야수인 경우

2층	**공용**	규현	용현
1층	민수	영일	정수

따라서 민수와 규현이의 사물함은 서로 이웃하지 않으므로 항상 거짓인 설명이다.

오답 체크

① 민수의 사물함은 공용 사물함 아래층이므로 항상 참인 설명이다.

② 규현이의 포지션은 야수 또는 투수이므로 항상 거짓인 설명은 아니다.

③ 정수의 포지션은 야수 또는 투수이므로 항상 거짓인 설명은 아니다.

⑤ 영일이는 1층의 가운데 사물함을 배정받았으므로 항상 참인 설명이다.

03 명제추리 정답 ③

다섯 번째 명제에 따라 A는 성격이 급하거나 암산 능력이 뛰어나므로 가능한 경우는 다음과 같다.

경우 1. A가 성격이 급한 경우

다섯 번째 명제	A는 성격이 급하다.
두 번째 명제(대우)	성격이 급한 사람은 업무 속도가 느리지 않다.
첫 번째 명제	업무 속도가 느리지 않은 사람은 서류 정리를 잘 한다.
네 번째 명제	서류 정리를 잘 하는 사람은 컴퓨터를 잘 다루지 못한다.
결론	A는 성격이 급하고, 업무 속도가 느리지 않고, 서류 정리를 잘 하고, 컴퓨터를 잘 다루지 못한다.

경우 2. A가 암산 능력이 뛰어난 경우

다섯 번째 명제	A는 암산 능력이 뛰어나다.
세 번째 명제	암산 능력이 뛰어난 사람은 서류 정리를 잘 한다.
네 번째 명제	서류 정리를 잘 하는 사람은 컴퓨터를 잘 다루지 못한다.
결론	A는 암산 능력이 뛰어나고, 서류 정리를 잘 하고, 컴퓨터를 잘 다루지 못한다.

여섯 번째 명제에 따라 B는 컴퓨터를 잘 다루거나 성격이 급하지 않으므로 가능한 경우는 다음과 같다.

경우 1. B가 컴퓨터를 잘 다루는 경우 - ①

여섯 번째 명제	B는 컴퓨터를 잘 다룬다.
네 번째 명제(대우)	컴퓨터를 잘 다루는 사람은 서류 정리를 잘 하지 못한다.
첫 번째 명제(대우)	서류 정리를 잘 하지 못하는 사람은 업무 속도가 느리다.
두 번째 명제	업무 속도가 느린 사람은 성격이 급하지 않다.
결론	B는 컴퓨터를 잘 다루고, 서류 정리를 잘 하지 못하고, 업무 속도가 느리고, 성격이 급하지 않다.

경우 2. B가 컴퓨터를 잘 다루는 경우 - ②

여섯 번째 명제	B는 컴퓨터를 잘 다룬다.
네 번째 명제(대우)	컴퓨터를 잘 다루는 사람은 서류 정리를 잘 하지 못한다.
세 번째 명제(대우)	서류 정리를 잘 하지 못하는 사람은 암산 능력이 뛰어나지 않다.
결론	B는 컴퓨터를 잘 다루고, 서류 정리를 잘 하지 못하고, 암산 능력이 뛰어나지 않다.

따라서 A가 암산 능력이 뛰어나면 A는 컴퓨터를 잘 다루지 못하므로 항상 거짓인 설명이다.

오답 체크

① B가 컴퓨터를 잘 다루면 B는 서류 정리는 잘 하지 못하고, A는 서류 정리를 잘 하므로 항상 참인 설명이다.
② A가 성격이 급하면 A는 업무 속도가 느리지 않을 수 있으므로 항상 거짓인 설명은 아니다.
④ A가 암산 능력이 뛰어나지 않다면 A는 성격이 급하고, 성격이 급한 사람은 컴퓨터를 잘 다루지 못하므로 항상 참인 설명이다.
⑤ B가 컴퓨터를 잘 다루면 B는 업무 속도가 느릴 수 있으므로 항상 거짓인 설명은 아니다.

04 조건추리_참/거짓 진술 정답 ⑤

제시된 조건에 따르면 4명 중 유리잔을 깬 범인을 포함한 2명의 말은 거짓이다. 자신과 C가 주방에 들어갔으나 유리잔을 깨진 않았다는 A의 말이 진실이라면 C 또는 D는 주방에 들어갔다는 B의 말도 진실이므로 C와 D의 말은 거짓이어야 하지만, B가 유리잔을 깨지 않았다는 C의 말이 진실이 되어 모순되므로 A의 말은 거짓이다.
또한, B는 유리잔을 깨지 않았다는 C의 말이 거짓이라면 B는 거짓을 말하고 있는 범인이고, 이 경우 A, B, C 3명의 말이 거짓이 되어 4명 중 범인을 포함한 2명의 말이 거짓이라는 조건에 모순되므로 C의 말은 진실임을 알 수 있다. 이에 따라 B와 D 중 진실을 말하고 있는 사람에 따라 가능한 경우는 다음과 같다.

경우 1. B의 말이 진실, D의 말이 거짓인 경우

구분		A(거짓)	B(진실)	C(진실)	D(거짓)
경우 1	범인	O	X	X	X
	주방 출입	O	O 또는 X	O 또는 X	O
경우 2	범인	X	X	X	O
	주방 출입	X	O 또는 X	O 또는 X	O
경우 3	범인	X	X	X	O
	주방 출입	O 또는 X	O 또는 X	X	O

경우 2. B의 말이 거짓, D의 말이 진실인 경우

구분		A(거짓)	B(거짓)	C(진실)	D(진실)
경우 1	범인	O	X	X	X
	주방 출입	O	O 또는 X	X	X

따라서 C는 유리잔을 깬 범인이 아니므로 항상 참인 설명이다.

오답 체크

① C는 주방에 들어갔거나 들어가지 않았으므로 항상 참인 설명은 아니다.
② 유리잔을 깬 범인은 A 또는 D이므로 항상 참인 설명은 아니다.
③ B가 주방에 들어갔다면 주방에 들어간 사람은 2명 또는 3명 또는 4명이므로 항상 참인 설명은 아니다.
④ A가 주방에 들어갔다면 주방에 들어간 사람은 1명 또는 2명 또는 3명 또는 4명이므로 항상 참인 설명은 아니다.

05 명제추리 정답 ②

네 번째 명제의 '대우'와 첫 번째 명제, 다섯 번째 명제의 '대우'를 차례로 결합한 결론은 다음과 같다.

· 네 번째 명제(대우): 구매 실적이 높은 사람은 이벤트에 응모했다.
· 첫 번째 명제: 이벤트에 응모한 사람은 행사장에 참석했다.
· 다섯 번째 명제(대우): 행사장에 참석한 사람은 쇼핑을 좋아한다.
· 결론: 구매 실적이 높은 사람은 쇼핑을 좋아한다.

06 조건추리_참/거짓 진술 정답 ④

제시된 조건에 따르면 E가 범인이라는 C의 진술이 진실일 경우, A, B, E의 진술은 거짓, D의 진술은 진실이 되어 5명 중 3명은 진실, 2명은 거짓을 진술했다는 조건에 모순된다. 이에 따라 C의 진술은 거짓이고, E는 범인이 아니므로 E를 제외한 나머지 4명 중 1명이 범인일 경우에 따라 5명 진술의 진실/거짓을 판단하면 다음과 같다.

경우 1. A가 범인일 경우

구분	A	B	C	D	E
진술	거짓	진실	거짓	진실	거짓

경우 2. B가 범인일 경우

구분	A	B	C	D	E
진술	진실	진실	거짓	진실	진실

경우 3. C가 범인일 경우

구분	A	B	C	D	E
진술	거짓	거짓	거짓	진실	진실

경우 4. D가 범인일 경우

구분	A	B	C	D	E
진술	진실	진실	거짓	거짓	진실

경우 1~3에 따르면 A, B, C가 범인일 경우에는 5명 중 3명은 진실, 2명은 거짓을 진술했다는 조건에 모순된다.
따라서 범인은 D이다.

07 조건추리_위치/배치 정답 ⑤

제시된 조건에 따르면 A~F는 1인당 식사 메뉴 1개와 후식 메뉴 1개를 주문하였고, 커피를 주문한 사람은 1명, 녹차를 주문한 사람은 2명, 아이스크림을 주문한 사람은 3명이다. 이때 A는 후식 메뉴로 커피를 주문하지 않았고, E는 후식 메뉴로 녹차를 주문하였으며, B와 C는 같은 후식 메뉴를 주문하였으므로 B와 C는 아이스크림을 주문하였고, A는 녹차 또는 아이스크림을 주문하였다. 또한, E와 같은 식사 메뉴를 주문한 사람은 모두 서로 다른 후식 메뉴를 주문하였으므로 E는 후식 메뉴로 커피를 주문한 사람과 같은 식사 메뉴를 주문하였고, 후식 메뉴로 커피를 주문한 사람은 식사 메뉴로 양식을 주문하였으므로 E는 양식을 주문하였다. 이때 A와 F는 서로 다른 식사 메뉴를 주문하였고, B와 D는 서로 같은 식사 메뉴를 주문하였으므로 한식을 주문한 3명은 A 또는 F, B, D이고, 양식을 주문한 3명은 A 또는 F, C, E임을 알 수 있다. 후식 메뉴로 C는 아이스크림, E는 녹차를 주문하였으므로 E와 같은 식사 메뉴를 주문한 A 또는 F는 커피를 주문하여야 하지만, A는 커피를 주문하지 않았으므로 양식과 커피를 주문한 사람은 F임을 알 수 있다.
따라서 양식을 주문한 사람은 C, E, F이다.

08 조건추리_위치/배치 정답 ④

제시된 조건에 따르면 남자 회원끼리 같은 코스에서 등산을 하지 않고 회원 중 3명이 남자이므로 코스별로 1명의 남자 회원이 등산을 하는 것을 알 수 있다. G는 남자이고, A와 B의 성별은 다르므로 둘 중 1명이 남자이며, D와 F의 성별도 다르므로 둘 중 1명이 남자이다. 이때, 남자 회원은 3명이므로 C, E는 여자이고 E와 F의 성별이 같으므로 F도 여자이며, F와 성별이 다른 D가 남자이다. 또한, 남자 회원 G는 2시간 코스인 중급 코스에서 등산을 하며, G는 C보다 먼저 등산이 끝나므로 C는 소요 시간이 3시간인 상급 코스에서 등산을 하는 것을 알 수 있다.
남자 회원 D는 상급 코스에서 등산을 하지 않으므로 하급 코스에서 등산을 하며, B와 E는 상급 코스에서 등산을 하고 A와 B는 다른 코스에서 등산을 하므로, B가 남자임을 알 수 있다.

구분	상급 코스	중급 코스	하급 코스
남자	B	G	D
여자	C, E	A 또는 F	A 또는 F

따라서 D와 같은 코스에서 등산을 할 수 있는 회원은 A 또는 F로 가능한 경우의 수는 2가지이므로 항상 거짓인 설명이다.

오답 체크

① D는 하급 코스에서 등산을 하고 F는 중급 또는 하급 코스에서 등산을 하므로 항상 거짓인 설명은 아니다.
② 3시간 코스인 상급 코스에서 B, C, E가 함께 등산을 하므로 항상 참인 설명이다.
③ G는 중급 코스에서 등산을 하고 A는 중급 또는 하급 코스에서 등산을 하므로 항상 거짓인 설명은 아니다.
⑤ C와 E는 여자로 성별이 같으므로 항상 참인 설명이다.

09 조건추리_순서/순위 정답 ①

제시된 조건에 따르면 마닐라행 비행기가 가장 먼저 출발했으며, 오사카행 비행기는 네 번째 순서로 출발했다. 민석이가 탄 뉴욕행 비행기는 두 번째 또는 세 번째 순서로 출발했고, 민석이와 진혁이는 각각 성은이의 바로 이전 또는 바로 다음 순서로 출발했다. 이때, 진혁이가 탄 비행기는 시윤이가 탄 비행기보다 늦게 출발했으므로 진혁이는 첫 번째 순서로 출발하지 않았다. 또한, 아진이는 유현이 바로 다음 순서로 출발했고, 마지막 순서로 출발하지 않았으므로 민석이는 세 번째 순서로 출발하지 않고 두 번째 순서로 출발했음을 알 수 있다.

출발 순서	목적지	탑승자
첫 번째	**마닐라**	시윤
두 번째	뉴욕	민석
세 번째	런던 또는 사이판 또는 베이징 또는 방콕	성은
네 번째	**오사카**	진혁
다섯 번째	런던 또는 사이판 또는 베이징 또는 방콕	유현
여섯 번째	런던 또는 사이판 또는 베이징 또는 방콕	아진
일곱 번째	런던 또는 사이판 또는 베이징 또는 방콕	재윤

따라서 시윤이가 마닐라행 비행기를 탔으므로 항상 참인 설명이다.

오답 체크

② 방콕행 비행기를 탄 사람은 성은 또는 유현 또는 아진 또는 재윤이므로 항상 참인 설명은 아니다.

③ 민석이는 두 번째 순서로 출발했으므로 항상 거짓인 설명이다.

④ 진혁이는 오사카행 비행기를 탔으므로 항상 거짓인 설명이다.

⑤ 재윤이가 아진이보다 늦게 출발했으므로 항상 거짓인 설명이다.

10 조건추리_위치/배치 정답 ②

제시된 조건에 따르면 1인석에는 사장 혼자 앉고, 대리 바로 앞자리에 과장이 앉는다. 이때 사장은 과장보다 앞줄에 앉고, 이사와 차장은 옆으로 나란히 앉으므로 이사와 차장은 2인석의 첫 번째 줄에, 사장은 1인석의 첫 번째 줄에 앉음을 알 수 있다. 또한, 부장은 창가 쪽 자리에 앉고, 대리 바로 앞자리에 과장이 앉으므로 과장은 2인석의 두 번째 줄 통로 쪽 자리에 앉고, 대리는 2인석의 세 번째 줄 통로 쪽 자리에 앉는다. 이에 따라 2인석의 창가 쪽 자리에 부장과 사원이 앞뒤로 나란히 앉음을 알 수 있다.

앞

	이사 또는 차장	이사 또는 차장		사장	
창가	부장 또는 사원	과장	통로		창가
	부장 또는 사원	대리			
	(2인석)		뒤	(1인석)	

오답 체크

① 부장은 대리보다 앞줄에 앉거나 대리와 옆으로 나란히 앉으므로 항상 거짓인 설명이다.

③ 차장은 창가 쪽 자리 또는 통로 쪽 자리에 앉으므로 항상 참인 설명은 아니다.

④ 과장 바로 앞자리에는 이사 또는 차장이 앉으므로 항상 참인 설명은 아니다.

⑤ 이사는 창가 쪽 자리 또는 통로 쪽 자리에 앉으므로 항상 참인 설명은 아니다.

11 명제추리 정답 ④

두 번째 명제와 세 번째 명제의 '대우', 여섯 번째 명제의 '대우'를 차례로 결합한 결론은 다음과 같다.

- 두 번째 명제: 파란색 옷을 입고 있는 사람은 빨간색 가방을 들고 있다.
- 세 번째 명제(대우): 빨간색 가방을 들고 있는 사람은 노란색 리본을 달고 있지 않다.
- 여섯 번째 명제(대우): 노란색 리본을 달고 있지 않은 사람은 초록색 신발을 신고 있다.
- 결론: 파란색 옷을 입고 있는 사람은 초록색 신발을 신고 있다.

12 명제추리 정답 ④

네 번째 명제와 세 번째 명제의 '대우', 다섯 번째 명제를 차례로 결합한 결론은 다음과 같다.

- 네 번째 명제: 기업 경쟁력이 높은 기업은 시장 점유율이 높다.
- 세 번째 명제(대우): 시장 점유율이 높은 기업은 수익성이 좋다.
- 다섯 번째 명제: 수익성이 좋은 기업은 직원 복지가 우수하다.
- 결론: 기업 경쟁력이 높은 기업은 직원 복지가 우수하다.

오답 체크

① 혁신적인 기업은 시장 점유율이 높으므로 항상 거짓인 설명이다.

② 이직률이 높은 기업은 기술 개발에 많은 투자를 하지 않으므로 항상 거짓인 설명이다.

③ 기술 개발에 많은 투자를 하지 않는 기업의 수익성이 좋지 않은지는 알 수 없으므로 항상 참인 설명은 아니다.

⑤ 시장 점유율이 높지 않은 기업의 이직률이 높은지는 알 수 없으므로 항상 참인 설명은 아니다.

13 명제추리 정답 ②

여섯 번째 명제의 '대우'와 네 번째 명제의 '대우', 두 번째 명제, 다섯 번째 명제를 차례로 결합한 결론은 다음과 같다.

· 여섯 번째 명제(대우): 적극적이지 않은 사람은 대인관계가 좋지 않다.
· 네 번째 명제(대우): 대인관계가 좋지 않은 사람은 시간 약속을 잘 지키지 않는다.
· 두 번째 명제: 시간 약속을 잘 지키지 않는 사람은 계획적이지 않다.
· 다섯 번째 명제: 계획적이지 않은 사람은 규칙적으로 식사하지 않는다.
· 결론: 적극적이지 않은 사람은 규칙적으로 식사하지 않는다.

오답 체크

① 비타민을 챙겨 먹는 사람은 시간 약속을 잘 지키므로 항상 거짓인 설명이다.
③ 규칙적으로 식사하는 사람은 달리기를 좋아하지 않는지 알 수 없으므로 항상 참인 설명은 아니다.
④ 대인관계가 좋지 않은 사람은 비타민을 챙겨 먹지 않으므로 항상 거짓인 설명이다.
⑤ 계획적이지 않은 사람이 적극적이지 않은지 알 수 없으므로 항상 참인 설명은 아니다.

14 조건추리_참/거짓 진술 정답 ②

제시된 조건에 따르면 진실 마을 사람은 진실만을 말하고, 거짓 마을 사람은 거짓만을 말한다. 정아의 말이 거짓이라는 수연이의 말이 진실이면, 동현이가 거짓 마을 사람이라는 정아의 말은 거짓이므로 동현이는 진실 마을 사람이다. 이에 따라 윤혜가 거짓 마을 사람이라는 동현이의 말은 진실이 되고, 용호가 진실 마을 사람이라는 윤혜의 말은 거짓이므로 용호는 거짓 마을 사람이다. 이때 자신과 수연이 중 진실 마을 사람이 있다는 용호의 말은 거짓이므로 용호와 수연이 중 진실 마을 사람이 없어야 하지만, 수연이는 진실 마을 사람이므로 조건에 모순된다. 이에 따라 정아의 말이 거짓이라는 수연이의 말은 거짓이고, 동현이가 거짓 마을 사람이라는 정아의 말은 진실이며, 윤혜가 거짓 마을 사람이라는 동현이의 말이 거짓이 되어 용호가 진실 마을 사람이라는 윤혜의 말은 진실이 되고, 자신과 수연이 중 진실 마을 사람이 있다는 용호의 말은 진실임을 알 수 있다.
따라서 거짓 마을에 거주하는 사람은 수연이와 동현이로 총 2명이다.

15 조건추리_순서/순위 정답 ④

제시된 조건에 따르면 E는 키가 세 번째로 크므로 금요일에 청소하고, B보다 키가 작은 사람의 수와 B보다 키가 큰 사람의 수는 같으므로 B는 목요일에 청소한다. 또한, D보다 키가 크면서 F보다 키가 작은 사람은 4명이므로 D와 F는 각각 월요일과 토요일에 청소하거나 화요일과 일요일에 청소한다. D와 F가 청소하는 요일에 따라 가능한 경우는 다음과 같다.

경우 1. D가 월요일, F가 토요일에 청소하는 경우

월요일	화요일	수요일	목요일	금요일	토요일	일요일
D	A	C	B	E	F	G
D	A 또는 G	A 또는 G	B	E	F	C

경우 2. D가 화요일, F가 일요일에 청소하는 경우

월요일	화요일	수요일	목요일	금요일	토요일	일요일
A	D	C	B	E	G	F
A 또는 G	D	A 또는 G	B	E	C	F

따라서 월요일에 청소하는 사람으로 가능한 경우는 A, D, G로 총 3가지이므로 항상 거짓인 설명이다.

오답 체크

① G가 화요일에 청소하면 C는 일요일에 청소하므로 항상 참인 설명이다.
② G보다 늦게 청소하는 사람은 1명 또는 4명 또는 5명 또는 6명이거나 G가 가장 늦게 청소하므로 항상 거짓인 설명은 아니다.
③ A보다 먼저 청소하는 사람은 1명 또는 2명이거나 A가 가장 먼저 청소하므로 항상 거짓인 설명은 아니다.
⑤ A~G 7명이 청소하는 순서로 가능한 경우의 수는 총 6가지이므로 항상 참인 설명이다.

16 명제추리 정답 ①

A~F 6명 중 사내 행사에 참여하는 사람은 3명이고, C는 사내 행사에 참여한다.
분리 가능한 세 번째 명제의 '대우'와 두 번째 명제의 '대우'를 차례로 결합한 결론은 다음과 같다.

· 분리 가능한 세 번째 명제(대우): C가 사내 행사에 참여하면 A는 사내 행사에 참여하지 않는다.
· 두 번째 명제(대우): A가 사내 행사에 참여하지 않으면 D는 사내 행사에 참여한다.
· 결론: C가 사내 행사에 참여하면 A는 사내 행사에 참여하지 않고 D는 사내 행사에 참여한다.

분리 가능한 세 번째 명제의 '대우'와 네 번째 명제의 '대우'를 차례로 결합한 결론은 다음과 같다.

· 분리 가능한 세 번째 명제(대우): C가 사내 행사에 참여하면 F는 사내 행사에 참여한다.
· 네 번째 명제(대우): F가 사내 행사에 참여하면 E는 사내 행사에 참여하지 않는다.
· 결론: C가 사내 행사에 참여하면 F는 사내 행사에 참여하고 E는 사내 행사에 참여하지 않는다.

분리 가능한 세 번째 명제의 '대우'와 다섯 번째 명제의 '대우'를 차례로 결합한 결론은 다음과 같다.

· 분리 가능한 세 번째 명제(대우): C가 사내 행사에 참여하면 F는 사내 행사에 참여한다.
· 다섯 번째 명제(대우): F가 사내 행사에 참여하면 B는 사내 행사에 참여하지 않는다.

· 결론: C가 사내 행사에 참여하면 F는 사내 행사에 참여하고 B는 사내 행사에 참여하지 않는다.
따라서 사내 행사에 참여하지 않는 직원은 A, B, E이다.

17 명제추리 정답 ②

첫 번째 명제와 네 번째 명제의 '대우'를 차례로 결합한 결론은 다음과 같다.

· 첫 번째 명제: A를 진행하면 D도 진행한다.
· 네 번째 명제(대우): D를 진행하면 C를 진행하지 않는다.
· 결론: A를 진행하면 C를 진행하지 않는다.

여섯 번째 명제의 '대우'와 다섯 번째 명제의 '대우'를 차례로 결합한 결론은 다음과 같다.

· 여섯 번째 명제(대우): A를 진행하면 E도 진행한다.
· 다섯 번째 명제(대우): E를 진행하면 C도 진행한다.
· 결론: A를 진행하면 C도 진행한다.

이에 따라 두 결론이 서로 모순되므로 A를 진행하지 않음을 알 수 있고, 세 번째 명제의 '대우'에 따라 A를 진행하지 않으면 B를 진행하게 된다.
따라서 갑이 반드시 진행하게 될 운동은 B이다.

18 명제추리 정답 ⑤

청결하지 않은 모든 것이 사람을 병들게 한다는 것은 청결하지 않으면서 사람을 병들게 하는 것이 존재한다는 것이므로 사람을 병들게 하는 모든 것이 세척을 하지 않은 것이면 세척을 하지 않고 청결하지 않으면서 사람을 병들게 하는 것이 반드시 존재하게 된다.
따라서 '사람을 병들게 하는 모든 것은 세척을 하지 않은 것이다.'가 타당한 전제이다.

오답 체크

청결하지 않은 것을 A, 사람을 병들게 하는 것을 B, 세척을 하지 않은 것을 C라고 하면

① 청결하지 않은 모든 것이 사람을 병들게 하고, 세척을 하지 않은 모든 것이 사람을 병들게 하면 세척을 하지 않은 모든 것이 청결할 수도 있으므로 결론이 반드시 참이 되게 하는 전제가 아니다.

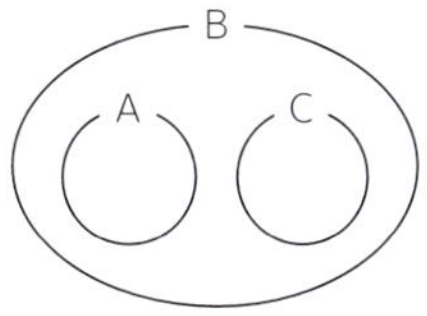

② 청결하지 않은 모든 것이 사람을 병들게 하고, 세척을 하지 않은 모든 것이 사람을 병들게 하지 않으면 세척을 하지 않은 모든 것은 청결하므로 결론이 반드시 참이 되게 하는 전제가 아니다.

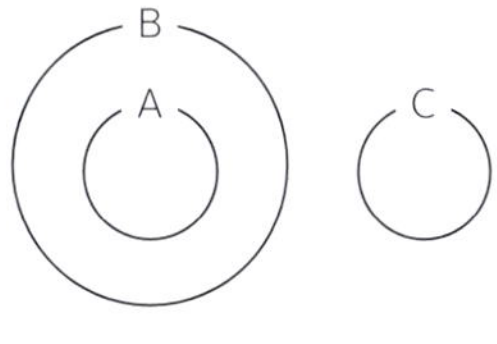

③, ④ 청결하지 않은 모든 것이 사람을 병들게 하고, 사람을 병들게 하지 않는 어떤 것은 세척을 한 것이 존재하거나, 사람을 병들게 하면서 세척을 하지 않은 것이 존재하면 세척을 하지 않은 모든 것이 청결할 수도 있으므로 결론이 반드시 참이 되게 하는 전제가 아니다.

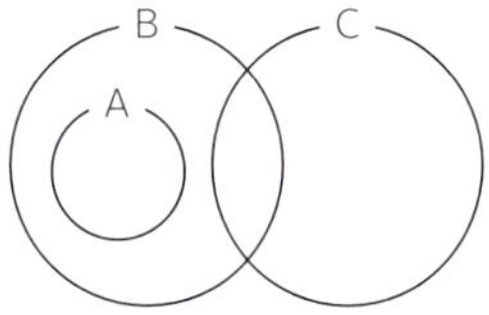

19 조건추리_위치/배치 정답 ⑤

제시된 조건에 따르면 법무팀은 홀수 층에서 근무하고, 나머지 팀은 모두 법무팀보다 아래층에서 근무하므로 법무팀은 5층에서 근무한다. 또한, 두 건물의 1층에는 어떤 팀도 근무하지 않으므로 나머지 팀은 2층 또는 3층 또는 4층에서 근무한다. 이때, 101동에서 인사팀은 기획팀의 바로 위층에서 근무하므로 기획팀과 인사팀은 각각 2층과 3층 또는 3층과 4층에서 근무하고, 홍보팀은 2층 또는 4층에서 근무한다. 101동에서 홍보팀이 근무하는 층과 102동에서 경영팀이 근무하는 층은 서로 다르므로 홍보팀이 근무하는 층에 따라 가능한 경우는 다음과 같다.

경우 1. 홍보팀이 2층에서 근무하는 경우

구분	101동	102동
6층		
5층		법무팀
4층	인사팀	경영 1팀 또는 경영 2팀
3층	기획팀	경영 1팀 또는 경영 2팀
2층	홍보팀	
1층		

경우 2. 홍보팀이 4층에서 근무하는 경우

구분	101동	102동
6층		
5층		법무팀
4층	홍보팀	
3층	인사팀	경영 1팀 또는 경영 2팀
2층	기획팀	경영 1팀 또는 경영 2팀
1층		

따라서 경영 1팀이 2층에서 근무하는 경우 인사팀은 3층에서 근무하므로 항상 거짓인 설명이다.

오답 체크

① 홍보팀은 2층 또는 4층에서 근무하므로 항상 참인 설명이다.
② 홍보팀이 4층에서 근무하면 경영 1팀은 2층 또는 3층에서 근무할 수도 있으므로 항상 거짓인 설명은 아니다.
③ 법무팀 바로 아래층에는 어떤 팀도 근무하지 않을 수도 있으므로 항상 거짓인 설명은 아니다.
④ 기획팀이 3층에서 근무하는 경우 102동 2층에는 어떤 팀도 근무하지 않으므로 항상 참인 설명이다.

20 명제추리 정답 ④

전자공학을 전공한 어떤 사람이 반도체에 관심이 있다는 것은 반도체에 관심이 있으면서 전자공학을 전공한 사람이 존재한다는 것이므로 반도체에 관심이 있는 모든 사람이 전기기사 자격증을 갖고 있으면 전기기사 자격증을 갖고 있는 사람 중에 반도체에 관심이 있으면서 전자공학을 전공한 사람이 반드시 존재하게 된다.

따라서 '반도체에 관심이 있는 모든 사람은 전기기사 자격증을 갖고 있다.'가 타당한 전제이다.

오답 체크

전자공학을 전공한 사람을 A, 반도체에 관심이 있는 사람을 B, 전기기사 자격증을 갖고 있는 사람을 C라고 하면

①, ⑤전자공학을 전공한 어떤 사람이 반도체에 관심이 있고, 전기기사 자격증을 갖고 있으면서 반도체에 관심이 있는 사람이 존재하거나, 반도체에 관심이 있으면서 전기기사 자격증을 갖고 있지 않은 사람이 존재하면 전기기사 자격증을 갖고 있는 모든 사람은 전자공학 전공이 아닐 수도 있으므로 결론이 반드시 참이 되게 하는 전제가 아니다.

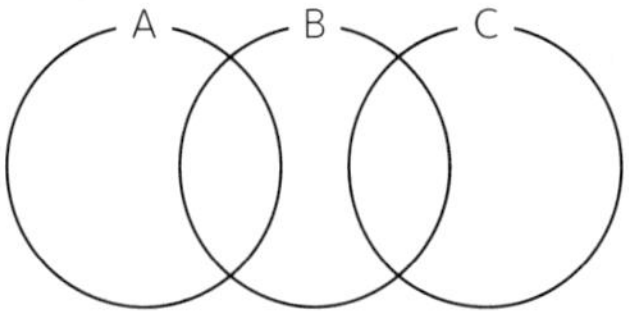

② 전자공학을 전공한 어떤 사람이 반도체에 관심이 있고, 전기기사 자격증을 갖고 있는 모든 사람이 반도체에 관심이 있으면 전기기사 자격증을 갖고 있는 모든 사람은 전자공학 전공이 아닐 수도 있으므로 결론이 반드시 참이 되게 하는 전제가 아니다.

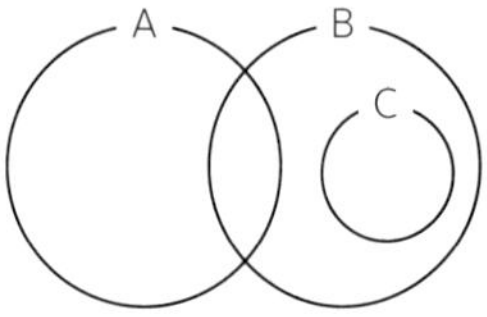

③ 전자공학을 전공한 어떤 사람이 반도체에 관심이 있고, 전기기사 자격증을 갖고 있는 모든 사람이 반도체에 관심이 없으면 전기기사 자격증을 갖고 있는 모든 사람은 전자공학 전공이 아닐 수도 있으므로 결론이 반드시 참이 되게 하는 전제가 아니다.

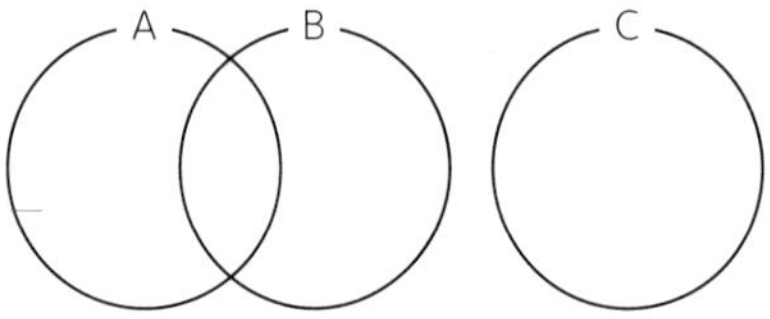

05 | 수열추리

출제예상문제

p.110

01	02	03	04	05	06	07	08	09	10
③	⑤	①	①	③	③	④	②	②	④
11	**12**	**13**	**14**	**15**	**16**	**17**	**18**	**19**	**20**
⑤	⑤	①	①	⑤	②	②	①	②	⑤

01 빈칸 숫자 추론 정답 ③

제시된 각 숫자를 소수로 변경한다.

0.6　0.67　0.75　0.84　0.94　( )

각 숫자 간의 값이 +0.07, +0.08, +0.09, +0.10, …과 같이 +0.01씩 변화하므로 빈칸에 들어갈 알맞은 숫자는 1.05에 해당하는 '$\frac{21}{20}$'이다.

02 N번째 숫자 추론 정답 ⑤

홀수항에 제시된 각 숫자 간의 값이 +8로 반복되고, 짝수항에 제시된 각 숫자 간의 값이 ×2로 반복되므로 12번째 항의 값으로 알맞은 숫자는 '256'이다.

03 빈칸 숫자 추론 정답 ①

제시된 각 숫자 간의 값이 −0.37로 반복되므로 빈칸에 들어갈 알맞은 숫자는 '−1.21'이다.

04 빈칸 숫자 추론 정답 ①

제시된 각 숫자를 약분된 분수로 변경한다.

$\frac{1}{2}$　$\frac{1}{3}$　$\frac{1}{5}$　$\frac{1}{7}$　$\frac{1}{11}$　( )

각 분수의 분모가 2, 3, 5, 7, 11, … 로 소수이므로 빈칸에 들어갈 알맞은 숫자는 $\frac{1}{13}$에 해당하는 '$\frac{3}{39}$'이다.

05 N번째 숫자 추론 정답 ③

세 번째 항부터 제시된 각 숫자는 앞의 두 숫자의 합이라는 규칙이 적용되므로 10번째 항의 값으로 알맞은 숫자는 '699'이다.

06 빈칸 숫자 추론 정답 ③

제시된 각 숫자를 약분되지 않은 분수로 변경한다.

$\frac{2}{3}$　$\frac{4}{8}$　$\frac{8}{13}$　$\frac{16}{18}$　$\frac{32}{23}$　$\frac{64}{28}$　( )

분자 간의 값은 ×2로 반복되고, 분모 간의 값은 +5로 반복되므로 빈칸에 들어갈 알맞은 숫자는 '$\frac{128}{33}$'이다.

07 빈칸 숫자 추론 정답 ④

제시된 각 숫자 간의 값이 ×2로 반복되므로 A와 B의 값은 각각 108과 1,728이고, 빈칸에 들어갈 알맞은 숫자는 '1,836'이다.

08 빈칸 숫자 추론 정답 ②

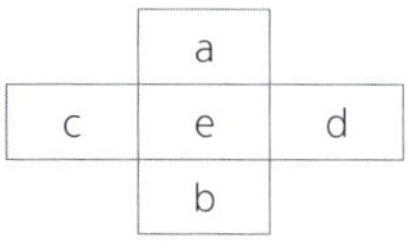

제시된 도형에서 각 문자는 (a − b) × 2 = e, (c − d) × 2 = e라는 규칙이 적용되므로 빈칸에 들어갈 알맞은 숫자는 (25 − 18) × 2 = (14 − 7) × 2 = 14이다.

09 빈칸 숫자 추론 정답 ②

제시된 숫자를 세 개씩 한 군으로 묶었을 때, 각 군의 두 번째 항에 해당하는 숫자는 양옆 두 숫자의 평균이라는 규칙이 적용되므로 빈칸에 들어갈 알맞은 숫자는 (83 + 99) / 2 = 91이다.

10 N번째 숫자 추론 정답 ④

제시된 각 숫자 간의 값이 +2.54, +3.85, +5.16, +6.47 …과 같이 +1.31씩 변화하므로 8번째 항의 값으로 알맞은 숫자는 '49.18'이다.

11 빈칸 숫자 추론 정답 ⑤

제시된 각 숫자 간의 값이 −8, ×8, ÷8로 반복되므로 A와 B의 값은 각각 7과 −8이고, 빈칸에 들어갈 알맞은 숫자는 '15'이다.

12 빈칸 숫자 추론 정답 ⑤

제시된 각 숫자 간의 값이 −2, ÷2, +1, −2, ÷2, +2 …로 변화되므로 빈칸에 들어갈 알맞은 숫자는 '25.5'이다.

13 빈칸 숫자 추론 정답 ①

홀수항에 제시된 각 숫자 간의 값이 +3으로 반복되고, 짝수항에 제시된 각 숫자 간의 값이 ×2로 반복되므로 A와 B의 값은 각각 126과 450이고, 빈칸에 들어갈 알맞은 숫자는 '−324'이다.

14 빈칸 숫자 추론 정답 ①

제시된 숫자를 세 개씩 한 군으로 묶었을 때, 각 군의 세 번째 항에 해당하는 숫자는 앞의 두 숫자의 차라는 규칙이 적용되므로 빈칸에 들어갈 알맞은 숫자는 '0.12'이다.

15 N번째 숫자 추론 정답 ⑤

N번째 항에 제시된 각 숫자는 $2^{N-3}+(N-3)$이라는 규칙이 적용되므로 10번째 항의 값으로 알맞은 숫자는 '135'이다.

16 빈칸 숫자 추론 정답 ②

각 숫자 간의 값이 +0.9, +1.1, +1.3, …과 같이 +0.2씩 변화하므로 빈칸에 들어갈 알맞은 숫자는 '13.2'이다.

17 빈칸 숫자 추론 정답 ②

제시된 숫자를 세 개씩 한 군으로 묶었을 때, 세 개 숫자의 곱이 1,080이라는 규칙이 적용되므로 빈칸에 들어갈 알맞은 숫자는 '10'이다.

18 빈칸 숫자 추론 정답 ①

제시된 각 숫자 간의 값이 +1, −3, +9, −27, …과 같이 ×(−3)씩 변화하므로 빈칸에 들어갈 알맞은 숫자는 '1'이다.

19 빈칸 숫자 추론 정답 ②

제시된 각 숫자 간의 값이 ×2, +3으로 반복되므로 빈칸에 들어갈 알맞은 숫자는 '85'이다.

20 빈칸 숫자 추론 정답 ⑤

제시된 각 숫자 간의 값이 ×3, ÷2, ×(−1)로 반복되므로 빈칸에 들어갈 알맞은 숫자는 '54'이다.

PART 2 실전모의고사

바로 채점 및 성적 분석 서비스

실전모의고사 1회

정답

01 언어이해 p.118

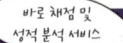

01	②	세부 내용 파악	05	③	중심 내용 파악	09	③	중심 내용 파악	13	②	중심 내용 파악	17	③	비판/반론
02	④	글의 구조 파악	06	②	세부 내용 파악	10	④	중심 내용 파악	14	⑤	세부 내용 파악	18	⑤	세부 내용 파악
03	①	세부 내용 파악	07	⑤	세부 내용 파악	11	③	중심 내용 파악	15	①	비판/반론	19	⑤	세부 내용 파악
04	④	비판/반론	08	②	글의 구조 파악	12	③	글의 구조 파악	16	③	세부 내용 파악	20	①	글의 구조 파악

02 자료해석 p.138

01	③	자료이해	05	⑤	자료이해	09	⑤	자료이해	13	②	자료이해	17	③	자료이해
02	⑤	자료이해	06	②	자료계산	10	③	자료변환	14	③	자료이해	18	③	자료이해
03	②	자료이해	07	③	자료이해	11	②	자료이해	15	①	자료추론	19	④	자료이해
04	⑤	자료이해	08	④	자료추론	12	③	자료이해	16	④	자료이해	20	④	자료이해

03 창의수리 p.158

01	⑤	용액의 농도	05	④	방정식의 활용	09	③	방정식의 활용	13	④	경우의 수/확률	17	③	경우의 수/확률
02	②	원가/정가	06	①	거리/속력/시간	10	④	방정식의 활용	14	③	방정식의 활용	18	④	방정식의 활용
03	①	일의 양	07	③	방정식의 활용	11	④	방정식의 활용	15	③	원가/정가	19	⑤	용액의 농도
04	②	방정식의 활용	08	④	경우의 수/확률	12	④	거리/속력/시간	16	①	방정식의 활용	20	②	거리/속력/시간

04 언어추리 p.163

01	④	조건추리_위치/배치	05	⑤	조건추리_참/거짓 진술	09	②	조건추리_참/거짓 진술	13	③	조건추리_순서/순위	17	③	조건추리_위치/배치
02	⑤	명제추리	06	①	명제추리	10	③	명제추리	14	④	조건추리_위치/배치	18	④	조건추리_순서/순위
03	③	조건추리_순서/순위	07	⑤	조건추리_위치/배치	11	②	조건추리_참/거짓 진술	15	④	조건추리_위치/배치	19	④	조건추리_순서/순위
04	②	명제추리	08	②	조건추리_순서/순위	12	④	조건추리_순서/순위	16	③	명제추리	20	②	명제추리

05 수열추리 p.174

01	③	빈칸 숫자 추론	05	②	빈칸 숫자 추론	09	③	빈칸 숫자 추론	13	④	빈칸 숫자 추론	17	⑤	빈칸 숫자 추론
02	②	빈칸 숫자 추론	06	①	빈칸 숫자 추론	10	③	N번째 숫자 추론	14	④	빈칸 숫자 추론	18	②	빈칸 숫자 추론
03	①	빈칸 숫자 추론	07	①	빈칸 숫자 추론	11	⑤	빈칸 숫자 추론	15	④	빈칸 숫자 추론	19	③	빈칸 숫자 추론
04	②	빈칸 숫자 추론	08	①	N번째 숫자 추론	12	⑤	N번째 숫자 추론	16	④	N번째 숫자 추론	20	②	빈칸 숫자 추론

취약 유형 분석표

유형별로 맞힌 개수, 틀린 문제 번호와 풀지 못한 문제 번호를 적어보면서 취약한 유형이 무엇인지 파악해 보세요.
취약한 유형은 '기출유형공략'으로 복습하고 틀린 문제와 풀지 못한 문제를 다시 한번 풀어보세요.

01 언어이해

유형	유형별 맞힌 문제 수	틀린 문제 번호	풀지 못한 문제 번호
중심 내용 파악	/5		
세부 내용 파악	/8		
글의 구조 파악	/4		
비판/반론	/3		
TOTAL	/20		

02 자료해석

유형	유형별 맞힌 문제 수	틀린 문제 번호	풀지 못한 문제 번호
자료이해	/16		
자료계산	/1		
자료추론	/2		
자료변환	/1		
TOTAL	/20		

03 창의수리

유형	유형별 맞힌 문제 수	틀린 문제 번호	풀지 못한 문제 번호
거리/속력/시간	/3		
용액의 농도	/2		
일의 양	/1		
원가/정가	/2		
방정식의 활용	/9		
경우의 수/확률	/3		
TOTAL	/20		

04 언어추리

유형	유형별 맞힌 문제 수	틀린 문제 번호	풀지 못한 문제 번호
명제추리	/6		
조건추리_순서/순위	/6		
조건추리_위치/배치	/5		
조건추리_참/거짓 진술	/3		
TOTAL	/20		

05 수열추리

유형	유형별 맞힌 문제 수	틀린 문제 번호	풀지 못한 문제 번호
빈칸 숫자 추론	/16		
N번째 숫자 추론	/4		
TOTAL	/20		

01 언어이해 p.118

01 세부 내용 파악 정답 ②

환경주의적 아나키즘은 근래에 만들어진 이념으로써 모든 형태의 산업화와 환경 파괴를 거부한다고 하였으므로 환경주의적 아나키즘하에서는 산업화에 따라 만들어진 모든 것과 환경 파괴를 부정함을 알 수 있다.

오답 체크

① 아나키즘을 주장하는 아나키스트들은 정부가 억압과 불평등을 조장하는 주요 근원으로 생각한다고 하였으므로 적절하지 않은 내용이다.

③ 아나키즘에서의 무정부 상태는 혼란한 사회를 말하는 것이 아닌 정부가 없음에도 조화롭게 질서가 유지되는 상태라고 하였으므로 적절하지 않은 내용이다.

④ 아나키스트들은 개인의 자유를 가장 높은 가치로 여긴다고 하였으므로 적절하지 않은 내용이다.

⑤ 사회적 아나키즘은 사유 재산을 부정하면서 생산수단이 공유되어야 함을 주장한다고 하였으므로 적절하지 않은 내용이다.

빠른 문제 풀이 Tip

선택지에 있는 고유명사와 같은 핵심어를 빠르게 확인한 뒤 각 선택지와 관련된 내용을 글에서 확인하는 방법으로 풀이하면 문제 풀이 속도를 높일 수 있다.

02 글의 구조 파악 정답 ④

이 글은 과거 동방과 서방의 무역 통로였던 실크로드가 만들어지게 된 역사적 배경과 의의를 설명하는 글이다.
따라서 '다) 실크로드라는 이름의 유래와 위치 → 라) 실크로드 개척 전 교류가 불가능했던 동방과 서방 → 나) 군사동맹을 맺기 위해 서방으로 간 한나라의 장건과 서방으로 통하는 길을 개척하기로 결심한 한 무제 → 가) 한 무제에 의해 실크로드가 개척된 과정과 실크로드의 의의' 순으로 배열해야 한다.

03 세부 내용 파악 정답 ①

선거에서 정당이나 후보자 간의 지지율이 비등할 경우 스윙보터가 투표 결과를 좌우하게 된다고 하였으므로 후보자들이 접전을 벌일수록 선거 결과에 미치는 스윙보터의 영향력이 커진다는 것을 알 수 있다.

오답 체크

② 부동층은 선거나 투표에서 어느 쪽을 선택할지 결정하지 못했거나 얼마든지 마음을 바꿀 생각이 있는 사람들을 가리키는 스윙보터와 같은 말이라고 하였으므로 적절하지 않은 내용이다.

③ 정치적인 불신이나 혼란이 가중될 경우 아예 투표를 하지 않는 스윙보터도 있다고 하였으나, 스윙보터의 투표 참여율에 대해서는 알 수 없으므로 적절하지 않은 내용이다.

④ 스윙보터는 특정 정당이나 정치인을 지지하기보다는 투표 당시의 정치적 상황이나 후보자의 정책을 기준으로 투표한다고 하였으므로 적절하지 않은 내용이다.

⑤ 정당이나 후보자 간의 지지도가 비등한 선거에서는 스윙보터의 표심을 얻는 쪽의 당선 가능성이 커져 선거를 앞두고 스윙보터의 지지를 얻기 위해 막판 총력을 기울인다고 하였으므로 적절하지 않은 내용이다.

04 비판/반론 정답 ④

이 글의 필자는 자각몽을 통해 스트레스를 풀거나 새로운 아이디어 및 예술적 통찰을 얻을 수 있고 자아실현에도 도움을 받을 수 있으므로 자각몽이 긍정적인 효과를 유발한다고 주장하고 있다.
따라서 자각몽에 지나치게 몰입하면 현실 부적응과 같이 예측할 수 없는 부작용이 나타날 수 있다는 반박이 가장 타당하다.

05 중심 내용 파악 정답 ③

이 글은 다이어트 방식으로 각광받는 간헐적 단식과 시행 시 얻을 수 있는 효과 및 건강한 신체 유지를 위해 주의해야 하는 사항을 설명하는 내용이므로 이 글의 제목으로 가장 적절한 것은 ③이다.

오답 체크

① 글 전체에서 간헐적 단식을 금지해야 하는 이유에 대해서는 설명하고 있지 않으므로 적절하지 않은 내용이다.

② 글 전체에서 간헐적 단식보다 더 효과적인 다이어트 방식을 소개하고 있지 않으므로 적절하지 않은 내용이다.

④ 글 후반부에서 간식을 먹거나 폭식을 하는 습관은 간헐적 단식에 도움이 되지 않음을 설명하고 있으나, 글 전체를 포괄할 수 없으므로 적절하지 않은 내용이다.

⑤ 글 중반부에서 미국의 한 대학에서 시행한 간헐적 단식 실험에 따른 결과를 설명하고 있으나, 글 전체를 포괄할 수 없으므로 적절하지 않은 내용이다.

06 세부 내용 파악
정답 ②

빈칸 앞에서는 대중문화가 소비와 유행에 민감하게 반응한다는 내용을 말하고 있고, 빈칸 뒤에서는 대중문화와 고급문화가 동시에 나타나는 사례에 대해 예시를 들고 있다.
따라서 빈칸에는 두 문화가 상호작용하며 경계가 모호해지는 형태를 보였다는 내용이 들어가야 한다.

07 세부 내용 파악
정답 ⑤

스콜선은 주로 한랭전선이나 적도 무풍대 부근에서 발생한다고 하였으므로 스콜이 바람이 약한 적도 무풍지대에서 발생하지 않는다는 것은 아님을 알 수 있다.

오답 체크

① 강수를 동반하지 않는 스콜을 흰 스콜이라고 부른다고 하였으므로 적절한 내용이다.
② 스콜은 돌풍보다 지속 시간이 길다고 하였으므로 적절한 내용이다.
③ 스콜은 풍향이 급변하는 경우가 많다고 하였으므로 적절한 내용이다.
④ 적도 주변의 열대기후 지역에서는 강한 일사로 대류 작용이 왕성해져 일사량이 큰 오후 시간대에 소나기를 동반한 스콜이 자주 발생한다고 하였으므로 적절한 내용이다.

08 글의 구조 파악
정답 ②

글 전체에서 기흉과 관련한 연구의 변천 과정을 시대순으로 서술하는 방식은 확인할 수 없으므로 적절하지 않다.

오답 체크

① 글 전체에서 기흉에 대해 정의, 대조, 예시 등의 방법을 사용하여 설명하고 있으므로 적절하다.
③ 4문단에서 기흉이 작고 증상이 덜하면 산소를 삽입하여 자연치유되기를 기다린다고 하였고 기흉이 크고 증상이 심하면 흉관 삽입술, 흉강경 수술 등의 방법으로 치료한다고 하였으므로 적절하다.
④ 2문단에서 기흉은 발생 원인에 따라 크게 자연 기흉과 외상성 기흉으로 분류된다고 하였으므로 적절하다.
⑤ 1문단에서 공기라는 의미의 기(氣)와 가슴이라는 의미의 흉(胸)이 결합된 단어인 기흉은 가슴에 공기가 차서 폐가 짓눌려 정상 호흡이 불가능한 상태를 이른다고 하였으므로 적절하다.

09 중심 내용 파악
정답 ③

이 글은 중국이 핀테크 산업에 네거티브 방식의 열린 규제를 도입하여 전 세계 핀테크 산업을 선도하는 국가가 되었으나 우리나라는 각종 규제로 인해 핀테크 산업의 발전이 더디다는 내용이므로 이 글의 중심 내용과 가장 일치하는 주장은 ③이다.

10 중심 내용 파악
정답 ④

유명 연예인과의 계약을 통해 신제품에 대한 광고를 활용하는 것은 유료 광고에 의존하지 않고 소비자와의 유기적인 관계 형성을 통해 소비자가 자연스럽게 제품에 관심을 가지도록 유도하는 오가닉 마케팅 전략으로 적절하지 않으므로 밑줄 친 부분에 해당하는 사례로 가장 적절하지 않은 것은 ④이다.

11 중심 내용 파악
정답 ③

이 글은 미주신경성 실신의 원인이 육체적·정신적 스트레스로 유발된 저혈압과 뇌 혈류 감소이며, 대부분의 경우 치료가 필요하지 않으나 특이한 증상을 동반한 미주신경성 실신 발생 시 병원 진료를 받는 것이 좋다는 내용이므로 이 글의 주제로 가장 적절한 것은 ③이다.

12 글의 구조 파악
정답 ③

이 글은 맨홀 뚜껑이 원형인 이유로 사람이 드나들기에 원통형의 맨홀이 적합하며, 정폭 도형인 원형의 맨홀 뚜껑은 밑으로 빠지지도 않고 제조 및 운반이 용이하다는 점을 제시하는 글이다.
따라서 구글 입사 면접의 특징을 설명하며 맨홀 뚜껑이 원형인 이유를 화제로 제시한 글에 이어질 내용은 '라) 맨홀 뚜껑이 원형인 이유(1): 사람이 드나들기 편하도록 만들어진 원통형의 맨홀 → 나) 맨홀 뚜껑이 원형인 이유(2): 정폭 도형인 원 → 마) 정폭 도형인 원형으로 제작되어 밑으로 빠지지 않는 맨홀 뚜껑 → 가) 원 외의 정폭 도형 → 다) 다른 정폭 도형과 달리 맨홀 뚜껑으로 만들 경우 제조 및 운반이 용이한 원형' 순으로 배열해야 한다.

13 중심 내용 파악
정답 ②

이 글은 난독증을 제때 치료하지 않으면 증세가 지속될 뿐만 아니라 학습에 대한 흥미 저하, 자존감 하락 등을 겪게 되므로 치료 효과가 좋은 초등학교 3학년 이전에 난독증 진단 및 치료가 이루어져야 한다는 내용이므로 이 글의 주제문으로 가장 적절한 것은 ②이다.

오답 체크

① 난독증 환자가 초등학교 3학년 이전에 치료를 시작하고 꾸준히 훈련할 경우 증상이 호전된다는 내용을 서술하고 있지만, 환자의 연령에 따라 달라지는 치료 방법에 대해서는 다루고 있지 않으므로 적절하지 않은 내용이다.
③ 난독증은 시간이 흐른다고 저절로 낫는 것이 아니며 완치도 어렵다고 하였으므로 적절하지 않은 내용이다.
④ 난독증은 학습 장애의 일종이라고 하였으므로 적절하지 않은 내용이다.
⑤ 난독증의 치료를 시작하는 시기가 중요하다는 내용은 언급되었지만, 치료 방법과 기간에 따른 완치 여부에 대해서는 다루고 있지 않으므로 적절하지 않은 내용이다.

14 세부 내용 파악

정답 ⑤

안와 골절에 대한 수술은 외상 후 1~2주 이내에 부기가 빠지면 진행하는 것이 일반적이라고 하였으므로 수술이 필요한 안와 골절 발생 시 부종이 심각하다면 외상 후 즉시 수술을 진행해야 효과적인 것은 아님을 알 수 있다.

오답 체크

① 안와 조직에 부종이 생길 경우 안구 움직임에 문제가 생겨 복시 현상을 겪게 될 수 있다고 하였으므로 적절한 내용이다.
② 안와 골절 시 미주신경이 자극되어 구역, 구토 증세가 나타날 수 있다고 하였으므로 적절한 내용이다.
③ 이마와 광대뼈로 이루어져 비교적 튼튼한 안와 상벽 및 외벽과 달리 안와의 하벽과 내벽은 상대적으로 약해 주먹 또는 야구공 등으로 외상을 입으면 안와 골절이 쉽게 발생할 수 있다고 하였으므로 적절한 내용이다.
④ 안와 골절로 인해 안와 아래의 신경 손상이 유발되었다면 아래 눈꺼풀, 콧방울, 윗입술에 감각 저하가 생기기도 한다고 하였으므로 적절한 내용이다.

15 비판/반론

정답 ①

이 글의 필자는 일자리 확대 효과와 노동자의 삶의 질 향상을 위해 주 4일 근무제를 도입해야 한다고 주장하고 있다.
따라서 주 4일 근무제를 도입하였을 때 노동자의 임금이 낮아져 기대와 달리 삶의 질이 나빠질 수도 있다는 반박이 가장 타당하다.

16 세부 내용 파악

정답 ③

초기 인류가 주변에서 쉽게 발견할 수 있는 자연물을 도구로 활용한 것과 달리 호모 에렉투스는 자연물을 가공하는 등 도구를 만들어 썼다고 하였으므로 초기 인류가 호모 에렉투스보다 한층 발전된 도구를 사용한 기록이 있다는 것은 아님을 알 수 있다.

오답 체크

① 인간이 사용한 도구에 따라 인류 발전 단계가 석기, 청동기, 철기 시대로 구분된다고 하였으므로 적절한 내용이다.
② 도구를 만들어 사용할 수 있다는 점은 인간과 동물을 구별하는 주요한 특징이라고 하였으므로 적절한 내용이다.
④ 호모 에렉투스는 돌의 한쪽을 떼어내서 만든 찍개 형식의 도구를 사용했다고 하였으므로 적절한 내용이다.
⑤ 찍개 형식의 도구를 사용할 수 있게 됨에 따라 말, 사슴, 코끼리 등의 큰 동물 수렵이 가능했을 것으로 추측되므로 적절한 내용이다.

17 비판/반론

정답 ③

제시된 글의 필자는 가정이 많아질수록 현상의 인과관계에 대한 추론이 진실일 가능성은 작아지므로 제한된 정보하에서 현상을 논리적으로 설명할 때는 불필요한 가정을 모두 없애야 판단 오류의 가능성을 줄일 수 있다고 주장하고 있다.
따라서 현실화될 가능성이 있는 가정을 과도하게 단순화하면 오히려 논리를 뒷받침할 수 있는 근거가 부족해질 수 있다는 반박이 가장 타당하다.

18 세부 내용 파악

정답 ⑤

르네상스는 인간보다 신을 중시하던 중세 시대에서 벗어나려는 움직임이라고 하였으므로 르네상스를 전개하던 이들이 중세와 동일하게 신의 중요성을 인정했지만, 교회 제도를 인정하지 않았다는 것은 아님을 알 수 있다.

오답 체크

① 유럽 북부 지역의 르네상스는 로마 교황의 권위에 도전하면서 교회 조직 및 정신의 근본적인 개혁을 꾀하는 종교 개혁의 형태로 발전하였다고 하였으므로 적절한 내용이다.
② 르네상스는 인간 중심의 세상을 만들고자 하였다는 점에서 의미가 있으며, 르네상스를 통해 발달한 인문주의는 국가, 인종, 종교 등을 초월해 모든 사람이 인간이라는 존재 자체로 인정받을 수 있어야 한다는 태도가 자리 잡게 도왔다고 하였으므로 적절한 내용이다.
③ 르네상스는 인간보다 신을 중시하던 중세 시대에서 벗어나려던 움직임으로, 당대의 봉건 제도, 교회 등에 반발하여 현실적인 인간 생활을 받아들이고 인간의 개성을 발현하고자 하는 의지가 반영되어 있다고 한 점을 통해 르네상스 이전의 중세 시대가 봉건 제도의 영향권 아래 있었던 것임을 알 수 있으므로 적절한 내용이다.
④ 상업 경제의 성장으로 인한 도시의 발달, 사라센 문화 유입으로 인한 고전 과학 발달, 스콜라 철학의 영향으로 인한 지성 및 학문 발달 등이 르네상스의 발전 배경이라고 하였으므로 적절한 내용이다.

19 세부 내용 파악

정답 ⑤

빈칸 앞에서는 조선 시대에 이르러 왕조를 새로 개창한 왕의 묘호에 붙이는 조의 의미와 활용 범위가 넓어졌다는 내용을 말하고 있으며, 빈칸 뒤에서는 나라를 안정시키거나 외세의 침략을 수습하는 등의 업적을 높이 평가받은 왕에게도 조가 포함된 묘호가 사용되었다는 내용을 말하고 있다.
따라서 조선 시대에는 왕조를 새로 개창하지 않아도 뛰어난 업적을 남긴 것으로 평가된 왕에게 조가 포함된 묘호가 사용되었다는 내용이 들어가야 한다.

20 글의 구조 파악 정답 ①

이 글은 잼의 가짓수가 다양할 때 관심을 갖는 사람의 비율이 더 높았으나 실제 구매로 이어지는 비율은 낮았다는 실험 결과를 통해 '선택의 역설'이라는 개념을 제시하고, 선택의 역설이 발생하는 심리적 요인을 설명하는 글이다.

따라서 잼의 가짓수에 따라 시식 참여 비율과 구매 비율이 상이했던 실험 결과를 설명한 글에 이어질 내용은 '나) 잼 실험의 목적 및 선택의 역설과의 관련성 → 가) 선택의 역설에 대한 정의 → 라) 선택의 역설이 일어나는 이유(1): 잘못된 선택을 하는 것에 대한 두려움 → 다) 선택의 역설이 일어나는 이유(2): 선택으로 인해 포기하게 되는 많은 것들에 대한 후회' 순으로 배열해야 한다.

02 | 자료해석 p.138

01 자료이해 정답 ③

국외 남해의 해양사고 발생 건수의 전년 대비 증가율은 2020년에 {(100 - 80) / 80} × 100 = 25%, 2024년에 {(120 - 90) / 90} × 100 ≒ 33%로 2020년이 2024년보다 작으므로 옳지 않은 설명이다.

오답 체크

① 제시된 기간 동안 동해의 해양사고 발생 건수는 매년 국내가 국외보다 많고, 서해와 남해의 해양사고 발생 건수도 매년 각각 국내가 국외보다 많아 동해, 서해, 남해의 해양사고 발생 건수의 합은 매년 국내가 국외보다 많으므로 옳은 설명이다.

② 2024년 국내 해양사고 발생 건수의 5년 전 대비 증가량은 동해가 350 - 210 = 140건, 서해가 900 - 550 = 350건, 남해가 1,120 - 780 = 340건으로 서해가 가장 크므로 옳은 설명이다.

④ 2024년 국외에서 동해, 서해, 남해의 평균 해양사고 발생 건수는 (90 + 50 + 120) / 3 ≒ 87건이므로 옳은 설명이다.

⑤ 제시된 기간 동안 국내에서 동해, 서해, 남해 중 해양사고 발생 건수는 매년 남해, 서해, 동해 순으로 많았으므로 옳은 설명이다.

02 자료이해 정답 ⑤

교육/사범전공에서 업무 및 전공과의 관련성 인식이 다소 높음과 매우 높음에 해당하는 비중의 합은 26.3 + 66.8 = 93.1%이므로 옳은 설명이다.

오답 체크

① 업무 및 전공과의 관련성 인식 중 매우 낮음에 해당하는 비중이 가장 높은 전공은 6.3%인 인문전공이므로 옳지 않은 설명이다.

② 사회전공에서 업무 및 전공과의 관련성 인식이 매우 높음에 해당하는 사례 수는 1,325 × 0.52 = 689건이므로 옳지 않은 설명이다.

③ 의약전공에서 업무 및 전공과의 관련성 인식이 다소 낮음에 해당하는 비중은 3.8%로 사회전공에서 매우 낮음에 해당하는 비중인 4.8%보다 낮으므로 옳지 않은 설명이다.

④ 업무 및 전공과의 관련성 인식 정도에 나타난 전체 사례 수는 510 + 1,325 + 1,825 + 866 + 1,006 + 480 + 389 = 6,401건이므로 옳지 않은 설명이다.

03 자료이해 정답 ②

2024년 C 지역 지역사회봉사단의 봉사활동 건수는 2023년 대비 {(7,900 - 5,400) / 5,400} × 100 ≒ 46.3% 증가하였으므로 옳은 설명이다.

오답 체크

① 2020년 B 지역과 G 지역 지역사회봉사단의 봉사활동 건수의 합은 4,506 + 6,126 = 10,632건으로 같은 해 A 지역 지역사회봉사단의 봉사활동 건수인 11,914건보다 적으므로 옳지 않은 설명이다.

③ 지역사회봉사단의 봉사활동 건수가 많은 지역부터 순서대로 나열하면 2021년에는 A, D, G, C, B, E, F 지역 순이지만, 2022년에는 A, C, D, G, B, E, F 지역 순이므로 옳지 않은 설명이다.

④ 2023년 지역사회봉사단의 봉사활동 건수는 E 지역이 F 지역의 3,100 / 290 ≒ 10.7배이므로 옳지 않은 설명이다.

⑤ 2022년 D 지역 지역사회봉사단의 봉사활동 건수는 전년 대비 6,288 - 5,961 = 327건 증가하였으므로 옳지 않은 설명이다.

04 자료이해 정답 ⑤

10대의 휴식활동에 대한 경험률은 13.0%로 50대의 관광활동에 대한 경험률인 14.2%보다 낮으므로 옳지 않은 설명이다.

오답 체크

① 10~50대 모두 스포츠관람활동에 대한 경험률이 가장 낮게 나타나므로 옳은 설명이다.

② 문화예술참여활동에 대한 경험률은 30대와 40대가 동일하지만, 인구는 30대보다 40대가 많아 문화예술참여활동을 경험한 인구 또한 30대보다 40대가 많으므로 옳은 설명이다.

③ 경험률이 높은 여가활동부터 순위를 매기면 40대와 50대 모두 취미오락활동, 휴식활동, 관광활동, 스포츠참여활동, 기타 사회활동, 문화예술관람활동, 문화예술참여활동, 스포츠관람활동 순으로 순위가 매겨지므로 옳은 설명이다.

④ 스포츠참여활동에 대한 경험률은 10대부터 순서대로 18.4%, 15.2%, 14.2%, 13.5%, 12.6%로 연령대가 높아질수록 점차 줄어드는 경향을 보이므로 옳은 설명이다.

05 자료이해 정답 ⑤

b. 2023년 폐렴 사망률의 2019년 대비 증가율은 {(32.2 - 20.5) / 20.5} × 100 ≒ 57%이므로 옳은 설명이다.

c. 사망자 수 = (사망률 × 주민등록 연앙 인구수) / 100,000임에 따라 2024년 고혈압성 질환에 의한 사망자 수는 (11.3 × 51,200,000) / 100,000 ≒ 5,786명이므로 옳은 설명이다.

d. 만성 하기도 질환의 평균 사망률은 (13.9 + 15.6 + 14.0 + 14.1 + 14.8 + 13.7 + 13.2) / 7 ≒ 14.2명이므로 옳은 설명이다.

오답 체크

a. 2020년 심장 질환 사망률은 전년 대비 감소하였으므로 옳지 않은 설명이다.

06 자료계산 정답 ②

전력운영비 = 국방비 - 방위력개선비임을 적용하여 구한다.
제시된 기간 중 방위력개선비는 2017년에 4,033 × 0.30 ≒ 1,210백억 원, 2018년에 4,317 × 0.31 ≒ 1,338백억 원, 2019년에 4,670 × 0.33 ≒ 1,541백억 원, 2020년에 5,015 × 0.33 ≒ 1,655백억 원, 2021년에 5,284 × 0.32 ≒ 1,691백억 원이므로 방위력개선비가 가장 많은 해는 2021년이다. 이에 따라 2021년 전력운영비는 5,284 - 1,691 ≒ 3,593백억 원이다.
따라서 2021년 정부재정에서 전력운영비가 차지하는 비중은 (3,593 / 38,085) × 100 ≒ 9.4%이다.

빠른 문제 풀이 Tip

국방비 중 방위력개선비의 구성 비중과 국방비 각각의 전년 대비 증감 추이를 비교하여 계산한다.
국방비 중 방위력개선비의 구성 비중은 2019년까지 매년 전년 대비 증가하였으며, 2020년에는 전년도와 동일하고, 2021년에는 전년 대비 감소하였다. 국방비는 2021년까지 매년 전년 대비 증가하였으므로 2020년까지 방위력개선비는 매년 전년 대비 증가하였다. 이에 따라 2020년과 2021년 방위력개선비만 계산하면 2020년에 5,015 × 0.33 ≒ 1,655백억 원, 5,284 × 0.32 ≒ 1,691백억 원이므로 방위력개선비는 2021년에 가장 많음을 알 수 있다.

07 자료이해 정답 ③

2024년 학교급별 예체능 및 취미·교양 사교육 참여율에서 참여율이 세 번째로 높은 사교육은 중학교가 2.2%인 취미·교양인 반면, 초등학교와 고등학교는 각각 10.2%, 2.5%인 미술이므로 옳지 않은 설명이다.

오답 체크

① 2021년부터 2024년까지 고등학교와 중학교의 논술 사교육 참여율의 합은 2021년에 2.2 + 4.8 = 7.0%, 2022년에 2.5 + 4.7 = 7.2%, 2023년에 2.6 + 4.5 = 7.1%, 2024년에 3.0 + 5.0 = 8.0%이고, 이는 매년 초등학교의 논술 사교육 참여율보다 낮으므로 옳은 설명이다.
② 2023년 고등학교의 논술 사교육 참여율은 전년 대비 0.1%p 증가하였지만, 중학교는 전년 대비 0.2%p 감소하였고, 초등학교도 전년 대비 1.1%p 감소하였으므로 옳은 설명이다.
④ 2024년 초등학교의 음악 사교육 참여율과 미술 사교육 참여율의 차는 28.1 - 10.2 = 17.9%p이므로 옳은 설명이다.
⑤ 2024년 논술 사교육 참여율이 가장 낮은 학교급인 고등학교의 2024년 음악 사교육 참여율은 3.4%이므로 옳은 설명이다.

08 자료추론 정답 ④

㉠ 2015년 기업결합 건수는 669건이므로 2015년 수평결합 건수는 669 - 85 - 396 = 188건이다.
㉡ 2013년 수직결합 건수는 전년 대비 35건 감소한 91 - 35 = 56건이다.
㉢ 2015년 합병결합 건수는 2009년 대비 25% 증가한 128 × 1.25 = 160건이다.
따라서 ㉠은 188, ㉡은 56, ㉢은 160인 ④가 정답이다.

09 자료이해 정답 ⑤

백색 시유와 가공 시유의 1인당 소비량 차이가 가장 큰 해는 백색 시유 소비량이 가장 크고, 가공 시유 소비량이 가장 작은 2019년이며, 2019년 액상 발효유와 호상 발효유의 1인당 소비량 차이는 0.0088 - 0.0023 = 0.0065톤으로 2023년과 2024년 다음으로 세 번째로 작으므로 옳지 않은 설명이다.

오답 체크

① 1인당 가공 치즈 소비량이 가장 많은 해와 1인당 가공 시유 소비량이 가장 많은 해는 모두 2024년이므로 옳은 설명이다.
② 전국 발효유 소비량은 2022년에 전년 대비 589,768 - 567,067 = 22,701톤 증가하였고, 2023년에 전년 대비 589,768 - 514,832 = 74,936톤 감소하였으므로 옳은 설명이다.
③ 1인당 액상 발효유 소비량이 전년 대비 가장 많이 증가한 2024년에 1인당 액상 발효유 소비량의 전년 대비 증가율은 {(0.0086 - 0.0080) / 0.0080} × 100 = 7.5%이므로 옳은 설명이다.
④ 전국 시유 소비량이 가장 많았던 2024년에 1인당 백색 시유 소비량은 전년 대비 감소하였으므로 옳은 설명이다.

10 자료변환 정답 ③

제시된 자료에 따르면 2022년 상반기 인천의 부동산 소비심리지수는 1월에 93.1, 2월에 95.7, 3월에 94.0, 4월에 92.6, 5월에 94.9, 6월에 99.6이다.
따라서 2022년 상반기 인천의 부동산 소비심리지수와 그래프의 높이가 일치하는 ③이 정답이다.

오답 체크

① 2022년 상반기 경기의 부동산 소비심리지수의 평균은 (90.0 + 94.0 + 90.8 + 89.3 + 91.2 + 97.8) / 6 ≒ 92.2이지만, 이 그래프에서는 94.0보다 높게 나타나므로 옳지 않은 그래프이다.
② 2023년 5월 서울의 부동산 소비심리지수는 112.5이지만, 이 그래프에서는 110.0보다 낮게 나타나므로 옳지 않은 그래프이다.
④ 2023년 2월 경기의 부동산 소비심리지수는 120.9이지만, 이 그래프에서는 120.0보다 낮게 나타나므로 옳지 않은 그래프이다.
⑤ 2022년 6월 대비 2023년 6월 서울의 부동산 소비심리지수의 변화량은 131.9 - 111.2 = 20.7이지만, 이 그래프에서는 20.0보다 낮게 나타나므로 옳지 않은 그래프이다.

11 자료이해 정답 ②

2021년에 '약간 나빠질 것이다'라고 응답한 비율은 도시와 농어촌이 같고, '매우 나빠질 것이다'라고 응답한 비율은 도시가 농어촌보다 높으므로 옳은 설명이다.

오답 체크

① 제시된 기간 중 '변화 없을 것이다'라고 응답한 비율이 가장 높은 2019년에 해당 응답 비율은 2017년 대비 56.6 - 53.5 = 3.1%p 증가했으므로 옳지 않은 설명이다.

③ 제시된 모든 해에 '약간 좋아질 것이다'라고 응답한 비율은 25%에 못 미치므로 옳지 않은 설명이다.

④ 2021년 응답 내용별 전체 응답 비율은 각각 2.1%, 24.6%, 53.8%, 16.2%, 3.3%로, 농어촌보다 도시의 응답 내용별 응답 비율과 더 가까우며, 이를 통해 2021년에 지역별 전체 응답자 수는 도시가 농어촌보다 많음을 알 수 있으므로 옳지 않은 설명이다.

⑤ 2015년에 '좋아질 것이다'라고 응답한 비율은 1.8 + 23.3 = 25.1%로 '나빠질 것이다'라고 응답한 비율인 20.4 + 3.6 = 24.0%보다 높으므로 옳지 않은 설명이다.

12 자료이해 정답 ③

제시된 기간 동안 60대 남자 귀촌인 수의 평균은 (23,278+ 25,605 + 25,867 + 25,738) / 4 = 25,122명이므로 옳지 않은 설명이다.

오답 체크

① 2017년 20대 이하 남자 귀촌인 수는 전년 대비 70,117 - 65,274 = 4,843명 증가하였으므로 옳은 설명이다.

② 제시된 연령대 중 2019년 전체 귀촌인 수가 가장 많은 연령대는 남자와 여자 귀촌인 수가 모두 가장 많은 20대 이하이고, 두 번째로 많은 연령대는 남자와 여자 귀촌인 수가 모두 두 번째로 많은 30대이며, 40대 전체 귀촌인 수는 41,174 + 31,861 = 73,035명, 50대 전체 귀촌인 수는 39,390 + 35,404 = 74,794명으로 전체 귀촌인 수가 세 번째로 많은 연령대는 50대이므로 옳은 설명이다.

④ 2018년 30대 여자 귀촌인 수는 전년 대비 {(55,375 - 50,945) / 55,375}×100 = 8% 감소하였으므로 옳은 설명이다.

⑤ 2016년 70대 이상 귀촌인 수는 여자가 남자보다 17,871 - 9,904 = 7,967명 더 많으므로 옳은 설명이다.

13 자료이해 정답 ②

수출액과 수입액의 차이는 2023년에 44.2 - 27.3 = 16.9십억 불이고, 2024년에 48.7 - 30.0 = 18.7십억 불로 2024년에 가장 크므로 옳지 않은 설명이다.

오답 체크

① 생산액이 가장 많은 2024년에 수출액도 가장 많으므로 옳은 설명이다.

③ 2024년 내수액은 2018년 대비 99,205.0 - 93,994.0 = 5,211.0십억 원 증가하여 5조 원 이상 증가했으므로 옳은 설명이다.

④ 2019년부터 2022년까지 수출액은 전년 대비 증가, 감소, 증가, 감소하므로 옳은 설명이다.

⑤ 수입액이 처음으로 30십억 불 이하로 떨어진 2023년의 내수액은 90,047십억 원이므로 옳은 설명이다.

14 자료이해 정답 ③

관광호텔 수가 많은 순서대로 관광호텔을 나열하면 상위 5개의 순위는 2017년에 3성급 - 호스텔 - 2성급 - 등급미정 - 1성급 순이고, 2018년에 3성급 - 호스텔 - 1성급 - 2성급 - 등급미정 순으로 서로 다르므로 옳은 설명이다.

오답 체크

① 가족호텔 1개당 평균 객실 수는 2017년에 2,907 / 17 = 171개, 2019년에 3,192 / 21 = 152개로 2019년에 2017년 대비 감소하였으므로 옳지 않은 설명이다.

② 제시된 기간 중 전체 관광호텔 수가 가장 많은 2019년에 1~5성급 관광호텔 수는 총 55 + 67 + 96 + 44 + 24 = 286개이므로 옳지 않은 설명이다.

④ 2019년 소형호텔 객실 수는 전년 대비 {(375 - 252) / 375} ×100 = 32.8% 감소하였으므로 옳지 않은 설명이다.

⑤ 제시된 기간 동안 전체 객실 수에서 5성급 관광호텔 객실 수가 차지하는 비중은 2019년에 (10,890 / 60,044)×100 ≒ 18.1%이므로 옳지 않은 설명이다.

빠른 문제 풀이 Tip

⑤ 전체 객실 수의 근삿값의 20%를 이용하여 계산한다.
2019년 전체 객실 수 60,044개를 십의 자리에서 버림한 값인 60,000개의 20%에 해당하는 값은 60,000 × 0.2 = 12,000개이고, 5성급 관광호텔 객실 수 10,890개는 12,000개보다 적으므로 60,000개의 20% 미만임을 알 수 있으며, 이에 따라 2019년 전체 객실 수에서 5성급 관광호텔 객실 수가 차지하는 비중도 20% 미만임을 알 수 있다.

15 자료추론 정답 ①

㉠ 2024년 산재 적용 대상 근로자 수는 5년 전 대비 3,770천 명 증가하였으므로 2019년 산재 적용 대상 근로자 수는 17,969 - 3,770 = 14,199천 명이고, 2019년 산업재해로 인한 사망자 수는 98,645 - (89,459 + 6,986) = 2,200명이므로 2019년 근로자 1만 명당 산재사망률은 (2,200명 / 14,199천 명) × 10,000 ≒ 1.55명이다.

㉡ 2022년 업무상 질병 요양자 수는 2021년과 2023년의 업무상 질병 요양자 수의 평균보다 7명 많으므로 {(6,742 + 6,820) / 2} + 7 = 6,788명이고, 2022년 산업재해로 인한 사망자 수는 91,824 - (82,803 + 6,788) = 2,233명이다.

따라서 ㉠은 1.55, ㉡은 2,233인 ①이 정답이다.

16 자료이해

정답 ④

제시된 기간 동안 칠원읍의 외국인 인구수가 처음으로 700명 미만이 된 해는 2018년이고, 함안면의 외국인 인구수가 처음으로 100명 미만이 된 해는 2019년이므로 옳지 않은 설명이다.

오답 체크

① 2018년 이후 가야읍과 산인면의 외국인 인구수는 매년 전년 대비 증가하였으므로 옳은 설명이다.

② 2019년 함안군 전체 인구수의 2017년 대비 감소율은 {(71,822 − 69,198) / 71,822} × 100 ≒ 3.7%이므로 옳은 설명이다.

③ 제시된 지역 중 2019년 한국인 인구수가 많은 상위 3개 지역은 가야읍, 칠원읍, 군북면이고, 3개 지역의 한국인 인구수의 평균은 (18,949 + 20,186 + 6,396) / 3 = 15,177명이므로 옳은 설명이다.

⑤ 제시된 지역 중 2018년 전체 인구수가 다섯 번째로 많은 대산면의 2017~2019년 전체 인구수는 3,838 + 3,776 + 3,708 = 11,322명이므로 옳은 설명이다.

17 자료이해

정답 ③

전체 교통비 금액이 처음으로 300천 원을 초과한 해는 전체 교통비 금액이 242 + 60 = 302천 원인 2021년이므로 옳지 않은 설명이다.

오답 체크

① 전체 교통비 금액은 2020년에 238 + 57 = 295천 원, 2021년에 242 + 60 = 302천 원, 2022년에 247 + 61 = 308천 원, 2023년에 271 + 63 = 334천 원, 2024년에 258 + 63 = 321천 원으로 2024년에 전체 교통비 금액이 처음으로 전년 대비 감소하였으므로 옳은 설명이다.

② 전체 교통비 금액에서 개인교통비가 차지하는 비중은
2020년에 {238 / (238 + 57)} × 100 ≒ 80.7%,
2021년에 {242 / (242 + 60)} × 100 ≒ 80.1%,
2022년에 {247 / (247 + 61)} × 100 ≒ 80.2%,
2023년에 {271 / (271 + 63)} × 100 ≒ 81.1%,
2024년에 {258 / (258 + 63)} × 100 ≒ 80.4%이므로 옳은 설명이다.

④ 개인교통비 지출률은 2021년과 2024년에 전년 대비 감소하였고, 대중교통비 지출률은 2023년에 전년 대비 증가하였고 나머지 해에는 모두 전년도와 동일하여 전체 교통비 지출률은 개인교통비 지출률이 감소한 2021년과 2024년에 감소하였으므로 옳은 설명이다.

⑤ 전체 교통비 지출률이 10.6 + 2.5 = 13.1%로 가장 높은 2023년에 전체 교통비 금액도 271 + 63 = 334천 원으로 가장 크므로 옳은 설명이다.

18 자료이해

정답 ③

2018년 이후 인터넷 전체 광고비가 매년 전년 대비 증가한 광고매출액 규모인 1천만 원~1억 원 미만에서 2020년 디스플레이 광고비는 검색 광고비의 7,640 / 382 = 20배이므로 옳은 설명이다.

오답 체크

① 2020년 인터넷 전체 광고비에서 디스플레이 광고비가 차지하는 비중은 (926,356 / 1,910,922) × 100 ≒ 48.5%이므로 옳지 않은 설명이다.

② 인터넷 전체 광고비가 세 번째로 많은 광고매출액 규모는 2017년에 1억 원~5억 원 미만, 2019년에 5억 원~10억 원 미만이므로 옳지 않은 설명이다.

④ 2019년 광고매출액 규모가 10억 원 이상인 인터넷 전체 광고비의 3년 전 대비 감소량은 2,110,302 − 1,916,899 = 193,403 백만 원이므로 옳지 않은 설명이다.

⑤ 2017년 광고매출액 규모가 1억 원 미만인 인터넷 전체 광고비는 8,541 + 4,877 = 13,418백만 원으로 1억 원~5억 원 미만인 인터넷 전체 광고비인 12,709백만 원보다 13,418 − 12,709 = 709백만 원 더 많으므로 옳지 않은 설명이다.

19 자료이해

정답 ④

b. 전국의 응급실 도착 소요 시간이 6시간 이상인 건수는 여자 환자가 1,301 + 1,755 + 3,011 + 7,702 = 13,769백 건, 남자 환자가 1,237 + 1,670 + 2,927 + 7,576 = 13,410백 건으로 여자 환자가 남자 환자보다 13,769 − 13,410 = 359백 건 더 많으므로 옳지 않은 설명이다.

d. 전국의 응급실 도착 소요 시간이 30분 미만인 건수의 남자 환자 비율은 2,833 / 5,055 ≒ 0.56으로 인천의 응급실 도착 소요 시간이 30분 미만인 건수의 남자 환자 비율이 이와 동일하다면, 인천의 응급실 도착 소요 시간이 30분 미만인 건수 중 남자 환자는 300 × 0.56 ≒ 168백 건이므로 옳지 않은 설명이다.

오답 체크

a. 응급실 도착 소요 시간이 8~12시간 미만인 건수가 846백 건으로 가장 많은 경기가 230백 건으로 가장 적은 인천의 846 / 230 ≒ 3.7배이므로 옳은 설명이다.

c. 서울의 응급실 도착 소요 시간이 30분 미만인 1,350백 건과 30분~2시간 미만인 3,650백 건은 각각 소요 시간이 30분, 120분 이상일 수 없어, 2시간 미만인 건수의 1백 건당 평균 도착 소요 시간은 (1,350 × 30 + 3,650 × 120) / (1,350 + 3,650) = 95.7분 이상일 수 없으므로 옳은 설명이다.

20 자료이해 정답 ④

b. 2024년 특수학급의 졸업생과 진학자, 취업자, 미진학자 및 미취업자는 모두 2023년 대비 증가하였으므로 옳은 설명이다.

c. 2024년 특수학급 졸업생 중 전문대 진학자의 전년 대비 증가 인원은 294 - 264 = 30명이고, 2024년 일반학급 졸업생 중 전공과 진학자의 전년 대비 증가 인원은 41 - 21 = 20명으로 30 / 20 = 1.5배이므로 옳은 설명이다.

오답 체크

a. 2023년 특수학교 졸업생의 취업률은 {155 / (2,460 - 1,354)} × 100 ≒ 14.0%이고, 2024년 일반학급 졸업생의 취업률은 {92 / (1,199 - 638)} × 100 ≒ 16.4%이므로 옳지 않은 설명이다.

d. 2024년 일반학급 졸업생의 4년제 대학 진학률은 (372 / 1,199) × 100 ≒ 31.0%이고, 2024년 특수학교 졸업생의 4년제 대학 진학률은 (61 / 2,546) × 100 ≒ 2.4%로 그 차이는 31.0 - 2.4 ≒ 28.6%p이므로 옳지 않은 설명이다.

03 창의수리 p.158

01 용액의 농도 정답 ⑤

소금의 양 = $\frac{\text{소금물의 농도}}{100}$ × 소금물의 양임을 적용하여 구한다.
농도가 16%인 소금물의 양을 x라고 하면
$(\frac{10}{100} \times 400) + (\frac{16}{100} \times x) = \frac{12}{100} \times (400 + x)$
$\rightarrow 0.04x = 8 \rightarrow x = 200$
이에 따라 농도가 16%인 소금물의 양은 200g이므로 농도가 12%인 소금물의 양은 400 + 200 = 600g이다.
따라서 농도가 12%인 소금물에 들어 있는 소금의 양은 $\frac{12}{100} \times 600 = 72$g이다.

02 원가/정가 정답 ②

정가 = 원가 × (1 + 이익률), 할인가=정가 × (1 − 할인율), 이익 = 판매가 − 원가임을 적용하여 구한다.
A 티셔츠의 원가를 x, B 티셔츠의 원가를 y라고 하면
A 티셔츠의 정가는 $1.2x$, 할인가는 $1.2x \times 0.9 = 1.08x$이고,
B 티셔츠의 정가는 $1.3y$, 할인가는 $1.3y \times 0.8 = 1.04y$이다.
B 티셔츠를 A 티셔츠보다 1,000원 더 비싼 가격에 판매하고 있으므로
$1.04y - 1.08x = 1,000$ … ⓐ
할인가로 A 티셔츠를 5장, B 티셔츠를 10장 판매하여 얻은 총이익이 22,400원이므로
$\{(1.08x - x) \times 5\} + \{(1.04y - y) \times 10\} = 22,400$
$\rightarrow x + y = 56,000$ … ⓑ
1.04ⓑ − ⓐ에서 $2.12x = 57,240 \rightarrow x = 27,000$
따라서 A 티셔츠의 원가는 27,000원이다.

03 일의 양 정답 ①

전체 일의 양이 1이고 x일 동안 전체 일을 마쳤을 경우 1일 동안 한 일의 양은 $\frac{1}{x}$이고, 일한 시간 = $\frac{\text{전체 일의 양}}{\text{시간당 한 일의 양}}$임을 적용하여 구한다.
지영이가 1일 동안 한 일의 양은 $\frac{1}{10}$,
소정이가 1일 동안 한 일의 양은 $\frac{1}{30}$,
영철이가 1일 동안 한 일의 양은 $\frac{1}{15}$이므로
세 사람이 1일 동안 동시에 한 일의 양은 $\frac{1}{10} + \frac{1}{30} + \frac{1}{15} = \frac{1}{5}$이다.
따라서 전체 일을 끝내는 데 걸린 기간은 $1 \div \frac{1}{5} = 5$일이다.

04 방정식의 활용 정답 ②

한 달에 월급으로 260만 원을 받는 경진이는 그중 40%는 생활비로, 35%는 학자금 대출을 갚는 데 사용하며, 남은 돈 모두를 저축하므로 경진이가 월급에서 저축하는 비율은 100 − (40 + 35) = 25%이다.
따라서 경진이가 한 달에 저축하는 금액은 260 × 0.25 = 65만 원이다.

05 방정식의 활용 정답 ④

가로의 길이를 x, 세로의 길이를 y라고 하면
$2x + 2y = 100 \rightarrow x + y = 50 \rightarrow 1.6x + 1.6y = 80$ … ⓐ
$2(1.3x + 0.8y) = 110 \rightarrow 2.6x + 1.6y = 110$ … ⓑ
ⓑ − ⓐ에서 $x = 30$이므로
y는 50 − 30 = 20이다.
따라서 처음 원단의 넓이는 30 × 20 = 600cm^2이다.

06 거리/속력/시간 정답 ①

시간 = $\frac{\text{거리}}{\text{속력}}$임을 적용하여 구한다.
경로 1의 거리를 x, 경로 3의 거리를 y라고 하면 경로 2의 거리는 경로 1의 거리보다 80km 더 길므로 $x + 80$이다. 이때 A 회사에서 B 거래처까지 을이 경로 2로 이동하는 시간이 갑이 경로 1로 이동하는 시간보다 1시간 더 걸리므로
$\frac{x+80}{60} - \frac{x}{50} = 1 \rightarrow 5(x + 80) - 6x = 300 \rightarrow x = 400 - 300$
$\rightarrow x = 100$ … ⓐ
갑이 A 회사에서 B 거래처까지는 경로 1, B 거래처에서 A 회사까지는 경로 3으로 이동하면 총 6시간이 걸리므로
$\frac{x+y}{50} = 6 \rightarrow x + y = 300$ … ⓑ
ⓐ를 ⓑ에 대입하여 구하면
$100 + y = 300 \rightarrow y = 200$
A 회사에서 B 거래처까지 병이 경로 3으로 이동하는 시간이 갑이 경로 3으로 이동하는 시간보다 1시간 더 걸리므로 병의 속력을 z라고 하면
$\frac{200}{z} - \frac{200}{50} = 1 \rightarrow 200 - 4z = z \rightarrow 5z = 200 \rightarrow z = 40$
따라서 병의 속력은 40km/h이다.

07 방정식의 활용 정답 ③

수민이는 자신이 가지고 있는 30,000원의 30%인 30,000 × 0.3 = 9,000원으로 한 켤레에 2,000원인 양말을 $\frac{9,000}{1,000}$ = 4.5개 이하로 구입할 수 있으므로 최대 4개를 구입할 수 있다.
또한, 나머지 돈인 30,000 − 9,000 = 21,000원을 한 개에 8,000원인 목도리를 $\frac{21,000}{8,000}$ = 2.625개 이하로 구입할 수 있으므로 최대 2개를 구입할 수 있다.
따라서 수민이가 양말과 목도리를 구입할 수 있는 최대 개수는 4 + 2 = 6개이다.

08 경우의 수/확률

정답 ④

서로 다른 n개에서 중복을 허락하여 r개를 택하는 순열의 수 ${}_n\Pi_r = n^r$임을 적용하여 구한다.

서로 다른 3개의 문에 다섯 명이 들어가는 경우의 수는 ${}_3\Pi_5 = 3^5 = 243$이다.

따라서 다섯 명이 문에 들어가는 경우의 수는 243가지이다.

09 방정식의 활용

정답 ③

할인마트에서 24,500원으로 초콜릿 7개를 구매할 수 있으므로 초콜릿 1개의 가격은 $\frac{24,500}{7} = 3,500$원이며, 12,000원으로 구매할 수 있는 초콜릿은 $\frac{12,000}{3,500} = 3.42857\cdots$이다.

따라서 수연이가 12,000원으로 구매할 수 있는 초콜릿의 최대 개수는 3개이다.

10 방정식의 활용

정답 ④

편성될 조의 개수를 x라고 하면

한 조에 10명씩 배치하면 하나의 조에만 3명이 배치되고 조 2개가 남으므로 10명씩 배치된 조의 개수는 $x-3$이다. 또한, 8명씩 배치하면 3명이 남으므로

$10(x-3)+3 = 8x+3 \rightarrow 2x = 30 \rightarrow x = 15$

따라서 야유회를 가는 전체 인원은 $(8 \times 15) + 3 = 123$명이다.

11 방정식의 활용

정답 ④

주연이의 월소득을 x라고 하면

주연이는 월소득 x 중 10%를 식대로 사용하므로 주연이의 한 달 식대는 $0.1x$이며, 시안이는 월소득 270만 원 중 20%를 식대로 사용하므로 시안이의 한 달 식대는 $270 \times 0.2 = 54$만 원이다.

두 사람이 5개월 동안 사용한 식대가 375만 원이므로

$5(0.1x+54) = 375 \rightarrow 0.5x = 105 \rightarrow x = 210$

따라서 주연이의 월소득은 210만 원이다.

12 거리/속력/시간

정답 ④

속력 $= \frac{거리}{시간}$임을 적용하여 구한다.

택시를 타고 이동한 시간을 x라고 하면

자전거를 타고 이동한 시간은 $2.5x$이므로 택시를 타고 이동한 속력은 $\frac{5}{x}$이고, 자전거를 타고 이동한 속력은 $\frac{2}{2.5x}$이다.

따라서 택시를 타고 이동할 때의 속력은 자전거를 타고 이동할 때의 속력보다 $\frac{5}{x} \div \frac{2}{2.5x} = \frac{5}{x} \times 1.25x = 6.25$배 빠르다.

13 경우의 수/확률

정답 ④

어떤 사건 A가 일어났을 때, 사건 B가 일어날 조건부확률은 $P(B|A) = \frac{P(A \cap B)}{P(A)}$임을 적용하여 구한다.

CT스캐너 검사 결과 폐암 판정을 받는 사건을 A, 흡연자이면서 폐암에 걸린 환자를 검사하는 사건을 B라고 하면

흡연자이면서 폐암에 걸린 환자가 검사 결과 폐암 판정을 받는 사건은 $A \cap B$이다.

흡연자이면서 폐암에 걸린 환자가 검사 결과 폐암 판정을 받는 확률은 $0.3 \times 0.9 = 0.27$,

흡연자이면서 폐암에 걸리지 않은 환자가 검사 결과 폐암 판정을 받는 확률은 $0.7 \times 0.1 = 0.07$,

비흡연자이면서 폐암에 걸린 환자가 검사 결과 폐암 판정을 받는 확률은 $0.01 \times 0.9 = 0.009$,

비흡연자이면서 폐암에 걸리지 않은 환자가 검사 결과 폐암 판정을 받는 확률은 $0.99 \times 0.1 = 0.099$이다.

$P(A) = 0.27 + 0.07 + 0.009 + 0.099 = 0.448$

$P(A \cap B) = 0.27$

$P(B|A) = \frac{0.27}{0.448} \fallingdotseq 0.60$

따라서 90% 확률로 폐암을 정확히 검사하는 CT스캐너 검사 결과 환자 김 씨가 폐암 판정을 받았을 때, 환자 김 씨가 흡연자이면서 폐암에 걸렸을 확률은 약 60%이다.

14 방정식의 활용

정답 ③

호스를 동시에 연결하여 물을 채우는 시간을 x라고 하면 빨간 호스로 x분 동안 채워지는 물의 양은 $6x$이고, 파란 호스는 연결하고 15분 후부터 물이 나오므로 파란 호스로 x분 동안 채워지는 물의 양은 $9(x-15)$이다.

빨간 호스보다 파란 호스로 채운 물이 더 많아야 하므로

$6x < 9(x-15) \rightarrow 135 < 3x \rightarrow 45 < x$

따라서 빨간 호스보다 파란 호스를 사용하여 채우는 물의 양이 더 많아지기 시작하는 시간은 45분 후이다.

15 원가/정가

정답 ③

할인가 = 정가 × (1 − 할인율)임을 적용하여 구한다.

A 화장품의 정가를 x, B 화장품의 정가를 y라고 하면

A 화장품에 15%, B 화장품에 30% 할인 쿠폰을 적용하여 각각 1개씩 구매하여 총 24% 할인을 받았으므로

$(x \times 0.85) + (y \times 0.7) = (x+y) \times 0.76 \rightarrow 0.09x = 0.06y$

$\rightarrow y = 1.5x$ … ⓐ

이때 혜민이가 할인 받은 금액이 총 31,200원이므로

$0.15x + 0.3y = 31,200$ … ⓑ

ⓐ를 ⓑ에 대입하여 풀면 $0.15x + (0.3 \times 1.5x) = 31,200$

$\rightarrow 0.6x = 31,200 \rightarrow x = 52,000$

따라서 A 화장품의 정가는 52,000원이다.

16 방정식의 활용 　　　　정답 ①

시계의 개수를 x, 리모콘을 y라고 하면

$x+y=240 \rightarrow 4x+4y=960$ ⋯ ⓐ

$5x+4y=1,000$ ⋯ ⓑ

ⓑ - ⓐ에서 $x=40$

따라서 시계는 총 40개이다.

17 경우의 수/확률 　　　　정답 ③

n개 중 같은 것이 각각 p개, q개 있을 때, n개를 모두 사용하여 한 줄로 배열하는 방법의 수는 $\frac{n!}{p!q!}$(단, p+q=n)임을 적용하여 구한다.

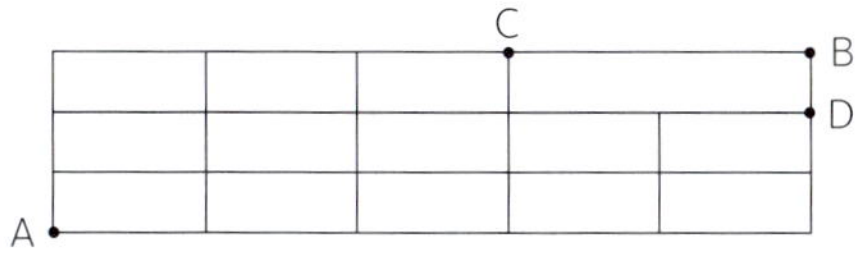

A에서 B로 이동하는 최단 거리 경우의 수=(A에서 C로 이동하는 최단 거리 경우의 수)+(A에서 D로 이동하는 최단 거리 경우의 수)이다.

오른쪽으로 이동하는 칸의 수를 p, 위쪽으로 이동하는 칸의 수를 q라고 하면 A에서 C까지 최단 거리로 이동하기 위해서는 오른쪽으로 3칸, 위쪽으로 3칸 이동해야 하므로 A에서 C로 이동하는 최단 거리 경우의 수는 $\frac{6!}{3!3!}=20$가지이고, A에서 D까지 최단 거리로 이동하기 위해서는 오른쪽으로 5칸, 위쪽으로 2칸 이동해야 하므로 A에서 D로 이동하는 최단 거리 경우의 수는 $\frac{7!}{5!2!}=21$가지이다.

따라서 A 대학교에서 B 대학교로 이동할 때, 최단 거리로 이동하는 경우의 수는 20+21=41가지이다.

빠른 문제 풀이 Tip

A에서 B로 가는 경로의 각 꼭짓점별 최단 거리 경우의 수를 구하면 다음과 같다.

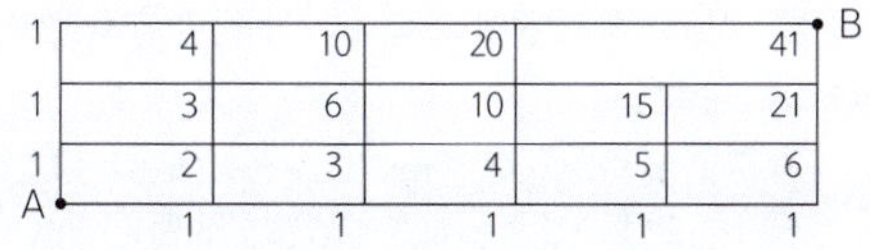

따라서 A 대학교에서 B 대학교로 이동할 때, 최단 거리로 이동하는 경우의 수는 41가지이다.

18 방정식의 활용 　　　　정답 ④

윤석이가 안전하게 운반한 상자의 개수를 x라고 하면 파손시킨 상자의 개수는 $136-x$이다.

$780x-2,500(136-x) \geq 70,000 \rightarrow 3,280x \geq 410,000$

$\rightarrow x \geq 125$

따라서 윤석이가 파손하지 않고 안전하게 운반해야 하는 상자의 최소 개수는 125개이다.

19 용액의 농도 　　　　정답 ⑤

소금물의 농도 $=\frac{\text{소금의 양}}{\text{소금물의 양}} \times 100$임을 적용하여 구한다.

4%의 소금물의 양을 x라고 하면

4%의 소금물에 들어있는 소금의 양은 $\frac{4}{100} \times x$이고

8%의 소금물에 들어있는 소금의 양은 $\frac{8}{100} \times (300-x)$이다.

4%의 소금물과 8%의 소금물을 섞어 만든 300g의 소금물의 농도는 6%이므로

$\frac{\frac{4}{100} \times x+\frac{8}{100} \times (300-x)}{300} \times 100=6$

$\rightarrow \frac{-4x+2,400}{100} \times 100=6 \times 300$

$\rightarrow -4x+2,400=1,800 \rightarrow -4x=-600 \rightarrow x=150$

따라서 4%의 소금물의 양은 150g이다.

20 거리/속력/시간 　　　　정답 ②

시간 $=\frac{\text{거리}}{\text{속력}}$임을 적용하여 구한다.

회사에서 연구소까지의 거리를 x라고 하면 연구소에서 출장지까지의 거리는 $180-x$이다. 이때 A의 평균 속력은 40km/h이고, 회사에서 연구소까지 가는 데 걸리는 시간은 A가 B보다 30분 더 걸리므로 회사에서 연구소까지 가는 데 걸리는 시간은 A가 $\frac{x}{40}$이고, B가 $\frac{x}{40}-\frac{1}{2}$이다. 또한, B가 연구소에서 출장지까지 가는 데 걸리는 시간은 A가 회사에서 연구소까지 가는 데 걸리는 시간보다 30분 더 걸리므로 B가 연구소에서 출장지까지 가는 데 걸리는 시간은 $\frac{x}{40}+\frac{1}{2}$이다. 이에 따라 B가 회사에서 출장지까지 가는 데 걸리는 시간은 $(\frac{x}{40}-\frac{1}{2})+(\frac{x}{40}+\frac{1}{2})=\frac{2x}{40}=\frac{x}{20}$이다. 이때 회사에서 출장지까지의 거리가 180km이므로 B의 평균 속력은 $\frac{180}{\frac{x}{20}}=\frac{3,600}{x}$이다. B가 회사에서 연구소까지 가는 데 걸리는 시간은 $\frac{x}{40}-\frac{1}{2}$시간, 이동한 거리는 $x$km, 평균 속력은 $\frac{3,600}{x}$km/h이므로

$\frac{x}{40}-\frac{1}{2}=\frac{x}{\frac{3,600}{x}} \rightarrow \frac{x}{40}-\frac{1}{2}=\frac{x^2}{3,600}$

$\rightarrow x^2-90x+1,800=0 \rightarrow (x-30)(x-60)=0$

따라서 회사에서 연구소까지의 거리는 40km 이상이므로 60km이다.

04 언어추리 p.163

01 조건추리_위치/배치 정답 ④

제시된 조건에 따르면 왼쪽에서 세 번째 집에 사는 사람은 쇼핑몰 대표이며, 왼쪽에서 두 번째 집에 사는 사람은 상준이다. 또한, 건축가인 형섭이의 옆집에는 찬희가 살고 있고 찬희는 쇼핑몰 대표가 아니므로, 왼쪽에서 네 번째와 다섯 번째 집에는 각각 찬희 또는 형섭이가 살고 있음을 알 수 있다. 이때, 형섭이와 가장 멀리 떨어진 집에 가수가 살고 있으므로 왼쪽에서 첫 번째 집에 가수가 살고 있음을 알 수 있고, 진배는 왼쪽에서 첫 번째 집에 살고 있지 않으므로 왼쪽에서 첫 번째 집에 살고 있는 사람은 은경이다.

경우 1. 왼쪽에서 네 번째 집에 찬희가 살고 있을 경우

첫 번째	두 번째	세 번째	네 번째	다섯 번째
은경	상준	진배	찬희	형섭
가수	요리사 또는 회사원	쇼핑몰 대표	요리사 또는 회사원	건축가

경우 2. 왼쪽에서 네 번째 집에 형섭이가 살고 있을 경우

첫 번째	두 번째	세 번째	네 번째	다섯 번째
은경	상준	진배	형섭	찬희
가수	요리사	쇼핑몰 대표	건축가	회사원

따라서 왼쪽에서 첫 번째 집에 살고 있는 은경이의 직업은 가수이다.

02 명제추리 정답 ⑤

자연을 사랑하는 존재가 모두 인간을 사랑하는 존재라는 것은 인간을 사랑하는 존재가 아니면 자연을 사랑하는 존재가 아니라는 것이므로, 물질을 사랑하는 어떤 존재가 인간을 사랑하는 존재가 아니라면 물질을 사랑하는 어떤 존재는 자연을 사랑하는 존재가 아니다.
따라서 '물질을 사랑하는 어떤 존재는 인간을 사랑하는 존재가 아니다.'가 타당한 전제이다.

오답 체크

자연을 사랑하는 존재를 A, 인간을 사랑하는 존재를 B, 물질을 사랑하는 존재를 C라고 하면

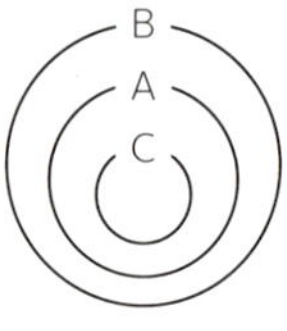

①, ②, ④ 자연을 사랑하는 존재가 모두 인간을 사랑하는 존재이고, 인간을 사랑하면서 물질도 사랑하는 존재가 있으면 물질을 사랑하는 모든 존재가 자연을 사랑하는 존재일 수도 있으므로 결론이 반드시 참이 되게 하는 전제가 아니다.

③ 자연을 사랑하는 존재가 모두 인간을 사랑하는 존재이고, 물질을 사랑하는 모든 존재가 인간을 사랑하는 존재이면 물질을 사랑하는 모든 존재가 자연을 사랑하는 존재일 수도 있으므로 결론이 반드시 참이 되게 하는 전제가 아니다.

03 조건추리_순서/순위 정답 ③

제시된 조건에 따르면 각 교육은 휴식시간 없이 연달아 진행되고, 팀워크 함양 교육은 2일 차에 배정하며, 그룹 이해 교육은 팀워크 함양 교육 종료 후 곧바로 진행되도록 배정한다. 또한, 팀워크 함양 교육과 그룹 이해 교육의 교육시간은 2시간이므로 2일 차 오후에 팀워크 함양 교육이 여섯 번째 순서로, 그룹 이해 교육이 일곱 번째 순서로 배정된다. 이때 두 번째 순서의 교육은 교육시간이 2시간이므로 두 번째 순서의 교육은 비전 및 가치 함양 교육이며, 배정되지 않은 교육은 1시간짜리 2개, 3시간짜리 2개임에 따라 첫 번째 순서의 교육은 교육시간이 1시간 또는 3시간인 교육이다. 또한, 다섯 번째 순서로 배정되는 교육은 교육시간이 3시간이어야 하며, 세 번째 순서 교육의 교육시간은 3시간이 아니므로 1일 차 오전에 배정되는 교육에 따라 가능한 경우는 다음과 같다.

경우 1. 1일 차 오전에 교육시간 3시간인 교육을 배정하는 경우

교육 순서	첫 번째	두 번째	세 번째	네 번째	다섯 번째	여섯 번째	일곱 번째
교육	(3시간)	비전 및 가치 함양 (2시간)	(1시간)	(1시간)	(3시간)	팀워크 함양 (2시간)	그룹 이해 (2시간)
시간대	1일 차 오전 (3시간)	1일 차 오후 (4시간)			2일 차 오전 (3시간)	2일 차 오후 (4시간)	

경우 2. 1일 차 오전에 교육시간 1시간인 교육을 배정하는 경우

교육 순서	첫 번째	두 번째	세 번째	네 번째	다섯 번째	여섯 번째	일곱 번째
교육	(1시간)	비전 및 가치 함양 (2시간)	(1시간)	(3시간)	(3시간)	팀워크 함양 (2시간)	그룹 이해 (2시간)
시간대	1일 차 오전 (3시간)		1일 차 오후 (4시간)		2일 차 오전 (3시간)	2일 차 오후 (4시간)	

따라서 다섯 번째 순서로 배정되는 교육은 교육시간이 3시간이므로 항상 거짓인 설명이다.

오답 체크

① 교육시간이 1시간인 경영이념 소개 교육이 1일 차 오전 첫 번째 순서, 인사팀 공지 교육이 1일 차 오후 세 번째 순서로 배정되거나 경영이념 소개 교육이 1일 차 오후 세 번째 순서, 인사팀 공지 교육이 1일 차 오후 네 번째 순서로 배정될 수도 있으므로 항상 거짓인 설명은 아니다.

② 교육시간이 3시간인 조직 및 사회 이해 교육과 직장인의 자세 교육이 각각 1일 차 오전 첫 번째 순서, 2일 차 오후 다섯 번째 순서로 배정될 수도 있으므로 항상 거짓인 설명은 아니다.

④ 교육시간이 1시간인 경영이념 소개 교육이 1일 차 오전 첫 번째 순서로 배정될 수도 있으므로 항상 거짓인 설명은 아니다.

⑤ 그룹 이해 교육은 일곱 번째 교육으로 배정되므로 항상 참인 설명이다.

04 명제추리 정답 ②

두 번째 명제의 '대우'와 네 번째 명제의 '대우', 세 번째 명제를 차례로 결합하면 다음과 같다.

- 두 번째 명제(대우): 뿔이 있지 않고 실제로 존재하지 않는 동물은 긴 수염을 가진 동물이다.
- 네 번째 명제(대우): 긴 수염을 가진 동물은 백과사전에 수록되는 동물이다.
- 세 번째 명제: 백과사전에 수록되는 동물은 날개 달린 말이 아니다.
- 결론: 뿔이 있지 않고 실제로 존재하지 않는 동물은 날개 달린 말이 아니다.

오답 체크

① 용이 긴 수염을 가지지 않은 동물인지는 알 수 없으므로 항상 참인 설명은 아니다.

③ 날개 달린 말은 백과사전에 수록되지 않는 동물이고, 백과사전에 수록되지 않는 동물은 긴 수염을 가지지 않아 날개 달린 말은 긴 수염을 가지지 않은 동물이므로 항상 거짓인 설명이다.

④ 실제로 존재하는 동물이 백과사전에 수록되는지는 알 수 없으므로 항상 참인 설명은 아니다.

⑤ 긴 수염을 가진 동물이 유니콘이 아닌지는 알 수 없으므로 항상 참인 설명은 아니다.

05 조건추리_참/거짓 진술 정답 ⑤

제시된 조건에 따르면 A, B, C, D 4명은 지원부서, 개발부서, 생산부서, 영업부서 중 서로 다른 한 부서에서 재직 중이며, 네 명 중 한 명만 거짓말을 하고 있으므로 A가 거짓말을 하고 있다는 D의 진술에 따라 A와 D 둘 중 한 명이 거짓말을 하고 있음을 알 수 있다. 먼저 D가 진실을 말한 경우, A는 거짓을 말하고 B와 C는 진실을 말하므로 C는 개발부서, 생산부서, 영업부서에서 근무하지 않아 지원부서에서 근무해야 하지만, B가 지원부서에서 근무하고 있어 네 사람이 서로 다른 부서에 재직 중이라는 조건에 모순된다. 이에 따라 D가 거짓을 말했으며 A는 진실을 말하고, B, C도 진실을 말하므로 C는 개발부서 또는 생산부서에서 근무하고, B는 지원부서에서 근무하며, D는 영업부서에서 근무하지 않으므로 가능한 경우는 다음과 같다.

지원부서	개발부서	생산부서	영업부서
B	C 또는 D	C 또는 D	A

따라서 개발부서에서 근무하는 사람으로 C 또는 D가 가능하므로 개발부서에서 근무하는 사람은 파악할 수 없다.

06 명제추리 정답 ①

커피를 즐기는 모든 사람이 여행을 즐기는 것은 아니라는 것은 커피를 즐기는 어떤 사람은 여행을 즐기지 않는다는 것이므로 여행을 즐기지 않는 모든 사람이 녹차를 즐기지 않는다면 커피를 즐기면서 여행과 녹차를 즐기지 않는 어떤 사람은 반드시 존재하게 된다.
따라서 '여행을 즐기지 않는 모든 사람은 녹차를 즐기지 않는다.'가 타당한 전제이다.

오답 체크

커피를 즐기는 사람을 A, 여행을 즐기는 사람을 B, 녹차를 즐기는 사람을 C라고 하면

②, ③ 커피를 즐기는 어떤 사람이 여행을 즐기지 않고, 녹차를 즐기는 모든 사람이 여행을 즐기지 않거나 녹차를 즐기는 어떤 사람이 여행을 즐기지 않는다면 커피를 즐기는 모든 사람은 녹차를 즐길 수도 있으므로 결론이 반드시 참이 되게 하는 전제가 아니다.

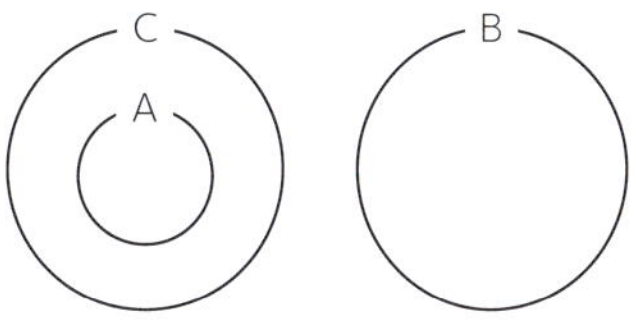

④, ⑤ 커피를 즐기는 어떤 사람이 여행을 즐기지 않고, 여행을 즐기는 모든 사람이 녹차를 즐기거나 여행을 즐기는 어떤 사람이 녹차를 즐긴다면 커피를 즐기는 모든 사람은 녹차를 즐길 수도 있으므로 결론이 반드시 참이 되게 하는 전제가 아니다.

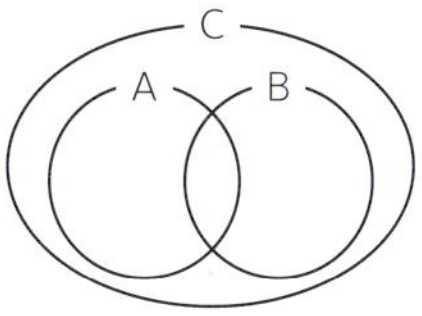

07 조건추리_위치/배치 정답 ⑤

제시된 조건에 따르면 1동 1층과 1동 4층에는 거주하는 사람이 없고, D는 2동 3층에 거주한다. 이때 A와 E는 같은 층에 거주하고, B와 C는 같은 동에 거주하므로 A와 E는 1동 또는 2동 2층에 거주하고, B와 C는 2동 1층 또는 4층에 거주함을 알 수 있다.

구분	1동	2동
4층	**비어 있음**	B 또는 C
3층	비어 있음	**D**
2층	A 또는 E	A 또는 E
1층	**비어 있음**	B 또는 C

따라서 2동 1층 또는 4층에 거주하는 B와 C가 거주하는 층의 층수 차이는 4 - 1 = 3층이므로 항상 참인 설명이다.

오답 체크

① 1동에 거주하는 사람은 A 또는 E 1명이므로 항상 거짓인 설명이다.
② D의 바로 위층에 거주하는 사람은 B 또는 C이므로 항상 참인 설명은 아니다.
③ A 바로 위층과 바로 아래층은 모두 비어 있거나 바로 위층에 D, 바로 아래층에 B 또는 C가 거주하므로 항상 참인 설명은 아니다.
④ E는 1동 또는 2동 2층에 거주하므로 항상 참인 설명은 아니다.

08 조건추리_순서/순위 정답 ②

제시된 조건에 따르면 c는 항상 등산을 한 날의 다음 날부터 이틀을 쉬고, 이틀을 쉰 바로 다음 날은 등산을 하므로 c가 등산을 한 요일은 월요일, 목요일, 일요일이다. 또한, b와 d는 한 주 동안 두 번 등산을 하였고, 두 번 모두 함께 등산을 하였으며, 월요일, 수요일, 금요일에만 2명이 등산을 하였으므로 b와 d는 c가 등산을 한 월요일을 제외한 수요일과 금요일에 함께 등산을 하였음을 알 수 있다. 이때, 월요일에 e는 등산을 하지 않았고, a는 한 주 동안 두 번 등산을 하였으므로 월요일에 a가 등산을 하였다. 이에 따라 요일마다 등산을 한 사람은 아래와 같다.

구분	월	화	수	목	금	토	일
등산한 사람 수	**2명**	1명	**2명**	1명	**2명**	1명	1명
등산한 사람	a, **c**	a 또는 e	b, d	c	b, d	a 또는 e	c

따라서 b와 c는 모두 토요일에 등산을 하지 않았으므로 항상 거짓인 설명이다.

오답 체크

① a는 화요일에 등산을 하였을 수도 있으므로 항상 거짓인 설명은 아니다.
③ c는 월요일, 목요일, 일요일에 등산을 하였으므로 항상 참인 설명이다.
④ d는 수요일, 금요일에 등산을 하였으므로 항상 참인 설명이다.
⑤ e는 혼자 화요일 또는 토요일 중 하루만 등산을 하였으므로 항상 참인 설명이다.

09 조건추리_참/거짓 진술 정답 ②

제시된 조건에 따르면 다섯 명 중 한 명만 진실을 말했으므로 D가 거짓을 말하고 있다는 B의 말이 진실일 경우 D의 말은 거짓이 되고, B의 말이 거짓일 경우 D의 말은 진실이 된다. 이에 따라 B와 D 둘 중 한 명의 말이 진실임을 알 수 있다. 먼저 B의 말이 진실일 경우, 나머지 A, C, D, E의 말은 거짓이다. 이때 자신이 A형도 아니고, B형도 아니라는 D의 말은 거짓이므로 D는 A형 또는 B형이고, D가 O형이 아니라는 E의 말도 거짓이므로 D는 O형이지만 이는 서로 모순되므로 B의 말은 거짓임을 알 수 있다. 이에 따라 D의 말이 진실이고, 나머지 A, C, E의 말은 거짓이다. 자신이 O형이 아니라는 A의 말은 거짓이므로 A는 O형이고, D가 O형이 아니라는 E의 말도 거짓이므로 D도 O형이다. 또한, 자신 또는 E가 AB형이라는 C의 말도 거짓이므로 C와 E는 AB형이 아니다.
따라서 AB형인 직원은 B이다.

10 명제추리 정답 ③

네 번째 명제에 따르면 F는 참석하지 않으므로 세 번째 명제에 따라 E와 H는 모두 참석하지 않는다. 또한, 두 번째 명제에 따르면 C와 D가 모두 참석하면 E도 참석하지만, E가 참석하지 않으므로 C와 D 둘 중 한 명만 참석하거나 모두 참석하지 않는다. 이때 문제에서 최대 인원수를 묻고 있으므로 C와 D 둘 중 한 명만 참석하지 않는 것으로 계산한다. 첫 번째 명제에 따라 A와 B가 모두 참석하면 D 또는 F가 참석하며, F는 참석하지 않으므로 A, B, D가 참석할 수 있다. G의 참석 여부는 다른 사람에게 영향을 주지 않으므로 G도 참석할 수 있다.
따라서 회의에 참석 가능한 최대 인원수는 A, B, D, G 4명이다.

11 조건추리_참/거짓 진술 정답 ②

제시된 조건에 따르면 두 가지의 진술 중 하나의 진술은 진실이고, 나머지 하나의 진술은 거짓이다. 먼저 B와 D는 산업스파이가 아니라는 A의 두 가지 진술에 따라 B와 D 중 1명만 산업스파이이고, B와 D 중 1명만 산업스파이라는 C의 첫 번째 진술이 진실이므로 산업스파이는 2명이 아니라는 두 번째 진술은 거짓임에 따라 산업스파이는 2명이다. 이에 따라 D의 두 번째 진술은 거짓, F의 첫 번째 진술은 진실이므로 D가 산업스파이라는 진실인 D의 첫 번째 진술과 D는 산업스파이가 아니라는 거짓인 F의 두 번째 진술에 의하여 D가 산업스파이이고, B는 산업스파이가 아니다. 또한, B와 C는 모두 산업스파이라는 E의 첫 번째 진술이 거짓이므로 F는 산업스파이라는 진실인 E의 두 번째 진술에 따라 F는 산업스파이이다. 이때 F는 산업스파이라는 B의 첫 번째 진술이 진실이므로 A, C, E 중 산업스파이가 최소 1명 있다는 거짓인 B의 두 번째 진술에 따라 A, C, E 중 산업스파이는 없다.

구분	A	B	C	D	E	F
첫 번째 진술	거짓	진실	진실	진실	거짓	진실
두 번째 진술	진실	거짓	거짓	거짓	진실	거짓
산업스파이	X	X	X	O	X	O

따라서 산업스파이는 D와 F이다.

12 조건추리_순서/순위 정답 ④

제시된 조건에 따르면 4명의 평균 용돈을 x라고 하면 경환이의 용돈은 4명의 평균 용돈보다 10만 원 더 많으므로 $x+10$만 원이고, 은지의 용돈은 4명의 평균 용돈보다 3만 원 더 적으므로 $x-3$만 원이며, 미진이의 용돈은 은지의 용돈보다 2만 원 더 적으므로 $x-5$만 원이다. 이에 따라 현수의 용돈은 $4x-(x+10+x-3+x-5)=x-2$만 원이므로 용돈이 많은 사람부터 순서대로 나열하면 아래와 같다.

구분	첫 번째	두 번째	세 번째	네 번째
사람	경환	현수	은지	미진
용돈	$x+10$만 원	$x-2$만 원	$x-3$만 원	$x-5$만 원

따라서 경환이와 미진이가 받은 용돈의 차이는 $(x+10)-(x-5)=15$만 원이므로 항상 참인 설명이다.

오답 체크

① 4명 중 은지의 용돈은 세 번째로 많으므로 항상 거짓인 설명이다.

② 4명 중 현수의 용돈은 세 번째로 적으므로 항상 거짓인 설명이다.

③ 현수의 용돈은 4명의 평균 용돈보다 2만 원 더 적으므로 항상 거짓인 설명이다.

⑤ 은지와 미진이가 받은 용돈의 합은 $(x-3)+(x-5)=2x-8$만 원으로 현수와 경환이가 받은 용돈의 합인 $(x-2)+(x+10)=2x+8$만 원보다 $(2x+8)-(2x-8)=16$만 원 더 적으므로 항상 거짓인 설명이다.

13 조건추리_순서/순위 정답 ③

제시된 조건에 따르면 해외 연수를 2년 동안 가는 사람은 병이고, 을과 병 둘 중 한 명은 중국으로 해외 연수를 가며 을은 호주 또는 영국으로 해외 연수를 가므로 병이 중국으로 2년 동안 해외 연수를 간다. 또한, 연수 기간이 짧은 순서대로 먼저 해외 연수를 가며 정은 가장 먼저 해외 연수를 가지 않으므로 6개월 동안 미국으로 해외 연수를 가는 사람은 갑임을 알 수 있다. 이에 따라 해외 연수를 1년 동안 가는 사람은 을과 정이다.

구분	갑	을	병	정
나라	미국	호주 또는 영국	중국	호주 또는 영국
연수 기간	6개월	1년	**2년**	1년

따라서 을과 정은 연수 기간이 1년으로 같아 출발 시각도 같으므로 항상 거짓인 설명이다.

오답 체크

① 호주로 해외 연수를 가는 을 또는 정의 연수 기간은 1년이므로 항상 참인 설명이다.

② 갑은 미국으로 해외 연수를 가므로 항상 참인 설명이다.

④ 영국으로 해외 연수를 가는 사람의 연수 기간은 1년이고, 중국으로 해외 연수를 가는 사람의 연수 기간은 2년이므로 항상 참인 설명이다.

⑤ 정은 호주 또는 영국으로 해외 연수를 가므로 항상 거짓인 설명은 아니다.

14 조건추리_위치/배치 정답 ④

제시된 조건에 따르면 매주 화요일에는 2구역과 10구역이 비어있으므로 2구역과 10구역에 주차하는 사람은 화요일에 차량을 주차하지 못하는 차량번호 끝자리가 2와 7인 C 또는 H이다. 이때 B, D, J는 6, 7, 8구역 중 한 구역에 주차하며, G는 1열에 주차하고, 다른 열에 주차하는 H와 인접한 구역에 주차하므로 G는 5구역, H는 10구역, C는 2구역에 주차한다. 또한, F는 3구역에 주차하고, A와 I는 1열에 주차하므로 A와 I는 1구역 또는 4구역, E는 9구역에 주차함을 알 수 있다.

1구역	2구역	3구역	4구역	5구역
A 또는 I	C	**F**	A 또는 I	G
6구역	7구역	8구역	9구역	10구역
B 또는 D 또는 J	B 또는 D 또는 J	B 또는 D 또는 J	E	H

따라서 C는 1열, E는 2열에 주차하여 서로 다른 열에 주차하므로 항상 거짓인 설명이다.

오답 체크

① B가 6구역에 주차하면 D는 7구역 또는 8구역에 주차하므로 항상 거짓인 설명은 아니다.

② 금요일에 차량을 운행하지 못하는 차량번호 끝자리가 5와 0인 A와 F는 모두 1열에 주차하므로 항상 참인 설명이다.

③ H는 10구역에 주차하므로 항상 참인 설명이다.

⑤ I는 1구역 또는 4구역에 주차하고, J는 6구역 또는 7구역 또는 8구역에 주차하므로 항상 거짓인 설명은 아니다.

15 조건추리_위치/배치

정답 ④

제시된 조건에 따르면 가희와 현지는 앞쪽에 앉은 동기의 수가 서로 같으므로 가희와 현지는 같은 줄에 앉는다. 또한, 원영이는 세 번째 줄에 남자 동기와 같이 앉고, 인영이의 앞쪽에는 여자 동기가 1명 앉으므로 인영이는 두 번째 줄에 앉고, 지형이는 첫 번째 줄에 앉는다. 이에 따라 가희와 현지는 네 번째 줄에 앉으며, 재혁이의 앞쪽에는 남자 동기가 앉지 않으므로 재혁이는 첫 번째 줄에 앉음을 알 수 있다.

따라서 첫 번째 줄에 앉은 두 명은 재혁이와 지형이다.

16 명제추리

정답 ③

창업을 한 모든 사람이 전문가의 도움을 받은 사람이고 창업을 한 어떤 사람이 성공한 사람이라는 것은 전문가의 도움을 받아 창업을 한 사람 중 성공한 사람이 존재한다는 것이고, 성공한 어떤 사람도 실패를 경험하지 않은 사람이 없다는 것은 성공한 모든 사람은 실패를 경험한 사람이라는 것이므로 전문가의 도움을 받아 창업을 한 사람 중 실패를 경험한 사람이 반드시 존재하게 된다.

따라서 '전문가의 도움을 받은 어떤 사람은 실패를 경험한 사람이다.'가 타당한 결론이다.

오답 체크

창업을 한 사람을 A, 전문가의 도움을 받은 사람을 B, 성공한 사람을 C, 실패를 경험한 사람을 D라고 하면

① 창업을 한 모든 사람이 전문가의 도움을 받은 사람이고 창업을 한 어떤 사람이 성공한 사람이면 성공한 모든 사람이 전문가의 도움을 받은 사람일 수도 있으므로 반드시 참인 결론이 아니다.

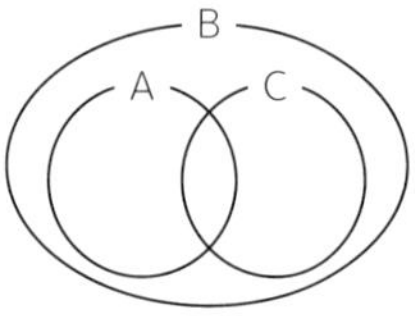

② 창업을 한 모든 사람이 전문가의 도움을 받은 사람이고 성공한 모든 사람이 실패를 경험한 사람이며 창업을 한 어떤 사람이 성공한 사람이면 실패를 경험한 어떤 사람은 전문가의 도움을 받지 않은 사람일 수도 있으므로 반드시 참인 결론이 아니다.

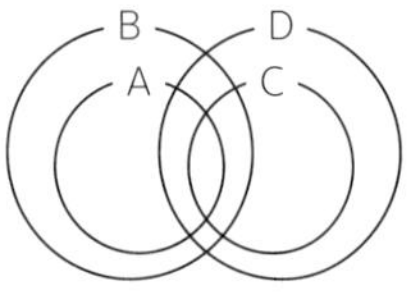

④ 성공한 모든 사람이 실패를 경험한 사람이고 창업을 한 어떤 사람이 성공한 사람이면 창업을 한 모든 사람은 실패를 경험한 사람일 수도 있으므로 반드시 참인 결론이 아니다.

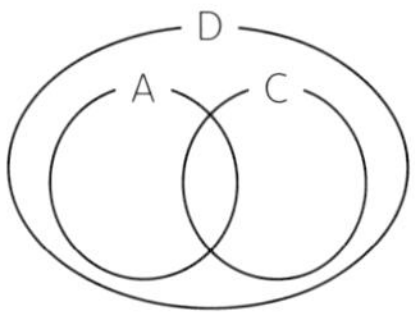

⑤ 창업을 한 어떤 사람이 성공한 사람이고 성공한 모든 사람이 실패를 경험한 사람이면 실패를 경험한 모든 사람은 창업을 한 사람일 수도 있으므로 반드시 참인 결론이 아니다.

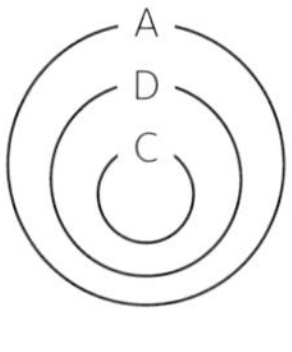

17 조건추리_위치/배치

정답 ③

제시된 조건에 따르면 발레가 취미인 사람은 2명이고, 그중 한 명은 은주이다. 이때 민아와 영민이의 취미는 서로 같으며, 영민이의 취미는 등산 또는 발레이므로 민아와 영민이의 취미는 등산이다. 또한, 주영이와 은주의 취미는 서로 다르므로 주영이의 취미는 독서, 동윤이의 취미는 발레이다.

등산	독서	발레
민아, 영민	주영	동윤, 은주

따라서 항상 독서가 취미인 사람은 주영이다.

18 조건추리_순서/순위

정답 ④

제시된 조건에 따르면 8명 중 3명은 작년에, 5명은 올해 졸업했고, 2월에 졸업한 사람은 6명, 8월에 졸업한 사람은 2명이다. 이때 각각의 시기에 적어도 한 명은 졸업했으므로 각 시기에 졸업한 사람은 작년 8월에 1명, 올해 8월에 1명, 작년 2월에 2명, 올해 2월에 4명임을 알 수 있다. a와 e는 같은 시기에 졸업했으므로 작년 2월 또는 올해 2월에 졸업했으며, g가 a보다 일찍, b보다 늦게 졸업했으므로 작년 2월에 b가, 작년 8월에 g가, 올해 2월에 a와 e가 졸업했음을 알 수 있다. 또한, f는 e보다 일찍 졸업했으므로 작년 2월에 졸업했고 h는 올해 2월에 졸업했으므로 졸업 시기에 따른 졸업자는 아래와 같다.

졸업 시기	작년		올해	
	2월	8월	2월	8월
졸업자	b, f	g	a, e, **h**, c 또는 d	c 또는 d

따라서 a와 h는 올해 2월에 함께 졸업했으므로 항상 거짓인 설명이다.

오답 체크

① d는 올해 2월에, f는 작년 2월에 졸업했을 수도 있으므로 항상 거짓인 설명은 아니다.

② b는 작년 2월에 졸업했고 c는 올해 2월 또는 올해 8월에 졸업했으므로 항상 참인 설명이다.

③ 올해 2월에 졸업한 사람 수가 4명으로 가장 많으므로 항상 참인 설명이다.

⑤ g는 작년 8월에 혼자 졸업했으므로 항상 참인 설명이다.

19 조건추리_순서/순위

정답 ④

제시된 조건에 따르면 광수, 민구, 동욱 세 사람은 연속된 순서로 핫도그 먹기를 모두 끝냈고, 민구의 순위는 3위도 4위도 아니다. 또한, 동준이가 혁수보다 순위가 낮으며 두 명은 이 대회의 우승자도 꼴찌도 아니므로 기윤이의 순위가 1위 또는 6위이다. 이때 기윤이는 이 대회의 꼴찌가 아니므로 1위이며, 민구가 5위 또는 6위이므로 혁수가 2위, 동준이가 3위이고, 광수 또는 동욱이가 4위임을 알 수 있다. 이에 따라 가능한 경우는 아래와 같다.

구분	1위	2위	3위	4위	5위	6위
경우 1	기윤	혁수	동준	광수	민구	동욱
경우 2	기윤	혁수	동준	광수	동욱	민구
경우 3	기윤	혁수	동준	동욱	광수	민구
경우 4	기윤	혁수	동준	동욱	민구	광수

따라서 동준이 바로 다음으로 광수 또는 동욱이가 핫도그 먹기를 끝냈으므로 항상 거짓인 설명이다.

오답 체크

① 혁수의 순위는 2위이므로 항상 참인 설명이다.
② 기윤이는 1위로 핫도그 빨리 먹기 대회의 우승자이므로 항상 참인 설명이다.
③ 광수의 순위가 5위인 경우 민구는 6위로 광수보다 낮으므로 항상 참인 설명이다.
⑤ 광수가 민구보다 순위가 높은 경우 민구는 5위 또는 6위이므로 항상 거짓인 설명은 아니다.

20 명제추리

정답 ②

다섯 번째 명제와 세 번째 명제의 '대우', 두 번째 명제의 '대우'를 차례로 결합한 결론은 다음과 같다.

- 다섯 번째 명제: 병은 출근하지 않는다.
- 세 번째 명제(대우): 병이 출근하지 않으면 정도 출근하지 않는다.
- 두 번째 명제(대우): 정이 출근하지 않으면 을은 출근한다.
- 결론: 병이 출근하지 않으면 을은 출근한다.

다섯 번째 명제와 분리 가능한 첫 번째 명제의 '대우'를 차례로 결합한 결론은 다음과 같다.

- 다섯 번째 명제: 병은 출근하지 않는다.
- 첫 번째 명제(대우): 을 또는 병이 출근하지 않으면 갑도 출근하지 않는다.
- 결론: 병이 출근하지 않으면 갑도 출근하지 않는다.

따라서 출근하는 사람은 을이다.

05 | 수열추리 p.174

01 빈칸 숫자 추론 정답 ③

짝수항에 제시된 각 숫자 간의 값은 ×2로 반복되므로 빈칸에 들어갈 알맞은 숫자는 '3.2'이다.

02 빈칸 숫자 추론 정답 ②

제시된 각 숫자 간의 값이 −4, ×4, −3, ×3, −2, ×2, …으로 변화하므로 빈칸에 들어갈 알맞은 숫자는 '74'이다.

03 빈칸 숫자 추론 정답 ①

제시된 각 숫자 간의 값이 +2, ×3, +3, ×3, +4, ×3, …으로 변화하므로 빈칸에 들어갈 알맞은 숫자는 '395'이다.

04 빈칸 숫자 추론 정답 ②

제시된 숫자를 세 개씩 한 군으로 묶었을 때, 각 군의 세 번째 항에 해당하는 숫자는 (앞의 두 숫자의 차 × 2)라는 규칙이 적용되므로 빈칸에 들어갈 알맞은 숫자는 '24'이다.

05 빈칸 숫자 추론 정답 ②

각 숫자 간의 값이 +1.2, +1.0, +0.8, …과 같이 −0.2씩 변화하므로 빈칸에 들어갈 알맞은 숫자는 '−1.1'이다.

06 빈칸 숫자 추론 정답 ①

홀수항에 제시된 각 숫자 간의 값이 $+\frac{1}{8}$로 반복되고, 짝수항에 제시된 각 숫자 간의 값이 $\times\frac{4}{3}$로 반복되므로 빈칸에 들어갈 알맞은 숫자는 $\frac{13}{8}$에 해당하는 '1.625'이다.

07 빈칸 숫자 추론 정답 ①

세 번째 항부터 제시된 각 숫자는 앞의 두 숫자의 합이라는 규칙이 적용되므로 A와 B의 값은 각각 19와 −17이고, 빈칸에 들어갈 알맞은 숫자는 '2'이다.

08 N번째 숫자 추론 정답 ①

제시된 숫자 중 분수를 소수로 변경한다.

1.5 2 1 2.5 0.5 …

각 숫자 간의 값이 +0.5, −1.0, +1.5, −2.0, +2.5, …으로 변화하므로 15번째 항의 값으로 알맞은 숫자는 '−2'이다.

09 빈칸 숫자 추론 정답 ③

제시된 각 숫자 간의 값이 +8, −11, +8, −13, +8, −15, …으로 변화하므로 빈칸에 들어갈 알맞은 숫자는 '8'이다.

10 N번째 숫자 추론 정답 ③

제시된 각 숫자 간의 값이 +2, +3, +5, +7, …과 같이 1과 자기 자신만으로 나누어 떨어지는 수인 소수만큼 변화하므로 10번째 항의 값으로 알맞은 숫자는 '104'이다.

11 빈칸 숫자 추론 정답 ⑤

각 숫자 간의 값이 ×1, ×2, ×3, ×4, ×4, ×3, …으로 변화하므로 빈칸에 들어갈 알맞은 숫자는 '1,728'이다.

12 N번째 숫자 추론 정답 ⑤

세 번째 항부터 제시된 각 숫자는 (이전 두 번째 숫자) − (바로 이전 숫자) × 2라는 규칙이 적용되므로 8번째 항의 값으로 알맞은 숫자는 '616.4'이다.

13 빈칸 숫자 추론 정답 ④

제시된 각 숫자 간의 값이 +11, +22, +33, …과 같이 +11씩 변화하므로 빈칸에 들어갈 알맞은 숫자는 '244'이다.

14 빈칸 숫자 추론 정답 ④

제시된 각 숫자 간의 값이 +17로 반복되므로 A와 B의 값은 각각 237과 305이고, 빈칸에 들어갈 알맞은 숫자는 '542'이다.

15 빈칸 숫자 추론 정답 ④

제시된 각 숫자 간의 값이 $\times\frac{1}{2}$, $\times\frac{2}{3}$, $\times\frac{3}{4}$, $\times\frac{4}{5}$, $\times\frac{5}{6}$, $\times\frac{6}{7}$, …으로 변화하므로 빈칸에 들어갈 알맞은 숫자는 '$\frac{9}{28}$'이다.

16 N번째 숫자 추론 정답 ④

제시된 각 숫자 간의 값이 $+\frac{3}{56}$으로 반복되므로 15번째 항의 값으로 알맞은 숫자는 '$\frac{7}{8}$'이다.

17 빈칸 숫자 추론 정답 ⑤

홀수항에 제시된 각 숫자 간의 값이 ×2, ×4, ×6, …으로 변화하고, 짝수항에 제시된 각 숫자 간의 값이 ×(−2), ×(−4), ×(−6), …으로 변화하므로 빈칸에 들어갈 알맞은 숫자는 '16'이다.

18 빈칸 숫자 추론

정답 ②

세 번째 항부터 제시된 각 숫자는 앞의 두 숫자의 곱 −7이라는 규칙이 적용되므로 A와 B의 값은 각각 3과 −118이고, 빈칸에 들어갈 알맞은 숫자는 '−115'이다.

19 빈칸 숫자 추론

정답 ③

분자의 각 숫자 간의 값이 −6, ×4, ÷2로 반복되고, 분모의 세 번째 항부터 제시된 각 숫자는 앞의 두 숫자의 합이라는 규칙이 적용되므로 빈칸에 들어갈 알맞은 숫자는 '$\frac{34}{76}$'이다.

20 빈칸 숫자 추론

정답 ②

제시된 각 숫자 간의 값이 −2, ×3, +2, −3으로 반복되므로 빈칸에 들어갈 알맞은 숫자는 '134'이다.

실전모의고사 2회

정답

01 언어이해

p.182

01	③	중심 내용 파악	05	④	세부 내용 파악	09	⑤	글의 구조 파악	13	④	세부 내용 파악	17	①	세부 내용 파악
02	②	글의 구조 파악	06	④	중심 내용 파악	10	③	중심 내용 파악	14	③	글의 구조 파악	18	②	세부 내용 파악
03	②	세부 내용 파악	07	②	글의 구조 파악	11	③	비판/반론	15	⑤	세부 내용 파악	19	①	세부 내용 파악
04	⑤	중심 내용 파악	08	③	세부 내용 파악	12	②	비판/반론	16	⑤	비판/반론	20	②	세부 내용 파악

02 자료해석

p.202

01	③	자료이해	05	⑤	자료이해	09	③	자료이해	13	③	자료이해	17	③	자료계산
02	③	자료이해	06	⑤	자료이해	10	①	자료이해	14	②	자료이해	18	⑤	자료이해
03	③	자료계산	07	③	자료이해	11	④	자료이해	15	⑤	자료이해	19	③	자료변환
04	③	자료추론	08	①	자료이해	12	③	자료이해	16	②	자료이해	20	③	자료이해

03 창의수리

p.222

01	②	용액의 농도	05	⑤	경우의 수/확률	09	③	방정식의 활용	13	③	일의 양	17	④	방정식의 활용
02	④	거리/속력/시간	06	⑤	방정식의 활용	10	①	경우의 수/확률	14	②	방정식의 활용	18	④	방정식의 활용
03	②	용액의 농도	07	②	방정식의 활용	11	④	방정식의 활용	15	③	경우의 수/확률	19	⑤	방정식의 활용
04	⑤	원가/정가	08	②	거리/속력/시간	12	①	거리/속력/시간	16	②	원가/정가	20	④	방정식의 활용

04 언어추리

p.228

01	④	명제추리	05	⑤	조건추리_위치/배치	09	①	조건추리_위치/배치	13	①	조건추리_참/거짓 진술	17	④	명제추리
02	⑤	조건추리_참/거짓 진술	06	①	명제추리	10	②	조건추리_순서/순위	14	⑤	조건추리_위치/배치	18	①	조건추리_순서/순위
03	①	조건추리_위치/배치	07	②	명제추리	11	②	조건추리_위치/배치	15	④	조건추리_순서/순위	19	④	조건추리_순서/순위
04	②	명제추리	08	②	조건추리_위치/배치	12	⑤	명제추리	16	①	명제추리	20	②	명제추리

05 수열추리

p.238

01	③	빈칸 숫자 추론	05	③	빈칸 숫자 추론	09	④	빈칸 숫자 추론	13	③	N번째 숫자 추론	17	②	빈칸 숫자 추론
02	③	빈칸 숫자 추론	06	④	N번째 숫자 추론	10	②	빈칸 숫자 추론	14	①	빈칸 숫자 추론	18	④	빈칸 숫자 추론
03	④	N번째 숫자 추론	07	③	N번째 숫자 추론	11	③	빈칸 숫자 추론	15	⑤	빈칸 숫자 추론	19	④	빈칸 숫자 추론
04	①	빈칸 숫자 추론	08	⑤	빈칸 숫자 추론	12	⑤	빈칸 숫자 추론	16	④	빈칸 숫자 추론	20	③	빈칸 숫자 추론

취약 유형 분석표

유형별로 맞힌 개수, 틀린 문제 번호와 풀지 못한 문제 번호를 적어보면서 취약한 유형이 무엇인지 파악해 보세요.
취약한 유형은 '기출유형공략'으로 복습하고 틀린 문제와 풀지 못한 문제를 다시 한번 풀어보세요.

01 언어이해

유형	유형별 맞힌 문제 수	틀린 문제 번호	풀지 못한 문제 번호
중심 내용 파악	/4		
세부 내용 파악	/9		
글의 구조 파악	/4		
비판/반론	/3		
TOTAL	/20		

02 자료해석

유형	유형별 맞힌 문제 수	틀린 문제 번호	풀지 못한 문제 번호
자료이해	/16		
자료계산	/2		
자료추론	/1		
자료변환	/1		
TOTAL	/20		

03 창의수리

유형	유형별 맞힌 문제 수	틀린 문제 번호	풀지 못한 문제 번호
거리/속력/시간	/3		
용액의 농도	/2		
일의 양	/1		
원가/정가	/2		
방정식의 활용	/9		
경우의 수/확률	/3		
TOTAL	/20		

04 언어추리

유형	유형별 맞힌 문제 수	틀린 문제 번호	풀지 못한 문제 번호
명제추리	/8		
조건추리_순서/순위	/4		
조건추리_위치/배치	/6		
조건추리_참/거짓 진술	/2		
TOTAL	/20		

05 수열추리

유형	유형별 맞힌 문제 수	틀린 문제 번호	풀지 못한 문제 번호
빈칸 숫자 추론	/16		
N번째 숫자 추론	/4		
TOTAL	/20		

해설

01 언어이해 p.182

01 중심 내용 파악 정답 ③

이 글은 스톡홀름 증후군을 최초로 명명하게 된 사건과 피해자들이 가해자들에게 왜 동조하게 되는지에 대해 설명하는 글이므로 이 글의 제목으로 가장 적절한 것은 ③이다.

02 글의 구조 파악 정답 ②

이 글은 언어중추인 베르니케 영역과 브로카 영역의 기능을 설명하고, 두 영역을 연결하는 신경 다발과 이 신경 다발이 손상될 경우의 증상에 대해 제시하는 글이다.
따라서 '나) 언어중추를 이루는 베르니케 영역과 브로카 영역 → 라) 베르니케 영역의 특징 → 가) 베르니케 영역의 손상에 따른 사례와 브로카 영역의 특징 → 다) 신경 다발로 연결된 베르니케 영역과 브로카 영역 및 신경 다발의 손상으로 인한 증상' 순으로 배열해야 한다.

03 세부 내용 파악 정답 ②

빈칸 앞에서 네덜란드에 대해 반감을 품은 영국인에 의해 부정적인 어감의 더치페이라는 용어가 생겨났으나, 서양에 합리적인 사고방식이 확산되면서 더치페이가 긍정적인 문화로 여겨지게 되었다는 내용을 말하고 있다.
따라서 더치페이가 각자 계산하는 방식이라는 의미는 유지되고 있으나, 처음의 부정적인 어감이 긍정적인 어감으로 변화하였다는 내용이 들어가야 한다.

04 중심 내용 파악 정답 ⑤

이 글은 소비 행위가 단순한 물질적 욕구를 넘어서 사람들의 정체성과 가치 인식에 어떤 영향을 미치는지를 논의하고 있으며, 진정한 행복을 추구하는 소비와 비합리적인 소비 간의 차이에 대한 고민이 필요함에 대해 설명하는 내용이므로 이 글의 주제로 가장 적절한 것은 ⑤이다.

오답 체크

① 소비 활성화를 위한 사치품 산업의 방향성에 대해서는 다루고 있지 않으므로 적절하지 않은 내용이다.
② 현대인이 추구하는 환경 친화적인 소비 방식의 종류에 대해서는 다루고 있지 않으므로 적절하지 않은 내용이다.
③ 과도한 소비로 인한 부채 발생 방지를 위한 제도 마련에 대해서는 다루고 있지 않으므로 적절하지 않은 내용이다.
④ 온라인 쇼핑의 증가 추세에 따른 마케팅 방안에 대해서는 다루고 있지 않으므로 적절하지 않은 내용이다.

05 세부 내용 파악 정답 ④

차량 충돌 시 충격감지센서가 작동하며 일으킨 불꽃으로 인해 아지드화나트륨 캡슐이 깨지고 여기에서 나온 아지드화나트륨과 산화철이 반응하면서 발생한 질소 기체가 에어백을 부풀린다고 하였으므로 차량이 충돌했을 때 생성된 불꽃이 화학 반응을 일으켜 산화철이 에어백을 가득 채우게 되어 에어백이 부풀어 오르는 것은 아님을 알 수 있다.

오답 체크

① 차량에 충격이 가해진 것이 감지된 순간부터 0.04초 이내에 에어백이 팽창한다고 하였으므로 적절한 내용이다.
② 에어백 팽창에 사용된 질소 기체는 에어백에 부딪히는 탑승자를 안전하게 보호하기 위해 에어백 뒷면에 있는 구멍으로 빠져나간다고 하였으므로 적절한 내용이다.
③ 에어백은 도입 초반에 안전벨트를 착용했을 때 탑승자 보호 효과를 높이기 위해 사용한다는 의미로 '안전벨트 보조용 구속 장치'라고도 불렸다고 하였으므로 적절한 내용이다.
⑤ 차량에 장착된 충격감지센서가 정면을 기준으로 좌우 30도 이내에서 유효충돌속도가 약 20~30km/h 이상의 충돌을 감지했을 경우에만 에어백이 작동된다고 하였으므로 적절한 내용이다.

06 중심 내용 파악 정답 ④

4문단에서 현행법에 명시되어 있는 책임능력의 기준을 설명하고 있지만, 그 기준의 문제점에 대해서는 다루고 있지 않으므로 본문에 없는 내용은 ④이다.

오답 체크

①은 2문단, ②는 4문단, ③은 1문단, ⑤는 3문단을 요약한 내용이다.

07 글의 구조 파악 정답 ②

이 글은 물 관련 산업의 활성화 배경을 설명하고, 물 관련 산업의 종류를 언급하며 그중 가장 활성화되고 있는 수처리 시장의 현황에 대해 이야기하는 글이다.
따라서 물 관련 산업이 호황을 누리고 있음을 언급한 글에 이어질 내용은 '다) 민간 기업의 진출로 인해 활성화될 수 있었던 물 관련 산업 → 가) 물 관련 산업 중 민간 기업들의 진출이 가장 활발한 수처리 시장 → 마) 수처리 시장이 호황을 누리는 이유 → 라) 국제 수처리 시장을 이끌고 있는 다국적 기업 → 나) 수처리 시장에서 경쟁력을 확보하기 위해 노력하고 있는 국내 기업들' 순으로 배열해야 한다.

08 세부 내용 파악 정답 ③

민씨 정권은 5영으로 운영되던 군대를 장위영과 무위영의 2영으로 개편하면서 신식 군대인 별기군과 달리 구식 군대인 2영은 대우가 좋지 못하였는데, 봉급미로 인한 불만이 폭발해 난이 발발하였고, 이들이 흥선대원군에게 찾아가 연결되었다고 하였으므로 흥선대원군과 결탁한 임오군란의 주요 세력이 별기군에 소속된 군인이었다는 것은 아님을 알 수 있다.

오답 체크

① 흥선대원군의 실각 이후 집권한 민씨 일가는 당시 5영으로 운영되던 군대를 장위영과 무위영의 2영으로 개편하였다고 하였으므로 적절한 내용이다.

② 임오군란의 결과로 일본과 제물포 조약을 맺게 되었다고 하였으므로 적절한 내용이다.

④ 민씨 일파의 요청을 받아들인 청나라가 군대를 파견하였고, 난을 진압하며 실패했다고 하였으므로 적절한 내용이다.

⑤ 봉급미에 격분한 구식 군대의 군인들은 관리에게 폭행을 가해 부상을 입히고 선혜청 당상관인 민겸호의 집으로 쳐들어가 저택을 파괴하고 폭동을 일으켰다고 하였으므로 적절한 내용이다.

09 글의 구조 파악 정답 ⑤

글 전체에서 시간의 흐름에 따라 변한 가면의 의미와 현재 가면을 통해 나타낼 수 있는 기능에 대해 설명하고 있으므로 서술상 특징으로 가장 적절한 것은 ⑤이다.

10 중심 내용 파악 정답 ③

이 글에 나타난 전략은 공급자부터 소비자까지의 연결을 표준화 및 단순화하여 비용 절감, 효율성 향상, 고객 만족도를 높이며 공급망 참여자 간의 원활한 정보 공유를 통해 지속 가능한 성장을 지원하는 SCM이다.

따라서 글에 나타난 전략과 관련된 사례로 가장 적절한 것은 ③이다.

11 비판/반론 정답 ③

이 글의 필자는 직·간접적으로 쌓은 배경지식이 사람의 이해와 기억, 학습 등에 긍정적 영향을 미치므로 배경지식을 쌓고 적극적으로 활용해야 한다고 주장하고 있다.

따라서 배경지식이 오히려 새로운 지식을 얻는 데 방해가 되는 부정적인 영향이 있을 수 있다는 반박이 타당하다.

오답 체크

① 간접적인 경험을 통해서도 배경지식을 쌓을 수 있다고 하였으며, 비슷한 경험이 있으면 상대방을 더 잘 이해할 수 있다고 하였을 뿐 동일한 경험이 없으면 상대방을 이해할 수 없다는 주장이 아니므로 타당하지 않은 내용이다.

12 비판/반론 정답 ②

이 글의 필자는 학생들이 의무적으로 봉사활동을 하게 되면 자연스레 책임감과 바른 가치관이 형성되며, 봉사활동을 하는 과정에서 즐거움과 교육의 기회를 얻게 될 수 있다는 점을 근거로 학생들에게 봉사활동을 의무화해야 한다고 주장하고 있다.

따라서 학생들이 봉사활동 의무화로 부담감을 갖게 되면 반발심이 생겨서 봉사에 대한 부정적인 생각이 강화될 것이라는 반박이 타당하다.

13 세부 내용 파악 정답 ④

스마트 워크의 근본적인 목표는 업무 시간 내에서 더욱 효율적으로 업무를 처리하는 것이라고 하였으므로 스마트 워크의 최종 목표가 업무 외 시간에도 일 처리를 가능케 하여 생산성을 높이는 것은 아님을 알 수 있다.

오답 체크

① 스마트 워크는 업무 과정에서 발생하는 비생산적 요소를 최소화하여 근로자의 일과 삶의 균형을 유지할 수 있게 하여 삶의 질을 향상시킨다고 하였으므로 적절한 내용이다.

② 스마트 워크는 사회적 비용을 절감하여 환경 보호에 도움이 되어 국가 차원에서도 매력적인 근무 방식이라고 하였으므로 적절한 내용이다.

③ 스마트 워크를 통해 결재 프로세스를 단순화하고 회의 시간을 단축하는 등 업무를 효율적으로 수행할 수 있는 환경을 구축해 비효율을 줄일 수 있다고 하였으므로 적절한 내용이다.

⑤ 스마트 워크는 유연 근무제와 같이 근로자가 직접 근무 시간을 조정할 수 있도록 시간적 자율을 보장하는 유형과 재택근무 및 스마트 워크 센터 근무와 같이 공간적 자유를 보장하는 유형으로 나뉜다고 하였으므로 적절한 내용이다.

14 글의 구조 파악 정답 ③

이 글은 레스토랑 정원이 인기를 얻고 있는 현황과 그 배경을 제시하고, 레스토랑 정원이 사회에 끼치는 긍정적인 영향에 대해서 설명하는 글이다.

따라서 레스토랑 정원이 점점 늘어나고 있다는 점을 언급한 글에 이어질 내용은 '라) 레스토랑 정원의 인기 요인(1): 신선한 재료를 필요로 하는 레스토랑 운영자의 욕구 충족 → 가) 레스토랑 정원의 인기 요인(2): 믿고 먹을 수 있는 재료로 만든 음식에 대한 소비자의 욕구 충족 → 나) 레스토랑 정원의 긍정적 영향(1): 물류 이동 시 발생하는 공해 감소 → 다) 레스토랑 정원의 긍정적 영향(2): 음식물 쓰레기의 자원화' 순으로 배열해야 한다.

15 세부 내용 파악

정답 ⑤

골든크로스는 단기 이동평균선이 중·장기 이동평균선을 아래에서 위로 돌파하여 올라가는 현상으로, 주식 시장이 강세로 전환되고 있음을 보여주는 신호라고 하였으므로 상향 흐름을 보이는 주식 시장에서 단기 이동평균선이 장기 이동평균선보다 아래쪽에 위치하게 된다는 것은 아님을 알 수 있다.

오답 체크

① 이동평균선은 과거의 평균주가인 동시에 당일 주가와 동렬에 위치하여 장기 선이 될수록 실제 주가보다 느리게 반응하는 경우가 많고, 주가를 순차적을 반영하기 때문에 단기, 중기, 장기 선의 순서로 변화한다고 하였으므로 적절한 내용이다.

② 데드크로스는 주식 시장이 약세로 전환함을 시사하는 것이지만 데드크로스가 발생하기 전에 주가가 먼저 하락하거나 데드크로스 발생 전후로 일시적인 상승세가 나타나기도 한다고 하였으므로 적절한 내용이다.

③ 골든크로스는 단기 이동평균선이 중·장기 이동평균선을 아래에서 위로 상향 돌파하는 것을 의미한다고 하였으며, 중기 골든크로스는 20일선과 60일선을 비교하는 것이라고 한 점을 통해 최근 20일간 투자 심리가 60일간 투자 심리보다 긍정적일 경우 20일선이 60일선보다 높게 위치하여 중기 골든크로스가 발생할 수 있음을 알 수 있으므로 적절한 설명이다.

④ 데드크로스와 골든크로스를 활용하면 주가의 강·약세를 판단할 수 있어 주가를 기술적으로 분석하여 예측하고자 할 때 활용한다고 하였으므로 적절한 내용이다.

16 비판/반론

정답 ⑤

이 글의 필자는 칭찬이 아이의 정서 발달에 좋은 영향을 주고, 아이가 스스로 행동에 대한 판단의 기준을 세워서 바른 습관을 들이는 데 도움을 주므로 아이를 교육할 때는 행동에 대한 긍정적인 면을 최대한 강조하여 무조건 칭찬해주어야 한다고 주장하고 있다.

따라서 지나치게 칭찬을 받은 아이는 칭찬받지 못할 상황을 겁내며 다른 사람의 평가를 과하게 신경 쓰게 된다는 반박이 타당하다.

17 세부 내용 파악

정답 ①

이 글은 광의의 종이와 협의의 종이에 대해 설명하고 오늘날 우리가 사용하는 종이의 기원이 되는 중국의 제지술에 대해 설명하는 내용이고, <보기>는 삼국시대에 우리나라에 전래된 제지술이 통일신라시대, 고려시대를 거치며 고유의 특징을 가진 종이로 발전했음을 설명하는 내용이다.

따라서 우리나라는 중국에서 전래한 제지술을 수용하고 이를 발전시켜 우리나라 고유의 것으로 탄생시켰음을 알 수 있다.

18 세부 내용 파악

정답 ②

제1차 삼두 정치는 크라수스의 전사로 인해 해체되었고, 이후 카이사르와 폼페이우스 간 권력 싸움이 진행됨에 따라 싸움에서 승리한 카이사르가 독재 정권을 수립하게 되었다고 하였으므로 제1차 삼두 정치가 카이사르와 폼페이우스가 권력 싸움을 벌임에 따라 해체되었다는 것은 아님을 알 수 있다.

오답 체크

① 5년 동안 강력한 권력을 얻게 된 안토니우스, 옥타비아누스, 레피두스 3인은 반대 세력을 제거하기 위해 속주를 분할 통치하는 등의 정책을 시행하였다고 하였으므로 적절한 내용이다.

③ 제2차 삼두 정치는 BC 44년 독재자였던 카이사르가 암살당하고 난 뒤 이루어졌다고 하였으므로 적절한 내용이다.

④ BC 31년에 옥타비아누스가 악티움 해전에서 안토니우스에게 승리하면서 로마를 통일했다고 하였으므로 적절한 내용이다.

⑤ 제2차 삼두 정치는 안토니우스가 옥타비아누스, 레피두스와 결탁해 '국가 재건 3인 위원'에 정식으로 취임하며 펼쳐졌다고 하였으므로 적절한 내용이다.

19 세부 내용 파악

정답 ①

설리번이 차 샘플을 보낼 때 함석통 대신 비단 주머니를 사용한 이유는 비용을 절감할 수 있고 동양의 신비로움도 전달할 수 있었기 때문이라고 하였으며, 고객들이 차 찌꺼기를 처리하기 쉽게 비단 주머니째로 차를 우린 것은 그의 의도가 아니었다고 하였으므로 고객들이 편리하게 차를 마실 수 있도록 하기 위해 설리번이 비단으로 만든 주머니를 이용한 것은 아님을 알 수 있다.

오답 체크

② 설리번은 차를 더 진하게 우려낼 수 있도록 비단 대신 직물의 구멍이 큰 면 거즈로 주머니를 만들어 판매했다고 하였으므로 적절한 내용이다.

③ 설리번의 차별화된 영업 전략 중 하나가 신상품 샘플을 고객들에게 보내는 것이라고 하였으므로 적절한 내용이다.

④ 티백을 고안한 사람은 토마스 설리번이고 종이 티백을 발명한 사람은 윌리엄 허만슨이라고 하였으므로 적절한 내용이다.

⑤ 영국은 미국보다 약 30년 늦게 티백을 도입하였지만, 현재는 차 소비자들의 약 85% 정도가 티백을 사용한다고 하였으므로 적절한 내용이다.

20 세부 내용 파악

정답 ②

빈칸 앞에서는 쥐에게 특정 상자를 지날 때 전기 충격을 가한 뒤 신경세포가 자라는 속도를 조절해 쥐에게 다시 상자를 보여준 실험 내용을 말하고 있고, 빈칸 뒤에서는 신경세포가 생성되면서 기억을 저장하는 기존 회로가 방해를 받아 기억이 사라진다는 결과 분석에 대한 내용을 말하고 있다.

따라서 정상적으로 신경세포가 재생된 쥐들은 특정 상자를 지날 때 전기 충격을 받았던 것을 기억하지 못했다는 내용이 들어가야 한다.

02 자료해석 p.202

01 자료이해 정답 ③

b. 여가활동 만족도에 긍정적으로 응답한 비율은 남자가 2016년에 3.5 + 16.9 = 20.4%에서 2024년에 4.6 + 20.7 = 25.3%로 증가하였고 여자도 2016년에 3.1 + 13.7 = 16.8%에서 2024년에 4.0 + 20.6 = 24.6%로 증가하였으므로 옳은 설명이다.

c. 2022년 여가활동 만족도가 보통이라고 응답한 여자 비율은 45.0%로 같은 해 여가활동 만족도에 긍정적으로 응답한 여자 비율인 4.3 + 17.0 = 21.3%의 45.0 / 21.3 ≒ 2.1배이므로 옳은 설명이다.

오답 체크

a. 2020년 여가활동 만족도에 긍정적으로 응답한 남자 비율은 6.2 + 20.5 = 26.7%로 부정적으로 응답한 남자 비율인 18.8 + 4.9 = 23.7%보다 높으므로 옳지 않은 설명이다.

d. 2020년 여가활동 만족도가 매우 불만족이라고 응답한 비율이 남자는 2018년 대비 감소하였으나, 여자는 2018년 대비 증가하였으므로 옳지 않은 설명이다.

빠른 문제 풀이 Tip

b. 2024년 여가활동 만족도가 매우 만족, 약간 만족인 응답 비율이 남자와 여자 모두 2016년 대비 증가하였으므로 긍정적으로 응답한 비율도 남자와 여자 모두 증가하였음을 알 수 있다.

02 자료이해 정답 ③

전체 주식의 말소 발행사 수는 2024년 1~2월에 239 + 260 = 499개, 2023년 11~12월에 243 + 274 = 517개로 2024년 1~2월에 2023년 11~12월 대비 {(517 − 499) / 517} × 100 ≒ 3.5% 감소하였으므로 옳지 않은 설명이다.

오답 체크

① 2024년 1월 상장 주식의 종목 수는 발행이 말소보다 376 − 224 = 152개 더 많으므로 옳은 설명이다.

② 제시된 기간 동안 전체 주식의 발행 수량이 말소 수량의 2배 이상인 달은 1,789,948 / 599,075 ≒ 3.0배인 2023년 11월과 2,196,913 / 1,046,438 ≒ 2.1배인 2023년 12월로 모두 2023년이므로 옳은 설명이다.

④ 2023년 12월 이후 비상장 주식의 발행 종목 수는 매월 전월 대비 감소하였으므로 옳은 설명이다.

⑤ 2024년 2월 전체 주식의 발행사 1개당 수량은 발행이 1,491,565 / 404 ≒ 3,692천 주, 말소가 1,479,827 / 260 ≒ 5,692천 주이므로 옳은 설명이다.

03 자료계산 정답 ③

골재자원별 채취 실적 = 전체 골재 채취 실적 × (골재자원별 채취 구성비 / 100)임을 적용하여 구한다.

산림골재 채취 구성비는 2021년에 62%, 2022년에 63%이므로 산림골재 채취 실적은 2021년에 72.0 × 0.62 = 44.64백만 m^3, 2022년에 83.0 × 0.63 = 52.29백만 m^3이다.

따라서 2022년 산림골재 채취 실적의 전년 대비 증가량은 52.29 − 44.64 = 7.65백만 m^3 = 765만 m^3이다.

04 자료추론 정답 ③

㉠ 2021년 일반국도 화물차의 연평균 일 교통량의 전년 대비 감소량은 2,723 − 2,657 = 66대이고, 2018년부터 2021년까지 일반국도 화물차의 연평균 일 교통량은 매년 전년 대비 일정하게 감소하였으므로 2017년 일반국도 화물차의 연평균 일 교통량은 2,723 + (66 × 3) = 2,921대이다.

㉡ 2019년 일반국도 화물차의 연평균 일 교통량은 2,723 + 66 = 2,789대이다. 또한, 2019년 고속국도 버스의 연평균 일 교통량은 같은 해 일반국도와 지방도의 전 차종 연평균 일 교통량 합계의 1.5배이므로 (7,951 + 280 + 2,789 + 3,447 + 154 + 1,411) × 1.5 = 24,048대이다.

따라서 ㉠은 2,921, ㉡은 24,048인 ③이 정답이다.

빠른 문제 풀이 Tip

㉠ 선택지에 제시된 값의 일의 자릿수가 다르므로 감소량을 구한 뒤 2017년 값의 일의 자릿수만 확인한다.
2018년부터 2021년까지 매년 일반국도 화물차의 연평균 일 교통량의 전년 대비 감소량은 2,723 − 2,657 = 66대이므로 2017년 일반국도 화물차의 연평균 일 교통량은 x,xx3 + (66 × 3) ≒ x,xx1대로 정답은 ①, ③ 중 하나임을 알 수 있다.

05 자료이해 정답 ⑤

a. 2022년부터 2024년까지 국내 수급량이 많은 순서대로 나열한 반도체의 순위는 1위가 A 반도체, 2위가 D 반도체, 3위가 B 반도체, 4위가 C 반도체, 5위가 E 반도체, 6위가 F 반도체로 매년 동일하므로 옳은 설명이다.

c. 2024년 모든 반도체의 국내 수급량의 전년 대비 증감률은 음수로 모든 반도체의 국내 수급량은 전년 대비 감소하였으므로 옳은 설명이다.

d. D 반도체의 국내 수급량이 B 반도체보다 적은 2021년에 E 반도체의 국내 수급량은 F 반도체의 81,935 / 15,004 ≒ 5.5배이므로 옳은 설명이다.

오답 체크

b. 2023년 국내 수급량의 전년 대비 증감률이 다른 반도체에 비해 가장 큰 반도체는 E 반도체이고, 2023년 E 반도체의 국내 수급량은 전년 대비 106,302 − 84,547 = 21,755톤 증가하였으므로 옳지 않은 설명이다.

06 자료이해 정답 ⑤

2022년 연구개발 투자액의 전년 대비 증가율은 공공기관이 {(2,812 − 2,367)/2,367} × 100 ≒ 18.8%이고, 연구기관이 {(4,807 − 4,523)/4,523} × 100 ≒ 6.3%이며, 그 차이는 18.8 − 6.3 ≒ 12.5%p이므로 옳은 설명이다.

오답 체크

① 연구기관의 연구개발 투자액이 처음으로 4,000억 원을 넘은 2021년에 연구기관의 설비 투자액은 200억 원 미만이므로 옳지 않은 설명이다.

② 2021년 전체 연구개발 투자액에서 설계업과 건설업의 연구개발 투자액의 합이 차지하는 비중은 {(421+29)/7,921} × 100 ≒ 5.7%이므로 옳지 않은 설명이다.

③ 제조업의 설비 투자액이 가장 많은 2022년에 연구개발 투자액이 가장 적은 업종은 건설업이므로 옳지 않은 설명이다.

④ 연구기관의 설비 투자액이 서비스업의 설비 투자액보다 많은 해는 2020년과 2022년이므로 옳지 않은 설명이다.

07 자료이해 정답 ③

2024년 국가채무인 489.8조 원은 2020년 국가채무에서 40% 증가한 값인 359.6×1.4 ≒ 503.4조 원보다 적으므로 옳지 않은 설명이다.

오답 체크

① 국가채권이 전년 대비 감소한 2022년의 국가채무는 420.5조 원이므로 옳은 설명이다.

② 2020년부터 2024년까지 국가채권의 2배는 각각 174.7 × 2 = 349.4조 원, 186.0 × 2 = 372.0조 원, 181.4 × 2 = 362.8조 원, 202.5 × 2 = 405.0조 원, 223.7 × 2 = 447.4조 원이므로 옳은 설명이다.

④ 2023년 국가채권의 전년 대비 증가액인 202.5 − 181.4 = 21.1조 원은 2024년 국가채권의 전년 대비 증가액인 223.7 − 202.5 = 21.2조 원보다 적으므로 옳은 설명이다.

⑤ 2021년 이후 국가채무는 매년 전년 대비 증가하며, 국가채권은 2022년에 전년 대비 감소하였으므로 옳은 설명이다.

08 자료이해 정답 ①

2024년 C 지역의 멸실 아파트 호수는 전년 대비 {(1,400 − 490) / 1,400}×100 = 65% 감소하였으므로 옳지 않은 설명이다.

오답 체크

② 2023년 멸실 연립주택 호수는 B 지역이 C 지역보다 228 − 102 = 126호 더 많으므로 옳은 설명이다.

③ 2023년 멸실 다세대주택 호수는 A 지역이 F 지역의 4,794 / 2,820 = 1.7배이므로 옳은 설명이다.

④ 2023년 E 지역의 멸실 단독주택 호수는 멸실 다가구주택 호수보다 1,731 − 170 = 1,561호 더 많으므로 옳은 설명이다.

⑤ 2024년 D 지역의 멸실 다가구주택 호수는 전년 대비 2,057 − 1,618 = 439호 증가하였으므로 옳은 설명이다.

09 자료이해 정답 ③

남과 북 전체에서 발생한 규모 3 이상 지진 발생 횟수는 2017년에 1 + 0 + 1 + 0 + 15 + 2 = 19회, 2018년에 0 + 0 + 1 + 0 + 1 + 3 = 5회로, 2018년 남과 북 전체에서 발생한 규모 3 이상 지진 발생 횟수의 전년 대비 감소율은 {(19 − 5) / 19} × 100 ≒ 74%이므로 옳지 않은 설명이다.

오답 체크

① 2017년 남에서 발생한 규모 2 이상 3 미만 지진 발생 횟수는 180회로 남에서 발생한 규모 3 이상 4 미만 지진 발생 횟수인 15회의 180 / 15 = 12배이므로 옳은 설명이다.

② 북에서 발생한 지진의 전체 발생 횟수는 2016년에 0 + 0 + 5 + 18 = 23회, 2019년에 0 + 0 + 5 + 18 = 23회로 동일하므로 옳은 설명이다.

④ 2014년 남에서 발생한 규모 2 이상 3 미만 지진 발생 횟수는 북에서 발생한 규모 2 이상 3 미만 지진 발생 횟수의 31 / 10 = 3.1배, 2015년에 36 / 3 = 12배, 2016년에 200 / 18 ≒ 11.1배, 2017년에 180 / 24 = 7.5배, 2018년에 96 / 14 ≒ 6.9배, 2019년에 56 / 18 ≒ 3.1배이므로 옳은 설명이다.

⑤ 2016년부터 남에서 규모 4 이상 5 미만 지진이 매년 꾸준히 발생했으므로 옳은 설명이다.

10 자료이해 정답 ①

a. 연도별 일조시간이 가장 많은 2017년에 가을 일조시간이 차지하는 비중은 {606.2 / (603.0 + 606.2 + 582.7 + 755.4)} × 100 ≒ 23.8%이므로 옳은 설명이다.

오답 체크

b. 2018년에 일조시간이 가장 많은 계절은 여름이므로 옳지 않은 설명이다.

c. 2014년 대비 2016년 여름 일조시간은 {(621.4 − 482.2) / 482.2} × 100 ≒ 28.9% 증가하였으므로 옳지 않은 설명이다.

d. 여름 일조시간 대비 겨울 일조시간의 비율은 2014년이 552.7 / 482.2 ≒ 1.15, 2015년이 535.2 / 579.9 ≒ 0.92이므로 옳지 않은 설명이다.

빠른 문제 풀이 Tip

d. 여름 일조시간 대비 겨울 일조시간의 비율 = 겨울 일조시간 / 여름 일조시간이므로 연도별 겨울 일조시간의 크기와 여름 일조시간의 크기를 각각 비교한다.
2014년 여름 일조시간은 482.2시간, 겨울 일조시간은 552.7시간으로 겨울 일조시간이 여름 일조시간보다 크므로 2014년 여름 일조시간 대비 겨울 일조시간의 비율은 1 이상이며, 2015년 여름 일조시간은 579.9시간, 겨울 일조시간은 535.2시간으로 겨울 일조시간이 여름 일조시간보다 작으므로 2015년 여름 일조시간 대비 겨울 일조시간의 비율은 1 미만임을 알 수 있다.

11 자료이해 정답 ④

2018년 12월 평균풍속이 전년 동월 대비 증가한 광주공항은 최대순간풍속도 전년 동월 대비 {(30 − 27) / 27} × 100 ≒ 11% 증가했으므로 옳지 않은 설명이다.

오답 체크

① 2018년 12월 평균최고기온과 평균최저기온의 차이는 김포공항이 3.8 − (−6.6) = 10.4℃, 인천공항이 3.5 − (−4.3) = 7.8℃, 김해공항이 9.1 − (−1.0) = 10.1℃, 광주공항이 8.2 − (−2.8) = 11.0℃, 제주공항이 10.7 − 6.1 = 4.6℃로 광주공항이 가장 크므로 옳은 설명이다.

② 제시된 5개 공항의 2017년 12월과 2018년 12월 최다강수량일자와 최저기온일자는 모두 다르므로 옳은 설명이다.

③ 2018년 12월 합계강수량이 2017년 12월 대비 감소한 공항은 김포공항, 인천공항, 광주공항이므로 옳은 설명이다.

⑤ 2018년 12월 김포공항의 평균기온은 전년 동월 대비 −1.4 − (−2.3) = 0.9℃, 인천공항은 −0.3 − (−1.1) = 0.8℃, 김해공항은 4.1 − 2.3 = 1.8℃, 광주공항은 2.4 − 1.0 = 1.4℃, 제주공항은 8.4 − 6.9 = 1.5℃ 증가했으며, 이 중 김해공항이 가장 크게 증가했으므로 옳은 설명이다.

12 자료이해 정답 ③

2024년 플랫폼 분야, 제품기기 분야, 서비스 분야 모두 수출액이 전년 대비 증가하였으므로 옳은 설명이다.

오답 체크

① 2022년부터 2024년까지 플랫폼 분야의 연도별 수출액 평균은 (60,450 + 91,423 + 136,787) / 3 = 96,220백만 원으로 2023년 플랫폼 분야의 수출액인 91,423백만 원보다 많으므로 옳지 않은 설명이다.

② 2024년 서비스 분야의 수출액은 전년도의 2,368 / 310 ≒ 7.6배이므로 옳지 않은 설명이다.

④ 2023년 서비스 분야의 수출액은 전년 대비 감소하였으므로 옳지 않은 설명이다.

⑤ 2022년 플랫폼 분야의 수출액이 사물인터넷산업 전체 수출액에서 차지하는 비중은 (60,450 / 555,120) × 100 ≒ 10.9%이므로 옳지 않은 설명이다.

13 자료이해 정답 ③

서울과 인천·경기 지역의 응답 비율 차이가 가장 작은 항목은 7.7 − 5.6 = 2.1%p 차이 나는 '불안정한 직장'이므로 옳은 설명이다.

오답 체크

① 서울 지역의 결혼을 망설인 이유에 대해 '결혼비용 부담'이라고 응답한 비율을 제외한 나머지 응답 비율은 100.0 − 39.6 = 60.4%이므로 옳지 않은 설명이다.

② 결혼을 망설인 이유에 대한 응답 비율이 높은 항목부터 순서대로 나열하면 서울이 결혼비용 부담, 출산·양육 부담, 자유로운 삶이 좋음, 결혼 생활 자신 없음, 불안정한 직장 순이고, 인천·경기가 결혼비용 부담, 결혼 생활 자신 없음, 출산·양육 부담, 불안정한 직장, 자유로운 삶이 좋음 순으로 서로 다르므로 옳지 않은 설명이다.

④ 서울과 인천·경기 지역의 응답 비율 평균이 두 번째로 높은 항목은 평균이 (23.4 + 10.9) / 2 = 17.15%인 '출산·양육 부담'이므로 옳지 않은 설명이다.

⑤ 인천·경기 지역의 응답 비율이 높은 상위 3가지 항목의 비율 합은 65.3 + 14.5 + 10.9 = 90.7%, 서울 지역의 응답 비율이 높은 상위 3가지 항목의 비율 합은 39.6 + 23.4 + 20.1 = 83.1%로 인천·경기 지역이 서울 지역보다 90.7 − 83.1 = 7.6%p 더 크므로 옳지 않은 설명이다.

빠른 문제 풀이 Tip

④ 응답 비율의 합이 두 번째로 높은 항목을 찾아 계산한다.
응답 비율의 평균이 두 번째로 높은 항목은 응답 비율의 합이 두 번째로 높은 항목과 같다. 이에 따라 서울과 인천·경기 지역의 응답 비율의 합이 30%가 넘는 항목인 '출산·양육 부담'이 두 번째로 높으므로 비율 평균이 두 번째로 높은 항목은 '출산·양육 부담'임을 알 수 있다.

⑤ 응답 비율이 낮은 하위 2가지 항목의 비율 합을 이용하여 계산한다.
응답 비율이 낮은 하위 2가지 항목의 비율 합은 서울 지역이 7.7 + 9.2 = 16.9%, 인천·경기 지역이 3.7 + 5.6 = 9.3%이므로 응답 비율이 높은 상위 3가지 항목의 비율 합은 인천·경기 지역이 서울 지역보다 16.9 − 9.3 = 7.6%p 더 큼을 알 수 있다.

14 자료이해 정답 ②

2022년 남성의 종이책 독서율은 같은 해 남성의 전자책 독서율의 65.5 / 11.6 ≒ 5.6배이므로 옳지 않은 설명이다.

오답 체크

① 2024년 종이책 독서율이 2022년 대비 가장 많이 감소한 연령은 72.2 − 61.9 = 10.3%p 감소한 40대로, 40대의 2022년 전자책 독서율은 2020년 대비 11.0 − 7.7 = 3.3%p 감소하였으므로 옳은 설명이다.

③ 2020년 종이책 독서율의 조사대상자 중 30대가 1,071명이었다면, 같은 해 30대의 종이책을 읽지 않은 비율은 100 − 82.1 = 17.9%로 2020년에 종이책을 읽지 않은 30대는 1,071 × 0.179 ≒ 192명이므로 옳은 설명이다.

④ 2024년 종이책 독서율이 2년 전 대비 증가한 연령은 60대 이상으로, 60대 이상의 전자책 독서율은 2020년에 가장 높으므로 옳은 설명이다.

⑤ 2020년 전자책을 읽지 않은 비율이 높은 성별은 전자책 독서율이 더 낮은 여성으로, 여성의 2024년 전자책 독서율의 2022년 대비 증가율은 {(12.3 − 8.8) / 8.8} × 100 ≒ 40%이므로 옳은 설명이다.

15 자료이해

정답 ⑤

2019년 1종 대형 운전면허 소지자 수에서 2019년 1종 대형 운전면허시험 합격자 수가 차지하는 비중은 (3,449 / 96,000) × 100 ≒ 3.6%로 2019년 2종 소형 운전면허 소지자 수에서 2019년 2종 소형 운전면허시험 합격자 수가 차지하는 비중인 (1,070 / 18,000) × 100 ≒ 5.9%보다 작으므로 옳지 않은 설명이다.

오답 체크

① 1종 전체 운전면허시험 응시자 수와 2종 전체 운전면허시험 응시자 수는 모두 2018년에 전년 대비 감소하였고, 2019년에 전년 대비 증가하였으므로 옳은 설명이다.

② 2019년 1종 전체 운전면허 소지자 수는 96 + 665 + 20 = 781천 명으로 2종 전체 운전면허 소지자 수인 473 + 18 + 85 = 576천 명의 781 / 576 ≒ 1.4배이므로 옳은 설명이다.

③ 2017~2019년 1종 보통 운전면허시험 합격자 수의 평균은 (17,439 + 11,464 + 17,222) / 3 = 15,375명이고, 2종 보통 운전면허시험 합격자 수의 평균은 (27,029 + 16,492 + 28,026) / 3 = 23,849명이므로 옳은 설명이다.

④ 제시된 기간 동안 1종 대형 운전면허시험 응시자 수의 합은 7,637 + 7,316 + 4,117 = 19,070명이므로 옳은 설명이다.

빠른 문제 풀이 Tip

③ 2017년부터 2019년까지 1종 보통 운전면허시험 합격자 수와 2종 보통 운전면허시험 합격자 수를 비교한다.
2017년부터 2019년까지 1종 보통 운전면허시험 합격자 수는 매년 2종 보통 운전면허시험 합격자 수보다 적으므로 2017~2019년 1종 보통 운전면허시험 합격자 수의 평균도 2종 보통 운전면허시험 합격자 수의 평균보다 작음을 알 수 있다.

16 자료이해

정답 ②

2022년과 2023년에 고등학교의 교원 1인당 학생 수가 유치원보다 낮았으므로 옳은 설명이다.

오답 체크

① 2021년과 2022년의 재적 학생 수와 재직 교원 수는 알 수 없으므로 옳지 않은 설명이다.

③ 2020년 전문대학의 교원 1인당 학생 수는 전년 대비 증가하여 상대적으로 2019년보다 교육환경이 좋지 않았음을 뜻하므로 옳지 않은 설명이다.

④ 2023년 대비 2024년의 교원 1인당 학생 수는 중학교가 16.0 - 15.2 = 0.8명 감소했고, 유치원이 14.3 - 13.4 = 0.9명 감소했으므로 옳지 않은 설명이다.

⑤ 제시된 기간 동안 초등학교의 재직 교원 수가 매년 동일했다면, 초등학교의 재적 학생 수는 매년 감소한 것이므로 옳지 않은 설명이다.

[17 - 18]

17 자료계산

정답 ③

2016년 이후 전국 공공의료기관 병상 수의 전년 대비 증감 추이는 증가, 감소, 감소이고, 이와 매년 다른 증감 추이를 보이는 지역은 인천광역시이다. 2018년 인천광역시의 공공의료기관 병상 수는 1,380개, 노인병원 병상 수는 286개이므로 일반진료중심, 특수대상중심, 특수질환중심 병상 수는 총 1,380 - 286 = 1,094개이다. 이때 기능별 공공의료기관 병상 수가 각각 120개 이상이면, 일반진료중심 병상 수는 특수대상중심, 특수질환중심 병상 수가 각각 120개일 때 가장 많으므로 인천광역시의 2018년 일반진료중심의 최대 병상 수는 1,094 - (120 + 120) = 854개이다.

18 자료이해

정답 ⑤

2018년 서울특별시의 공공의료기관 병상 수에서 노인병원 병상 수가 차지하는 비중은 (834 / 8,333) × 100 ≒ 10.0%이고, 2018년 서울특별시와 부산광역시의 공공의료기관 병상 수에서 노인병원 병상 수가 차지하는 비중이 같다면, 부산광역시의 노인병원 병상 수는 4,010 × 0.1 ≒ 401개이므로 옳은 설명이다.

오답 체크

① 2018년 서울특별시의 공공의료기관 병상 수에서 일반진료중심 병상 수가 차지하는 비중은 (4,146 / 8,333)×100≒49.8%이므로 옳지 않은 설명이다.

② 서울특별시와 대구광역시의 공공의료기관 병상 수의 차이는 2016년에 8,553 - 3,669 = 4,884개, 2017년에 8,453 - 3,653 = 4,800개로 2017년에 전년 대비 4,884 - 4,800 = 84개 감소하였으므로 옳지 않은 설명이다.

③ 2015년 공공의료기관 병상 수는 서울특별시가 대전광역시의 8,672 / 3,180 ≒ 2.7배이므로 옳지 않은 설명이다.

④ 2017년 공공의료기관 병상 수의 전년 대비 증가량은 광주광역시가 2,724 - 2,709 = 15개, 인천광역시가 1,233 - 1,196 = 37개이므로 옳지 않은 설명이다.

19 자료변환

정답 ③

제시된 자료에 따르면 A 도의 2024년 최고 기온은 2월이 8.0 × (1 - 0.163) ≒ 6.7℃, 4월이 20.0 × (1 - 0.075) ≒ 18.5℃, 6월이 29.0 × (1 - 0.041) ≒ 27.8℃, 8월이 31.3 × (1 + 0.048) ≒ 32.8℃, 10월이23.2 × (1 - 0.052) ≒ 22.0℃, 12월이 8.8 × (1 + 0.239) ≒ 10.9℃이다.
따라서 옳은 그래프는 2024년 최고 기온과 그래프의 높이가 일치하는 ③이 정답이다.

오답 체크

① 2024년 12월의 최고 기온은 전년 동월 대비 23.9% 증가하여 10.9℃이지만 이 그래프에서는 10℃보다 낮게 나타나므로 옳지 않은 그래프다.
② 2024년 2월의 최고 기온은 전년 동월 대비 16.3% 감소하여 6.7℃이지만 이 그래프에서는 10℃보다 높게 나타나므로 옳지 않은 그래프다.
④ 2024년 4월의 최고 기온은 전년 동월 대비 7.5% 감소하여 18.5℃이지만 이 그래프에서는 20℃보다 높게 나타나므로 옳지 않은 그래프다.
⑤ 2024년 8월의 최고 기온은 전년 동월 대비 4.8% 증가하여 32.8℃이지만 이 그래프에서는 30℃보다 낮게 나타나므로 옳지 않은 그래프다.

20 자료이해 정답 ③

지역별 논 면적과 밭 면적의 합은 강원도가 32,299 + 58,931 = 91,230ha, 충청북도가 39,785 + 47,726 = 87,511 ha로 충청북도가 더 좁으므로 옳지 않은 설명이다.

오답 체크

① 농가 수가 가장 많은 경상북도는 과수원 면적도 다른 지역에 비해 가장 넓으므로 옳은 설명이다.
② 충청남도의 밭 면적에서 과수원 면적이 차지하는 비중은 (15,293 / 61,898) × 100 ≒ 24.7%이므로 옳은 설명이다.
④ 농가 한 가구당 평균 논 면적은 전라북도가 121,740 / 100,362 ≒ 1.2ha, 전라남도가 169,014 / 150,141 ≒ 1.1ha로 전라북도가 전라남도보다 넓으므로 옳은 설명이다.
⑤ 논 면적이 두 번째로 넓은 지역은 충청남도이고, 밭 면적이 두 번째로 넓은 지역은 전라남도이므로 옳은 설명이다.

03 | 창의수리 p.222

01 용액의 농도 정답 ②

소금의 양 = 소금물의 양 × $\frac{\text{소금물의 농도}}{100}$임을 적용하여구한다.
증발시키기 전에 농도가 22%인 소금물의 양을 x라고 하면 20%를 증발시킨 후 소금물의 양은 $0.8x$이다. 이때 소금은 증발하지 않으므로 증발시킨 후의 소금물에 녹아있는 소금의 양은 농도가 22%인 소금물에 녹아 있는 소금의 양인 $x \times \frac{22}{100} = 0.22x$이고, 여기에 소금 50g을 합하면 농도가 40%인 소금물에 녹아 있는 소금의 양과 같으므로
$0.22x + 50 = (0.8x + 50) \times \frac{40}{100}$
$\rightarrow 0.22x + 50 = 0.32x + 20$
$\rightarrow 0.1x = 30 \rightarrow x = 300$
따라서 증발시키기 전에 농도가 22%인 소금물의 양은 300g이다.

02 거리/속력/시간 정답 ④

거리 = 속력×시간임을 적용하여 구한다.
기차 B의 속력이 기차 A보다 30m/s 빠르므로 기차 B의 속력을 x라고 하면 기차 A의 속력은 $x - 30$이다.
이때 2.4km = 2,400m의 터널 안에서 두 기차가 만날 때까지 기차 A는 20초 이동했고 기차 B는 10초 이동했으므로
$20(x - 30) + 10x = 2{,}400 \rightarrow 20x - 600 + 10x = 2{,}400$
$\rightarrow 30x = 3{,}000 \rightarrow x = 100$
따라서 기차 B의 속력은 100m/s이다.

03 용액의 농도 정답 ②

소금의 양 = 소금물의 양 × $\frac{\text{소금물의 농도}}{100}$임을 적용하여 구한다.
추가한 소금의 양을 x라고 하면
농도가 20%인 소금물 100g에 농도가 10%인 소금물 50g을 넣은 후 xg의 소금을 추가하여 농도가 20%인 소금물 $(100 + 50 + x)$g을 만들었으므로
$100 \times \frac{20}{100} + 50 \times \frac{10}{100} + x = (150 + x) \times \frac{20}{100}$
$\rightarrow 2{,}000 + 500 + 100x = 3{,}000 + 20x$
$\rightarrow 80x = 500 \rightarrow x = 6.25$
따라서 추가한 소금의 양은 6.25g이다.

04 원가/정가 정답 ⑤

이익 = 판매가 - 원가임을 적용하여 구한다.
할인액은 x이고, 이익이 1,300원 이상이므로
$\{5{,}000 \times (1 + 0.4) - x\} - 5{,}000 \geq 1{,}300$
$\rightarrow 2{,}000 - x \geq 1{,}300 \rightarrow x \leq 700$
따라서 할인액의 최댓값은 700원이다.

05 경우의 수/확률 정답 ⑤

어떤 사건 A가 일어날 확률을 p라고 할 때 사건 A가 일어나지 않을 확률은 1 - p임을 적용하여 구한다.
승현이와 도희가 가위바위보를 해서 비길 확률은 $\frac{1}{3}$이므로 승부가 나지 않을 확률도 $\frac{1}{3}$이며, 승부가 날 확률은 $1 - \frac{1}{3} = \frac{2}{3}$이다. 이때 승현이와 도희가 세 번째 판에서 승부가 날 확률은 첫 번째, 두 번째 판에서는 승부가 나지 않고, 세 번째 판에서는 승부가 나야 하므로 $\frac{1}{3} \times \frac{1}{3} \times \frac{2}{3} = \frac{2}{27}$이다.
따라서 승현이와 도희가 세 번째 판에서 승부가 날 확률은 $\frac{2}{27}$이다.

06 방정식의 활용 정답 ⑤

직사각형 모양의 벽돌로 만들 수 있는 가장 작은 크기의 정사각형 담장 한 변의 길이는 벽돌의 가로의 길이와 세로의 길이의 최소공배수임을 적용하여 구한다.
20을 소인수분해하면 $20 = 2^2 \times 5$이고, 12를 소인수분해하면 $12 = 2^2 \times 3$이다.
최소공배수는 적어도 한 숫자에 포함된 인수들의 모든 곱이므로 $2^2 \times 3 \times 5$이다.
따라서 벽돌로 만들 수 있는 가장 작은 크기의 담장 한 변의 길이는 60cm이다.

07 방정식의 활용 정답 ②

2,000원짜리 붕어빵의 구입 개수를 x라고 하면
1,500원짜리 초콜릿의 구입 개수는 $20 - x$이므로
$2{,}000x + 1{,}500(20 - x) \leq 36{,}000$
$\rightarrow 500x \leq 6{,}000 \rightarrow x \leq 12$
따라서 은영이가 구입할 수 있는 붕어빵의 최대 개수는 12개이다.

빠른 문제 풀이 Tip

은영이가 20개의 붕어빵을 구입했다고 가정한다.
은영이가 2,000원짜리 붕어빵을 20개 구입했을 경우 은영이는 총 40,000원의 비용을 지불해야 한다. 이때 붕어빵 대신 초콜릿을 1개씩 구입할 때마다 지불해야 하는 비용은 500원씩 줄어든다. 20개 모두 붕어빵을 구입했을 때 지불해야 하는 금액인 40,000원과 36,000원의 차액인 4,000원을 줄여야 하므로 붕어빵 4,000 / 500 = 8개를 덜 구입해야 한다.
따라서 은영이가 구입할 수 있는 붕어빵의 최대 개수는 12개이다.

08 거리/속력/시간 정답 ②

속력 = $\frac{거리}{시간}$임을 적용하여 구한다.

기차의 길이를 x라고 하면

기차가 터널을 통과하려면 기차가 터널을 완전히 빠져나가야 하므로 기차가 600m 길이의 터널을 통과하려면 $600+x$, 450m 길이의 터널을 통과하려면 $450+x$의 길이만큼 이동해야 한다.

이때 기차가 두 개의 터널을 일정한 속력으로 통과하고, 600m 길이의 터널과 450m 길이의 터널을 통과하는 데 걸린 시간은 각각 48초, 38초이므로

$\frac{600+x}{48} = \frac{450+x}{38} \rightarrow 38(600+x) = 48(450+x)$

$\rightarrow 10x = 1{,}200 \rightarrow x = 120$

따라서 기차의 길이는 120m이다.

09 방정식의 활용 정답 ③

판매해야 하는 부품 개수를 x라고 하면

A 사와 계약한 경우 계약금은 70만 원, 부품 1개당 제작 비용은 5,000원, 판매 금액은 8,000원이므로 매출 이익은 $8{,}000x-(70만+5{,}000x)$이고,

B 사와 계약한 경우 계약금은 90만 원, 부품 1개당 제작 비용은 10,000원, 판매 금액은 15,000원이므로 매출 이익은 $15{,}000x-(90만+10{,}000x)$이다.

이때 $15{,}000x-(90만+10{,}000x) > 8{,}000x-(70만+5{,}000x)$

$\rightarrow 2{,}000x > 20만 \rightarrow x > 100$

따라서 B 사와 계약했을 때의 매출 이익이 더 높으려면 최소 101개의 부품을 판매해야 한다.

10 경우의 수/확률 정답 ①

n개 중 같은 것이 각각 p개, q개 있을 때, n개를 모두 사용하여 한 줄로 배열하는 방법의 수는 $\frac{n!}{p!q!}$(단, p+q=n)임을 적용하여 구한다.

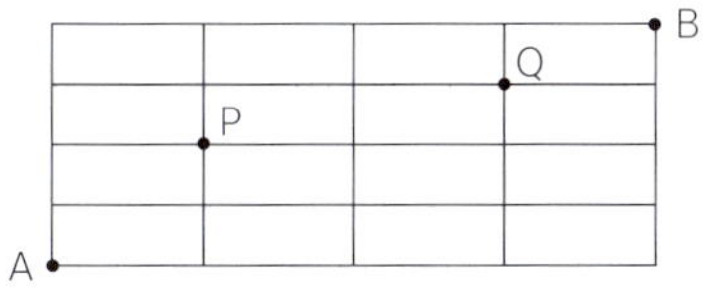

A에서 P와 Q를 거쳐 B로 이동하는 최단 거리 경우의 수 = (A에서 P로 이동하는 최단 거리 경우의 수) × (P에서 Q로 이동하는 최단 거리 경우의 수) × (Q에서 B로 이동하는 최단 거리 경우의 수)이다.

오른쪽으로 이동하는 칸의 수를 p, 위쪽으로 이동하는 칸의 수를 q라고 하면 A에서 P까지 최단 거리로 이동하기 위해서는 오른쪽으로 1칸, 위쪽으로 2칸 이동해야 하므로 A에서 P로 이동하는 최단 거리 경우의 수는 $\frac{3!}{1!2!}$ = 3가지이고, P에서 Q까지 최단 거리로 이동하기 위해서는 오른쪽으로 2칸, 위쪽으로 1칸 움직여야 하므로 P에서 Q로 이동하는 최단 거리 경우의 수는 $\frac{3!}{2!1!}$ = 3가지이며, Q에서 B까지 최단 거리로 이동하기 위해서는 오른쪽으로 1칸, 위쪽으로 1칸 움직여야 하므로 Q에서 B로 이동하는 최단 거리 경우의 수는 $\frac{2!}{1!1!}$ = 2가지이다.

따라서 A에서 B로 이동할 때, P와 Q를 거쳐 이동하는 최단 거리 경우의 수는 3 × 3 × 2 = 18가지이다.

빠른 문제 풀이 Tip

A에서 B로 이동하는 경로의 각 꼭짓점별 최단 거리 경우의 수를 구하면 다음과 같다.

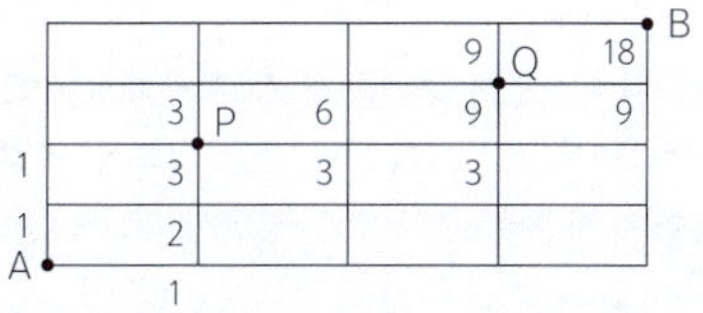

따라서 A에서 B로 이동할 때, P와 Q를 거쳐 이동하는 최단 거리 경우의 수는 18가지이다.

11 방정식의 활용 정답 ④

n(A∪B∪C) = n(A) + n(B) + n(C) − n(A∩B) − n(B∩C) − n(A∩C) + n(A∩B∩C)임을 적용하여 구한다.

지하철을 이용하는 직원의 집합을 A, 시내버스를 이용하는 직원의 집합을 B, 시외버스를 이용하는 직원의 집합을 C라고 하면

30 = 21 + 16 + 10 − 8 − 5 − 6 + n(A∩B∩C)

→ 30 = 28 + n(A∩B∩C) → n(A∩B∩C) = 2

따라서 세 종류의 대중교통을 모두 이용하여 출근하는 직원 수는 2명이다.

12 거리/속력/시간 정답 ①

시간 = $\frac{거리}{속력}$임을 적용하여 구한다.

강의 유속을 x라고 하면

내려가는 속력 = 보트의 속력 + 강의 유속이므로 내려가는 속력은 $2+x$이다.

$\frac{8}{2+x} = 2 \rightarrow 8 = 2(2+x) \rightarrow x = 2$

따라서 강의 유속은 2km/h이다.

13 일의 양 정답 ③

2시간 동안 작업한 양은 A가 전체 작업량의 $\frac{2}{10}$, B가 전체 작업량의 $\frac{2}{5}$이므로 2시간 동안 A와 B가 함께 작업했을 때의 작업량은 총 $\frac{6}{10}$이다. 이때 나머지는 모두 B가 혼자 작업했다고 하였으므로 B가 혼자 하는 작업량은 총 $\frac{4}{10} = \frac{2}{5}$이다.

따라서 B 혼자 작업한 시간은 2시간이다.

14 방정식의 활용 정답 ②

A 기업은 보유 중인 재료의 $\frac{1}{4}$을 판매하고 남은 재료의 개수가 $\frac{3}{4}$ = 900개라고 하였으므로

A 기업이 갑 기업에 판매하기 전 보유하고 있던 재료의 개수는 1,200개이고,

B 기업은 보유 중인 재료의 $\frac{1}{3}$을 판매하고 남은 재료의 개수가 $\frac{2}{3}$ = 1,000개라고 하였으므로

B 기업이 갑 기업에 판매하기 전 보유하고 있던 재료의 개수는 1,500개이다.

따라서 A 기업은 갑 기업에 300개의 재료를, B 기업은 갑 기업에 500개의 재료를 판매하였으므로 갑 기업이 구매한 재료의 총 개수는 300 + 500 = 800개이다.

15 경우의 수/확률 정답 ③

갑과 을이 4판의 퍼즐 맞추기 게임을 한 후, 갑이 사탕 4개를 가지고 있을 경우는 게임의 결과가 갑이 3승 1패한 경우와 2승 2무한 경우이다. 이때, 갑과 을이 보유한 사탕이 0개가 되면 게임이 종료되므로 갑은 1번째 판과 2번째 판을 연달아 이길 수 없으면서, 4번째 판을 이겨야 한다. 갑이 퍼즐 맞추기 게임에서 이길 확률은 $\frac{1}{2}$, 질 확률은 $\frac{3}{10}$, 비길 확률은 $\frac{1}{5}$이고,

갑의 게임 결과가 3승 1패일 경우는 (승, 패, 승, 승), (패, 승, 승, 승) 2가지이므로 이때의 확률은 $2 \times (\frac{1}{2})^3 \times \frac{3}{10} = \frac{3}{40}$이다.

또한, 갑의 게임 결과가 2승 2무일 경우는 (승, 무, 무, 승), (무, 승, 무, 승), (무, 무, 승, 승) 3가지이므로 이때의 확률은 $3 \times (\frac{1}{2})^2 \times (\frac{1}{5})^2 = \frac{3}{100}$이다.

따라서 갑과 을이 4판의 퍼즐 맞추기 게임을 했을 때, 갑이 사탕 4개를 가지고 있을 확률은 $\frac{3}{40} + \frac{3}{100} = \frac{21}{200}$이다.

16 원가/정가 정답 ②

이익을 얻으려면 정상 제품을 통해 얻는 수익이 불량 제품 때문에 발생하는 손실보다 커야 한다.

불량 제품의 개수를 x라고 하면 정상 제품의 개수는 $350 - x$이다.

$(350 - x) \times 300 > 100x \rightarrow 400x < 105{,}000$

$\rightarrow x < 262.5$

따라서 이익을 얻으려면 불량 제품은 최대 262개여야 한다.

17 방정식의 활용 정답 ④

게임이 끝난 후 형수가 가지고 있는 카드는 게임 전의 40%인 60장이므로 게임 전 형수가 가지고 있던 카드는 $\frac{60}{0.4}$ = 150장이고, 가위바위보 게임에서 진 사람이 이긴 사람에게 자신의 카드를 5장씩 주므로

형수가 진 횟수를 x, 이긴 횟수를 y라고 하면 (단, x, $y \geq 0$)

$150 - 5x + 5y = 60 \rightarrow x = 18 + y$

이때 x가 최솟값을 갖기 위해서는 $y = 0$이어야 한다.

따라서 형수가 가위바위보 게임에서 진 횟수는 최소 18회이다.

18 방정식의 활용 정답 ④

자전거 판매점에서 보유한 두 발 자전거의 수를 x, 네 발 자전거의 수를 y라고 하면

$x + y = 60 \rightarrow 2x + 2y = 120$ … ⓐ

두 발 자전거의 바퀴 개수는 2개, 네 발 자전거의 바퀴 개수는 4개이고, 두 종류의 자전거 바퀴 개수는 총 160개이므로

$2x + 4y = 160$ … ⓑ

ⓑ - ⓐ에서 $y = 20$이므로

x는 60-20 = 40이다.

따라서 자전거 판매점에서 보유한 두 발 자전거는 총 40대이다.

19 방정식의 활용 정답 ⑤

지영이의 손목시계는 오전 9시부터 오후 6시까지 총 9시간 동안 15분 느리게 움직였으므로 9시간 동안 900초 느리게 움직였다.

따라서 지영이의 손목시계는 1시간 동안 100초 느리게 움직였다.

20 방정식의 활용 정답 ④

할머니의 나이를 x, 아버지의 나이를 y, 지수의 나이를 z라고 하면

$x + y + z = 123$ … ⓐ

$x = 2y - 9$ … ⓑ

$y = z + 28$ … ⓒ

ⓑ - ⓒ에서 $x - y = 2y - z - 37 \rightarrow x - 3y + z = -37$ … ⓓ

ⓐ - ⓓ에서 $y = 40$, $z = 12$, $x = 71$이다.

따라서 할머니와 아버지의 나이 차이는 71 - 40 = 31세다.

04 언어추리 p.228

01 명제추리 정답 ④

연극을 좋아하는 모든 사람이 뮤지컬을 좋아하고, 영화를 좋아하는 모든 사람이 뮤지컬을 좋아하지 않는다는 것은 뮤지컬을 좋아하는 모든 사람이 영화를 좋아하지 않는다는 것이므로 영화를 좋아하지 않는 모든 사람이 음악을 좋아한다면 연극을 좋아하는 모든 사람이 음악을 좋아하게 된다.
따라서 '영화를 좋아하지 않는 모든 사람은 음악을 좋아한다.'가 타당한 전제이다.

오답 체크

영화를 좋아하지 않는 사람을 A, 뮤지컬을 좋아하는 사람을 B, 연극을 좋아하는 사람을 C, 음악을 좋아하는 사람을 D라고 하면

①, ③ 연극을 좋아하는 모든 사람이 뮤지컬을 좋아하고, 영화를 좋아하는 모든 사람이 뮤지컬을 좋아하지 않는다는 것은 뮤지컬을 좋아하는 모든 사람이 영화를 좋아하지 않는다는 것이므로 영화를 좋아하는 어떤 사람이 음악을 좋아하거나, 음악을 좋아하는 어떤 사람이 영화를 좋아하지 않는다면 연극을 좋아하면서 음악을 좋아하지 않는 사람이 존재할 수도 있으므로 결론이 반드시 참이 되게 하는 전제가 아니다.

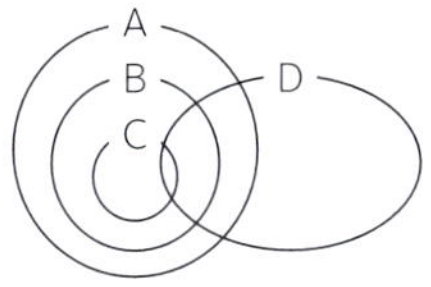

② 연극을 좋아하는 모든 사람이 뮤지컬을 좋아하고, 음악을 좋아하지 않는 모든 사람이 뮤지컬을 좋아한다면 연극을 좋아하면서 음악을 좋아하지 않는 사람이 존재할 수도 있으므로 결론이 반드시 참이 되게 하는 전제가 아니다.

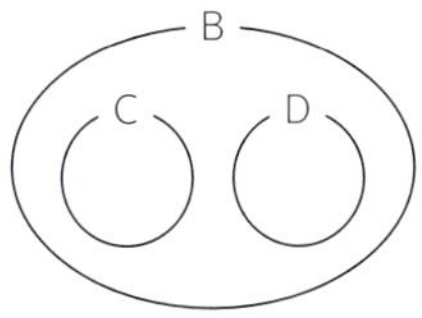

⑤ 연극을 좋아하는 모든 사람이 뮤지컬을 좋아하고, 뮤지컬을 좋아하는 어떤 사람이 음악을 좋아한다면 연극을 좋아하면서 음악을 좋아하지 않는 사람이 존재할 수도 있으므로 결론이 반드시 참이 되게 하는 전제가 아니다.

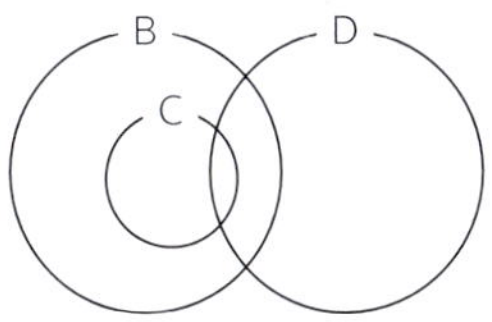

02 조건추리_참/거짓 진술 정답 ⑤

제시된 조건에 따르면 신입사원 4명의 평가 결과에 따라 1등부터 4등까지 서로 다른 등수를 매겼으며, 평가 등수에 대해 팀장 3명 중 1명은 거짓, 2명은 진실을 말하고 있다. 이때, 팀장 3명의 말이 서로 모순되지 않으므로 거짓을 말한 사람에 따라 신입사원 4명의 평가 등수로 가능한 경우는 아래와 같다.

경우 1. X가 거짓을 말한 경우

1등	2등	3등	4등
A	B	C 또는 D	C 또는 D

경우 2. Y가 거짓을 말한 경우

1등	2등	3등	4등
C	B	A 또는 D	A 또는 D

경우 3. Z가 거짓을 말한 경우

1등	2등	3등	4등
C	A	B 또는 D	B 또는 D

따라서 Y가 거짓을 말한 경우 C는 D보다 등수가 높으므로 항상 거짓인 설명이다.

오답 체크

① X가 거짓을 말한 경우 C는 3등일 수도 있으므로 항상 거짓인 설명이 아니다.
② Y가 진실을 말한 경우 A는 1등일 수도 있으므로 항상 거짓인 설명이 아니다.
③ Z가 거짓을 말한 경우 B는 D보다 등수가 높을 수도 있으므로 항상 거짓인 설명이 아니다.
④ X가 진실을 말한 경우 D의 등수가 가장 낮을 수도 있으므로 항상 거짓인 설명이 아니다.

03 조건추리_위치/배치 정답 ①

제시된 조건에 따르면 3호는 분식집이며, 핸드폰 매장은 분식집과 편의점 사이에 있다. 또한, 핸드폰 매장에서 가장 멀리 떨어진 곳에 미용실이 있으므로 2호 또는 4호가 핸드폰 매장이고, 1호와 5호가 각각 편의점 또는 미용실이다. 이때 편의점에 배달된 택배가 D이고 5호에는 E가 배달되었으므로 1호가 편의점, 5호가 미용실이며, 이에 따라 2호는 핸드폰 매장, 4호는 카페임을 알 수 있다. A는 분식집에 배달되지 않았고, 핸드폰 매장에 배달된 택배는 B가 아니며 미용실 옆집에 C가 배달되었으므로 핸드폰 매장에는 A, 분식집에는 B, 카페에는 C가 배달되었다.

1호	2호	3호	4호	5호
편의점	핸드폰 매장	**분식집**	카페	미용실
D	A	B	C	**E**

따라서 C가 배달된 장소는 카페이다.

04 명제추리

정답 ②

자기 일을 남에게 떠맡기는 모든 사람이 다른 사람을 잘 믿고 순수한 어떤 사람이 다른 사람을 잘 믿으면, 다른 사람을 잘 믿으면서 자기 일을 남에게 떠맡기는 순수한 사람이 존재할 수도 있다.

따라서 '자기 일을 남에게 떠맡기는 사람 중에는 순수한 사람이 있을 수 있다.'가 타당한 결론이다.

오답 체크

자기 일을 남에게 떠맡기는 사람을 A, 다른 사람을 잘 믿는 사람을 B, 순수한 사람을 C라고 하면

① 자기 일을 남에게 떠맡기는 모든 사람이 다른 사람을 잘 믿고, 순수한 어떤 사람이 다른 사람을 잘 믿으면 자기 일을 남에게 떠맡기지 않으면서 순수하지 않은 사람이 존재할 수도 있으므로 반드시 참인 결론이 아니다.

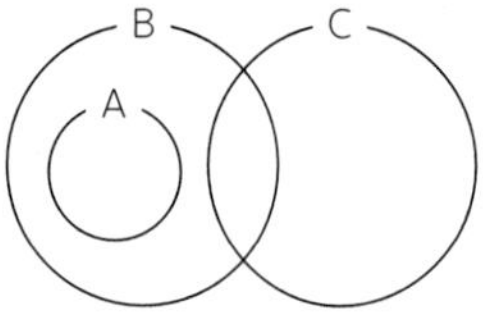

③, ⑤ 자기 일을 남에게 떠맡기는 모든 사람이 다른 사람을 잘 믿고, 순수한 어떤 사람이 다른 사람을 잘 믿으면 순수하면서 자기 일을 남에게 떠맡기는 사람이 존재할 수도 있으므로 반드시 참인 결론이 아니다.

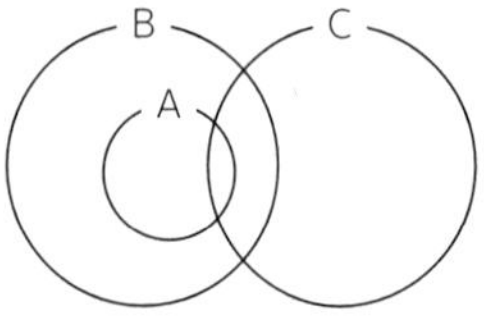

④ 자기 일을 남에게 떠맡기는 모든 사람이 다른 사람을 잘 믿고, 순수한 어떤 사람이 다른 사람을 잘 믿으면 순수하면서 자기 일을 남에게 떠맡기지 않는 사람이 존재할 수도 있으므로 반드시 참인 결론이 아니다.

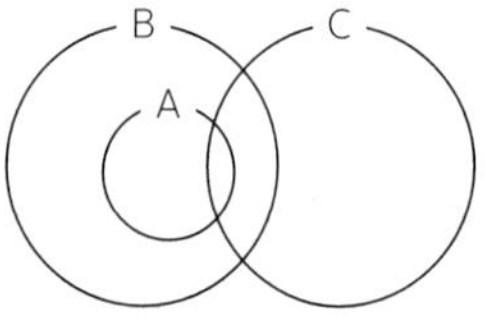

05 조건추리_위치/배치

정답 ⑤

제시된 조건에 따르면 8인용 원탁에 6명이 둘러앉으므로 빈자리는 두 자리가 된다. 형기의 옆자리는 세라가 앉거나 세라가 앉지 않으면 비어있어야 하고, 세라의 왼쪽 옆자리에는 하민이가 앉아야 하므로 형기의 왼쪽 옆자리에 세라가 앉을 경우와 옆자리가 모두 비어있을 경우로 나눈다. 이때 혜령이가 마주 보는 자리는 비어있어야 한다.

경우 1. 형기의 왼쪽 옆자리에 세라가 앉을 경우

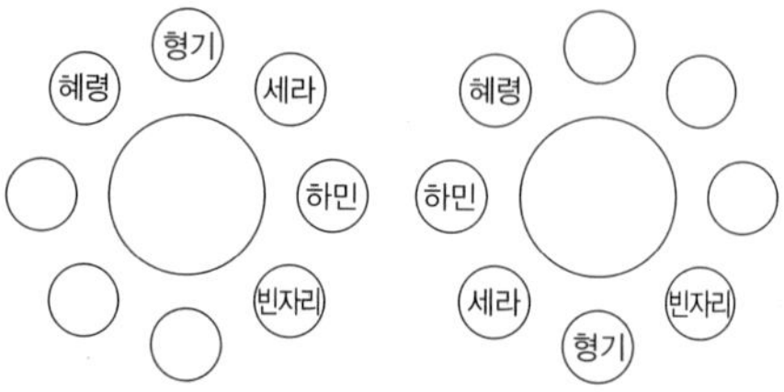

경우 2. 형기의 옆자리가 모두 비어있을 경우

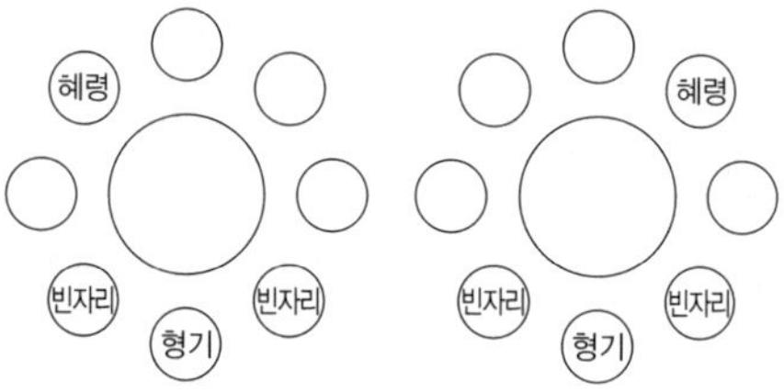

이때 권준이의 옆자리는 비어있지 않아야 하므로 권준이 옆자리에는 혜령이와 혜진이 또는 혜령이와 세라 또는 혜령이와 하민이가 앉는다.

따라서 권준이의 옆자리에 혜령이가 앉을 수 있음을 알 수 있다.

06 명제추리

정답 ①

여섯 번째 명제의 '대우'와 두 번째 명제, 다섯 번째 명제의 '대우'를 차례로 결합한 결론은 다음과 같다.

- 여섯 번째 명제(대우): 아침 식사를 챙겨 먹지 않는 사람은 다이어트를 하지 않는다.
- 두 번째 명제: 다이어트를 하지 않는 사람은 커피를 마시지 않는다.
- 다섯 번째 명제(대우): 커피를 마시지 않는 사람은 홍차를 마신다.
- 결론: 아침 식사를 챙겨 먹지 않는 사람은 홍차를 마신다.

오답 체크

② 피로를 느끼는 사람은 홍차를 마시지 않고, 홍차를 마시지 않는 사람은 커피를 마시며, 커피를 마시는 사람은 다이어트를 하여 피로를 느끼는 사람은 다이어트를 하므로 항상 거짓인 설명이다.

③ 조깅을 하지 않는 사람이 홍차를 마시지 않는지는 알 수 없으므로 항상 참인 설명은 아니다.

④ 커피를 마시지 않는 사람은 홍차를 마시고, 홍차를 마시는 사람은 피로를 느끼지 않아 커피를 마시지 않는 사람은 피로를 느끼지 않으므로 항상 거짓인 설명이다.

⑤ 다이어트를 하는 사람이 활동적인지는 알 수 없으므로 항상 참인 설명은 아니다.

07 명제추리 정답 ②

두 번째 명제의 '대우'와 네 번째 명제의 '대우'와 세 번째 명제를 차례로 결합한 결론은 다음과 같다.

- 두 번째 명제(대우): 졸리지 않고 간식을 먹지 않은 학생은 자전거를 탄다.
- 네 번째 명제(대우): 자전거를 타는 학생은 밥을 먹는다.
- 세 번째 명제: 밥을 먹은 학생은 책을 본다.
- 결론: 졸리지 않고 간식을 먹지 않은 학생은 책을 본다.

08 조건추리_위치/배치 정답 ②

제시된 조건에 따르면 성민이는 C 구역에서 세차를 하고, 지영이가 세차를 하는 구역의 양옆에 있는 두 개의 구역에서 세차를 하는 사람은 없으므로 지영이는 E 구역 또는 F 구역에서 세차를 한다. 이때 균상이가 세차를 하는 구역보다 왼쪽에 있는 구역에서 세차를 한 사람은 총 3명이므로 균상이는 D 구역, 지영이는 F 구역에서 세차를 함을 알 수 있다.

A 구역	B 구역	C 구역	D 구역	E 구역	F 구역	G 구역
미라 또는 소미	미라 또는 소미	**성민**	균상	비어 있음	지영	비어 있음

따라서 지영이는 F 구역에서 세차를 하므로 항상 거짓인 설명이다.

오답 체크

① 성민이와 소미가 세차를 하는 구역 사이에서 세차를 하는 사람은 미라 1명이거나 아무도 없으므로 항상 거짓인 설명은 아니다.
③ 균상이가 세차를 하는 구역의 바로 옆에 있는 구역 중 E 구역이 비어 있으므로 항상 참인 설명이다.
④ 미라는 A 구역 또는 B 구역에서 세차를 하므로 항상 거짓인 설명은 아니다.
⑤ 성민이가 세차를 하는 구역을 기준으로 왼쪽 구역에서 세차를 하는 사람은 미라, 소미 2명이고, 오른쪽 구역에서 세차를 하는 사람은 균상, 지영 2명이므로 항상 참인 설명이다.

09 조건추리_위치/배치 정답 ①

제시된 조건에 따르면 작약은 수국보다 높은 단에 진열하므로 작약은 2단에 진열하고, 수국은 1단에 진열한다. 이때 1열 1단에 꽃을 진열하지 않고, 백합은 장미 바로 옆 칸에 진열하므로 백합과 장미는 2단에 진열하고, 국화는 1단에 진열하고, 작약은 1열 또는 3열에 진열함을 알 수 있다. 작약을 진열하는 열에 따라 가능한 경우는 다음과 같다.

경우 1. 작약을 1열 2단에 진열하는 경우

작약	백합 또는 장미	백합 또는 장미
꽃병	국화 또는 수국	국화 또는 수국

경우 2. 작약을 3열 2단에 진열하는 경우

백합 또는 장미	백합 또는 장미	작약
꽃병	국화 또는 수국	국화 또는 수국

따라서 백합을 작약 바로 옆 칸에 진열하면, 백합은 2열에 진열하므로 항상 참인 설명이다.

오답 체크

② 작약을 1열에 진열하면 바로 옆 칸에 백합 또는 장미를 진열하므로 항상 참인 설명은 아니다.
③ 장미를 2열에 진열하면, 백합 바로 아래 칸에 국화 또는 수국을 진열하거나 꽃병이 있으므로 항상 참인 설명은 아니다.
④ 수국 바로 위 칸에 백합을 진열하면, 국화 바로 위 칸에 작약 또는 장미를 진열하므로 항상 참인 설명은 아니다.
⑤ 작약 바로 아래 칸에 국화를 진열하면, 장미 바로 아래 칸에 수국을 진열하거나 꽃병이 있으므로 항상 참인 설명은 아니다.

10 조건추리_순서/순위 정답 ②

제시된 조건에 따르면 가는 두 번째 또는 세 번째 순서로 발표하고, 라는 홀수 번째 순서로 발표하므로 가장 마지막 순서로 발표하는 사람은 나 또는 다이다. 이때 나 바로 다음 순서로 발표한 사람은 다가 아니므로 나는 마지막 순서로 발표하거나 나 바로 뒤에 발표하는 사람은 가 또는 라이지만 나가 첫 번째 순서로 발표하면 라는 세 번째, 나가 두 번째 순서로 발표하면 라는 첫 번째 순서로 발표하므로 나 바로 다음 순서로 발표하는 사람은 가임을 알 수 있다.

구분	첫 번째	두 번째	세 번째	네 번째
경우 1	나	가	라	다
경우 2	라	나	가	다
경우 3	다	가	라	나
경우 4	라	가	다	나
경우 5	라	다	가	나

따라서 발표 순서로 가능한 경우의 수는 총 5가지이므로 항상 거짓인 설명이다.

오답 체크

① 나는 첫 번째 순서로 발표할 수도 있으므로 항상 거짓인 설명은 아니다.
③ 다가 첫 번째 순서로 발표하면 가는 두 번째 순서, 다가 두 번째 순서로 발표하면 가는 세 번째 순서로 발표하므로 항상 거짓인 설명은 아니다.
④ 가가 두 번째 순서로 발표하면 나는 첫 번째 또는 네 번째 순서, 가가 세 번째 순서로 발표하면 나는 두 번째 또는 네 번째 순서로 발표하므로 항상 거짓인 설명은 아니다.
⑤ 라는 첫 번째 순서로 발표할 수도 있으므로 항상 거짓인 설명은 아니다.

11 조건추리_위치/배치

정답 ②

제시된 조건에 따르면 부장은 환경팀에 속하고, 과장과 사원은 같은 팀에 속하며, 주임은 교육팀 또는 촬영팀에 속한다. 이때 인턴이 속한 팀은 환경팀이 아니므로 인턴은 교육팀 또는 촬영팀에 속하고, 대리는 환경팀에 속함을 알 수 있다.

구분	교육팀	환경팀	촬영팀
경우 1	과장, 사원	**부장**, 대리	주임, 인턴
경우 2	주임, 인턴	**부장**, 대리	과장, 사원

따라서 촬영팀에 속할 수 없는 사람은 대리이다.

12 명제추리

정답 ⑤

다섯 번째 명제와 세 번째 명제, 일곱 번째 명제의 '대우'를 차례로 결합한 결론은 다음과 같다.

- 다섯 번째 명제: 눈이 건조한 사람은 눈이 쉽게 피로해진다.
- 세 번째 명제: 눈이 쉽게 피로해지는 사람은 라식 수술을 한다.
- 일곱 번째 명제(대우): 라식 수술을 하는 사람은 루테인을 섭취하지 않는다.
- 결론: 눈이 건조한 사람은 루테인을 섭취하지 않는다.

오답 체크

① 안경을 쓰지 않는 사람은 안압이 높고, 안압이 높은 사람은 백내장에 걸리며, 백내장에 걸린 사람은 시력이 좋지 않아 안경을 쓰지 않는 사람은 시력이 좋지 않으므로 항상 거짓인 설명이다.

② 백내장에 걸린 사람이 눈이 건조한지는 알 수 없으므로 항상 참인 설명은 아니다.

③ 눈이 쉽게 피로해지지 않는 사람은 눈이 건조하지 않으며, 눈이 건조하지 않은 사람은 렌즈를 끼지 않아 눈이 쉽게 피로해지지 않는 사람은 렌즈를 끼지 않으므로 항상 거짓인 설명이다.

④ 안압이 높은 사람이 라식 수술을 하는지는 알 수 없으므로 항상 참인 설명은 아니다.

13 조건추리_참/거짓 진술

정답 ①

제시된 조건에 따르면 홀수 번째로 줄을 선 사람은 진실, 짝수 번째로 줄을 선 사람은 거짓을 말했으므로 진실을 말한 사람은 3명, 거짓을 말한 사람은 2명이다. 예슬이는 거짓을 말하고 있다는 정민이의 말이 거짓이면 예슬이의 말은 진실이고, 정민이의 말이 진실이면 예슬이의 말은 거짓이므로 예슬이와 정민이 둘 중 한 명은 거짓, 다른 한 명은 진실을 말하고 있음을 알 수 있다.

또한, 자신이 다섯 번째로 줄을 섰다는 유진이의 말이 진실이면 유진이보다 뒤에 선 사람은 없다는 나은이의 말도 진실이고, 유진이의 말이 거짓이면 나은이의 말도 거짓이다. 이때 거짓을 말한 사람은 2명이므로 나은이와 유진이의 말은 모두 진실이고, 도연이의 말은 거짓이다. 예슬이의 말에 따라 가능한 경우는 아래와 같다.

경우 1. 예슬이의 말이 진실인 경우

나은	예슬	정민	유진	도연
진실	진실	거짓	진실	거짓
세 번째	첫 번째	두 번째 또는 네 번째	다섯 번째	두 번째 또는 네 번째

경우 2. 예슬이의 말이 거짓인 경우

나은	예슬	정민	유진	도연
진실	거짓	진실	진실	거짓
세 번째	두 번째 또는 네 번째	첫 번째	다섯 번째	두 번째 또는 네 번째

따라서 세 번째로 줄을 선 사람은 나은이다.

14 조건추리_위치/배치

정답 ⑤

제시된 조건에 따르면 8명은 야구에 3명, 보드게임에 3명, 축구에 2명씩 나뉘어 참여하고, 각자 한 종목에만 참여한다. 이에 따라 D, F, G 3명은 같은 종목에 참여하므로 야구 또는 보드게임에 참여한다. 이때 A와 B는 서로 다른 종목에 참여하고, C와 E가 참여하는 종목은 서로 다르므로 D, F, G가 참여하는 종목에 따라 가능한 경우는 다음과 같다.

경우 1. D, F, G가 야구에 참여하는 경우

야구(3명)	보드게임(3명)	축구(2명)
D, F, G	A 또는 B, C 또는 E, H	A 또는 B, C 또는 E

경우 2. D, F, G가 보드게임에 참여하는 경우

야구(3명)	보드게임(3명)	축구(2명)
A 또는 B, C 또는 E, H	D, F, G	A 또는 B, C 또는 E

따라서 H는 야구 또는 보드게임에 참여하므로 항상 거짓인 설명이다.

오답 체크

① G는 야구 또는 보드게임에 참여하므로 항상 거짓인 설명은 아니다.

② E가 참여하는 종목에는 총 2명 또는 3명이 참여하므로 항상 거짓인 설명은 아니다.

③ A와 C는 같은 종목에 참여하거나 서로 다른 종목에 참여하므로 항상 거짓인 설명은 아니다.

④ B는 야구 또는 보드게임 또는 축구에 참여하므로 항상 거짓인 설명은 아니다.

15 조건추리_순서/순위

정답 ④

제시된 조건에 따르면 머메이드라인 드레스를 입은 사람이 가장 먼저 화보를 촬영하였고, H 라인 드레스를 입은 사람과 벨라인 드레스를 입은 사람 사이에 화보를 촬영한 사람은 1명이므로 두 번째 또는 네 번째 순서로 H 라인 드레스와 벨라인 드레스를 입은 사람이 화보를 촬영하였고, 세 번째 순서로 A 라인 드레스를 입은 사람이 화보를 촬영하였다. 이때 마지막으로 화보를 촬영한 사람은 라영이고, 나영이는 가영이 바로 다음 순서로 화보를 촬영하였으므로 가영이가 화보를 촬영한 순서에 따라 가능한 경우는 다음과 같다.

경우 1. 가영이가 첫 번째 순서로 화보를 촬영한 경우

첫 번째	두 번째	세 번째	네 번째
가영(**머메이드**)	나영(H 또는 벨)	다영(A)	**라영**(H 또는 벨)

경우 2. 가영이가 두 번째 순서로 화보를 촬영한 경우

첫 번째	두 번째	세 번째	네 번째
다영(**머메이드**)	가영(H 또는 벨)	나영(A)	**라영**(H 또는 벨)

따라서 나영이가 벨라인 드레스를 입었다면, 라영이는 H 라인 드레스를 입었으므로 항상 참인 설명이다.

오답 체크

① 가영이는 H 라인 또는 머메이드라인 또는 벨라인 드레스를 입고 화보를 촬영하였으므로 항상 참인 설명은 아니다.
② 다영이보다 먼저 화보를 촬영한 사람은 가영, 나영 2명이거나 다영이가 첫 번째 순서로 화보를 촬영하였으므로 항상 참인 설명은 아니다.
③ 머메이드라인 드레스를 입은 사람은 H 라인 또는 벨라인 드레스를 입은 사람과 연이어 화보를 촬영하였으므로 항상 참인 설명은 아니다.
⑤ 다영이가 머메이드라인 드레스를 입었다면, 가영이는 H 라인 또는 벨라인 드레스를 입었으므로 항상 참인 설명은 아니다.

16 명제추리

정답 ①

첫 번째 명제와 네 번째 명제와 두 번째 명제의 '대우'를 차례로 결합한 결론은 다음과 같다.

- 첫 번째 명제: 용재가 출근하면 정우는 출근하지 않는다.
- 네 번째 명제: 정우가 출근하지 않으면 윤상이도 출근하지 않는다.
- 두 번째 명제(대우): 윤상이와 동찬이가 모두 출근하지 않으면 명현이가 출근한다.
- 결론: 용재가 출근하고 동찬이가 출근하지 않으면 명현이가 출근한다.

17 명제추리

정답 ④

네 번째 명제의 '대우'와 두 번째 명제를 차례로 결합한 결론은 다음과 같다.

- 네 번째 명제(대우): 레저를 좋아하지 않는 사람은 산을 좋아하지 않는다.
- 두 번째 명제: 산을 좋아하지 않는 사람은 바다를 좋아한다.
- 결론: 레저를 좋아하지 않는 사람은 바다를 좋아한다.

18 조건추리_순서/순위

정답 ①

제시된 조건에 따르면 A는 3년 차이며, B보다 2년 늦게 입사했으므로 B는 5년 차이다. 이때 B는 D보다 1년 먼저 입사했으므로 D는 4년 차이고, F는 C보다 3년 먼저 입사했으므로 C는 3년 차, F는 6년 차이다. 또한, E보다 먼저 입사한 직원은 1명이고, 늦게 입사한 직원은 4명이므로 E는 B와 함께 5년 차이고, G는 3년 차 또는 4년 차임을 알 수 있다.
따라서 노트북을 교체한 사람은 5년 차 직원인 B, E이다.

19 조건추리_순서/순위

정답 ④

제시된 조건에 따르면 보라보다 키가 큰 사람은 2명이고, 현지보다 키가 작은 사람은 보라보다 키가 큰 사람에 비해 2명 더 많은 4명이므로 보라는 네 번째, 현지는 다섯 번째로 줄을 서 있다. 이때 세희 바로 뒤에 줄을 선 사람은 미주이므로 세희와 미주는 첫 번째, 두 번째 또는 두 번째, 세 번째로 줄을 서 있음을 알 수 있다. 세희가 줄을 서 있는 순서에 따라 가능한 경우는 다음과 같다.

경우 1. 세희가 첫 번째로 줄을 서 있는 경우

첫 번째	두 번째	세 번째	네 번째	다섯 번째	여섯 번째
세희	미주	다미 또는 정하	보라	현지	다미 또는 정하

경우 2. 세희가 두 번째로 줄을 서 있는 경우

첫 번째	두 번째	세 번째	네 번째	다섯 번째	여섯 번째
다미 또는 정하	세희	미주	보라	현지	다미 또는 정하

따라서 미주와 정하 사이에 줄을 서 있는 사람이 1명이면, 정하가 맨 앞에 줄을 서 있으므로 항상 거짓인 설명이다.

오답 체크

① 현지 바로 앞뒤로 줄을 서 있는 사람은 보라와 다미 또는 보라와 정하이므로 항상 거짓인 설명은 아니다.
② 세희와 현지 사이에 줄을 서 있는 사람이 3명이면, 미주와 정하 사이에 줄을 서 있는 사람은 다미, 보라, 현지 3명이거나 아무도 없으므로 항상 거짓인 설명은 아니다.
③ 보라가 다미 바로 뒤에 줄을 서 있다면, 미주는 두 번째로 줄을 서 있으므로 항상 참인 설명이다.
⑤ 정하가 맨 뒤에 줄을 서 있다면, 다미 또는 세희가 맨 앞에 줄을 서 있으므로 항상 거짓인 설명은 아니다.

20 명제추리 정답 ②

사회 경험이 많은 사람이 모두 세상의 흐름을 읽을 줄 알고 세상의 흐름을 읽을 줄 아는 사람이 모두 도덕적이라면, 사회 경험이 많은 사람은 모두 도덕적인 사람이며 도덕적이면서 사회 경험이 많은 어떤 사람이 반드시 존재하게 된다.
따라서 '세상의 흐름을 읽을 줄 아는 모든 사람은 도덕적이다.'가 타당한 전제이다.

오답 체크

사회 경험이 많은 사람을 A, 세상의 흐름을 읽을 줄 아는 사람을 B, 도덕적인 사람을 C라고 하면

①, ⑤ 사회 경험이 많은 사람이 모두 세상의 흐름을 읽을 줄 알고, 세상의 흐름을 읽을 줄 모르는 사람이 모두 비도덕적이라면 도덕적인 사람은 모두 사회 경험이 많지 않을 수도 있으므로 결론이 반드시 참이 되게 하는 전제가 아니다.

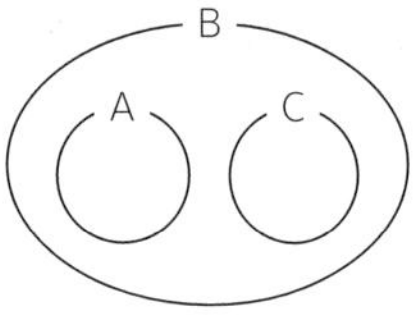

③ 사회 경험이 많은 사람이 모두 세상의 흐름을 읽을 줄 알고, 세상의 흐름을 읽을 줄 아는 어떤 사람이 도덕적이라면 도덕적인 사람은 모두 사회 경험이 많지 않을 수도 있으므로 결론이 반드시 참이 되게 하는 전제가 아니다.

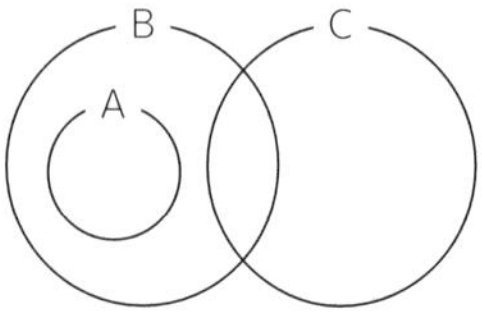

④ 비도덕적인 모든 사람이 세상의 흐름을 읽을 줄 아는 것은 아니라는 것은 비도덕적인 어떤 사람은 세상의 흐름을 읽을 줄 모른다는 것이므로 비도덕적인 어떤 사람이 세상의 흐름을 읽을 줄 모르고, 사회 경험이 많은 사람이 모두 세상의 흐름을 읽을 줄 안다면 도덕적인 사람은 모두 사회 경험이 많지 않을 수도 있으므로 결론이 반드시 참이 되게 하는 전제가 아니다.

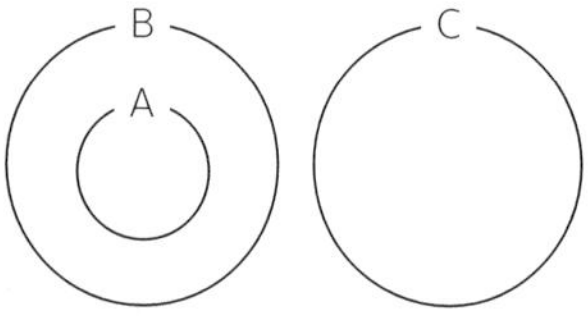

05 수열추리

p.238

01 빈칸 숫자 추론 정답 ③

제시된 각 숫자 간의 값이 ÷3, ÷4, ÷5, …으로 변화하므로 빈칸에 들어갈 알맞은 숫자는 '84'이다.

02 빈칸 숫자 추론 정답 ③

제시된 각 숫자를 약분되지 않은 분수로 변경한다.

$\frac{192}{93}$ $\frac{96}{73}$ $\frac{48}{56}$ $\frac{24}{42}$ $\frac{12}{31}$ $\frac{6}{23}$ ( )

분자의 각 숫자 간의 값이 −96, −48, −24, −12, …과 같이 ÷2씩 변화하고, 분모의 각 숫자 간의 값이 −20, −17, −14, −11, …과 같이 +3씩 변화하므로 빈칸에 들어갈 알맞은 숫자는 $\frac{3}{18}$에 해당하는 '$\frac{1}{6}$'이다.

03 N번째 숫자 추론 정답 ④

제시된 각 숫자 간의 값이 ×3으로 반복되므로 8번째 항의 값으로 알맞은 숫자는 $18 \times 3^{(8-1)} = 39,366$이다.

04 빈칸 숫자 추론 정답 ①

홀수항에 제시된 각 숫자 간의 값이 $+\frac{2}{3}$로 반복되고, 짝수항에 제시된 각 숫자 간의 값이 $+\frac{2}{5}$로 반복되므로 A와 B의 값은 각각 1과 $\frac{7}{5}$이고, 빈칸에 들어갈 알맞은 숫자는 '$-\frac{2}{5}$'이다.

05 빈칸 숫자 추론 정답 ③

제시된 숫자를 세 개씩 한 군으로 묶었을 때, 각 군의 세 번째 항에 해당하는 숫자는 첫 번째 항의 숫자를 두 번째 항의 숫자로 나눈 값이라는 규칙이 적용되므로 빈칸에 들어갈 알맞은 숫자는 '$\frac{3}{2}$'이다.

06 N번째 숫자 추론 정답 ④

제시된 각 숫자 간의 값이 +9로 반복되므로 30번째 항의 값으로 알맞은 숫자는 $7 + (30-1) \times 9 = 268$이다.

07 N번째 숫자 추론 정답 ③

N번째 항에 제시된 각 숫자는 $\frac{N \times (N+1)}{(N+2) \times (N+3)}$이라는 규칙이 적용되므로 12번째 항의 값으로 알맞은 숫자는 '$\frac{156}{210}$'이다.

08 빈칸 숫자 추론 정답 ⑤

홀수항에 제시된 각 숫자 간의 값은 ×2, ×3, ×4, …으로 변화하므로 빈칸에 들어갈 알맞은 숫자는 '120'이다.

09 빈칸 숫자 추론 정답 ④

제시된 각 숫자 간의 값이 +5, +7, +9, …과 같이 +2씩 변화하므로 빈칸에 들어갈 알맞은 숫자는 '80'이다.

10 빈칸 숫자 추론 정답 ②

제시된 각 숫자 간의 값이 +3, −9, +27, …과 같이 ×(−3)씩 변화하므로 A와 B의 값은 각각 264와 1,965이고, 빈칸에 들어갈 알맞은 숫자는 '−1,701'이다.

11 빈칸 숫자 추론 정답 ③

분자에 제시된 각 숫자 간의 값이 +2로 반복되고, 분모에 제시된 각 숫자 간의 값이 ×2, ×1로 반복되므로 빈칸에 들어갈 알맞은 숫자는 '$\frac{13}{40}$'이다.

12 빈칸 숫자 추론 정답 ⑤

홀수항에 제시된 각 숫자 간의 값은 ×(−4)로 반복되므로 빈칸에 들어갈 알맞은 숫자는 '384'이다.

13 N번째 숫자 추론 정답 ③

제시된 각 숫자 간의 값이 $\times\frac{1}{2}$, $\times\frac{2}{3}$, $\times\frac{3}{4}$, $\times\frac{4}{5}$, …으로 변화하므로 11번째 항의 값으로 알맞은 숫자는 '$\frac{4}{77}$'이다.

14 빈칸 숫자 추론 정답 ①

제시된 각 숫자는 세 개씩 묶은 숫자의 합이 20이 되는 규칙이 적용되므로 빈칸에 들어갈 알맞은 숫자는 '7'이다.

15 빈칸 숫자 추론 정답 ⑤

제시된 각 숫자 간의 값이 ×(−2), ×4, −6으로 반복되므로 빈칸에 들어갈 알맞은 숫자는 '300'이다.

16 빈칸 숫자 추론 정답 ④

각 숫자 간의 값이 −2, ×2, ÷2, −3, ×3, ÷3, …으로 변화하므로 빈칸에 들어갈 알맞은 숫자는 '−1'이다.

17 빈칸 숫자 추론 정답 ②

세 번째 항부터 제시된 각 숫자는 앞의 두 숫자 중 나중에 오는 숫자에서 바로 앞에 오는 숫자를 빼는 규칙이 적용되므로 A와 B의 값은 각각 −5와 −10이고, 빈칸에 들어갈 알맞은 숫자는 '−15'이다.

18 빈칸 숫자 추론 정답 ④

제시된 각 숫자 간의 값이 +39, +31, +23, …과 같이 −8씩 변화하므로 빈칸에 들어갈 알맞은 숫자는 '237'이다.

19 빈칸 숫자 추론 정답 ④

제시된 숫자를 3개씩 한 군으로 묶었을 때, 각 군의 세 번째 항에 해당하는 숫자는 앞의 두 숫자의 차의 제곱이라는 규칙이 적용되므로 빈칸에 들어갈 알맞은 숫자는 '81'이다.

20 빈칸 숫자 추론 정답 ③

세 번째 항부터 제시된 각 숫자는 앞의 두 숫자의 합이라는 규칙이 적용되므로 빈칸에 들어갈 알맞은 숫자는 '97'이다.

실전모의고사 3회

정답

01 언어이해

p.244

01	④	세부 내용 파악	05	③	세부 내용 파악	09	⑤	세부 내용 파악	13	④	세부 내용 파악	17	③	비판/반론
02	③	세부 내용 파악	06	④	세부 내용 파악	10	②	글의 구조 파악	14	③	비판/반론	18	③	중심 내용 파악
03	⑤	중심 내용 파악	07	⑤	세부 내용 파악	11	③	세부 내용 파악	15	④	글의 구조 파악	19	③	글의 구조 파악
04	①	비판/반론	08	④	글의 구조 파악	12	③	세부 내용 파악	16	⑤	중심 내용 파악	20	④	중심 내용 파악

02 자료해석

p.264

01	⑤	자료이해	05	③	자료이해	09	④	자료이해	13	③	자료이해	17	④	자료이해
02	④	자료이해	06	④	자료계산	10	③	자료이해	14	③	자료이해	18	④	자료이해
03	③	자료이해	07	③	자료이해	11	②	자료이해	15	③	자료이해	19	④	자료이해
04	④	자료계산	08	⑤	자료추론	12	①	자료변환	16	②	자료이해	20	③	자료계산

03 창의수리

p.284

01	③	원가/정가	05	⑤	경우의 수/확률	09	④	거리/속력/시간	13	④	방정식의 활용	17	②	용액의 농도
02	③	용액의 농도	06	④	원가/정가	10	③	경우의 수/확률	14	④	방정식의 활용	18	②	방정식의 활용
03	①	거리/속력/시간	07	③	방정식의 활용	11	③	방정식의 활용	15	③	일의 양	19	②	경우의 수/확률
04	⑤	방정식의 활용	08	④	방정식의 활용	12	②	원가/정가	16	⑤	방정식의 활용	20	③	방정식의 활용

04 언어추리

p.290

01	①	명제추리	05	②	명제추리	09	④	조건추리_참/거짓 진술	13	④	조건추리_위치/배치	17	①	조건추리_위치/배치
02	⑤	조건추리_순서/순위	06	④	명제추리	10	⑤	명제추리	14	⑤	조건추리_위치/배치	18	③	명제추리
03	③	조건추리_순서/순위	07	⑤	조건추리_위치/배치	11	③	조건추리_위치/배치	15	③	조건추리_참/거짓 진술	19	②	조건추리_위치/배치
04	③	명제추리	08	③	명제추리	12	④	명제추리	16	④	조건추리_순서/순위	20	⑤	조건추리_위치/배치

05 수열추리

p.300

01	③	N번째 숫자 추론	05	③	N번째 숫자 추론	09	⑤	빈칸 숫자 추론	13	②	빈칸 숫자 추론	17	③	빈칸 숫자 추론
02	①	빈칸 숫자 추론	06	③	빈칸 숫자 추론	10	①	빈칸 숫자 추론	14	③	빈칸 숫자 추론	18	⑤	N번째 숫자 추론
03	⑤	빈칸 숫자 추론	07	④	빈칸 숫자 추론	11	③	N번째 숫자 추론	15	③	빈칸 숫자 추론	19	③	빈칸 숫자 추론
04	④	빈칸 숫자 추론	08	③	빈칸 숫자 추론	12	①	빈칸 숫자 추론	16	③	빈칸 숫자 추론	20	⑤	빈칸 숫자 추론

취약 유형 분석표

유형별로 맞힌 개수, 틀린 문제 번호와 풀지 못한 문제 번호를 적어보면서 취약한 유형이 무엇인지 파악해 보세요.
취약한 유형은 '기출유형공략'으로 복습하고 틀린 문제와 풀지 못한 문제를 다시 한번 풀어보세요.

01 언어이해

유형	유형별 맞힌 문제 수	틀린 문제 번호	풀지 못한 문제 번호
중심 내용 파악	/4		
세부 내용 파악	/9		
글의 구조 파악	/4		
비판/반론	/3		
TOTAL	/20		

02 자료해석

유형	유형별 맞힌 문제 수	틀린 문제 번호	풀지 못한 문제 번호
자료이해	/15		
자료계산	/3		
자료추론	/1		
자료변환	/1		
TOTAL	/20		

03 창의수리

유형	유형별 맞힌 문제 수	틀린 문제 번호	풀지 못한 문제 번호
거리/속력/시간	/2		
용액의 농도	/2		
일의 양	/1		
원가/정가	/3		
방정식의 활용	/9		
경우의 수/확률	/3		
TOTAL	/20		

04 언어추리

유형	유형별 맞힌 문제 수	틀린 문제 번호	풀지 못한 문제 번호
명제추리	/8		
조건추리_순서/순위	/3		
조건추리_위치/배치	/7		
조건추리_참/거짓 진술	/2		
TOTAL	/20		

05 수열추리

유형	유형별 맞힌 문제 수	틀린 문제 번호	풀지 못한 문제 번호
빈칸 숫자 추론	/16		
N번째 숫자 추론	/4		
TOTAL	/20		

01 언어이해 p.244

01 세부 내용 파악 정답 ④

다양한 색채와 역동적·사실적으로 묘사된 라스코 동굴 벽화는 인류의 예술적 감각이 추상적이고 단순한 형태에서 정교하고 사실적인 형태로 발전했으리란 오랜 통설을 뒤엎었다고 하였으므로 라스코 동굴 벽화의 회화적 특징이 인류 문화예술에 대한 당대의 통념에 변화를 가져왔음을 알 수 있다.

오답 체크

① 라스코 동굴의 형성 시기는 알 수 없다고 하였으므로 적절하지 않은 내용이다.

② 라스코 동굴 벽화의 목적은 아직 수수께끼로 남아 있다고 하였으므로 적절하지 않은 내용이다.

③ 주 동굴의 벽면에는 여러 마리의 거대한 소가, 주변 동굴에는 거꾸로 그려진 말이, 주 동굴 우측 작은 동굴에는 각종 문양과 동물이 여러 기호와 함께 묘사되었다고 하였으므로 적절하지 않은 내용이다.

⑤ 라스코 동굴은 중세시대의 고성으로 연결되는 비밀통로를 찾던 소년들에 의해 우연히 발견되었다고 하였으므로 적절하지 않은 내용이다.

02 세부 내용 파악 정답 ③

과도한 복지 공약을 내세운 후보자가 공약을 지키지 못해 신뢰를 잃은 경우는 승자의 저주에 해당한다고 하였으므로 국회의원 당선 후 공약 달성에 어려움을 겪어 민심을 잃는다면 승자의 저주로 볼 수 있음을 알 수 있다.

오답 체크

① 승자의 저주에 걸리지 않기 위해 경쟁에 뛰어들기 전, 경쟁이 과열되어 감정적으로 대응한 것은 아닌지 자신을 충분히 확인하고 평가하는 과정이 앞서 행해져야 한다고 하였으므로 적절하지 않은 내용이다.

② 최고 호가를 부른 낙찰자는 실제 가치보다 높은 비용을 지불한다고 하였으므로 적절하지 않은 내용이다.

④ 여러 입찰자가 설정한 호가의 평균값이 실제 가치와 가장 유사할 가능성이 크다고 하였으므로 적절하지 않은 내용이다.

⑤ 승자의 저주란 경쟁이 끝난 뒤 과도한 비용으로 후유증을 겪는 상황을 일컫는다고 하였으므로 적절하지 않은 내용이다.

03 중심 내용 파악 정답 ⑤

이 글은 독립적인 사건들임을 간과하고 과거에 어떤 사건이 반복적으로 일어났음을 근거로 미래에는 그와 반대되는 일이 벌어질 것이라고 잘못 예상하는 몬테카를로의 오류가 발생한다는 내용이다.
따라서 글의 중심 내용과 관련된 사례로 가장 적절하지 않은 것은 ⑤이다.

04 비판/반론 정답 ①

제시된 글의 필자는 인슈어테크를 통해 편의성 확보 및 정교한 리스크 관리가 가능해지기 때문에 인슈어테크 시대가 곧 본격화될 것이므로 보험사가 시장에서 우위를 선점하려면 보험 업무 전 과정에 인슈어테크를 접목시켜야 한다고 주장하고 있다.
따라서 인슈어테크 도입으로 인한 일자리 감소, 불완전 판매 등의 부작용에 대한 대책 마련이 우선시되어야 한다는 반박이 타당하다.

05 세부 내용 파악 정답 ③

빈칸 앞에서는 연작 구성 방식의 일종인 피카레스크식 구성은 같은 등장인물들이 같은 공간 배경을 공유하지만 각기 다른 사건이 전개되는 단편을 묶은 것이라는 내용을 말하고 있고, 빈칸 뒤에서는 또 다른 연작 구성 방식인 옴니버스식 구성은 전체적인 방향성은 같지만 각각의 단편에 등장하는 인물, 공간 배경 등이 서로 다르다는 내용을 말하고 있다.
따라서 옴니버스식 구성의 각 단편들은 큰 주제 의식만 같고 공간 배경과 등장인물이 모두 다르다는 내용이 들어가야 한다.

06 세부 내용 파악 정답 ④

이타적 행위는 지속해서 만나면서 서로 호의를 베풀고 있거나 받고 있다는 것을 인식할 수 있을 때 발현되며, 현재 도움을 주고받는 것에서 나아가 미래의 보답을 기대하며 상대에게 도움을 주는 것이라고 하였으므로 단발성으로 만나더라도 서로에게 도움을 주는 것을 알게 되었다면 이타적 행동이 나타날 확률이 높다는 것은 아님을 알 수 있다.

오답 체크

① 독일의 조류 연구소에서 진행한 실험에서 회색앵무새가 자신과 같은 종의 앵무새는 물론 다른 종의 앵무새에게도 동일한 호의를 베푸는 모습을 보였다고 하였으므로 적절한 내용이다.

② 독일의 조류 연구소에서 진행한 실험에서 대규모 무리 생활을 하는 회색앵무새는 이타적인 행동을 한 반면 소규모로 생활하는 푸른머리마코앵무새는 이타적인 행동을 보이지 않았다고 하였으므로 적절한 내용이다.

③ 동물들의 이타적인 행동은 대체로 무리 생활을 하며 지속적으로 호의를 주고받을 수 있다는 것을 인식할 수 있을 때 발현되는 것으로, 미래의 보답을 기대하며 상대에게 도움을 주는 일종의 계약적 이타주의라고 하였으므로 적절한 내용이다.

⑤ 동물들의 이타적인 행동은 대체로 무리 생활을 하며 지속적으로 호의를 주고받을 수 있다는 것을 인식할 수 있을 때 발현되고, 특히 집단의 규모가 크면 이타적 행동이 발달할 확률이 높아진다고 한 점을 통해 대규모 무리 생활을 하는 포유류를 대상으로 이타주의를 검증하는 앵무새 실험을 하였을 때 회색앵무새처럼 이타적 행동을 할 것을 알 수 있으므로 적절한 내용이다.

07 세부 내용 파악 정답 ⑤

빈칸 앞에서는 생물들이 서로 밀접한 관계를 유지하며 생존한다는 내용을 말하고 있고, 빈칸 뒤에서는 대멸종을 막기 위한 노력이 필요하다는 내용을 말하고 있다.
따라서 인간으로 인한 한 생물의 멸종은 다양한 생물들의 연쇄적인 멸종으로 이어져 제6의 대멸종을 유발할 가능성이 있다는 내용이 들어가야 한다.

08 글의 구조 파악 정답 ④

이 글은 영화관에서 대표적으로 먹는 간식인 팝콘과 나초의 공통점에 관해 언급하고 팝콘과 나초를 처음으로 먹기 시작한 유래에 대해 설명하고 있으므로 서술상 특징으로 가장 적절한 것은 ④이다.

09 세부 내용 파악 정답 ⑤

가지의 핵심 영양소인 안토시아닌은 물에 닿으면 녹아서 사라지므로 기름에 볶거나 튀겨야 흡수율을 높일 수 있고 맛도 좋아진다고 하였으므로 가지 튀김보다 가지찜이 영양과 맛 측면에서 더 좋다는 것은 아님을 알 수 있다.

오답 체크

① 대부분의 채소에 함유된 수용성 비타민은 데치거나 삶을 경우 대다수가 파괴되지만, 두릅, 냉이, 고사리 등은 섭취 전 끓는 물에 데치고, 당근은 기름과 함께 조리하고, 가지 역시 조리하여 먹어야 몸에 좋다고 하였으므로 적절한 내용이다.

② 두릅, 냉이, 고사리 등은 섭취 전 끓는 물에 데쳐 독 성분을 제거해야 한다고 하였으므로 적절한 내용이다.

③ 대부분의 채소에 함유된 수용성 비타민인 비타민 B군과 C는 데치거나 삶을 경우 85~95%가 파괴된다고 하였으므로 적절한 내용이다.

④ 착즙 주스는 채소의 찌꺼기는 버리기 때문에 착즙 주스를 통해서는 채소의 식이섬유소를 거의 섭취할 수 없다고 하였으므로 적절한 내용이다.

10 글의 구조 파악 정답 ②

이 글은 비언어적 표현을 적절하게 활용함으로써 대중적 인기를 얻은 레이건의 사례를 통해 메라비언의 법칙을 설명하고, 의사소통을 할 때 비언어적 표현이 매우 중요함을 강조하는 글이다.
따라서 레이건의 대중적 인기가 미소, 목소리 등의 비언어적 표현에서 비롯되었음을 보여주는 글에 이어질 내용은 '나) 레이건의 사례와 깊은 관련성이 있는 메라비언의 법칙 → 가) 메라비언의 법칙에 따른 대화의 구성 요소(1): 시각적 이미지와 청각적 이미지 → 마) 메라비언의 법칙에 따른 대화의 구성 요소(2): 말 → 라) 언어적 표현보다 비언어적 표현이 중요함을 보여주는 메라비언의 법칙 → 다) 언어적 표현보다 비언어적 표현에 중점을 두어 메시지를 해석하는 사례' 순으로 배열해야 한다.

11 세부 내용 파악 정답 ③

이 글은 유아는 어머니와의 정서적 애착을 확립하는 정상적 공생 단계를 거쳐 독립적인 개체성을 확립하는 분리 개별화 단계에 도달한다는 내용이고, <보기>는 만 3세 이전에 부모와 안정감 있는 애착 관계를 형성하지 못한 아이는 분리 불안 증세가 나타날 확률이 높다는 내용이다.
따라서 분리 불안이 제대로 치료되지 않은 아이는 분리 개별화 단계에 이르지 못한 채 공생 단계에 머물러 있음을 알 수 있다.

12 세부 내용 파악 정답 ③

췌장의 머리 부분에 종양이 생기면 황달 증상이 동반될 수 있고, 췌장의 가운데 또는 꼬리 부분에 종양이 생기면 복부 불편감 또는 소화불량 등의 증세를 확인할 수 있으며 이때 머리 부분에 생기는 것보다 뚜렷한 특이 증상이 나타나지 않아 늦게 발견될 때가 있다고 하였으므로 췌장의 끝부분에 종양이 생기면 황달이 미세하게 일어나 인지하지 못하는 경우가 많다는 것은 아님을 알 수 있다.

오답 체크

① 췌장암의 위험 인자는 가족력, 만성 췌장염, 췌장물혹, 당뇨병 외에도 흡연이나 고지방 식이 등이 원인이 될 수 있다고 하였으므로 적절한 내용이다.

② 췌장암 환자에게서 흔히 나타나는 복통 등의 증세가 지속된다면 즉시 내원하는 것을 권장한다고 하였으므로 적절한 내용이다.

④ 췌장은 각종 호르몬을 분비하여 혈당을 조절하기 때문에 췌장에 문제가 생기면 당뇨병에 걸릴 위험도 커진다고 하였으므로 적절한 내용이다.

⑤ 낭성 종양 중 양성이었던 종양이 악성으로 변하는 경우도 있다고 하였으므로 적절한 내용이다.

13 세부 내용 파악 정답 ④

메디치 효과는 서로 다른 분야의 요소가 융합되어 창조와 혁신을 만들어내는 효과로 직무가 상이한 부서를 통합하거나 개발자와 디자이너처럼 서로 다른 성향의 인원을 한 팀에 배치하는 것이 그 예시라고 하였으므로 개발팀에서 여러 개발자의 다양한 아이디어를 접목하여 신규 프로그램을 개발한 것이 메디치 효과의 사례에 해당한다는 것은 아님을 알 수 있다.

오답 체크

① 직무가 다른 부서를 통합하거나 서로 다른 성향의 인원을 함께 배치하는 것이 메디치 효과의 예시라고 하였으므로 적절한 내용이다.
② 메디치 효과는 메디치 가문이 마련한 장이 다양한 학계의 전문가 간 교류하고 소통할 수 있도록 만들었고, 이 소통의 장이 르네상스 시대의 도래를 이끌었다는 평가가 많다고 하였으므로 적절한 내용이다.
③ 건축가 피어스가 에어컨이 없는 쇼핑센터를 설계하기 위해 생물학자와 논의하던 중 흰 개미집 구조에서 영감을 얻어 쇼핑센터를 지을 수 있었다고 하였으므로 적절한 내용이다.
⑤ 메디치 효과를 바라고 조직을 구성하다 보면 여러 분야의 직원을 한 팀에 배치하여 팀 인원수가 많아짐에 따라 개인의 생산성이 떨어질 수 있다고 하였으므로 적절한 내용이다.

14 비판/반론 정답 ③

이 글의 필자는 상황과 조건의 영향을 받는 실제 실험과 달리 사고 실험은 실험을 단순화하여 이상적인 결괏값을 도출할 수 있으며, 갈릴레이가 관성의 법칙을 증명할 때나 아인슈타인이 양자역학 관련 이론을 증명할 때 사고 실험을 활용했다는 점을 고려하여 새로운 이론 증명 시 사고 실험이 적극적으로 활용되어야 한다고 주장하고 있다.
따라서 사고 실험이 실제 실험에서 나타날 수 있는 오차를 고려하지 않아 모든 이론을 증명하기 위한 척도로 활용하기 어렵다는 반박이 타당하다.

15 글의 구조 파악 정답 ④

이 글은 사고의 발생 원인을 추론하는 이론인 스위스 치즈 모델을 설명하고, 이를 토대로 사고 예방 방법을 도출하는 글이다.
따라서 '라) 대형 사고의 발생 원인을 설명하는 이론인 스위스 치즈 모델 → 가) 스위스 치즈의 구멍을 따라 꼬챙이를 통과시키는 것의 어려움과 확률은 낮으나 꼬챙이가 구멍을 통과하는 것이 가능한 경우 → 다) 스위스 치즈 사례의 각 요소에 대응하는 사고의 발생 요소와 스위스 치즈 사례를 통해 알 수 있는 사고의 발생 과정 → 나) 스위스 치즈 모델을 통해 도출할 수 있는 사고 예방 방법' 순으로 배열해야 한다.

16 중심 내용 파악 정답 ⑤

이 글은 진짜 상품에 대한 소비자의 인식 변화와 기술력의 향상으로 인해 진짜보다 더 가치 있는 가짜를 소비하는 클래시 페이크 현상이 나타나고 있다는 내용이므로 이 글의 주제로 가장 적절한 것은 ⑤이다.

오답 체크

① 과시적 소비에 대한 인식 개선에 대해서는 다루고 있지 않으므로 적절하지 않은 내용이다.
② 위조품을 제작하는 기술의 발전에 대해서는 다루고 있지 않으므로 적절하지 않은 내용이다.
③ 인조모피의 가치에 대한 오늘날의 인식이 과거와 어떻게 다른지에 대해서는 서술하고 있지만, 글 전체를 포괄할 수 없으므로 적절하지 않은 내용이다.
④ 소비자의 인식 변화가 환경에 어떤 영향을 끼쳤는지에 대해서는 다루고 있지 않으므로 적절하지 않은 내용이다.

17 비판/반론 정답 ③

(가)는 스타트업이 자리 잡기 위해 필요한 요소들을 지원하고자 정부와 일부 대기업에서 여러 지원 사업을 시행하고 있으며, 여기에 선정될 경우 기업의 성장 가능성이 커지지만 지원 사업을 알지 못해 신청도 못 해보고 폐업하는 스타트업이 많다는 내용이고, (나)는 스타트업이 기술 개발을 위한 초기 자본과 데스밸리 기간을 잘 지나갈 수 있는 자금이 충분하지 않으면 결국 폐업할 수밖에 없으므로 스타트업 창업자는 자금 조달을 스스로 해결해야 함을 인식하여 운영해야 한다는 내용이다.
따라서 정부와 일부 대기업에서 시행하는 스타트업 지원 사업에 적극적으로 지원 및 참여하면 스타트업이 자본금 부족으로 발생하는 위험 부담을 낮추고 빠르게 성장할 수 있다는 반박이 가장 타당하다.

18 중심 내용 파악 정답 ③

이 글은 현대 사회에서 필수적으로 섭취하는 카페인은 각성 효과를 제공하며, 우리 몸에 흡수되면 집중력과 기억력이 향상된다는 내용이므로 이 글의 제목으로 가장 적절한 것은 ③이다.

오답 체크

① 글 전체에서 카페인의 역사와 기원에 대해서는 설명하고 있지 않으므로 적절하지 않은 내용이다.
② 글 중반부에서 카페인의 각성 효과에 대해 언급하고 있으나, 수면과의 관계에 대해서는 다루고 있지 않으므로 적절하지 않은 내용이다.
④ 글 전체에서 섭취 방법에 따라 구분되는 카페인의 종류에 대해서는 설명하고 있지 않으므로 적절하지 않은 내용이다.
⑤ 글 후반부에서 카페인은 적당량만 섭취하여 건강을 유지해야 함을 설명하고 있으나, 부작용과 위험성에 대해서는 다루고 있지 않으므로 적절하지 않은 내용이다.

19 글의 구조 파악 정답 ③

이 글은 분리주의의 정의와 발생 요인을 제시하고, 정치적 분리주의의 사례인 북아일랜드 분쟁이 발생하게 된 역사적 배경과 현재 상황을 설명하는 글이다.

따라서 분리주의 및 정치적 분리주의의 개념과 대표적 사례인 북아일랜드 분쟁을 언급한 글에 이어질 내용은 '마) 각각 영국으로부터의 독립과 영국령 잔류를 선택하며 남북으로 갈라진 아일랜드 → 가) 북아일랜드와 아일랜드 분열의 역사적 배경 → 나) 구교도를 차별하고 독단으로 영국 잔류를 결정한 북아일랜드의 신교도 → 라) 북아일랜드의 구교도와 신교도의 무력 충돌과 영국 정부의 개입 → 다) 정치적 타협을 통한 일시적 안정 및 독립과 잔류에 관한 북아일랜드의 내부 분열 상태' 순으로 배열해야 한다.

20 중심 내용 파악 정답 ④

시대별 살롱 운영 방법의 공통점과 차이점에 대해서는 다루고 있지 않으므로 본문에 없는 내용은 ④이다.

오답 체크

①은 3문단, ②는 1문단, ③은 4문단, ⑤는 2문단을 요약한 내용이다.

02 자료해석 p.264

01 자료이해 정답 ⑤

2023년 골프장의 보전산지 전용면적은 2022년 대비 감소하였으므로 옳지 않은 설명이다.

오답 체크

① 2024년 보전산지 전용면적이 준보전산지 전용면적보다 큰 용도는 없으므로 옳은 설명이다.

② 2023년 농업용으로 사용된 보전산지의 전체 전용면적인 186 + 3 = 189ha와 비농업용으로 사용된 보전산지의 전체 전용면적인 422 + 457 + 420 + 115 + 0 + 22 = 1,436ha의 차이는 1,436 − 189 = 1,247ha이므로 옳은 설명이다.

③ 2024년 택지의 준보전산지 전용면적은 2023년 대비 {(1,767 − 1,640) / 1,767} × 100 ≒ 7.2% 감소하였으므로 옳은 설명이다.

④ 제시된 기간 중 농지의 보전산지 전용면적이 가장 큰 2023년에 초지의 보전산지 전용면적은 가장 작으므로 옳은 설명이다.

02 자료이해 정답 ④

a. 2024년 A 국 남자의 비임금 근로자 비율은 2017년 대비 30.8 − 27.5 = 3.3%p 감소했으므로 옳지 않은 설명이다.

b. 2023년 A 국의 비임금 근로자 비율은 전년 대비 감소하고 B 국의 비임금 근로자 비율은 전년과 같으므로 옳지 않은 설명이다.

c. D 국의 비임금 근로자 비율은 2020년부터 2022년까지 매년 C 국의 비임금 근로자 비율보다 높으며, 2023년에는 C 국의 비임금 근로자 비율과 같으므로 옳지 않은 설명이다.

오답 체크

d. 2023년 F 국의 비임금 근로자 비율은 2017년 대비 {(16.8 − 13.5) / 13.5} × 100 ≒ 24% 증가했으므로 옳은 설명이다.

03 자료이해 정답 ③

a. 니켈의 국제가격이 가장 높은 2월에 전기동의 국제가격도 가장 높으므로 옳은 설명이다.

d. 주요 비철금속의 국제가격이 모두 전월 대비 감소한 달은 없으므로 옳은 설명이다.

오답 체크

b. 4월 전기동 국제가격인 5,698달러는 알루미늄 국제가격의 3배인 1,931 × 3 = 5,793달러보다 낮고, 5월 전기동 국제가격인 5,592달러도 알루미늄 국제가격의 3배인 1,914 × 3 = 5,742달러보다 낮으므로 옳지 않은 설명이다.

c. 20XX년 상반기에 비철금속별 최고 국제가격과 최저 국제가격의 차이는 주석이 20,750 − 19,492 = 1,258달러, 니켈이 10,620 − 8,931 = 1,689달러로 니켈이 더 크므로 옳지 않은 설명이다.

[04 - 05]

04 자료계산 정답 ④

초·중·고등학교의 일반교과와 일반교과 이외의 전체 사교육비 합은 2018년에 14,256 + 5,044 = 19,300십억 원, 2019년에 15,330 + 5,470 = 20,800십억 원이고, 이때 초·중·고등학교의 일반교과와 일반교과 이외의 전체 사교육비 합에서 일반교과 개인과외 사교육비와 일반교과 이외 개인과외 사교육비의 합이 차지하는 비중은 2018년과 2019년이 동일하므로 비중은 {(1,916 + 788) / 20,800} × 100 = 13%이다.
따라서 2018년 일반교과 개인과외 사교육비와 일반교과 이외 개인과외 사교육비의 합은 19,300 × 0.13 = 2,509십억 원이다.

05 자료이해 정답 ③

2019년 초등학교의 기타 사교육비는 일반교과가 일반교과 이외보다 1,004 − 189 = 815십억 원 더 많으므로 옳은 설명이다.

오답 체크

① 2019년 학교급별 일반교과 그룹과외 사교육비의 평균은 1,437 / 3 = 479십억 원이므로 옳지 않은 설명이다.

② 2019년 고등학교의 일반교과 이외 전체 사교육비는 262 + 47 + 597 + 20 = 926십억 원이므로 옳지 않은 설명이다.

④ 2017년 초·중·고등학교의 일반교과 이외 전체 사교육비는 전년 대비 4,916 − 4,473 = 443십억 원 증가하였으므로 옳지 않은 설명이다.

⑤ 2019년 일반교과 이외 학원수강 사교육비는 고등학교가 중학교의 597 / 398 = 1.5배이므로 옳지 않은 설명이다.

06 자료계산 정답 ④

나노소재 매출액과 나노바이오·의료 매출액의 차이는 나노바이오·의료 + 나노장비·기기 매출액과 나노장비·기기 + 나노소재 매출액의 차이와 같으므로 나노소재 매출액과 나노바이오·의료 매출액의 차이가 9,500십억 원을 처음으로 넘는 해는 16,805 − 3,583 = 13,222십억 원만큼 차이 나는 2017년이다. 이때 제시된 3개의 나노융합산업 사업체의 매출액 합은 나노소재, 나노바이오·의료, 나노장비·기기 매출액 합의 두 배임을 알 수 있다.
따라서 2017년 나노소재, 나노바이오·의료, 나노장비·기기 매출액의 합은 (16,805 + 14,590 + 3,583) / 2 = 34,978 / 2 = 17,489십억 원이다.

07 자료이해 정답 ③

개인사업자 조사 인원이 가장 많은 해는 2021년이고, 법인 조사 인원이 가장 적은 해는 2019년이므로 옳지 않은 설명이다.

오답 체크

① 개인사업자와 법인에 부과된 세액은 모두 2022년까지 전년 대비 증가하다가 2023년부터 전년 대비 감소하였으므로 옳은 설명이다.

② 조세포탈 범칙조사 실적에서 무혐의 건수가 전년 대비 가장 많이 증가한 해는 60 - 27 = 33건 증가한 2022년이므로 옳은 설명이다.

④ 2024년 범칙처분 건수에서 고발 건수가 차지하는 비중은 (286 / 338) × 100 ≒ 85%이므로 옳은 설명이다.

⑤ 전체 조세포탈 범칙조사 건수가 전년 대비 감소한 2022년, 2023년, 2024년에 범칙처분 건수도 전년 대비 감소하였으므로 옳은 설명이다.

08 자료추론 정답 ⑤

㉠ 2018년 중학교의 '위생적인 편이다'라고 응답한 비율은 100 - (4.0 + 13.2 + 23.8) = 59.0%이므로 '위생적이지 않은 편이다'와 '위생적인 편이다'라고 응답한 비율의 합은 13.2 + 59.0 = 72.2%이다. 또한, 중학교의 '위생적이지 않은 편이다'와 '위생적인 편이다'라고 응답한 비율의 합은 2017년이 2018년보다 1.5%p 더 높으므로 2017년 중학교의 '위생적이지 않은 편이다'라고 응답한 비율은 (72.2 + 1.5) - 60.8 = 12.9%이다.

㉡ 2017년 초등학교의 '위생적인 편이다'라고 응답한 비율은 같은 해 고등학교의 '전혀 위생적이지 않다'라고 응답한 비율인 100 - (15.8 + 65.2 + 14.0) = 5.0%의 8.8배이므로 5.0 × 8.8 = 44.0%이다.

따라서 ㉠은 12.9, ㉡은 44.0인 ⑤가 정답이다.

09 자료이해 정답 ④

2019년 연구개발비가 전년 대비 400억 원 이상 증가한 사업체의 종사자 규모는 1,274 - 816 = 458억 원 증가한 10인 이상 19인 이하와 1,790 - 1,081 = 709억 원 증가한 50인 이상 99인 이하로 2개이므로 옳지 않은 설명이다.

오답 체크

① 종사자 규모가 9인 이하인 사업체의 연구개발비는 2018년에 53 + 422 = 475억 원, 2019년에 100 + 418 = 518억 원으로 2019년에 전년 대비 518 - 475 = 43억 원 증가하였으므로 옳은 설명이다.

② 2018년 매출액 규모가 100억 원 이상인 사업체의 연구개발비는 6,200억 원으로 매출액 규모가 100억 원 미만인 사업체의 연구개발비인 215 + 1,425 + 1,103 = 2,743억 원의 6,200 / 2,743 ≒ 2.3배이므로 옳은 설명이다.

③ 2019년 종사자 규모가 100인 이상인 사업체의 연구개발비는 전년 대비 {(4,900 - 2,375) / 4,900} × 100 ≒ 51.5% 감소하였으므로 옳은 설명이다.

⑤ 연도별로 연구개발비가 적은 매출액 규모부터 순서대로 나열하면 그 순위는 2018년과 2019년이 모두 10억 원 미만, 50억 원 이상 100억 원 미만, 10억 원 이상 50억 원 미만, 100억 원 이상 순으로 동일하므로 옳은 설명이다.

10 자료이해 정답 ③

피상속인이 가장 많은 해는 2022년이고, 과세표준이 가장 높은 해는 2024년이므로 옳지 않은 설명이다.

오답 체크

① 결정세액이 가장 높은 해는 2024년이고, 결정세액이 가장 낮은 해는 2018년이므로 옳은 설명이다.

② 2023년 과세표준 대비 결정세액의 비율은 18,439 / 61,355 ≒ 0.30이므로 옳은 설명이다.

④ 제시된 자료에서 결정세액이 1조 5천억 원 이상 2조 원 미만인 해는 2017년, 2019년, 2020년, 2022년, 2023년으로 총 5개 연도이므로 옳은 설명이다.

⑤ 피상속인이 처음으로 6천 명을 넘은 2020년에 과세표준은 5조 6,797억 원이므로 옳은 설명이다.

11 자료이해 정답 ②

b. 대구 지역에서 2018년 밤의 도로변 주거지역 소음도는 낮의 도로변 주거지역 소음도의 (60 / 67) × 100 ≒ 89.6%이므로 옳지 않은 설명이다.

오답 체크

a. 서울 지역에서 도로변 주거지역 소음도가 낮에 65dB, 밤에 55dB 이하인 해는 없으므로 옳은 설명이다.

c. 2010년부터 2018년까지 인천 지역에서 밤의 도로변 주거지역 소음도의 평균은 (63 + 62 + 63 + 62 + 62 + 62 + 62 + 61 + 62) / 9 ≒ 62.1dB이므로 옳은 설명이다.

d. 대전 지역에서 낮의 도로변 주거지역 소음도가 가장 높은 2010년에 낮의 도로변 주거지역 소음도는 62dB로 도로변 주거지역 환경 기준인 65dB 이하이고, 밤의 도로변 주거지역 소음도는 56dB로 도로변 주거지역 환경 기준인 55dB 이상이므로 옳은 설명이다.

12 자료변환 정답 ①

제시된 자료에 따르면 2020년 흡연 경험이 있다고 응답한 응답자 수는 1학년이 1,465 × (1 - 0.83) ≒ 249명, 2학년이 1,661 × (1 - 0.86) ≒ 233명, 3학년이 1,823 × (1 - 0.86) ≒ 255명이므로 흡연 경험이 있다고 응답한 응답자 수가 가장 많은 학년은 3학년이다. 이때 3학년의 흡연 경험이 있다고 응답한 응답자 수는 2016년에 1,791 × (1 - 0.90) ≒ 179명, 2018년에 2,233 × (1 - 0.89) ≒ 246명, 2020년에 255명이다.

따라서 3학년의 연도별 흡연 경험이 있다고 응답한 응답자 수와 그래프의 높이가 일치하는 ①이 정답이다.

13 자료이해 정답 ③

a. 7월 산업 부문을 제외한 나머지 부문의 최종에너지 소비량인 17,524 - 11,463 = 6,061천 toe가 모두 석유 소비량에 포함되면 산업 부문의 석유 소비량은 최소 9,071 - 6,061 = 3,010천 toe이므로 옳은 설명이다.

d. 8월 이후 전체 소비량은 10월에만 전월 대비 감소하였고, 나머지 달에는 전월 대비 증가하였으며, 이와 동일한 증감 추이를 보이는 부문은 공공뿐이므로 옳은 설명이다.

오답 체크

b. 전력 소비량의 전월 대비 증가율은 11월에 {(3,539 - 3,360) / 3,360} × 100 ≒ 5%, 12월에 {(3,872 - 3,539) / 3,539} × 100 ≒ 9%이므로 옳지 않은 설명이다.

c. 제시된 기간 중 수송 부문 소비량이 다른 달에 비해 가장 많은 11월에 전체 소비량에서 수송 부문 소비량이 차지하는 비중은 (3,602 / 18,355) × 100 ≒ 19.6%이므로 옳지 않은 설명이다.

빠른 문제 풀이 Tip

c. 11월 전체 소비량의 20%에 해당하는 값을 이용하여 계산한다.
11월 수송 부문 소비량은 3,602천 toe이고, 11월 전체 소비량의 20%에 해당하는 값은 18,355 × 0.2 = 3,671천 toe이므로 11월 전체 소비량에서 수송 부문 소비량이 차지하는 비중은 20% 미만임을 알 수 있다.

14 자료이해 정답 ③

2016년 제시된 지역의 장애인 복지시설 수의 평균은 (44 + 26 + 51 + 86 + 23 + 40 + 49 + 625) / 8 = 118개소이므로 옳은 설명이다.

오답 체크

① 2016년 장애인 복지시설 수가 두 번째로 많은 지역은 인천광역시이지만, 생활인원 수가 두 번째로 많은 지역은 서울특별시이므로 옳지 않은 설명이다.

② 2017년 장애인 복지시설의 생활인원 수는 부산광역시가 광주광역시보다 1,214 - 761 = 453명 더 많으므로 옳지 않은 설명이다.

④ 2017년 장애인 복지시설 수가 전년 대비 가장 많이 증가한 대전광역시의 2017년 생활인원 수는 전년 대비 {(1,149 - 883) / 883} × 100 ≒ 30.1% 증가하였으므로 옳지 않은 설명이다.

⑤ 대구광역시의 장애인 복지시설 1개소당 생활인원 수는 2016년에 1,648 / 51 ≒ 32명, 2017년에 1,614 / 52 ≒ 31명이므로 옳지 않은 설명이다.

빠른 문제 풀이 Tip

⑤ 장애인 복지시설 수와 생활인원 수의 전년 대비 증감 추이를 비교한다.
2017년 대구광역시의 장애인 복지시설 1개소당 생활인원 수에서 분모에 해당하는 복지시설 수가 전년 대비 증가하였고, 분자에 해당하는 생활인원 수는 전년 대비 감소하였으므로 장애인 복지시설 1개소당 생활인원 수는 전년 대비 감소하였음을 알 수 있다.

15 자료이해 정답 ③

2018년 전문직의 현금영수증 발급 건수당 평균 발급 금액은 4,039십억 원 / 482만 건 ≒ 84만 원/건이므로 옳은 설명이다.

오답 체크

① 소매업의 현금영수증 발급 건수가 가장 많은 2014년과 가장 적은 2018년의 현금영수증 발급 건수 차이는 326,300 - 275,129 = 51,171만 건이므로 옳지 않은 설명이다.

② 기타를 제외하고 현금영수증 발급 건수가 많은 순서에 따른 업태별 순위는 2015년과 2016년에 모두 소매업, 음식업, 병의원, 서비스업, 숙박업, 학원, 전문직 순이므로 옳지 않은 설명이다.

④ 제시된 기간 중 병의원의 현금영수증 발급 건수가 서비스업의 발급 건수보다 적은 해는 2017년뿐이므로 옳지 않은 설명이다.

⑤ 2017년에 음식업과 학원의 현금영수증 발급 건수는 모두 전년 대비 감소하였으므로 옳지 않은 설명이다.

16 자료이해 정답 ②

a. 전체 위암 발생자 수는 2021년에 19,723 + 9,710 = 29,433명, 2022년에 20,672 + 10,065 = 30,737명, 2023년에 20,175 + 9,864 = 30,039명, 2024년에 19,865 + 9,414 = 29,279명으로 2022년에 가장 많으므로 옳지 않은 설명이다.

c. 2024년 여자의 암 발생자 수의 전년 대비 증가 인원은 폐암이 9,104 - 8,471 = 633명, 갑상선암이 21,924 - 20,552 = 1,372명으로 폐암이 갑상선암보다 1,372 - 633 = 739명 더 적으므로 옳지 않은 설명이다.

오답 체크

b. 2021년 남자의 대장암 발생자 수는 남자의 췌장암 발생자 수의 16,156 / 3,389 ≒ 4.8배, 2022년에 16,890 / 3,421 ≒ 4.9배, 2023년에 16,877 / 3,767 ≒ 4.5배, 2024년에 16,686 / 4,020 ≒ 4.2배이므로 옳은 설명이다.

d. 제시된 암 종류 중 2022년 이후 남자의 암 발생자 수가 매년 전년 대비 증가한 암은 췌장암, 폐암, 갑상선암으로 3가지이므로 옳은 설명이다.

빠른 문제 풀이 Tip

a. 같은 성별끼리 연도별 위암 발생자 수의 크기를 비교한다.
제시된 기간 중 남자의 위암 발생자 수는 2022년에 가장 많고, 여자의 위암 발생자 수도 2022년에 가장 많으므로 전체 위암 발생자 수는 2022년에 가장 많음을 알 수 있다.

b. 남자의 췌장암 발생자 수를 십의 자리에서 버림한 값의 5배에 해당하는 값과 남자의 대장암 발생자 수의 크기를 비교한다.
이때 남자의 대장암 발생자 수는 2016년이 2017년과 2018년보다 많고, 남자의 췌장암 발생자 수는 2016년이 2017년과 2018년보다 적으므로 2017년과 2018년 남자의 췌장암 발생자 수 대신 2016년 남자의 췌장암 발생자 수의 근삿값과 비교하면
2015년에 3,300 × 5 ≒ 16,500 > 16,156,
2016년에 3,400 × 5 ≒ 17,000 > 16,890,
2017년에 3,400 × 5 ≒ 17,000 > 16,877,
2018년에 3,400 × 5 ≒ 17,000 > 16,686이다.
이에 따라 2015년부터 2018년까지 남자의 대장암 발생자 수는 매년 남자의 췌장암 발생자 수의 5배 미만임을 알 수 있다.

17 자료이해 정답 ④

2023년 전체 청소년 상담자 수에서 중학교와 고등학교 상담자 수의 합이 차지하는 비중은 {(1,306 + 1,113) / 3,407} × 100 ≒ 71%이므로 옳지 않은 설명이다.

오답 체크

① 2021년 학교급별 청소년 상담자의 전년 대비 증가 인원은 초등학교가 1,024 - 952 = 72천 명, 중학교가 1,308 - 1,098 = 210천 명, 고등학교가 970 - 772 = 198천 명, 대학교가 72 - 62 = 10천 명으로 전년 대비 증가 인원이 세 번째로 많은 학교급은 초등학교이므로 옳은 설명이다.

② 컴퓨터/인터넷 관련 상담 건수가 가장 적었던 2022년의 고등학교 상담자 수의 전년 대비 증가율은 {(1,033 - 970) / 970} × 100 ≒ 6.5%이므로 옳은 설명이다.

③ 2024년 일탈/비행 상담 건수는 전년 대비 감소하였고, 그 외 나머지 항목의 상담 건수는 모두 전년 대비 증가하였으므로 옳은 설명이다.

⑤ 학업/진로와 일탈/비행 관련 상담 건수의 차이는 2020년에 770 - 438 = 332천 건, 2021년에 885 - 486 = 399천 건, 2022년에 974 - 514 = 460천 건, 2023년에 1,048 - 475 = 573천 건, 2024년에 1,145 - 428 = 717천 건으로 매년 증가하였으므로 옳은 설명이다.

18 자료이해 정답 ④

2022년 강수량이 1,000mm 이상인 C 지역, D 지역, F 지역, G 지역, I 지역의 강수량의 평균은 (1,139 + 1,186 + 1,764 + 1,303 + 1,341) / 5 = 1,346.6mm이므로 옳은 설명이다.

오답 체크

① 제시된 기간 동안 강수량이 매년 1,000mm 미만인 지역은 E 지역, H 지역, K 지역 총 3곳이므로 옳지 않은 설명이다.

② A 지역과 L 지역의 강수량 차이는 2021년에 1,002 - 982 = 20mm, 2022년에 928 - 780 = 148mm, 2023년에 1,183 - 1,044 = 139mm, 2024년에 1,079 - 992 = 87mm로 2023년과 2024년에 전년 대비 감소하였으므로 옳지 않은 설명이다.

③ 2024년 J 지역의 강수량은 2020년 대비 {(1,122 - 583) / 1,122} × 100 ≒ 48.0% 감소하였으므로 옳지 않은 설명이다.

⑤ 2023년 B 지역의 강수량은 2021년 대비 1,703 - 1,056 = 647mm 증가하였으므로 옳지 않은 설명이다.

빠른 문제 풀이 Tip

③ 2020년 J 지역의 강수량의 50%$\left(=\frac{1}{2}\right)$에 해당하는 값과 2024년 J 지역의 강수량을 비교한다.
2024년 J 지역의 강수량인 583mm가 2020년 J 지역의 강수량의 50%에 해당하는 1,122 / 2 = 561mm보다 크므로 2024년에 2020년 대비 50% 미만 감소하였음을 알 수 있다.

19 자료이해 정답 ④

2024년 구직급여 신청자 수의 전년 대비 증가율은 {(528,697 - 437,645) / 437,645} × 100 ≒ 20.8%이므로 옳지 않은 설명이다.

오답 체크

① 2023년 구직급여 신청자 수가 가장 많은 30~39세의 구직급여 신청자 수가 전체 구직급여 신청자 수에서 차지하는 비중은 (107,170 / 437,645) × 100 ≒ 24.5%이므로 옳은 설명이다.

② 2023년 남자와 여자 구직급여 신청자 수의 차이인 226,366 - 211,279 = 15,087명은 같은 해 29세 이하와 60세 이상 구직급여 신청자 수의 차이인 70,248 - 55,591 = 14,657명보다 크므로 옳은 설명이다.

③ 2024년 구직급여 신청자 수는 모든 연령과 모든 성에서 2023년 대비 증가하였으므로 옳은 설명이다.

⑤ 2024년 40~59세 구직급여 신청자 수인 117,118 + 127,345 = 244,463명은 2024년 여자 구직급여 신청자 수인 264,560명보다 적으므로 옳은 설명이다.

빠른 문제 풀이 Tip

④ 구직급여 신청자 수를 백의 자리에서 반올림하여 계산한 값으로 크기를 비교한다. 2023년 구직급여 신청자 수를 백의 자리에서 반올림한 값에 증가율 20%를 곱한 값은 438,000 × 1.2 = 525,600명으로 자료에 제시된 2024년 구직급여 신청자 수가 더 크므로 증가율은 20% 이상임을 알 수 있다.

20 자료계산

정답 ③

B 국 재외 동포 수와 F 국 재외 동포 수의 차이는 2014년에 2,762 - 645 = 2,117천 명, 2016년에 2,337 - 656 = 1,681천 명, 2018년에 2,705 - 657 = 2,048천 명, 2020년에 2,574 - 616 = 1,958천 명, 2022년에 2,586 - 627 = 1,959천 명, 2024년에 2,548 - 631 = 1,917천 명으로 세 번째로 큰 해는 2022년이다.

2022년 D 국 재외 동포 수의 2020년 대비 증가율은 {(224 - 206) / 206} × 100 ≒ 8.7%이고, G 국 재외 동포 수의 2020년 대비 증가율은 {(511 - 486) / 486} × 100 ≒ 5.1%이므로 그 차이는 8.7 - 5.1 ≒ 3.6%p이다.

03 창의수리 p.284

01 원가/정가 정답 ③

이익 = 원가 × 이익률, 이익 = 정가 - 원가임을 적용하여 구한다.
다음 달 김밥의 한 줄당 정가를 x라고 하면
원가가 한 줄당 3,000원인 김밥에 50% 이윤을 붙여 하루 100줄씩 판매하고 있으므로 현재 하루 이익은 3,000 × 0.5 × 100 = 150,000원이다. 또한 다음 달부터 원가가 20% 인상되므로 다음 달 김밥의 원가는 한 줄당 3,000 × 1.2 = 3,600원이고, 다음 달 하루 이익은 하루 50줄씩만 판매되므로 $(x - 3{,}600) \times 50 = 50x - 180{,}000$원이다. 이때 현재 하루 이익과 다음 달 하루 이익이 동일해야 하므로
$150{,}000 = 50x - 180{,}000 \rightarrow 50x = 330{,}000 \rightarrow x = 6{,}600$
따라서 하루 이익이 현재와 동일하기 위해 책정되어야 할 다음 달 김밥의 한 줄당 정가는 6,600원이다.

02 용액의 농도 정답 ③

소금물의 농도 = $\frac{\text{소금의 양}}{\text{소금물의 양}} \times 100$임을 적용하여 구한다.
추가한 소금물 600g의 농도를 x%라고 하면
농도가 6%인 소금물 500g, 농도가 18%인 소금물 700g, 농도가 x%인 소금물 600g을 모두 섞은 소금물의 양은 500+700+600=1,800g이고, 농도는 11%이므로
$\frac{(0.06 \times 500) + (0.18 \times 700) + (x \times 0.01 \times 600)}{1{,}800} \times 100 = 11$
$\rightarrow 156 + 6x = 198 \rightarrow x = 7$
따라서 추가한 소금물 600g의 농도는 7%이다.

03 거리/속력/시간 정답 ①

시간 = $\frac{\text{거리}}{\text{속력}}$임을 적용하여 구한다.
A가 정류장부터 백화점까지 도착하는 데 걸린 시간은 (버스를 기다린 시간 + 버스를 타고 이동한 시간 + 회사에서 소요한 시간 + 걸어서 이동한 시간)이므로 $\frac{5}{60} + \frac{35}{70} + \frac{20}{60} + \frac{2}{3} = \frac{1}{12} + \frac{1}{2} + \frac{1}{3} + \frac{2}{3} = 1\frac{7}{12}$시간, 즉 1시간 35분이다.
B가 자신의 집에서 출발하여 백화점에 도착하는 데 걸린 시간은 (자가용을 타고 집에서 공장까지 이동한 시간 + 공장에서 소요한 시간 + 자가용을 타고 공장에서 백화점까지 이동한 시간)이므로 $\frac{45}{90} + 1 + \frac{20}{80} = \frac{1}{2} + 1 + \frac{1}{4} = 1\frac{3}{4}$시간, 즉 1시간 45분이다.
따라서 A가 B보다 10분 먼저 백화점에 도착한다.

04 방정식의 활용 정답 ⑤

총수익 = 물품 한 개의 수익 × 개수임을 적용하여 구한다.
수입한 그릇의 개수를 x라고 하면
$2{,}600{,}000 - 2{,}000{,}000 = 1{,}200x \rightarrow x = 500$
따라서 수입한 그릇은 총 500개이다.

05 경우의 수/확률 정답 ⑤

사건 A가 일어났을 때의 사건 B의 조건부확률 $P(B|A) = \frac{P(A \cap B)}{P(A)}$임을 적용하여 구한다.
전체 직원 중 임의로 뽑은 한 명이 B형 간염 예방 주사를 맞지 않은 직원일 사건을 A, B형 간염 보균자가 아닐 사건을 B라고 하면
전체 직원 980명 중 20%가 B형 간염 보균자이므로 B형 간염 보균자는 980 × 0.2 = 196명이며, 이 중 B형 간염 예방 주사를 맞은 직원이 80명이므로 B형 간염 예방 주사를 맞지 않은 직원은 196 - 80 = 116명이다. 이에 따라 B형 간염 보균자가 아닌 직원은 980 - 196 = 784명이며, 이 중 B형 간염 예방 주사를 맞은 직원이 320명이므로 B형 간염 예방 주사를 맞지 않은 직원은 784 - 320 = 464명이다. 이때 B형 간염 예방 주사를 맞지 않은 직원은 116 + 464 = 580명이므로 $P(A) = \frac{580}{980}$이고, B형 간염 보균자가 아니고 B형 간염 예방 주사를 맞지 않은 직원은 464명이므로 $P(A \cap B) = \frac{464}{980}$이다.
따라서 전체 직원 중 임의로 뽑은 한 명이 B형 간염 예방 주사를 맞지 않았을 때, 이 직원이 B형 간염 보균자가 아닐 확률은 $\frac{\frac{464}{980}}{\frac{580}{980}} = \frac{464}{580} = \frac{4}{5}$이다.

06 원가/정가 정답 ④

이익 = 판매가 - 원가(판매가 > 원가)임을 적용하여 구한다.
만년필 1개당 원가를 x라고 하면
A는 만년필 1개당 원가의 30% 이익을 더한 $1.3x$원을 정가로 책정하여 판매하였으나 판매율이 저조해 20% 할인된 금액인 $1.3x \times 0.8 = 1.04x$원으로 판매하여 만년필 1개당 2,500원의 이익을 얻었으므로
$1.04x = x + 2{,}500 \rightarrow 0.04x = 2{,}500 \rightarrow x = 62{,}500$
따라서 만년필 1개의 정가는 62,500 × 1.3 = 81,250원이다.

07 방정식의 활용 정답 ③

물티슈 2개가 들어있는 세트 상품을 구입할 경우 물티슈 1개당 700원씩 할인된 3,000 - 700 = 2,300원에 구입할 수 있으므로 물티슈 1세트의 가격은 4,600원이고, 96,000원으로 최대한 많은 물티슈를 구입하기 위해서는 1세트에 4,600원인 물티슈를 최대한 많이 구입해야 한다. 세트 상품은 96,000 / 4,600 ≒ 20.9개로 최대 20개까지 구입할 수 있고, 이때 남은 금액은 96,000 - (4,600 × 20) = 4,000원이므로 물티슈 1개를 추가로 구입할 수 있다.
따라서 물티슈 구입 개수는 총 (20 × 2) + 1 = 41개이다.

08 방정식의 활용

정답 ④

같은 크기의 엽서를 각각 1cm씩 간격을 두고 4장씩 붙이면 엽서와 엽서 사이에 공간은 가로와 세로로 각각 3개씩 생기므로 게시판의 가로 길이는 $(10 \times 4) + (1 \times 3) = 43$cm, 세로 길이는 $(7 \times 4) + (1 \times 3) = 31$cm이다.
따라서 게시판의 넓이는 $43 \times 31 = 1{,}333$cm^{2}이다.

09 거리/속력/시간

정답 ④

시간 $= \frac{거리}{속력}$임을 적용하여 구한다.
석민이가 견인되어 온 거리를 $x$km라고 하면
석민이가 60km/h의 속력으로 운전한 거리는 $(170 - x)$km이므로 석민이가 운전한 시간은 $\frac{170-x}{60}$시간이고, 사고 처리를 한 시간은 $\frac{30}{60}$시간, 50km/h의 속력으로 견인되어 온 시간은 $\frac{x}{50}$시간이다.
이때 석민이가 여행지에서부터 집까지 오는 데 걸린 시간은 총 3시간 48분 $= \frac{228}{60}$시간이므로
$\frac{170-x}{60} + \frac{30}{60} + \frac{x}{50} = \frac{228}{60} \rightarrow \frac{850-5x}{300} + \frac{6x}{300} = \frac{990}{300} \rightarrow x = 140$
따라서 석민이가 견인되어 온 거리는 140km이다.

10 경우의 수/확률

정답 ③

n개를 한 줄로 나열하는 경우의 수는
$n! = n \times (n-1) \times \cdots \times 2 \times 1$임을 적용하여 구한다.
숫자와 문자가 번갈아 나열되는 경우는 비밀번호의 첫째 자리가 숫자인 경우와 문자인 경우 2가지로 나뉜다. 이때 숫자만을 나열하는 경우는 $4! = 24$가지이고, 문자만을 나열하는 경우도 $4! = 24$가지이다.
따라서 만들 수 있는 비밀번호는 총 $2 \times 24 \times 24 = 1{,}152$가지이다.

11 방정식의 활용

정답 ③

1개의 방에 같은 인원수로 4명씩 또는 5명씩 또는 6명씩 배정하면 각각 2명이 남으므로 A 회사의 전 직원 수는 4, 5, 6의 공배수에 2가 더해진 수임을 알 수 있다.
세 수 $4=2^2$, 5, $6=2 \times 3$의 최소공배수는 $2^2 \times 3 \times 5 = 60$이므로 A 회사의 전 직원 수로 가능한 수는 62, 122, 182, 242, 302, …이고, 4명씩 또는 5명씩 또는 6명씩 배정할 경우 필요한 방의 개수는 40개 이상 65개 이하이다.
따라서 A 회사의 전 직원 수는 242명이다.

12 원가/정가

정답 ②

할인가 = 정가 $\times \left(1 - \frac{할인율}{100}\right)$임을 적용하여 구한다.
각 지점의 할인가를 나열해보며 서울 지점보다 강원 지점의 할인가가 더 낮은 시점을 찾는다.

구분	서울 지점	강원 지점
현재 판매가	6,000원	9,000원
1개월 후 할인가	$6{,}000 \times (1 - 0.1)$ = 5,400원	$9{,}000 \times (1 - 0.3)$ = 6,300원
2개월 후 할인가	$5{,}400 \times (1 - 0.1)$ = 4,860원	$6{,}300 \times (1 - 0.3)$ = 4,410원

따라서 2개월 후부터 서울 지점보다 강원 지점의 상품 가격이 더 저렴하다.

13 방정식의 활용

정답 ④

평균 $= \frac{변량의\ 총합}{변량의\ 개수}$임을 적용하여 구한다.
2반의 평균 점수를 x라고 하면
$\frac{78 \times 4 + x \times 6}{10} = 84 \rightarrow x = 88$
따라서 2반의 평균 점수는 88점이다.

14 방정식의 활용

정답 ④

카페에 있던 플라스틱 컵의 개수를 x라고 하면
입고된 플라스틱 컵이 $1.2x$개, 판매된 음료에 활용된 플라스틱 컵이 $x + 17$개, 남아있는 플라스틱 컵이 31개이므로
$x + 1.2x - (x + 17) = 31 \rightarrow x = 40$
따라서 플라스틱 컵이 입고되기 전 카페에 있던 플라스틱 컵의 개수는 40개이다.

15 일의 양

정답 ③

시간 $= \frac{작업량}{시간당\ 작업량}$임을 적용하여 구한다.
전체 일의 양을 1이라고 하면 영주가 혼자 일을 처리하는 데 2시간 40분(= $\frac{8}{3}$시간)이 소요되므로 영주의 시간당 작업량은 $\frac{3}{8}$이다.
이때 솔미의 시간당 작업량을 x라고 하면 영주와 솔미가 함께 일을 처리하는 데 1시간이 소요되므로
$(x + \frac{3}{8}) \times 1 = 1 \rightarrow x = \frac{5}{8}$
따라서 이 일을 솔미가 혼자 처리하는 데 소요되는 시간은 $1 \div \frac{5}{8} = \frac{8}{5}$시간 = 1시간 36분이다.

16 방정식의 활용

정답 ⑤

오늘 게스트하우스에 묵고 있는 전체 투숙객 수를 x라고 하면 30대 남자 투숙객 수는 15명이므로
$x \times \frac{1}{5} \times \frac{3}{10} = 15 \rightarrow x = 250$
이에 따라 20대 여자 투숙객은 $250 \times \frac{4}{5} \times \frac{7}{10} = 140$명이다.
이때 내일은 남자 투숙객 중 50명이 퇴실하므로 내일 묵게 되는 전체 투숙객 수는 $250 - 50 = 200$명이다.
따라서 내일 게스트하우스에 묵게 되는 20대 여자 투숙객의 비율은 전체에서 $\frac{140}{200} \times 100 = 70\%$이다.

17 용액의 농도 정답 ②

소금물의 농도(%) = $\frac{\text{소금의 양}}{\text{소금물의 양}}$ × 100임을 적용하여 구한다.
C 컵에 소금 15g을 더 넣기 전 들어 있던 소금물의 양을 x라고 하면
소금 15g을 더 넣은 후 C 컵에 들어 있는 소금의 양은 21 + 15 = 36g이므로
$\frac{36}{x+15} \times 100 = 30 \rightarrow 3{,}600 = 30(x+15) \rightarrow x + 15 = 120$
$\rightarrow x = 105$
따라서 소금을 더 넣기 전 C 컵에 들어 있던 소금물의 농도는 $\frac{21}{105} \times 100 = 20$%이다.

18 방정식의 활용 정답 ②

수영이와 지은이는 오늘 봉사활동을 했고, 각자 16일, 24일마다 봉사활동을 하므로 두 수의 최소공배수인 48일마다 함께 봉사활동을 한다. 이때 재민이는 두 사람보다 이틀 전에 봉사활동을 했고, 10일마다 봉사활동을 하므로 오늘을 기준으로 8일 뒤, 18일 뒤, 28일 뒤, …에 봉사활동을 한다.
따라서 세 사람이 처음으로 함께 봉사활동을 하는 날은 오늘부터 48일 뒤이다.

19 경우의 수/확률 정답 ②

사건 A가 일어날 확률 = $\frac{\text{사건 A가 일어날 경우의 수}}{\text{모든 경우의 수}}$임을 적용하여 구한다.
동아리 회원 16명 중 동아리장 1명과 총무 1명을 선출하는 경우의 수는 ${}_{16}P_2 = \frac{16!}{(16-2)!} = 240$가지이다.
○○동아리의 여자 회원 수를 x라고 하면
선출된 회원이 모두 여자 회원일 경우의 수는 ${}_xP_2 = \frac{x!}{(x-2)!} = \frac{x \times (x-1) \times \cdots \times 2 \times 1}{(x-2) \times (x-3) \cdots \times 2 \times 1} = x \times (x-1)$이다. 이때, 선출된 회원이 모두 여자 회원일 확률이 $\frac{3}{8}$이므로
$\frac{x(x-1)}{240} = \frac{3}{8} \rightarrow x \times (x-1) \times 8 = 240 \times 3$
$\rightarrow (x-10)(x+9) = 0$
$\rightarrow x = 10$ 또는 $x = -9$
따라서 ○○동아리의 여자 회원 수는 10명이다.

20 방정식의 활용 정답 ③

커피를 진하게 마시는 사람의 수를 x라고 하면
커피를 진하게 마시는 사람은 연하게 마시는 사람보다 3배 많고, 정량으로 마시는 사람보다는 4명 적으므로 커피를 연하게 마시는 사람의 수는 $\frac{x}{3}$, 정량으로 마시는 사람의 수는 $x + 4$이다.
커피를 마시는 사람은 60명이므로
$x + \frac{x}{3} + (x+4) = 60 \rightarrow 7x + 12 = 180 \rightarrow x = 24$
커피를 진하게 마시는 사람은 24명, 연하게 마시는 사람은 $\frac{24}{3} = 8$명, 정량으로 마시는 사람은 24 + 4 = 28명이다.
따라서 60명 모두가 커피를 마시기 위해 필요한 물의 양은 $(28 \times 150) + (24 \times 150 \times 0.9) + (8 \times 150 \times 1.12) = 8{,}784$ mL이다.

04 언어추리 p.290

01 명제추리 정답 ①

거름을 잘 주지 않는 모든 농부가 풍작을 이루지 못한다는 것은 풍작을 이루는 모든 농부가 거름을 잘 준다는 것이므로 근면하면서 풍작을 이루는 농부가 존재하면 근면하면서 거름을 잘 주는 농부가 반드시 존재하게 된다.
따라서 '근면한 어떤 농부는 거름을 잘 준다.'가 타당한 결론이다.

오답 체크

근면한 농부를 A, 풍작을 이루는 농부를 B, 거름을 잘 주는 농부를 C라고 하면

②, ⑤ 근면한 어떤 농부가 풍작을 이루고, 풍작을 이루는 모든 농부가 거름을 잘 주면 근면한 어떤 농부는 거름을 잘 주지 않거나 거름을 잘 주는 어떤 농부는 근면하지 않을 수도 있으므로 반드시 참인 결론이 아니다.

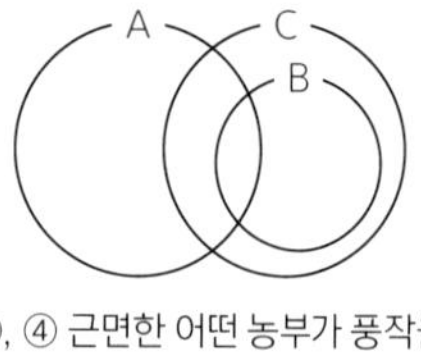

③, ④ 근면한 어떤 농부가 풍작을 이루고, 풍작을 이루는 모든 농부가 거름을 잘 주면 거름을 잘 주지 않는 모든 농부가 근면하지 않거나 근면한 모든 농부가 거름을 잘 줄 수도 있으므로 반드시 참인 결론이 아니다.

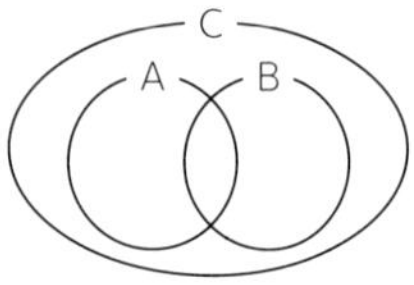

02 조건추리_순서/순위 정답 ⑤

제시된 조건에 따르면 5가지 농작물이 심어진 날짜와 시간은 모두 동일하고, 가지보다 늦게 수확되는 농작물은 3가지이므로 가지는 두 번째로 수확되었다. 이때 상추의 수확 시기는 감자보다 늦지만 가장 늦지는 않고, 고추는 호박보다 먼저 수확되지만 가장 먼저 수확되는 농작물은 아니므로 감자는 첫 번째, 호박은 다섯 번째로 수확되었음을 알 수 있다.

첫 번째	두 번째	세 번째	네 번째	다섯 번째
감자	가지	상추 또는 고추	상추 또는 고추	호박

따라서 가장 먼저 수확된 농작물은 감자이다.

03 조건추리_순서/순위 정답 ③

제시된 조건에 따르면 아메리카 대표는 아시아 대표보다 늦게 100점을 얻었고 유럽 대표는 아프리카 대표보다 먼저 100점을 얻었으므로 아시아 대표가 아메리카 대표보다 순위가 높고 유럽 대표가 아프리카 대표보다 순위가 높다. 이때 아프리카 대표의 순위는 2위 또는 4위이므로 아프리카 대표의 순위에 따라 가능한 경우는 다음과 같다.

구분	1위	2위	3위	4위
경우 1	유럽	아프리카	아시아	아메리카
경우 2	유럽	아시아	아메리카	아프리카
경우 3	아시아	유럽	아메리카	아프리카
경우 4	아시아	아메리카	유럽	아프리카

따라서 아시아 대표의 순위가 3위이면 유럽 대표는 1위임을 알 수 있다.

04 명제추리 정답 ③

성실한 모든 사람이 일의 성과를 내면서 나태한 사람이 아니라면, 일의 성과를 내면서 나태하지 않은 사람이 반드시 존재하게 된다.
따라서 성실한 사람은 모두 나태한 사람이 아니라는 의미의 '나태한 사람은 결코 성실한 사람이 아니다.'가 타당한 전제이다.

오답 체크

성실한 사람을 A, 일의 성과를 내는 사람을 B, 나태한 사람을 C라고 하면

① 성실한 모든 사람이 일의 성과를 내고, 어떤 나태한 사람이 일의 성과를 내면 일의 성과를 내는 모든 사람이 나태한 사람일 수도 있으므로 반드시 참이 되게 하는 전제가 아니다.

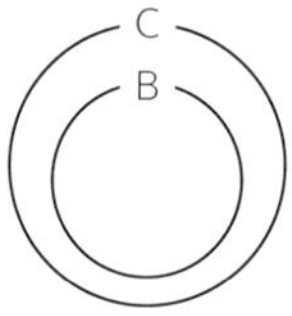

②, ④, ⑤ 성실한 모든 사람이 일의 성과를 내고, 나태하면서 성실한 사람이 존재하면 일의 성과를 내는 모든 사람이 나태한 사람일 수도 있으므로 결론이 반드시 참이 되게 하는 전제가 아니다.

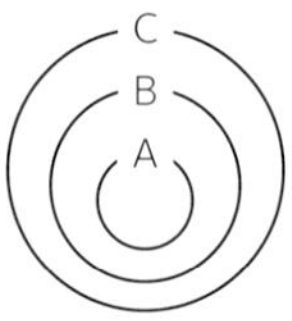

05 명제추리 정답 ②

어떤 모델도 과식을 하지 않는다는 것은 모든 모델이 과식을 하지 않는다는 것이고, 키가 큰 어떤 사람은 모델이므로 키가 큰 어떤 모델은 과식을 하지 않는다.
따라서 '키가 큰 어떤 사람은 과식을 하지 않는다.'가 타당한 결론이다.

오답 체크

모델을 A, 과식을 하지 않는 사람을 B, 옷을 잘 입는 사람을 C, 키가 큰 사람을 D라고 하면

①, ③ 옷을 잘 입으면서 키가 큰 사람이 존재하고, 키가 크면서 모델인 사람이 존재하면 옷을 잘 입는 모든 사람이 모델이 아닐 수도 있으므로 반드시 참인 결론이 아니다.

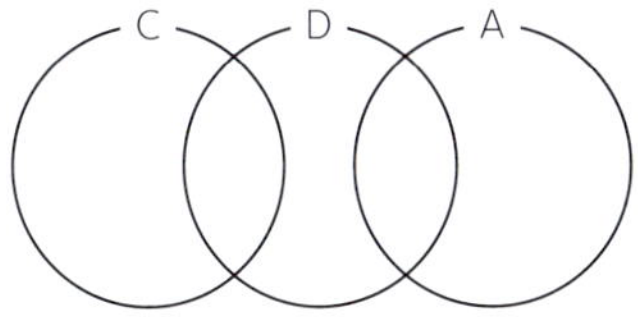

④ 옷을 잘 입으면서 키가 큰 사람이 존재하고, 키가 크면서 과식을 하지 않는 모델이 존재하면 옷을 잘 입는 모든 사람이 과식을 할 수도 있으므로 반드시 참인 결론이 아니다.

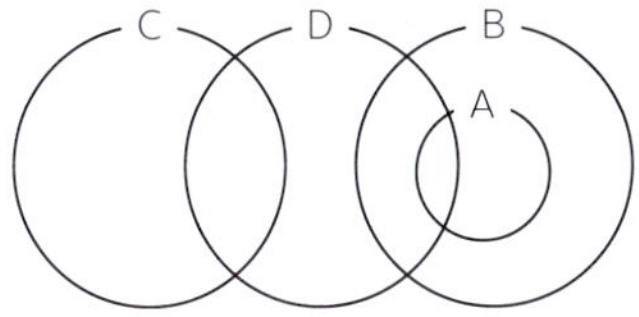

⑤ 키가 크면서 모델인 사람이 존재하고, 어떤 모델도 과식을 하지 않으면 키가 큰 모든 사람이 과식을 하지 않을 수도 있으므로 반드시 참인 결론이 아니다.

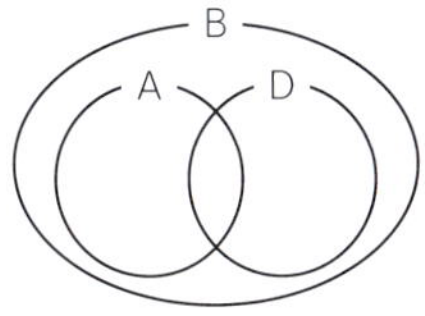

06 명제추리 정답 ④

네 번째 명제에 따라 제육볶음을 판매하면 김치찌개는 판매하지 않는다. 이에 가능한 경우는 제육볶음은 판매하고 김치찌개는 판매하지 않는 경우, 제육볶음은 판매하지 않고 김치찌개는 판매하는 경우, 제육볶음과 김치찌개를 모두 판매하지 않는 경우로 나눌 수 있다.
제육볶음은 판매하고 김치찌개는 판매하지 않는 경우 다섯 번째 명제에 따라 김치찌개를 판매하지 않으면 수육은 판매하지 않는다. 또한, 세 번째 명제에서 제육볶음을 판매하면 된장찌개도 판매하고, 두 번째 명제 대우에서 제육볶음과 된장찌개를 모두 판매하면 감자탕을 판매하지 않으므로 푸드코트에서 최대로 판매할 수 있는 메뉴 조합은 계란말이, 제육볶음, 된장찌개이다.
제육볶음은 판매하지 않고 김치찌개는 판매하는 경우 첫 번째 명제에서 김치찌개를 판매하면 계란말이를 판매하고, 세 번째 명제에서 계란말이를 판매하면 수육 또는 된장찌개를 판매하며, 다섯 번째 명제 대우에서 수육을 판매하면 김치찌개와 감자탕을 모두 판매하고, 두 번째 명제에서 감자탕을 판매하면 제육볶음은 판매하지 않는다. 이때, 푸드코트에서 최대로 판매할 수 있는 메뉴 조합은 김치찌개, 계란말이, 감자탕, 수육, 된장찌개이다.
제육볶음과 김치찌개를 모두 판매하지 않는 경우는 제육볶음은 판매하지 않고 김치찌개는 판매하는 경우보다 최대로 판매할 수 있는 메뉴 조합이 항상 적다.
따라서 푸드코트에서 최대로 판매할 수 있는 메뉴 조합은 김치찌개, 계란말이, 감자탕, 수육, 된장찌개이다.

07 조건추리_위치/배치 정답 ⑤

제시된 조건에 따르면 4명의 취미는 모두 다르고, 선호의 취미는 골프이다. 이에 따라 달미의 취미는 댄스가 아니므로 꽃꽂이 또는 볼링 또는 테니스이다. 이때 주희의 취미는 볼링 아니면 야구이고, 원희의 취미는 꽃꽂이 아니면 테니스이므로 달미의 취미에 따라 가능한 경우는 다음과 같다.

경우 1. 달미의 취미가 꽃꽂이인 경우

구분	주희	선호	달미	원희
취미	볼링	골프	꽃꽂이	테니스

경우 2. 달미의 취미가 볼링인 경우

구분	주희	선호	달미	원희
취미	테니스	골프	볼링	꽃꽂이

경우 3. 달미의 취미가 테니스인 경우

구분	주희	선호	달미	원희
취미	볼링	골프	테니스	꽃꽂이

따라서 달미의 취미가 꽃꽂이이면, 주희의 취미는 볼링이므로 항상 참인 설명이다.

오답 체크

① 원희의 취미가 꽃꽂이이면, 달미의 취미는 볼링 또는 테니스이므로 항상 참인 설명은 아니다.
② 4명의 취미로 가능한 경우의 수는 총 3가지이므로 항상 거짓인 설명이다.
③ 주희의 취미가 볼링이면, 원희의 취미는 꽃꽂이 또는 테니스이므로 항상 참인 설명은 아니다.
④ 달미의 취미는 꽃꽂이 또는 볼링 또는 테니스이므로 항상 참인 설명은 아니다.

08 명제추리 정답 ③

초콜릿을 좋아하는 어떤 어린이가 아이스크림을 좋아한다는 것은 아이스크림을 좋아하는 어린이 중에 초콜릿을 좋아하는 어린이가 반드시 존재한다는 것이므로 초콜릿을 좋아하는 모든 어린이가 치과에 자주 간다면 아이스크림을 좋아하면서 치과에 자주 가는 어린이는 반드시 존재하게 된다.
따라서 '초콜릿을 좋아하는 모든 어린이는 치과에 자주 간다.'가 타당한 전제이다.

오답 체크

초콜릿을 좋아하는 어린이를 A, 아이스크림을 좋아하는 어린이를 B, 치과에 자주 가는 어린이를 C라고 하면

①, ② 초콜릿을 좋아하는 어떤 어린이가 아이스크림을 좋아하고, 치과에 자주 가는 어린이 중에 초콜릿을 좋아하거나 좋아하지 않는 어린이가 존재하면 아이스크림을 좋아하는 어린이 중에 치과에 자주 가는 어린이가 없을 수도 있으므로 결론이 반드시 참이 되게 하는 전제가 아니다.

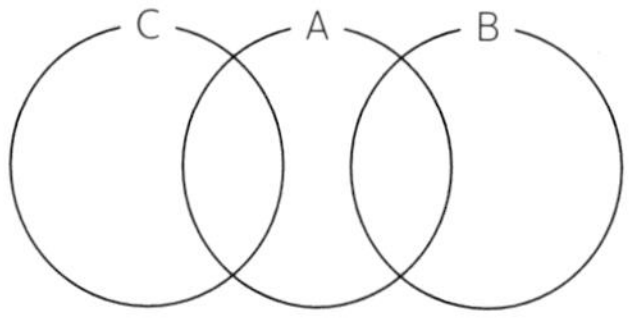

④ 초콜릿을 좋아하는 어떤 어린이가 아이스크림을 좋아하고, 치과에 자주 가는 어린이가 모두 초콜릿을 좋아한다면 아이스크림을 좋아하는 어린이 중에 치과에 자주 가는 어린이가 없을 수도 있으므로 결론이 반드시 참이 되게 하는 전제가 아니다.

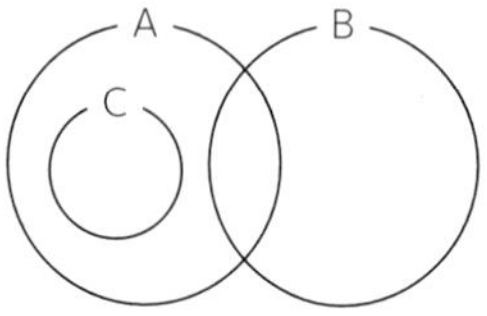

⑤ 초콜릿을 좋아하는 어떤 어린이가 아이스크림을 좋아하고, 치과에 자주 가는 어린이가 모두 아이스크림을 좋아하지 않는다면 아이스크림을 좋아하는 어린이 중에 치과에 자주 가는 어린이가 없을 수도 있으므로 결론이 반드시 참이 되게 하는 전제가 아니다.

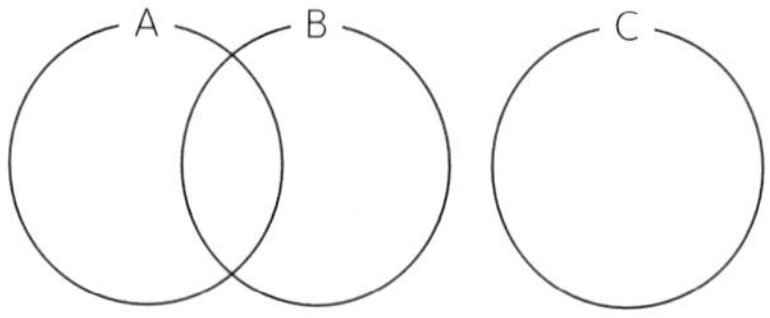

09 조건추리_참/거짓 진술 정답 ④

제시된 조건에 따르면 예선을 탈락한 사람만 거짓말을 하고 있으므로 E가 예선에서 탈락했다는 B의 진술이 거짓이면, E는 예선을 통과했고 E의 진술은 진실이 된다. 반대로 B의 진술이 진실이면, E는 예선에서 탈락했고 E의 진술은 거짓이 되므로 B와 E 중 한 사람의 진술이 거짓임을 알 수 있다. 먼저 B의 진술이 진실인 경우 E는 예선에서 탈락하여 E의 진술은 거짓이 되고 B와 E는 둘 다 예선에서 탈락했다는 A의 진술이 거짓이 되며 A는 거짓말을 하고 있다는 C의 진술은 진실이 된다. 또한, A와 B 중 적어도 한 명은 진실을 말하고 있다는 D의 진술은 진실이 되어 예선을 통과한 사람이 3명이 되므로 예선을 통과한 사람은 2명이라는 조건에 모순된다.
반면, B의 진술이 거짓인 경우 E의 진술은 진실이 되고, B와 E는 둘 다 예선에서 탈락했다는 A의 진술이 거짓이 되며 A는 거짓말을 하고 있다는 C의 진술은 진실이 된다. 또한, A와 B 중 적어도 한 명은 진실을 말하고 있다는 D의 진술은 거짓이 되어 예선에 통과한 사람은 2명이라는 조건에 부합하므로 B의 진술은 거짓이다.
따라서 예선에 통과한 사람끼리 바르게 묶인 것은 C, E이다.

10 명제추리 정답 ⑤

두 번째 명제의 '대우'와 다섯 번째 명제의 '대우'를 차례로 결합한 결론은 다음과 같다.

- 두 번째 명제(대우): 바나나를 좋아하거나 배를 좋아하지 않는 사람은 사과를 좋아하지 않는다.
- 다섯 번째 명제(대우): 사과를 좋아하지 않는 사람은 귤을 좋아하지 않는다.
- 결론: 바나나를 좋아하거나 배를 좋아하지 않는 사람은 귤을 좋아하지 않는다.

따라서 바나나를 좋아하는 사람은 귤을 좋아하지 않으므로 항상 참인 설명이다.

오답 체크

① 배를 좋아하는 사람은 수박을 좋아하지 않고, 딸기와 수박을 모두 좋아하지 않는 사람은 바나나를 좋아하지 않아, 딸기를 좋아하지 않고 배를 좋아하는 사람은 바나나를 좋아하지 않으므로 항상 거짓인 설명이다.
② 사과를 좋아하는 사람이 귤을 좋아하면서 딸기를 좋아하지 않는지는 알 수 없으므로 항상 참인 설명은 아니다.
③ 귤을 좋아하는 사람은 사과를 좋아하고, 사과를 좋아하는 사람은 배를 좋아하여 귤을 좋아하는 사람은 배를 좋아하므로 항상 거짓인 설명이다.
④ 수박을 좋아하는 사람은 배를 좋아하지 않고, 배를 좋아하지 않는 사람은 사과를 좋아하지 않아 수박을 좋아하는 사람은 사과를 좋아하지 않으므로 항상 거짓인 설명이다.

11 조건추리_위치/배치

정답 ③

제시된 조건에 따르면 1차 회의는 두 번 진행하고 그중 한 번은 501호에서 진행한다. 또한, 2차 회의는 502호에서 진행하고 2차 회의와 4차 회의를 진행한 회의실은 같으므로 4차 회의도 502호에서 진행한다. 이에 따라 503호와 504호에서 1차 회의 또는 3차 회의를 진행한다. 각 회의실에서 진행되는 회의는 다음과 같다.

501호	502호	503호	504호
1차 회의	**2차 회의,** 4차 회의	1차 회의 또는 3차 회의	1차 회의 또는 3차 회의

㉠ 502호에서 2차 회의와 4차 회의를 진행하므로 항상 참인 설명이다.

㉢ 1차 회의를 504호에서 진행하면 3차 회의는 503호에서 진행하므로 항상 참인 설명이다.

오답 체크

㉡ 503호에서 1차 회의 또는 3차 회의를 진행하므로 항상 참인 설명은 아니다.

12 명제추리

정답 ④

제시된 글의 내용을 토대로 각각의 명제를 정리하면 다음과 같다.

- 고독을 즐기는 사람은 클래식을 좋아한다.
- 예술가는 그림 그리는 것을 좋아하고 고독을 즐긴다.
- 그림 그리는 것을 좋아하는 사람은 독서를 좋아하고 커피는 좋아하지 않는다.
- 패션에 관심이 많지 않은 사람은 모델이 아니다.
- 독서를 좋아하고 커피를 좋아하지 않는 사람은 패션에 관심이 많다.

세 번째 명제와 다섯 번째 명제를 차례로 결합한 결론은 다음과 같다.

- 세 번째 명제: 그림 그리는 것을 좋아하는 사람은 독서를 좋아하고 커피는 좋아하지 않는다.
- 다섯 번째 명제: 독서를 좋아하고 커피를 좋아하지 않는 사람은 패션에 관심이 많다.
- 결론: 그림 그리는 것을 좋아하는 사람은 패션에 관심이 많다.

오답 체크

① 예술가는 고독을 즐기고, 고독을 즐기는 사람은 클래식을 좋아하므로 항상 거짓인 설명이다.

② 독서를 좋아하지 않거나 커피를 좋아하는 사람은 그림 그리는 것을 좋아하지 않으므로 항상 거짓인 설명이다.

③ 모델이 커피를 좋아하는지는 알 수 없으므로 항상 참인 설명은 아니다.

⑤ 독서를 좋아하지 않거나 커피를 좋아하는 사람은 그림 그리는 것을 좋아하지 않고, 그림 그리는 것을 좋아하지 않거나 고독을 즐기지 않는 사람은 예술가가 아니므로 항상 거짓인 설명이다.

13 조건추리_위치/배치

정답 ④

제시된 조건에 따르면 A는 1번 자리에 앉아 있고, B는 5번, D는 6번 자리에 앉아 있다. 이때, C는 G와 서로 마주 보고 앉아 있으므로 C와 G는 2번 또는 4번 자리에 서로 마주 보고 앉아 있음을 알 수 있다. 또한, E는 B와 서로 마주 보고 앉아 있으므로 7번 자리에 앉아 있고, B와 H는 서로 다른 탁자에 앉아 있으므로 H는 3번 자리에 앉아 있으며, F는 8번 자리에 앉아 있다.

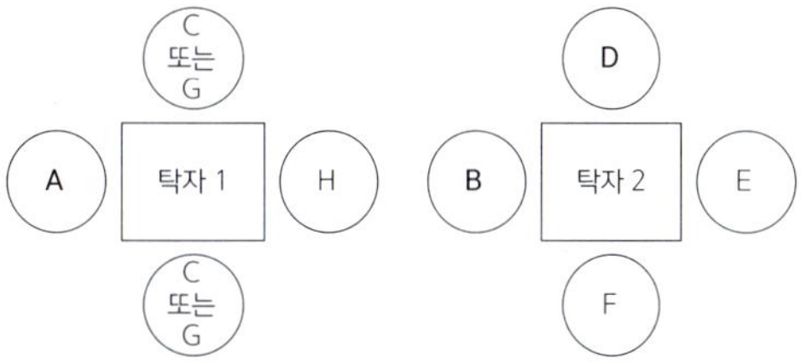

따라서 F는 탁자 2, G는 탁자 1에 앉아 있으므로 항상 거짓인 설명이다.

오답 체크

① C는 2번 또는 4번 자리에 앉아 있으므로 항상 거짓인 설명은 아니다.

② A와 H는 모두 탁자 1에 앉아 있으므로 항상 참인 설명이다.

③ D와 F는 서로 마주 보고 앉아 있으므로 항상 참인 설명이다.

⑤ B는 탁자 2, C는 탁자 1에 앉아 있으므로 항상 참인 설명이다.

14 조건추리_위치/배치

정답 ⑤

제시된 조건에 따르면 지아의 바로 옆 방을 등록한 사람은 1명이며 3명 중 나이가 가장 많으므로 2번 방을 등록한 사람은 22세이고, 지아는 1번 방 또는 3번 방을 등록하였다. 또한, 3번 방을 등록한 사람은 1번 방을 등록한 사람보다 어리므로 1번 방을 등록한 사람은 18세, 3번 방을 등록한 사람은 14세이다. 이때 지아와 2번 방을 등록한 사람의 나이 합은 40살이므로 지아는 1번 방을 등록하였음을 알 수 있다. 이에 따라 지아와 우람이가 등록한 방은 서로 이웃하지 않으므로 우람이는 3번 방을 등록하였고, 세빛이는 2번 방을 등록하였다. 또한, 3명 중 가장 어린 사람은 김 씨 성을 가진 사람보다 8살 어리므로 2번 방을 등록한 사람의 성씨가 김 씨임을 알 수 있다.

구분	1번 방	2번 방	3번 방
이름	지아	세빛	우람
성씨	이 씨 또는 박 씨	김 씨	이 씨 또는 박 씨
나이	18세	22세	14세

따라서 세빛이의 성씨는 김 씨, 나이는 22세이다.

15 조건추리_참/거짓 진술 정답 ③

제시된 조건에 따르면 C는 1반이라는 B의 말이 진실이면 E의 말은 거짓이고, B의 말이 거짓이면 E의 말은 진실이므로 B와 E 둘 중 1명은 진실, 1명은 거짓을 말했다. 또한, D의 말이 진실이라는 A의 말이 진실이면 D의 말도 진실이고, A의 말이 거짓이면 D의 말도 거짓이므로 A와 D는 둘 다 진실을 말했거나 거짓을 말했다. 이때 5명 중 진실을 말한 사람은 3명, 거짓을 말한 사람은 2명이므로 A와 D는 둘 다 진실을 말했으며, 둘 다 1반에 속함을 알 수 있다. 이에 따라 C는 거짓을 말하여 2반에 속하므로 B의 말은 거짓, E의 말은 진실이다.
따라서 거짓을 말한 사람은 B, C이다.

16 조건추리_순서/순위 정답 ④

제시된 조건에 따르면 월요일부터 금요일까지 하루에 1명씩 근무하고, C가 근무한 이후로 총 3명이 근무하므로 C는 화요일에 근무한다. 이때 D는 월요일 또는 금요일에 근무하고, E는 A보다 늦게 근무하여, B보다는 먼저 근무하므로 D가 근무하는 요일에 따라 가능한 경우는 아래와 같다.

경우 1. D가 월요일에 근무하는 경우

근무 요일	월요일	화요일	수요일	목요일	금요일
근무자	D	C	A	E	B

경우 2. D가 금요일에 근무하는 경우

근무 요일	월요일	화요일	수요일	목요일	금요일
근무자	A	C	E	B	D

따라서 A가 수요일에 근무할 때 D는 월요일에 근무하므로 항상 거짓인 설명이다.

오답 체크

① C가 화요일에 근무할 때 D는 월요일 또는 금요일에 근무하므로 항상 거짓인 설명은 아니다.
② B는 목요일 또는 금요일에 근무하므로 항상 거짓인 설명은 아니다.
③ 월요일에 근무할 수 있는 사람은 A, D 2명이므로 항상 참인 설명이다.
⑤ E가 목요일에 근무할 때 B는 금요일, E가 수요일에 근무할 때 B는 목요일에 근무하므로 항상 참인 설명이다.

17 조건추리_위치/배치 정답 ①

제시된 조건에 따르면 계산식은 곱셈과 나눗셈, 덧셈과 뺄셈이 혼합되어 있을 경우, 곱셈과 나눗셈을 먼저, 덧셈과 뺄셈을 나중에 계산한다. 이때, 현모가 곱셈과 나눗셈 연산 카드를 가지고 나온 결괏값이 48이었다면 우연이는 덧셈과 뺄셈 연산 카드를 가지게 되고, 덧셈과 뺄셈 연산 카드로 만들 수 있는 가장 큰 수는 20 + 19 − 1 = 38이므로 현모가 항상 승리한다.
따라서 현모가 곱셈과 나눗셈 연산 카드를 가지고 나온 결괏값이 48이었다면 현모가 승리하므로 항상 참인 설명이다.

오답 체크

② 17, 18, 19, 20이 적힌 숫자카드를 뽑은 경우 덧셈과 곱셈 연산 카드로 만들 수 있는 가장 작은 결괏값은 17 × 18 + 19 = 325임에 따라 나눗셈과 뺄셈 연산 카드로 만든 어떠한 값보다 50에 먼 수가 되어 승리하지 못하므로 항상 옳은 설명은 아니다.
③ 결괏값이 50이 되려면 곱셈 연산 카드가 필요하지만 곱셈 연산 카드는 1장임에 따라 현모와 우연이 모두 결괏값이 50이 되는 경우는 없으므로 항상 옳지 않은 설명이다.
④ 1, 2, 3, 4가 적힌 숫자 카드를 뽑았다면 곱셈과 나눗셈의 연산 카드를 뽑았을 때의 결괏값은 4 × 3 ÷ 1 = 12이고 덧셈과 뺄셈의 연산 카드를 뽑았을 때의 결괏값이 4 + 3 − 1 = 6이므로 항상 옳지 않은 설명이다.
⑤ 5, 6, 7, 8이 적힌 숫자 카드를 뽑았을 때, 곱셈과 뺄셈의 연산 카드를 뽑았을 경우 8 × 7 − 6 = 50이 나올 수도 있으므로 항상 옳지 않은 설명이다.

18 명제추리 정답 ③

두 번째 명제의 '대우', 다섯 번째 명제, 세 번째 명제의 '대우', 여섯 번째 명제를 차례로 결합한 결론은 다음과 같다.

- 두 번째 명제(대우): 신뢰도가 낮지 않은 사람은 실수가 많지 않다.
- 다섯 번째 명제: 실수가 많지 않은 사람은 기억력이 좋다.
- 세 번째 명제(대우): 기억력이 좋은 사람은 메모를 한다.
- 여섯 번째 명제: 메모를 하는 사람은 약속 시간을 잘 지킨다.
- 결론: 신뢰도가 낮지 않은 사람은 약속 시간을 잘 지킨다.

따라서 신뢰도가 낮지 않은 사람은 약속 시간을 잘 지키므로 항상 참인 설명이다.

오답 체크

① 계획적인 사람이 실수가 많지 않은지는 알 수 없으므로 항상 참인 설명은 아니다.
② 약속 시간을 잘 지키지 않는 사람은 계획적이지 않고, 계획적이지 않은 사람은 부지런하지 않아 약속 시간을 잘 지키지 않는 사람은 부지런하지 않으므로 항상 거짓인 설명이다.
④ 부지런한 사람이 메모를 하는지는 알 수 없으므로 항상 참인 설명은 아니다.
⑤ 약속시간을 잘 지키는 사람이 부지런한지는 알 수 없으므로 항상 참인 설명은 아니다.

19 조건추리_위치/배치 정답 ②

제시된 조건에 따르면 7권의 책은 아래 칸보다 위 칸에 더 많고, A와 C는 아래 칸에 있으며, D와 F는 서로 다른 칸에 있으므로 아래 칸에 3권, 위 칸에 4권이 있다. 또한, 국어책은 세 과목의 책 중 가장 많고, 위 칸보다 아래 칸에 더 많으나, 아래 칸에 있는 A는 영어책이므로 국어책은 아래 칸에 2권, 위 칸에 1권 있어야 한다. 이때, F는 수학책이므로 위 칸에 있고, D는 아래 칸에 있으며, 아래 칸에 있는 C와 D가 국어책임을 알 수 있다.

위 칸(4권)	B(국어 또는 영어 또는 수학), E(국어 또는 영어 또는 수학), **F(수학)**, G(국어 또는 영어 또는 수학)
아래 칸(3권)	**A(영어), C**(국어), D(국어)

따라서 B, E, G는 각각 국어책, 영어책, 수학책 중 하나로 서로 다른 과목이므로 항상 참인 설명이다.

오답 체크

① A는 영어책이고, C는 국어책이므로 항상 거짓인 설명이다.

③ G의 과목은 국어 또는 영어 또는 수학이므로 항상 참인 설명은 아니다.

④ F는 B, E, G와 같은 칸에 있고, B, E, G 중 한 권은 영어책이므로 항상 거짓인 설명이다.

⑤ C와 D는 모두 아래 칸에 있으므로 항상 거짓인 설명이다.

20 조건추리_위치/배치 정답 ⑤

제시된 조건에 따르면 A~I 9명은 4인승 차량 3대에 3명씩 나누어 탑승하였고, 각 차량에는 운전면허가 있는 사람이 적어도 한 명 탑승하여 운전하였으며, 운전면허가 있는 사람은 F, G, I이므로 F, G, I는 서로 다른 차량에 탑승하였다. 또한, A와 F는 같은 차량에 탑승하였고, B와 C는 같은 차량에 탑승하였으며, C와 G는 같은 차량에 탑승하지 않았으므로 (A, F), (B, C, I)는 각각 같은 차량에 탑승하였다. 이에 D가 탑승한 차량에 따라 가능한 경우는 다음과 같다.

경우 1. F가 운전하는 차량에 D가 탑승하는 경우

F(여성) A(남성) D(남성)	G(여성) E(여성) H(여성)	I(여성) B(남성) C(남성)

경우 2. G가 운전하는 차량에 D가 탑승하는 경우

F(여성) A(남성) H 또는 E(여성)	G(여성) D(남성) H 또는 E(여성)	I(여성) B(남성) C(남성)

따라서 G가 운전하는 차량에는 B가 탑승하지 않았으므로 항상 거짓인 설명이다.

오답 체크

① 경우 1에 따르면 D와 F는 같은 차량에 탑승하였을 수도 있으므로 항상 거짓인 설명은 아니다.

② 경우 1에 따르면 A가 탑승한 차량에는 여성이 1명 탑승하였을 수도 있으므로 항상 거짓인 설명은 아니다.

③ 경우 1, 2에 따르면 여성인 I는 남성 2명과 함께 탑승하였으므로 항상 참인 설명이다.

④ 경우 2에 따르면 남성인 A가 탑승한 차량에는 A와 동성이 없을 수도 있으므로 항상 거짓인 설명은 아니다.

05 수열추리 p.300

01 N번째 숫자 추론 정답 ③

제시된 각 숫자 간의 값이 −42, −38, −34, −30, …과 같이 +4씩 변화하므로 10번째 항의 값으로 알맞은 숫자는 '103'이다.

02 빈칸 숫자 추론 정답 ①

제시된 각 숫자 간의 값이 +1, ×2, −5로 반복되므로 A와 B의 값은 각각 13과 44이고, 빈칸에 들어갈 알맞은 숫자는 '57'이다.

03 빈칸 숫자 추론 정답 ⑤

제시된 각 숫자 간의 값이 −8, +16, −32, +64, …과 같이 ×(−2)씩 변화하므로 빈칸에 들어갈 알맞은 숫자는 '172'이다.

04 빈칸 숫자 추론 정답 ④

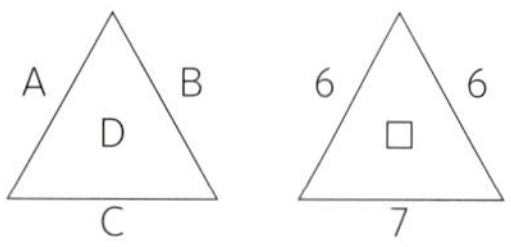

제시된 도형에서 각 숫자는 A × B + C = D라는 규칙이 적용된다.

따라서 □ = 6 × 6 + 7 = 43이다.

05 N번째 숫자 추론 정답 ③

홀수항에 제시된 각 숫자 간의 값이 −4, −8, −12, …으로 변화하고, 짝수항에 제시된 각 숫자 간의 값이 ÷4, ÷8, ÷12 …으로 변화하므로 10번째 항의 값으로 알맞은 숫자는 '$\frac{1}{256}$'이다.

06 빈칸 숫자 추론 정답 ③

제시된 숫자를 세 개씩 한 군으로 묶었을 때, 각 군의 세 번째 항에 해당하는 숫자는 앞의 두 숫자의 합의 제곱이라는 규칙이 적용되므로 빈칸에 들어갈 알맞은 숫자는 '121'이다.

07 빈칸 숫자 추론 정답 ④

제시된 각 숫자 간의 값이 ×2, +3, −1, ×2, +3, −2, …으로 변화하므로 빈칸에 들어갈 알맞은 숫자는 '162'이다.

08 빈칸 숫자 추론 정답 ③

제시된 각 숫자 간의 값이 +39, +30, +21, …과 같이 −9씩 변화하므로 빈칸에 들어갈 알맞은 숫자는 '302'이다.

09 빈칸 숫자 추론 정답 ⑤

제시된 각 숫자 간의 값이 −1, ×2, +3, −1, ×2, +5, …으로 변화하므로 빈칸에 들어갈 알맞은 숫자는 '432'이다.

10 빈칸 숫자 추론 정답 ①

제시된 각 숫자 간의 값이 ÷3으로 반복되므로 A와 B의 값은 각각 −6,318과 −234이고, 빈칸에 들어갈 알맞은 숫자는 '−6,084'이다.

11 N번째 숫자 추론 정답 ③

세 번째 항부터 제시된 각 숫자는 (앞의 두 숫자의 합 × 2)라는 규칙이 적용되므로 9번째 항의 값으로 알맞은 숫자는 '265'이다.

12 빈칸 숫자 추론 정답 ①

제시된 숫자를 세 개씩 한 군으로 묶었을 때, 각 군의 세 번째 항에 해당하는 숫자는 앞의 두 숫자의 합의 평균값이라는 규칙이 적용되므로 빈칸에 들어갈 알맞은 숫자는 '12'이다.

13 빈칸 숫자 추론 정답 ②

제시된 각 숫자 간의 값이 $+\frac{1}{10}$로 반복되므로 빈칸에 들어갈 알맞은 숫자는 '$\frac{14}{15}$'이다.

14 빈칸 숫자 추론 정답 ③

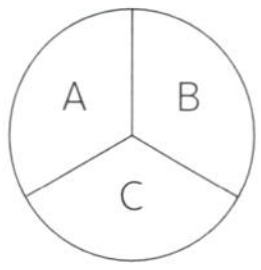

제시된 도형에서 각 숫자는 $\frac{A+B}{2}$ = C라는 규칙이 적용된다.

따라서 □ = $\frac{43+37}{2}$ = 40이다.

15 빈칸 숫자 추론 정답 ③

세 번째 항부터 제시된 각 숫자는 앞의 두 숫자 간의 차이라는 규칙이 적용되므로 빈칸에 들어갈 알맞은 숫자는 '25'이다.

16 빈칸 숫자 추론 정답 ③

제시된 각 숫자를 세 개씩 묶었을 때, 각 군의 숫자 총합이 11이라는 규칙이 적용되므로 빈칸에 들어갈 알맞은 숫자는 '5'이다.

17 빈칸 숫자 추론

정답 ③

홀수항에 제시된 각 숫자 간의 값이 ÷3으로 반복되고, 짝수항에 제시된 각 숫자 간의 값이 −9로 반복되므로 A와 B의 값은 각각 81과 18이고, 빈칸에 들어갈 알맞은 숫자는 '63'이다.

18 N번째 숫자 추론

정답 ⑤

제시된 각 숫자 간의 값이 +1.2, +2.3, +3.4, +4.5, …과 같이 +1.1씩 변화하므로 15번째 항의 값으로 알맞은 숫자는 '117.3'이다.

19 빈칸 숫자 추론

정답 ③

제시된 각 숫자 간의 값이 +1, −2, +1, −3, +1, −4, …으로 변화하므로 빈칸에 들어갈 알맞은 숫자는 '13'이다.

20 빈칸 숫자 추론

정답 ⑤

제시된 각 숫자 간의 값이 +0.5, +1.5, +4.5, +13.5, …과 같이 ×3씩 변화하므로 빈칸에 들어갈 알맞은 숫자는 '68.5'이다.

실전모의고사 4회_고난도

정답

01 언어이해

p.306

01	②	세부 내용 파악	**05**	①	글의 구조 파악	**09**	⑤	세부 내용 파악	**13**	③	세부 내용 파악	**17**	③	글의 구조 파악
02	⑤	중심 내용 파악	**06**	④	세부 내용 파악	**10**	②	세부 내용 파악	**14**	③	세부 내용 파악	**18**	④	비판/반론
03	⑤	세부 내용 파악	**07**	④	중심 내용 파악	**11**	②	비판/반론	**15**	②	중심 내용 파악	**19**	④	세부 내용 파악
04	②	세부 내용 파악	**08**	②	글의 구조 파악	**12**	②	비판/반론	**16**	④	세부 내용 파악	**20**	④	글의 구조 파악

02 자료해석

p.326

01	⑤	자료이해	**05**	①	자료이해	**09**	③	자료계산	**13**	③	자료계산	**17**	③	자료계산
02	②	자료이해	**06**	⑤	자료이해	**10**	⑤	자료이해	**14**	②	자료이해	**18**	①	자료이해
03	②	자료이해	**07**	⑤	자료이해	**11**	③	자료이해	**15**	③	자료추론	**19**	③	자료이해
04	②	자료이해	**08**	②	자료이해	**12**	④	자료변환	**16**	③	자료이해	**20**	④	자료이해

03 창의수리

p.346

01	②	용액의 농도	**05**	③	거리/속력/시간	**09**	②	방정식의 활용	**13**	④	방정식의 활용	**17**	③	원가/정가
02	①	원가/정가	**06**	②	방정식의 활용	**10**	③	방정식의 활용	**14**	④	경우의 수/확률	**18**	⑤	방정식의 활용
03	③	용액의 농도	**07**	⑤	경우의 수/확률	**11**	②	경우의 수/확률	**15**	③	거리/속력/시간	**19**	②	방정식의 활용
04	②	경우의 수/확률	**08**	④	방정식의 활용	**12**	③	방정식의 활용	**16**	⑤	방정식의 활용	**20**	④	일의 양

04 언어추리

p.352

01	②	조건추리_위치/배치	**05**	⑤	조건추리_순서/순위	**09**	②	명제추리	**13**	①	명제추리	**17**	③	조건추리_참/거짓 진술
02	⑤	명제추리	**06**	①	명제추리	**10**	②	조건추리_순서/순위	**14**	⑤	명제추리	**18**	①	명제추리
03	②	조건추리_참/거짓 진술	**07**	④	조건추리_위치/배치	**11**	③	조건추리_위치/배치	**15**	⑤	조건추리_순서/순위	**19**	①	조건추리_참/거짓 진술
04	⑤	명제추리	**08**	②	조건추리_참/거짓 진술	**12**	④	조건추리_순서/순위	**16**	⑤	조건추리_위치/배치	**20**	②	조건추리_위치/배치

05 수열추리

p.362

01	④	빈칸 숫자 추론	**05**	④	빈칸 숫자 추론	**09**	④	N번째 숫자 추론	**13**	④	빈칸 숫자 추론	**17**	①	빈칸 숫자 추론
02	⑤	N번째 숫자 추론	**06**	①	빈칸 숫자 추론	**10**	⑤	빈칸 숫자 추론	**14**	②	빈칸 숫자 추론	**18**	④	빈칸 숫자 추론
03	②	빈칸 숫자 추론	**07**	④	빈칸 숫자 추론	**11**	⑤	빈칸 숫자 추론	**15**	④	빈칸 숫자 추론	**19**	②	N번째 숫자 추론
04	⑤	빈칸 숫자 추론	**08**	①	빈칸 숫자 추론	**12**	③	N번째 숫자 추론	**16**	③	빈칸 숫자 추론	**20**	③	빈칸 숫자 추론

취약 유형 분석표

유형별로 맞힌 개수, 틀린 문제 번호와 풀지 못한 문제 번호를 적어보면서 취약한 유형이 무엇인지 파악해 보세요.
취약한 유형은 '기출유형공략'으로 복습하고 틀린 문제와 풀지 못한 문제를 다시 한번 풀어보세요.

01 언어이해

유형	유형별 맞힌 문제 수	틀린 문제 번호	풀지 못한 문제 번호
중심 내용 파악	/3		
세부 내용 파악	/10		
글의 구조 파악	/4		
비판/반론	/3		
TOTAL	/20		

02 자료해석

유형	유형별 맞힌 문제 수	틀린 문제 번호	풀지 못한 문제 번호
자료이해	/15		
자료계산	/3		
자료추론	/1		
자료변환	/1		
TOTAL	/20		

03 창의수리

유형	유형별 맞힌 문제 수	틀린 문제 번호	풀지 못한 문제 번호
거리/속력/시간	/2		
용액의 농도	/2		
일의 양	/1		
원가/정가	/2		
방정식의 활용	/9		
경우의 수/확률	/4		
TOTAL	/20		

04 언어추리

유형	유형별 맞힌 문제 수	틀린 문제 번호	풀지 못한 문제 번호
명제추리	/7		
조건추리_순서/순위	/4		
조건추리_위치/배치	/5		
조건추리_참/거짓 진술	/4		
TOTAL	/20		

05 수열추리

유형	유형별 맞힌 문제 수	틀린 문제 번호	풀지 못한 문제 번호
빈칸 숫자 추론	/16		
N번째 숫자 추론	/4		
TOTAL	/20		

해설

01 언어이해 p.306

01 세부 내용 파악 정답 ②

오랜 기간 동안 전화의 발명가가 벨이라고 알려졌지만 다양한 자료의 발견과 연구를 통해 벨이 전화를 가장 처음으로 발명한 사람이 아니었다는 사실이 드러났다고 하였으므로 여러 연구 결과에 따라 통념과는 달리 벨이 전화기를 최초로 발명한 사람이 아니라는 결론이 내려졌음을 알 수 있다.

오답 체크

① 1861년 독일의 라이스가 부르쇨의 아이디어를 기반으로 실험을 진행하고 전화를 뜻하는 영어 단어인 텔레폰을 처음으로 사용했다고 하였으므로 적절하지 않은 내용이다.

③ 1876년에 벨이 전화기로 특허를 취득했다고 하였으며, 1879년에 무치가 벨을 법원에 고발했지만 재판이 진행되던 중 무치가 사망하여 재판이 흐지부지되었다고 하였으므로 적절하지 않은 내용이다.

④ 소리를 전달하는 방법에 관한 초기 연구는 소리의 진동을 물리적인 방법으로 전달하려고 했기 때문에 전달 거리의 한계를 극복하지 못하고 있었다고 하였으므로 적절하지 않은 내용이다.

⑤ 무치가 특허권을 얻기 위해 웨스턴 유니언 전신회사와 협의하는 과정에서 본인이 만든 전화기 모델과 설계도를 분실했다고 하였으므로 적절하지 않은 내용이다.

02 중심 내용 파악 정답 ⑤

이 글에 나타난 전략은 기업이 기존 시장에서 나아가 새로운 시장을 창출하고, 세계적으로 적용 가능한 역량을 활용하는 한편 해당 시장의 특성을 감안한 현지화가 병행되어야 한다는 글로벌 진출 전략이다.
따라서 글에 나타난 전략과 관련된 사례로 가장 적절하지 않은 것은 ⑤이다.

03 세부 내용 파악 정답 ⑤

빈칸 앞에서 오늘날에는 마지노선이라는 단어가 빼앗겨서는 안 되는 최후 방어선이라는 의미로 사용되고 있지만, 사실 마지노선이라는 단어는 완벽한 방어를 위해 많은 노력을 기울였음에도 적의 우회 작전 앞에서 제 역할을 해내지 못했던 프랑스의 요새선에서 유래한 것이라는 내용을 말하고 있다.
따라서 마지노선이라는 단어는 엄청난 공을 들였지만 정작 필요한 상황에서 무용지물이 된 것이라는 의미가 되어야 한다는 내용이 들어가야 한다.

04 세부 내용 파악 정답 ②

DNA의 복제 오류로 나타난 해로운 돌연변이를 제거하여 후대에 누적되지 않도록 교정하기 위해 유성생식을 한다는 가설이 존재한다고 하였으므로 유성생식이 부정적인 돌연변이 유전 정보가 후대에 전해지지 않도록 교정하는 역할을 할 수 있음을 알 수 있다.

오답 체크

① 무성생식은 세대를 거쳐 원 개체와 동일한 유전 정보가 복제된다고 하였으므로 적절하지 않은 내용이다.

③ 무성생식이 번식을 위해 짝을 찾을 필요가 없고 자손의 수를 기하급수적으로 늘릴 수 있는 이점을 가진다고 하였으므로 적절하지 않은 내용이다.

④ 유성생식을 하는 이유에 대한 각각의 가설이 독립적인 것은 아니며, 유성생식은 다양한 가설이 함께 작용한 결과일 수도 있다고 하였으므로 적절하지 않은 내용이다.

⑤ 기생 생물을 막기 위해 유성생식을 한다는 가설은 생물이 유전적 다양성을 높이기 위해 유성생식을 한다는 가설에 동의한다고 하였으므로 적절하지 않은 내용이다.

05 글의 구조 파악 정답 ①

'옐로 카펫' 같은 사회적 디자인의 구체적인 사례를 통해 리처드 뷰캐넌의 디자인 4단계 모형이 실제로 어떻게 적용되는지를 보여주어 이해를 돕고 있으므로 서술상 특징으로 가장 적절한 것은 ①이다.

06 세부 내용 파악 정답 ④

일사부재리 원칙은 형사소송법상에서만 인정되어 민사 소송법상 확정 판결에는 적용되지 않는다고 하였으므로 민사소송상 확정 판결에도 일사부재리가 적용된다는 것은 아님을 알 수 있다.

오답 체크

① 만약 실수로 공소가 다시 제시되었을 경우 소송 조건의 흠결이 문제가 되어 일사부재리에 의해 면소의 판결이 이루어진다고 하였으므로 적절한 내용이다.

② 일사부재리는 피고인의 인권을 옹호함과 동시에 법적 안정의 보호 및 유지를 위해 설정되었다고 하였으므로 적절한 내용이다.

③ 일사부재리에 대해 헌법에서는 '동일한 범죄에 대해 거듭 처벌하지 않는다'라고 규정하고 있다고 하였으므로 적절한 내용이다.

⑤ 일사부재의는 회의체의 의사 과정에서 해당 회기 중에 부결된 의안은 같은 회기 중에 다시 제출할 수 없다는 원칙이라고 하였으므로 적절한 내용이다.

07 중심 내용 파악 정답 ④

이 글은 수년 전 있었던 한국 사회 내의 가습기 살균제 사건, 살균제 치약 논란, 살충제 달걀 파동 등으로 인해 확산하게 된 케미포비아와 화학제품에 대한 불신을 해결할 수 있는 방안에 대해 설명하는 내용이므로 이 글의 주제로 가장 적절한 것은 ④이다.

오답 체크

① 생활 화학제품의 생산 및 관리 방법에 대해서는 다루고 있지 않으므로 적절하지 않은 내용이다.
② 가습기 살균제 사건과 노케미족의 등장 배경에 대해서는 서술하고 있지만, 글 전체를 포괄할 수 없으므로 적절하지 않은 내용이다.
③ 화학물질 안전관리 통합 시스템 미비로 인한 문제는 서술하고 있지만, 화학물질 안전관리 통합 시스템의 부작용에 대해서는 다루고 있지 않으므로 적절하지 않은 내용이다.
⑤ 한국 정부에서 시행하는 케미포비아 대응 방안에 대해서는 다루고 있지 않으므로 적절하지 않은 내용이다.

08 글의 구조 파악 정답 ②

이 글은 소비자가 중심이 되는 온디맨드 경제와 이와 관련한 O2O 서비스의 성장을 설명한 뒤, 온디맨드 경제의 장점과 단점을 차례로 제시하는 글이다.

따라서 온디맨드 경제의 기반이 된 O2O 서비스의 성장을 언급한 글에 이어질 내용은 '나) 온디맨드 경제에서 활용되는 O2O 서비스의 특징 → 다) 일상생활과 관련한 여러 분야의 O2O 서비스 사례 → 가) O2O 서비스를 기반으로 다양한 분야에서 적용 가능한 온디맨드 경제의 장점 → 마) 온디맨드 경제의 편의성과 경제성 → 라) 온디맨드 경제의 단점' 순으로 배열해야 한다.

09 세부 내용 파악 정답 ⑤

마이크로 트렌드가 3~5년 이상 지속되면 사회 전반에 영향을 끼치는 매크로 트렌드가 된다고 하였으므로 반년도 안 돼서 인기가 없어지는 제품이 매크로 트렌드로 분류되는 것은 아님을 알 수 있다.

오답 체크

① 개성을 추구하는 소비자가 많아지면서 트렌드에 반대되는 것을 지향하는 역트렌드 현상이 자주 발생하고 있다고 하였으므로 적절한 내용이다.
② 기업이 패드를 정확히 구별해내지 못하면 손실을 보거나 성장의 기회를 놓치게 되며, 역트렌드를 간과하면 고객을 잃게 될 수 있다고 하였으므로 적절한 내용이다.
③ 매크로 트렌드가 10년 이상 계속되면 대부분의 사람과 사회의 모든 분야에 영향을 미치는 수준의 메가 트렌드가 된다고 하였으므로 적절한 내용이다.
④ 마이크로 트렌드가 3~5년 이상 계속되면 매크로 트렌드가 되고 매크로 트렌드가 10년 이상 계속되면 메가 트렌드가 된다고 하였으며, 이렇게 지속 기간이 길어질수록 사회에 끼치는 영향력이 커진다고 하였으므로 적절한 내용이다.

10 세부 내용 파악 정답 ②

하품을 하는 이유로 추측되는 뇌 냉각 가설을 입증하기 위한 연구를 진행한 결과 뇌와 연결된 혈관인 경동맥에 부착한 팩의 온도가 높아질수록 하품 충동을 느끼거나 실제로 하품을 하는 비율이 높았다고 한 것은 경동맥 온도에 따른 뇌의 온도 변화로 인해 하품 충동을 느끼거나 실제로 하품을 하는 비율이 달라진다는 것을 의미하므로 하품 욕구가 강해지는 이유는 과열된 뇌의 온도를 낮추기 위함인 것을 알 수 있다.

11 비판/반론 정답 ②

이 글의 필자는 자발적 이직을 하는 구성원이 발생하는 경우 인적 자원 손실, 인력 대체 비용, 기존 직원의 사기 저하 등의 문제로 조직이 큰 피해를 볼 수 있으므로 자발적 이직으로 인한 인력 이탈을 막을 수 있도록 많은 시간과 비용을 투자해야 한다고 주장하고 있다.

따라서 자발적 이직은 조직 부적응 인원 및 저성과자 대신 신규 인력을 확보하는 기회가 되어 조직 활성화에 긍정적인 영향을 미친다는 반박이 가장 타당하다.

오답 체크

④ 자발적 이직의 발생 및 영향에 대해 긍정적으로 평가하는 의견이 아니며, 자발적 이직의 원인을 파악해 인적 자원관리 방식의 문제점을 개선하는 것은 자발적 이직을 막기 위해 시간과 노력을 투자하는 것이므로 타당하지 않은 내용이다.

12 비판/반론 정답 ②

(가)는 전쟁은 단순히 국가 사이에서 발생하는 다툼을 넘어 식민지 지배, 외국 점령, 인종 차별 체제를 벗어나기 위한 투쟁도 포함되며, 민족이나 국가 간의 분쟁은 조정기관에 의해 해결된 바가 없고 인간의 천성은 바뀌지 않으므로 전쟁이 존재하여야 한다는 내용이고, (나)는 과거부터 전쟁이 발발하게 되면 그 나라의 국민들은 인적, 물적으로 피해를 보았고 이스라엘과 팔레스타인의 분쟁으로 미루어 현재의 전쟁도 국민들이 큰 피해를 본다는 점에서 과거와 차이가 없으므로 전쟁이 절대로 일어나서는 안 된다는 내용이다.

따라서 다른 나라로부터 식민 지배를 받거나 인종 차별을 받는 약자가 체제를 전복할 수 있는 유일한 수단이 전쟁뿐이라는 반박이 가장 타당하다.

13 세부 내용 파악

정답 ③

우리나라와 같이 높은 산이 많은 지형에는 수차가, 유럽과 같이 평원 지대로 이루어진 곳에는 풍차가 이동이나 작동을 위한 주 동력 설비로 활용되었다고 하였으므로 자연에너지를 동력으로 활용하려고 할 때 산악 지형에는 풍차가, 평원 지형에는 수차가 유리하다는 것은 아님을 알 수 있다.

오답 체크

① 네덜란드식 풍차는 크레타식 돛날개 풍차의 진보 형태라고 하였으므로 적절한 내용이다.

② 네덜란드식 풍차는 다층 구조의 탑 위에 회전자 날개를 다는 경우가 많았다고 하였으므로 적절한 내용이다.

④ 오늘날의 풍력 발전 시스템은 덴마크식 풍차를 모델로 삼아 발전한 것이라고 하였으므로 적절한 내용이다.

⑤ A.D. 500~900년경 페르시아 등에서 물을 끌어 올리기 위해 사용한 수직축 파네몬형 항력식 구조의 풍차가 자연에너지를 활용한 풍차의 시작이라고 하였으므로 적절한 내용이다.

14 세부 내용 파악

정답 ③

빈칸 앞에서는 동조는 개인의 의견이나 행동을 내세우지 않고 사회적 규범 내지 다수의 의견에 동화하여 주위 사람들의 의견이나 행동에 따르는 현상으로, 모든 사람은 집단 구성원으로서의 역할을 수행하기 때문에 개인은 동조를 겪을 수밖에 없다는 내용을 말하고 있고, 빈칸 뒤에서는 셰리프의 자동운동 실험은 동조를 처음으로 입증하였고, 정답이 없거나 명확하지 않은 상황에서 개인은 집단의 의견을 하나의 정보로 활용하여 의사 결정을 한다는 사실이 밝혀냈다는 내용을 말하고 있다.
따라서 참가자들 간 논의 이후 그들이 기술한 불빛의 움직임은 한 점으로 수렴하였다는 내용이 들어가야 한다.

15 중심 내용 파악

정답 ②

이 글은 19세기 후반에서 20세기 초반에 등장한 인상주의와 미술 및 음악 분야에서의 인상주의 특징에 대해 설명하고, 인상주의의 한계와 이후 발전 방향에 대해 설명하는 내용이므로 이 글의 제목으로 가장 적절한 것은 ②이다.

오답 체크

① 글 전반부에서 인상주의는 있는 그대로의 것을 재현하기보다 사물에서 작가가 받은 순간적인 인상을 표현하는 것이라고 하였으므로 적절하지 않은 내용이다.

③ 글 후반부에서 신인상주의의 특징에 대해서는 설명하고 있지만, 대표 화가에 대해서는 설명하고 있지 않으므로 적절하지 않은 내용이다.

④ 글 전체에서 드가, 르누아르, 마네, 모네의 주요 활동에 대해서는 설명하고 있지 않으므로 적절하지 않은 내용이다.

⑤ 글 후반부에서 후기 인상주의에서는 인상주의에 반발해 점묘법이 등장했다고 하였으나, 글 전체를 포괄하지 못하므로 적절하지 않은 내용이다.

16 세부 내용 파악

정답 ④

위트워터스랜드 금광에 보어인보다 훨씬 많은 외국인이 모였다고 하였으므로 위트워터스랜드 금광의 노동자는 대부분 보어인으로 외국인의 비중이 작았던 것은 아님을 알 수 있다.

오답 체크

① 제2차 보어전쟁의 결과 보어인이 세운 트란스발 공화국이 영국의 식민지가 되었으며, 영국에 의해 케이프타운 식민지, 트란스발 공화국 등이 합쳐져 남아프리카연방이 수립되었다고 하였으므로 적절한 내용이다.

② 영국령에 편입되었던 트란스발 공화국은 제1차 보어전쟁을 통해 영국에 승리하여 독립하였으며, 제2차 보어전쟁에서는 트란스발 공화국이 영국에 패하여 영국의 식민지가 되었다고 하였으므로 적절한 내용이다.

③ 보어전쟁은 남아프리카로 이주한 네덜란드계 백인 보어인과 영국인 간에 벌어진 전쟁이라고 하였으므로 적절한 내용이다.

⑤ 남아프리카의 케이프타운에서 내쫓긴 보어인이 북쪽으로 이동해 원주민을 몰아내고 트란스발 공화국과 오렌지 자유국을 세웠으며, 트란스발 공화국은 오렌지 자유국보다 반(反)영 성향이 강했다고 하였으므로 적절한 내용이다.

17 글의 구조 파악

정답 ③

이 글은 명품 수요가 증가한 원인으로 가치 소비를 제시한 후, 명품 구입에 어려움을 겪는 소비자를 겨냥한 매스티지 출현에 대해 설명하는 글이다.
따라서 '가) 명품 산업의 호황에 영향을 준 가치 소비 → 라) 명품에 가치를 두는 소비자의 증가와 이에 따른 명품의 인기 상승 → 다) 매스티지의 특징과 장점에 따른 인기 상승 → 나) 브랜드별 매스티지 출시 전략' 순으로 배열해야 한다.

18 비판/반론

정답 ④

이 글의 필자는 비만인 사람에게 지용성 비타민이 부족한 경우가 많으므로 비타민 D가 함유된 식품과 영양 보충제를 꾸준하게 섭취하면 비만 예방이 가능하다고 주장하고 있다.
따라서 영양소 균형이 무너진 비만인 사람들이 지용성 비타민 또한 부족한 것이므로 인과관계를 혼동하고 있다는 반박이 타당하다.

19 세부 내용 파악

정답 ④

이 글은 인간은 반복해서 낯선 경험을 기존의 스키마에 동화하거나 변형하는 과정을 진행하며 자신만의 스키마를 형성함을 설명하는 내용이고, <보기>는 심리 치료 방법의 효능 여부와 무관하게 내담자의 선호에 따라 다른 결과를 일으킬 수 있으므로 내담자 개인의 특성을 고려하는 것이 중요함을 설명하는 내용이다.
따라서 부정적인 진료 경험을 보유한 환자는 연구 근거의 신뢰도와 관계없이 특정 방법을 거부할 수 있음을 알 수 있다.

20 글의 구조 파악

정답 ④

이 글은 칸트의 계몽에 대한 정의와 칸트에 의해 나눠진 존재의 세계와 당위의 세계 구분과 그에 따른 해석을 설명하는 글이다.

따라서 계몽에 대한 칸트의 정의와 18세기에 제기된 인간의 이성을 바탕으로 한 도덕성 정립의 필요성을 언급한 글에 이어질 내용은 '마) 도덕성을 오직 인간의 이성을 기반으로 세워진 법칙을 실현하는 의지라고 규정한 칸트 → 가) 칸트가 분류한 두 개의 세계와 존재의 세계 속 순수 이성적 존재로서의 인간 → 라) 당위의 세계 속 도덕적 법칙에 따라 실천하는 존재로서의 인간 → 나) 칸트의 주장에 부합하는 당위의 세계 속 인간 → 다) 도덕적 법칙의 가치를 존중하는 칸트의 묘비명' 순으로 배열해야 한다.

02 자료해석 p.326

01 자료이해 정답 ⑤

한국과 일본의 국가별 A/S 만족도 점수가 가장 높은 자동차 브랜드는 각각 A 브랜드, N 브랜드이며, 두 브랜드의 A/S 만족도 점수의 평균은 (814+824)/2=819점이므로 옳은 설명이다.

오답 체크

① A/S 만족도 점수가 가장 높은 자동차 브랜드는 유럽의 H 브랜드이지만 가장 낮은 자동차 브랜드는 미국의 S 브랜드이므로 옳지 않은 설명이다.

② 5개의 한국 자동차 브랜드의 A/S 만족도 점수의 평균은 (814+807+793+810+776)/5=800점이므로 옳지 않은 설명이다.

③ 전세계 자동차 브랜드의 A/S 만족도 점수의 평균인 792점보다 만족도 점수가 낮은 브랜드는 E, G, I, J, K, L, M, O, S, T, U, V 브랜드로 12개이므로 옳지 않은 설명이다.

④ 유럽의 자동차 브랜드 중 Q 브랜드보다 A/S 만족도 점수가 높은 브랜드는 H 브랜드 1개뿐이므로 옳지 않은 설명이다.

02 자료이해 정답 ②

2022년 난민 지원에 대한 총액은 114+140=254억 원으로 250억 원을 넘으므로 옳은 설명이다.

오답 체크

① 민간차원 난민 지원 규모가 정부차원보다 큰 해는 2018년, 2019년, 2023년, 2024년이고, 민간차원 난민 지원 규모가 정부차원보다 작은 해는 2017년, 2020년, 2021년, 2022년이므로 옳지 않은 설명이다.

③ 2023년 민간차원 난민 지원 규모는 같은 해 정부차원 난민 지원 규모의 28/2=14배이므로 옳지 않은 설명이다.

④ 2020년에 정부차원 난민 지원 규모는 전년 대비 증가했지만 민간차원 난민 지원 규모는 감소했고, 2022년에 정부차원 난민 지원 규모는 전년 대비 감소했지만 민간차원 난민 지원 규모는 증가했으므로 옳지 않은 설명이다.

⑤ 2024년 민간차원 난민 지원 규모는 11억 원이므로 옳지 않은 설명이다.

03 자료이해 정답 ②

b. 이러닝 이용기기로 노트북을 사용하는 비중과 PC를 사용하는 비중의 차이는 미취학이 16.2−6.9=9.3%p, 초등학생이 16.4−12.3=4.1%p, 중학생이 19.0−5.0=14.0%p, 고등학생이 20.1−17.4=2.7%p, 대학이 19.2−11.6=7.6%p, 대학교가 22.1−16.3=5.8%p, 대학원 이상이 20.6−19.2=1.4%p로 차이가 세 번째로 큰 학력은 대학이므로 옳은 설명이다.

c. 20대 연령에서 이러닝 이용기기로 스마트폰을 사용하는 비중이 51.0%로 나머지 이러닝 이용기기를 사용하는 비중인 100.0−51.0=49.0%보다 커 스마트폰을 사용하는 사람 수도 나머지 이러닝 이용기기를 사용하는 사람 수보다 더 많으므로 옳은 설명이다.

오답 체크

a. 3~9세를 제외한 나머지 연령에서 가장 많이 사용되는 이러닝 이용기기는 스마트폰이므로 옳지 않은 설명이다.

d. 고등학생이 이러닝 이용기기로 스마트폰을 사용하는 비중은 중학생보다 작고 대학교와 대학원 이상이 이러닝 이용기기로 스마트폰을 사용하는 비중은 대학보다 작으며, 중학생이 이러닝 이용기기로 태블릿을 사용하는 비중은 초등학생보다 크고 대학원 이상이 이러닝 이용기기로 태블릿을 사용하는 비중은 대학교보다 크므로 옳지 않은 설명이다.

04 자료이해 정답 ②

2020년 자녀 연령이 19세 이상인 한부모 가구 수가 자녀 연령이 18세 이하인 한부모 가구 수의 4배 이상인 지역은 244/55 ≒ 4.4배인 서울뿐이므로 옳지 않은 설명이다.

오답 체크

① 2020년 전국의 전체 한부모 가구 수는 전년 대비 증가하였으므로 옳은 설명이다.

③ 2020년 전체 한부모 가구 수가 50천 가구 미만인 광주, 대전, 울산, 세종, 강원, 충남, 전남, 제주의 2020년 자녀 연령이 18세 이하인 한부모 가구 수는 총 13+12+8+2+12+12+13+7=79천 가구이므로 옳은 설명이다.

④ 제시된 기간 중 서울의 전체 한부모 가구 수가 다른 해에 비해 가장 많았던 해는 2018년이고, 서울의 자녀 연령이 18세 이하인 한부모 가구 수가 다른 해에 비해 가장 많았던 해도 2018년으로 동일하므로 옳은 설명이다.

⑤ 2018년 자녀 연령이 18세 이하인 한부모 가구 수 대비 자녀 연령이 19세 이상인 한부모 가구 수의 비율은 전북이 36/16=2.25, 대전이 32/13 ≒ 2.5로 전북이 대전보다 작으므로 옳은 설명이다.

05 자료이해 정답 ①

a. 대학의 기술이전율이 20%보다 낮은 2017년부터 2021년까지 대학의 평균 기술이전율은 (15+16+17+14+16)/5=15.6%이므로 옳은 설명이다.

오답 체크

b. 공공연구소의 기술이전율과 기술료 수입은 모두 2020년에 전년 대비 증가했고, 2024년에 전년 대비 감소했으므로 옳지 않은 설명이다.

c. 2022년 전체 기술료 수입은 5년 전 대비 {(1,652−1,044)/1,044}×100 ≒ 58% 증가했으므로 옳지 않은 설명이다.

06 자료이해 정답 ⑤

세포 너비는 10일마다 10일 전 대비 증가량의 절반씩 증가하므로 실험 70일째 세포 너비는 1,381.25+(1,381.25−1,362.50)/2=1,390.625㎛이고, 세포 길이는 10일마다 150.00㎛씩 증가하므로 실험 70일째 세포 길이는 1,300.00+150.00=1,450.00㎛이다. 따라서 실험 70일째 세포 너비는 세포 길이보다 짧아지므로 옳은 설명이다.

오답 체크

① 세포 너비가 초깃값 200.00㎛보다 1,050.00㎛ 길어졌을 때는 세포 너비가 1,250.00㎛인 실험 30일째이고, 실험 30일째 세포 길이는 850.00㎛이므로 옳지 않은 설명이다.

② 10일 전 대비 세포 길이의 증가량이 처음으로 세포 너비의 증가량보다 많아진 때는 세포 길이의 기울기가 세포 너비의 기울기보다 처음으로 가파라지는 실험 40일째이며, 실험 40일째 세포 길이와 너비의 차이는 1,325.00−1,000.00=325.00㎛이므로 옳지 않은 설명이다.

③ 세포 길이의 증가량이 제시된 자료와 동일하고 세포 길이의 초깃값이 50.00㎛인 세포로 배양 실험을 했다면, 10일마다 세포 길이가 150.00㎛씩 증가하여 실험 50일째 세포 길이는 50.00+(150.00×5)=800.00㎛이므로 옳지 않은 설명이다.

④ 실험 20일째 세포 길이는 세포 너비의 700.00/1,100.00≒0.6배이므로 옳지 않은 설명이다.

07 자료이해 정답 ⑤

E 지역의 미세먼지 농도는 2019년에 B 지역의 24/16=1.5배, 2020년에 B 지역의 28/19≒1.47배, 2021년에 B 지역의 31/22≒1.41배, 2022년에 B 지역의 38/31≒1.23배, 2023년에 B 지역의 52/36≒1.44배로 2022년에는 1.3배 미만이므로 옳지 않은 설명이다.

오답 체크

① 2020년부터 2023년까지 미세먼지 농도의 전년 대비 증감 추이가 D 지역과 동일하게 매년 증가한 지역은 B, E 지역이므로 옳은 설명이다.

② 2021년 B 지역 미세먼지 농도의 전년 대비 증가율은 약 {(22−19)/19}×100≒15.8%이므로 옳은 설명이다.

③ 제시된 기간 중 C 지역의 미세먼지 농도가 다른 해에 비해 가장 낮은 2020년에 A~E 지역의 평균 미세먼지 농도는 (24+19+21+17+28)/5=21.8μg/m^{3}이므로 옳은 설명이다.

④ A~E 지역에서 A 지역의 미세먼지 농도가 차지하는 비중은 2019년에 {20/(20+16+23+15+24)}×100≒20.4%, 2022년에 {41/(41+31+39+36+38)}×100≒22.2%이므로 옳은 설명이다.

08 자료이해 정답 ②

전체 여권발급 건수가 가장 적은 해는 3,150천 건인 2021년이고, 국내의 여권발급 비중이 가장 낮은 해는 94.7%인 2018년이므로 옳지 않은 설명이다.

오답 체크

① 국내의 여권발급 건수가 전년 대비 증가한 2019년과 2024년에 국외의 여권발급 건수는 전년 대비 감소했으므로 옳은 설명이다.

③ 국외의 2018년 여권발급 건수는 전년 대비 감소했으나 비중은 전년 대비 증가했고, 2022년 여권발급 건수는 전년 대비 증가했으나 비중은 전년 대비 감소했으므로 옳은 설명이다.

④ 전체 여권발급 건수가 전년 대비 감소한 해는 2018년, 2020년, 2021년으로 총 3개 연도이므로 옳은 설명이다.

⑤ 국외의 여권발급 건수가 가장 많은 2017년과 가장 적은 2021년의 차이는 193−98=95천 건이므로 옳은 설명이다.

09 자료계산 정답 ③

가구수 대비 주차등록대수는 A 아파트가 6,075/3,418≒1.78대, B 아파트가 5,120/4,424≒1.16대, C 아파트가 10,515/7,468≒1.41대, D 아파트가 4,563/3,736≒1.22대, E 아파트가 9,702/5,880=1.65대로 A 아파트가 가장 많다.
따라서 A 아파트의 주차장 확보율은 (5,589/6,075)×100=92%이다.

10 자료이해 정답 ⑤

조사에 응한 중학교 3학년 학생 수가 3,000명, 고등학교 3학년 학생 수가 4,000명이면, 행복하기 위해 가장 필요한 것이 자유라고 응답한 중학교 3학년 학생 수는 3,000×0.131=393명, 고등학교 3학년 학생 수는 4,000×0.103=412명으로 학생 수의 차이는 412−393=19명이므로 옳지 않은 설명이다.

오답 체크

① 초등학교 4, 5, 6학년은 모두 행복하기 위해 가장 필요한 것 중 화목한 가족에 대한 응답 비율이 각각 55.5%, 53.6%, 48.2%로 가장 높으므로 옳은 설명이다.

② 여자가 행복하기 위해 가장 필요한 것 중 첫 번째로 응답 비율이 높은 화목한 가족과 두 번째로 응답 비율이 높은 친구의 응답 비율 차이는 37.5−19.3=18.2%p이므로 옳은 설명이다.

③ 행복하기 위해 가장 필요한 것 중 중학교 1학년과 3학년의 응답 비율 차이가 가장 큰 것은 16.9−7.4=9.5%p만큼 차이 나는 돈이므로 옳은 설명이다.

④ 행복하기 위해 가장 필요한 것에 대한 응답 비율이 높은 것부터 순서대로 나열하면 남자는 돈이 자유보다 응답 비율이 높지만, 여자는 돈이 자유보다 응답 비율이 낮으므로 옳은 설명이다.

11 자료이해

정답 ③

미상을 제외하고 바이오 사업장 수가 많은 순서대로 종사자 규모를 나열하면 전국은 1~49명, 50~299명, 300~999명, 1,000명 이상 순이고, 이와 순서가 동일한 지역은 서울특별시, 경기도, 강원도, 충청북도로 총 4곳이므로 옳지 않은 설명이다.

오답 체크

① 강원도 전체 바이오 사업장 수에서 종사자 규모가 300~999명인 사업장이 차지하는 비중은 {4 / (31 + 11 + 4 + 1 + 3)} × 100 = 8.0%이고, 전국 바이오 사업장 수에서 종사자 규모가 300~999명인 사업장이 차지하는 비중은 6.9%이므로 옳은 설명이다.

② 바이오 사업장 수는 대전광역시가 55 + 17 + 2 + 4 + 4 = 82개, 충청북도가 45 + 21 + 10 + 3 + 2 = 81개이므로 옳은 설명이다.

④ 종사자 규모가 미상인 바이오 사업장 수는 서울특별시가 경기도의 24 / 15 = 1.6배이므로 옳은 설명이다.

⑤ 전국 바이오 사업장 수에서 종사자 규모가 1~49명인 사업장이 차지하는 비중은 종사자 규모가 50~299명인 사업장이 차지하는 비중보다 59.8 - 24.6 = 35.2%p 더 크므로 옳은 설명이다.

12 자료변환

정답 ④

제시된 자료에 따르면 복분자딸기 1천 본 이상~5천 본 미만 재배 인력의 비중은 모든 연령대에서 가장 크므로 총 재배 인력 수도 가장 많고, 10천 본 이상 재배 인력의 비중은 모든 연령대에서 가장 작으므로 총 재배 인력 수도 가장 적다. 이에 따라 연령대별 복분자딸기 1천 본 미만과 5천 본 이상~10천 본 미만의 재배 인력 수만 계산하면 아래와 같다.

구분	1천 본 미만	5천 본 이상~10천 본 미만
40대 이하	200 × 0.15 = 30명	200 × 0.33 = 66명
50대	800 × 0.20 = 160명	800 × 0.17 = 136명
60대	1,500 × 0.17 = 255명	1,500 × 0.15 = 225명
70대 이상	2,100 × 0.17 = 357명	2,100 × 0.13 = 273명
합계	802명	700명

따라서 2014년 복분자딸기 총 재배 인력 수가 두 번째로 많은 재배량은 1천 본 미만이므로 2014년 복분자딸기 재배량이 1천 본 미만인 연령대별 재배 인력 수와 막대그래프의 높이가 일치하는 ④가 정답이다.

13 자료계산

정답 ③

제시된 직업군 중 '매우 중요하다'라고 응답한 사람의 비율은 농림어업이 다른 직업군에 비해 가장 높으며, 농림어업의 응답 인원 비중은 20%로 사무와 같지만 '매우 중요하다'라고 응답한 사람의 비율은 농림어업이 더 높으므로 응답 인원은 농림어업이 사무보다 더 많음을 알 수 있다. 이에 따라 응답 인원 비중이 농림어업보다 큰 전문관리와 농림어업의 '매우 중요하다'라고 응답한 사람의 수만 비교하면 전문관리가 8,000×0.25×0.44 = 880명, 농림어업이 8,000×0.20×0.52 = 832명이므로 전문관리가 가장 많다.
따라서 전문관리의 평균 점수는 0.011×1 + 0.048×2 + 0.099×3 + 0.402×4 + 0.440×5 ≒ 4.2점이다.

14 자료이해

정답 ②

b. 제시된 지역 중 6층 이상 10층 이하 건축물 수가 다른 지역에 비해 가장 많은 서울과 가장 적은 세종의 6층 이상 10층 이하 건축물 수의 차이는 34,746 - 465 = 34,281동이므로 옳은 설명이다.

c. 지역별로 건축물 수가 많은 순서대로 층수를 나열하면 그 순서는 대구와 대전 모두 2층 이상 4층 이하, 1층, 5층, 11층 이상 20층 이하, 6층 이상 10층 이하, 21층 이상 30층 이하, 31층 이상이므로 옳은 설명이다.

오답 체크

a. 제시된 지역 중 1층 건축물 수가 다른 층수의 건축물 수에 비해 가장 많은 지역은 울산, 세종, 경기 총 3곳이므로 옳지 않은 설명이다.

d. 제시된 지역 중 31층 이상 건축물 수가 세 번째로 많은 지역인 인천의 31층 이상 건축물 수는 457동이므로 옳지 않은 설명이다.

15 자료추론

정답 ③

㉠ 2014년 영국과 프랑스의 GDP 대비 경상의료비 비율의 평균이 2019년 한국과 프랑스의 GDP 대비 경상의료비 비율의 평균과 같아 2014년 영국과 프랑스의 GDP 대비 경상의료비 비율의 합이 2019년 한국과 프랑스의 GDP 대비 경상의료비 비율의 합과 같으므로 2019년 한국의 GDP 대비 경상의료비 비율은 (7.7 + 10.1) - 10.9 = 6.9%이다.

㉡ 2017년 일본의 GDP 대비 경상의료비 비율이 전년 대비 증가한 만큼 2019년 영국의 GDP 대비 경상의료비 비율도 전년 대비 증가하였으므로 2016년 일본의 GDP 대비 경상의료비 비율은 10.6 - (9.9 - 8.5) = 9.2%이다.

㉢ OECD 주요국인 7개국의 GDP 대비 경상의료비 비율이 전년 대비 모두 증가한 해는 2015년 한 해뿐이므로 2021년에는 GDP 대비 경상의료비 비율이 전년도와 같거나 전년 대비 감소한 국가가 존재한다. 이때, 2021년 프랑스를 제외한 6개국의 GDP 대비 경상의료비 비율은 전년 대비 모두 증가하였으므로 2021년 프랑스의 GDP 대비 경상의료비 비율은 11.1% 이하이다.

따라서 ㉠은 6.9%, ㉡은 9.2%, ㉢은 11.1%인 ③이 정답이다.

16 자료이해 정답 ③

원유 1배럴당 20L의 휘발유를 생산할 수 있으며, 2023년 12월 원유 1배럴당 생산할 수 있는 휘발유의 총금액은 1,470 × 20 = 29,400원이므로 옳은 설명이다.

오답 체크

① 2023년 세계 3대 원유 중 가격이 가장 저렴한 원유는 WTI로 매달 동일하지만, 가격이 가장 비싼 원유는 2월에 두바이유이고 나머지 달에는 브렌트유이므로 옳지 않은 설명이다.

② 2023년 5월 WTI 가격은 전월 대비 감소하였으나, 국내 휘발유 가격은 전월 대비 증가하였으므로 옳지 않은 설명이다.

④ 2023년 4/4분기 두바이유 1배럴당 평균 가격은 (59.39 + 61.99 + 64.91) / 3 ≒ 62.1달러이므로 옳지 않은 설명이다.

⑤ 2023년 5월 브렌트유 가격은 WTI 가격보다 1배럴당 70.30 − 60.87 = 9.43달러 더 비싸므로 옳지 않은 설명이다.

17 자료계산 정답 ③

전체 신문산업의 종사자 수는 2018년에 78 + 68 + 168 + 106 = 420백 명, 2019년에 79 + 62 + 166 + 95 = 402백 명이므로 2018년과 2019년 중 전체 신문산업의 종사자 수가 더 많은 해는 2018년이다. 이때 대학 졸업 학력인 종사자 중에서 종이신문과 인터넷신문 산업에 종사하는 남성이 최소 인원일 때는 종이신문과 인터넷신문에 종사하는 여성의 학력이 모두 대학 졸업일 때이므로 2018년 대학 졸업 학력인 종사자 중 종이신문 산업에 종사하는 남성의 최소 인원은 183 − 78 = 105백 명, 인터넷신문 산업에 종사하는 남성의 최소 인원은 136 − 68 = 68백 명이다.
따라서 2018년 대학 졸업 학력인 종사자 중 종이신문 산업에 종사하는 남성의 최소 인원과 인터넷신문 산업에 종사하는 남성의 최소 인원의 차이는 105 − 68 = 37백 명이다.

빠른 문제 풀이 Tip

연도별 전체 신문산업의 종사자 수를 직접 계산하지 않고 각 수치의 크기를 서로 비교하여 계산한다.
남성 종사자 수는 모든 신문산업에서 2018년이 2019년보다 많고, 여성 종사자 수는 2018년이 2019년보다 종이신문 산업에서 79 − 78 = 1백 명 더 적지만 인터넷신문 산업에서 68 − 62 = 6백 명 더 많으므로 전체 신문산업의 종사자 수는 2018년이 2019년보다 많음을 알 수 있다.

18 자료이해 정답 ①

a. 2023년 전체 LNG 수요량에서 발전용 LNG 수요량이 차지하는 비중은 (15,405 / 32,751) × 100 ≒ 47%이므로 옳은 설명이다.

c. 2021년부터 2024년까지 4년 동안 도시가스용 LNG 수요량의 평균은 (18,180 + 16,929 + 17,346 + 18,390) / 4 ≒ 17,711천 톤이므로 옳은 설명이다.

오답 체크

b. LNG 도입량이 가장 많은 2020년에 LNG 도입량은 2018년 대비 39,326 − 36,685 = 2,641천 톤 증가하였으므로 옳지 않은 설명이다.

d. LNG 수요량이 LNG 도입량보다 적은 해는 2018년, 2020년, 2021년, 2024년으로 총 4개 연도이므로 옳지 않은 설명이다.

빠른 문제 풀이 Tip

c. 2021년부터 2024년까지의 도시가스용 LNG 수요량을 17,000천 톤과 각각 비교한다.
도시가스용 LNG 수요량은 2022년에만 17,000천 톤 이하이고 나머지 3개 연도에는 17,000천 톤 이상이며, 연도별 도시가스용 LNG 수요량과 17,000천 톤의 차이가 2022년에 가장 작으므로 4년 동안 도시가스용 LNG의 평균 수요량은 17,000천 톤 이상임을 알 수 있다.

19 자료이해 정답 ③

2024년 환경사범 처리 인원은 전년 대비 13,439 − 12,062 = 1,377명 증가했으므로 옳은 설명이다.

오답 체크

① 환경사범 접수 인원이 전년 대비 증가한 해는 2019년, 2020년, 2023년, 2024년으로 총 4개 연도이므로 옳지 않은 설명이다.

② 환경사범 처리 인원 중 구공판 처리 인원은 2020년에 전년 대비 감소했으므로 옳지 않은 설명이다.

④ 2023년 환경사범 처리 인원에서 불기소 처리 인원이 차지하는 비중은 (3,501 / 12,062) × 100 ≒ 29%이므로 옳지 않은 설명이다.

⑤ 환경사범 접수 인원과 처리 인원의 차이가 가장 큰 해는 12,283 − 12,062 = 221명 차이가 나는 2023년이므로 옳지 않은 설명이다.

20 자료이해 정답 ④

2024년 전체 입국자 수에서 외국인 입국자 수가 차지하는 비중은 (495,079 / 817,974) × 100 ≒ 60.5%이므로 옳은 설명이다.

오답 체크

① 2024년 내국인 출국자 수는 2018년 대비 346,360 - 296,850 = 49,510명 감소하였으므로 옳지 않은 설명이다.

② 외국인 총이동자 수가 두 번째로 많은 2023년에 내국인 총이동자 수는 전년 대비 {(625,523 - 608,052) / 625,523}× 100 ≒ 2.8% 감소하였으므로 옳지 않은 설명이다.

③ 2019년 이후 내국인 출국자 수는 매년 전년 대비 감소하였으나, 2020년 이후 외국인 출국자 수는 매년 전년 대비 증가하였으므로 옳지 않은 설명이다.

⑤ 외국인 입국자 수가 전년 대비 감소한 2021년에 전체 순이동자 수는 683,716 - 622,290 = 61,426명이므로 옳지 않은 설명이다.

03 창의수리 p.346

01 용액의 농도 정답 ②

소금의 양 = 소금물의 양 × $\frac{\text{소금물의 농도}}{100}$임을 적용하여 구한다.

처음 A 컵에 들어 있던 소금물의 양을 x라고 하면 A 컵에 들어 있던 소금의 양은 $0.06x$이다.

처음 B 컵에 들어 있던 소금물의 양은 A 컵에 들어 있던 소금물의 양보다 200g 더 많았으므로 $x+200$이고, B 컵에 들어 있던 소금의 양은 $0.3(x+200)$이다.

두 컵에 들어 있는 소금물을 섞고 난 후의 소금물의 양은 $x+(x+200)=2x+200$이고 이때의 농도는 24%이므로 소금의 양은 $0.24(2x+200)$이다.

$0.06x+0.3(x+200)=0.24(2x+200)$

$\rightarrow 0.36x+60=0.48x+48 \rightarrow x=100$

따라서 처음 A 컵에 들어 있던 소금물의 양은 100g이고, 소금의 양은 $100 \times 0.06=6$g이다.

02 원가/정가 정답 ①

이익 = 원가 × 이익률임을 적용하여 구한다.

세탁기와 건조기의 원가를 x라고 하면

세탁기와 건조기를 총 120대 판매하였고, 세탁기 판매량은 건조기 판매량의 2배이므로 세탁기 판매량은 $120 \times \frac{2}{3}=80$대, 건조기 판매량은 $120 \times \frac{1}{3}=40$대이다. 이때 세탁기는 원가에 10% 이익을 붙여 판매하고 건조기는 원가에 30% 이익을 붙여 판매하였으며, 120대를 판매하여 얻은 총이익이 1,140만 원이므로

$(80 \times 0.1x)+(40 \times 0.3x)=1{,}140 \rightarrow 20x=1{,}140$

$\rightarrow x=57$

따라서 세탁기의 원가는 57만 원이다.

03 용액의 농도 정답 ③

딸기 시럽의 양 = 딸기잼의 양 × $\frac{\text{딸기잼의 농도}}{100}$임을 적용하여 구한다.

추가로 넣은 물의 양을 x라고 하면

농도가 70%인 딸기잼 200g에 들어있는 딸기 시럽의 양은 $200 \times \frac{70}{100}=140$g이고, 농도가 30%인 딸기잼 100g에 들어있는 딸기 시럽의 양은 $100 \times \frac{30}{100}=30$g이므로 물을 섞은 후 농도가 50%인 딸기잼에 들어있는 딸기 시럽의 양은 $140+30=170$g이고, 딸기잼의 양은 $(200+100+x)$g이다. 이때 만들어진 딸기잼의 농도는 50%이므로

$170=(200+100+x) \times \frac{50}{100} \rightarrow x=40$

따라서 추가로 넣은 물의 양은 40g이다.

04 경우의 수/확률 정답 ②

n명을 한 줄로 세울 때의 경우의 수는 $n!=n \times (n-1) \times \cdots \times 2 \times 1$임을 적용하여 구한다.

바로 옆에 앉아야 하는 a와 b, c와 d를 각각 한 사람으로 보고 4명이 한 줄로 앉는 경우의 수를 구한 뒤, a와 b, c와 d가 각각 서로 자리를 바꾸는 경우를 고려한다.

따라서 6명이 한 줄로 앉는 경우의 수는 $4! \times 2 \times 2=96$가지이다.

05 거리/속력/시간 정답 ③

시간 = $\frac{\text{거리}}{\text{속력}}$임을 적용하여 구한다.

1층부터 30층까지의 전체 높이는 120m이고, 건물의 층간 높이가 일정하므로 한 층의 높이는 $\frac{120}{30}=4$m이다.

엘리베이터를 타고 1층에서 13층까지 올라갈 때의 이동 거리는 $4 \times 12=48$m이고, 걸린 시간은 6초이므로 엘리베이터의 속력은 $\frac{48}{6}=8$m/s이다.

따라서 엘리베이터를 타고 20층에서 지하 3층까지 내려갈 때의 이동 거리는 $4 \times 22=88$m이므로 걸리는 시간은 $\frac{88}{8}=11$초이다.

빠른 문제 풀이 Tip

비례식을 활용하여 정답을 찾는다.

20층에서 지하 3층까지 22개의 층을 내려가는 데 걸리는 시간을 x라고 하면

층간 높이가 일정하며 일정한 속력으로 엘리베이터가 운행되고, 1층부터 13층까지 12개의 층을 이동하는 데 6초가 걸리므로

$12:6=22:x \rightarrow 12x=132 \rightarrow x=11$

06 방정식의 활용 정답 ②

A 팀 직원과 B 팀 직원의 합은 총 100명이며, A 팀 직원과 B 팀 직원의 비율은 7:3이므로 A 팀 직원은 $100 \times \frac{7}{10}=70$명이고, B 팀 직원은 $100 \times \frac{3}{10}=30$명이다. 이때 A 팀의 남자 직원과 여자 직원의 비율은 3:7이고, B 팀의 남자 직원과 여자 직원의 비율은 4:6이므로 A 팀의 여자 직원은 $70 \times \frac{7}{10}=49$명이고, B 팀의 여자 직원은 $30 \times \frac{6}{10}=18$명이다.

따라서 A 팀 여자 직원과 B 팀 여자 직원은 총 $49+18=67$명이다.

07 경우의 수/확률 정답 ⑤

서로 다른 n개를 원형으로 배열하는 방법의 수는 (n-1)!임을 적용하여 구한다.
외부 인사의 양옆에는 임원진만 앉을 수 있어 임원진과 외부 인사는 서로 번갈아 가면서 연달아 앉으므로 임원진과 외부 인사를 한 묶음으로 생각하면 임원진과 외부 인사 묶음 안에서 임원진 3명과 외부 인사 2명이 원탁에 앉는 방법의 수는 3! × 2!가지이다. 이 묶음과 팀장 3명, 사원 3명이 원탁에 앉는 방법의 수는 (7-1)! = 6!가지이다.
따라서 11명이 원탁에 앉아 회의하는 방법은 3! × 2! × 6! = 8,640가지이다.

08 방정식의 활용 정답 ④

종이컵을 운반하는 차량의 대수를 x, 스푼을 운반하는 차량의 대수를 y, 빨대를 운반하는 차량의 대수를 z라고 하면
차량의 대수는 종이컵을 운반하는 차량이 빨대를 운반하는 차량의 3배이므로 $x = 3z$이고,
물품 운반 차량은 총 16대이므로
$x+y+z=16 \rightarrow 3z+y+z=16 \rightarrow y=16-4z$
이때 각 물품을 실은 차량은 최소 한 대 이상이므로 이를 만족하는 순서쌍 (x, y, z)는 (3, 12, 1), (6, 8, 2), (9, 4, 3)이다.
각 경우에 따라 운반할 수 있는 전체 물품 개수를 계산하면
(3, 12, 1)일 경우, 500 × 3 + 1,300 × 12 + 800 × 1 = 17,900개,
(6, 8, 2)일 경우, 500 × 6 + 1,300 × 8 + 800 × 2 = 15,000개,
(9, 4, 3)일 경우, 500 × 9 + 1,300 × 4 + 800 × 3 = 12,100개이다.
따라서 물품 운반 차량이 운반할 수 있는 전체 물품의 최대 개수는 17,900개이다.

09 방정식의 활용 정답 ②

각 공장에서 생산한 드라이어 개수를 n, 드라이어 개당 생산 비용을 c라고 하고, B 공장에서 생산한 드라이어 한 개의 판매액을 x라고 하면
불량품은 판매할 수 없고, A 공장에서 드라이어를 생산할 경우 불량품을 생산할 확률이 15%이므로 드라이어의 판매 개수는 0.85n개, B 공장에서 드라이어를 생산한 경우 불량품을 생산할 확률이 30%이므로 드라이어의 판매 개수는 0.7n개이다. A 공장에서 드라이어 한 개당 14만 원에 판매했을 경우 예상한 이익과 B 공장에서 드라이어 한 개당 x만 원에 판매하여 창출한 이익은 동일하므로
$(14 \times 0.85n) - (c \times n) = (x \times 0.7n) - (c \times n)$
$\rightarrow 11.9n = 0.7nx \rightarrow x = 17$
따라서 B 공장에서 생산한 드라이어는 한 개당 17만 원에 판매했다.

10 방정식의 활용 정답 ③

변량의 총합 = 평균 × 변량의 개수임을 적용하여 구한다.
1등과 2등의 평균 점수는 89점이고, 3등과 4등의 평균 점수는 82점이므로 1등부터 4등까지의 점수 합은
(89 × 2) + (82 × 2) = 342점이다. 이때, 1등, 3등, 4등의 점수 합은 85 × 3 = 255점이므로
2등의 점수는 342 - 255 = 87점이다. 3등과 4등의 평균 점수는 82점, 5등과 6등의 평균 점수는 72점이므로 3등부터 6등까지의 점수 합은 (82 × 2) + (72 × 2) = 308점이고, 4등, 5등, 6등의 점수 합은 75 × 3 = 225점이므로 3등의 점수는 308 - 225 = 83점이다.
따라서 2등과 3등의 점수는 각각 87점, 83점이다.

11 경우의 수/확률 정답 ②

기계가 제품 A를 생산했을 때 불량품이 발생할 확률은 0.3 × 0.03 = 0.009, 제품 B를 생산했을 때 불량품이 발생할 확률은 0.3 × 0.05 = 0.015, 제품 C를 생산했을 때 불량품이 발생할 확률은 0.4 × 0.04 = 0.016이다.
따라서 생산된 불량품 중 하나를 선택했을 때 그 불량품이 제품 B일 확률은 $\frac{0.015}{0.009+0.015+0.016} = \frac{3}{8}$이다.

12 방정식의 활용 정답 ③

시계의 시침은 12시간 동안 360° 회전하므로 1시간에 30°씩, 1분에 0.5°씩 회전하며, 분침은 1시간 동안 360° 회전하므로 1분에 6°씩 회전함을 적용하여 구한다.
시침이 숫자 9를, 분침이 숫자 2를 가리킬 때, 시침과 분침이 이루는 각도는 30 × 5 = 150°이며, 현재 시각이 9시 10분일 경우 시침은 숫자 9와 10 사이를 가리키고 있고, 10분 동안 시침은 0.5 × 10 = 5° 회전한다.
따라서 현재 시각이 9시 10분일 때, 시침과 분침이 이루는 각도는 150 - 5 = 145°이다.

13 방정식의 활용 정답 ④

$n(A \cup B \cup C) = n(A) + n(B) + n(C) - n(A \cap B) - n(B \cap C) - n(A \cap C) + n(A \cap B \cap C)$임을 적용하여 구한다.
에어로빅에 접수한 주민의 집합을 A, 바이올린에 접수한 주민의 집합을 B, 수영에 접수한 주민의 집합을 C라고 하면
$50 = 29 + 20 + 23 - 9 - 9 - 10 + n(A \cap B \cap C)$
$\rightarrow n(A \cap B \cap C) = 6$
따라서 세 강좌에 모두 접수한 주민의 수는 6명이다.

14 경우의 수/확률 정답 ④

공을 뽑아 만든 숫자가 32 이상이 되어야 하므로 십의 자리 수가 3일 경우와 4 이상일 경우로 나누어 구한다.
십의 자리 수가 3이면서 만든 숫자가 32 이상일 확률은
$\frac{1}{9} \times \frac{7}{8} = \frac{7}{72}$이고,
십의 자리 수가 4 이상이면서 만든 숫자가 32 이상일 확률은
$\frac{6}{9} \times \frac{8}{8} = \frac{48}{72}$이다.
따라서 공을 뽑아 만든 숫자가 32 이상이 될 확률은 $\frac{7}{72} + \frac{48}{72} = \frac{55}{72}$이다.

15 거리/속력/시간 정답 ③

시간 = $\frac{거리}{속력}$임을 적용하여 구한다.
진수가 편도 거리가 1,000m인 산책로를 올라갈 때 1m/s의 속력으로 걸었으므로 진수가 산책로를 올라갈 때 걸린 시간은 $\frac{1,000}{1}$ = 1,000초이다.
이때, 진수가 4m/s로 달려서 내려간 거리를 x라고 하면, 2m/s로 걸어서 내려간 거리는 $1,000-x$이므로 진수가 산책로를 내려갈 때 걸린 시간은 $\frac{x}{4} + \frac{1,000-x}{2} = \frac{2,000-x}{4}$초이다.
진수가 산책로를 올라갈 때의 시간과 산책로를 내려갈 때의 시간 차이가 600초이며, 산책로를 내려갈 때보다 올라갈 때 시간이 더 오래 걸렸으므로
$1,000 - \frac{2,000-x}{4} = 600 \rightarrow 2,000 - x = 1,600 \rightarrow x = 400$이다.
따라서 진수가 산책로를 달려서 내려간 거리는 400m이다.

16 방정식의 활용 정답 ⑤

운동장을 도는데 진영이와 소윤이가 최초로 만나는 시간은 진영이와 소윤이가 운동장 한 바퀴를 도는데 걸리는 시간의 최소공배수임을 적용하여 구한다.
6을 소인수분해하면 $6 = 2 \times 3$이고, 9를 소인수분해하면 $9 = 3 \times 3$이며, 최소공배수는 각 자연수를 소인수분해한 후, 적어도 어느 한 자연수에 포함된 인수를 모두 곱하여 구하므로 최소공배수는 $2 \times 3 \times 3 = 18$이 됨에 따라 진영이와 소윤이가 10시에 운동장을 돌기 시작하여 세 번째로 만나게 되는 시간은 $18 \times 3 = 54$분 후이다.
따라서 진영이와 소윤이가 세 번째로 만나게 되는 시간은 10시 54분이다.

17 원가/정가 정답 ③

정가 = 원가 × (1+이익률), 할인가 = 정가 × (1 − 할인율), 이익 = 판매가 − 원가임을 적용하여 구한다.
진아가 만든 목걸이의 원가를 x라고 하면
원가에 25%의 이익을 붙인 정가는 $1.25x$이고, 정가의 30%를 할인한 판매가는 $1.25x \times 0.7 = 0.875x$이다.
이때 목걸이 1개당 500원의 손해를 보았으므로
$0.875x - x = -500 \rightarrow 0.125x = 500 \rightarrow x = 4,000$
따라서 목걸이의 원가는 4,000원이다.

18 방정식의 활용 정답 ⑤

물이 가득 차는 데 걸리는 시간 = $\frac{전체\ 물의\ 양}{분당\ 채워지는\ 물의\ 양}$임을 적용하여 구한다.
전체 수조에 채워질 수 있는 물의 양은 120L이고, 분당 채워지는 물의 양은 $5 - 2 = 3$L이다.
$\frac{120}{3} = 40$이므로 수조에 물이 가득 차는 데 걸리는 총시간은 40분이다.

19 방정식의 활용 정답 ②

옮겨 담기 전 A 박스에 담겨 있던 사과의 개수를 x, B 박스에 담겨 있던 사과의 개수를 y라고 하면
$x : y = 1 : 2 \rightarrow y - 2x = 0$ ⋯ ⓐ
$(x+8) : (y-8) = 2 : 3 \rightarrow 2(y-8) = 3(x+8)$
$\rightarrow 2y - 3x = 40$ ⋯ ⓑ
2ⓐ − ⓑ에서 $x = 40$이므로 옮겨 담기 전 A 박스에 담겨 있던 사과의 개수는 40개이다.

20 일의 양 정답 ④

기간당 작업량 = $\frac{작업량}{기간}$임을 적용하여 구한다.
전체 일의 양을 1이라고 할 때 보라가 혼자 교재 한 권을 편집할 때 35일이 걸리므로 보라의 하루 작업량은 $\frac{1}{35}$이고, 선예가 혼자 교재 한 권을 편집할 때 걸리는 기간을 x라고 하면 선예의 하루 작업량은 $\frac{1}{x}$이다.
이때 두 사람이 함께 교재 한 권을 편집하는 데에는 21일이 걸리므로
$\frac{1}{35} + \frac{1}{x} = \frac{1}{21} \rightarrow 3x + 105 = 5x \rightarrow x = 52.5$
따라서 선예가 혼자 교재 한 권을 편집할 때에는 최소 53일이 걸린다.

04 언어추리 p.352

01 조건추리_위치/배치 정답 ②

제시된 조건에 따르면 인사팀, 총무팀, 홍보팀, 마케팅팀, 디자인팀, 영업팀 총 6개 팀의 사무실은 6층짜리 건물에 위치하고, 각 층에는 1개 팀의 사무실만 위치한다. 이때 인사팀의 사무실은 2층에 위치하고, 디자인팀과 홍보팀의 사무실 사이에는 3개 팀의 사무실이 위치하므로 디자인팀과 홍보팀의 사무실은 1층 또는 5층에 위치함을 알 수 있다. 또한, 총무팀의 사무실은 마케팅팀의 사무실보다 위층에 위치하고, 영업팀의 사무실은 가장 위층에 위치하지 않으므로 총무팀의 사무실은 6층에 위치하고, 마케팅팀과 영업팀의 사무실은 3층 또는 4층에 위치함을 알 수 있다.

구분	부서
6층	총무팀
5층	홍보팀 또는 디자인틴
4층	마케팅팀 또는 영업팀
3층	마케팅팀 또는 영업팀
2층	**인사팀**
1층	홍보팀 또는 디자인팀

따라서 총무팀의 사무실은 6층에 위치하므로 항상 참인 설명이다.

오답 체크

① 마케팅팀의 사무실은 3층 또는 4층에 위치하므로 항상 참인 설명은 아니다.

③ 마케팅팀의 사무실은 3층 또는 4층에 위치하고, 홍보팀의 사무실은 1층 또는 5층에 위치하므로 항상 참인 설명은 아니다.

④ 영업팀의 사무실은 3층 또는 4층에 위치하고, 디자인팀의 사무실은 1층 또는 5층에 위치하므로 항상 참인 설명은 아니다.

⑤ 인사팀의 사무실은 2층에 위치하고, 디자인팀의 사무실은 1층 또는 5층에 위치하므로 항상 참인 설명은 아니다.

02 명제추리 정답 ⑤

강아지를 키우는 모든 가정이 정수기가 있고 세탁기가 있는 어떤 가정이 강아지를 키운다면 정수기가 있으면서 세탁기가 있는 가정이 반드시 존재하게 된다.
따라서 '정수기가 있는 어떤 가정은 세탁기가 있다.'가 타당한 결론이다.

오답 체크

강아지를 키우는 가정을 A, 정수기가 있는 가정을 B, 세탁기가 있는 가정을 C라고 하면

① 강아지를 키우는 모든 가정이 정수기가 있고 세탁기가 있는 어떤 가정이 강아지를 키운다면 세탁기가 없는 가정 중에 정수기가 있는 가정이 존재할 수 있으므로 항상 참인 결론이 아니다.

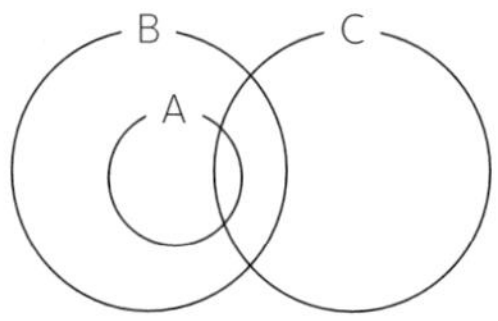

② 강아지를 키우는 모든 가정이 정수기가 있고 세탁기가 있는 어떤 가정이 강아지를 키운다면 정수기가 없는 모든 가정이 세탁기가 없을 수 있으므로 항상 참인 결론이 아니다.

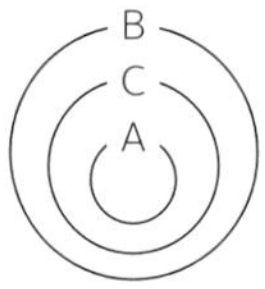

③ 강아지를 키우는 모든 가정이 정수기가 있고 세탁기가 있는 어떤 가정이 강아지를 키운다면 세탁기가 없는 모든 가정이 정수기가 없을 수 있으므로 항상 참인 결론이 아니다.

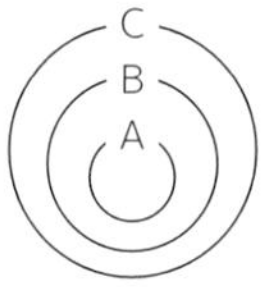

④ 강아지를 키우는 모든 가정이 정수기가 있고 세탁기가 있는 어떤 가정이 강아지를 키운다면 세탁기가 없는 가정 중에 정수기가 없는 가정이 존재할 수 있으므로 항상 참인 결론이 아니다.

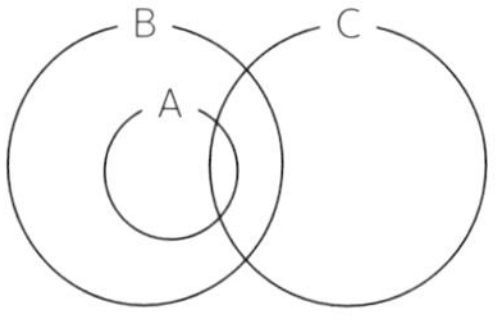

03 조건추리_참/거짓 진술 정답 ②

제시된 조건에 따르면 불량품이 발생한 생산라인은 3개이며, 불량품이 발생한 생산라인의 팀장은 거짓을 말하고 있고, 나머지 생산라인의 팀장은 진실을 말하고 있다고 하였으므로 거짓을 말하고 있는 사람이 3명, 진실을 말하고 있는 사람이 2명이다. 또한, D 생산라인 팀장은 거짓을 말하고 있다는 C 생산라인 팀장의 진술과 자신의 생산라인에는 불량품이 발생하지 않았다는 D 생산라인 팀장의 진술이 서로 모순되므로 C 생산라인 팀장과 D 생산라인 팀장 중 1명의 진술은 거짓이며, C 생산라인과 D 생산라인에 모두 불량품이 발생했다는 A 생산라인 팀장의 진술도 반드시 거짓임을 알 수 있다. 이때, C 생산라인 팀장과 D 생산라인 팀장의 진술에 따라 가능한 경우는 다음과 같다.

경우 1. C 생산라인 팀장의 진술이 진실일 경우

A	B	C	D	E
거짓	진실	진실	거짓	진실

경우 2. D 생산라인 팀장의 진술이 진실일 경우

A	B	C	D	E
거짓	진실	거짓	진실	거짓

경우 1은 거짓을 말하고 있는 사람이 3명이라는 조건에 모순되므로 D 생산라인 팀장의 진술이 진실이며, 진실을 말하고 있는 사람은 B 생산라인 팀장과 D 생산라인 팀장이고, 거짓을 말하고 있는 사람은 A 생산라인 팀장, C 생산라인 팀장, E 생산라인 팀장이다.
따라서 불량품이 발생한 생산라인은 A, C, E이다.

04 명제추리 정답 ⑤

두 번째 명제의 대우와 세 번째 명제를 차례로 결합한 결론은 다음과 같다.

- 두 번째 명제(대우): 더위를 많이 타지 않는 사람은 추위를 많이 탄다.
- 세 번째 명제: 추위를 많이 타는 사람은 눈을 좋아하지 않는다.
- 결론: 더위를 많이 타지 않는 사람은 눈을 좋아하지 않는다.

05 조건추리_순서/순위 정답 ⑤

제시된 조건에 따르면 가위, 지우개, 풀은 각각 금요일, 토요일, 일요일 중 하루에 할인하고, 수요일 할인 품목은 공책이며 공책을 할인하는 날의 바로 전날과 바로 다음 날인 화요일과 목요일에 연필을 할인하지 않으므로 연필은 월요일에 할인한다. 이에 따라 화요일과 목요일에는 볼펜 또는 형광펜을 할인한다.

월	화	수	목	금	토	일
연필	볼펜 또는 형광펜	**공책**	볼펜 또는 형광펜	가위 또는 지우개 또는 풀	가위 또는 지우개 또는 풀	가위 또는 지우개 또는 풀

따라서 연필은 월요일에 할인하므로 항상 참인 설명이다.

오답 체크

① 볼펜은 화요일 또는 목요일에 할인하므로 항상 참인 설명은 아니다.
② 형광펜은 화요일 또는 목요일, 가위는 금요일 또는 토요일 또는 일요일에 할인하므로 항상 참인 설명은 아니다.
③ 연필은 월요일, 지우개는 금요일 또는 토요일 또는 일요일에 할인하므로 항상 거짓인 설명이다.
④ 공책을 할인하는 날은 수요일이며, 바로 다음 날인 목요일에는 볼펜 또는 형광펜을 할인하므로 항상 참인 설명은 아니다.

06 명제추리 정답 ①

아침을 먹는 모든 사람이 하루에 두 끼 식사를 하므로 하루에 두 끼 식사를 하는 모든 사람이 날씬하면 아침을 먹는 모든 사람은 하루에 두 끼 식사를 하면서 날씬하다.
따라서 하루에 두 끼 식사를 하는 모든 사람은 날씬하다는 의미의 '날씬하지 않은 모든 사람은 하루에 두 끼 식사를 하지 않는다.'가 타당한 전제이다.

오답 체크

아침을 먹는 사람을 A, 하루에 두 끼 식사를 하는 사람을 B, 날씬한 사람을 C라고 하면

② 하루에 두 끼 식사를 하는 모든 사람이 날씬한 것은 아니라는 것은 하루에 두 끼 식사를 하는 어떤 사람은 날씬하지 않다는 것이므로 하루에 두 끼 식사를 하는 어떤 사람이 날씬하지 않고, 아침을 먹는 모든 사람이 하루에 두 끼 식사를 한다면 아침을 먹는 어떤 사람은 날씬하지 않을 수도 있으므로 결론이 반드시 참이 되게 하는 전제가 아니다.

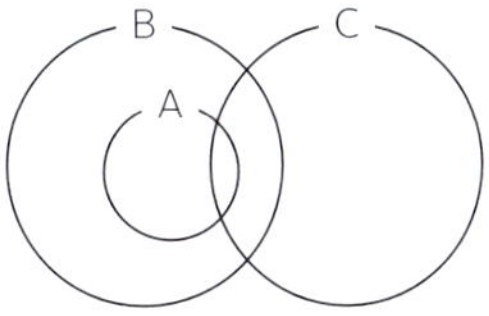

③ 아침을 먹는 모든 사람이 하루에 두 끼 식사를 하고, 하루에 두 끼 식사를 하는 어떤 사람이 날씬하다면 아침을 먹는 어떤 사람은 날씬하지 않을 수도 있으므로 결론이 반드시 참이 되게 하는 전제가 아니다.

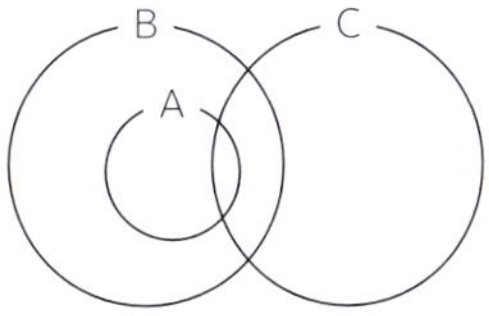

④ 아침을 먹는 모든 사람이 하루에 두 끼 식사를 하고, 날씬한 모든 사람이 하루에 두 끼 식사를 한다면 아침을 먹는 어떤 사람은 날씬하지 않을 수도 있으므로 결론이 반드시 참이 되게 하는 전제가 아니다.

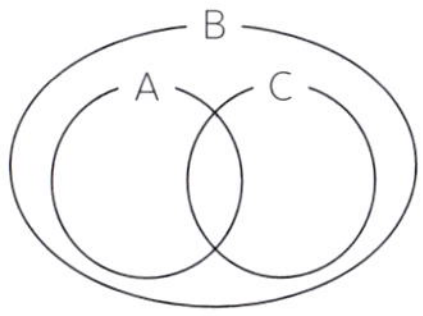

⑤ 하루에 한 끼 이하의 식사를 한다는 것은 하루에 두 끼 식사를 하지 않는다는 것이므로 아침을 먹는 모든 사람이 하루에 두 끼 식사를 하고, 날씬한 어떤 사람이 하루에 두 끼 식사를 하지 않는다면 아침을 먹는 어떤 사람은 날씬하지 않을 수도 있으므로 결론이 반드시 참이 되게 하는 전제가 아니다.

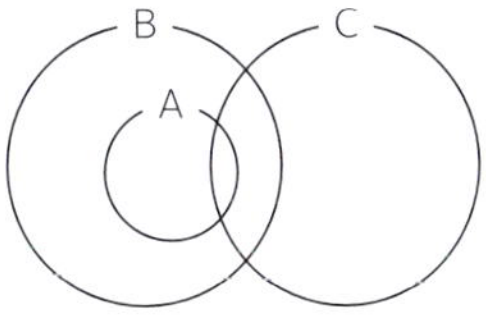

07 조건추리_위치/배치

정답 ④

제시된 조건에 따르면 원피스를 구매한 2명 중 한 사람은 윤아이고, 소영이는 치마를 구매하였으므로 지윤이와 경아 둘 중 한 명은 원피스, 다른 한 명은 바지를 구매하였다. 이때 바지를 구매한 사람만 운동화를 구매하였으므로 운동화를 구매한 사람은 1명이고, 슬리퍼를 구매한 사람도 1명이므로 구두를 구매한 사람은 2명임을 알 수 있다. 이에 따라 소영이는 구두를 구매하지 않았으므로 슬리퍼를 구매했음을 알 수 있다. 바지를 구매한 사람에 따라 가능한 경우는 아래와 같다.

경우 1. 지윤이가 바지를 구매한 경우

구분	지윤	윤아	소영	경아
옷	바지	**원피스**	**치마**	원피스
신발	운동화	구두	슬리퍼	구두

경우 2. 경아가 바지를 구매한 경우

구분	지윤	윤아	소영	경아
옷	원피스	**원피스**	**치마**	바지
신발	구두	구두	슬리퍼	운동화

따라서 경아는 구두 또는 운동화를 구매하였으므로 항상 거짓인 설명이다.

오답 체크

① 윤아는 구두를 구매하였으므로 항상 참인 설명이다.

② 지윤이는 바지 또는 원피스를 구매하였으므로 항상 거짓인 설명은 아니다.

③ 운동화를 구매한 사람은 1명이므로 항상 참인 설명이다.

⑤ 지윤이가 원피스를 구매하였을 때 경아는 운동화를 구매하였으므로 항상 참인 설명이다.

08 조건추리_참/거짓 진술

정답 ②

제시된 조건에 따르면 자신은 D보다 두 개 낮은 층에서 당직을 섰다는 B의 진술과 B는 가장 높은 층에서 당직을 섰다는 D의 진술은 서로 모순되므로 B와 D 중 1명의 진술이 거짓임을 알 수 있다. 먼저 B의 진술이 거짓인 경우, B는 가장 높은 층인 5층에서 당직을 섰다. 또한, C와 E는 4층에서 당직을 서지 않았다는 A의 진술과 자신은 A보다 한 개 높은 층에서 당직을 섰다는 C의 진술에 따라 D가 4층에서 당직을 섰고, A와 C는 각각 1층과 2층 또는 2층과 3층에서 당직을 섰음을 알 수 있다. 이때, E는 1층 또는 3층에서 당직을 섰지만, 이는 자신이 A 또는 C와 이웃한 층에서 당직을 서지 않았다는 E의 진술에 모순되므로 B의 진술은 진실이다. 이에 따라 B는 D보다 두 개 낮은 층에서 당직을 섰고, C는 A보다 한 개 높은 층에서 당직을 섰다. B와 D가 각각 3층과 5층에서 당직을 섰으면 A와 C는 각각 1층과 2층에서 당직을 섰으므로 E가 4층에서 당직을 섰지만, 이는 E가 4층에서 당직을 서지 않았다는 A의 진술에 모순되므로 B와 D가 각각 1층과 3층, A와 C는 각각 4층과 5층, E는 2층에서 당직을 섰음을 알 수 있다. 따라서 1층에서 당직을 선 사람은 B이다.

09 명제추리

정답 ②

다섯 번째 명제와 세 번째 명제의 '대우'를 차례로 결합한 결론은 다음과 같다.

- 다섯 번째 명제: 한라봉을 좋아하는 사람은 오리를 좋아하지 않는다.
- 세 번째 명제(대우): 오리를 좋아하지 않는 사람은 사슴을 좋아한다.
- 결론: 한라봉을 좋아하는 사람은 사슴을 좋아한다.

10 조건추리_순서/순위

정답 ②

제시된 조건에 따르면 민수가 듣는 수업은 1교시인 수업이 2개, 2교시인 수업이 2개, 3교시인 수업이 4개이고, 하루에 2개 과목의 수업이 각각 1시간씩 진행된다. 이때, 국어와 과학 수업은 수요일에 진행되지 않으므로 수요일에 진행되는 수업은 영어 또는 수학이고 주중 첫 영어 수업은 수요일에 진행되며 모든 영어 수업은 1교시에 진행됨에 따라 수요일과 목요일 1교시 수업은 영어이고 3교시인 수업이 4개이므로 3교시에는 반드시 수업이 진행됨에 따라 수요일 3교시는 수학이다. 이에 따라 월요일과 화요일에는 2교시와 3교시 수업을, 수요일과 목요일에는 1교시와 3교시 수업이 진행된다. 주중 첫 수학 수업은 화요일 2교시에 진행되므로 월요일에는 국어와 과학 수업이 진행되고 모든 과학 수업은 3교시에만 진행되므로 월요일 2교시는 국어, 3교시는 과학 수업이 진행된다. 이에 따라 민수가 듣는 학원 수업 시간표로 가능한 경우는 다음과 같다.

구분	월	화	수	목
1교시			영어	영어
2교시	국어	**수학**		
3교시	과학	국어 또는 과학	수학	국어 또는 과학

따라서 과학 수업은 월요일과 화요일 또는 월요일과 목요일에 진행되므로 항상 옳지 않은 설명이다.

오답 체크

① 월요일 2교시 수업은 국어이므로 항상 옳은 설명이다.

③ 수요일 2교시와 목요일 2교시 수업은 없으므로 항상 옳은 설명이다.

④ 화요일과 목요일에 모든 과목의 수업이 각각 1번씩 진행되므로 항상 옳은 설명이다.

⑤ 목요일 3교시 수업은 국어 또는 과학이므로 항상 옳지 않은 설명은 아니다.

11 조건추리_위치/배치 정답 ③

a. 철수는 통제된 교차로 ㉦, ㉨ 또는 ㉧, ㉨ 2군데만 뚫으면 영희를 만날 수 있으므로 옳은 설명이다.

c. 통제된 교차로가 없다면 철수가 영희에게 최단 거리로 가는 방법은 다음 그림과 같이 28가지이므로 참인 설명이다.

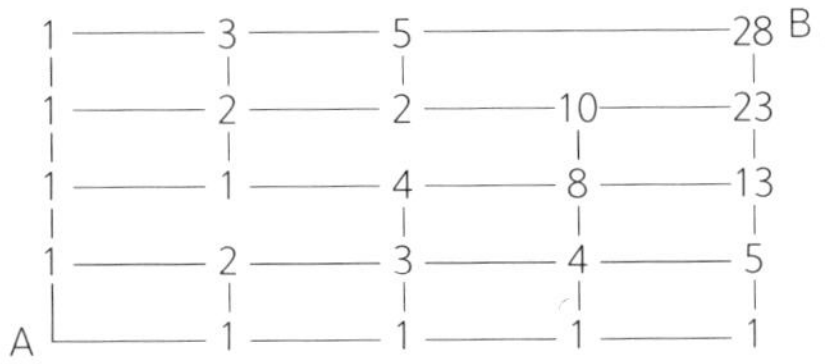

오답 체크

b. 철수는 통제된 교차로 11군데 중 ㉤, ㉨, ㉩을 제외한 나머지 8군데를 뚫거나 ㉤, ㉨, ㉪을 제외한 나머지 8군데를 뚫는 경우에는 영희를 만날 수 없으므로 거짓인 설명이다.

12 조건추리_순서/순위 정답 ④

제시된 조건에 따르면 병보다 먼저 법정에 출석하는 당사자는 2명이므로 병의 법정 출석 순서는 세 번째이고, 을과 병의 법정 출석 순서는 서로 연속되므로 을의 법정 출석 순서는 두 번째 또는 네 번째이다. 이때 무의 법정 출석 시각은 정보다 빠르지만, 가장 빠르지는 않으므로 무의 법정 출석 순서는 두 번째 또는 네 번째이고, 정의 법정 출석 순서는 다섯 번째이다. 이에 따라 갑의 법정 출석 순서는 첫 번째임을 알 수 있다.

구분	첫 번째	두 번째	세 번째	네 번째	다섯 번째
경우 1	갑	을	병	무	정
경우 2	갑	무	병	을	정

따라서 가장 마지막 순서로 법정에 출석하는 당사자는 정이다.

13 명제추리 정답 ①

여섯 번째 명제의 '대우'와 다섯 번째 명제, 세 번째 명제를 차례로 결합한 결론은 다음과 같다.

- 여섯 번째 명제(대우): 환경운동에 관심이 있는 사람은 일회용품을 사용하지 않는다.
- 다섯 번째 명제: 일회용품을 사용하지 않는 사람은 자연을 아낀다.
- 세 번째 명제: 자연을 아끼는 사람은 숲을 보존한다.
- 결론: 환경운동에 관심이 있는 사람은 숲을 보존한다.

오답 체크

② 자연휴양림으로 운영되는 곳은 나무가 많이 모인 곳이고, 나무가 많이 모인 곳은 숲이므로 항상 거짓인 설명이다.

③ 자연을 아끼는 사람이 환경운동에 관심이 있는지는 알 수 없으므로 항상 참인 설명은 아니다.

④ 일회용품을 사용하지 않는 사람이 공기가 좋은 곳을 만드는지는 알 수 없으므로 항상 참인 설명은 아니다.

⑤ 숲이 자연휴양림으로 운영되는지는 알 수 없으므로 항상 참인 설명은 아니다.

14 명제추리 정답 ⑤

물이 존재하는 어떤 별에는 공기와 생물이 존재하고, 공기없이 생물만 존재하는 별이 있다. 이때, 공기 없이 물만 존재하는 별은 없다고 했으므로 공기가 없으면서 생물과 물만 존재하는 별은 없다.

따라서 '공기와 물의 존재 없이 생물이 존재하는 별이 있다.'가 타당한 결론이다.

오답 체크

물이 존재하는 별을 A, 공기가 존재하는 별을 B, 생물이 존재하는 별을 C라고 하면

①, ③ 물이 존재하는 어떤 별에는 공기와 생물이 존재하고, 공기 없이 생물만 존재하는 별과 생물 없이 공기만 존재하는 별은 있으나 공기 없이 물만 존재하는 별이 없다면 물이 존재하는 모든 별은 공기와 생물이 모두 존재하는 별일 수도 있으므로 반드시 참인 결론이 아니다.

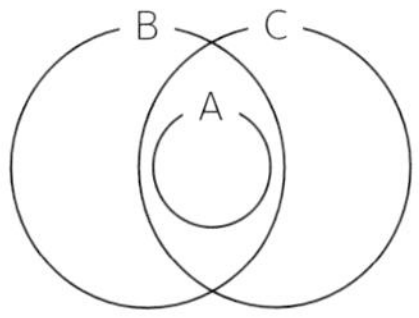

② 물이 존재하는 어떤 별에는 공기와 생물이 존재하고, 공기 없이 생물만 존재하는 별과 생물 없이 공기만 존재하는 별은 있으나 공기 없이 물만 존재하는 별이 없다면 공기가 존재하는어떤 별은 물이 존재하지 않는 별일 수도 있으므로 반드시 참인 결론이 아니다.

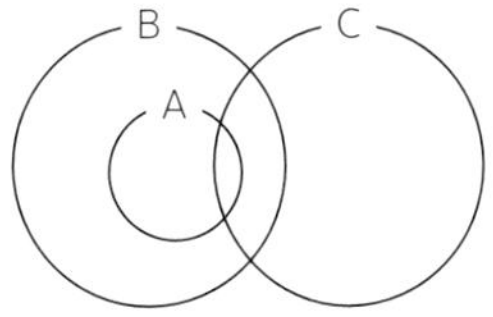

④ 물이 존재하는 어떤 별에는 공기와 생물이 존재하고, 공기 없이 생물만 존재하는 별과 생물 없이 공기만 존재하는 별은 있으나 공기 없이 물만 존재하는 별이 없다면 물이 존재하는 어떤 별은 생물이 존재하지 않는 별일 수도 있으므로 반드시 참인 결론이 아니다.

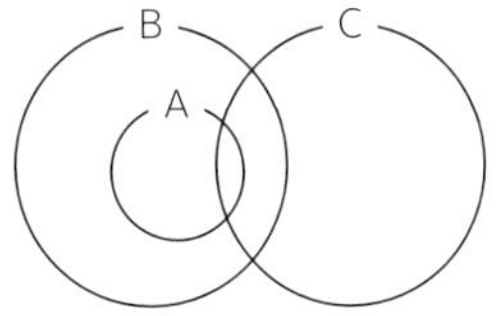

15 조건추리_순서/순위 정답 ⑤

제시된 조건에 따르면 D는 5번을 받고, G보다 몸무게가 적게 나가는 사람은 2명이므로 G는 3번을 받는다. 이때 E는 C보다 몸무게가 많이 나가고, F보다 몸무게가 많이 나가면서 B보다 몸무게가 적게 나가는 사람은 4명이므로 F가 1번을 받으면 B는 6번을 받고, F가 2번을 받으면 B는 7번을 받는다. B와 F가 받는 번호에 따라 가능한 경우는 아래와 같다.

경우 1. F가 1번, B가 6번을 받는 경우

1번	2번	3번	4번	5번	6번	7번
F	A 또는 C	G	A 또는 C 또는 E	D	B	A 또는 E

경우 2. F가 2번, B가 7번을 받는 경우

1번	2번	3번	4번	5번	6번	7번
A 또는 C	F	G	A 또는 C 또는 E	D	A 또는 E	B

따라서 E보다 몸무게가 적게 나가는 사람은 3명 또는 5명 또는 6명이므로 항상 거짓인 설명이다.

오답 체크

① 4번을 받는 사람으로 가능한 경우는 A 또는 C 또는 E가 받는 경우 3가지이므로 항상 참인 설명이다.

② B보다 몸무게가 많이 나가는 사람은 A 또는 E이거나 B가 몸무게가 가장 많이 나가므로 항상 거짓인 설명은 아니다.

③ A보다 몸무게가 적게 나가는 사람은 1명 또는 3명 또는 5명 또는 6명이거나 A가 몸무게가 가장 적게 나가므로 항상 거짓인 설명은 아니다.

④ 몸무게가 가장 적게 나가는 사람은 A 또는 C 또는 F이므로 항상 거짓인 설명은 아니다.

16 조건추리_위치/배치 정답 ⑤

제시된 조건에 따르면 각 우리에는 최소 1종 이상의 동물이 살고 있고, 2~4호 우리에는 1종의 동물만 살고 풀이 먹이로 주어지지 않으며, 물소와 코뿔소가 한 우리에서 함께 살고 있으므로 1호 우리에는 물소와 코뿔소가 함께 살고 있으며 풀이 먹이로 주어진다. 이에 따라 코끼리는 홀수 호실에 살고 있으므로 3호 우리에 살고 있다. 또한, 기린과 코끼리에게는 나뭇잎 또는 아카시아잎이 먹이로 주어지므로 얼룩말에게는 과일이 먹이로 주어진다. 2호 우리에 살고 있는 동물에 따라 가능한 경우는 아래와 같다.

경우 1. 2호 우리에 기린이 살고 있는 경우

구분	1호	2호	3호	4호
동물	물소, 코뿔소	기린	코끼리	얼룩말
먹이	풀	나뭇잎 또는 아카시아잎	나뭇잎 또는 아카시아잎	과일

경우 2. 2호 우리에 얼룩말이 살고 있는 경우

구분	1호	2호	3호	4호
동물	물소, 코뿔소	얼룩말	코끼리	기린
먹이	풀	과일	나뭇잎 또는 아카시아잎	나뭇잎 또는 아카시아잎

따라서 3호 우리에는 코끼리가 살고 있으므로 항상 거짓인 설명이다.

오답 체크

① 얼룩말은 2호 우리 또는 4호 우리에 살고 있으므로 항상 거짓인 설명은 아니다.

② 2호 우리에는 나뭇잎 또는 아카시아잎 또는 과일이 먹이로 주어지므로 항상 거짓인 설명은 아니다.

③ 얼룩말에게는 과일이 먹이로 주어지므로 항상 참인 설명이다.

④ 물소와 코뿔소에게는 풀이 먹이로 주어지므로 항상 참인 설명이다.

17 조건추리_참/거짓 진술 정답 ③

제시된 조건에 따르면 진실을 말한 사람은 1명으로 C가 진실을 말한 경우 A, B, D는 거짓을 말하므로 C와 D의 말에 따라 A와 C는 글로벌 교육 프로그램을 수강한다. 이때 A의 말에 따라 B와 D는 같은 프로그램을 수강하지만, 이는 아무도 수강하지 않는 프로그램이 없다는 조건에 모순되므로 C는 거짓을 말하였음을 알 수 있다. 나머지 A, B, D 중 진실을 말한 사람에 따라 가능한 경우는 아래와 같다.

경우 1. A가 진실을 말한 경우

A(진실)	B(거짓)	C(거짓)	D(거짓)
글로벌	글로벌 또는 환경	정보	글로벌 또는 환경
	글로벌 또는 정보 또는 환경	환경	글로벌 또는 정보 또는 환경

경우 2. B가 진실을 말한 경우

A(거짓)	B(진실)	C(거짓)	D(거짓)
글로벌	정보	환경	정보

경우 3. D가 진실을 말한 경우

A(거짓)	B(거짓)	C(거짓)	D(진실)
정보 또는 환경	글로벌	정보 또는 환경	글로벌

따라서 A와 C는 같은 교육 프로그램을 수강하지 않으므로 항상 거짓인 설명이다.

오답 체크

① 진실을 말한 사람은 A, B, D 중 1명이므로 항상 거짓인 설명은 아니다.
② C가 수강할 수 있는 교육 프로그램은 정보 또는 환경 교육 프로그램이므로 항상 참인 설명이다.
④ B는 글로벌 교육 프로그램을 A 또는 D와 함께 수강하므로 항상 거짓인 설명은 아니다.
⑤ A는 글로벌 또는 정보 또는 환경 교육 프로그램을 수강할 수 있으므로 항상 참인 설명이다.

18 명제추리 정답 ①

세 번째 명제와 첫 번째 명제를 차례로 결합한 결론은 다음과 같다.

- 세 번째 명제: 밀가루를 먹는 사람은 고기를 먹는다.
- 첫 번째 명제: 고기를 먹는 사람은 채소와 과일을 모두 먹는다.
- 결론: 밀가루를 먹는 사람은 채소와 과일을 모두 먹는다.

오답 체크

② 고기를 먹는 사람이 운동을 하지 않는지는 알 수 없으므로 항상 참인 설명은 아니다.
③ 외모에 관심이 많고 운동을 하는 사람이 고기를 먹는지는 알 수 없으므로 항상 참인 설명은 아니다.
④ 채소를 먹지 않는 사람은 고기를 먹지 않고, 고기를 먹지 않는 사람은 밀가루를 먹지 않아 채소를 먹지 않는 사람은 밀가루를 먹지 않으므로 항상 거짓인 설명이다.
⑤ 운동을 하는 사람이 외모에 관심이 많은지는 알 수 없으므로 항상 참인 설명은 아니다.

19 조건추리_참/거짓 진술 정답 ①

제시된 조건에 따르면 C는 거짓을 말하고 있다는 E의 진술에 따라 E의 진술이 진실이면 C의 진술은 거짓이고, E의 진술이 거짓이면 C의 진술은 진실임을 알 수 있다. 먼저 E의 진술이 진실인 경우, A가 입사하게 되었다는 C의 진술은 거짓이므로 A는 최종 면접에 불합격했다. 이때, D가 최종 면접에 합격했다는 A의 진술이 거짓이면 E는 입사할 수 없다는 B의 진술과 B와 C는 최종 면접에 불합격했다는 D의 진술이 진실이 되어 최종 면접에 합격한 사람이 없으므로 최종 면접에 합격한 사람이 1명이라는 조건에 모순된다. B의 진술이 거짓이면 A의 진술은 진실이 되어 최종 면접에 합격한 사람은 D와 E가 되므로 마찬가지로 최종 면접에 합격한 사람이 1명이라는 조건에 모순된다. 또한, D의 진술이 거짓이면 A의 진술은 진실이 되어 B 또는 C 중 1명과 D가 최종 면접에 합격하여 최종 면접에 합격한 사람이 1명이라는 조건에 모순되므로 E의 진술이 진실일 수 없다. 다음으로 E의 진술이 거짓인 경우, C의 진술은 진실이므로 A가 최종 면접에 합격하였고, A의 진술은 거짓이 되며, B와 D의 진술은 진실이 된다.

구분	A	B	C	D	E
진술	거짓	진실	진실	진실	거짓
면접	합격	불합격	불합격	불합격	불합격

따라서 최종 면접에 합격한 사람은 A이다.

20 조건추리_위치/배치 정답 ②

제시된 조건에 따르면 자동차의 종류는 쿠페와 SUV이고, 쿠페에 2명, SUV에 3명이 탑승하였다. 또한, C는 A와 같은 자동차에, B와 다른 자동차에 탑승하였고, D와 E는 같은 자동차에 탑승하였으므로 쿠페에는 A, C가 탑승하였고, SUV에는 B, D, E가 탑승한 것을 알 수 있다. 이때, A의 준비물은 고기이고 SUV에 탑승한 사람의 준비물은 밑반찬이 아니므로 C의 준비물은 밑반찬이다. 또한, D와 E의 준비물은 김치가 아니므로 B의 준비물은 김치이다. 이에 따라 5명이 캠핑에 가져간 준비물과 탑승한 자동차로 가능한 경우는 다음과 같다.

구분	A	B	C	D	E
준비물	**고기**	김치	밑반찬	석쇠 또는 숯	석쇠 또는 숯
자동차	쿠페	SUV	쿠페	SUV	SUV

따라서 석쇠는 D 또는 E의 준비물이고 두 사람 모두 SUV에 탑승하므로 항상 참인 설명이다.

오답 체크

① B는 SUV에 탑승하므로 항상 거짓인 설명이다.
③ A는 쿠페에, E는 SUV에 탑승하므로 항상 거짓인 설명이다.
④ D의 준비물은 석쇠 또는 숯이므로 항상 참인 설명은 아니다.
⑤ E의 준비물은 석쇠 또는 숯이므로 항상 참인 설명은 아니다.

05 수열추리 p.362

01 빈칸 숫자 추론 정답 ④

홀수항에 제시된 각 숫자 간의 값이 +5로 반복되고, 짝수항에 제시된 각 숫자 간의 값이 ×3으로 반복되므로 A와 B의 값은 각각 42와 231이고, 빈칸에 들어갈 알맞은 숫자는 '273'이다.

02 N번째 숫자 추론 정답 ⑤

N번째 항에 제시된 각 숫자는 N^2+N+1이라는 규칙이 적용되므로 30번째 항의 값으로 알맞은 숫자는 '931'이다.

03 빈칸 숫자 추론 정답 ②

제시된 각 숫자 간의 값이 +1,296, +216, +36, …과 같이 ÷6씩 변화하므로 빈칸에 들어갈 알맞은 숫자는 '1,594'이다.

04 빈칸 숫자 추론 정답 ⑤

분자의 각 숫자 간의 값이 +3으로 반복되고, 분모의 각 숫자 간의 값이 ×2로 반복되므로 빈칸에 들어갈 알맞은 숫자는 '$\frac{16}{6}$'이다.

05 빈칸 숫자 추론 정답 ④

제시된 각 숫자 간의 값이 ×2, −3, ×2, +3으로 반복되므로 빈칸에 들어갈 알맞은 숫자는 '110'이다.

06 빈칸 숫자 추론 정답 ①

각 숫자 간의 값이 ×(−2)+0, ×(−2)+1, ×(−2)+2, …으로 변화하므로 빈칸에 들어갈 알맞은 숫자는 '−652'이다.

07 빈칸 숫자 추론 정답 ④

제시된 각 숫자 간의 값이 ÷2로 반복되므로 빈칸에 들어갈 알맞은 숫자는 '68.75'이다.

08 빈칸 숫자 추론 정답 ①

제시된 숫자를 세 개씩 한 군으로 묶었을 때, 각 군의 세 번째 항에 해당하는 숫자는 앞의 두 숫자의 평균값이라는 규칙이 적용되므로 A와 B의 값은 각각 225와 460이고, 빈칸에 들어갈 알맞은 숫자는 '−235'이다.

09 N번째 숫자 추론 정답 ④

제시된 각 숫자를 약분되지 않은 분수로 변경한다.

$\frac{1}{4}$ $\frac{2}{9}$ $\frac{6}{16}$ $\frac{24}{25}$ $\frac{120}{36}$ …

N번째 항에 제시된 각 숫자는 $\frac{N!}{(N+1)^2}$이라는 규칙이 적용되므로 7번째 항의 값으로 알맞은 숫자는 '$\frac{315}{4}$'이다.

10 빈칸 숫자 추론 정답 ⑤

제시된 각 숫자는 3개씩 묶은 숫자에서 앞의 두 숫자의 제곱의 합이라는 규칙이 적용되므로 빈칸에 들어갈 알맞은 숫자는 '130'이다.

11 빈칸 숫자 추론 정답 ⑤

짝수항에 제시된 각 숫자 간의 값이 ×$\frac{3}{4}$으로 반복되므로 빈칸에 들어갈 알맞은 숫자는 '$\frac{27}{128}$'이다.

12 N번째 숫자 추론 정답 ③

제시된 각 숫자 간의 값이 +1.33으로 반복되므로 10번째 항의 값으로 알맞은 숫자는 '13.20'이다.

13 빈칸 숫자 추론 정답 ④

제시된 각 숫자 간의 값이 +52, +46, +40, …과 같이 −6씩 변화하므로 빈칸에 들어갈 알맞은 숫자는 '332'이다.

14 빈칸 숫자 추론 정답 ②

짝수항에 제시된 각 숫자 간의 값이 ÷3으로 반복되므로 빈칸에 들어갈 알맞은 숫자는 '16'이다.

15 빈칸 숫자 추론 정답 ④

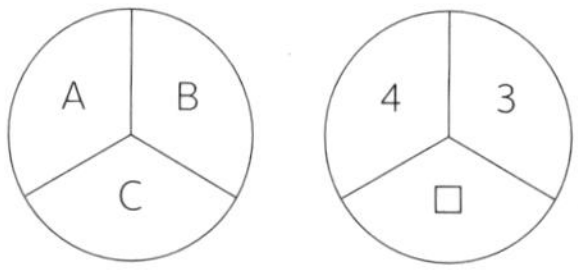

제시된 도형에서 $A^B+5=C$라는 규칙이 적용된다.
따라서 $□=4^3+5=69$이다.

16 빈칸 숫자 추론 정답 ③

제시된 각 숫자 간의 값이 +15, ×(−2)로 반복되므로 A와 B의 값은 각각 11과 −58이고, 빈칸에 들어갈 알맞은 숫자는 '−47'이다.

17 빈칸 숫자 추론 정답 ①

홀수항에서 제시된 각 숫자 간의 값이 −30, +20, +70, …과 같이 +50씩 변화하므로 빈칸에 들어갈 알맞은 숫자는 '−150'이다.

18 빈칸 숫자 추론 정답 ④

세 번째 항부터 제시된 각 숫자는 앞의 두 숫자의 합이라는 규칙이 적용되므로 빈칸에 들어갈 알맞은 숫자는 '$\frac{145}{10}$'이다.

19 N번째 숫자 추론 정답 ②

제시된 각 숫자 간의 값이 −68, −58, −49, −41, −34, …으로 변화하며, 이 숫자들 간의 차이는 +10, +9, +8, +7, …으로 −1씩 변화하므로 11번째 항의 값으로 알맞은 숫자는 '32'이다.

20 빈칸 숫자 추론 정답 ③

제시된 각 숫자 간의 값이 −5, ÷5, −6, ÷5, −7, ÷5, …으로 변화하므로 빈칸에 들어갈 알맞은 숫자는 '−0.84'이다.